KB069647

사회복지학개론

원리와 실제

김성천 · 강욱모 · 김진원 · 김혜성 · 박경숙 · 박능후 · 박수경 · 송미영
안치민 · 엄명용 · 윤혜미 · 이성기 · 장승옥 · 최경구 · 최현숙 · 한동우 공저

INTRODUCTION TO
SOCIAL WELFARE │ PRINCIPLE AND
PRACTICE

학지사

📖 4판 머리말

급변하는 한국사회에서 3판 이후 6년 만에 4판을 발간하는 것이 다소 늦었다는 생각이 든다. 이번 4판은 사회복지제도의 변화에 따라 제3부의 구성에 변화가 있었지만, 전반적으로 기존 체제를 유지하면서 최신의 이론과 자료를 보완하는 차원에서 수정이 이루어졌다.

3판 발간 이후 한국사회는 긍정적 · 부정적 양 측면의 변화를 모두 보여 왔다. 이 기간 중 코로나19 방역 과정에서 세계가 칭송한 한국의 능률적인 보건복지체계와 위기 앞에 단합된 높은 국민의식은 한국사회의 무한한 잠재력을 보여 준 긍정적 측면이다. 또한 치매에 대한 국가의 개입이 본격화되었고, 오랜 기간 논의만 되던 아동수당의 도입이 실현된 점도 복지발전의 한 단면이라 할 것이다. 2021년 유엔무역개발회의(UNCTAD)가 한국을 공식적으로 선진국에 편입함으로써 이러한 한국의 위상변화는 공인받은 셈이다.

다른 한편으로는, 높은 노인빈곤율, 최악의 자살률, 초저출산율은 사회복지 차원에서 한국이 아직 선진국의 문턱을 넘어서지 못했음을 방증한다. 저출생의 심화로 생산가능인구의 감소와 더불어 2021년 총인구의 감소가 시작되었고, 진작부터 우려되었던 양극화는 좀처럼 해소의 기미를 보이지 않으면서 사회적 갈등이 날로 높아 가고 있다. 우울증을 비롯하여 정신건강상의 문제를 겪는 인구가 늘고 돌봄을 필요로 하는 노령인구 또한 급속히 증가하고 있다.

경제적으로는 선진국으로 진입하였지만 사회적으로는 아직 미성숙 단계에 머물러 있는 한국사회가 우선적으로 해결해야 할 과제는 증가하는 복지수요에 적절히 대처하여 인간의 존엄이 보장되는 명실공히 선진국으로 발돋움하는 것이다. 소득, 고용, 주거, 의료, 돌봄 등으로 구성되는 복지수요를 제대로 충족하기 위해서는 정부에 의한 면밀한 정책구상과 추진이 이루어져야 하지만 이에 앞서 사회복지에 대한 국민의 폭넓은 지지, 이론과 실천력으로 무장된 사회복지인의 역할 증대가 요구된다. 이러한 요구에 부응하고자 하는 것이 개정판 집필의 주된 동기 중 하나이다.

이 책은 타 개론서와는 달리 사회복지의 보편적인 이론적 관점과 원리를 충분히 소개함으로써 한국에서 혼란스럽게 사용되고 있는 다양한 사회복지의 관점과 모형의 특성, 그리고 장단점을 제시하는 데 역점을 두고 있다. 이로 인해 책의 내용이 좀 어렵다는 평도 있어서 개정할 때마다 이를 조정하는 작업을 수행하고 있으나, 사회복지의 기본이 되는 원칙을 충실하게 다루었다는 점이 이 책의 강점이다. 더불어 사회복지의 주요 영역에서는 이론과 원리도 다루지만 사회에서 쟁점이 되고 있는 현상을 실제에 기반을 두고 다루고, 이를 사회복지실천의 현장에서 어떻게 다룰 수 있는가를 예를 들어 설명함으로써 독자가 쉽게 이해할 수 있도록 돕고자 노력하였다.

이 책의 구성은 다음과 같다. 제1부는 사회복지를 이해하기 위한 이론적 고찰로 인간의 삶과 사회와의 맥락 속에서 사회복지의 필요성을 알아보고, 사회복지의 다양한 개념과 학문적 성격 및 체계를 고찰하였다. 또한 사회복지의 발달사와 접근 방법 및 전문성을 살펴보았다. 제2부에서는 사회복지에서 특히 중시되는 가치와 관점을 포괄적으로 조망하고 관련된 쟁점을 분석해 보았다. 제3부에서는 사회복지의 욕구 영역에 따른 보장제도를 살펴보고, 대상자별 사회서비스의 쟁점을 다루고, 관련 사회복지사의 역할을 소개함으로써 제도와 서비스 그리고 실천 현장에 대한 이해를 높이고자 했다. 또한 마지막 장에서는 복지국가의 발전과 전망을 다루며 지속 가능한 사회의 환경복지국가를 소개하고 있다.

개정판의 책임 집필은 윤혜미(1장 1~3절, 10장 1절), 한동우(1장 4절, 2장 1 · 3절), 박능후(2장 2절, 4장 1절), 이성기(3장), 박수경(4장 2절, 10장 4절), 엄명용(4장 3절), 김혜성(5장, 9장 2절), 강욱모(6장, 7장, 9장 3절), 김성천(8장), 안치민(9장 1절), 송미영(9장 4절, 10장 5 · 7절), 최현숙(9장 5절), 장승옥(10장 2절), 박경숙(10장 3절), 김진원(10장 6절), 최경구(11장) 교수가 각각 담당하였다.

4판 역시 필자들의 숙의를 거쳐 수정 집필하였지만 보완해야 할 부분이 적지 않을 것으로 생각한다. 독자 여러분의 날카로운 비평을 기대하며, 이 4판이 사회복지 입문서로서 사회복지를 이해하고자 하는 독자에게 이론적 · 실천적으로 많은 도움이 되기를 기대한다. 끝으로 매번 좋은 책을 만들려고 노력하시는 학지사 직원 여러분께 심심한 감사의 인사를 드린다.

2024년 3월
저자 일동

📖 1판 머리말

사회복지를 이해하는 데는 사회복지 관련 이론들을 아는 것도 중요하지만 사회복지사로서의 가치와 윤리를 갖추고 현장에서 일어나고 있는 일에 대한 감각을 얻는 것도 중요하다. 사회복지학을 오랫동안 가르치면서 학생들이 쉽게 이해할 수 있고 사회복지실천 현장에 대한 감각을 익힐 수 있는 사회복지학 개론서가 필요하다는 생각을 해 왔다. 대체로 기존의 사회복지학 개론서는 많은 이론을 짤막하게 나열만 하여 처음 사회복지학을 접하는 학생들이 충분히 이해할 수 없도록 어렵게 구성되었거나, 아니면 현장에 대한 이해와 감각을 얻기에는 사회복지 현장에서 부딪히는 쟁점들에 대한 논의가 부족하여 아쉬운 면이 있었다.

사회복지 입문서라면 매우 다양한 관점과 분야로 구성된 사회복지를 제한된 시간 내에 학생들이 쉽게 이해할 수 있도록 도와주어야 한다. 그런데 사회복지를 전공한 4학년 졸업반 학생들도 사회복지에 대해 맥을 잡지 못하고 있는 경우가 종종 있을 정도이니 사회복지학개론은 교수들이 가르치기도, 학생들이 배우기도 쉽지 않은 과목이라고 생각한다. 이러한 현실 속에서 이 책은 사회복지학을 전공하는 학생들에게 사회복지의 학문적 내용과 실천의 원리 및 실제에 관한 지식을 개괄적으로 소개하고자 하는 목적을 갖고 저술되었다.

이 책의 특징은 다음과 같다. 첫째, 사회복지학개론의 수준을 넘어 사회복지학의 입문서로 기획되었다. 사회복지학은 학문으로서의 정체성을 주장할 수 있는 독자적 이론의 구축이 아직 미흡하다는 지적도 있지만, 가능한 영역에서 사회복지의 이론적 관점과 원리 및 실제를 모색하고 분석하고자 하였다. 이를 위해 2부에서는 사회복지의 가치와 관점을 자세히 다룸으로써 사회복지학의 원리를 규명하는 데 역점을 두었고, 3부의 사회복지의 주요 영역과 대상에서는 원리와 쟁점 및 실제를 다루는 데 역점을 두었다.

둘째, 현재 나와 있는 한국의 사회복지학 개론서들은 대체로 한국의 상황이나 현실에 기초하여 그 내용을 구성하고 있다. 그런데 아직 사회복지의 개념이나 원리를 모르는 학생들에게 한국의 상황을 자세히 소개하는 것은 오히려 혼란을 초래하고 비효율적일 수 있다는 판단하에 한국의 현실보다는 사회복지의 보편적인 원리와 방법 및 실제를 다루고자 노력하였다. 따라서 한국 사회복지의 실천 분야를 소개하기보다는 사회복지의 대상과 서비스별로 보편적인 욕구와 문제 및 서비스의 원리를 다루고자 하였다.

셋째, 집필진은 현직 대학교수이자 한국복지연구원의 멤버로서 20년 이상 매달 1회씩 모임을 갖고 연구와 저술을 하여 온 응집력이 높은 팀으로 구성되었다. 이 멤버들이 자신의 전공 분야를 맡아 여러 번의 집필 모임을 통해 서로 집필의 방향과 구성 및 내용을 조율하고 집필 원고에 대한 코멘트를 받아 여러 차례 수정하고 보완한 책이라는 점을 밝혀 둔다.

이 책의 구성은 다음과 같다. 1부에서는 사회복지를 이해하기 위한 이론적 고찰로 인간의 삶과 사회와의 맥락 속에서 사회복지의 필요성을 알아보고, 사회복지의 다양한 개념과 학문적 성격 및 체계를 고찰한다. 또한 사회복지의 발달사와 접근방법 및 전문성을 살펴본다. 2부에서는 사회복지에서 특히 중시되는 가치와 관점을 포괄적으로 조망하고 관련된 쟁점을 분석한다. 3부에서는 사회복지의 주요 영역과 대상의 소개와 쟁점 및 사회복지사의 역할을 다룬다. 마지막으로는 사회복지의 전망과 과제를 다룬다.

책임 집필 영역은 윤혜미(1장 1~3절, 10장 1절), 한동우(1장 4절, 2장), 박능후(3장), 이성기(4장), 안치민(5장 1절, 11장 1절), 박수경(5장 2절, 10장 4절), 엄명용(5장 3절, 8장 10절, 10장 2절), 김혜성(6장, 11장 2절), 강욱모(7장, 8장 1~9절, 11장 3절), 김성천(8장 11절, 9장, 10장 6절), 박경숙(10장 3·5절), 송미영(10장 7절, 11장 4절), 최현숙(11장 5절), 최경구(12장) 교수가 각각 담당하였다.

필자들은 몇 차례 밤을 새워 가며 토론 및 검독을 통해 이 책을 집필했지만, 앞으로 해결해야 할 쟁점도 많고 내용적으로도 미흡한 점이 있으리라 생각한다. 독자 여러분의 날카로운 비평을 기대하며, 이 책이 사회복지학의 입문서로 거듭날 수 있기를 기대한다.

최근 다수의 개론서가 출간되고 있는 상황에서도 보다 나은 책을 만들기 위해 출간을 맡아 주고 지속적인 지원을 약속해 주신 학지사 관계자들께 진심으로 감사드린다. 그리고 원고의 정리와 편집에 헌신적으로 수고하여 준 이은주 조교에게도 감사의 말을 전한다.

2009년 1월
저자 일동

📖 차례

제1부

사회복지의 이해

제2부 사회복지의 가치와 관점

제3부
사회복지의 대상과 사회보장

제11장 복지국가의 발전과 전망   431

제1부

사회복지의 이해

Social welfare

제1장

인간의 삶과 사회복지

학습개요와 학습목표

사회복지가 없는 세상을 상상해 보자. 급속도로 변화하고 있는 현대사회에서 개인과 가족이 국가나 사회의 체계적 지원 없이 삶의 다양한 도전을 혼자 힘으로 헤쳐 나가야 한다면, 생각만 해도 두렵지 않은가? 사회복지는 우리가 살아가는 동안 넘어지거나 추락하지 않도록 막아 주고 일으켜 세우는 보이지 않는 안전망이며, 보다 인간적인 삶을 살아갈 수 있도록 지원해 주는 제도와 활동이다. 이 장에서는 인간의 욕구와 사회문제에 대한 국가의 집단적 대응인 사회복지가 인간의 삶에 어떤 관련성을 가지고 있는지, 사회변화 속에서 개인의 생애단계와 가족생활주기에 따른 욕구가 사회복지를 통해 어떻게 충족될 수 있는지 알아본다. 이 장의 학습목표는 다음과 같다.

● 인간의 욕구와 사회복지의 관련성을 이해한다.
● 인간의 생애단계별 특성과 사회복지의 관련성을 이해한다.
● 가족생활주기의 특성과 사회복지의 관련성을 이해한다.
● 현대사회의 특성 및 사회문제와 사회복지의 관련성을 이해한다.

1. 인간의 욕구와 사회복지

인간은 누구나 행복하게 살기를 원한다. 행복은 주관적 개념인 동시에 모두가 공유하는 객관적 측면도 가지고 있다. 매슬로(Maslow, 1954)는 이를 '인간 욕구 이론'으로 설명하였다. 욕구 충족은 개인의 만족감과 삶의 질을 향상시켜 행복의 기반을 제공한다. 매슬로는 인간의 욕구가 순차적으로 충족되어야 하는 5개 수준의 계층으로 구성되어 있다고 했다. 사람은 1단계의 생리적 욕구(생존에 필요한 식욕, 수면욕, 성욕 등 기본적 욕구)가 충족되면 2단계인 안전과 안정 욕구(물리적으로 안전하고 안정감을 느낄 수 있는 환경과 조건에 대한 욕구로 안전, 건강, 직업적 안정 등)의 충족을 원한다. 3단계에서는 소속감과 사회적 욕구(집단에 소속되어 사회 관계를 형성, 유지하고자 하는 욕구로 가족, 친구, 동료와의 연결 등)의 충족을 원하고, 4단계에서는 자존감 욕구(존중받고 인정받고자 하는 욕구) 충족이 과제이다. 마지막 5단계는 자아실현의 욕구로서, 개인이 최대한의 잠재력을 발휘하여 자신의 가능성을 실현하려는 내면적 욕구이다. 매슬로에 따르면, 인간은 기본적인 욕구에서 시작해서 보다 더 복잡하고 추상적인 욕구 충족으로 나아가며, 낮은 단계의 욕구가 충족되지 못하면 높은 단계의 욕구 실현은 어렵다. 또한 욕구의 최종단계까지 도달하는 사람은 매우 적고, 소유(having), 소속(loving), 그리고 존재(being) 차원의 욕구 중 어디에 가치를 두는가는 사람마다 차이가 있다고 하였다.

한편, 개인의 상황에 따라 다른 사람들의 경우와 다른 특수한 욕구나 사회적인 특성에 기인하는 욕구를 충족해야 하는 경우도 있다. 특수한 욕구는 특정한 개인이나 집단에게만 해당되는 욕구이다. 부모가 없는 아동이나 병약한 노인의 욕구, 심신장애인의 욕구, 교육과 기술의 결핍으로 현대사회에 적응할 준비가 되어 있지 않은 사람들의 욕구, 자연재해나 재난 희생자들의 욕구 등이 그 예이다. 사회적 욕구란 인간의 기본적 욕구나 특수 집단의 욕구 외에 개인이 살아가고 있는 사회 자체에 내포된 욕구로서 자원 결핍, 기회 결핍, 정신적·정서적 결핍, 인간 상호관계 결핍에서 오는 욕구를 말한다. 인간은 살아가는 동안 기본 욕구는 물론, 특수한 욕구와 사회적 욕구를 충족시키려 노력한다.

그러면 이처럼 다양한 인간의 욕구 충족은 온전히 개인의 몫일까? 사회의 역할은 무엇일까? 산업사회 이전과 현대사회를 간단히 비교해 보자. 산업사회 이전에는 삶이 한결 단순했고 예측가능했다. 대대로 살아온 지역에서 가족과 친지, 이웃들과 삶을 공유했

[그림 1-1] 매슬로의 욕구위계

고 누군가가 곤란을 겪게 되면 금방 알려져서 지역사회의 도움을 받을 수 있었다. 현대사회에서의 삶은 이와는 매우 대조적이다. 생활수준은 크게 향상되었지만 가족 형태도, 경제 기반도, 기술도, 그리고 생활방식과 가치도 복잡해졌다. 사람들은 고향을 떠나 대도시에서 이웃과의 교류 없이, 지역사회와 단절된 채 다양한 형태의 삶을 살고 있다. 산업화·도시화에 따라 확대된 소득상실·질병·실업·산업재해라는 4대 위험에 대비하려는 욕구가 높아졌고 국가차원의 대응 노력이 필요해졌다. 20세기 중후반부터는 비혼, 이혼, 저출생 등으로 가구규모가 축소되고 단독가구가 늘면서 고립이 문제되고 있다. 기술발전에 따라 직업은 타 분야 노동시장 및 글로벌 경제상황에 대한 상호의존성이 커졌고 특히 21세기 들어서는 플랫폼 경제가 확산되어 산업과 노동시장의 혁명적인 변화가 진행되고 있다. 인공지능(AI), 블록체인, 메타버스, 로봇 등의 기술 발전은 경제사회적 양극화로 인한 격차를 더 크게 벌려 개인의 삶에 대한 통제력을 감소시키고 삶의 불안을 증가시킨다. 이와 같은 새로운 사회적 위험의 등장 국면에서 인간으로서의 욕구를 충족하여 행복한 삶을 꾸린다는 것은 개인의 노력만으로는 매우 어려운 일이다. 인간은 더불어 살아가는 사회적 동물이며 사회라는 공동체적인 시공간적 맥락의 산물이기도 하기 때문이다.

 나아가, 성숙한 인간은 자기 자신의 욕구 충족을 넘어서서 공동체 전체의 행복에도 관심을 둔다. 이러한 관심과 노력이야말로 사회복지의 기본 원리라고 할 수 있다. 즉, 사회복지는 공동체적 선을 통해 개인의 행복을 추구할 수 있는 사회체계를 마련하기 위한 제도이며 실천활동이다. 사회복지는 사람들이 사회의 지속에 기본이 되는 사회·경제적, 교육적, 보건·의료적 욕구를 충족할 수 있도록 지원하는 프로그램, 급여, 그리고 서비스의 국가체계를 말한다(Barker & Lavalette, 2014). 또한 사회복지는 한 사회의 모든 연령집단의 사회적 기능 강화를 추구한다(Zastrow, 2016). 사회복지는 이처럼 사람들이 일생을 살아가면서 삶의 각 단계에서 만나게 되는 문제들을 잘 헤쳐 나갈 수 있게 공동체가 개인의 삶과 사회를 보다 안전하고 풍요롭게 하고자 하는 수단으로서의 제도와 실천활동을 모두 포함한다. 그러므로 사회복지는 사회 구성원의 욕구에 대한 직접적 또는 간접적 대응이라고 할 수 있다(Macarov, 1995: 17). 구체적으로 사회복지는 ① 개인의 문제해결과 대처 능력을 향상시키고, ② 사람들을 자원, 서비스 및 기회를 제공하는 사회체계와 연결하며, ③ 사회체계의 효과적이고 인도주의적인 운영을 돕고, ④ 사회문제 예방과 대응을 위한 사회정책을 발전시키고 향상시킨다.

2. 인간의 생애주기와 사회복지

인간의 삶은 지속적으로 변화하고 발달하는 과정이다. 인간발달학에서는 인간의 삶을 여러 단계로 나누고 이를 생애주기(life cycle)라고 부른다. 생애주기는 전통적으로 영유아기 – 아동·청소년기 – 초기 성인기 – 중·장년기 – 노년기의 5단계로 보았으나, 최근에는 태아기의 중요성이 강조되면서 삶의 주기의 시작점을 임신 시기까지 확대하여 태아기, 영아기, 유아기, 아동기, 청소년기, 성인 초기, 중·장년기, 노년기 등으로 세분하기도 한다. 또한 수명[1]이 크게 연장되면서 노년기를 연소노인, 중고령노인, 고령노인으로 나누기도 하는데(Brody, 1977), 이 같은 생애주기 개념은 각 주기마다 차별화된 특성과 욕구를 파악하여 적합한 사회복지서비스를 발달시키는 데 중요한 지표를 제공해 준다.

인간의 발달은 삶의 각 주기가 진행되는 과정에서 신체적·정서적·인지적·사회적 차원에서 종합적으로 이루어진다. '발달'은 '변화'를 필연적으로 요구한다. 인간이 생애 특정 시기에 겪는 변화를 발달과업(developmental task)이라 하고, 공통적으로 경험하는 위협을 생애주기에 따른 위기(crisis)라고 부른다(Dunkel & Harbke, 2017). 예를 들면, 건강한 출생, 영유아기의 적절한 보호와 양육, 아동기의 학습과 사회관계의 확대, 청소년기의 자아정체감 확립과 독립, 초기 성년기, 새로 가족을 형성한 부부의 부모역할 수행, 중년기의 직업과 가족 안정성 유지와 후속 세대 보호, 노년기의 고독과 죽음에 대한 적응 등은 정도의 차이는 있으나 인생의 각 변화 시기마다 누구나 겪는 위기이며 잘 적응해야 하는 발달과업이다.

에릭슨(Erikson)의 발달단계별 위기는 보편적인 것이지만 모두가 이를 성공적으로 극복하는 것은 아니어서, 어느 한 단계에서든 위기를 극복하지 못하는 경우 다음 단계로의 발달이 저해된다(McLeod, 2013). 또 단계별 위기 극복이 외부의 사회적 환경 악화에 의해 공통적으로 저해되는 경우 사회문제가 되기도 한다. 우리나라의 예를 들면, 급속히 진행된 저출생·고령화로 노인인구가 급증하고 노년기 빈곤이 증가한 점, 또 2020~2022년까지 전 세계를 강타한 코로나19 감염병으로 인한 실업과 자영업자의 도산이 가져온 중장년의 위기, 비대면 온라인 학습이 가져온 아동의 학습격차, 고립과 단절로 인한 정신

---

1) 한국인의 기대수명(2023년 기준)은 평균 84.3세로 남자는 81.4세, 여자는 87.2세이다(KOSIS, 2021).

보건문제 증가 등은 개인 차원이 아닌 사회적 차원의 대응이 필수적이다. 이처럼 사회복지는 삶의 주기 전반에 걸친 발달단계의 진행에 걸림돌이 되는 개인의 욕구 미충족이나 사회문제에 대처하고 있다.

　그러면 인간의 생애주기와 사회복지는 어떤 관련성이 있는가? 다음은 인간의 생애주기를 8단계로 나누고, 각 단계마다 특징적인 욕구 및 위기, 그리고 관련된 사회복지서비스를 살펴본 것이다.

표 1-1　**인간의 생애주기와 문제 및 대응 사회복지서비스**

생애주기	특성과 사회관계	문제	사회복지서비스
태아기 (40주)	• 수정에서 출생까지 신체 구조와 장기 형성, 발달 • 모성	임신, 정상적 발달, 건강한 출생	• 빈곤 임산부 영양과 산전 건강 관리 • 건강보험과 건강보호제도로 안전한 출산 지원 • 산후조리 지원 등
영아기 (0~3세 미만)	• 감각, 운동능력, 인지능력 발달 • 부모, 가정	안전, 영양 공급, 돌봄, 아동학대와 방임 예방, 발달장애	• 필수예방접종, 아동 의료비 무상 지원 • 아동발달검사 • 보육서비스 및 유아교육
유아기 (3~6세 미만)	• 언어와 운동능력, 주도적 활동 • 가정, 유아 보육/교육기관	학대와 방임 예방, 안전, 돌봄, 유기 또는 부모의 친권포기	• 부모교육 • 학대 및 방임 예방과 치료적 개입 • 대리양육서비스(가정위탁보호, 입양, 양육시설 등)
아동기 (6~12세 미만)	• 논리적 사고와 학습, 또래집단 관계 • 가정, 학교, 지역사회	방과후 돌봄, 아동학대와 방임, 학습격차와 학교 부적응	• 위기아동 통합지원서비스 (드림스타트) • 돌봄서비스(지역아동센터, 아이돌보미 서비스 등) • 학교사회복지서비스 • 아동학대와 방임 예방 및 치료적 개입
청소년기 (13~18세)	• 추상적 사고와 과학적 논리 발달, 자아정체성 확립, 독립성 등 • 가정, 학교, 지역사회	학업중단, 학교폭력, 약물오남용, 스마트폰 과몰입, 성폭력 피해, 가출 등	• 학교사회복지서비스 • 약물남용 등 중독 예방 및 치료 서비스 • 학교 밖 청소년 지원 • 대리양육서비스 • 자립지원서비스 • 가출청소년 쉼터 등

성인 초기 (19~39세)	• 독립생활 및 친밀성의 성취 • 가정, 학교, 직장, 지역사회	빈곤, 실업, 불임, 부부 갈등, 이혼, 부모자녀 갈등, 빈 둥지 증후군, 질병 등	• 소득보장(기초생활보장제도, 자녀장려금, 부모급여, 아동수당) • 직업훈련, 창업지원 등 고용 관련 서비스 • 부부상담, 가족치료
중 · 장년기 (40~65세 미만)	• 생산적 활동, 자녀 독립, 노화 시작 • 가정, 직장, 지역사회		• 부모교육 • 주거복지 • 3대 사회보험(건강보험, 고용보험, 산재보험 등)
노년기 (65세 이상)	• 은퇴, 신체적 · 사회적 상실, 자아통합 • 가정, 양로/요양시설	소득감소와 빈곤, 노화로 인한 일상생활 능력 감퇴, 치매 등 질병과 장애, 고독, 죽음 대비	• 연금(기초연금, 국민연금, 공무원연금 등) • 노인 일자리 • 건강보험, 장기요양보험 • 치매 관리 • 재가노인복지 • 노인주택 보급 • 요양원, 양로원 등

3. 가족생활주기와 사회복지

사회복지는 개인의 욕구에 반응하는 동시에 가족의 욕구와 가족문제에도 반응한다. 가족은 인간이 일생을 살아가는 동안 소속되어 있는 특별하고도 보편적인 인간관계로서, 사회복지는 가족의 특성이나 발달과업 또는 가족관계와 관련된 욕구충족을 지원한다.

가족학자들은 가족을 생성과 소멸에 이르는 과정을 가진 하나의 유기체로 본다. 가족생활주기(family life cycle)는 시간의 경과에 따른 가족 내의 발달 경향을 묘사하기 위하여 일반적으로 사용하는 용어이다(Carter & McGoldrick, 1989; [그림 1-2] 참조). 가족도 결혼, 자녀의 출생, 자녀의 독립, 배우자의 죽음 등 일련의 가족 생애사건들을 단계적으로 경험하고 각 단계마다 고유하고 특정한 문제를 보인다는 것이다. 즉, 가족 구성원들 간의 역할관계에 커다란 변화를 가져오는 가족사건들이 가족주기의 단계를 구분 짓는 전환점이며, 가족은 이 전환기에 적응상의 문제를 일으킬 수 있고, 사회복지가 가족생활주기에 따른 문제의 예방과 해결에 관여한다.

생애주기 관점이 개인의 생애단계별 발달과업과 위기를 제시하듯이, 가족생활주기 관점도 각 단계마다 가족이 직면하게 될 고유한 발달과업을 제시하고 그에 따른 위기를 보

[그림 1-2] 가족생활주기

여 준다. 그리고 가족생활주기의 위기에서 사회복지체계가 대응한다. 그런데 대부분의 가족도 개인처럼 보편적인 발달과 변화 과정을 거치기 때문에 주기별 발달과업과 발달 위기의 예측이 가능하다. 가족주기의 세대 기준이나 단계별 특성 구분은 학자마다 조금씩 차이가 있는데, 카터와 맥골드릭(Carter & McGoldrick, 1989)은 결혼, 첫 자녀 출생, 막내 자녀 출생, 첫 자녀 결혼, 막내 자녀 결혼, 배우자 사망, 본인 사망 등의 가족 생활사건을 기준으로 가족생활주기를 6~8단계로 제시하고 있다. 여기서는 카터와 맥골드릭의 가족생활주기 6단계에 따른 특성과 과업수행을 지원하는 사회복지서비스를 살펴본다.

표 1-2 ｜ 가족생활주기에 따른 특성과 관련 사회복지서비스

가족생활주기	특성	관련된 사회복지서비스
결혼전기	친밀한 관계 형성과 원가족으로부터 독립	• 결혼상담, • 예비부부교육, 가족관계교육
결혼적응기	결혼을 통해 가정을 형성하고 새로운 역할에 적응하는 시기	• 부부관계지원 프로그램, 가족상담, 예비부모교육, 부부상담, 불임상담과 정보제공
자녀아동기	어린 자녀를 키우는 단계로 부모 역할을 새로 수행함	• 부모교육, 보육서비스, 아동상담, 아동학대와 방임 예방 서비스
자녀청소년기	자녀들이 성장하고 독립을 향해 발전하는 단계	• 청소년 지원 프로그램, 학교상담 서비스, 가정폭력 예방 및 지원, 가족상담
자녀독립기	자녀들이 성인이 되어 독립하므로 부부의 새로운 역할 수행	• 부부상담 • 가족 재통합 프로그램
노년기	은퇴와 노화에 따른 세대 간 역할의 전환과 적응, 사별과 혼자 사는 것에의 적응, 죽음에 대한 대비	• 연금(기초연금, 노령연금 등), 노인 자립 지원 프로그램 • 노인 복지 프로그램 • 치매 등 노인성 질환 관리와 건강/요양보험 • 노인주거, 양로원, 요양원 등
전체주기공통	소득보장, 주거복지, 건강보장 등	

가족을 대상으로 하는 사회복지는 가족생활주기에 따른 대응에 그치지 않고 가족의 변화에도 민감하게 반응한다. 증가하는 이혼과 별거에 의한 한부모가족, 비혼독신가구, 결혼은 하되 자녀를 낳지 않는 무자녀가족, 사실혼 관계를 지속하는 동거가족, 재혼에 의한 혼합가족의 증가 등은 두 성인이 결혼하여 자녀를 출산, 양육, 독립시키고 사망에 이르기까지 지속되는 혼인관계를 가정한 전통적 가족생활주기에 따른 욕구와 차별화되는 욕구들을 분출하고 있다. 특히 결혼-출산-자녀양육-자녀독립 후 빈 둥지 기간으로 진행되는 표준화된 가족생활주기를 전제로 한 사회복지서비스는 성인 인구 대부분이 결혼한다는 '보편혼'을 가정하고 있는데, 결혼에 대한 가치관 변화로 보편혼을 규범이라고 보기 어려워진 한국 사회의 현실을 반영할 수 있는 제도변화가 필수적이다. 이러한 가치관 변화와 다양한 가족 유형에 따른 사회복지서비스는 제3부 제10장 '6. 가족복지'에서 자세히 논의할 것이다.

지금까지 개인과 가족이 보편적으로 공유하고 있다고 생각되는 인간의 욕구, 개인의 삶의 주기 그리고 가족생활주기와 사회복지의 접점에 대해 논의하였다. 개인이나 가족이 삶의 단계에서 마주칠 수 있는 미충족된 욕구는 가족, 친구, 학교, 지역사회 등 다양한 수준의 사회환경과 상호작용한 결과이다. 부모가 없거나 양육문제가 있는 아동의 가정 외 보호, 아동과 노인의 돌봄, 현대사회의 스트레스와 고립으로 인한 정신보건, 약물오남용, 아동학대와 학교폭력, 빈곤, 실업, 차별과 편견, 가족갈등, 은퇴와 노후보장 등 개인 문제도 있고, 사회제도나 환경과 관련된 문제도 있으며, 이는 가족생활과정의 적응과도 관련되어 있다. 이러한 위기나 장기적인 어려움에 처한 개인과 가족은 사적 지지체계 이외에 국가와 사회의 제도적 도움을 필요로 한다는 공통점을 가지고 있다. 그 도움은 일정 기간 지속되는 체계적 도움이어야 하고, 각각의 처지에 놓인 사람들의 생애단계를 고려한 종합적인 것이어야 한다. 그래서 보편적 삶의 주기와 가족생활주기별 욕구는 빈곤이나 질병 또는 급격한 사회변화와 마주치면 새로운 사회복지서비스를 요구하게 된다. 다음에서는 이와 같은 사회적 변화에 따른 사회복지 개념과 서비스의 변화를 살펴본다.

4. 현대사회와 사회복지

현대사회를 특징짓는 요소는 매우 많다. 지구 전체를 특징짓는 동시대적 요소들을 발견하는 것은 어려운 일이지만, 산업화된 많은 국가들은 비교적 공통적인 특성들을 공유하고 있다. 사회복지는 현대사회가 공유하고 있는 많은 문제에 대해 사회적으로 예방하거나 해소하기 위한 노력이라고 할 수 있다. 여기서는 현대사회가 갖고 있는 공통적인 특성과 문제들이 무엇인지 알아보고, 이러한 문제들과 사회복지는 어떠한 관계가 있는지 살펴본다.

1) 소비 공동체로서의 가족과 지역사회

현대사회에서 가족과 지역사회는 점차 소비를 위한 공동체로 변화하고 있다. 산업 구조와 생산방식의 변화에 따라 과거 가족과 지역사회 내에 있던 생산기능은 점차 감소하여 이제는 대부분의 재화와 서비스를 시장에서 구매해야 하는 '상품의 시대'에 살고 있다. 가족과 지역사회의 소비 공동체로의 변화는 시장에 대한 의존을 키우게 된다. 여기에서 '시장'이란 상품이 교환되는 시장(상품시장)과 노동이 교환되는 시장(노동시장) 모두를 말한다. 개인과 가족은 생활에 필요한 재화와 서비스를 상품시장에서 구매해야 하고, 이를 위해서는 노동시장에서 임금을 벌어들여야 한다. 과거 노동을 통해 직접 생활에 필요한 재화와 서비스를 생산하던 시기에는 노동, 생산 그리고 여가가 실질적으로 분리되지 않는 일종의 통합적 생활 과정이었다고 할 수 있다. 그러나 현대사회에서 개인은 임금을 얻기 위해 노동을 판매해야 하며, 노동시장에서 노동을 판매하지 못하면(즉, 일자리를 얻지 못하면) 임금을 얻을 수 없게 되어 생활에 필요한 재화와 서비스를 구매할 수 없게 된다. 가족과 지역사회의 삶이 전적으로 시장에 의존하게 되면 개인의 복지는 시장에서 소비할 수 있는 재화와 서비스의 양에 의해 결정되고, 결국 노동시장에서의 지위에 따라 개인의 삶의 질이 결정된다고 할 수 있다. 따라서 여러 가지 이유로 노동시장에 참여할 수 없는 사람은 빈곤에 직면하게 된다.

사회복지는 가족과 지역사회의 시장에 대한 의존을 줄이려고 한다. 시장에서 재화와 서비스를 구매하지 않아도 일정 정도의 복지를 유지할 수 있도록 하는 것이 사회복지의 목표이다. 이를 위해서는 국가와 사회가 개인생활의 시장 의존도를 줄이기 위해 노력해야 한다. 노동시장에서 노동을 판매할 수 없는 사람에게 최저 한도의 생활을 유지할 수 있게 하는 것은 이러한 노력의 중요한 일부이다. 물론 노동시장에 참여할 능력과 의사를 가진 사람들에게 취업 기회를 적극적으로 제공하는 것은 필수적인 과제이다.

시장 의존도를 줄이기 위해서는 가족과 지역사회 내에 생산기능이 어느 정도 남아 있어야 한다. 현대사회에서 가족과 지역사회가 과거 전통사회에서처럼 식량이나 생활재를 생산하는 것은 비현실적이다. 그러나 생활에 필요한 각종 서비스를 지역사회 내에서 생산하여 교환할 수 있도록 하는 것이 필요하다. 예를 들어, 아동, 노인, 장애인 등 사회적 약자를 지역사회 내의 상호부조 기능을 통해 돌볼 수 있다. 또한 사회적으로 필요한 공익적 서비스들을 지역 주민의 자발적인 참여와 협력을 통해 생산해 낼 수도 있다. 자원봉사활동(volunteering), 시민사회 단체와 비영리 조직(nonprofit organizations)의 활동들이 이러한 예라고 할 수 있다. 이러한 노력들이 제도화되고 지역사회 내에 하나의 문화로 자리 잡는 것이 바로 사회복지이다.

2) 고령화와 저출생

과학기술의 발전과 생활환경의 개선 등으로 인간의 평균수명은 지속적으로 증가하고 있다. 2022년도 한국인의 평균수명은 83.5세로 OECD 국가의 평균수명인 80.3세보다 높고, 이는 2000년도의 76.0세보다 7.5세 증가한 것이다(OECD, 2023). 평균수명의 증가는 인구의 고령화와 직결된다. 한국의 경우, 1999년에 전체 인구 중 65세 이상 인구의 비율이 7%를 넘어선 이후로 2008년에는 10%를 넘어섰으며, 2020년에는 15%를 넘어섰다(통계청, 2023).

인구의 고령화는 그 자체로 커다란 사회문제가 되고 있으며, 또한 다른 사회문제의 원인이 되기도 한다. 고령인구가 증가하면 그들을 부양해야 하는 가족 및 사회의 부담이 증가하게 마련이다. 일반적으로 노인이 되면 신체적·심리적 기능이 저하되고 질병에 걸리기 쉽기 때문에 노동시장 참여뿐 아니라 일반적인 사회생활 참여에 많은 장애가 생기게 된다. 게다가 뇌졸중, 치매 등 노인성 만성질환에 걸리게 되면 가족 중 누군가는 질병에 걸린 노인을 보살피기 위해 사회생활에 제한을 받게 된다. 만약 가족 중에 노인을 돌볼 사람이 없는 경우에는 사회에서 돌보아야 하는데, 이 경우 문제는 더 심각하다. 노인부양의 문제는 이제 노인만의 문제가 아니라 가족의 문제이며 사회 전체의 문제인 것이다.

고령인구의 증가는 국가·사회의 의료비용 증가와도 직결된다. 한국의 경우 2022년도 총 의료비 중 노인 의료비가 차지하는 비중이 43%인데, 이는 1995년의 12.2%에서 3.5배 이상 증가한 것이다(보건복지부, 2023). 의료비용의 급격한 증가는 건강보험제도 등 국가 차원의 의료 서비스 정책의 재정을 위협하게 되며, 국가는 이러한 문제를 해결하기 위해서 세금을 통해 의료비용을 충당하게 된다. 이렇게 되면 노인 의료비용의 증가는 국가 전체의 재정문제와 직결된다.

인구의 고령화에서 비롯되는 문제를 더욱 심각하게 만드는 요인은 출생률의 저하이다.

평균수명의 증가로 노인인구가 늘어나고 있는 반면에 출생률은 저하되면서 노인인구의 비중이 상대적으로 더 증가하게 되는 것이다. 2023년도 한국의 합계출생률은 0.7명으로 세계 최저 수준이다(보건복지부, 2023). 출생률이 낮아짐에 따라 노인 부양을 위한 사회적 부담은 더욱 증가하게 되고, 장래 노동인력 공급 면에서도 심각한 문제를 일으킬 수 있다. 또한 출생률의 저하는 장기적으로 인구 수의 감소를 야기하기 때문에 국가 운영 전반에 걸쳐 심각한 문제를 일으킬 수 있다. 특히 국민연금제도 등 사회보장제도 운영에서 재정위기를 일으킬 수 있는 직접적인 원인이 된다. 즉, 노령이 되어 국민연금을 받아야 할 사람들은 증가하는데, 정작 보험료를 내야 할 노동인구는 감소하기 때문에 사회보장제도 자체의 존속이 위협받게 된다.

인구의 고령화와 저출생 문제는 현대사회를 심각하게 위협하고 있다. 평균수명이 늘어남에 따라 노인의 삶의 질이 풍요로워지도록 하는 각종 사회제도와 서비스가 필요하게 된다. 또한 노인을 사회 서비스 정책의 대상으로만 삼을 것이 아니라, 그들 스스로 사회에 참여하여 무언가 생산적인 기능을 담당하도록 하고 동시에 노년기의 삶을 더욱 보람 있게 영위하도록 하는 장치가 필요하다. 더욱이 돌봄이 필요한 노인의 경우에는 가족과 사회가 적절하게 보호할 수 있는 제도적 장치를 마련하는 것이 필수적이다. 일본(개호보험), 독일(수발보험)에 이어 한국에서도 2007년도에 도입한 노인장기요양보장제도는 이러한 제도의 한 예라고 할 수 있다. 노인성 질환을 사전에 예방하고 질병에 걸린 노인을 사회적으로 보호하기 위해 사회보험 방식의 건강보장제도를 마련하는 것이다.

또한 저출생 문제를 해결하기 위해 아동양육과 관련된 사회적 관심을 제도화하여 실천하고, 이를 통해 적절한 수준의 출산이 지속될 수 있도록 해야 한다. 출산과 아동양육은 개인이나 가족만의 문제가 아니라 사회 전체의 문제라는 것을 인식하는 것이 우선되어야 한다. 현대 대부분의 국가들은 아동을 사회 내에서 제도적으로 양육할 수 있는 체제를 마련함으로써 개인이나 가족의 아동양육 부담을 경감하는 정책을 실시하고 있다. 직장에서의 출산휴가제도, 출산장려금제도, 국공립 어린이집 운영 등은 이러한 정책의 예라고 할 수 있다. 그 밖에 자녀 수에 따라서 세제 혜택을 차등적으로 부여하기, 각종 사회 서비스 제공에서 우선권을 부여하기 등의 예가 있다.

3) 신자유주의 이념의 지배

1970년대 이후의 신자유주의 이념이 확산됨에 따라 공익적 서비스의 생산과 분배 시정부의 역할을 축소하고 시장의 원리와 기능에 의존하려는 경향이 강해졌다. 과거 이른 바 복지국가 시대에 정부가 담당하던 많은 역할이 이제는 시장으로 이전되고 있다. 즉, 정부가 공적으로 위임받은 권력으로 세금과 법적 제도를 통해 실시하던 사업들 중 상당 수가 이제는 시장에서 상품으로 생산되어 판매되고 있다. 1970년대 중반 이후 영국을 비 롯한 유럽 국가들에서는 이전에 정부가 주도적으로 생산하여 공급하던 주택, 전기, 통 신, 교통, 석유 등의 공공재를 시장에서 공급하도록 장려하고 있다. 이러한 정책을 민영 화(privatization)라고 하는데, 국가는 민영화를 통해서 과도한 재정 부담을 피할 수 있고 공공부문이 갖는 비효율성과 관료주의의 폐해를 줄일 수 있다고 믿는다.

신자유주의 이념은 과거 자유주의 경제학자들의 생각대로 시장은 '보이지 않는 손'에 의해 지배되며, 개인이 시장에서 자신의 이익을 추구하는 행동을 할 수 있도록 최대한 보장할 때 가장 효율적으로 움직일 수 있다는 신념을 바탕으로 한다. 정부는 개인과 가 족의 생활에 최소한으로만 개입하는 것이 좋으며, 이른바 시장의 원리와 원칙에 따라 재 화와 서비스를 교환하는 것이 사회 내에 희소하게 존재하는 자원을 가장 효율적으로 분 배하는 방식이라는 것이다.

신자유주의 이념의 확산은 개인과 가족생활의 여러 측면에 영향을 미치고 있다. 우선 공공재의 생산과 분배를 시장의 기능에 맡김으로써 주택, 교육, 의료 서비스 등 일상생 활에 필수적인 서비스를 시장에서 구매하게 되었다. 이는 구매능력이 있는 사람에게만 이러한 재화와 서비스가 제공된다는 것을 의미한다. 소득이 없거나 적은 사람은 생활에 필요한 필수적인 재화조차 구매하기 힘들어진다. 물론 정부가 적절한 일자리 정책과 소 득보장 정책을 동시에 실시하여 소득이 없거나 적은 사람들에게 일정 정도의 소득을 유 지할 수 있도록 함으로써 이러한 문제를 해결하려고 하지만, 시장 소득(임금)에 따라 개 인의 복지 수준이 결정적으로 좌우될 수 있다는 문제는 여전히 남아 있다. 임금에 따라 개인의 복지 수준이 결정되는 것은 노동시장에서 노동자의 위치가 상대적으로 약화된다 는 것을 의미한다. 기업은 가능하면 적은 임금으로 노동을 구매하려고 할 것이 분명하고 노동자는 적은 임금을 받고서라도 일자리를 유지하려고 하기 때문에, 노동시장에서 노 동자들은 서로 경쟁하게 된다. 그럼으로써 노동자의 위치는 사용자에 비해 상대적으로 약화되기 마련이다. 기업에 비해 상대적으로 힘이 약한 노동자는 노동시장의 조건이 자 신에게 불리하게 조성되어도 집단적으로 대항할 수 있는 힘이 미약하기 때문에 노동시 장은 점차 기업 중심으로 변하게 된다.

기업 중심의 노동시장 변화의 핵심은 노동시장의 유연성(labor market flexibility) 증가이다. 즉, 노동시장에서 노동자의 고용과 해고를 유연하게 할 수 있도록 기업에게 자율성을 제도적으로 부여함으로써 기업활동을 자극하고, 이를 통해 더욱 효율적인 경제활동을 할 수 있도록 한다는 것이다. 노동시장의 유연화는 전 세계적으로 보편적인 현상이되어 가고 있다. 대부분의 국가에서 기간제 고용계약은 일반적인 방식이 되었다. 이러한현상은 한국 사회에서도 예외가 아니다. 노동시장에서 비정규직 노동자의 증가는 고용불안정, 임금과 근로조건에서의 차별 등의 문제를 낳는다. 비정규직 노동자의 고용 불안정과 근로조건에서의 차별은 상호작용적 효과가 있다. 즉, 비정규직 노동자의 고용이 불안정하기 때문에 노동자는 단체행동을 하는 데 제한이 있을 수밖에 없고, 이에 따라 임금과 근로조건의 저하 또는 차별이 심해지는 악순환이 발생할수 있다. 결국 노동시장에서의 비정규직 노동자의 증가는 임금 노동자들 사이에서의 소득 양극화의 원인이 되고,이는 사회 전체의 양극화의 원인이 된다.

정부의 기능과 역할이 축소된다고 해서 이 기능과 역할이 없어지는 것은 아니다. 정부는 이러한 기능과 역할을 민간부문으로 이전함으로써 경제적 효율성을 높이려고 한다.정부로부터 이전된 기능과 역할은 시장과 민간의 비영리 부문이 부분적으로 나누어 담당하게 된다. 특히 공공재 등 공익적 재화와 서비스의 경우에는 시장으로 이전하는 것보다 민간의 비영리 부문으로 이전함으로써 정부부문이 갖는 비효율성과 관료주의를 배제하면서 동시에 민간부문이 갖는 효율성을 추구할 수 있다. 또한 영리를 추구하지 않는 속성 때문에 비영리 부문은 사회 내에서 신뢰를 받을 수 있고, 시장이나 정부에서 재화와 서비스를 공급할 때보다 거래비용을 줄이는 효과를 얻을 수도 있다. 비영리 부문은 이익을 추구하지 않으며, 이익이 발생하는 경우에는 그것을 조직 내 구성원들에게 분배하지 않고 사업에 재투입하기 때문에 조직 유지와 운영을 위해 드는 비용이 상대적으로 적다. 예를 들어, 노인보호시설을 기업이 운영하게 되면 시설 운영을 위한 비용과 인건비 그리고 최대 이윤을 추구하기 때문에 서비스 제공 원가가 상승하게 되지만, 비영리조직에서 운영하면 최소한의 조직 운영비용만을 필요로 하므로 서비스 원가가 상대적으로 낮아진다. 또한 비영리 조직은 이윤 추구 동기가 없기 때문에 서비스 생산과 제공에관한 도덕적인 문제가 발생할 가능성이 적지만, 기업은 이윤을 극대화하기 위해서 과장광고를 하거나 계약보다 질이 떨어지는 서비스를 제공하는 등 도덕적인 문제를 일으킬가능성이 높다. 이러한 점들을 감안할 때, 공익적 서비스의 공급은 민간의 비영리 조직이 담당하는 것이 바람직하다.

민간의 비영리 조직들이 갖는 이러한 특성 때문에 정부는 이러한 조직들과의 협력을 강화하려고 한다. 즉, 정부가 직접 실시할 수 없는 사업에 대해서 민간의 비영리 조직들을 선택해 사업 운영을 위탁하기도 하고, 민간의 자원을 동원해서 공익적 재화와 서비스를 공급하도록 하면서 동시에 세제 혜택을 줌으로써 이러한 활동을 장려하기도 한다. 신자유주의 시대에 공공부문과 민간부문의 협력은 필수적이며, 이는 정부와 시장이 갖는 한계를 효과적으로 극복하는 대안이다.

4) 지구화: 노동과 자본의 국가 간 이동과 문화 다양성

현대사회를 특징짓는 또 하나의 중요한 요소는 지구화(globalization)이다. 지구화 현상은 국가 간 교역의 자유화(free trade), 노동과 자본의 자유로운 이동을 핵심으로 한다. 이는 근본적으로 전 세계를 단일한 경제권으로 묶는 것을 의미한다. 이미 유럽은 몇몇 국가를 제외하고는 경제적으로 하나의 권역으로 묶여 있으며, 북미 간 자유무역협정(North American Free Trade Agreement: NAFTA) 등 지구의 권역별로 자유무역협정이 체결되고 있다. 한국도 2002년에 칠레와 자유무역협정을 맺은 데 이어, 2007년에는 미국과 자유무역협정을 맺었다. 자유무역협정의 체결은 국가 간 교역의 장벽을 최소화함으로써 교역을 활성화하고 산업발전을 자극하는 효과가 있다. 그러나 한편으로는 자국의 취약한 산업구조를 보호하지 못함으로써 그러한 산업에 종사하는 사람들을 경제적으로 매우 어렵게 만들 가능성이 있고, 식량이나 에너지 산업에 있어서는 장래에 무기로 활용될 수 있다는 위험이 있다.

교역의 자유화는 자본 이동의 자유화를 수반한다. 자유로운 교역을 활성화하기 위해서는 생산조건이 유리한 지역으로 기업을 옮겨 생산 원가를 낮추는 것이 필요하다. 이를 위해 각국의 기업들은 인건비가 싸거나 생산 원가가 낮은 다른 국가로 생산 기반을 옮기는 일이 빈번하다. 또한 그러한 기업에 투자함으로써 이익을 추구하기도 한다. 국가 간 자본의 이동이 자유롭게 됨으로써 경제가 활성화되고 고용이 창출되는 긍정적인 효과가 있는 반면, 이러한 자본이 일시에 철수하게 되는 경우 경제 공황을 맞을 수 있는 위험도 동시에 존재한다. 한국의 1997년 경제위기는 국내 시장에서 발생한 국지적 사건이 아니라 세계적으로 발생한 금융위기의 영향을 심하게 받은 결과라고 할 수 있다. 이러한 금융위기를 극복하는 과정에서 우리는 국제통화기금(International Monetary Fund: IMF)과 세계은행(World Bank) 등으로부터 외환을 차입하게 되었고, 이 과정에서 국내 시장의 조건을 강제로 조정당하는 경험을 하였다.[2] 1997년의 경제위기는 세계화 시대에 한 국가의 경제 조건은 국내의 상황과 조건에 의해 결정되는 것이 아니라 지구 전체의 경제 조건에 의해 결정된다는 것을 실증적으로 증명하는 사건이다.

　세계화 시대의 또 하나의 특징은 노동의 국가 간 이동이 자유로워진다는 것이다. 기업들은 더 나은 생산조건을 찾아서 다른 나라로 생산 기반을 옮기기도 하지만, 외국의 값싼 노동력을 국내로 들여와 생산조건을 호전시키려고 하기도 한다. 노동의 국가 간 이전은 이미 오래전부터 있어 왔던 일이긴 하지만, 최근에는 이러한 이동이 더욱 활발해지고 있다. 한국의 경우, 1988년 올림픽 이후 외국인의 유입이 증가하다가 1990년대 중반 이후에 본격적으로 외국인들의 입국이 증가하고 있다. 이주노동자[3]들이 증가하면서 현대 사회는 문화 다양성이라는 새로운 조건에 당면하게 되었다. 다양한 문화적 배경을 지닌 사람들이 모여 살게 되면서, 자국 중심 혹은 자문화 중심의 태도나 행동보다는 다문화 중심의 태도나 행동이 요구된다. 즉, 단일한 문화를 형성하기보다는 서로 상대방의 문화를 존중하면서 다양한 문화 속에서 생활하는 것을 익히고 그에 익숙해질 수 있도록 하는 것이 필요하다.

학습과제

1. 사회복지라는 추상적 개념은 개인의 삶과 어떤 직접적인 관련을 갖는 것일까? 다음 사례별로 욕구가 무엇인지, 어떤 사회복지 프로그램으로 대응할 수 있는지 논의해 보자.

   [사례 1] 부모가 교통사고로 사망하여 3세, 5세의 남매만 남겨졌다.

   [사례 2] 알코올중독 증세가 있는 아버지와 지적장애인 어머니를 둔 초등학교 3학년 영우는 무단결석이 잦고 학업을 따라가지 못하며, 아버지에게 매를 맞기도 한다.

   [사례 3] 맞벌이 부부가 코로나19 감염병 시기, 사회적 거리두기로 일과 자녀돌봄 문제로 인한 갈등을 겪고 있다.

---

2) 이 과정에서 한국은 대량 정리해고로 실업자가 증가하였고, 금융권의 대출 이자율 상승으로 신용불량자가 증가하였으며, 이에 따라 가계 소비가 급격히 위축되면서 매우 심각한 경제위기를 경험하였다.
3) UN에서는 외국인 노동자(foreign worker)라는 용어보다는 이주노동자(migrant worker)라는 용어를 쓰기를 권한다.

[사례 4] 은퇴한 베이비부머 세대의 가장이 자녀 교육비와 노부모 부양비 및 자신들의 노후 대비 등을 감당할 수가 없다.

[사례 5] 자녀와 따로 살던 70대 노부부 중 남편이 치매 증세를 보이기 시작했다. 자녀들과 합가할 사정도 못되고, 고혈압과 당뇨 증세가 있는 고령의 부인이 재정적 · 신체적으로 남편을 돌보기도 어렵다.

2. 결혼적령기, 핵가족 모델이나 남성생계부양자 모델과 같은 기존의 고정관념이 변화하고 있는 현실을 염두에 두고 저출생 · 고령화에 대응하기 위한 사회복지 접근에 대해 토의해 보시오.

3. 다양한 문화적 배경을 가진 사람들이 조화롭게 생활하기 위해서는 어떤 사회적 노력이 필요한지 논해 보시오.

참고문헌

손병덕, 강란혜, 백은령, 서화자, 양숙미, 황혜원(2008). **인간행동과 사회환경(2판).** 서울: 학지사.

Barker, C., & Lavalette, M. (2014). *Welfare changes and social movements.*

Brody, E. M. (1977). *Long-term care for the older people: A practical guide.* New York: Human Service Press.

Carter, B., & McGoldrick, M. (Eds.). (1989). *The changing family life cycle: A framework for family therapy* (2nd ed.). Boston, MA: Allyn & Bacon.

Dunkel, C. S., & Harbke, C. (2017). A review of measures of Erikson's stages of psychosocial development: Evidence for a general factor. *Journal of Adult Development, 24,* 58-76.

Macarov, D. (1995). *Social welfare: Structure and practice.* London: Sage Publications.

Maslow, A. H. (1954). *Motivation and personality.* New York: Harper.

McLeod, S. (2013). Erik Erikson's stages of psychosocial development.

OECD (2023).

Webb, S. A. (2006). *Social work in a risk society.* New York: Palgrave.

Zastrow, C. (2016). Generalist Social Work Practice.

통계청 국가통계포털 KOSIS(2023). kosis.kr/index.do
https://kosis.kr/statHtml/statHtml.do?orgId=101&tblId=DT_1BPA201&conn_path=I3

제2장

사회복지의 개념과 학문적 성격

학습개요와 학습목표

이 장에서는 사회복지의 개념을 다양한 각도에서 고찰하고 정의하며, 사회복지를 구성하는 개별 요소들이 상호 간에 어떤 관련성을 맺고 있는지 입체적으로 이해하도록 한다. 그리고 학문으로서 사회복지학의 위상과 연구방법을 고찰한다. 이 장의 학습목표는 다음과 같다.

● 목적으로서의 사회복지의 개념과 수단으로서의 사회복지의 개념을 이해한다.
● 넓은 의미의 사회복지의 개념과 좁은 의미의 사회복지의 개념을 이해한다.
● 체계의 구성과 필수기능을 이해한다.
● 사회복지 기능을 수행하는 개별 제도들의 특성과 기능을 체계론적 관점에서 파악한다.
● 사회복지학의 학문적 정체성과 타 학문과의 관계를 이해한다.

1. 사회복지의 개념

1) 사회복지의 어휘적 개념

사회복지(社會福祉, social welfare)는 '사회적(社會的, social)'이라는 형용사와 '복지(福祉, welfare)'라는 명사의 합성어이다. 사전[1]에서는 '사회적(social)'이라는 형용사를 "인간 사회, 개인과 집단의 상호작용 또는 사회 구성원으로서 인간의 복지에 관계되는" 혹은 "인

---

1) Merriam-Webster Online Dictionary, http://www.m-w.com

간 상호 간에 협력적이고 상호 의존적인 관계를 구성하려는 경향이 있는"으로 설명하고 있다. 그리고 '복지(welfare)'라는 명사에 대해서는 크게 두 가지 뜻으로 설명하는데, 첫째는 "행운(good fortune), 행복(happiness), 안녕(well-being), 번영(prosperity) 등의 관점에서 잘 지내는 상태"로, 둘째는 "도움을 필요로 하는 사람에 대해 돈이나 물건으로 돕는 것, 혹은 그러한 도움을 주는 기관이나 프로그램"으로 정의하고 있다. 즉, 복지란 "사회 내에서 인간이 누려야 할 바람직한 상태를 의미하는 동시에 그러한 상태에서 살고 있지 못한 사람들을 돕는 수단이나 조치"를 의미한다. 이러한 개별적인 정의를 합쳐서, 사회복지는 "취약한 계층들을 위한 공공 혹은 민간의 조직화된 사회 서비스"로 정의된다. 한편, 사전에서는 사회복지를 "국민의 생활안정과 복리향상을 추구하는 광범한 사회적 시책의 총체"로 정의하고 있다.

'사회적'이라는 단어가 사회 내에서의 인간의 관계를 중요시하고, 이 관계를 통해 인간의 생활이 영위된다는 점을 강조하고 있다는 점에서, 사회복지는 사회 구성원들 간의 협력적이고 공동의 노력을 전제로 한다는 것을 알 수 있다. 또한 사회복지는 개인의 행복이나 안녕뿐 아니라 사회 전체의 행복과 안녕을 의미하는 개념이라고 할 수 있다. 더불어 사회복지에서 '사회적'이라는 형용사는 '경제적(economic)'이라는 형용사의 상대 개념으로 이해된다. 즉, 개인이나 사회의 복지를 이윤 추구 등의 경제적 수단을 통해 이루는 것이 아니라 상부상조와 이타주의와 같은 사회적 동기와 수단에 의해 이루려고 한다는 점에서 '사회적'이라는 것이다(김상균, 1987). 이는 근대 이후에 제도로서의 사회복지가 자본주의 시장경제 체제에서 발생하는 다양한 문제를 사회 구성원들의 집합적 노력, 즉 상호부조, 연대, 참여 등을 통해 예방, 완화 및 해결하고자 하는 시도로 이해되어야 함을 의미하기도 한다.

'복지'는 어휘적으로 두 가지 의미를 동시에 포함하고 있다. 하나는 행복, 안녕, 번영 등 인간이 누리고 있는 바람직한 상태를 의미하는 것이고, 다른 하나는 그러한 바람직한 상태를 누릴 수 있도록 제공되는 서비스나 정책을 의미한다. 즉, 복지는 인간이 사회생활을 통해 누려야 할 궁극적이고 바람직한 상태인 동시에 그러한 상태에 도달하기 위한 구체적인 사회적 수단, 즉 정책이나 구체적인 서비스 등을 의미하기도 한다. 한편, 복지는 유사한 의미를 갖는 다른 개념들과 종종 구별 없이 사용되기도 하는데, 예를 들어 철학적 개념으로서의 '행복'이나 심리학적 개념으로서의 '안녕' 등이 있다. 이러한 개념들 모두 인간이 누려야 할 행복한 상태나 바람직한 상태를 의미하고 있지만, '복지'가 갖는 이중적 의미, 즉 궁극적 상태로서의 의미와 수단으로서의 의미를 동시에 내포하고 있지

는 않다. 따라서 행복이나 안녕[2] 등의 개념은 복지와 유사한 의미를 갖기는 하지만 훨씬
더 추상적이거나 형이상학적인 개념으로 받아들여진다.

2) 사회복지의 이론적 개념

사회복지는 인간이 사회적 관계를 통해 누려야 할 바람직한 상태를 의미하는 목적으로
서의 개념과 그러한 상태를 달성하기 위한 구체적인 수단으로서의 개념의 의미를 동시에
내포하고 있다. 사회복지의 이러한 이중적 개념은 사회복지를 학문적으로 정의하거나
그 영역을 규정하는 데 매우 중요한 지침을 제공한다. 여기서는 목적으로서의 사회복지
의 개념과 이를 달성하기 위한 수단으로서의 사회복지의 개념을 구분하여 살펴본다.

(1) 목적으로서의 사회복지

사회복지를 그 자체로서 인간사회가 달성해야 할 하나의 목적으로 이해하자면, 이는
사회 내에서 인간이 누려야 할 바람직한 상태를 의미한다. 그러나 사회복지는 개인이나
가족의 개별적이고 사적인 행복이나 안녕 상태를 의미하는 것이 아니라, 그 사회의 문
화, 제도, 정책 등에 의해서 사회 구성원 누구나가 차별 없이 누릴 수 있는 삶의 조건 혹
은 그러한 상태를 의미하는 것이다. 다시 말해서, 현대사회에서 사회 구성원 누구나가
당할 수 있는 위험 혹은 문제를 사회의 집합적 노력을 통해 예방, 완화 그리고 해결함으
로써 바람직한 상태의 삶을 유지하는 것이 사회복지라고 할 수 있다.

그렇다면 바람직한 상태라는 것은 무엇인가? 이에 대한 답은 대한민국 「헌법」에서 찾
을 수 있다. 「헌법」 제10조는 "모든 국민은 인간으로서의 존엄과 가치를 지니며 행복을
추구할 권리를 가진다."라고 규정하고 있다. 즉, 국가는 모든 국민이 인간으로서의 존엄
과 가치를 유지할 수 있도록 해야 하며, 행복을 추구할 권리가 있음을 인정해야 한다. 물
론 이것이 국민의 행복 추구에 대한 국가의 의무를 적극적으로 규정한 것이라고 할 수는
없으나, 기본적으로 모든 국민이 추구하는 바람직한 상태의 삶을 규정하는 법적 조항이
라고 할 수 있다.

---

2) 안녕(well-being)은 행복하고 건강하며 풍요로운 상태를 말하며, 근본적으로는 복지(welfare)와 다를 것이
없는 개념이다. 다만 복지가 안녕보다 구체적인 제도 또는 정책을 가리키는 경향이 있다.

모든 인간이 인간으로서의 존엄과 가치를 유지하면서 행복을 추구할 수 있는 구체적인 삶의 조건이란 무엇인가? 인간은 누구나 자신의 삶을 행복하게 유지하려고 한다. 행복한 삶을 이루기 위한 개인의 조건은 모두 다르다. 어떤 사람은 경제적인 풍요를 통해서 행복을 이룰 수 있다고 믿으며, 또 다른 사람은 정신적인 만족을 통해 행복을 얻는다고 믿는다. 이러한 개인의 개별적이고 사적인 행복의 조건을 사회적으로 충족하는 것은 불가능하다. 사회복지란 이러한 개인의 개별적이고 사적인 행복의 조건을 충족시키는 것이 아니라, 사회 내에서 인간이 갖는 보편적이고 공통적인 문제 혹은 그로부터 발생하는 욕구를 충족시키는 것을 의미한다고 할 수 있다.

예를 들면, 동서고금을 막론하고 어떤 사람도 나이가 들어 노인이 되는 것을 피할 수 없다. 노인이 되면 일반적으로 체력이 저하되고, 질병에 걸릴 위험이 높아지며, 일자리를 잃을 가능성이 높아진다. 심리적으로는 외로움과 후회, 우울함과 분노 등을 경험할 가능성이 높아진다. 개인의 사회경제적 조건에 따라 이러한 문제들이 조금씩 다르게 영향을 미칠 수는 있어도, 대부분의 노인에게 이러한 문제들은 공통적이고 보편적이다. 다른 예를 들어 보자. 대부분의 사람들은 성인이 되면서 결혼을 하고, 아이를 낳아 가정을 이루게 된다. 아이를 낳게 되면 누군가가 아이를 돌보는 일을 해야 한다. 부부가 함께하든 부부 중에 한 사람이 주로 하든, 아이를 돌보는 사람이 필요하다. 만약 부부가 모두 일을 해야 한다면 다른 누군가가 아이를 돌보아 주어야 한다. 아이를 돌보는 일은 가족 내에서 해결해야 하는 개별적인 책임이기도 하지만, 이 사회를 유지하고 건강한 시민을 육성한다는 의미에서 사회적인 책임이기도 하다. 만약 가족 내에서 아이를 돌보아 줄 사람이 없다면 부부 중 한 사람은 다니고 있던 직장을 그만두어야 할지도 모른다. 인간에게는 이러한 보편적인 문제와 욕구가 있다. 특히 자본주의 사회 하의 사람에게는 이러한 문제들이 개인의 삶의 조건에 크게 영향을 미치기 때문에 사회 구성원의 집합적 노력에 의해서 문제를 예방하고 해결할 수 있는 방안을 마련하는 것이 필수적이다. 이렇게 현대 사회에서 모든 사람이 보편적으로 경험할 수 있는 문제나 욕구에 대해 사회적인 대응 방안을 마련하여 바람직한 상태의 삶을 유지하는 것을 사회복지라고 할 수 있다.

목적으로서의 사회복지는 국가와 사회 내의 다양한 제도와 정책을 수렴하는 경향이 있다. 국가의 제도와 정책은 궁극적으로 국민의 삶을 편안하게 하고 행복하게 하는 것을 목적으로 하기 때문에, 사회복지를 목적으로 인식하게 되면 대부분의 사회 정책 및 제도를 사회복지를 위한 것으로 이해하게 된다.

사회복지를 하나의 목적으로만 이해하게 되면 독자적이고 배타적 경계를 갖는 고유

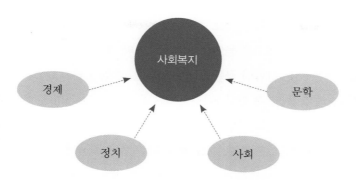

[그림 2-1] 목적으로서의 사회복지

한 정책 영역으로서의 정체성이 모호해질 가능성이 있다. 경제, 정치, 사회, 문화 등 사회 내의 모든 제도와 정책이 궁극적으로 사회복지를 위해 존재하는 것으로 설명되기 때문에([그림 2-1] 참조), 사회복지는 하나의 특정한 영역이나 분야로서 이해되는 것이 아니라 그 사회가 존재해야 하는 이상적인 이유로서 이해된다. 이렇게 되면 사회복지를 실체적으로 인식하고 이해하는 것이 아니라 지나치게 관념적으로 파악하게 될 가능성이 있다.

사회복지는 관념적으로만 존재하는 개념이 아니다. 사회복지는 구체적인 문제와 욕구를 대상으로 해결 방안을 제시하고자 하는 현실적인 노력이다. 이러한 관점에서 사회복지는 목적인 동시에 수단으로서의 의미를 갖는 것이다.

(2) 수단으로서의 사회복지

수단으로서의 사회복지는 모든 사람이 바람직한 수준의 삶을 유지하기 위해 사회적으로 제공되는 구체적인 서비스나 정책 혹은 제도 등을 통칭하는 개념이라고 할 수 있다. 즉, 인간이 누려야 할 이상적인 상태뿐 아니라 그러한 상태를 달성하기 위해 사회적으로 필요한 조치들을 사회복지라고 할 수 있다.

사회복지를 수단으로서 인식하게 되면 현대사회에서 인간이 당면하게 되는 보편적이고 공통적인 문제들을 예방·해결하기 위한 현실적이고 실천적인 활동으로서 사회복지를 이해하게 된다. 인간이 당면하는 문제들 중에서 어떤 문제를 보편적이고 공통적인 것으로 이해할 것인가 하는 것은 역사적·문화적으로 매우 상이하다고 할 수 있다. 예를 들면, 한국에서 전통적으로 모든 사람이 겪을 수 있는 문제로 여겨 온 것은 이른바 환(鰥, 홀아비), 과(寡, 홀어미), 고(孤, 부모 없는 아이), 독(獨, 자식 없는 이), 노(老, 노인), 병(病, 병든 이) 등이다. 사회보장제도의 기틀을 마련한 영국의 윌리엄 베버리지(William Beveridge)

는 당시의 사회가 해결해야 할 문제로 결핍(wants), 무지(ignorance), 질병(disease), 나태(idleness) 그리고 불결(squalor)을 들었다. 현대 국가의 사회보장제도를 중심으로 살펴보면, 대부분의 국가는 모든 사람이 공통적으로 당면할 수 있는 문제로 노령, 질병, 재해, 실업 등을 인식하고 있음을 알 수 있다. 이러한 문제들은 개인의 특성에 상관없이 보편적으로 당면할 수 있는 문제들로서, 자본주의 사회에서 이러한 문제들은 결국 개인의 노동시장 참여를 위축시키게 되고, 궁극적으로는 빈곤의 위험에 처하게 한다. 따라서 국가는 이러한 문제들을 적극적으로 예방하거나 해결할 수 있는 방안들을 마련할 필요가 있다.

자본주의 사회에서 개인의 행복과 복지는 경제적 상태와 지위에 따라 결정된다. 그런데 개인의 경제적 상태와 지위는 주로 일자리로부터 얻는 시장소득(market income)에 의해 결정되기 때문에, 개인이 노동시장에 참여할 수 있느냐 없느냐 하는 것은 매우 중요하다. 개인의 경제적 지위와 상태는 개인이 소유하고 있거나 부모로부터 물려받은 재산(asset)에 의해서 결정되기도 하고, 신용(credit) 상태 등에 의해서 결정되기도 하지만, 자본주의 사회에서 개인의 경제적 지위를 결정하는 가장 중요하고 보편적인 요인은 시장소득이다. 또한 노동시장에 참여한다고 하더라도 좋은 일자리를 갖느냐 나쁜 일자리를 갖느냐 하는 것이 소득의 양에 직결되기 때문에, 인간이 당면하는 문제들인 노령, 질병, 재해, 실업 등은 결국 개인의 복지에 매우 중요한 영향을 미치는 요인이 된다. 국가와 사회는 이러한 보편적인 문제들을 예방하거나 해결하기 위해 제도적인 장치를 마련할 필요가 있다. 이것이 바로 사회복지이다.

사회복지를 수단으로서 인식하는 것은 구조기능적 관점(structural functionalistic perspective)을 필요로 한다. 즉, 사회는 그 자체를 유지하고 존속시키기 위해 필요한 몇

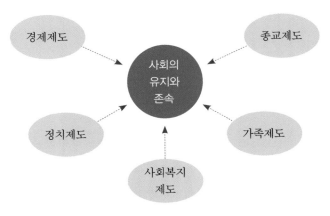

[그림 2-2] 수단으로서의 사회복지

가지 제도와 기능들이 있는데 그중의 하나가 사회복지라는 것이다. 예를 들면, 자원의 분배를 위해서는 경제제도(economic institution)가 필요하고, 사회를 통제하기 위해서는 정치제도(political institution)가 필요하며, 사회 구성원을 재생산하고 사회화하기 위해서는 가족제도(family institution)가 필요하듯이, 사회 구성원의 상부상조를 위해서는 사회복지제도(social welfare institution)가 필요하다([그림 2-2] 참조).

일반적으로 사회복지제도는 사회보장(social security)제도의 법률적 형식을 갖는다([그림 2-3] 참조). 사회보장제도는 공공부조제도와 사회보험제도, 그리고 사회서비스로 구분된다. 사회보장제도의 구체적인 내용에 대해서는 이 책의 다음 부분에서 다루기로 하고, 여기서는 이러한 제도의 구조에 대해서만 살펴보기로 한다.

공공부조제도는 일정한 소득 이하의 국민을 그 대상으로 하여, 국가가 무상으로 생계비와 각종 서비스를 제공하는 제도이다. 한국에는 국민기초생활보장제도가 공공부조제도에 속한다. 한편, 사회보험제도는 모든 국민이 보편적으로 당면할 수 있는 사회적 위험에 대비하여 실시하는 것으로서 보험의 원리를 활용한 제도이다. 즉, 소득의 일부를 보험료로 납부하였다가 보험 사유가 발생하였을 때, 보험 급여를 받는 제도이

[그림 2-3] 사회보장제도의 구조

다. 사회보험제도에는 공적연금(public pension), 건강보험(health insurance), 실업 보험 (unemployment insurance), 산업재해보상보험(worker's compensation) 그리고 노인장기요 양보장보험이 있다.

사회서비스는 모든 국민을 대상으로 인간다운 생활을 보장하고, 삶의 질을 향상시키 기 위해 지원하는 제도이다. 사회서비스는 복지, 보건의료, 교육, 고용, 주거, 문화, 환경 등의 분야에서 다양한 방법을 통해 제공된다.

3) 한국의 사회복지 개념의 변천

한국 사회에서 현대적 의미에서의 '사회복지' 또는 '복지'라는 용어가 처음 사용된 것 은 아마도 1960년대 초이다. 이 시기는 1945년의 해방과 1950년대의 한국전쟁을 끝내고 근대화를 시작하던 시기이다. 일제 강점기와 한국전쟁은 한국이 자발적이고 자생적으 로 산업화와 근대국가를 형성할 수 있는 기회를 지연시켰을 뿐 아니라 한국을 세계에서 가장 빈곤한 국가로 추락시키는 결정적인 원인이었다. 이러한 의미에서 1960년대의 산 업화는 한국에서 20세기 초에 단절된 산업화와 근대화의 역사를 잇는 중요한 출발점이 라고 할 수 있다. 이 시기의 한국 사회는 분단과 전쟁에서 비롯된 빈곤에 시달리면서 국 가의 경제적 성장을 위해 모든 국민이 희생과 복종을 강요당하였다. 이 시기에 형식적이 나마 제도적인 사회복지가 등장하게 되었고, 실질적인 내용을 갖춘 정책으로서의 사회 복지는 1970년대 초에 제정된「사회복지사업법」을 통해 나타나게 되었다. 사회복지라는 개념도 이러한 역사적 상황과 맥을 같이하면서 등장하기 시작했다고 할 수 있다. 이 시 기의 사회복지는 '가난하고 궁핍한 사람들에 대한 '구제' 혹은 '자선'으로서의 의미를 갖 고 있었다. 사회복지라는 단어는 1980년대 권위주의 시대를 거치면서 한국 사회에 본격 적으로 전파되고 통용되었다. 이 시기에는 정통성을 확보하지 못한 정권이 이른바 '복지 국가 건설' 등의 국정 지표를 내세우면서 국민의 지지를 얻어 내기 위해 복지정책을 수립 하기 시작하였다. 또한 대학에 사회복지 교육과정이 본격적으로 설립되기 시작한 것도 이 시기이다. 형식적 사회복지의 틀을 갖추어 가면서 사회복지전담공무원과 사회복지관 등의 서비스 전달 체계가 수립되기 시작하였다.

1990년대에 들어서 민주주의 정권이 수립되고 이른바 세계화와 신자유주의 이념이 급속히 확산되면서, 우리 사회에서 사회복지의 의미는 이전과는 다르게 받아들여지게 되었다. 즉, 국민소득이 1만 달러를 넘어서고 중산층이 증가하면서, 사회복지는 단순히 가난한 사람에 대한 자선적 구제사업의 의미를 넘어서서 모든 국민의 인간다운 삶과 행복한 생활을 보장하기 위한 사회적 장치와 제도의 의미로 받아들여지게 되었다.

4) 사회복지의 정의

(1) 관점의 범위에 따른 정의: 넓은 의미와 좁은 의미

사회복지의 정의는 관점에 따라서 넓은 의미와 좁은 의미를 갖는다. 사회복지를 연구하는 학자들도 이러한 관점의 차이를 나타낸다.

로매니신(Romanyshyn, 1971)은 사회복지를 "개인과 사회 전체의 복지를 증진시키려는 모든 형태의 사회적 노력"으로 정의하고, 여기에 사회문제의 치료와 예방, 인적자원의 개발, 인간생활의 향상에 직접 관련을 갖는 일체의 시책과 과정뿐 아니라 사회제도를 강화시키거나 개선시키려는 노력을 포함시켰다. 프리들랜더와 앱트(Friedlander & Apte, 1980)는 사회복지를 "국민의 복지를 도모하고 사회질서를 원활히 유지하는 데 반드시 필요하다고 생각되는 사회적 욕구를 충족시키기 위한 제반 시책"으로 정의하면서, 이를 위한 법, 프로그램 그리고 급여(benefits)와 서비스를 포함하였다. 이러한 정의들은 사회복지를 사회 내의 모든 구성원에게 필요한 제도와 조치로서 규정하는 것으로 넓은 의미의 정의라고 할 수 있다.

한편, 사회복지를 사회 내 모든 구성원의 복지를 향상시키기 위한 제도 또는 조치로서 이해하는 것이 아니라, 취약한 계층이나 인구집단에게 한정적으로 필요한 것으로 이해한 학자들도 있다. 예를 들면, 카두신(Kadushin, 1972)은 사회복지를 "저소득층, 장애인, 노인 등 특수 계층의 욕구를 충족시키려는 정책, 급여, 프로그램 및 서비스"로 정의하였다. 채터지(Chatterjee, 1996) 역시 사회복지를 "빈곤, 노령, 신체적 혹은 정신적 장애, 질병, 기타 특정한 사항으로 인해 도움을 필요로 하는 사람들에게 현금이나 물품, 기타 서비스를 제공하는 것"으로 정의하고 있다. 사회복지를 사회 내의 취약한 계층이나 도움을 필요로 하는 사람들(the needy)만을 위한 것으로 이해하는 이러한 정의는 좁은 의미의 정의라고 할 수 있다.

사회복지를 넓은 의미에서 정의할 것인가, 아니면 좁은 의미에서 정의할 것인가 하는 것은 한 사회에서 사회복지 제도 및 정책을 수립하는 데 매우 중요하다. 사회복지를 넓은 의미에서 정의하게 되면, 국가나 사회는 모든 국민을 위한 포괄적이고 보편적인 제도를 수립하고 실행하는 데 노력할 가능성이 높다. 반대로 사회복지를 좁은 의미로 정의하게 되면, 사회 내에서 반드시 도움을 필요로 하는 사람들만을 대상으로 하는 제도나 정책을 수립하고 실행할 가능성이 높다.

모든 국민을 대상으로 포괄적이고 보편적인 사회복지제도와 정책을 실행하는 것은 제도와 정책에 있어서 개인 간 차별을 최소화하고, 누구든지 그 사회의 구성원이라는 것만으로 같은 제도의 혜택을 입을 수 있게 된다. 이렇게 됨으로써 사회 내 구성원들 간의 통합이 촉진되고 공동체 의식이 함양될 수 있다. 그러나 포괄적이고 보편적인 사회복지 제도와 정책은 도움이나 혜택이 없어도 살아갈 수 있는 많은 사람을 대상으로 하기 때문에 사회 내의 자원을 효율적으로 활용하지 못하고, 결과적으로는 절실하게 도움을 필요로 하는 사람들에게 가야 할 자원을 낭비하는 결과를 초래할 수도 있다. 즉, 사회통합(social integrity) 효과는 높지만, 경제적 효율성(economic efficiency) 효과는 낮다. 한편, 취약 계층만을 대상으로 하는 좁은 의미의 사회복지제도와 정책을 실시하는 경우에는 사회 내에서 도움을 필요로 하는 사람들에게 집중적으로 자원을 배분하고 서비스를 제공하기 때문에 소득 재분배 효과가 크다. 또한 자원을 낭비하지 않고 꼭 필요한 사람에게 배분함으로써 경제적 효율성을 높일 수가 있다. 사회복지의 목적은 모든 사람이 편안하고 행복한 생활을 할 수 있도록 돕는 것이기 때문에 사회적 약자와 위험에 처한 사람을 도움으로써 개인 간의 차이를 줄이는 것은 매우 중요하다. 그러나 특정 계층에게만 서비스를 제공함으로써 사회 구성원들 간의 차별을 낳을 수 있고, 국가나 사회로부터 도움을 받는 사람들에게는 수치심을 유발할 가능성이 있다. 게다가 과도하게 국가나 사회의 도움에만 의지해서 살아가려고 하는 도덕적인 위기에 빠질 가능성이 있다는 우려가 제기되기도 한다. 즉, 좁은 의미의 사회복지 제도와 정책의 실행은 경제적 효율성은 높지만 사회통합의 효과는 낮다.

(2) 기능에 따른 정의: 제도적 개념과 잔여적 개념

사회복지는 그것이 사회 내에서 어떻게 기능하느냐에 따라 다르게 정의될 수 있다. 윌렌스키와 르보(Wilensky & Lebeaux, 1970; 장인협 역, 1979)에 따르면, 사회복지는 제도적 개념(institutional concept)과 잔여적 개념(residual concept)[3]으로 구분된다. 잔여적 개념

---

3) 학자들에 따라서는 보충적 개념이라고 하기도 하는데, 잔여적 개념이라는 것이 원문의 내용에 충실한 것으로 여겨진다.

으로서의 사회복지는 가족이나 시장경제가 제 기능을 원활히 수행하지 못할 때 생기는 문제를 보완 또는 해소하기 위한 것으로서 사회복지를 이해한다. 즉, 사회복지는 사회제도의 기능을 임시로 보충하는 것이 된다. 이에 비해 제도적 개념으로서의 사회복지는 현대사회에서 가족과 시장경제가 제 기능을 수행하는 것이 불가능하기 때문에 사회를 유지하기 위해 독특하고 필수적인 기능을 수행하여야 하는 것으로 이해된다. 즉, 사회 구성원 간의 상부상조는 다른 사회제도의 기능과는 구별되며, 독립적으로 수행되는 별도의 제도라는 것이다.

사회 구성원들이 당면하는 위험에 대해서 국가나 사회가 제도를 통해 해결하려고 하는 경우도 있지만, 어떤 경우에는 새로운 제도를 만들지 않고 기존의 제도나 체제를 통해 그러한 문제를 해결하려고 시도하는 경우도 있다. 예를 들면, 현재 대부분의 국가들은 노령(aging)이라는 문제를 사회적 위험으로 간주한다. 이는 노령이 개인이 맞이하는 생물학적 변화 혹은 발달단계적 상태를 넘어서서 사회 전체에 영향을 주는 문제라는 것에 사회적 합의가 이루어졌다는 것을 의미한다. 노령은 건강의 약화와 소득의 손실을 야기하며, 부양을 위한 사회적 자원을 요구한다. 또한 노인이 가진 물질적·비물질적 자원은 사회의 유지와 발전에 매우 필요한 것이다. 따라서 국가와 사회는 노인의 생활을 편안하게 유지할 수 있도록 함으로써 개인적 요구와 사회적 요구를 동시에 충족시킬 수 있다고 믿는 것이다. 이러한 확신은 노인문제에 대응하는 사회제도를 만들게 하였다. 공적연금제도나 요양보험제도는 이러한 문제의식을 통해 만들어진 사회복지제도라고 할 수 있다. 이러한 경우 노령에 의한 소득 손실과 건강 약화는 사회문제로 인식된 것이며, 노인문제에 대한 사회적 대응은 제도화되었다고 할 수 있다. 이것이 제도적 개념의 사회복지이다.

다른 예를 들어 보자. 현대사회에서 대부분의 사람들은 결혼을 해서 출산을 하게 된다. 출산은 남녀 간의 결혼생활을 통해 자연스럽게 발생하는 상황이다. 출산을 통해 가족이 재생산되고, 거시적 관점에서 사회가 유지된다. 그러나 개인의 관점에서 출산은 매우 중요한 생물학적 변화이며 인생주기의 전환(life transition)이다. 출산을 하는 과정에서 의학적으로 매우 위험할 수도 있으며, 출산 전후의 건강관리는 산모나 아기 그리고 그 가족 모두에게 매우 중요한 과제이다. 어떤 사회에서는 이러한 출산 과정의 위험과 문제들을 심각하게 인식하고 사회적인 것으로 받아들인다. 그래서 출산을 앞두고 있는 산모와 가족에게 각종 서비스와 급여를 제공한다. 직장에서는 유급휴가를 주도록 법으로 강제하고, 출산 후에도 일정 기간 아이를 양육할 수 있는 기회와 서비스를 제공한다. 이것은 산모와 남편 모두에게 적용된다. 그러나 어떤 사회에서는 출산의 위험에 대한 사회적 인식이 매우 낮다. 출산은 개인 또는 그 부부에게 발생한 일에 불과하며, 따라서 국가와 사회가 제도적으로 대응하여야 할 필요를 적게 느끼거나 아예 전혀 느끼지 않는 경우도 있다. 이러한 경우에는 직장에서의 배려나 사회적 서비스는 기대하기 어렵다. 출산의 위험은 전적으로 개인과 가족에게 부과되며, 개인과 가족은 자신이 가진 자원을 동원하여 이 문제를 해결하여야 한다. 이러한 경우 출산이라는 문제는 그 사회에서 '사회적'인 것으로 인식되지 않기도 한다. 따라서 별도의 제도를 통해 대응되지 않으며, 가족이라는 기존 제도의 책임 영역으로 전가되는 것이다. 결국 출산이라는 문제는 가족이라는 기존의 제도가 잔여적으로 대응해야 하는 문제가 된 것이다.

　자본주의 사회에서 가족이나 시장경제는 구조적으로 제 기능을 원활히 수행하지 못하게 되었다. 산업화가 진행되면서 가족은 예전의 생산 공동체로서의 특성을 거의 잃었다. 가족 구성원들 중에서 일할 수 있는 사람들은 대부분 도시로 이주하여 임금 노동자가 되었으며, 노동을 팔아 임금을 벌어야만 살 수 있게 되었다. 즉, 자본주의 사회에서 개인의 노동은 임금을 벌기 위한 수단이며, 개인의 복지는 벌어들인 임금을 어떻게 소비하느냐에 따라 결정된다. 한편, 노동력이 없거나 노동시장에 참여할 의사가 없는 사람들은 여전히 농촌에 남게 되는데, 이에 따라 가족의 분화가 일어난다. 이른바 핵가족화(atomic family) 현상이 일어나는 것이다. 핵가족화 현상은 자녀양육이나 노인부양에 대해 종래의 가족이 가졌던 기능을 약화시켰다. 가족들이 함께 모여 살던 시기에는 자녀양육과 노인부양 그리고 가족 내 특별한 돌봄이 필요한 구성원에 대한 서비스가 가족 구성원들 사이에서 제공될 수 있었으나, 가족이 분화되고 난 이후에는 이러한 역할을 담당할 사람이 없어지게 된다. 이러한 상황은 가족 구성원들 중 일부를 노동시장에 참여할 수 없도록 구조적으로 차단한다. 일반적으로 여성이 이에 해당된다. 이러한 변화는 국가와 사회로 하여금 별도의 제도를 수립할 것을 요구한다. 즉, 이전에 가족이 담당하였던 자녀양육과 노인부양이라는 기능을 사회가 담당함으로써 가족 구성원들의 노동시장 참여를 촉진하고 이를 통해 소득을 유지할 수 있게 되는 것이다. 이러한 정책 방향에 대해서는 찬성과 반대의 논란이 있을 수 있다. 즉, 자녀양육이나 노인부양의 기능을 가족이 담당할 수 있도록 함으로써 노동시장의 참여를 더 공평하게 할 수 있다는 의견도 있다. 어쨌든 특정한 사회문제에 대해 국가와 사회가 이를 제도적으로 대응하느냐, 잔여적으로 대응하느냐 하는 것은 사회복지의 기능에서 매우 중요한 차이이다.

2. 사회복지체계

1) 체계론적 접근의 의의

체계(system)란 원래 생물학적 개념으로서, 전체와 그것을 구성하는 부분 요소들(parts, elements) 간의 관계가 상호 연관된 상호 의존적인 구성체를 말한다. 체계 내의 부분 요소들은 상호 긴밀히 연계되어 일정한 기능을 수행하는데, 부분 요소들 간의 의존적 상호관계로 말미암아 구성요소들은 전체의 존속에 영향을 미치고, 역으로 전체의 존속은 부분들에 의지하며, 하나의 구성요소가 변하면 다른 것이 변하는 관계적 성격을 띤다(김경동, 1985).

사회복지의 체계론적 접근이란 사회를 구성하는 다양한 하위 단위 중에는 사회복지 기능을 행하는 다수의 하위 단위들이 존재한다는 전제조건하에 개별 하위 단위의 특성과 이들 간의 상호 의존적인 관계 파악에 초점에 두고 사회복지 현상을 분석하는 것을 말한다. 즉, 사회복지를 이루는 개별 구성요소들은 각각 독자적인 역할을 수행하면서 동시에 상호 간에 긴밀한 관계를 맺고 있는데 개별 구성요소들이 어떤 기능을 행하며, 상호 간에 어떻게 연계되어 있는지를 이해하는 것이 '체계적(systemetic)' 관점이다.

체계가 수행하는 기능을 이해하는 데는 구조기능적 관점에서 일반체계이론을 정립한 파슨스(Parsons, 1951)의 설명이 유용하다. 파슨스(Parsons, 1951: 김경동, 1985에서 재인용)에 따르면, 하나의 체계가 유지되기 위해서는 반드시 필요한 네 가지 기능적 필수요건 (functional prerequisites)이 있다. 이 네 가지 기능은 AGIL로 약칭되는데, 적응(adaption: A), 목표달성(goal attainment: G), 통합(integration: I) 그리고 잠재유형 유지와 긴장관리 (latent pattern maintenance and tension management: L) 기능을 말한다.

적응기능은 체계가 환경에 적응하기 위해 필요한 자원을 확보하는 경제적 기능을 말하며, 목표달성 기능은 체계가 목표를 설정하고 이를 달성하기 위해 구성원들을 동원하는 정치적 기능을 말한다. 통합기능은 부분들의 활동을 조정하고 효과적인 작업 관계를 성취할 수 있는 능력을 갖추는 것을 말한다. 마지막으로, 잠재유형 유지와 긴장관리 기능은 체계의 각 부분 요소가 온당한 행위 유형을 유지할 수 있도록 하고 부분 간에 야기되는 긴장을 처리하는 것을 말한다.

파슨스는 AGIL의 네 가지 체계기능 간에는 (가장 낮은) A → G → I → L (가장 높은) 순으로 위계질서가 있다고 하였다. 고위 질서체계는 하위 질서체계의 정보를 통제하는 반면, 하위 질서체계는 고위 질서체계에 대하여 그 존재의 바탕이 되는 에너지를 제공해 준다. 그리고 이러한 체계기능과 위계질서 간의 관계는 어떤 체계에든 적용되는 기본 원리라고 주장하였다.

2) 사회복지체계에 관한 기존 논의

체계 개념을 사용하여 사회복지 현상에 접근하는 방식에는 몇 가지가 가능하다. 유력한 방식의 하나는 일반체계이론, 생태체계이론 등 기존의 체계이론에 충실히 입각하여 사회복지체계를 구축하는 것이다. 또 다른 방식은 체계 개념을 사용하되 상당히 제한적으로 체계 개념을 원용하여 사회복지체계를 논하는 것이다. 전자의 예는 최경구(1997)의 연구이며, 후자의 예는 길버트와 터렐(Gilbert & Terrell, 2014)의 연구이다.

(1) 최경구의 한국사회복지체계 논의

최경구는 파슨스의 구조 기능주의적 일반체계이론에 입각하여 우리나라의 사회복지체계를 〈표 2-1〉과 같이 제시하고 있다. 이 주장에 따르면, 우리나라의 사회복지체계는 적응기능(A)을 담당하는 사회복지 자원체계, 목표달성 기능(G)을 담당하는 사회복지 전달체계, 통합기능(I)을 담당하는 사회복지 법체계, 잠재유형 유지 및 긴장처리 기능(L)을 담당하는 사회복지 연구와 실행 체계로 구성된다. 각 복지체계는 다시 다수의 부분 요소

표 2-1   우리나라의 사회복지체계의 필수적 기능과 그 하위 체계들

필수적 기능	사회복지체계	체계의 부분 요소들
적응기능(A) ↑ ↓	사회복지 자원체계	정부자원, 민간자원
목표달성 기능(G) ↑ ↓	사회복지 전달체계	보건복지부, 노동부 사회복지관, 복지사무소
통합기능(I) ↑ ↓	사회복지 법체계	사회보장기본법, 공공부조법, 사회복지사업법 등
잠재유형 유지 및 긴장처리 기능(L)	사회복지 연구와 실행 체계	사회복지대학협의회, 학회 사회복지관협회, 각종 대회 등

출처: 최경구(1997), p. 221.

로 구성된다.

최경구(1997)에 따르면 최하위 체계인 사회복지 자원체계는 적응기능을 수행하는 하위 체계로서 주위 환경에 적응하여 존재하기 위한 자원의 확보와 동원을 담당하며, 그 자원은 정부자원과 민간자원으로 나눌 수 있다. 정부자원은 사회복지와 관련된 정부예산이 대표적이다. 민간자원으로는 민간복지 시설이나 단체 또는 기관의 자체 부담금, 회비, 각종 후원금 등이 있다. 사회복지 전달체계는 사회복지체계의 목표달성 기능을 수행하는 하위체계로서 사회복지체계의 목표를 정하고 실행하기 위한 체계이다. 기본적으로 복지에 대한 의지와 기본 철학에 따라 자원을 배분하는 실천체계이기도 하다. 사회복지 법체계는 통합기능을 행하는 하위체계로서 사회복지체계의 다른 기능들이 분산되거나 중복되지 않도록 하는 법적 장치를 말한다. 사회복지 연구와 실행 체계는 잠재유형유지와 긴장관리 기능을 달성하는 하위 체계로서 사회복지 관련 학회와 기관, 국민이 포함된다.

최경구가 제시한 우리나라의 사회복지체계는 파슨스의 일반체계이론에 입각하여 우리나라의 복지 현상을 분석한 것으로서 우리 사회의 복지 실태를 체계적으로 인식하는 데 많은 도움을 준다. 그러나 다음과 같은 한계점이 지적되고 있다. 첫째, 일반체계이론에 충실하게 사회복지체계를 구축할 경우 일반체계이론이 가지는 한계점 역시 내포하게 된다. 예를 들면, 갈등현상을 부정적으로 보는 일반체계이론을 하위 체계 간 갈등이 상존하는 복지체계 내에 어떻게 받아들일 것인가 하는 문제점을 지적할 수 있다. 둘째, 제시된 사회복지체계는 가족제도, 기업 등 여타의 사회제도에서 이루어지고 있는 사회복지 기능을 충분히 담아내지 못했다. 이것은 이 사회복지체계가 완성된 복지체계라기보다 하나의 시안적인 것으로서 향후 보완 · 발전시켜 나갈 여지가 남아 있음을 의미한다고 하겠다.

(2) 길버트와 터렐의 사회제도론적 체계론

길버트와 터렐(2014)은 사회제도 개념에 기초하여 제도의 주요 조직 형태와 기능을 설명하면서 사실상 사회복지체계와 유사한 내용을 논하고 있다. 그들이 지칭한 사회제도 및 주요 조직(organization)은 사회체계를 구성하는 하위 단위와 동일한 개념이라 할 수 있다. 다양한 사회제도가 행하는 주요 기능 및 사회복지 기능을 요약하면 〈표 2-2〉와 같다.

길버트와 터렐은 사회제도 중 사회복지 기능을 행하는 제도로서 가족제도, 종교제도,

표 2-2 사회제도별 조직 형태와 기능

사회제도	주요 조직 형태	1차 기능	사회복지 기능
가족제도	가족	출산, 사회화, 보호, 애정 나눔, 감성적 지지	가족 부양, 친척 간의 재정 지원
종교제도	교회	영적 계발	믿음에 기초한 건강, 교육, 사회 서비스
직장	기업, 생산공장, 농장	재화와 서비스의 생산	종사자에 대한 급료와 부가급여 제공
시장	생산자(기업) 소비자(가계)	금전을 매개로 재화와 서비스의 교환	사회복지 재화와 서비스의 상업적 제공
상호부조제도	친목집단 자원봉사기관	상호부조, 자선, 박애 사업	자조, 자원봉사, 비영리적 사회 서비스
정부	중앙정부, 주 및 지방 정부	공동목적을 위한 자원 조달과 배분	빈곤 대책, 경제적 안정, 국민보건, 교육, 사회 서비스

출처: Gilbert & Terrell (2014), p. 3.

직장, 시장, 상호부조제도, 정부를 꼽고 있다. 각 제도는 여러 형태의 사회조직으로 구체화되며, 각 조직은 제도에 부여된 주된 기능과 아울러 사회복지 기능을 동시에 행한다. 사회복지 기능을 수행하는 주요 사회제도의 기능에 대해 좀 더 자세히 살펴보면 다음과 같다.

- **가족제도:** 가족은 개인에 대한 사회적 · 경제적 · 정서적 지지의 주된 원천이다. 가족이 행하는 주요 사회복지 기능은 다음과 같다. 첫째, 아동에 대한 사회화 기능이다. 가족은 어린아이의 양육과정에서 사회가 기대하는 행위 유형과 문화의 내용을 학습시키는 사회화 기능을 수행한다.

  둘째, 가족은 구성원들에게 정서적인 면에서 친밀한 유대감을 형성해 준다. 가족 구성원들은 혼인과 혈연관계에 기초한 강한 정서적 유대에 뿌리박고 있기 때문에 다른 인간관계에서는 경험하기 힘든 심리적 안정과 만족감을 누리게 된다.

  셋째, 가족은 아동과 노인, 환자 등 노약자를 보호해 준다. 유아기와 아동기는 물론 취업 연령이 늦춰지고 있는 현대사회에서 청년기 초반까지 경제활동이 불가능한 시기의 개인은 가족 구성원으로서 가족을 통해 의식주를 해결하게 된다.

청·장년기의 경제활동기에도 질병과 사고로 일을 하지 못할 경우 가정의 돌봄을 받게 되며, 은퇴 이후 노년기에도 가족을 통해 돌봄을 받는다. 이처럼 개인의 전 생애를 통해 직접적 경제활동이 불가능한 가족 구성원에 대해 돌봄을 행하는 것이 전통적인 가족의 기능이었다. 그러나 오늘날 핵가족화가 진행되면서 노약자에 대한 가족의 돌봄기능이 현저히 약화되고 사회와 국가에 의한 돌봄기능이 강화되고 있다.

- 종교제도: 종교는 개인에게 마음의 평화와 위안을 얻는 데 도움을 주며, 개인이 삶과 우주의 궁극적 의미와 가치를 찾는 데 준거를 제시한다. 또한 종교는 신자들의 공동체를 통하여 사회적 통합에 기여하며, 사회의 문화적 전통과 가치를 지지하고 전승하는 기능을 행한다. 종교의 이러한 기능 가운데 신자들의 공동체를 통한 사회통합 기능은 사회복지 기능을 포함하고 있다.

빈민을 위한 공공부조제도가 정착되기 전에는 교회에 의한 빈민구제가 주된 빈곤 대책이었던 시기가 있었으며, 오늘날에도 교회를 비롯한 종교단체는 각종 사회복지 활동을 활발하게 전개하고 있다. 이혼문제나 자녀양육상의 문제를 가진 가정에 대해 종교기관이 상담 서비스를 제공하는 예는 흔하며, 드물게는 종교단체가 빈민구제에 직접 나서기도 한다. 예를 들면, 미국의 모르몬교(The Church of the Latter Day Saints)는 빈민을 위해 600여 가지의 음식물 제공 사업을 수행하고 있다. 이를 위해 20개의 통조림 공장과 다수의 농장을 운영하여 매년 20만 명 이상의 빈곤한 교인들에게 육류와 유제품을 무료로 제공하고 있다(Gilbert & Terrell, 2014).

- 직장: 기업, 농장, 대학 등 다양한 형태로 존재하는 직장은 종사자에게 근로의 대가로 급여를 제공하는 곳이다. 근로의 대가로 받는 급여는 대부분의 경우 개인이 살아가는 데 필요한 재화와 서비스를 구매할 수 있게 하는 가장 중요한 자원이 된다. 즉, 현대인은 직장에서 일을 하고 번 소득으로 자신의 생활에 필요한 재화와 서비스를 구매하여 살아가는 것이다. 생산에 참여하고 그 대가로 급여를 제공받는 과정을 경제활동이라 한다.

직장은 근로의 대가로 지급하는 급료 외에 이른바 부가급여(fringe benefit)를 제공함으로써 종사자의 복지를 증진시키는 기능도 담당한다. 예를 들면, 직장은 종사자에게 연금, 건강보험, 각종 상해보험 등을 제공하거나 주거비 보조, 자녀 학비 보조, 휴양소 운영 등 각종 복지서비스를 제공하기도 한다.

- 시장: 시장이란 가격을 매개로 재화와 서비스를 교환하는 사회제도이다. 가격은 금전적인 가치로 표시되므로 시장은 곧 금전적 거래를 통해 생산자와 소비자가 만나

고 판매자와 구매자가 상호 만족을 얻게 하는 제도라고 할 수 있다. 전통적으로 시장은 경제활동을 매개하는 가장 중심적인 기제이다. 그 결과 시장에서 이루어지는 교환은 모두 경제활동으로 인식되어서 국가나 종교단체, 자선단체 등에 의해 사회복지서비스가 무료로 제공되던 시기의 사회복지는 비시장적 영역으로 간주되었다.

그러나 고유한 사회복지 영역으로 간주되어 오던 많은 서비스가 오늘날 시장의 영역에서 생산·거래되고 있다. 이러한 현상을 사회복지의 민영화(privatization) 혹은 시장화(marketization)라고 한다. 특히 아동보육 서비스, 의료 서비스, 노인요양 서비스, 상담 및 약물중독 치료 서비스 등은 상당 부분 시장기제를 통해 제공되고 있다. 따라서 시장도 일정 부문 사회복지 역할을 수행하는 것으로 해석할 수 있다.

- 상호부조제도: 현대사회에도 다양한 형태의 상호부조가 일어나고 있다. 친구, 이웃, 직장 동료 간에 오가는 사적인 도움과 자선기관, 자원봉사기관에 의한 사회적 지원 등이 이러한 상호부조제도의 구체적 형태이다. 보다 어려운 자에게 도움을 주는 상호부조는 사회생활이 상호 긴밀히 연계되어 있으며 상호 간의 의존성이 사회생활의 본질적 측면임을 일깨워 준다.

그러나 사적인 상호부조가 국가의 제도적 개입 확대에 따라 그 역할이 약화되고 있는 것도 사실이다. 예를 들면, 병약한 독거노인을 국가에서 제도적으로 돌보지 않고 있을 때에는 이웃이 수시로 안부를 묻고 때로 식사를 제공하거나 세탁일 등을 도와주기도 하였지만, 국가가 노인돌봄 서비스 제도를 시행하여 정기적으로 독거노인을 돌보게 되면서 이웃의 관심과 원조는 줄어들 수 있는 것이다. 이러한 경우 독거노인의 입장에서는 이웃의 비정기적인 돌봄보다 국가의 정기적이고 제도화된 돌봄이 더 안정적이고 편안할 수도 있겠지만, 파견되는 노인돌보미가 겉치레로 돌봐 준다면 비정기적인 이웃에 의한 돌봄보다 더 나쁠 수도 있다.

- 정부: 정부는 대외적으로 외적의 침입으로부터 자국민을 보호하고, 대내적으로는 질서를 유지하며, 사회 구성원의 복리증진을 위해 투자를 하는 등 다양한 역할을 수행한다. 정부의 다양한 역할 중에서 복리증진 기능을 강조하여 일컫는 것이 현대의 '복지국가'이다. 복지국가는 국민의 경제적 번영과 사회적 안정을 추구하지만 보다 구체적으로는 현대사회에서 발생하는 비복지적 위험으로부터 국민을 보호하기 위해 국민의 기본적 건강, 교육 및 주거를 보장해 준다.

정부는 과세권을 가지고 있어 국민의 경제활동에서 발생한 생산물의 일부를 조세로 거두어들인 후, 이를 다시 재분배하는 기능을 행한다. 국가가 지급하는 연금, 산재보험료 그리고 국가가 제공하는 각종 사회복지서비스 등은 이러한 재분배 과정을 거쳐 발생하는 산물이다. 정부는 재분배 과정에서 사회적 약자와 돌봄이 필요한 계층에게 자원 배분을 집중함으로써 주요한 사회복지 기능을 행한다. 현대사회에서는 여러 형태의 사회제도가 사회복지 기능을 수행하지만 정부에 의한 사회복지 기능이 가장 중요하고 영향력이 크다.

길버트와 터렐의 설명은 각종 사회제도 혹은 사회조직에서 수행하는 사회복지 기능을 상세히 다루고 있어 사회복지체계를 구성하는 다양한 하위 단위에 대한 인식의 지평을 넓혀 준다. 특히 과거에는 소홀히 다루어지던 기업과 시장에 의한 사회복지 기능을 논의에 포함한 것은 특이하다. 그러나 각 사회제도 간에 어떠한 상호 의존 관계가 있으며 상호작용을 하는지, 그리고 하위 단위 간에 적용되는 공통의 조직 원리에 대한 언급이 없는 것은 아쉬운 점이다.

3. 학문으로서의 사회복지학

1) 응용 사회과학으로서의 사회복지학

사회복지학은 사회과학(social sciences)의 한 영역이다. 사회과학은 인간과 사회에 대해 연구하는 학문 분야이다. 사회과학은 인간의 사회조직과 그 행태를 체계적이고 과학적으로 연구하고, 인간의 행동 및 인간 사회조직의 행태가 각각에 대해서 그리고 서로에 대해서 어떠한 영향을 미치는지에 대해 연구한다. 이를 위해 사회과학자들은 인간 집단 내에서의 인간의 행태, 집단의 태도, 신념, 관습, 문화, 가치, 사회제도 등에 대해 관심을 갖는다.

사회복지학은 사회과학의 한 영역으로서 인간사회의 문제와 그 해결방안에 대해 연구하는 학문이다. 인간사회의 문제는 개인으로서의 인간의 문제와 집단으로서의 사회의 문제로 나눌 수 있다. 사회복지학은 이 두 차원의 문제에 모두 관심을 갖는다. 개인과 사회의 문제는 실태, 원인, 결과 및 영향 등에 대해 과학적인 방법을 통해 탐구하고, 그 해결 방안을 개인, 가족, 집단, 지역사회, 국가 그리고 지구적 관점에서 찾고자 한다.

사회복지학의 연구 대상과 차원은 그 범위가 매우 넓다([그림 2-4] 참조). 따라서 사회

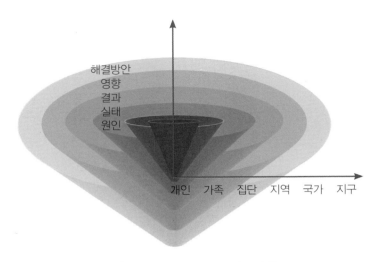

[그림 2-4] 사회복지학의 연구 대상과 차원

복지학은 다양한 학문 영역과의 연계와 협력을 필요로 한다. 사실 사회복지학의 학문으로서의 발달은 다양한 기초 학문과 인접 사회과학 분야와의 연계를 통해 이루어졌다. 특히 심리학, 사회학 및 경제학의 영향은 사회복지학의 학문적 정체성을 형성하는 데 매우 중요한 영향을 미쳤다.

개인과 가족 그리고 집단의 문제와 그 해결 방안을 탐구하는 데에서 심리학의 영향은 절대적이다. 심리학은 인간의 행동을 연구하는 학문으로, 인간의 성격(personality), 인지(cognition), 지각(perception), 행동(behavior) 및 발달(development)에 관해 과학적 이론들을 제시한다. 또한 심리학은 인간의 문제행동(problematic behavior)이나 심리적 병리현상(psychopathy)에 대해서도 관심을 갖고 그 해결을 위한 이론들을 제시하는데, 이는 사회복지학에서 관심을 갖는 개인의 문제와 해결 방안 연구에서도 매우 유용하다. 실제로 사회복지학의 연구와 실무 현장에서 심리학 전문가와 사회복지학 전문가가 서로 협력하는 것은 흔히 있는 일이다.

사회복지학에서는 인간을 환경 속에 존재하는 개체(person in environment)로서 인정한다. 즉, 개인은 생물학적 개체로서의 독특성과 함께 환경과 상호작용하는 존재로서의 속성을 지닌다. 인간의 문제를 이해하기 위해서는 인간을 둘러싸고 있는 환경의 속성에 대해 이해하는 것이 필요한데, 여기에는 사회학적인 지식과 이론이 필요하다. 사회학은 인간이 구성하여 살고 있는 사회의 구조와 제도 그리고 문화에 대해 과학적인 연구를 시도한다. 사회학의 관심은 사회의 구조와 인간의 행위, 도시화와 산업화, 문화와 제도, 사회문제, 인구학 등 인간사회의 모든 주제에 펼쳐져 있다. 사회학적 관점에서 볼 때 인간의 행동은 사회구조에 의해 영향을 받기도 하며, 한편으로는 인간의 행동을 통하여 사회가 구성되기도 한다. 사회복지학에서 다루려고 하는 인간의 문제는 바로 이러한 사회학적 이론과 지식에 의해 파악되고 연구되는 것이다([그림 2-5] 참조).

경제학에서는 한정된 자원을 어떻게 하면 효율적으로 배분할 수 있는가에 대해 관심을 갖는다. 경제학의 관점에서는 희소한 자원을 가장 효율적으로 배분하는 것이 바로 복지인 것이다. 경제학에서 사용하는 효용(utility)은 사회복지학의 복지, 심리학의 안녕과 근본적으로 유사한 개념이라고 할 수 있다. 즉, 효율적인 자원 배분을 통해 효용을 극대화하는 것이 경제학의 목표라고 한다면, 경제학은 복지의 극대화를 목표로 하는 사회복지학과 공통점을 갖는다고 할 수 있다. 사회복지학은 인간사회의 문제를 제도로 해결하고자 시도한다. 사회제도는 법률 등 사회적 합의와 강제에 의해 정당화되고, 조세 등의 재원을 통해 구체화된다. 경제학은 사회문제를 제도적으로 해결하는 데 매우 중요한 이론적 기반을 제공한다. 현실 세계에 존재하는 모든 사회복지 제도 및 정책은 경제학적 논리에 의해 정당화되는 것이다.

사회복지학은 여러 인접 학문과의 협동과 연계를 통해 학문으로서의 정체성을 확립하게 된다. 그러나 무엇보다도 사회복지학은 전문적인 이론과 가치체계를 통해 독자적이고 배타적인 학문 영역으로서 인정을 받게 된다. 사회복지학이 다른 학문 분야와 구별되는 가장 중요한 특징은 인간과 사회에 대한 포괄적 이해, 평등에 기초한 인간 사랑(박애, philanthropy)의 가치, 그리고 인간과 사회를 변화시키는 기술이라고 할 수 있다. 이러한 전문적이고 독자적인 특성을 강화하는 것이 학문으로서의 사회복지학의 정체성을 강화하는 것이다.

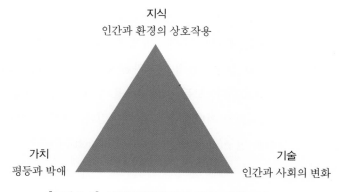

[그림 2-5] 사회복지학의 요소, 지식, 가치, 기술

2) 사회복지학의 연구방법

사회복지학의 연구방법은 사회과학의 일반적인 연구방법과 다르지 않다. 일반적으로 사회과학의 연구방법은 논리적(logical)이고 실증적(empirical)이어야 한다. 논리적이라는 것은 일반적인 인간의 이성(reason)에 부합해야 한다는 것을 의미하며, 실증적이라는 것은 실제의 증거에 기반하거나 혹은 실험을 통해 증명될 수 있어야 한다는 것을 의미한다.

논리적인 연구과정을 추론(reasoning)이라고 하는데, 여기에는 일반적으로 귀납적(inductive) 방법과 연역적(deductive) 방법이 있다. 귀납적 연구방법은 개별적인 사례들에 대한 관찰을 통해 일반적인 법칙을 발견하는 것이고, 연역적 연구방법은 일반적인 법칙을 개별적 사례들에 대한 관찰을 통해 증명하는 것이다. 귀납적 방법과 연역적 방법은 서로 순환하는 관계에 있다. 즉, 개별적 사례를 관찰한 결과를 통해 일반적 법칙을 도출하고, 이를 통해 이론체계를 구축하게 된다. 이렇게 성립된 이론체계를 기반으로 연구자는 아직 검증되지 않은 사실에 대해 가설을 설정하게 되고, 구체적인 실험을 통해 가설을 검증하게 되면 이론이 강화된다.

논리-실증적인 연구는 일반적으로 양적 연구방법(quantitative research)을 통해 수행된다. 양적 연구방법은 사회현상들을 수량화하여 연구하는 것으로서 측정을 통해 실시된다. 사회현상을 수량화하는 과정에서 변수(variables)와 척도(scales) 등의 개념들을 동원하여 사용하게 되는데, 이는 사회과학 연구에 자연과학적 연구방법을 적용한 것이라고 할 수 있다. 논리-실증주의적 연구는 일반적 법칙과 이론을 발견하기 위한 연구방법이다. 즉, 사회현상들 간의 규칙성을 발견하는 것이 논리-실증 연구의 가장 중요한 목표라고 할 수 있다. 따라서 이러한 연구방법에서 가장 중요한 것은 객관성이며, 연구자의 개인적 특성이나 연구 환경에 상관없이 일반적으로 적용할 수 있는 이론체계를 구축하는 것이 가장 중요하다.

사회과학 연구에서 중요한 또 하나의 연구방법은 질적 연구방법(qualitative research)이다. 질적 연구방법은 논리-실증주의적 연구와는 달리, 연구자의 경험과 직관 그리고 개별적 사례의 중요성이 강조된다. 모든 사회현상을 수량화하는 양적 연구방법과는 달리, 현상들의 내용과 특징 그리고 의미를 중요하게 여긴다. 질적 연구방법에는 근거이론(grounded theory), 현상학적 연구(phenomenological research), 민속학적 연구 등이 있다.

학습과제

1. 인간이 누려야 할 바람직한 삶의 조건을 충족하기 위해서는 어떠한 노력이 필요한가?

2. 현대사회의 문제를 해결하기 위한 노력 중 제도적 방법과 잔여적 방법의 차이는 무엇인가?

3. 사회복지 기능을 수행하는 다양한 하위 단위들을 하나로 묶을 수 있는 공통된 원리로 어떤 것이 가능할지 생각해 보시오.

4. 개인의 복지 수요를 충족하는 것에 대해 국가와 가정은 상호 보완적인가, 아니면 상호 대체적 인가?

5. 사회복지학의 학문적 정체성과 전문성을 높이기 위해서는 어떤 노력이 필요한가?

참고문헌

김상균(1987). 현대사회와 사회정책. 서울: 서울대학교 출판부.

김경동(1985). 현대의 사회학. 서울: 박영사.

두산동아 출판부(2000). 동아 새국어사전. 서울: 두산동아.

안계춘(2000). 현대사회학의 이해. 서울: 법문사.

이인정, 최해경(2007). 인간행동과 사회환경. 서울: 나남출판.

장인협 역(1979). 산업화와 사회복지[*Industrial Society and Social Welfare*]. Wilensky, H., & Lebeaux, C. 저. 서울: 대한교과서. (원전은 1970년).

최경구 편(1997). 한국사회의 이해. 서울: 일신사.

현승일(1989). 사회학. 서울: 박영사.

Anderson, R. E., & Carter, I. E. (1990). *Human behavior in the social environment: A social systems approach* (4th ed.). Chicago, IL: Aldine.

Friedlander, W., & Apte, R. Z. (1980). *Introduction to social welfare*. Englewood Cliffs, NJ: Prentice-Hall.

Gilbert, N., & Terrell, P. (2014). *Dimensions of social welfare policy* (8th ed.). New York: Pearson Education, Limited.

Greene, R. R. (1991). General systems theory. In R. R. Greene & P. H. Ephross (Eds.), *Human behavior theory and social work practice*. New York: Aldine De Gruyter.

Kadushin, A. (1972). *Developing social policy in conditions of dynamic change.* New York: International Council on Social Welfare.

Martin, P. Y., & O'Connor, G. G. (1989). *The social environment: Open systems applications.* New York: Longman.

OECD. (2012). OECD social expenditure database. www.oecd.org/els/social/expenditure Parsons, T. (1951). The social system. Glencoe, IL: Free Press.

Parsons, T. (1951). *The social system.* England.: Routledge & Kegan Paul Ltd.

Popenoe, D. (1974). *Sociology.* New York: Applton-Century-Crofts.

Romanyshyn, J. M. (1971). *Social welfare: Charity to justice.* New York: Random House.

Trevithick, P. (2000). *Social work skills and knowledge: A practice handbook.* Buckingham: Open University Press.

Merriam-Webster Online Dictionary http://www.m-w.com

제3장

사회복지의 역사

학습개요와 학습목표

인류 역사의 어느 시대에서나 결핍의 문제는 존재해 왔으나, 시대에 따라 대처방식은 달랐다. 사회복지는 이러한 결핍을 해소하고자 하는 시대적 노력으로 생겨났으며, 사회복지의 역사는 이러한 시대적 노력의 축적이다.

이 장에서는 우선 사회복지 역사 연구의 의의를 살펴본 다음, 서양의 사회복지 역사를 사회복지의 시대적 흐름인 상호부조와 자선, 빈민법, 사회보험제도, 사회보장법, 복지국가, 신보수주의 순으로 살펴본다. 이어 우리나라의 사회복지 역사는 근대 이전, 일제강점기와 미군정 시대, 정부 수립과 전후 복구, 산업화, 세계화와 외환위기의 극복 등 시대의 변화를 정부별로 정리한다. 이 장의 학습목표는 다음과 같다.

● 사회복지 역사 연구의 의의를 살펴본다.
● 사회복지의 생성과 발전 과정을 거시적으로 이해한다.
● 사회복지 역사 발전의 인과관계를 분석한다.
● 사회복지 역사 연구를 바탕으로 현재의 사회복지를 분석한다.
● 사회복지 역사의 흐름을 이해하고 미래의 발전 방향을 예측한다.

1. 사회복지 역사 연구의 의의

우리는 왜 사회복지의 역사를 공부해야 하는가? 과거의 사회복지 역사를 공부하는 것이 현재의 우리에게 어떤 유용성이 있는가? 이러한 질문들은 사회복지 연구자나 사회복지 학도가 사회복지 역사를 공부하는 데 가장 중요하고도 근원적인 질문일 것이다. 우리가 사회복지 역사를 연구하는 이유를 정리해 보면 다음과 같다(감정기, 최원규, 진재문, 2004).

첫째, 현재 시행되고 있는 사회복지제도의 생성 및 발달 과정 그리고 역사적 특성을 이해할 수 있다. 사회복지의 본격적 등장과 발전은 자본주의의 생성 및 발전과 궤를 같이해 왔다. 실제로 오늘날 많은 국가가 시행하고 있는 사회복지제도들은 자본주의 발전 과정에서 사회적 위험요인으로 등장한 문제들과 그 시대를 사는 사람들의 욕구에 대한 대응이라고 할 수 있다. 따라서 사회복지의 역사를 공부하는 것은 현재의 사회복지제도를 이해하는 데 큰 도움이 될 것이다.

둘째, 역사에서 배운다는 것이다. 과거의 사회문제 및 사회적 욕구 그리고 그에 대응했던 사회복지제도의 등장과 변천 과정에서 나타난 성공 및 실패 원인, 조건, 배경 등에 대한 지식을 미래의 사회복지제도를 개발하는 데 활용할 수 있다. 우리나라의 자본주의는 서구 선진 자본주의 국가들에 비하여 그 시작이 200년 이상 늦었으나, 그 발전 과정은 유례가 없을 정도로 압축적이고 빨랐다. 사회복지제도의 경우도 비슷한 양상을 가지고 있다. 과거 선진국의 경험과 그들의 사회복지 역사를 검토하는 것은 우리에게 일어난 문제는 물론이고, 앞으로 일어날 수 있는 문제에 효과적으로 대비할 수 있게 해 준다.

이러한 점은 다른 사회과학 분야와는 달리, 사회문제를 해결하려는 응용 학문이자 실천성이 강조되는 학문으로서, 사회복지학이 갖는 특성 때문에 더욱 강조된다. 즉, 역사 연구의 결과물은 현재와 미래의 사회복지 실천 과정의 유용한 지침이 될 수 있는 것이다.

2. 서양의 사회복지 역사

서양에서는 중세까지 빈곤의 문제를 부족 내의 상부상조와 종교의 자선을 통하여 해결해 왔으나, 영국에서는 전통적인 봉건제도가 무너지면서, 빈민에 대한 규제와 보호가 국가의 과제로 떠올랐다. 그 후 산업혁명에 따른 산업화에 따라 임금노동자 계급이 생겨나고, 독일에서는 국가와 자본가 계급이 안정적인 노동력의 확보를 위하여 사회보험제도를 도입하게 되고, 사회보험제도는 산업화와 자본주의 진전에 따라 전 유럽으로 확산되었다. 그러나 시장의 실패(market's failure)로 대공황이 발생하고 전 국민이 동원된 참혹한 대규모 전쟁을 거치면서, 사회보장제도는 빈민과 노동자 계급에서 전 국민을 대상으로 확대되었다. 그리고 이를 바탕으로 제2차 세계대전 이후에 복지국가를 건설하게 된다. 복지국가는 전후 경제성장과 함께 발전하였으나, 1970년대 석유파동(oil shock)에 의한 정부의 재정위기(government's failure)로 성장을 멈추게 된다. 1980년대 이후에는 영국과 미국을 중심으로 신보수주의가 주류를 이루게 되었고, 사회복지에서도 시장과 경쟁의 논리가 도입되었다. 2000년대 이후에는 세계화의 영향으로 이러한 경향이 더욱 강해져서, 비교적 전통적인 국가 중심의 사회복지체제를 유지하고 있던 독일, 프랑스, 스웨덴 등 유럽의 국가들도 제2의 신보수주의 물결에 휩싸이게 되었다.

1) 상호부조와 자선

고대사회의 부조와 자선의 가장 큰 특징은 부조의 상호성과 자선의 종교성이다. 고대 그리스에서는 집 없이 떠도는 이들을 위한 임시숙소제도가 있었고, 고대 교회는 기독교적 박애사상을 제도화하였다. 로마제국의 말기인 5세기에 가난과 결핍이 사회문제가 되자, 국가와 교회는 병원이나 빈민구제원, 숙소 등의 제도적 구빈활동을 시작하였다.

중세사회의 구빈은 교회와 봉건주의에 바탕을 두고 있다. 중세는 교구제와 장원제를 기반으로 한 사회체제로, 토지를 물질적 기반으로 하여 인적 종속관계가 성립된 사회였다. 즉, 성직자, 봉건귀족, 기사 그리고 농노에 이르는 신분적 질서를 바탕으로 봉건제를 이루었던 것이다.

중세의 수도원은 고대 교회의 구빈시설이었던 외부인 숙소, 빈민 수용소, 고아원, 양로원 등의 구빈사업을 계승하였다. 수도원은 교구 내의 빈민을 조사한 명부를 바탕으로 선별적 구호를 실시하였으며, 오늘날의 자산조사(means test) 외에도 개별 대상자(과부, 고아, 부랑인, 장애인 등)를 조사한 신분조사(status test)를 하였다.

중세의 구빈은 교구에 의해서 운영되었다. 당시의 교구는 일종의 지방정부의 성격을 가졌으며, 그 재원은 영지의 수입, 신자의 헌금, 빈민세(poor rates) 등으로 충당하였다. 이처럼 교회가 세금을 징수하게 되자, 11세기경부터는 자선적 구빈제도가 퇴색되기 시작하고 행정적인 구빈사업 성격이 점차 강해졌다(고승덕 외, 2003).

2) 빈민법의 등장과 변천

(1) 엘리자베스 빈민법(1601년)

14세기 영국에서는 흑사병[1]으로 인구의 절반 이상이 사망하게 되었고, 이는 노동력의 부족과 임금 인상으로 이어졌다. 이에 따라 에드워드 3세는 노동력 확보를 위하여

1349년에 "자산이 없는 노동자는 일해야 하며 교구를 떠나서는 안 된다."라는 노동자조례(Statute of Laborers)를 제정하였다. 보다 적극적인 조치는 1531년 헨리 8세의 빈민구호에 관한 조례로, '노동 불가능 빈민을 등록하여 구걸을 할 수 있도록' 허가하였다. 1562년 작업자조례(Statute of Artificers)에서는 임금과 노동시간을 규정하면서 걸인과 부랑인을 중노동에 처하도록 하였으며, 1572년에는 엘리자베스 1세가 빈민구호를 위해 세금을 걷을 수 있도록 하는 법령을 공표하였다. 이러한 빈민에 관한 법령을 집대성한 것이 1601년의 엘리자베스 빈민법(Elizabeth Poor Law)이다.

엘리자베스 빈민법에서는 구걸을 금지하였으며, 구호 대상자를 노동 가능 빈민(potent poor), 노동 불가능 빈민(impotent poor), 요보호 아동으로 구분하였다. 노동 가능 빈민에 대해서는 작업장과 같은 시설에서 노동을 조건으로 구호를 제공하였으며, 요보호 아동은 도제로 봉사하게 하였다. 노동 불가능 빈민(만성질환자, 정신질환자, 노인, 장애인, 어린 아동을 부양하는 어머니 등)에 대해서는 자선원이나 빈민원 등과 같은 시설에서 구호를 제공하였다. 그러나 자신의 주거에 살면서 구호를 제공하는 것이 비용이 적게 든다고 판단된 경우에는 예외적으로 현물급여를 제공하였다. 엘리자베스 빈민법의 특징은 빈민에 대한 구호에서 노동유인 측면을 강조하고 있다는 것이다. 엘리자베스 빈민법은 공적 구호의 기본 형태를 정착시키고, 빈민에 대한 국가의 책임을 최초로 인정하였다는 점에서 서양 사회복지의 시발점이라고도 할 수 있다.

영국에서 이 시기부터 빈민법들이 나타나는 이유는 이 시기에 봉건사회가 붕괴되고 중앙집권적인 절대 왕정이 수립되면서 이러한 제도를 시행할 수 있는 행정력을 갖추게 되었으며, 전쟁, 흑사병과 같은 질병, 기근, 인클로저 운동(enclosure movement) 등으로 인구가 줄어들면서도 빈민이 증가하였기 때문이다(성민선 외, 2005).

(2) 정주법(1662년)과 스핀햄랜드법(1795년)

교구를 단위로 빈민법이 시행되면서, 교구의 재정능력 등에 따라 교구별 구빈 수준이 달라졌다. 이에 따라 빈민들의 교구 이동이 증가하게 되자, 빈민의 이동을 금지하기 위하여 1662년 정주법(Settlement Act)이 제정되었다. 이는 빈민법이 교구 단위로 이루어지

---

1) 흑사병은 페스트라고도 부르는 유행성 감염질환으로, 인류 역사상 사망자 수가 가장 많았던 재앙이다. 1347년부터 1351년 사이 약 2천만 명 이상의 사망자가 발생한 것으로 추정된다.

던 시기에 빈곤문제를 지역(교구) 단위로 해결하고자 하였던 규정이라고 할 수 있으며, 서양의 속지주의(屬地主義) 원칙의 원형이라고 할 수 있다.

엘리자베스 빈민법 시기는 산업혁명이 일어나기 이전의 농경사회로, 사회질서를 유지하기 위해서는 인구의 이동을 억제해야 했다. 그러나 산업화가 시작되면서 공장의 노동력이 필요해짐에 따라 이러한 인구의 이동을 억제하려는 규정들이 약화되기 시작하였으며, 한편으로는 여전히 농업사회를 유지해야 할 필요성도 남아 있었다.

18세기 이후 산업화가 진전되면서 인구의 이동을 금지하기는 더 어려워졌다. 이러한 상황에서 나온 제도가 1795년에 만들어진 스핀햄랜드법(Speenhamland Act)이었다. 이 법은 버크셔 지방에서 시작되었는데, 그 지역의 식량 가격을 기준으로 해서 최저생계비를 설정하고, 임금소득이 최저생계비에 미달하면 그 부족액을 부조하고 가족이 늘어남에 따라 보조액도 증가시키는 일종의 임금보조제도를 규정하고 있었다. 이는 생존권을 보장함으로써 농촌에서 도시로 인구가 유출되는 것을 방지하고자 하였다.

스핀햄랜드법은 최저생계의 보장이라는 의미에도 불구하고 심각한 역효과를 가져왔다. 임금소득의 크기에 관계없이 최저생계가 보장되기 때문에, 빈민의 노동 동기가 약화되었으며 임금 수준은 지속적으로 하락하였다. 이에 따라 노동자는 노동을 하고 있음에도 불구하고 부조를 받아야만 최저생계가 가능한 노동빈민(working poor)으로 전락하게 되었다.

엘리자베스 빈민법과 스핀햄랜드법은 절대왕정 국가의 농경사회와 산업화 초기에 빈민을 구호하는 동시에 노동과 임금을 규제하고 사회질서를 유지하는 데 기여한 제도였으나, 과도한 재정 부담으로 곤란을 겪게 되었다.

(3) 개정빈민법(1834년)

스핀햄랜드법은 구호비용과 조세부담을 증가시켰으며, 이후 산업화의 진전으로 노동력 이동의 필요성이 커짐에 따라 비판을 받게 된다. 이에 따라 1832년 구빈체계를 산업사회의 사회경제적 원칙과 일치시키기 위하여 빈민법 개정을 위한 왕립 빈민법위원회가 구성되었다. 빈민법위원회는 런던 주교를 의장으로 9인으로 구성되었는데, 시니어(Nassau Senior)와 채드윅(Edwin Chadwick)에 의하여 주도되었으며, 2년간의 조사 후 보고서를 발표하였다.

위원회의 보고서는 빈곤이 경제·사회적 조건보다는 개인적 곤궁에서 비롯된다는 시각에서 작성되었다. 그래서 구제 대상 빈민은 자신이 감당할 능력이 있음에도 구제를 신청한다고 보았다. 따라서 빈민구호가 아동과 노동 가능한 성인을 노동하도록 만드는 데 실패했으며, 그 원인을 부분부조인 임금보조제에서 찾았다. 또한 경제적 곤란의 직접적 원인이 빈민의 근면성 부족에서 비롯된 것이지만, 이러한 성격적 결함은 노동자가 타고 나거나 기존 사회경제 체제에 의한 것이 아니라 부적절한 부조체계에 의한 것이라고 하 였다. 이에 따라 부분부조를 폐지하고, 노동 가능한 구호 신청자는 작업장에 수용하며, 열등 처우의 원칙을 도입할 것을 건의하였다(한국사회복지학연구회, 1991).

이러한 건의에 따라 1834년 빈민법이 대폭 개정되었다. 이를 기점으로 이후의 구빈법 을 개정빈민법 또는 신구빈법이라고도 한다. 개정빈민법에서는 스핀햄랜드법의 실패 원 인으로 지적된 부분부조를 폐지하고, 열등 처우의 원칙(principle of less eligibility), 작업장 심사의 원칙(principle of workhouse test), 균일 처우의 원칙(principle of national uniformity) 을 규정하였다.

열등 처우의 원칙이란 '부조를 받는 사람의 생활수준이 자립적인 노동자의 생활수준 과 같거나 높아서는 안 된다'는 것이다. 이는 급여 수준을 열악하게 하는 것뿐만 아니라 부조를 받는 빈민의 처우를 열등하게 함으로써, 빈민이 노동에 종사하기보다 공적 부조 를 받는 것을 선호하는 것을 억제하기 위한 것이다. 작업장 심사의 원칙이란 부조를 신 청하면 자동적으로 부과되는 검사로, 열등 처우의 원칙에 의한 급여도 작업장에 입소하 여 받을 의사가 있고 동시에 받을 필요가 있다는 것이 입증될 때에만 급여를 제공한다는 것이다. 균일 처우의 원칙이란 스핀햄랜드법에서 지방의 식량 가격에 따라 최저생계비 에 미달되는 부분을 지원하던 부분부조를 폐지하고 균일한 급여를 제공한다는 것이다.

이러한 원칙들에 의해 스핀햄랜드법에 의한 부조는 완전히 폐지되었으며, 노동 가능 한 빈민이 노동하지 않고서 생계를 유지하는 것이 불가능하게 되었다. 개정빈민법의 제 정 이후 빈민의 구호 비용은 절약되었으며 조세 부담도 경감되었다.

엘리자베스 빈민법이 농경사회 시대에 만들어진 제도였다면, 개정빈민법은 산업화 이 후 산업사회의 요구에 맞게 만들어진 제도라고 할 수 있다. 이후 19세기에는 개정빈민 법의 원칙이 공적 구호의 기본 원칙으로 유지되었다. 그러나 작업장에서의 비인간적인 처우와 열악한 환경이 문제가 되고, 산업화가 성숙되면서 임금 노동자의 문제가 심화되 자 개정빈민법에 대한 비판이 대두되기 시작하였다.

(4) 자선조직협회(1869년)와 인보관운동(1884년)

이러한 논란은 구빈제도 개선에 대한 논의와 함께 민간부문에서도 빈곤문제 해결을 위한 노력들이 활발해지는 계기가 되었다. 이 시기에 나타난 민간의 노력은 크게 자선조직협회와 인보관운동으로 나누어 볼 수 있다.

19세기 후반 민간 자선단체들이 활성화되면서 무분별한 자선이 자선에만 의지하여 살아가는 사람들의 도덕적 해이를 유발하거나 자원이 낭비되는 등의 문제를 노출하게 되자, 자선기관들이 협력하고 정보를 교환하여 자선 활동을 조직화할 필요성이 제기되면서 자선조직협회가 결성되었다. 최초의 자선조직협회는 1869년 런던에서 설립된 '자선구호의 조직화와 구걸을 억제하기 위한 협회(The Society for Organizing Charitable Relief and Repressing Mendicity)'로, 후에 자선조직협회(Charity Organization Society: COS)로 개칭되었다. 자선조직협회는 자선기관들의 통합과 조정을 통해 자선의 중복을 방지하고 조사를 통해 적절한 원조를 제공하는 것을 목적으로 하였다. 그리고 이러한 업무는 우애방문원(friendly visitor)이라는 전담인력에 의해서 이루어졌으며, 이들은 전문적인 교육을 거쳐 오늘날의 사회복지사(social worker)로 탄생하게 된다.

자선조직협회는 경제적 상류층에 의해 주도되면서 빈곤문제에서 개인의 책임을 강조한 것에 비하여, 인보관운동은 개혁을 지향하는 중류층 지식인에 의해 주도되었다. 이들은 빈민 주거지역에서 함께 생활하면서 지역주민들이 필요로 하는 서비스를 제공하면서, 사회개혁을 통하여 빈곤문제를 해결하고자 하였다. 영국의 최초 인보관은 1884년 설립된 토인비 홀(Toynbee Hall)로서, 인보관운동에 헌신적이었던 토인비(Arnold Toynbee)를 기리기 위해 설립되었다(감정기, 최원규, 진재문, 2004).

인보관운동은 교육받은 사람과 빈민의 교류를 통해 문화적인 상호 영향을 주고받으며, 빈민의 교육적 · 문화적 개발을 목적으로 하였다는 점에서 자선조직협회의 활동과 구분되며, 인보관은 오늘날 지역사회복지관의 원형으로 여겨진다.

(5) 빈곤조사(1889년)와 노동자의 참정권(1885년)

이처럼 빈곤에 대한 논란이 있던 시기에 찰스 부스(Charles Booth)는 런던시민을 대상으로 빈곤조사를 실시하여, '런던시민의 생활과 노동'(1889~1903)이라는 보고서에서 런던시민의 빈곤이 개인적인 책임이 아닌 저임금 등 사회적 책임이라는 사실을 밝혀냈다. 부스의 과학적이고 체계적인 빈곤조사는 오늘날 사회조사의 시발점으로 인정받고 있다.

또한 찰스 부스에게 영향을 받은 라운트리(Rowntree)는 잉글랜드의 두 번째 도시인 요크시에서 빈곤조사를 실시하고, '빈곤: 도시생활의 연구'(1901)를 발표하였다. 라운트리는 빈곤을 1차적 빈곤과 2차적 빈곤으로 구분하고, 빈곤이 런던에만 국한된 것이 아니라 요크와 같은 지방도시에도 만연하고 있다는 것을 밝혔다.

이러한 두 번의 빈곤조사의 결과로, 영국의 경제적 발전과 풍요 속에서도 많은 사람이 빈곤상태로 생활하고 있다는 것과 빈곤의 책임이 개인에게 있지 않다는 것이 밝혀지면 서, 개정빈민법의 원칙에 따른 공적 구호에 대한 의문을 제기하였다(성민선 외, 2005).

또한 시민계급에만 인정되었던 참정권이 1885년부터는 노동자 계급에게도 인정되고, 1890년에 노동당이 조직되어 정치권력의 민주화가 이루어지면서, 빈민과 노동자 계급 에 대한 사회 보호에 관한 논란은 뜨거워져 갔다.

(6) 자유당 정부의 개혁(1905년)

이러한 사회개혁과정에서 1905년에 집권한 자유당 정부는 개정빈민법 체계를 개혁하 기 위하여 왕립위원회를 구성하였다. 이 위원회는 1909년까지 4년간 활동하면서, 빈곤 의 원인이 다양하며 빈곤은 산업체계의 다양한 구조적인 특징들과 관련되어 있다고 밝 혔다(한국사회복지학연구회, 1991).

그럼에도 불구하고 위원회는 다수파와 소수파로 나뉘어 통일된 결론을 제시하지 못하 였다. 다수파는 빈민법의 점진적인 개선을 주장한 반면, 소수파는 빈민법의 전면적인 폐 지를 주장하였다. 다수파 보고서의 이념은 '국가의 원조는 원조를 받는 사람들이 스스로 자립하려고 하는 생활태도를 받아들이는 것을 조건으로 지급되어야 한다'는 빈민에 대 한 조건부 원조였다. 또한 다수파 보고서에서는 공공부조제도가 민간의 자선활동과 밀 접한 협력체계를 구축할 것을 권고하였다. 이에 비해 소수파 보고서는 빈곤을 개인적인 결함이 아닌 사회 자체의 병리로 보았으며, 그 어떠한 사람도 그 이하로 떨어져서는 안 된다는 일정한 '국가최저기준(national minimum)'이 인정되어야 한다고 하였다(박광준, 2002).

이러한 소수파 보고서의 제안들은 곧바로 실천되지는 않았지만, 이후 사회보험과 사회보장제도의 도입에 영향을 미치게 된다. 소수파 보고서는 페이비언협회(Fabian Society)에 의하여 주도되었다. 페이비언협회는 웹 부부(Sidney & Beatrice Webb) 등 16명 이 참여하였으며 점진적 사회주의를 지향하였다. 그들은 의회정치를 활용하여 재정정책 과 사회보장 및 노동입법 등에 의한 부와 소득의 평등화 정책을 추진함으로써, 사회주의 를 실현할 수 있다고 낙관하였다. 이러한 페이비언 사회주의(Fabian Socialism)는 1906년 노동당의 기본 강령으로 채택되었다.

이러한 논란 속에 1908년 개정빈민법의 원칙에서 벗어난 최초의 제도인 노령연금법이 제정되었다. 이 법은 70세 이상의 노인에게 무기여 연금(non-contributory pension)을 지급하는 제도로서, 자산조사나 이전의 기여 없이 노인에게 기본적인 소득을 제공한다는 내용이었다. 그러나 수급 자격에 연간 소득 31파운드 10실링 이하의 빈곤자에게만 연금을 제공하는 소득 상한 규정이나 노동 회피에 따른 수급 자격 상실 규정을 두고 있다는 점에서는 빈민법의 성격에서 완전히 탈피하지 못하였다.

3) 사회보험의 탄생과 확산

(1) 사회보험의 탄생

영국이나 프랑스에 비해 상대적으로 산업화가 늦게 시작된 독일은 19세기 중반 이후 자본주의의 급속한 성장과 산업 분야의 팽창이 이루어지게 되었다. 1871년에 이르러서 통일국가를 수립했지만, 국가와 자본가 계급에게 가장 큰 위협 요인은 새롭게 등장한 사회민주주의 세력과 이에 동조하는 노동자 계급이었다.

1867년 세계 최초로 창설된 독일 사회주의민주당은 생산수단의 즉각적인 사회화를 요구하는 급진적 강령을 채택하고, 1871년 파리코뮌에 대한 지지를 선언하였다. 그러나 국가 통일을 이루고 주변 국가를 추격해야 하는 후발 산업국가로서 독일에서 사회주의 정당의 이러한 강경노선은 크나큰 정치적 위협이었다. 더욱이 1877년 선거에서 사회주의민주당은 9%에 달하는 지지를 획득하였으며, 산업화가 상당히 진전된 도시 지역에서의 지지도는 괄목할 만한 것이었다.

그러던 차에 1878년 두 차례에 걸쳐 황제를 암살하려는 시도가 일어나자, 프리드리히 2세 아래서 독일 통일을 이룩한 철혈재상 비스마르크(Otto Eduard Leopold Bismarck)는 이것을 기회로 사회주의 세력을 억압하기 위한 「사회주의 탄압법」을 제정하였다. 또한 산업화에 의한 국민의 동요를 무마하기 위하여, '노동자에게 건강이 허락하는 한 노동할 권리를 주고, 노동자가 질병에 걸렸을 경우 치료해 주며, 또 나이가 들었을 때 노후를 돌봐 주는' 정책적 조치들을 취하였다. 이는 급격히 증가한 노동자들에 의하여 노동조합들이 생겨나고 또 노동운동이 점차 격화되자 비스마르크가 제시한 회유와 강경, 즉 '사탕과 채찍(Zucker und Peitsche)'이라는 이중적 정책의 탄생을 의미하는 것이었다. 여기서 '사탕'에 해당하는 것이 곧 사회보험제도이다. 비스마르크는 노동자의 장래, 즉 퇴직 후 노후생활의 보장기능을 국가가 담당한다면 노동자는 사회민주주의로부터 등을 돌리고 국가에 충성하게 될 것이라고 생각했던 것이다.

독일에서는 이러한 배경에서 1883년 질병보험(Krankenversicherung), 1884년 근로자 재해보험(Unfallversicherung), 1889년 양로 및 폐질 보험(Rentenversicherung) 등이 차례로 제정되어, 세계 최초의 사회보험이 탄생하였다. 기존의 사회, 정치 질서 속에서 산업화의 부산물로 생겨나는 사회문제를 해결하고 노동자들을 통합하려는 의도로 마련된 비스마르크의 사회정책은 진정한 사회개혁, 즉 자원의 공정한 재분배나 인권 및 인간 존엄성의 확보 차원과는 거리가 먼 것이라 할 수 있다. 왜냐하면 비스마르크의 사회보험제도는 급속한 자본주의적 산업화에 따라 빠른 속도로 성장하는 노동자 계급에 대해 사회주의 세력이 행사하는 영향력을 무력화시키기 위한 견제적 조치 또는 사회주의 탄압법에 대한 보충적 조치로서 이해될 수 있기 때문이다(김근홍 외, 2008).

그러나 비스마르크의 정치적 의도에서 시작된 사회보험제도는 시대와 상황에 따른 변화와 개선 과정을 거치면서 오늘날 독일의 사회보장제도로 이어졌으며, 전 유럽으로 확산되어 사회보장제도의 기본적인 제도로 자리 잡게 되었다.

(2) 사회보험의 확산

독일에서 탄생한 사회보험제도는 영국으로 확산되어 1911년에는 질병과 실업에 대한 사회보험이 국민보험법으로 제정되었다. 국민보험법은 1부인 국민건강보험과 2부인 실업보험으로 구성되어 있다. 건강보험은 당시 재무성 장관이던 조지(Lloyd George)가, 실업보험은 당시 상무성 장관이던 처칠(Winston Churchill)이 중요한 역할을 하였다.

빈민법은 빈민을 대상으로 한 제도임에 비해, 국민보험은 노동력을 가진 노동자에게 건강보험과 실업보험을 제공하는 제도였다. 국민보험법에 내포된 이념은 '국가적 효율성'으로, 국민 최저 수준의 보호가 사회적으로 필수적인 동시에 현대 산업이 요구하는 희소한 인적자원을 보존하기 위한 수단이라는 것이다.

건강보험은 보어전쟁(1899~1902년) 당시 지원병의 다수가 심각한 건강 불량상태에 있었다는 사실에 자극을 받아 독일의 건강보험을 모델로 만들어졌다. 그러나 건강보험의 제도화 과정에서 우애조합, 노동조합, 보험회사, 의사회 등과의 이해 마찰 때문에 연간 소득 160파운드 이하의 사람들에게만 적용하는 등 가입 범위, 급여 결정 방식 등에 대한 것은 타협을 통해 이루어졌다. 건강보험이 제도화 과정에서 큰 폭의 수정이 이루어진 것에 비해, 경기에 민감하여 실업 발생의 위험이 큰 직업의 노동자를 대상으로 한 실업보험은 거의 원안 그대로 성립되었다. 당시의 건강보험과 실업보험은 모두 고용주와 노동자, 국가가 모두 기여금을 납부하는 3자 부담방식에 의한 것으로 질병 또는 실업 시 일정

기간 급여를 제공하였다(성민선 외, 2005).

　이후 이러한 사회보험제도들이 확대되면서 빈민법의 원리와 정책들은 사라져 갔으나, 개인의 책임을 강조하는 자유주의 이념은 완전히 사라지지 않았다. 영국에서 이를 극복하고 현대적 복지국가로 발전할 수 있게 된 계기는 1930년대 대공황에 의한 궁핍과 제2차 세계대전 동안의 경제적 곤란의 경험이었다. 특히 전쟁의 경험은 사람들에게 '위험의 불확실성'을 안겨 주었고, 그에 따라 집합주의적 복지국가의 위험 분담의 논리를 받아들이게 되었던 것이다.

4) 복지국가의 탄생과 발전

(1) 대공황과 사회보장법(1935년)

　미국은 전통적으로 정부의 역할에 대한 부정적인 인식이 강했고, 서부 개척의 가능성 때문에 빈곤의 문제를 새로운 사회에 대한 부정으로 간주하여 개인의 책임을 강조하는 경향이 강하였다.

　이러한 경향은 산업화가 이루어지는 19세기 초반까지 계속되었다. 지방정부는 영국에서 차용한 구빈법의 개념에 입각한 최소한의 구빈만을 수행하였으며, 개인적·지역사회 중심적 상부상조의 자발적 보호가 발달하여 민간 자선단체들이 빈곤문제 해결에 주도적 역할을 담당하였다. 그리고 주정부는 지방정부가 담당하기 어려운 특별한 장애인 시설 분야를 담당하였다.

　미국에서는 남북전쟁을 전후로 한 19세기 중반 이후 급속한 산업화와 도시화가 이루어지면서 사회문제가 심화되었고 급격한 사회변화를 경험하게 되었다. 이에 따라 빈민법을 개선해야 할 필요성이 대두되기는 했지만, 지방분권주의와 개인주의와 사회진화론에 입각한 미국 자유주의의 영향이 아직 지배력을 유지하고 있어 소득보장 부문에 대한 연방정부의 개입은 쉽사리 이루어지지 않았다. 이러한 상황에서 빈곤문제에 대한 대처는 민간 자선기관들의 활동에 의존하였다.

　미국에서 연방정부 불개입의 원칙이 파기된 것은 1930년대 대공황의 영향이다. 미국의 경제는 대공황으로 이전에 경험해 보지 못한 정도로 몰락하였다. 실질 국민총생산이 1929년에서 1933년 사이에 1/3 감소하였으며, 1933년 3월에는 노동인구의 약 29%가 실업 상태였다. 이러한 대공황의 영향으로 개인주의에 입각한 구빈체계는 실패한 것으로 판명되었다. 대공황 초기에는 구빈 부담이 매년 2배 이상 증가하여 민간이나 지역사회의 부담능력이 고갈되었고, 따라서 국가적 차원에서 자원을 동원해야 할 필요성이 제기되었다. 즉, 시장원리와 자유주의적 구호체계는 산업사회에 내재된 경제적 불안정이라는 위험에 대처할 능력이 없다는 시장의 실패(market's failure)가 입증되었으며, 정부 차원에서 빈곤과 실업 문제에 대처할 필요성이 인식된 것이다. 그러나 당시 후버(Herbert C. Hoover) 대통령은 공황이 곧 극복될 가능성이 있다고 판단하여 연방정부의 지원에 반대함으로써 연방정부 불개입의 원칙을 고수하였다.

그러나 1932년 선거에서 승리한 루스벨트(Franklin D. Roosevelt) 대통령은 연방정부가 국민의 생활에 관여하는 새로운 방식인 '뉴딜(New Deal)' 정책을 추진하였다. 1934년 6월 하원에 제출한 사회보장교서에서 "헌법에 명시된 바와 같이 연방정부가 '전반적인 복지를 증진하기 위해' 수립되었다면, 복지를 증진시키기 위해 사회보장을 제공하는 것은 분명히 우리의 의무다."(한국사회복지학연구회, 1991)라고 언급함으로써 연방정부 불개입의 원칙을 파기한 것이다. 1935년 1월 의회에 지출한 법률안에는 비기여연금, 강제연금 및 보충연금으로 구성된 소득보장제도와 실업보험, 주정부에 대한 연방교부금으로 실시하는 요보호 아동의 보호와 공공보건 서비스 등이 규정되어 있었다.

1935년 8월부터 시행되기 시작한 사회보장법은 입법 과정에서 보충연금이 제외되고 시각장애인에 대한 부조가 추가되었다. 사회보장법의 주요 내용은 노령연금과 실업보상으로 구성된 사회보험과 노령, 시각장애인, 요보호 아동에 대한 범주적 공공부조와 보건 및 복지 서비스로 이루어졌다. 사회보장법은 미국의 사회권 발전에 기여하였으나, 영국의 국민보험에 비교하여 보면 건강보험이 포함되지 못했다. 또한 자영업자나 농민이 제외되는 등 적용대상과 적용 위험에서의 포괄성이 부족하였으며, 주정부 간에 보장 수준의 격차가 존재하였다. 그리고 사회보장법은 사회보험도 기여금에 의한 자활을 강조하는 계약적 성격이 강한 제도로, 이는 개인의 권리 보장을 선호하는 미국적 태도가 반영하고 있다(성민선 외, 2005).

그러나 이러한 한계에도 불구하고 대공황은 개인주의와 국민생활에 대한 국가의 불개입을 원칙으로 했던 미국의 정신을, 국민생활에 국가가 개입할 수 있고 또 개입하여야 한다는 정신으로 변화시키는 계기가 되었다.

(2) 제2차 세계대전과 베버리지 보고서

제2차 세계대전은 그 규모나 참혹함에서 과거의 전쟁과는 달랐다. 전후방의 차이가 없이 전 국민이 전쟁에 참여해야 했으며, 새롭게 등장한 무기인 비행기의 공습은 영국의 전 국토를 전쟁터로 만들었다. 이러한 전면전 때문에 국민의 생활은 국가가 통제하는 배급 체제로 들어갔으며, 의료시설은 응급의료 체제로 바뀌었다. 영국의 전시 연립 내각의 수상이었던 처칠은 전 국민에게 '피와 땀과 눈물'을 요구하면서, 국민의 희생으로 전쟁에서 승리하면 전후에 복지국가를 건설할 것을 약속하였다.

이를 위하여, 1941년 전시 연립 내각은 기존의 사회보험과 관련 서비스에 대해 조사·검토하고 전후의 새로운 사회질서에 대한 청사진을 제시할 수 있도록 베버리지(William Beveridge)를 위원장으로 하는 위원회(사회보험과 관련 서비스에 관한 범정부위원회, Inter-Departmental Committee on Social Insurance and Allied Service)를 구성하였다. 1년 뒤 '베버리지 보고서(Beveridge Report: Report on Social Insurance and Allied Service)'가 발표되었는데, 이것이 전후 복지국가의 청사진이었다.

베버리지 보고서는 사회발전을 저해하는 5대 사회악(five giants)으로, 결핍(want, 빈곤), 질병(disease, 건강), 무지(ignorance, 교육), 불결(squalor, 주거), 나태(idleness, 실업)를 지적하고, 소득보장, 의료보장, 무상교육, 공공주택 및 완전고용을 대책으로 제시하였다. 보고서는 사회보장을 최저 수준의 소득보장으로 규정하였고, 기본적 욕구에 대해서는 사회보험으로 충족하며, 특별한 욕구에 대해서는 국민부조(national assistance)에 의해, 추가적인 욕구에 대해서는 임의보험으로 보충되어야 한다고 하였다(Beveridge Report, 1942).

사회보험의 원칙으로는 정액 급여(flat rate of subsistence benefit), 정액 기여(flat rate of contribution), 행정책임 통합(unification of administrative responsibility), 급여 적절성(adequacy of benefit), 포괄성(comprehensiveness) 및 유형화(classification)의 원칙을 제시하였다. 그리고 이러한 사회보험 중심의 제도를 수립하기 위한 전제조건으로 아동 수당과 건강과 재활을 위한 포괄적인 서비스, 완전고용의 유지를 제시하였다.

베버리지 보고서의 중심 사상은 국민적 최저선 보장의 개념으로, 평등과 연대성을 기초로 한 전후 사회질서를 수립하는 것이었다. 전후에 집권한 노동당은 베버리지 보고서의 건의에 따라, 1945년 「가족수당법(Family Allowance Act)」 1946년 「국민보험법(National Insurance Act)」과 「산업재해법(Industrial Injuries Act)」 「국민건강서비스법(National Health Service Act)」을, 1948년에는 「국민부조법(National Assistance Act)」을 입법하였다. 이로써 처벌적이고 억압적이었던 「빈민법」 체제는 완전히 폐지되고 복지국가가 탄생하였다.

(3) 복지국가의 발전

제2차 세계대전 이후 복지국가가 성립되면서 인류의 희망인 평등의 실현과 '요람에서 무덤까지'의 사회적 보호 속에서 보람 있는 삶을 살 수 있다는 자신감이 서구사회를 지배하였다. 전후의 복지국가는 시민권 이념을 기반으로 포괄적이고 보편적인 복지국가를 만들려는 초기의 개혁과 지속적으로 급여와 적용 범위를 확대하려는 노력으로 발전하여 갔으며, 이러한 발전은 사회복지제도에 호의적인 노·사·정의 정치적 합의(consensus)에 의하여 뒷받침되었다. 또한 호황에 의한 경제성장과 완전고용을 바탕으로 한 산업평화와 민주주의의 정착과 발전, 국제기구(ILO, ISSA)의 역할, 시민권 운동 또한 복지국가 발전의 중요한 배경으로 작용하였다.

전후 복지국가는 1973년 석유파동(oil shock)이 일어날 때까지 사회복지에 대한 재정 지출을 확대해 나갔으나, 사회복지제도의 외형적 측면에서 뚜렷한 변화가 일어난 것은 아니었다. 경제적 호황과 정치적 합의 구도 속에서 사회복지 지출을 지속적으로 늘려 나갔고 급여 수준과 적용대상을 확대하여 갔다. 이런 과정을 통하여 복지국가는 더욱 세련되게 발전하였으며, 이러한 복지국가의 여러 제도는 세계 전역으로 확산되었다.

5) 복지국가의 개편

(1) 재정위기와 대처리즘

제2차 세계대전 이후부터 1970년대 초반까지는 세계 자본주의 경제의 성장과 함께 복지국가의 확대 발전이 동시에 이루어지는 복지국가의 황금기를 경험하였다. 그러나 1970년대 초반 이후 석유파동이 일어나 경제성장이 둔화되고 복지국가의 성장은 침체기를 맞이하게 되었다. 경제침체는 한편으로는 정부의 세수를 감소시키고 다른 한편으로는 복지지출을 증가시킴으로써 공공적자를 크게 증대시켰고, 공공지출의 가장 큰 부분을 차지했던 복지지출에 대한 삭감 압력을 높였던 것이다. 다시 말해, 1970년대의 경제위기는 국가의 재정위기를 초래함으로써 복지국가를 위기에 빠뜨렸다.

이러한 상황에서 1979년 집권한 대처(Thatcher) 정부는 영국의 복지국가를 재편하였다. '자유경제와 강한 국가'로 대변되는 대처리즘(Thatcherism)은 한편으로는 공공지출을 삭감하고 민영화와 규제완화 정책을 시행하면서, 다른 한편으로는 베버리지적 복지원칙을 자유주의적·빅토리아적 복지원칙으로 대체하였다(김영순, 1996).

대처리즘의 새로운 원칙은 ① 전 국민의 복지에 대한 국가의 책임을 자조와 개인 책임의 원칙으로 대체하였으며, ② 보편주의 원칙을 선별주의 원칙으로 대체하였고, ③ 국민 최저수준의 원칙을 열등 처우의 원칙으로 대체하였다. 이러한 원칙에 따라 대처 정부는 복지의 민영화와 지방 분권화를 단행하였다.

(2) 정부의 역할 축소와 신보수주의

미국에서는 「사회보장법」 이후 사회보장에 대한 연방정부의 역할이 점차 증대되어 갔다. 특히 1960년대 존슨(Lyndon Johnson) 대통령이 '위대한 사회(Great Society)'를 추구하며 '빈곤과의 전쟁(War on Poverty)'을 선포함으로써 사회복지를 확대하였다. 그러나 빈곤과의 전쟁이 미국의 시장 중심의 사회복지 모델을 벗어난 것은 아니었으며, 빈곤과의 전쟁에서 강조하는 것은 경제적인 자족이었다. 미국 정부가 중점을 둔 것은 더 많은 소득보장제도나 공공복지서비스가 아니라, 주로 개인의 소득 기회를 늘리기 위한 프로그램들이었다. 1960년대에 미국에서 새롭게 만들어진 헤드스타트(Head Start), 교육보조, 직업훈련, 공공보건, 지역사회행동 프로그램 등이 이에 해당한다.

그러나 1970년 이후 세계경제의 성장이 둔화되고 신자유주의의 영향력이 커지면서, 영국과 마찬가지로 미국에서도 사회복지 축소에 대한 압박이 강해졌다. 레이건(Reagan) 정부와 부시(Bush) 정부에서 조세 삭감과 함께 사회지출에 대한 삭감이 급격하게 이루어졌으며, 이에 따라 사회복지 지출도 급격히 축소되었다. 미국의 보수화는 복지 급여의 삭감과 함께 연방정부의 역할을 축소하는 '권한이양 개혁(devolution revolution)'을 가져왔다. 이러한 분위기에서 1996년 개인의 책임과 노동기회 조정법(Personal Responsibility and Work Opportunity Reconciliation Act)이 제정되었다. 이 법에 따라 주정부에 주어지던 연방보조금이 범주적 보조금(categorical grants)에서 포괄적 보조금(block grants)으로 변경되었으며, 미국의 대표적 공공부조인 AFDC(Aid to Family with Dependent Children, 아동부양가족부조)가 폐지되고 TANF(Temporarily Assistance to Needy Family, 빈곤가족 한시부조)로 대체되었다.

(3) 세계화와 2차 신보수주의 물결

20세기 말 이후 영국과 미국을 포함한 서구의 복지국가들은 조정 단계에 있다고 할 수 있다. 전후 복지국가들이 시행하고 있는 사회복지제도들은 대부분 대량생산 방식에 기반을 둔 산업사회의 구조에 맞는 제도들이었다. 그러나 세계화, 탈산업화, 정보화 등이 진행되면서 국가 간 경쟁이 심화되었고, 이러한 현상은 과거 국가 단위의 사회복지체제의 변화를 요구하게 되었다.

일찍 세계화와 정보화에 성공한 영국과 미국 등의 영미계 국가들은 1990년대 이후 동서냉전이 끝나고 이데올로기가 무너져 가고 있던 상황에서 새로운 무역·금융 질서와 경제체제(WTO, FTA)로 세계질서를 재편해 나가기 시작하였다. 즉, 이념에 의하여 균형이 유지되던 정치 질서가 시장을 중심으로 한 경제 질서로 대체되었던 것이다.

그리고 이러한 변화에서 상대적으로 뒤떨어진 독일, 프랑스, 스웨덴 등 전통적인 유럽의 복지국가들은 국가 경쟁력이 상대적으로 약화되면서, 국가 중심의 사회복지체제 에서 벗어나 국가 경쟁력을 확보하고자 하는 노력들을 보이고 있다. 특히 21세기 들어서 이 국가들에서도 보수파 정당들이 새로이 집권하면서 1980년대에 이어 2차 신보수주의의 물결이 전 세계를 휩쓸고 있다고 할 수 있다.

그러나 이러한 세계화와 정보화 등 새로운 변화는 지역 간, 국가 간, 계층 간 양극화를 심화시키고 있다. 특히 코로나19 팬데믹으로 인한 시민의 생명과 안전을 위한 사회보호의 필요성은 새로운 사회서비스와 사회복지제도를 창출해 나갈 것으로 예상된다.

3. 한국의 사회복지 역사

우리나라의 사회복지도 다른 나라와 같이 여러 가지 동기가 복합적으로 작용하여 발달해 왔다. 단군의 건국이념은 홍익인간(弘益人間)이었으며, 고대사회부터 두레나 계 등 민간 차원의 상부상조 전통이 강했고, 취약계층에 대한 구휼(救恤)이 종교적 배경으로 일찍부터 실시되었다. 조선시대까지 사회복지는 대개 구빈정책을 중심으로 이루어져 왔으며, 그 후 정부 수립을 거쳐 1960년대에 와서야 근대적인 의미에서의 사회복지체계가 확립되었다.

1) 근대 이전

(1) 삼국시대

삼국시대의 구빈사업은 원시공동체의 관습이 남아 있어서 씨족이나 부족의 결합이 강했기 때문에 개인의 문제는 공동체 내에서 해결되었다. 우리나라 역사 기록에 나타나는 구빈사업 가운데 가장 오래된 제도는 '창(倉)'이라고 할 수 있다. 창은 양곡을 비축해 두는 창고로, 원래 목적은 전시에 군량미를 확보하는 것이었지만 빈민구제에 많이 활용되었다. 삼국은 이러한 창 이외에 다음과 같은 구빈사업을 공통적으로 실시하였다(고승덕 외, 2003).

첫째, 관곡의 진급(賑給)은 정부에서 비축하고 있는 관곡을 여러 형태의 재난을 당한 백성에게 풀어 구제하는 것이다. 둘째, 사궁구휼(四窮救恤)은 무의무탁한 빈민을 구제하는 것으로, 사궁이란 환과고독(鰥寡孤獨)을 지칭한다. 셋째, 조세감면 사업은 자연재해로 심한 피해를 입었던 지역의 주민에게 그 재해의 정도에 따라 조세를 감면해 주는 것이다. 넷째, 대곡자모구면(貸穀子母俱免)은 춘궁기에 백성에게 대여한 관곡을 거두어들일 때 재해로 인해서 흉작이 되면 상환 시 그 원본과 이자를 감면해 주는 것이었다.

이러한 구빈사업은 모두 우리 민족 고유의 상부상조 정신에서 비롯된 것이며, 당시의 민족문화 형성에 많은 역할을 한 유교, 불교 및 선교의 영향을 받았다. 삼국시대의 구빈사업은 임시적이었고, 사후 대책의 성격이 강하였으며, 지속성을 유지할 수 있는 단계에는 이르지 못한 한계성을 지닌 구제제도였다.

(2) 고려시대

고려시대에는 우리 민족 고유의 상부상조 정신에 불교의 자비(慈悲)의 정신이 가미되어, 삼국시대의 민생구휼제도가 보다 체계화되고 확대되었다. 즉, 불교의 자비사상은 우리 국민의 의식구조에 뿌리를 내려 구제사업에 큰 영향을 주었다. 자(慈)는 백성에게 즐거움을 주는 것을 의미하고, 비(悲)는 백성의 고생을 더는 것을 의미한다. 따라서 불도에 의한 구빈(救貧), 시료(施療) 및 고아 보호와 양로 사업이 활발하게 전개된 것이다.

상설 구빈기관으로는 제위보, 흑창(의창), 상평창, 유비창 등이 있었고, 임시 구빈기관으로는 동서제위도감, 구제도감, 구급도감 등이 있었다. 또한 흉년이나 전쟁 등 각종 재해에 대비한 여러 구제정책이나 구제기관을 설치하는 것과 병행하여 평상시에도 빈민을 구제하기 위한 여러 가지 제도가 마련되어 있었다. 예를 들면, 왕의 즉위 직후 또는 전쟁이 끝난 후 일정한 기간 동안 혹은 천재지변, 전염병의 유행 등에 의하여 심한 피해를 입게 된 백성에게 조세와 부역을 감면해 주는 은면제(恩免制)와 재면제(災免制), 늙고 자식이 없는 노인(獨)에게 양곡을 대여해 주거나 식량, 옷, 포목 등 생활필수품을 급여하여 주던 환과고독 진대법(鰥寡孤獨 賑貸法) 등이 있었다.

더불어 동서대비원과 혜민국을 중심으로 어려운 환자에게 약과 옷을 나누어 주고 치료해 주는 의료보호사업을 실시하였으며, 홀로 된 아동을 양육하여 양자로 입양시키거나 승려나 종으로 삼는 제도와 양로제도, 경로제도가 있었다(고승덕 외, 2003).

이와 같은 고려시대의 구빈사업은 이미 제도로 정비되어 시행되었고, 삼국시대보다 구체화되고 다양화되었다. 또한 시행과정상 일관성이 결여되어 지속적으로 시행되지 못한 부정적인 측면도 많았지만, 국가 책임의 구제제도로서 역할을 하였다.

(3) 조선시대

조선시대에는 숭유억불 정책에 따라 유교를 존중하고 불교를 억압하였기 때문에, 민간에 의한 자선사업은 다소 쇠퇴하였다. 그러나 조선시대에는 치국이념인 왕도정치에 따라 왕은 백성을 위한 위민(爲民)정치를 해야 했으며, 이는 백성의 구휼문제에도 상당한 영향을 미쳤다.

조선시대의 구휼제도는 ① 춘궁기나 재해 시에 대비하는 비황(備荒)제도, ② 매우 어렵고 가난한 사람들을 보살펴 주는 구황(救荒)제도, ③ 병자의 치료 등 의료시혜에 관한 구료(求療)제도로 대별할 수 있다.

첫째, 비황제도는 삼창(의창, 상평창, 사창)을 비롯한 창제의 운영을 들 수 있다. 이 가운데 관청에서 관할하는 의창(義倉)과 민간에서 관할하는 사창(社倉)은 춘궁기에 곡식을 빌려 주었다가 추수기에 상환하게 함으로써 빈민이나 이재민을 구호하는 환상(還上)제도이며, 상평창은 주로 곡물과 포목으로 물가 조정 기능을 하였다.

둘째, 구황제도는 진궁(賑窮), 양로, 경로, 권조, 애상(哀喪), 관질(寬疾) 등을 들 수 있다. 진궁이란 홀아비, 과부, 고아, 무자식 노인 등 4궁에 대한 구호사업이다. 특히 유아기의 보호와 입양에 관한 법적인 체계와 내용을 지닌 자휼전칙(字恤典則, 1783)은 일정한 한계 내에서 국가의 개입을 표방하고 있어 아동 구호에 중요한 법령으로 평가되고 있다. 또한 고령의 노인에 대한 양로, 경로 사업으로 100세 이상의 노인에게 신년 초에 양곡을, 90세 이상 노인에게는 매년 술과 고기를, 80세 이상 노인에게는 지방관들이 향응을 제공하게 하였다. 권조란 양반집 처녀의 혼인 장려책으로, 양반집 여자가 가난하여 30세가 넘어도 혼인을 하지 못하는 경우에 호조에서 혼비를 지급하는 제도이다. 애상은 빈곤하여 장례를 치르지 못하는 사람에게 장례비를 지급하는 제도이고, 관질은 불구폐질자 등과 같이 자력으로 의식주 해결을 못할 뿐만 아니라 사람들이 혐오하는 사람들에 대한 대책이다.

셋째, 의료제도는 활인서, 혜민서 등이 운영되었다. 활인서는 태조 때 설치되어 성안에 거주하는 환자를 구휼하는 일을 담당했고, 혜민서는 서민의 질병치료와 여의사를 교육하는 일을 담당했다.

　이 밖에 조선시대에는 계, 두레 등 민간의 상부상조 관습과 오가작통제, 향약이 있었
다. 계나 두레의 관습은 원시적 협동체의 관습으로서 동업 혹은 동민의 단결, 일가친척
의 상부상조, 애경사에서의 공제 등을 목적으로 하는 민간조직이었다. 특히 두레는 마을
단위의 농민 협동조직으로, 서로 협동 작업을 하고 농악을 연주하며 즐기기도 하였던 관
습이었다. 오가작통제(五家作統制)는 지역별로 5가구가 통을 구성하여, 서로 상부상조하
고 연대책임으로 지역 내의 치안을 유지하고 복지를 증진하여 지방행정의 운영을 돕게 하
던 자치제도였다. 향약은 덕업상권, 과실상규, 예속상교, 환난상휼의 4개 덕목을 실천목
적으로 삼고 있었다. 그중 환난상휼(患難相恤)은 환난의 구호, 질병의 구호, 빈궁(貧窮)의
진휼(賑恤), 고약(孤弱)의 부양, 가자(嫁資)의 보급, 사장(死葬)의 조위, 사창의 경영의 7개
사업을 규정하였다.

2) 일제강점기와 미군정시대

(1) 일제강점기와 시혜적 구호

　일제강점기의 구호사업은 식민정책의 일부로, 정치적 목적을 가진 시혜의 의미로 시
행되었다. 1910년에 경술국치(한일합방)가 이루어지면서 조선시대의 구호사업은 소멸되
었으며, 1921년에 조선총독부 내무국에 사회과가 신설되어 구호사업을 전담하였다.

　일제는 빈민문제가 사회문제로 심각하게 되자 빈민조사를 실시한 후, 1927년 12월부
터 방면위원제도를 실시하였다. 방면위원제도의 주된 내용은 빈민생활 실태조사, 상담
지도, 보호구제, 보건구호, 직업 알선, 호적 정리 등이었다. 또한 일본에서 실시하던 구호
법(1929년 제정)을 원용하여, 1944년 3월 1일에 「조선구호령」을 실시하였다. 그러나 이와
같은 제도들이 우리나라에서 시행된 것은 구빈 목적이라기보다는 전시 동원 체제하의
식민지 통치의 효율성 제고를 위한 것이라고 볼 수 있다(남기민, 2005).

　「조선구호령」은 ① 65세 이상 노쇠자, ② 13세 이하 아동, ③ 임산부, ④ 불구, 폐질, 질
병, 상병, 기타 정신 또는 신체의 장애로 일할 수 없는 자를 대상으로 하였다. 구호의 종류
는 생활부조, 의료, 조산, 생업부조였고, 구호 방법은 거택구호를 원칙으로 하되 거택구
호가 부적당한 경우 시설에 수용 위탁할 수 있게 하였다. 「조선구호령」은 광복 후 1961년
「생활보호법」이 제정되기까지 우리나라 공공부조의 근거가 되었다.

(2) 미군정과 응급구호

1945년 8월 15일 광복 이후부터 1948년 8월 15일 정부 수립까지 미군정 3년간의 구호사업은 주로 북한에서 월남한 피난민과 해외에서 귀환한 전재민 및 국내 거주의 요구호 빈민에 대한 식량, 의료 및 주택 등 응급구호에 치중하였다. 당시 빈곤 인구의 규모는 최소한 200만 명 이상으로 추정되며, 이 같은 숫자는 광복 당시 남한 인구 1,600만 명의 12.5%에 달하는 것이었다(이영환, 1989).

미군정기의 복지행정은 군정청 보건후생부가 담당하였다. 보건후생부의 주요 업무는 ① 위생 업무, ② 사변 재해의 구제, ③ 일반 빈곤자에 대한 공공부조, ④ 아동의 후생 및 기타 필요한 보호, ⑤ 노무자의 후생 및 은급 제도, ⑥ 주택문제, ⑦ 귀국 및 실직한 한국인의 보호 및 귀향, ⑧ 기타 한국 내 점령군의 목적 달성에 필요한 공공후생 계획 및 경영 등이었다(하상락, 1989).

또한 미군정기간 동안 복지에 대한 공적인 대책이 크게 부족하였기 때문에, 무계획적인 민간 구호 단체와 시설이 증가하였고 외국 자선 단체와 기관들도 많이 들어왔다.

3) 정부 수립과 이승만 정부

1948년 8월 15일 대한민국 이승만 정부가 수립되고 제1공화국이 출범하자 보건후생부 및 노동부가 사회부로 통합되어 보건, 후생, 노동 및 부녀 등에 관한 행정을 관장하였다. 그 후 1949년 3월에 보건부가 창설되어 사회부에서 관장하던 보건행정을 분할하여 주관하였으나, 1955년 2월에 보건 및 사회 양부는 다시 보건사회부로 통합되었다.

정부 수립 당시 제정된 우리나라 「헌법」 제19조는 "노령, 질병, 기타 근로능력이 없는 자는 법률이 정하는 바에 의하여 국가의 보호를 받는다."라고 하여 국민의 생존권을 명문으로 규정하였다. 그러나 이 법이 규정한 국민의 생존권을 보장하는 관계 법률이 제정되기도 전인 1950년에 한국전쟁이 발발하여, 신생 대한민국으로서는 도저히 물적으로나 인적으로나 감당하기 곤란한 일대 궁지에 빠지게 되었다. 즉, 요구호자는 일시에 막대한 수로 급격히 증가하는 반면, 소요 물자와 자금은 극히 제한되어 있어, 전쟁 중에는 주로 요구호자의 최소한의 생명 유지를 위한 응급구호에 치중할 수밖에 없었다.

1951년 3월에 전국 난민 일제등록을 실시한 결과, 전국적으로 783만여 명의 구호 대상자가 등록하였으며, 1952년과 1953년에는 더욱 증가하였다. 정부는 재정 부족 때문에 요구호자 구호를 위해 외국 원조단체들의 협조를 받지 않을 수 없었다. 미군정 때부터 우리나라를 원조하고 있던 국제원조처, 경제협력처, 전시 긴급원조 한국민간구호단체, UN 한국재건단 등의 외국 원조단체는 중앙구호위원회를 조직하여 긴급구호를 실시하였다. 지방에서도 각급 구호위원회를 조직하여 중앙구호위원회의 지휘 감독 하에 부산 지역에 우선 피난민 수용소를 설치하여 수용 보호하는 한편, 거제도와 제주 도에는 집단 수용소를 설치하여 피난민 응급구호를 하였다(김만두, 한혜경, 2000).

한국전쟁으로 시설보호를 필요로 하는 난민이 다수 생겨났다. 이와 같은 사회적 요구에 따라 고아시설, 양로시설, 모자원 등의 각종 후생시설이 휴전 협정 성립 후에 급속히 증가하여 1959년에는 총 686개의 각종 시설이 설립되었다(하상락, 1989).

한국전쟁은 우리나라 사회복지에 두 가지 큰 변화를 가져왔다. 첫째는 정부 수립 후 단계적·계획적으로 준비해 오던 사회부의 모든 정책이 무산되고 임시적·응급적 정책으로 전락하였다는 점이고, 둘째는 막대한 외국 원조로 우리 사회에 의존적 구제방식을 심화시켜 놓았다는 점이다. 이와 같이 정부 수립 이후 1950년대의 우리나라 사회복지는 임시 응급구호와 전후 복구에 급급하였으며, 근대적인 사회복지제도가 제대로 자리 잡지 못하던 시기였다.

4) 박정희 정부와 유신체제

1960년 4·19혁명에 의해 이승만 정부가 붕괴된 후 탄생한 제2공화국 민주당 정부는 나름대로 자주적이고 민주적인 발전의 길을 모색하였다. 그러나 반목과 대립 속에서 정치적·사회적 혼란이 그칠 줄 몰랐고, 그 와중에 무정부적 혼란 현상을 청산한다는 명분으로 1961년 5월 16일 군인들이 군사정변을 일으켰다. 군사정부는 절대빈곤을 해소한다는 정치적 혁명공약의 실천을 위해, 1962년부터 제1차 경제개발 5개년 계획을 추진하였고, 1963년에는 박정희 정부의 제3공화국이 출범하였다.

1962년부터 시작한 경제개발로 도시화 및 산업화 현상이 나타나고, 도시 빈곤층, 가출 및 비행, 미혼모, 주택 부족 등 과거와는 다른 여러 가지 사회문제가 드러나기 시작하였다. 그러나 당시 정부 당국자들은 한정된 재원을 경제개발에 집중하기 위해 사회복지에 대해서 소극적이었다. 한편, 노동자 계층의 미성숙으로 노조의 조직력이 미약했고 그들의 권익을 추구하기 위한 이익 표출은 거의 없었으며, 일반 국민의 경우도 사회복지에 대한 이해나 주장이 거의 없었다(남기민, 2005).

단지 1960년대에, 특히 군사정부 시절에는 국민의 지지를 얻기 위해 여러 가지 사회복지관련 법이 제정·공포되었다. 사회보험 부문에서「공무원연금법」(1960),「선원보험법」(1962),「군인연금법」(1963),「산업재해보상보험법」(1963),「의료보험법」(1963)이 제정되었고, 공공부조 부문에서「생활보호법」(1961),「군사원호보상법」(1961),「재해구호법」(1962),「국가유공자 및 월남 귀순자 특별보호법」(1962) 그리고 사회복지서비스 부문에서「아동복리법」(1961),「윤락행위 등 방지법」(1961),「자활지도에 관한 임시 조치법」(1968) 등이 제정되었다. 그 밖에 1963년에는「사회보장에 관한 법률」이 제정되었다.

이와 같이 1960년대는 전례 없이 사회보험 및 생활보호를 중심으로 한 근대적인 사회복지법제를 마련하였다. 이와 같은 사회복지법제는 그 내용상으로는 비교적 장기적인 안목과 효율적인 합리성을 가지고 있었지만, 형식적인 사회복지법제의 도입이라는 의견이 많았다. 이는 사회복지제도가 구빈적·단편적 성격으로부터 벗어나 국가 중심의 체계적인 사회복지제도로 자리 잡는 계기는 되었으나 그 시행은 성공적이지 못하였다는 것을 알 수 있다.

1960년대 사회복지의 특징 중 하나는 공무원, 군인 등 사회적 지배계층을 위한 사회보장제도가 우선적으로 제정되었다는 것이다. 이는 후진적 사회복지 발달의 한 형태로서, 사회보장제도의 확충이 복지적인 측면보다는 정치적인 측면에서 이루어졌다는 것을 말해 주고 있다.

1972년 박정희 대통령이 유신헌법을 만들어 대통령의 권한을 대폭 강화하고 유신체제를 유지하자 이에 대한 체제 도전이 끊임없이 일어났다. 따라서 체제의 정통성 확립을 위해 무언가 최소한 국민의 지지를 받을 수 있는 유인을 제공하지 않으면 안 되는 정치적 상황이었다.

사회경제적 상황을 보면 1960년대 제1차 및 제2차 경제개발 5개년 계획이 성공적으로 수행됨으로써 산업화·도시화 현상이 나타나기 시작했고, 절대빈곤에서 탈피하여 고도의 경제성장을 이룩하게 되었지만, 산업화·도시화 현상은 필연적으로 각종 사회문제를 가져왔다. 특히 빈부 격차가 심해져 상대적 박탈감 및 위화감이 사회에 팽배하여 사회적 불안이 조성되었다. 이런 상황에서 1972년부터 시작된 제3차 경제개발 5개년 계획부터는 본격적으로 사회개발 정책을 수행하게 되었다.

1970년대의 사회복지 관련 법들을 보면, 사회보험 부문에서는「사립학교교원연금법」(1973),「국민복지연금법」(1973),「개정의료보험법」(1976),「공무원 및 사립학교교직원 의료보험법」(1977),「월남귀순자 특별보상법」(1978)이 제정되었으며, 사회복지서비스 부문에서는「사회복지사업법」(1970)이 제정되었다.

이 중 「사립학교교원연금법」과 「공무원 및 사립학교교직원 의료보험법」은 국가 건설과 유지에 필수적인 공무원과 교직원에 대한 특별한 배려라고 볼 수 있다. 「국민복지연금법」은 법만 제정해 놓고 실시하지 못하였는데, 그 이유는 제도의 수립 목적이 중화학공업을 위한 내자 조달의 수단이라고 국민에게 인식되었고, 따라서 국민의 지지와 호응을 받지 못했기 때문이다.

1963년 제정되었다가 시행되지 못한 「의료보험법」은 1976년에 개정되어 1977년부터 500인 이상 사업장 근로자를 대상으로 실시되었으며, 그 후 「공무원 및 사립학교교직원 의료보험법」이 시행되었고, 저소득층 의료보장을 위해 「의료보호법」도 시행되었다. 이와 같은 의료보장제도는 산업사회의 도래로 생겨난 국민의 의료 욕구를 충족시키고 건강을 증진시킴으로써 국가적 이익과 사회적 통합을 추구하기 위한 것이었다.

한편, 1970년에 「사회복지사업법」이 시행되면서 그간 재단법인 등에 의해 운영해 오던 사회복지기관들이 「사회복지사업법」에 규정된 사회복지법인으로 변경됨으로써, 사회복지기관 운영의 기반과 질서가 확립되었으며 사회복지시설과 단체들이 정부의 보조를 받을 수 있게 되었다(구종회, 2003).

또한 이 시대는 외원단체의 원조 활동이 점차 줄고 정부의 재정 부담이 늘어나면서 사회복지제도 토착화의 기반을 조성하였다.

5) 전두환 · 노태우 정부

1979년 10 · 26 사건으로 박정희 대통령의 유신체제가 종말을 고하고, 1980년 5 · 17 군사 쿠데타로 전두환 정부의 제5공화국이 출범하였다. 전두환 정부는 민주주의의 토착화, 정의사회 구현, 교육혁신 및 문화창달과 더불어 복지사회의 건설을 국정 지표로 내세웠을 뿐만 아니라, 1982년부터 시작된 제5차 5개년 개발계획에서도 경제와 사회의 균형적인 발전을 기본 목표로 삼았다.

전두환 정부는 부족한 체제 정통성을 확보하기 위하여 일단의 사회복지 입법을 단행하였다. 사회복지서비스 부문에서는 「사회복지사업기금법」(1980), 「심신장애자복지법」(1981), 「노인복지법」(1981)을 제정하였고, 「아동복리법」(1962)을 「아동복지법」(1981)으로 개정하였으며, 「사회복지사업법」(1983)을 전면 개정하여 사회복지 종사자를 사회복지사로 그 명칭을 변경하고 사회복지사 자격을 1급, 2급, 3급으로 구분하였다. 그리고 공공부조 부문에서는 「생활보호법」(1983)을 개정하여 생활보호 유형에 자활 보호와 교육 보호를 추가하였고,「최저임금법」(1986)을 제정하였다.

한편, 전두환 정부 후반부터는 한국형 복지 모형이 논의되기 시작하였다. 한국형 복지 모형이 등장하게 된 배경은 1970년 중반 이후 선진 복지국가에서 복지국가 위기론이 대두되고 있었기 때문에 한국에서도 자칫 잘못하면 복지병을 유발할 수 있다는 정책 관련자들의 우려 때문이었다(구종회, 2003). 이러한 한국형 복지 모형은 제6차 경제사회발전 5개년 계획(1987~1991)과 맥락을 같이하고 있다. 제6차 계획의 기본 방향은 ① 우리 경제·사회발전 수준에 맞는 복지시책이어야 하고, ② 가족과 지역사회의 복지기능을 최대한 조장하며, ③ 자립정신에 입각한 복지시책을 전개하고, ④ 민간의 복지자원을 최대한 동원한다는 것이다. 그리하여 1980년대 후반부터는 시설 수용 위주의 복지사업으로부터 탈피하여 지역복지와 재가복지가 강조되기 시작하였다.

1988년 출범한 노태우 정부는 제5공화국의 사회보험제도를 대부분 확대 시행하였으며, 국민연금제도(1988), 전국민의료보험제도(1989), 최저임금제도(1988)를 시행하였다. 제6공화국 정부에서는「심신장애자복지법」을「장애인복지법」으로 개정하였으며,「노인복지법」(1989),「의료보호법」(1991),「사회복지사업법」(1992)을 개정하였다. 또한 사회복지 관련 법으로「모자복지법」(1989),「장애인 고용촉진 등에 관한 법률」(1990),「영유아보육법」(1991) 및「고령자고용촉진법」(1992) 등을 제정하였다.

노태우 정부의 사회복지제도 발전의 특징을 요약하면 다음과 같다. 첫째, 국민연금제도, 최저임금제도, 전국민의료보험제도 실시 등 소득 및 의료보장의 확대가 이루어지기 시작하였다. 둘째, 1988년 서울 장애자 올림픽 이후 장애인 종합대책을 수립하였으며, 이어서「장애인 고용촉진 등에 관한 법률」을 제정하여 장애인 복지에 대한 변화를 시도하였다. 셋째, 지역복지의 중추적인 서비스 전달체계인 사회복지관을 전국적으로 확대 실시하였다. 넷째,「아동복지법」과는 별도로「영유아보육법」이 제정되면서 영유아 보육사업이 크게 부각되었다. 다섯째, 재가복지를 중시하여 재가복지봉사센터가 급격하게 증가되었으며, 1987년부터는 사회복지전문요원을 영세민 밀집 지역의 동사무소에 배치하기 시작하였다.

6) 김영삼 정부

김영삼 정부가 등장한 1990년대는 세계화라는 흐름이 새로운 국제 질서로 자리를 잡아 가고 있었다. '우루과이라운드(UR)' 협상 타결에 이은 세계무역기구(WTO) 체제가 세계경제를 규정하는 요소로 등장하면서 국가 경쟁력이 중요한 국가적 과제로 떠올랐다. 이와 함께 독일의 통일, 동유럽 공산권의 몰락, 복지국가 위기론 이후 신보수주의 이데올로기의 확산 등 세계는 빠른 속도로 변화하고 있었다. 공산권이 몰락하면서 제2차 세계대전 이후 유지되어 오던 동서 대립의 양극체제가 무너진 공간을, 미국은 유일한 강대국으로서 세계화와 정보화라는 새로운 기준으로 세계를 재편해 나갔다.

김영삼 정부는 1993년 아시아태평양경제협력체(APEC) 정상회담 이후 개방과 무한 경쟁을 의미하는 세계화를 정책목표로 설정하였으나, 1960년대 이후 계속된 우리나라의 관 주도식의 압축 성장은 많은 문제점을 내포하고 있었다. 이 중에서도 가장 취약한 부문은 외환·금융 부문이었다. 외환·금융 부문에서 시작된 외환위기로 김영삼 정부는 국제통화기금(IMF)의 구제금융을 요청할 수밖에 없었고, 한국 경제는 최악의 침체와 함께 상당 부분을 외국의 자본에 의존하게 되었다.

김영삼 정부는 1993년 신경제 5개년계획의 사회복지 부문에서 우리나라 제7차 경제사회발전 5개년 계획 복지정책의 기본 방향을 국가발전 수준에 부응하는 사회복지제도의 내실화에 두고 국민복지를 증진시킬 것을 제시하였다. 또한 1995년에는 성장 위주의 정책에서 벗어나 삶의 질과 생산적인 국민복지에 적극적인 관심을 기울여야 할 것이라고 강조하였다. 그러나 실질적인 성과는 미미하였다.

김영삼 정부에서 제정된 사회복지관련 법들을 보면, 사회보험 부문에서는 「고용보험법」(1993)을, 사회복지서비스 부문에서는 「정신보건법」(1995)과 「사회복지 공동모금법」(1997)을 제정하였고, 과거의 「사회보장에 관한 법률」을 폐지하고 「사회보장기본법」(1995)을 제정하였다.

김영삼 정부의 사회복지제도에서 가장 큰 변화는 사회보험 부문으로, 전 국민 대상국민연금제도의 확대 실시와 더불어 전 사업장에 대한 고용보험제도의 적용, 전 국민의료보험의 실시 등으로 기존의 산재보험제도를 포함한 4대 보험체계를 완성하였다는 것이다.

7) 김대중 정부

1997년도 IMF 체제는 우리나라가 산업화 이후에 경험하지 못한 경제침체와 대량 실업, 가족 해체, 노숙자 문제 등을 가져왔다. 이러한 문제들은 기존의 사회복지제도로는 해결할 수 없었다. 이러한 과제를 안고 1998년 출범한 김대중 정부의 사회복지정책에서 가장 큰 변화는 「국민기초생활보장법」(1999)을 제정한 것이다.

종전의 「생활보호법」은 급여 대상을 노동능력이 없으며, 부양 의무자가 없거나 있어도 부양능력이 없으며, 재산과 소득이 일정 기준 이하의 빈곤층만을 대상으로 하였다. 그러나 이러한 수급 자격으로는 외환위기 상황에서 발생한 장기 실업자와 대량 빈곤의 문제를 해결하기에 한계가 있었다. 새롭게 제정된 「국민기초생활보장법」에서는 수급 자격에서 노동능력의 여부를 삭제하였으며, 급여 내용에서도 주거급여가 신설되었다는 점에서 종전의 「생활보호법」과 큰 차이가 있었다. 그러나 노동 가능한 사람들에 대한 부조를 제공하는 데 대한 논란으로 법 제정 과정에서 노동 가능한 사람에 대한 자활후견사업이 추가되었다.

의료보험은 조합주의 관리 방식이 문제점으로 등장하면서 1997년 12월 「국민의료보험법」을 제정하여 1998년 10월부터 공무원 및 사립학교 교직원 의료보험과 지역의료보험을 통합하였고, 12월에는 「국민건강보험법」을 제정하여 2000년 7월부터는 직장 의료보험까지 통합한 후 건강보험으로 개편하였다.

농어촌까지 확대되었던 국민연금은 1999년 4월부터는 도시 자영업자에게까지 확대 적용됨으로써 전 국민 연금시대를 열었다. 그러나 소득 파악의 문제와 납부 예외자 인정으로 연금 사각지대의 문제는 여전히 남아 있다.

김대중 정부에서 제정 또는 개정된 사회복지 관련 법들을 보면, 사회보험 부문에서는 「국민건강보험법」(1999)과 「산업재해보상보험법」(1999)을 개정하였으며, 공공부조 부문에서는 「생활보호법」을 폐지하고 「국민기초생활보장법」(1999)을 제정하였고, 「의료보호법」을 「의료급여법」(2001)으로 전문 개정하였으며, 사회복지서비스 부문에서는 「모자복지법」을 「모·부자복지법」(2003)으로 전면 개정하였다.

8) 노무현 정부

노무현 정부는 외환위기 이후 심화된 경제 양극화와 빈부 격차를 해소하기 위하여, 3대 국정목표 중 하나로 '더불어 사는 균형발전사회'를 제시하고, 이에 따른 사회안전망을 구축하기 위하여 '기초생활보장의 내실화 등 취약계층 보호지원'을 100대 국정 과제 중 하나로 추진하였다. 그리고 취약계층의 보호지원을 위하여 ① 사각지대 해소를 위한 제도 개선과 차상위계층 보호, ② 일을 통한 탈빈곤 지원, ③ 사회적 취약계층의 보호 강화, ④ 사회복지 전달체계의 확대 개편을 추진하였다.

이와 함께 급속히 진행되고 있는 고령화에 대비하여, 2005년 6월 「저출산·고령사회 기본법」을 제정하고, 이에 기초한 제1차 고령사회 기본계획을 마련하여 범정부적 대응 체계를 구축하였다. 이 기본계획은 4대 분야, 70개 이행 과제, 242개 세부 과제로 구성되어 있다. 4대 분야는 ① 출산과 양육에 유리한 환경 조성, ② 고령사회의 삶의 질향상 기반 구축, ③ 저출산·고령사회의 성장 동력 확보, 그리고 ④ 저출산·고령화 대응 사회 분위기 조성이다.

2007년에는 저부담 고급여 구조의 국민연금제도를 개혁하고자 하였으나 급여 수준을 일부 조정하는 수준에서 그쳤다. 또한 노인의 연금 사각지대를 해소하기 위하여 기초노령연금제도를 도입하였으나 막대한 재정 부담으로 상당한 어려움이 예상되었으며, 계속 논의되어 오던 공무원, 군인 연금의 개혁은 끝내 이루지 못하고 다음 정부로 넘기게 되었다.

노무현 정부에서 제정 또는 개정된 사회복지 관련 법들을 살펴보면, 사회보험 부문에서는 「기초노령연금법」(2007)과 「노인장기요양보험법」(2007)을 제정하였으며, 공공부조 부문에서는 「긴급복지지원법」(2005)을 제정하였다. 그리고 사회복지서비스 부문에서는 「건강가정기본법」(2005)을 제정하였고, 「노인복지법」(2007)을 개정하였다.

9) 이명박 정부

2007년 출범한 이명박 정부는 10년 만에 보수 정부로 회귀하였기 때문에, 보수적 성향의 복지정책으로 개편되리라 예상되었다. 그러나 복지의 불가역성 때문에 큰 변화는 없었고, 종전의 노무현 정부에서 도입된 제도가 정착 또는 유지되었던 시기라고 할 수 있다.

이명박 정부는 '능동적 복지'라는 새로운 구호를 제시하였다. 능동적 복지란 빈곤과 질병 등 사회적 위험을 사전에 예방하고, 위험에 처한 사람들이 일을 통해 재기할 수 있도록 돕고, 경제성장과 함께라는 복지를 의미하였다(보건복지부, 2008). 즉, 능동적 복지란 '일할 능력이 있는 사람에게는 일자리를, 도움이 필요한 사람에게는 국가가 따뜻한 손길을 제공하는 복지'를 의미한다.

추진방향은 모든 국민이 안심하고 살아갈 수 있는 평생복지, 개인별 특성에 맞는 예방·통합·맞춤형 복지, 일자리와 균등한 사회참여 기회를 제공하는 일하는 복지, 효율적 전달체계를 통한 국민체감형 복지이다. 추진전략은 공급자와 정부 중심에서, 수요자와 현장의 요구 중심으로, 정부주도 방식에서 정부와 민간이 협력하고, 물량 중심의 양적 확대에서 서비스의 실질적 성과를 추구한다는 것이다. 따라서 능동적 복지의 4대 목표는 ① 평생복지 안전망의 확충, ② 경제성장과 함께하는 보건과 복지, ③ 미래에 대비하는 가족정책, ④ 국민의 건강과 안전보장이다. 이러한 목표를 위해 국민연금의 개혁, 건강보험의 재정 안정, 노인장기요양보험의 실시, 일을 통한 복지를 강화하겠다는 것이다(원석조, 2016).

이명박 정부의 능동적 복지는 노무현 정부에서 준비한 노인장기요양보험을 실시한 것을 제외하고는 새로운 사회복지제도가 없어, 국가가 능동적으로 국민을 보호하기보다는 국민이 능동적으로 일자리를 찾도록 하는 데 방점이 있는 정책이었다.

10) 박근혜 정부

2012년 출범한 박근혜 정부는 '맞춤형 고용·복지' 추진전략을 중심으로 국가발전의 선순환을 지향하였다. 이명박 정부에서 논쟁의 대상이 되었던 보편적 복지정책을 수용하여 보수 정부의 친복지정책을 통한 국민행복의 실현을 목표로 제시하였다. 구체적으로는 기초연금의 도입, 고용과 복지의 연계, 저소득층 맞춤형 급여체계 구축, 보육의 국가책임 확대, 4대 중증질환의 보장성 강화 등 23개 국정과제를 설정하였다.

그러나 이러한 국정과제는 시행과정에서 대폭 축소되거나 보류되었다. 소득보장 분야에서 가장 대표적인 과제였던 65세 이상 모든 노인에게 20만 원을 지급하겠다는 국정과제는 시행과정에서 소득 하위 70% 노인에게 월 10~20만 원을 국민연금 가입년도에 따라 차등지급하는 것으로 축소되었다. 또한 2015년 국민기초생활보호제도를 생계, 의료, 주거, 교육의 개별급여로 세분화하고, 중위소득에 기초한 상대적 빈곤 개념의 도입, 부양의무자 기준의 완화를 중심으로 하는 맞춤형 급여체계로 개편하였다.

사회서비스 분야에서는 장기요양서비스의 제공을 시장에 의존하는 정도가 높아지면서 장기요양서비스가 질적으로 하락하였다. 민간영리업자들이 장기요양서비스를 제공하면 공급자 간 경쟁을 통해 서비스의 질이 높아질 것이라는 기대와는 달리, 민간영리업자들의 과도한 경쟁 속에서 편법적인 운영을 감행하면서 장기요양서비스의 질은 하락하고 장기요양시장은 심하게 왜곡되었다. 또한 보육의 국가책임 확대라는 과제는 누리과정 예산을 확정하는 과정에서 중앙정부 '중증질환 100% 국가보장' 과제 또한 대폭 축소되었다.

11) 문재인 정부

2017년 촛불혁명의 열기 속에서 탄생한 문재인 정부는 '포용과 혁신'을 사회정책의 목표로 내걸고, 사회통합의 강화, 사회적 지속 가능성 확보, 혁신능력 배양과 구현을 3대 비전으로 제시하였다. 그리고 구체적인 실천전략으로는, ① 소득불평등 완화를 위한 소득보장제도의 개혁, ② 공정사회를 위한 기회와 권한의 공정한 배분, ③ 사회통합을 위한 지역균형발전 추진, ④ 저출산·고령사회 대비 능동적 사회시스템 구축, ⑤ 사회서비스의 공공성·신뢰성 강화 및 일자리 창출, ⑥ 일상생활의 안전보장과 생명의 존중, ⑦ 인적자본의 창의성·다양성 증진, ⑧ 성인기 인적역량 강화와 사람중심의 일터 혁신, ⑨ 경제·일자리 선순환을 위한 고용안전망 구축을 제시하였다.

문재인 정부의 주요 복지정책으로, 2017년 건강보험의 보장성 강화를 위하여 1차 의료의 접근 강화와 치매국가책임제를 실시하였으며, 2018년에는 소득보장을 위하여 노인의 기초연금을 30만 원으로 인상하고, 아동수당을 도입하였다. 또한 노동분야에서는 주 52시간 근무상한제를 실시하여 전 국민의 '일과 삶의 조화(워라밸)'를 추진하였다. 2019년에는 사회서비스의 공적 책임을 강화하기 위하여 '시·도별 사회서비스원 시범사업'을 실시하였다.

이상과 같은 우리나라 역대 정부의 사회정책을 사회복지와 관련된 주요 영역인 복지, 노동, 교육, 성평등, 주거별로 나누어 정리하면 다음 [그림 3-1]과 같다.

12) 우리나라 사회복지 역사의 특징

앞에서는 우리나라 사회복지의 역사를 역사주의적 접근 방법에 의하여 고찰하였다. 이러한 접근 방법에 따라 우리나라 사회복지 역사를 시대별로 구분하고, 사회복지의 역사적 전개와 시행에서의 특징을 살펴보면 다음과 같다.

첫째, 우리나라의 사회복지는 다른 동기보다는 정치적 동기와 밀접한 관련이 있다. 다른 나라도 정치적 요인과 밀접한 관계를 어느 정도 지니고 있지만, 우리나라의 경우는 다른 요인보다 너무 많은 영향을 미쳤다.

이러한 예를 들어 보면, 제3·4·5·6공화국의 대통령 선거 전후를 시점으로 사회복지의 근간이 되는 법들이 거의 입법화되고 있음을 알 수 있다. 1961년 「생활보호법」과

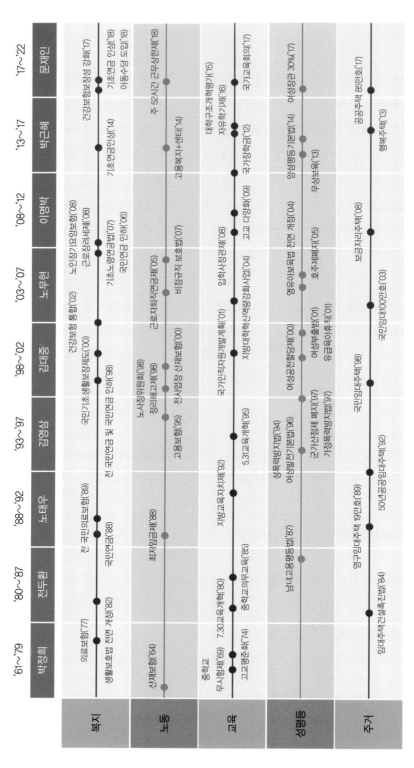

[그림 3-1] 우리나라 역대 정부의 사회정책(대통령직속 정책기획위원회·관계부처 합동, '문재인 정부 포용국가 비전과 전략', 2018)(서 발췌)

1963년 「산재보험법」을 위시하여 일련의 사회복지 입법들이 1963년 10월 15일 대통령 선거 전에 대량 입법화되었다. 1973년의 「국민복지연금법」, 1977년의 「의료보험 및 의료 보호법」도 그런 형태이다. 특히 「생활보호법」의 경우는 국민의 복지 욕구, 정부의 복지 전달체계 등 여러 문제에도 불구하고 정치적 요인에 의해 즉흥적으로 실시되었다.

둘째, 적용대상에 대해서는 선별주의 접근에서 점차 보편주의 접근으로 확대되어 가는 경향을 띠고 있다. 특히 사회보험 부문에서, 대부분의 개발도상국들이 그러하듯이, 사회보험 실시가 용이한 계층에서부터 점차 전 국민으로 확대되어 가고 있다. 그 사례로, 1977년 의료보험 실시 이후 1989년 7월 1일 도시지역 의료보험이 실시되면서 전 국민의 보험화가 이루어졌고, 다른 입법의 경우에도 이런 경향이 심하였다. 이런 현상은 국가가 사회복지 관련 법을 입법화하면서 재정적인 지원 및 체계를 완비하지 않고 즉흥적으로 법을 제정하는 경우가 많기 때문이다.

셋째, 정부의 사회복지 입법에 대한 의지가 약하기 때문에 사회복지가 강제 규정보다는 임의 규정이 많아 공무원의 재량권이 어떠한 정책이나 행정보다 많은 편이다.

넷째, 어떠한 법률을 제정 또는 실시하려면 사전 준비단계가 전제되어야 하는데, 우리나라는 공청회 등이 생략되고 정부의 입장에서 일방적으로 실시되는 경우가 많았다. 이런 이유 때문에 사회복지에 대한 국민의 전체적인 합의가 부족하고 국민통합을 이루는 데 실패하였다고 볼 수 있다.

다섯째, 사회복지의 실시 면에서 준비 단계가 부족하여 선진국의 법률이나 제도를 모방하는 경우가 많은 편이다. 특히 사회복지 초기에는 이런 경향이 심하였다. 사회복지는 그 국가의 사회복지 수준을 포함하여 정치, 경제 등 다양한 요소를 포함해야 하기 때문에 우리의 실정에 맞는 한국형 사회복지를 완성해야 할 것이다.

학습과제

1. 구빈법이 산업화와 자본주의 발달에서 차지하는 의미는 무엇인가?

2. 사회보험은 왜 후발 산업국가인 독일에서 생성되었는가?

3. 복지국가의 침체 요인과 신보수주의의 등장 배경은 무엇이었는가?

4. 근대 이후 우리나라 사회복지제도의 발달을 이끈 가장 중심적인 요인은 무엇인가?

5. 우리나라 역대 정부에서 나타나는 사회복지정책의 특징은 무엇인가?

참고문헌

감정기, 최원규, 진재문(2004). **사회복지의 역사.** 서울: 나남출판.

고승덕, 김영희, 김익균, 이현기, 장동일, 정영일(2003). **사회복지개론.** 서울: 교문사.

구종회(2003). 한국의 사회복지발달사. 선진국사회복지발달사. 서울: 홍익재.

김근홍, 서화자, 심창학, 이만식, 함세남, 홍금자(2008). **사회복지 역사와 철학(2판).** 서울: 학지사.

김만두, 한혜경(2000). **현대사회복지개론.** 서울: 홍익재.

김영순(1996). 복지국가의 위기와 재편─영국과 스웨덴의 경험. 서울: 서울대학교 출판부.

남기민(2005). **현대사회복지학.** 서울: 양서원.

박광준(2002). 사회복지의 사상과 역사. 서울: 양서원.

성민선, 김종해, 오혜경, 권구영, 이상균, 김영란, 박정호, 엄미선, 백은령, 류명화, 김용석, 이광
    재, 이용표, 권문일, 정재훈, 노연희, 김인숙, 김융일, 장혜경(2005). **사회복지개론.** 서울: EM
    커뮤니티.

이영환(1989). 미군정기의 구호정책. 한국사회복지사론. 서울: 박영사.

하상락(1989). 한국사회복지사의 흐름. 한국사회복지사론. 서울: 박영사.

한국사회복지학연구회(1991). **사회복지의 사상과 역사.** 서울: 한울아카데미.

HMSO. (1942). Report of the Inter-Departmental Committee on Social Insurance and Allied
    Service (the Beveridge Report).

제4장

사회복지의 접근 방법

○• **학습개요와** **학습목표**

이 장에서는 사회복지의 접근 방법을 정책, 행정 및 실천으로 구분하여 개념과 과정, 기능과 영역 등을 살펴본다. 이 장의 학습목표는 다음과 같다.

● 특정한 사회문제의 제기로부터 해결책으로서의 정책이 결정, 집행되는 과정을 이해한다.
● 정책분석의 기본적 4요소에 내재된 가치와 이론적 배경을 이해한다.
● 사회복지행정의 기능과 영역에 대해 살펴본다.
● 사회복지실천의 역사적 배경과 그 역할을 이해한다.
● 사회복지실천의 영역과 기능을 살펴본다.

1. 사회복지정책

1) 사회복지정책의 의미와 유형 구분

사회복지정책(social welfare policy)이란 사회복지의 목적을 이루기 위해 필요한 행동에 관한 원칙, 계획 또는 조직화된 노력을 말한다. 사회복지정책은 좀 더 포괄적이라 볼 수 있는 사회정책(social policy) 개념을 통해 이해될 수 있는데, 사회정책은 "개인, 집단, 지역사회 그리고 사회제도 간의 관계를 중재하고 규제하는 방식을 이끄는 사회의 활동과 원리이다. 이러한 원리와 활동은 사회의 가치와 관습의 산물이며, 널리 자원 배분과 사회 성원의 복지 수준을 결정한다. 따라서 사회정책은 교육, 보건의료, 범죄와 교정, 경제보장 그리고 정부 및 민간 조직에 의해 만들어진 사회복지 등에 대한 계획과 프로그램을 포함한다. 사회정책은 또한 사회적 보상과 제약을 규정하는 사회적 전망을 포함한다

(Baker, 1995)." 사회정책은 공공성이 강조되지만, 민간조직의 활동까지를 포괄한다는 점에서 정부의 활동 영역인 공공정책(public policy)과는 구별된다.

사회복지정책은 사회복지의 개념을 얼마나 넓게 또는 좁게 정의하느냐에 따라 그 범위가 달라질 수 있으며, 이는 곧 사회정책과의 관계를 의미한다. 즉, 사회복지 개념을 좁게 정의하면 사회복지정책은 사회정책의 하위 개념이며, 넓게 정의하면 거의 동일한 의미로 사용될 수 있겠다. 좁은 의미의 사회복지정책은 흔히 소득보장, 건강(의료)보장, 교육보장, 주거보장 및 사회적 약자에 대한 서비스 정책을 포함하며, 좀 더 넓게는 여기에 조세정책과 노동시장 정책을 포함한다. 가장 넓은 의미의 사회복지정책은 이 외에 사회적 안녕, 상호관계 및 대인관계의 만족, 자유와 권리, 평등과 사회적 가치 등의 다양한 사회관계를 포함한다.

사회문제의 해결을 위하여 사회가 발전시킨 주된 제도적 장치가 사회복지 제도와 프로그램이라면 그러한 복지 제도와 프로그램은 사회복지정책의 산물이다. 사회문제를 해결하기 위해서는 그에 대한 정책을 수립하고 그것을 실행해야 하는데, 물론 실천 영역의 중요성을 간과하는 것은 아니지만 계획과 지침이 올바로 설 때 그것이 효과적이고 효율적으로 이루어진다는 점에서 정책은 특히 중요성을 갖는다. 공통의 가치와 혈연, 지연을 중시하던 과거 기계적 연대의 사회에서는 자선, 구빈 등 단순한 복지의 실행 자체도 큰 의미를 가졌다. 그러나 분업과 사회적 분화로 특징지어지는 현대의 유기적 연대의 사회에서는 법적으로 제도화한 현대의 사회복지정책이 필수적이라 볼 수 있겠다(원석조, 2001). 또한 사회복지정책은 당면한 문제해결 외에도 미래에 대한 예방 정책까지를 포함한다는 점에서 더욱 큰 의미를 갖는다.

사회복지정책은 사회문제의 해결이라는 공통의 목적을 갖는다. 그러나 그 사회나 국가가 추구하는 가치와 이념에 따라 강조점에 다소 차이가 있을 수 있다. 즉, 독일 등 유럽에서는 노동문제의 해결 및 분배 정책을 강조하는 반면, 미국 등에서는 빈곤문제의 해결과 사회 서비스 정책을 강조한다. 현대사회의 공통적인 주요 거시적 사회문제를 빈곤, 불평등, 박탈과 배제, 열악한 생활조건 등으로 볼 때, 사회복지정책은 ① 국민최저생활보장, ② 사회적 불평등 완화, ③ 시민적 자유 및 권리 확대, ④ 삶의 질 향상 등을 목적으로 한다.

사회복지정책의 유형 구분은 서비스 형태별로 구분하는 방법, 재원부담 방식을 기준 구분하는 방법, 서비스 대상자로 구분하는 방법이 가능하다. 우선 서비스 형태별로는 소득보장, 건강(의료)보장, 주거보장, 교육보장, 고용보장 등으로 구분된다. 그리고 재원부담 방식을 기준으로 하면 수급자의 기여에 의존하는 사회보험과 수급자의 기여에 상관없이 국가의 일반조세에 의해 무상으로 급여하는 공공부조(또는 사회부조)로 구분할 수 있다. 서비스 대상자별로는 아동복지, 청소년복지, 노인복지, 장애인복지, 여성복지, 가족 및 다문화가족 복지, 그 외 새터민 · 이주민복지 등으로 구분할 수 있다.

2) 사회복지정책 3대 접근 시각

사회복지정책을 입체적으로 이해하기 위해서는 여타 사회정책이나 공공정책과 마찬가지로 3P 접근법이 사용된다. 즉, 정책과정(Process), 정책산출(Product), 정책성과(Performance)로 나누어 접근할 수 있다.

(1) 정책과정 분석

정책과정이란 특정한 사회문제가 인식되면 그 문제를 해결하기 위한 대안이 마련되어 정책으로 결정되고, 결정된 대안을 현실에서 집행한 후 결과를 평가하여 그 결과를 반영하는 전 과정을 의미한다. 정책과정 분석은 정책이 만들어져 집행, 평가되는 전 과정을 단계별로 나누어 각 단계의 특성을 분석하는 시각이다. 주요 학자들(DiNitto, 2000; Jones, 1984)이 제시한 정책과정의 단계를 단순화하면 문제인지 → 정책의제화 → 정책대안형성 → 정책결정 → 정책집행 → 정책결과평가로 구분할 수 있다.

① 문제인지 단계

사회에서 바람직하지 못한 상황이나 조건(예: 자원의 부족, 불공정 배분 등)은 개인의 욕구와 고통을 수반하는 개인의 문제들을 야기하게 되는데 이러한 문제의 인지가 정책이 만들어지는 첫 단계이다. 이러한 개인문제가 사회복지에서 정책적으로 다루어질 사회문제 또는 정책문제가 되기 위해서는 사회성과 보편성을 가져야 한다(Ginsberg, 1996). 우선 사회성 측면에서 사회문제는 그 문제의 발생 원인이 자연현상이나 개인의 결함으로부터 발생하는 것이 아니라 사회구조나 제도의 결함 등 사회적 요인에 의한 것이며, 다수의 사회 성원 또는 영향력 있는 집단 등이 그 문제를 사회적 위협으로 인식하고, 사회의 공통 가치나 규범에 위배되는 것으로 인식하고 있음을 말한다. 다음으로 보편성 측면에서 사회문제는 그 문제의 영향력이 특정 개인에 한정되는 것이 아니라 사회 구성원 다수에 파급 효과를 가져오며(Mills, 1950), 다수의 사회 구성원들이 그에 대한 개선을 바라고 사회적 차원에서의 해결 노력을 요구함을 말한다.

② 정책의제화 단계

사회문제 또는 정책문제는 문제로서의 쟁점화 과정을 거쳐 정부 또는 의회에서 정책적으로 논의되는 정책의제(policy agenda)가 된다. 문제로서의 쟁점화란 그 문제가 공공 및 여론의 관심을 불러일으켜야 하고 공식적으로 정책상의 논점으로 제시되어야 함을 의미한다. 따라서 모든 사회문제 또는 정책문제가 다 정책의제로 채택되는 것은 아니며, 쟁점화 과정에서 일부는 사람들의 관심과 주목을 끄는 정도의 사회적 이슈의 수준에서, 또 일부는 공중의 논의에 머무는 공중의제(public agenda) 수준에서 소멸되기도 한다. 사회복지 문제의 논의 제기자들은 그 문제로 고통을 받고 있는 클라이언트 자신, 문제의 해결과정에 개입하려는 사회복지 전문가, 복지단체 및 사회단체 종사자, 언론인, 정치인 등으로 분류할 수 있다(송근원, 김태성, 1995).

③ 정책대안형성 단계

정책의제에 대한 논의가 본격화되면 문제해결을 위한 여러 가지 방안이 제시되어 검토·분석하게 되는데, 이때 아직 정책으로 결정되지 않은 상태의 잠정적인 여러 정책방안을 정책대안(policy alternatives)이라 한다. 정책대안의 원천으로는 과거의 정책, 외국의 정책 사례, 사회과학적 지식과 기법, 직관적 방법, 토의 방식 등이 있다(박경일, 2007).

정책대안의 비교분석 방법으로는 일반적으로 비용편익분석(cost-benefit analysis)과 비용효과분석(cost-effectiveness analysis)이 널리 이용된다. 이러한 분석들은 정책대안의 집행에 소요되는 비용과 집행의 결과로 발생하는 편익 또는 효과를 비교하는 것이다. 비용편익분석은 비용과 편익을 모두 화폐 가치로 측정하는 반면, 비용효과분석은 비용을 화폐 단위로 측정하고 효과를 재화 또는 용역의 단위로 측정하게 된다. 그러나 두 분석 방법의 기본적인 논리는 동일하다. 예를 들면, 공공부조 수급권자를 결정하는 경우에 부정 신청자를 모두 색출하여 배제하는 노력과 비용이 일부 부정 신청자를 용인하여 급여하는 비용보다 더 많이 든다면 그것은 비용효과적이지 않은 것이다.

④ 정책결정 단계

여러 가지 정책대안은 비교분석과 정치적 정당 및 다양한 이해집단, 전문가 집단 간의 논의와 조정, 타협 등을 거쳐 하나가 선택되는데, 이를 정책결정이라 한다. 또한 대안의 선택과정 이외에 집행을 위한 우선순위를 매기는 과정이나 우선순위 결정을 위해 대안들을 비교·분석하는 과정 역시 정책결정 과정으로 볼 수 있겠다(송근원, 김태성, 1995). 이러한 과정에서는 무엇보다도 공익적 성격이 중요하지만, 흔히 다양한 이해집단이나 정파 간의 타협과정에서 정치적 성격을 갖게 된다. 정책결정은 권위를 부여받은 정책결정자나 의회, 정부기관 등에 의해 이루어지는데, 공공정책의 경우 의회를 통과한 법률, 대통령령, 행정부의 규칙, 지방의회의 조례 등을 통해 현실화된다.

정책결정의 이론적 모형으로는 ① 모든 대안을 합리적으로 검토하여 의사결정을 내리는 것으로 가정하는 합리모형, ② 제한된 합리성을 바탕으로 접근이 용이한 일부 대안에 대한 만족할 만한 수준을 추구하는 만족모형, ③ 기존의 유사한 정책대안에 대한 검토와 보완을 거치는 점증모형, 그리고 ④ 종합적 합리성을 바탕으로 기본적인 결정은 합리적으로, 세부적인 결정은 기본적 결정을 수정·보완하여 점증적으로 이루어진다는, 즉 합리모형과 점증모형의 절충적 성격을 갖는 혼합모형 등이 제시되고 있다(강욱모 외, 2006).

⑤ 정책집행 단계

정책집행이란 결정된 정책을 구체화시켜 나가는 행위로서 정책의 실현 과정이다. 정책집행 과정에서 정부 관료는 가장 중요한 역할을 수행한다. 일견 정책집행은 단순하고 기계적인 과정으로 생각할 수 있지만 실제는 그렇지 않다. 실현하고자 하는 정책 내용은 사업계획서 혹은 법령의 형태로 담겨 있지만 그 내용이 언제나 확정적이고 단순하지 않은 경우가 많다. 그 결과 정책집행 과정 참여자들의 다양한 선호, 가치, 신념체계에 따라 집행 실태는 달라질 수 있다.

사회적 약자를 돌보는 사회복지정책의 경우 집행과정에서 정치적 압력이나 저항을 동반하기도 하여 정책집행이 지연되거나 목표달성이 왜곡되는 경우도 나타난다. 이처럼 원래의 입법의도와 달리 집행과정에서 나타날 수 있는 왜곡을 최소화하기 위하여 정책 내용을 구체적으로 기술한 사업안내서 등을 사전에 작성하여 집행기관에 배포하기도 한다.

⑥ 정책결과평가 단계

정책결과평가란 원래 의도한 문제의 해결을 해당 정책이 얼마만큼 해냈는지 파악하는 것을 말한다. 정책결과평가는 정책 활동에 대한 책임성과 정당성을 확보하기 위한 근거로서 필요하다(Rossi & Freeman, 1982: 47-48).

정책결과평가는 1차적으로 정책집행자에 대한 감독 및 통제를 위한 정보를 제공해 준다. 예를 들면, 기초보장사업에 대한 실사를 통해 수급자에 대한 급여가 적시에 적정한 수준으로 이뤄졌는지 파악함으로써 정책집행의 적정성을 평가할 수 있게 된다. 그러나 정책결과평가는 일선기관에 대한 관리감독에 그치지 않고 정책이 추구하는 원래의 목표를 제대로 달성하고 있는지를 파악하는 것이 더 중요하다. 앞서 예를 든 기초보장사업에 대한 정책평가의 경우 과연 이 정책의 시행으로 모든 국민이 빈곤선 이하에서 벗어나 최소한의 삶이 보장되었는지 그 효과를 분석하는 것이 이에 해당된다.

정책결과평가는 그 결과가 다음 정책과정에 반영되어 기존 정책내용의 변화를 초래한다. 즉, 한 번 결정된 정책은 고정불변한 상태로 유지되는 것이 아니라 평가결과에 따라 세부내용이 수시로 변화, 개선과정을 거치게 된다.

(2) 정책산출 분석

정책산출(Product) 분석은 결정된 정책의 내용을 구체적 사업프로그램을 통해 분석하는 것이다. 길버트와 터렐의 정책산출 분석모형은 사회복지정책 분석에서 가장 널리 인정받는 모형 중 하나이다. 이 정책분석 모형은 정책 내용에 관한 기본적인 4요소 모형으로서 다음과 같은 네 가지 질문에 대한 분석이다(Gilbert & Terrell, 2014: 69).

① 사회적 할당의 근거는 무엇인가?
② 할당되는 사회적 급여의 형태는 무엇인가?
③ 급여의 전달을 위한 전략은 무엇인가?
④ 급여를 위한 재정, 즉 재원조달 방법은 무엇인가?

이와 같은 네 가지 질문 혹은 차원은 각기 세 가지 '축', 즉 가능한 정책대안의 범위, 정책대안에 내재한 가치, 정책대안의 이론적 배경과 긴밀히 연관되어 분석된다. 여기서 가능한 정책대안은 할당의 근거, 급여의 형태, 전달체계, 재원조달 방법의 네 가지 차원에서 각각의 대안, 예컨대 급여 형태의 경우 현금급여 또는 현물급여를 의미한다.

그리고 정책대안에 내재한 가치는 개인주의 지향과 집합주의 지향으로 구분되며, 그 이론적 배경으로는 자유주의-신자유주의-기능주의 이론과 사회주의-사회민주주의-갈등이론 또는 마르크스주의 이론의 대비로 분석할 수 있겠다.

① 할당의 근거

할당(allocation)은 사회복지정책을 통하여 혜택을 받는 사람들의 범위를 규정하는 것이다. 할당의 근거는 누구에게 급여할 것인가, 즉 수급자 또는 급여 대상자의 자격에 관한 내용이다. 수급 자격을 결정짓는 조건으로는 ① 국적, 시민권, 영주권 등의 귀속적 또는 거주적 요건, ② 연령, 성, 혼인 여부 등 인구학적 조건, ③ 사회보험 보험료, 국가나 사회에 대한 공헌 등 기여 여건, ④ 근로능력 여부, ⑤ 소득, 재산 등 자산 소유 여부, ⑥ 전문적·행정적 판단의 재량 등이 있다.

이러한 자격요건에 대한 분석은 급여의 보편성과 적절성, 사회적 형평성, 재분배에 따른 불평등의 완화 문제 등과 긴밀히 연관되어 비용의 효과 대 사회적 효과 등 정책의 효과와 목표에 대한 분석을 가능케 한다.

② 급여의 형태

급여(provisions)란 사회복지정책을 통하여 제공되는 다양한 재화나 서비스를 의미하는데, 급여의 형태는 무엇을 급여할 것인가에 관한 내용이다. 급여의 형태는 가장 단순하게 현금급여와 현물급여로 구분할 수 있으며, 현물급여의 형태로는 재화, 서비스, 증서, 기회, 권력 등이 있다. 현금급여와 현물급여는 선택의 자유와 사회통제를 둘러싸고 각기 장단점이 있다. 현물급여는 수급자가 필요로 하는 재화, 서비스 등을 직접적으로 급여한다는 점에서 사회복지정책의 목표 효과성을 높일 수 있지만 개인의 선택의 자유와 효율성을 제한할 수 있다. 현금급여는 수급자의 선택의 자유와 효율적 사용을 높이지만 자칫 다른 용도로 사용될 수 있기 때문에 정책의 목표 효과를 저해할 수 있다.

③ 전달체계

사회복지 전달체계(delivery system)는 어떠한 방법으로 급여를 전달할 것인가에 관한 것이다. 전달체계로는 정부, 민간부문 그리고 정부와 민간부문의 혼합체계가 있다. 전달체계에 대한 분석이 중요한 이유는 사회복지정책이 추구하는 가치나 목표의 성취가 바로 이 전달체계에 따라 달라질 수 있기 때문이다(송근원, 김태성, 1995: 353). 소득 재분배를 통한 빈곤과 불평등의 완화라는 정책목표상에서는 정부를 통한 전달이 유리할 것이며, 자원의 효율적 배분과 수급자 편의라는 측면에서는 민간부문이 더 효과적일 것이다. 정부와 민간부문의 혼합체계는 흔히 프로그램의 운영은 민간부문이 담당하며, 정부는 재정지원과 여러 가지 규제를 통해 관여한다.

④ 재원조달

재원조달(Finance)은 사회복지정책을 수행하는 데 드는 비용을 조성하고 배분하는 과정을 말한다. 정책을 집행하기 위해서는 필요한 재원을 확보해야 하는데, 우선 공공부문 재원과 민간부문 재원으로 대별될 수 있다. 공공부문의 재원으로는 국가의 일반조세, 사회보장성 조세 그리고 사회보험 기여금(보험료)이 있으며, 민간부문의 재원으로는 개인이나 재단, 기업 등의 기부금, 기업 복지비용, 가족이전이 있다. 공공부문의 재원 중 사회보장성 조세는 일반조세 등 보통세와는 구분되는 목적세로서 넓은 의미로는 사회보험 기여금까지를 포함시킬 수 있다.[1]

공공부조나 사회보험 등 재원은 주로 공공부문의 재원에 의존하는 반면, 기타 사회복지서비스의 재원은 민간부문의 재원도 상당한 역할을 하는 경향이 있다.

사회복지재정의 주요 원천인 조세에는 소득세 등 직접세와 주세, 담배세 등 간접세가 있는데, 정책의 목표 효과를 위해서는 간접세에 비해 소득이나 재산에 따라 납부하는 직접세의 비중이나 누진율이 중요하다. 한편, 사회보험 기여금의 경우에도 기여(율)와 급여(율)의 적절한 운영을 통해 정책의 목표 효과에 기여할 수 있다.

(3) 정책성과분석

정책성과(Performance)분석은 정책 집행의 결과 나타난 효과를 분석하는 것이다. 이러한 정책성과분석은 정책을 시행한 결과 애초 추구하고자 했던 정부의 목표와 목적 달성이 어느 정도 이뤄졌는지에 대한 정보를 제공한다. 또한 정책성과분석은 의도하지 않았던 부수적 효과도 동시에 파악한다.

종래의 정부 정책 평가는 주로 정책집행의 합법성 준수 여부, 재정 투입량, 시행 건수 등 외형적으로 드러나는 지표 중심으로 이뤄져 정책이 가져오는 진정한 효과를 측정하는 데는 소홀하였다. 그 결과 많은 정책이 시행되고 있음에도 불구하고 국민들의 정책 체감도는 높지 않은 경우가 많다. 이러한 폐단을 시정하고 정책의 효과성을 높이기 위해서는 정책성과를 중심으로 정책결과를 평가하는 성과분석이 이뤄져야 한다. 정책성과분석은 해당 정책을 통하여 의도하였던 성과를 얼마나 실현하였으며, 그 결과 해당 정책의

---

[1] 한국의 경우 일반적인 목적세로는 교통세, 교육세, 농어촌특별세 등이 대표적인데, 사회보장 목적의 경우 담배세(담배부담금)가 국민건강증진기여금으로서 상당 부분 건강보험 재정에 투입되고 있다. 한편, 태국 등 많은 나라에서는 담배세, 주세 등으로 건강증진 기금을 조성하고 있다.

집행 전후로 관련 상황이 어떻게 변화되었는지를 파악하는 데 초점을 둔다. 최근으로 오면서 정책결과 평가는 종전의 투입 지표 중심에서 성과 지표 중심으로 옮겨 가고 있다.

　　정책성과분석의 출발점은 해당 정책의 성과를 측정 가능한 개념으로 정의하는 작업이다. 일반적으로 정책성과는 효과성과 효율성을 포괄하는 개념으로 사용된다. 효과성은 의도된 목적을 실현하는 정도를 의미하며 효율성은 투입물 대비 산출물을 뜻한다. 즉, 의도된 목적을 최대한 실현하되 비용은 최소화하는 것이 정책성과를 높이는 길이 된다.

2. 사회복지행정

1) 사회복지행정의 개념과 중요성

(1) 사회복지행정의 개념

　　현대사회에서는 사회복지에 대한 욕구가 증가하고 다양해질 수밖에 없고 이에 따라 사회복지기관들의 적절한 대응에 대한 관심이 커지고 있다. 일반적으로 사회복지기관은 국민의 세금, 개개인의 후원, 기업의 기부 등 국가나 사회로부터 재원을 제공받고 사회문제를 효과적·효율적으로 해결하라는 책임을 위임받게 된다. 따라서 사회복지기관은 사회복지행정을 통해 효과적으로 서비스를 전달하고 운영하는 방법을 강구할 의무가 있다.

　　일반적으로 행정이란 경영·관리상의 문제를 사회과학적으로 연구하고 실천하는 분야를 의미한다. 사회복지분야에서의 행정은 인간봉사조직에서 이루어지기 때문에 일반 행정학이나 경영학에서 다루는 내용과 차별성을 갖는다. 사회복지행정이란 사회복지기관의 정책을 사회 서비스로 전환시키는 과정이나(Skidmore, 1995), 사회복지정책을 사회복지서비스로 전환시키는 데 필요한 사회복지조직의 총체적인 활동을 의미한다(Patti, 1983). 구체적으로 보면, 사회복지행정이란 인간 봉사 조직체들의 효과적인 운영·관리를 연구하고 실천하는 분야를 말한다(성규탁, 1993: 3; [그림 4-1] 참조). 따라서 사회복지행정은 사회복지 전달체계 자체를 의미하기도 하지만 사회복지조직의 운영·관리를 의미한다고 볼 수 있다. 한편, 일부 학자들은 사회사업행정(social work administration)이란 용어를 사용하여 사회복지행정이 사회사업의 실천방법 중 하나임을 주장하기도 한다. 사회사업행정은 사회복지조직의 모든 사람이 각자의 역할에 따라 책임을 수행할 수 있도록 하고 기관이 지역 주민에게 최선의 서비스를 제공하기 위한 자원을 최대한 이용할

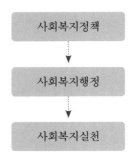

[그림 4-1] 사회복지행정의 위치

수 있도록 사회사업 행정가에 의해 실행되는 실천방법이라는 것이다(Trecker, 1977: 22). 이러한 점들을 고려해 볼 때, 사회복지행정의 개념은 거시적이면서도 미시적이라고 할 수 있다.

(2) 사회복지행정의 중요성

사회복지가 처음 시작할 당시 사회복지의 관심은 서비스가 필요한 대상자에게 서비스를 제공할 수 있는지 여부에만 있었다. 지금도 사회복지제도가 보편적으로 운영되지 못하고 있는 많은 나라에서는 사회복지기관에서 제공하는 서비스의 질보다는 욕구가 있는 대상자에게 서비스를 제공하고 있는가에 대한 관심이 상대적으로 크다. 그러나 사회복지가 발달하면서 관심은 점차 사회복지기관에서 제공하는 서비스의 질로 옮겨지게 되었다. 사실 사회복지기관의 서비스 질은 기관이 어떤 유형 또는 어느 정도 수준의 행정체계를 갖추고 있는가에 따라 절대적인 영향을 받기 마련이다(Trecker, 1977). 따라서 사회복지 업무의 양이 많아질수록 잘 갖추어진 행정체계의 중요성은 점점 더 커질 수밖에 없다. 실제로 사회복지 제도화가 확대되고 있는 현대사회에서 사회복지서비스가 차지하는 중요성은 절대적이며, 증가하는 다양한 욕구에 효과적, 효율적으로 대응하는 것은 무엇보다 중요한 과제가 되고 있다. 따라서 사회복지기관의 행정력은 사회복지기관의 경쟁력을 좌우할 만큼 중요한 요인이 되고 있으며, 특히 사회복지 전문 인력의 관리를 위한 유능한 사회복지 행정가의 비중 역시 커지고 있다. 따라서 가장 유능한 사회복지 행정가는 전문적으로 수용할 만한 가치 있는 목적들을 달성하기 위해 만족할 만한 수준의 서비스를 보장할 수 있도록 행정적인 의무를 수행하는 과정에서 인간관계에 대한 풍부한 사회사업적 이해와 경험을 사용할 줄 아는 사람을 말한다(Fink, Anderson, & Conover, 1968).

2) 사회복지행정 이론: 사회조직이론

사회복지조직은 현대사회에서 없어서는 안 될 일반적인 사회조직의 한 유형으로 자리 잡게 되었지만 영리를 목적으로 하는 기업체와는 뚜렷하게 구분되는 특성을 갖는다. 사회복지조직은 사회의 다른 조직체와의 공통성과 함께 차별성을 가지므로 이러한 조직체를 효과적으로 운영하기 위해서는 조직의 특성에 대한 이해가 필요하다.

사회조직이론은 조직체의 생리와 행태를 이해하는 데 많은 도움을 주는데, 사회복지행정에서 관심을 갖고 알아 두어야 할 몇 가지 이론에 대해 살펴볼 필요가 있다(성규탁, 1993). 대표적 고전이론인 과학적 관리론에서는 조직의 생산성이 근로자에 대한 과학적인 분석과 관리를 통해서 가능하다고 본다. 즉, 근로자의 작업 동작이나 시간 등을 과학적으로 분석하여 적절한 보상을 해 주면 조직의 효율성과 생산성을 높일 수 있다는 것이다. 그러나 과학적 관리론은 조직체를 폐쇄체계로 간주함으로써 환경과의 상호작용을 고려하지 못하였고, 조직체의 생산성이 물리적 조건이나 과학적 관리를 통해서만 좌우된다고 믿음으로써 조직체 내에서 일어나는 인간의 정서나 관계 등의 현상을 소홀히 하는 한계를 보였다. 이후 근로자의 생산성은 조직체 내의 근로자의 태도와 감정, 비공식적 인간관계, 작업 동기 등에 의해 좌우된다고 주장하는 인간관계론이 출현하였다. 인간관계론은 조직체의 생산성이 인간관계를 통한 동기를 통해 향상될 수 있음을 보여 주었고, 이는 과학적 관리론에서 주장하는 근로자의 물리적 작업 여건만을 강조하였던 시각을 조직체 내의 인간관계에까지 확장하였다. 그러나 인간관계론 역시 조직을 폐쇄적인 체계로 보았고, 환경적인 요인 및 자원, 조직의 내적 요인, 즉 조직체의 목적 및 크기, 클라이언트의 요청 및 속성, 서비스 기술, 전문가의 능력, 임금 등 다양한 요인을 고려하지 못하는 등의 한계를 보였다.

관료제는 산업화에 따른 시장경제의 발달에 따라 출현하였고, 현대에 와서 첨단산업의 급격한 발전으로 다양한 조직체가 출현하면서 관료제의 경직적인 특성으로 비판을 받고 있지만, 여전히 공공조직이나 기업체 등에서 관료제의 틀을 상당 부분 유지하고 있다. 베버(Weber)는 관료제 조직이 산업사회 체계 내에서 자원과 권력을 동원하는 가장 효율적인 도구이므로, 조직의 효과성은 관료제의 특성을 얼마나 잘 수용하는가에 달려 있다고 보았다. 관료제이론에 따르면, 노동은 명확하게 규정된 권위 및 책임에 따라 구분되고 공식적 임무로 합법화되며, 직책과 지위는 권위의 서열에 따라 조직되어 명령체계를 이룬다. 또한 조직 구성원은 공식적인 시험을 통하거나 훈련 또는 교육을 통해 획득한 전문적 자격을 기준으로 선발되어야 하며, 행정관리는 공식적 업무 수행 시 엄격한 규칙, 규율 및 통제를 받는다.

한편, 과학적 관리론과 인간관계론과 같은 고전적 조직이론들은 인간의 합리성을 지나치게 강조하거나 비합리적인 면에 치우쳤다는 점에서 비판을 받았다. 의사결정이론은 그 대안으로 출현하였는데, 인간 합리성의 한계를 인정하고 그에 따른 결정 역시 제한된 범위 내에서 선택할 수밖에 없음을 수용하였다. 의사결정이론에 따르면, 조직체의 의사 결정자들은 과거의 경험, 현재의 여러 자극을 선택적으로 파악하여 현재의 여건에 맞는 만족할 만한 해결방안을 찾게 되며, 조직체는 분업, 권위, 표준화된 시행 절차 및 공식화된 의사소통 방법을 통해서 각 성원이 행하는 의사결정을 통제하고 의사결정에 투입되는 정보의 양을 정한다. 결국 현실적으로 받아들일 수 있는 결과와 이용 가능한 대안들의 범위를 규정하고 바람직하다고 여겨지는 가치관을 강조함으로써 조직체 내의 개인이 내릴 수 있는 의사결정의 한계와 테두리를 정하게 된다. 그러나 이 이론 역시 조직체의 환경이나 조직 내의 권력과 자원을 둘러싼 권한의 분배, 갈등에 관한 문제들을 다루지 못하였다는 비판을 면치 못하였다. 상황이론은 조직체를 개방체계로 보면서 환경으로부터 오는 요구와 불확실한 상황에 의해 일어나는 우연성, 즉 상황에 따라 조직체의 구조가 변화하므로 효율적이고 효과적인 조직은 환경과의 상호작용을 통해 일어나는 상황에 따라 변화한다고 본다. 그러나 상황이론은 조직체의 환경의 영향에 너무 치중하여 조직체의 내부 역동성에 대해 다루지 못하였다.

다음으로 사회복지행정 조직을 설명할 때 가장 보편적으로 적용하는 체계이론이 있다. 체계이론에 따르면, 조직체는 변화하는 환경과의 상호작용과 하위 체계들의 유기적 구성으로 이루어진 개방체계로, 투입(input)과 전환(throughput), 산출(output) 및 환류(feedback)의 과정을 거치면서 환경과의 상호작용을 통해 생존하고 유지한다. 따라서 동일한 조직이라도 투입과 전환 과정, 환경과의 상호작용이 다르면 그 산출과 결과(outcome)가 달라질 수 있음을 보여 주었다. 그러나 이 이론은 조직체의 일반적인 운영 및 유지 과정을 잘 설명해 주었지만, 조직체가 특정 목적 달성을 위해 합리적으로 구성되어 있다는 사실을 간과하여 조직의 특성을 파악하는 데는 한계를 보였다.

3) 사회복지행정의 영역

(1) 사회복지행정의 특수성과 기능

사회복지행정이란 영역이 필요한 것은 다음과 같은 사회복지조직과 같은 인간 봉사조직의 특성 때문이다(Hasenfeld, 1992). 첫째, 사회복지조직에 투입하는 원료(raw material)는 인간이므로 관련 활동이 도덕적으로 정당화될 수 있어야 한다. 둘째, 사회복지조직의 목표는 애매하여 가치와 이해관계에서 갈등을 일으킨다. 셋째, 사회복지조직은 불완전한 지식과 기술을 사용하여 결과 예측이 쉽지 않다. 넷째, 사회복지조직의 재원은 외부에 의존하므로 환경 변화에 민감하고 충분한 자원을 안정적으로 확보하기 어렵다. 다섯째, 사회복지조직은 전문가에 대한 의존도가 높다. 여섯째, 사회복지조직에서 서비스를 제공하는 대상은 인간이므로 서비스 효과성을 증명하기 어렵다. 이러한 사회복지조직의 특성들로 인해 사회복지행정은 다른 영리조직들에 비해 결과보다 서비스의 제공과정과 서비스 질을 중요하게 강조하는 경향이 있다(Patti, 1983).

사회복지행정의 기능은 사회복지정책을 사회복지 관련 조직, 즉 공공 전달체계와 민간 전달체계를 통해 사회복지서비스로 전환하여 제공하기 위해서 기관 대내외적 인적·물적 자원을 관리하고 경영하는 데 있다. 구체적으로 보면, ① 지역사회에 대해 연구하고 클라이언트를 선정하는 근거로서 기관의 목적을 결정하고, ② 기관의 목적에 맞는 정책, 프로그램 그리고 이행과정을 개발하며, ③ 재정자원, 예산, 회계를 제공하고, ④ 기관의 리더십, 즉 전문가 및 비전문가, 위원회, 자원봉사자 등을 선정하고 함께 일하며, ⑤ 물리적 시설 및 장비, 지원을 제공 및 유지하고, ⑥ 기획 및 효과적인 지역사회 관계를 만들고 유지하며, ⑦ 완전하고 정확한 기관 운영 기록과 정기적인 기록 등을 수행하고, ⑧ 프로그램과 개인 서비스 계획에 대해 지속적으로 평가하고 적절한 조사를 수행하는 것 등이다(Trecker, 1977).

(2) 사회복지행정의 영역과 과정

사회복지행정의 영역은 정책의 형성, 전달 조직체의 관리, 사회를 위한 서비스 실시로 구분할 수 있다. 영역의 구체적인 내용을 보면, 사회로부터 위임받은 임무를 수행할 수 있는 정책을 세우고 사업의 우선순위를 결정하며, 이 정책을 수행할 조직체를 구성·관리하기 위해 정책 해석 및 전달체계를 기획·유지·관리하며, 현장 영역에서는 그 공익사업을 사회현장에서 실천하기 위해 프로그램을 실천하고 평가하여 보완한다(성규탁,

1993: 7).

효과적인 사회복지행정의 과정은 합리적인 의사결정과 원활한 의사소통을 전제로 이루어지므로 사회복지행정의 전 과정에 걸쳐 절대적인 영향을 미친다. 사회복지행정은 기본적으로 의사결정(decision making) 과정이라고 해도 과언이 아니다. 따라서 효과적이고 합리적인 의사결정을 할 수 있는 조직체계를 구성하고 관리하는 일이 무엇보다 중요하다. 의사결정은 역동적 과정으로 조직과 프로그램을 운영하는 데 필수적인 과정이다. 의사결정에서 중요한 것은 목적의 결정이며, 이에 따라 조직에서 제공하는 서비스의 대상과 수준을 결정할 수 있다(Elkin & Cornick, 1970). 한편, 의사소통(communication)은 사회복지행정의 효과성과 효율성에 직접적인 영향을 미치므로 조직 내에서 구성원들 간 또는 각 부서 간의 의사소통, 사회복지기관의 전문가와 클라이언트 간의 의사소통, 기관과 외부 자원을 갖고 있는 지역사회 간의 의사소통을 원활하게 하는 방법 역시 사회복지행정의 중요한 근간이다.

사회복지행정을 사회복지조직체와 프로그램 운영의 측면에서 살펴보면, 사회복지 조직체의 관리·운영은 재정관리, 인적자원 개발, 리더십 등을 통해 이루어지며, 프로그램의 관리·운영은 기획과 평가 등을 통해 수행된다. 우선 사회복지기관의 재원은 외부에서 조달되므로 조직의 유지를 위해서는 효과적인 재원관리가 필수적이다. 물론 기관의 유형에 따라 국가에서 재원 전부를 제공하기도 하지만, 기관의 일정 수준의 서비스 질을 유지하기 위해서는 효과적인 재원관리가 필요하다. 현대사회에서 사회복지기관은 지속적으로 증가하고 있어 재원조달을 위한 치열한 경쟁 속에 있으며 재원관리의 중요성이 커지고 있다. 재원관리는 예산수립, 회계, 지출관리, 재정평가 등의 과정을 거치게 된다. 이와 함께 사회복지기관들의 다양한 재원 확보를 위한 노력 역시 중요한 과제로 대두되고 있다. 현대 사회복지기관의 재원관리의 주요한 재원은 국가의 세금이나 사회에서 제공되는 기부금이나 후원금, 이용료 등으로 구성된다. 이러한 재원은 늘 안정적으로 제공되지 않을 수 있으므로 필요에 따라 사회의 다양한 자원으로부터 기금을 확보하기 위한 전략을 마련할 필요가 있다.

사회복지기관의 서비스 질은 전문 인력의 지식, 기술 및 실천능력에 따라 좌우되며 프로그램의 성과에 결정적인 영향을 미친다. 따라서 사회복지기관은 전문 인력에 대한 전문성을 향상시키기 위한 슈퍼비전 체계를 구축하고 사회환경의 변화와 요구의 다양화에 대응하기 위해 지속적인 보수교육을 제공할 필요가 있다. 더불어 사회복지기관의 업무 특성상 노동 집약적이고 가시적인 성과가 즉시 나타나지 않는 등 소진(burnout) 현상을 쉽게 일으킬 수 있는 환경이라는 점을 고려하여, 전문 인력의 사기를 진작시킬 수 있는 프로그램을 개발하거나 외부 자원을 활용할 필요가 있다.

어떤 조직이든 지도자의 리더십은 절대적인 영향을 미친다. 사회복지기관의 리더십이 필요로 하는 기술은 조직의 사명을 분명히 제시하고 그에 맞는 목표를 설정하여 정부나 사회의 다양한 자원으로부터 인정을 받는 것이다. 이와 함께 문제해결 능력과 창의력이 필요하고, 적절한 기회를 선택할 수 있는 능력과 조직이 직면할 수 있는 위험을 예측할 수 있어야 하며, 협상능력, 인적자원 기술, 자원 동원능력 그리고 활동성과 인내력 등이 필요하다(성규탁, 1993).

기획(planning)은 해야 할 일, 방법 및 시기, 일의 필요성, 책임자를 구체적으로 정함으로써 선택할 수 있는 여러 대안들 중 적절한 방안을 선별하는 작업이다(Cleland & King, 1968). 또한 기획은 사회복지기관의 효율성, 효과성, 책임성과 직원들의 사기 진작을 위해 필요하다(Skidmore, 1995). 이는 사회복지가 단순한 자선활동과 다르다는 점을 가장 명확하게 보여 주는 과정이다. 결과적으로 기획은 불확실한 환경에 대한 위험성을 최대한 낮출 수 있도록 예측하는 과정으로, 사회로부터 유입되는 재원에 대한 책임성을 이행하기 위한 과정이라 하겠다.

사회복지기관은 프로그램의 성과를 객관적으로 평가(evaluation)받음으로써 그 존재성을 사회에 알릴 수 있다. 사회복지기관의 재원 주체인 정부나 사회의 다양한 후원자들은 사회복지기관이 제공하는 서비스 효과성에 대해 궁금해한다. 평가는 일반적으로 성과에 집중하지만 궁극적으로는 투입 노력, 적절성, 효율성, 과정 등에 대해서 전반적인 측면들을 모두 고려하는 것이 바람직하다(Suchman, 1967). 이는 사회복지기관이 프로그램을 수행하기 위해 투입한 노력이 얼마나 되는지, 적절한 전환과정을 거쳤는지, 성과가 있는지 등에 대한 종합적인 평가과정을 의미하며 단순한 양적 결과 이외에도 질적 성과까지도 포함한다. 사회복지 프로그램 평가를 통해 프로그램 추진을 앞으로 어떻게 할 것인지를 결정하는 데 필요한 정보를 얻을 수 있고, 프로그램의 내용을 수정 · 보완하는 자료로 활용하며 보다 효율적인 집행 절차 및 활동을 설계하는 데 중요한 자료로 활용할 수 있다. 이와 함께 평가는 프로그램상의 책임성을 이행하기 위한 목적을 갖는다. 국가나 사회에서 위임받은 사회복지 프로그램을 효과적 · 효율적으로 운영하도록 만들고, 필요한 경우 바람직한 방향으로 이끌 수 있는 교육적인 목적도 갖고 있다.

3. 사회복지실천

1) 사회복지실천의 의미와 목적

사회복지실천은 사회복지사가 사회복지의 목적 달성에 필요한 구체적 서비스들을 그 서비스가 요구되는 현장에서 실천에 옮기는 행위이자 이에 필요한 방법들을 연구하고 익히는 분야이다(엄명용, 김성천, 오혜경, 윤혜미, 2016). 이것은 바로 앞에서 다루어진 사회복지정책, 사회복지행정 영역과 구분되는 동시에 상호 보완적으로 조화를 이루면서 사회복지서비스 이용자의 복지 증진을 위해 실천 현장 최일선에서 노력하는 영역이다. 사회복지실천 현장에서 사회복지사가 사회복지서비스 이용자를 만나 적절한 서비스를 원만하게 제공하기 위해서는 국가와 사회가 사회복지서비스 이용 대상자를 위해 어떤 종류의 서비스를 제공할 것인지에 대한 사전 방침(정책)이 세워져야 하고, 그 방침을 실천에 옮기는 데 필요한 전달 경로, 전달체계, 서비스를 전달할 공간, 그 공간 내 인력 배치 및 운영 전략 등(행정)이 마련되어야 할 것이다. 훌륭한 정책과 과학적인 행정 전략이 세워졌다 하더라도, 최일선에서 사회복지서비스 이용자와 직접 접촉하는 사회복지사의 전문지식이 부족하고 가치가 모호하며 서비스를 제공하는 방법과 기술이 서툴고 서비스 이용자와 상호 의사소통에 문제가 있다면 어떤 상황이 벌어지겠는가? 사회복지서비스 이용자의 복지향상을 위해 애써 수립한 정책과 행정 전략이 빛을 보기 어려울 것이다.

국가나 사회가 그 구성원들의 복지와 안녕을 보장하기 위해 마련한 정책 및 제도가 본래의 목적한 바 효과를 내기 위해서는 일선 현장에서 사회복지를 실천하는 사회복지사의 자질이 매우 중요하다. 사회복지사는 무엇보다 먼저 자신에게 도움을 요청한 서비스 이용자를 만날 때 전문직의 가치로 무장되어 있어야 한다. 전문직의 가치 중 가장 중요한 것은 인간의 존엄성, 독특성 및 자기결정권을 존중하는 것이다. 사회복지사는 자신에게 도움을 요청하는 모든 사람을 귀중하며 독특한 개성을 지닌 존재로 인정하고 따뜻하게 받아들여야 한다. 전문직의 가치와 함께 중요한 것이 전문지식이다. 사회복지실천 현장에서 활동하는 사회복지사는 인간행동과 사회환경의 작동 원리와 그것에 영향을 미치는 사회적 조건들에 대한 폭넓은 지식을 갖추고 있어야 한다. 아울러 사회자원의 소재와 활용 방법에 대한 지식도 갖고 있어야 한다. 하지만 사회복지사가 사회복지 전문직의 가치로 무장되어 있고, 사회복지와 관련된 전문지식을 잘 갖추고 있다고 해도, 이러한 가치와 지식을 사회복지서비스 이용자와 협력적 작업관계[2)]에 잘 투입할 수 있는 기술을 갖고 있지 않다면 사회복지의 궁극적인 목적인 서비스 이용자의 문제해결을 돕는 과정이 원만하게 진행되기 힘들 것이다. 전문직의 가치, 인간행동과 사회환경에 대한 전문적 지식, 그리고 이러한 가치와 지식을 실천 현장에서 발휘할 수 있는 실천 기술, 이 세 가지가 사회복지실천 현장에서 요구된다.

전문직의 자질을 갖춘 사회복지사가 활동하는 이유는 무엇인가? 이에 대해 일찍이 전미사회복지사협회(NASW)에서는 사회복지실천을 다음과 같이 정의하였다.

> 개인, 집단, 지역사회 각자의 사회적 기능을 증진·복구시키며, 그러한 목적에 합당한 사회적 조건들을 스스로 만들어 갈 수 있도록 돕는 전문적 활동(NASW, 1973: 3)

이 정의에 따르면, 먼저 사회복지사가 실천 현장에서 만나 함께 일하는 대상은 개인, 집단, 그리고 지역사회가 될 수 있음을 알 수 있다. 이에 대한 보다 자세한 내용은 '사회복지실천의 영역과 기능'과 관련하여 나중에 상세히 살펴볼 것이다. 다음으로, 사회복지사가 복지서비스 이용자들을 만나 일하는 목적은 개인, 집단, 지역사회의 사회적 기능을 증진시키거나 복구시키는 것이다. 사회적 기능이란 자신의 기본적 욕구를 충족시키기 위해 다양한 사회활동 및 역할 수행을 의미한다. 사회복지서비스 이용자의 사회적 기능을 복구 및 증진시키기 위해, 사회복지사는 개인상담, 집단상담, 교육·훈련, 정보 제공, 옹호 등의 활동을 한다. 이러한 활동은 어려움을 호소하는 당사자의 생각, 행동, 정서 등을 변화시키기 위한 활동이라 볼 수 있다. 더 나아가, 사회복지사는 서비스 이용자의 사회적 기능 증진 및 복구에 필요한 사회적 조건들을 만들어 내기 위해 서비스 이용자와 함께 노력한다. 사회적 조건이란 이용자의 문제나 어려움에 영향을 미치는 사회환경을 의미한다. 사회환경은 물리적 환경뿐만 아니라 서비스 이용자와 상호작용하는 인적 환경도 포함한다. 여기서 주의해야 할 점은 서비스 이용자의 사회적 기능의 변화, 그 기능에 영향을 미치는 사회적 조건의 변화를 위한 노력은 사회복지사에 의해 일방적으로 이루어지는 것이 아니라는 것이다. 다시 말해, 사회복지사가 서비스 이용자를 위해 대신 활

---

2) 사회복지실천은 문제를 갖고 있는 사람에게 일방적인 도움을 제공하려고 하기보다는 문제를 갖고 있는 사람 스스로 문제를 해결할 수 있도록 돕고자 한다. 쌍방이 협력하여 문제를 해결하려는 과정에서 형성되는 관계를 협력적 작업관계라고 한다.

동하기보다는 이용자와 함께 활동하면서 이용자 자신의 변화, 이용자를 둘러싼 사회환경 변화를 위한 노력을 도와준다는 것이다.

'사회복지실천 목적에 관한 실질 성명'(NASW, 1981: 6)에서는 사회복지실천의 목적을 "사회 구성원과 사회체계 사이의 유익한 상호작용을 회복 또는 촉진시키기 위한 노력"으로 정의하고 있다. 사회 구성원 개인과 그를 둘러싼 사회환경 사이의 상호작용은 구성원의 사회적 기능에 영향을 주기도 하고 사회적 기능에 의해 영향을 받기도 한다. 개인의 사회적 기능은 개인이 가진 각종 역량 또는 능력이라는 한쪽 요인과 주변 환경의 요구 또는 기대라는 다른 한쪽 요인 사이에 적절한 균형이 맞춰져 있을 때 잘 발휘될 수 있다. 따라서 사회적 기능 향상을 위해서는 개인의 역량이나 능력을 배양할 수도 있고, 개인 주변의 사회적 · 물리적 환경의 조건이나 요구를 수정 또는 조정할 수도 있다. 사회적 기능 향상을 위한 개인적 개입은 개인 능력이나 자원이 훼손되기 전에 취약 계층을 대상으로 적절한 교육, 상담서비스를 제공하는 것이 될 수 있다. 손상된 사회적 기능의 복구를 위한 서비스로는 신체적 · 정신적 문제에 의해 사회적 기능이 이미 손상된 경우, 경제적 자활능력이 상실된 경우, 기타 일상생활이 어렵거나 불가능하게 된 경우에 그들의 능력 복구를 위한 노력이 될 수 있다. 사회적 · 물리적 환경에 대한 개입의 목적은 환경이 개인의 개별적 욕구를 잘 충족시킬 수 있도록 자원을 보충하거나 개인에 대한 환경의 요구나 기대 수준을 낮추도록 조정하는 것이다.

'사회복지실천 목적에 관한 실질 성명'은 이와 같은 목적 달성을 위한 사회복지실천 영역의 목표를 다음과 같이 여섯 가지로 제시하고 있다. 첫째, 개인의 역량을 확대하고 자신의 문제해결 능력 및 대처 능력을 증진할 수 있도록 도움을 제공한다. 둘째, 각종 자원[3]을 확보할 수 있도록 도움을 제공한다. 셋째, 서비스 제공 기관들이 이용자에게 그들의 존엄성을 존중하면서 적절한 절차와 기준에 따라 적절하게 서비스를 제공하는지 유심히 살피고, 그렇지 못할 경우 시정을 요구하는 활동을 한다. 넷째, 개인과 그 주변 사람들 사이에 원만한 상호관계가 형성 · 유지되도록 촉진하는 역할을 한다. 비행청소년의 문제를 해결하기 위해 청소년 자신과 부모, 청소년과 교사, 교사와 부모 그리고 이 삼자 모두 사이의 대화 및 상호작용이 원만하게 이루어질 수 있도록 중개자 역할을 하는 것이 그 예가 될 수 있다. 다섯째, 개인의 복지와 직 · 간접적으로 관련된 여러 기관과 조직들 사이

---

3) 각종 자원에는 주거, 음식, 최소한의 생활필수품 등 유형의 서비스와 의료 서비스, 정신의료 상담 서비스, 보호 서비스, 법률 서비스 등 무형의 서비스가 포함된다.

에 긴밀하고 원만한 협조가 이루어지도록 한다. 복합적 문제를 가진 노인의 경우, 복합적 서비스 욕구 충족을 위해 보건, 복지 등과 관련된 정부 조직, 지역사회 조직, 가족 등의 협조가 원만히 이루어지도록 조정이나 중재 행위가 이에 해당한다. 여섯째, 물리적·사회적 환경의 개선, 물질적 서비스의 확보 등을 위한 정책 형성 및 법 제정 등에 영향을 미칠 수 있도록 노력한다.

2) 사회복지실천의 역사적 배경

사회복지실천 활동의 기원은 유럽에서 시작된 산업혁명의 후유증으로 인해 사회취약계층으로 전락한 사람들에 대해 민간인이 주축이 되어 실시했던 자선활동이다. 특히 영국의 산업혁명 후기에 더 이상 영주의 보호를 받을 수 없게 된 농노들이 직장을 찾아 도시로 몰려들었고, 이들 중 많은 수가 실직이나 산업재해로 인해 부랑인이 되었거나 가족을 유지하고 있어도 생계에 곤란을 겪고 있었다. 도시 빈민들이 갖고 있었던 다양한 문제에 민간이 개입하는 과정에서 영국의 자선활동이 싹트게 되었다. 하지만 자선활동은 서로 조정이 되지 않은 채 일정한 체계 없이 제각기 행해졌기 때문에 중복되기도 했다.

사회복지실천 전문 영역은 민간에서 싹튼 자선활동의 형태에서 벗어나 보다 체계적인 방법으로 사회문제 또는 사회적 고통에 대응하는 방안을 찾는 과정에서 발달되었다. 그러한 방안의 하나로 나타난 것이 영국에서 1800년대 중·후반에 결성된 자선조직협회(charity organization society: COS)이다. 이 협회는 민간 주도의 자선활동을 조정하고 체계화하기 위한 목적으로 결성되었다. 이 협회의 활동 방식은 영국에서 미국으로 건너가 미국 내 자선활동 단체들의 조직원리가 되기 시작하였다. 영국 최초의 자선조직협회는 1869년 런던에서 설립되었고, 미국 최초의 자선조직협회는 1877년 뉴욕 주 버팔로에 세워졌다. 미국에서 자선조직협회의 수가 늘어나고 그 활동이 확산하면서 사회복지실천 전문 영역의 기반이 마련되기 시작하였다. 당시 자선조직협회에 소속되어 활동하던 사람들은 주로 자원봉사자들이었는데 이들은 '우애방문단(friendly visitors)'이라 불렀다.

자선조직협회에 소속된 우애방문단은 각종 어려움에 처한 사람들에게 서비스를 제공하기에 앞서 조사, 등록, 자선단체 간 협력, 조정 등을 거치면서 사회복지실천의 방법을 체계화하기 시작하였다. 자선조직협회 소속원들은 1900년대부터 점차 보수를 받는 정식 직원으로 바뀌기 시작하였고, 이들이 전문화되고 지방정부와 협력하여 활동하면서 나중에 사회복지사(social worker)로 불리기 시작하였다(Baker, 1995). 사회의 취약 계층을 보호하고 지원하는 일을 사회로부터 위탁받아 사회복지 현장에서 활동하는 사람들이라는 의미에서 사회의 일을 하는 사람(social worker)으로 불리기 시작한 것이다.

한편, 거의 동시대에 영국에서 출현한 것이 인보관운동(settlement house movement)이다. 지역사회 문제를 해결하기 위해서는 문제가 있는 지역사회에 들어가 빈민과 함께 생활하면서 지역사회 환경 개선과 빈민의 자생력 강화에 힘써야 한다고 주장하던 사람들이 인보관운동의 주역이었다. 빈곤 지역에 이들이 정착(settle)하여 거주하던 집(house)이 인보관(settlement house)이었다. 영국 최초의 인보관인 토인비 홀(Toynbee Hall)은 토인비에 의해 1884년 런던에, 미국 최초의 인보관인 헐하우스(Hull-House)는 애덤스(Jane Addams)에 의해 1889년 시카고에 세워졌다. 인보관 운동가들은 빈곤 지역 주택 개선, 공중보건 향상, 빈민의 권리 보장 및 확보 등 제반 사회문제에 대한 총체적 해결을 주장하면서 그를 위한 구체적인 활동에 참여하였다. 그 외에도 이들은 지역사회 거주자들의 자생력 강화를 위한 직업기술 훈련, 언어(영어)훈련, 성인교육, 환경 개선 운동 등도 펼쳤다. 상대적으로 개인의 변화보다는 사회환경의 변화에 무게를 더 두었던 인보관운동은 집단 사회사업, 사회행동 및 지역사회 조직 활동의 바탕이 되었다. 영국의 초기 인보관 참여자들은 주로 가톨릭 신부가 되기 위해 수업 중인 젊은 대학생이거나 목사의 자제들이었다(Zastrow, 1995). 반면, 미국의 인보관 참여자들은 이상적이고 자유분방한 젊은 대학 졸업생들이었다(Brieland, 1995). 이들 가운데 일부는 자원봉사자들이었고, 일부는 유급 직원들이었다.

미국의 자선조직협회의 정식 직원으로 근무하던 리치먼드(Mary Richmond)는 사회 복지 실천을 전문 영역으로 발전시키는 데 결정적인 역할을 한 인물이다. 리치먼드는 뉴욕 자선학교[4]에 겸임 교수로 출강하면서 실천 현장의 경험을 정형화된 교육으로 변환시키기 위해 노력하였다. 1900년에 필라델피아 자선조직협회의 총책임자가 된 리치먼드(1917)는 자신과 동료들이 해 왔던 사회복지실천 활동의 내용 및 과정을 종합하여 1917년에 『사회진단(Social Diagnosis)』이라는 책을 출판하였다. 이 책은 사회복지실천에 관한 이론과 방법을 최초로 체계화한 교과서라 할 수 있다. 이 책을 통해 리치먼드는 클라이언트가 처한 상황을 체계적으로 진단하는 기술을 제시하였다. 즉, ① 사례를 이해하기 위해 정보 수집을 하는 단계, ② 수집된 정보를 갖고 어디에 문제가 있는지를 찾아내는 진단

---

4) 뉴욕 자선학교는 후에 뉴욕 사회복지대학(New York School of Social Work)으로, 1962년 이후에는 컬럼비아 대학교 내의 사회복지대학(Columbia University, School of Social Work)으로 발전하였다.

단계, ③ 문제 상황이 어떻게 진행되어 나갈 것인가를 예측해 보는 단계, ④ 문제 상황을 변화시키기 위해 어떻게 개입할 것인가를 생각해 보는 개입계획 단계, ⑤ 계획의 실행단계 등 리치먼드가 이 책을 통해 제시한 사회복지실천 과정은 지금도 사회복지실천 과정에서 그대로 활용되고 있다.

미국에서 주로 발달한 사회복지실천 영역은 대학의 정규 교육과정으로 자리 잡으면서 실천 현장과 교육체계의 상호 교류를 통해 전공 영역으로서의 위치를 확고히 하였다. 우리나라에는 한국전쟁을 전후해 미국의 사회복지실천 학문 영역의 일부가 유입되기 시작하였다. 우리나라의 사회복지 최초 교육기관은 1947년에 이화여자대학교에 설치된 사회사업학과이다.

3) 사회복지실천의 영역과 기능

사회복지실천의 영역은 대개 대상자별로 개인, 집단, 가족 및 지역사회로 나뉜다. 이렇게 나뉜 대상자별 영역은 다양한 사회복지 현장에 존재한다. 여기서는 우선 대상자별 영역을 살펴본 후 그러한 대상자를 만날 수 있는 다양한 실천 현장을 알아본다.

(1) 개인 대상 실천

개인을 대상으로 한 실천은 각종 문제에 직면해 있는 개인을 사회복지사가 일대일로 만나 문제해결을 원조하는 활동이다. 우리나라에서는 빈곤 지역 읍 · 면 · 동사무소의 사회복지전담공무원, 각종 사회복지관의 사회복지사, 종합병원의 의료사회복지사, 정신병원이나 정신건강증진센터의 정신보건 사회복지사, 학교 내외에서 활동하는 학교사회복지사, 아동 또는 노인보호전문기관에서 근무하는 사회복지사들이 클라이언트에게 개별적으로 직접 서비스를 제공하고 있다. 개인 대상 실천에는 생활보호 업무, 저소득층 자활보호 대상의 자활과 관계된 업무, 재가복지 업무, 독거노인 상담, 실직자를 위한 구직활동 또는 직업훈련 원조 활동, 미혼모 상담, 입양 상담, 아동을 위한 위탁가정 사업 관련 조사 및 상담, 학대 피해 아동 및 노인의 보호 및 가정 개입 활동, 환자들의 의료비 문제 및 퇴원 후 생활에 대한 상담, 학교 부적응 학생 상담, 지역사회 정신건강증진센터 내 정신장애인 상담 등이 포함된다. 개별 실천은 대개 클라이언트 개인을 상대로 개인의 생각, 감정, 행동, 동기, 태도 등을 수정하려 할 뿐만 아니라 클라이언트의 문제에 직 · 간접적으로 영향을 미치고 있는 주변 체계들에도 개입하여 그들의 변화를 시도한다.

(2) 집단 대상 실천

비슷한 문제를 경험하고 있는 개인들로 구성된 집단을 대상으로 집단 구성원 상호 간 교류를 촉진함으로써 그 과정에서 발생하는 역동성을 활용해 집단 구성원들을 변화시키고 집단 공동의 목표를 성취하는 실천방법이 집단실천이다. 집단실천 모델은 집단의 목표 및 성격에 따라 크게 사회적 목표 모델과 치료 모델로 나뉜다. 사회적 목표 모델은 집단활동을 통해 사회 구성원의 소양을 높이는 데 초점이 맞춰져 있다. 사회 구성원으로 살아가는 데 필요한 참여의식, 책임 의식, 역할 인식, 협동 정신 등을 고취하기 위해 이 모델에서는 토론, 합의, 집단 과제의 개발 및 실행 등을 수행한다. 보이스카우트, 걸스카우트, 청소년 캠프 등과 같은 대규모 집단활동과 공예교실, 음악교실, 춤교실, 운동교실, 자연학습, 자조집단 등과 같은 소규모 집단활동이 사회적 목표 모델에 해당한다.

치료 모델은 집단 구성원 간의 상호작용 과정에서 발생하는 집단 역동성을 활용해 집단 구성원들이 공통으로 경험하는 문제를 해결하는 것에 초점을 둔다. 사회복지사는 집단 역동에 대한 전문적 지식을 활용해 집단 구성원 간 상호작용을 촉진함으로써 집단 구성원의 변화를 유도한다. 집단 구성원들은 대개 비슷한 문제를 갖고 집단에 참여하며 집단 구성원 간 상호작용 과정에서 다른 구성원에게 문제해결에 필요한 도움을 제공하기도 하고, 다른 구성원으로부터 자신의 문제해결에 필요한 정서, 정보 및 도구적 도움을 받기도 한다. 집단치료는 동일 또는 비슷한 문제를 가진 여러 명의 클라이언트를 동시에 상대한다는 면에서 경제적일 수 있다. 집단치료는 주로 심한 우울증 환자, 알코올 및 약물 중독자, 가정폭력 피해자, 자존감이나 성취동기가 낮은 사람, 이혼 후의 충격 상태에 있는 사람 등을 대상으로 실시될 수 있다.

(3) 가족 대상 실천

가족 구성원 중 한 사람의 문제 또는 가족 구성원들 간의 문제를 해결하기 위해 가족을 단위로 개입하는 활동이 가족 대상 실천이다. 가족 단위의 문제로는 경제적인 문제를 포함하여 가족 구성원들 간 관계상의 갈등이나 대화 결핍 또는 단절이 있을 수 있다. 기초생활 수급 가정에 대해서는 생활보호 서비스와 함께 재가복지서비스[5])가 실시된다. 행

---

5) 재가복지사업에서는 국민기초생활 수급자나 저소득 가정(장애인, 노인, 한부모 세대 등)에 무료 급식, 밑반찬 서비스, 영양식 서비스, 김장 · 김치 서비스, 도시락 배달 서비스, 한방진료, 수지침, 물리치료, 가사지원, 차량지원, 이 · 미용 서비스, 주거환경 개선 서비스 등이 실시된다.

동 · 정서 · 심리상의 문제와 부부 갈등, 부모−자녀 갈등, 아동 · 청소년 비행, 다세대 간 갈등 등이 가족 개입 대상에 포함될 수 있다.

가족 단위의 치료적 개입은 가족 구성원이 지닌 문제의 효율적 해결을 위해 가족 모두의 협조와 노력이 필요하다고 판단될 때 이루어진다. 가족 단위의 치료적 개입을 뒷받침하는 이론체계는 일반체계이론이다. 일반체계이론에 따르면, 가족 구성원 한 사람의 문제는 그 개인만의 문제가 아니라 가족 간 상호작용의 결과이다. 따라서 개별 가족 구성원이 표출하는 문제의 원인을 개인적 요인에서 찾으려 하기보다는 가족 구성원들 간의 상호작용 패턴, 즉 관계 양상에서 찾고자 하며, 문제의 해결방안도 개인적 변화에 초점이 주어지기보다는 가족 구성원들끼리 상호작용하는 방식의 변화에 주어진다. 이러한 원리에 따를 경우, 문제를 표출하고 있는 가족 구성원의 행동 변화를 위해 다른 가족 구성원의 행동을 먼저 변화시킬 수도 있다. 다른 사람의 행동 변화가 문제를 표출하고 있는 사람의 행동에 영향을 줘서 결국 문제가 해결될 수 있는 것이다. 가족 단위의 치료적 개입을 위한 이론적 틀은 가족 개입 모델에 따라 다양하다. 대표적인 가족 개입 모델로는 정신역동 모델, 대상관계 모델, 구조적 모델, 전략적 모델, 경험적 모델, 행동주의 모델, 해결중심 모델 등이 있다. 현재 가족과의 실천은 가족 치료센터, 가족치료연구소, 건강가정 지원센터, 일부 사회복지관, 대학의 연구실, 병원, 교회 등 다양한 장소에서 실시하고 있다.

(4) 지역사회 대상 실천

지역사회를 대상으로 한 실천은 지역에 속한 주민이 상호 협력하여 지역사회의 문제를 스스로 해결할 수 있도록 돕는 사회복지사의 활동이다. 지역사회 주민의 상호 협력을 촉진하기 위해 사회복지사는 안내자, 교육자, 조력자, 조정자, 매개자, 운동가, 전문가 등의 역할을 수행한다. 이러한 역할 수행을 위해 사회복지사는 지역사회 주민의 성향 및 문화와 함께 지역사회 문제나 욕구를 파악해야 한다. 지역사회 욕구가 파악되면 지역사회 주민의 욕구 충족에 필요한 자원들의 확인 및 발굴, 지역사회 주민의 조직화, 지역사회 자원의 조직화 및 조정, 필요한 경우 지역사회 자원 개발 등의 활동을 하게 된다. 현재 종합사회복지관을 중심으로 실제로 이뤄지고 있는 지역사회 실천 개념에는 지역사회 보호 활동과 지역사회 조직 활동이 혼합되어 있다고 볼 수 있다.

지역사회 보호 활동은 지역사회 내 결연 후원금이나 후원 물품 등의 자원을 발굴 · 동원하여 지역사회 내 보호가 필요한 대상자들을 돕는 활동이다. 지역 내 보호 필요 대상자들에는 소년·소녀 가정, 독거노인 가정, 한부모 빈곤 가정, 장애인 가정, 북한이탈주민 가정 등이 포함될 수 있다. 지역사회 내 다양한 자원과 빈곤 가정을 연결해 줌으로써 지역주민의 경제적 어려움 경감과 심리적 안정을 도모하고자 하는 것이 지역사회 보호의 목적이다. 지역사회 보호 활동으로는 기업이나 동호회 등에 결연 대상자를 추천하여 도움을 제공하도록 하는 기관 연계 후원이 있을 수 있고, 개인 결연 후원자를 발굴하여 개인 결연 대상자와 연결하는 일대일 결연 후원 활동이 있을 수 있다. 후원 대상자에게는 개별 통장을 통해 후원금이 지급되기도 하고 생필품, 식품, 기타 물품이 직접 전달되기도 한다. 후원 활동 외에도 지역사회 복지자원의 정보망을 구축하여 복합적인 문제를 지닌 노인이나 장애인을 연계하는 활동, 법률 정보나 지식이 부족한 취약 계층을 지역사회 내 법률전문가와 연결하여 법률상담 서비스를 제공하는 활동, 지역사회 자원과 연계하여 실시하는 재가복지사업 등도 지역사회 보호에 해당한다.

지역사회 조직 활동은 개별적으로 흩어져 있는 지역주민 또는 지역사회 자원을 연결하고 조직화하여 지역사회의 전반적 복지 향상을 도모하는 사회복지사의 활동이다. 지역사회 조직화를 위해 사회복지사는 지역사회 주민이나 단체와 공동사업을 추진하기도 하고, 지역사회 주민이 서로 모여 조직화할 수 있는 장소 및 기회를 제공하기도 한다. 지역사회 주민이 가진 다양한 자원을 동원·배분하는 역할을 하는 지역 바자회는 지역주민의 유대감을 조성하고 공동체 의식을 강화시키는 활동이다. 지역주민이 바자회에 가지고 나온 생활용품, 의류, 도서, 문구류 등의 판매 수익금으로 소외된 어려운 이웃을 직접 지원하거나 취약계층을 위한 사업에 투자하는 방식으로 간접 지원하기도 한다. 주민 편의시설(강당, 회의실, 프로그램실, 식당 등)을 지역주민에게 제공함으로써 지역 공동체 의식을 강화하기도 한다. 그 밖에 살기 좋은 동네 만들기 운동, 지역사회 정화 운동, 지역주민 어울림 축제 개최, 지역주민 도서관 제공, 노숙자를 위한 쉼터 운영, 노인을 위한 일거리 마련 사업 추진, 지역 자원봉사자의 발굴 및 관리, 주민 동아리의 조직 및 관리, 복지 하부 구조의 점검 및 구축 사업, 복지 연계 활성화 사업 등이 지역사회 조직 활동에 포함된다(엄명용 외, 2012).

(5) 사례관리 활동

사례관리는 다양하고 복합적이며 만성적인 욕구를 동시에 갖고 어려움을 겪는 사람들을 위해 지역사회의 다양한 서비스 기관들을 연계하여 종합적인 서비스를 제공함과 아울러 기관들이 개별적으로 서비스를 제공하는 과정에서 발생할 수 있는 중복서비스 문제를 해결하기 위해 고안된 실천방법이다. 사례관리자는 서비스를 연계하고 점검하는 간접적 실천활동과 함께 교육, 상담, 치료 등 직접 실천활동을 수행한다. 이 과정에서 개별적 욕구와 상황에 맞는 맞춤형 서비스 제공, 복합적 욕구에 대응하는 광범위하고 포괄적인 서비스의 제공, 서비스 이용자가 스스로 의사결정을 내릴 수 있는 자율성 존중, 지속적 서비스의 계획과 보장, 지역사회에 분산된 서비스에 대한 정보 제공과 연결, 공평한 서비스 접근 기회 보장, 효율적 서비스 제공을 위한 사회적 책임성 등이 강조된다.

종래에 민간부문에서 주로 행해졌던 사례관리는 그 중요성을 인정받아 공공부문 사례관리 체계의 확립으로 이어졌다. 공공부문의 통합사례관리를 위한 노력은 주민생활지원 기능 강화(2006~2007), 시·군·구중심 사례관리도입과 시범사업(2008~2009), 위기가구 사례관리(2010~2011), 희망복지지원단(2012~현재), 동복지기능강화(2014~2015), 읍·면·동 복지허브화(2016~현재)의 전달체계 변화를 거쳐 왔다(사회보장정보원·경기대학교 산학협력단, 2018). 현재 공공부문 사례관리 체계는 각 문제 영역별 개별사례관리 체계와 통합사례관리체계로 구성되어 있다. 문제 영역별 개별사례관리 체계에는 독거노인 대상의 '노인돌봄기본서비스', 취약계층 아동·청소년 통합서비스인 '드림스타트', 보건의료 취약계층 대상의 '방문건강관리', 의료수급권자의 의료서비스 이용 관리를 위한, '의료급여사례관리', 자활사업 참여자의 자활촉진을 위한 '자활사례관리', 중독자의 재활 및 사회복귀 지원을 위한 '중독사례관리', 정신질환의 예방과 정신질환자의 재활을 위한 '정신건강사례관리'를 포함한다(엄명용, 김성천, 윤혜미, 2020).

통합사례관리체계는 읍·면·동주민센터의 '찾아가는 복지전담팀'과 시·군·구의 희망복지지원단을 중심으로 움직인다. 통합사례관리체계는 지역주민의 다양한 욕구에 맞춤형 서비스를 연계·제공함으로써 지역주민의 삶을 안정적으로 지원·지지하고, 복지제도의 효과성·효율성을 향상시키는 데 목적을 두고 있다(보건복지부, 2017). 찾아가는 복지전담팀에는 기본형과 권역형이 있다. 기본형은 개별 읍·면·동에 찾아가는 복지전담팀을 설치하는 것이고, 권역형은 몇 개의 읍·면·동을 하나의 권역으로 묶고 권역 중심의 읍·면·동에 찾아가는 복지전담팀을 두는 것이다. 기본형의 경우 고난도 사례는 시·군·구의 희망복지지원단에 의뢰하고, 권역형의 경우 고난도 사례와 함께 모든 사례에 대한 통합사례관리서비스를 수행한다. 시·군·구의 희망복지지원단은 기본형 읍·면·동에서 의뢰된 고난도 사례가구에 대한 통합사례관리서비스를 직접 제공하기도 하고, 기본형과 권역형 읍·면·동의 통합사례관리가 원활히 진행될 수 있도록 코디네이터 등 다양한 지원활동을 수행한다(보건복지부, 2017).

학습과제

1. 사회문제와 사회복지정책의 관계에 대해 생각해 보시오.

2. 정책대안과 정책을 구분하여 설명해 보시오.

3. 급여 대상자의 자격요건을 현행 사회복지 프로그램의 예를 들며 설명해 보시오.

4. 급여의 형태와 정책의 목표 효과에 대해 논해 보시오.

5. 사회복지정책의 실천 영역에 대해 설명해 보시오.

6. 현대사회에서 사회복지행정이 더욱 중요해진 이유에 대해 생각해 보시오.

7. 사회복지행정 이론 중 과학적 관리론과 인간관계론이 강조하는 점을 비교해 보시오.

8. 사회복지행정의 영역과 기능에 대해 설명해 보시오.

9. 사회복지조직체의 특성에 대해 기술해 보시오.

10. 사회복지행정의 주요 내용을 조직의 관리 · 운영 측면과 프로그램의 관리 · 운영 측면에서 설명해 보시오.

11. 사회복지 전 영역 중에서 사회복지실천 영역이 갖는 중요성을 설명해 보시오.

12. 사회복지실천가(사회복지사)의 자질이 강조되는 이유를 생각해 보시오.

13. 사회복지실천의 역사적 배경 및 흐름의 내용과 현재 우리 사회의 사회복지실천 활동의 내용을 비교해 본 후 그 공통점과 차이점에 대해 논해 보시오.

14. 여러분의 생활 주변에서 사회복지실천이 실제로 행해지고 있는 형태들(개인, 집단, 가족, 지역사회 등)을 각각 확인한 후 논해 보시오.

15. 여러분 주변의 어려운 사람들을 생각해 본 후 그들에게 도움을 주기 위해서는 어떤 형태의 사회복지실천이 가장 적절한지 그 이유와 함께 논해 보시오.

16. 공공부문 사례관리 체계의 지도(map)를 그려보고 관심 영역의 대상자를 어떻게 연계할 것인지를 논의해 보시오.

참고문헌

강욱모, 김영란, 김진수, 박승희, 서용석, 안치민, 엄명용, 이성기, 이정우, 이준영, 이혜경, 최경구, 최현숙, 한동우, 한형수(2006). 21세기 사회복지정책. 경기: 청목출판사.

박경일(2007). 사회복지정책론. 경기: 공동체.

보건복지부(2017). 2017 읍면동 맞춤형복지업무매뉴얼. 보건복지부.

사회보장정보원, 경기대학교 산학협력단(2018). 공공부문 사례관리 연계 · 협력 모형 개발연구.

성규탁(1993). 사회복지행정론. 서울: 법문사.

송근원, 김태성(1995). 사회복지정책론. 서울: 나남출판.

엄명용, 김성천, 오혜경, 윤혜미(2016). 사회복지실천의 이해(4판). 서울: 학지사.

엄명용, 김성천, 윤혜미(2020). 사회복지실천의 이해(5판). 서울: 학지사.

원석조(2001). 사회복지정책론. 경기: 공동체.

최성재, 남기민(2001). 사회복지행정론. 서울: 나남출판.

Baker, R. L. (1995). *The social work dictionary* (3rd ed.). Washington, DC: NASW Press.

Brieland, D. (1995). Social work practice: History and evolution. In R. L. Edwards (Ed.), *Encyclopedia of social work* (19th ed.). Washington, DC: NASW Press.

Burch, H. A. (1991). *The social work dictionary* (3rd ed.). Washington, DC: NASW Press.

Chambers, D. (1993). *Social policy and social programs: A method for the practical policy analyst* (2nd ed.). New York: Macmillan.

Cleland, D. S., & King, R. (1968). *Systems analysis and project management*. New York: McGraw-Hill.

DiNitto, D. M. (2000). *Social welfare: politics and public policy* (5th ed.). Boston: Allyn and Bacon.

Dobelstein, A. W. (1993). *Social welfare: Policy and analysis*. Chicago, IL: Nelson-Hall.

Elkin, R., & Cornick, D. L. (1970). Utilizing cost and efficiency studies in decision-making process in health and welfare. In H. A. Schatz (Ed.), *Social work administration* (pp. 364-371). New York: Council on Social Work Education.

Fink, A. E., Anderson, C. W., & Conover, M. B. (1968). *The field of social work* (5th ed.). New York: Holt, Rinehart, and Winston, Inc.

Gilbert, N., & Specht, H. (1986). *Dimensions of social welfare policy*. Englewood Cliffs, NJ: Prentice-Hall.

Gilbert, N., Specht, H., & Terrell, P. (1992). *Dimensions of social welfare policy* (3rd ed.). Englewood Cliffs, NJ: Prentice-Hall.

Ginsberg, L. (1996). *Understanding social problems, policies, and programs* (2nd ed.). Columbia, SC: University of South Carolina Press.

Hasenfeld, Y. (1992). The nature of human service organizations. In Y. Hansenfeld (Ed.), *Human services as complex organizations* (pp. 3-23). Newbury Park, CA: Sage.

Jones, C. O. (1984). *An introduction to the study of public policy* (3rd ed.). Monterey, California: Brooks Cole Publishing Company.

Mills, C. W. (1950). *The sociological imagination.* New York: Oxford University Press.

National Association of Social Workers (1973). *Standards for the classification of social work practice.* Washington, DC: NASW Press.

National Association of Social Workers (1981). Conceptual frameworks II: Second special issue on conceptual frameworks. *Social Work, 26*(1), 5-69.

Patti, R. J. (1983). *Social welfare adminstration: Managing social programs in a developmental context.* Englewood Cliffs, NJ: Prentice-Hall.

Richmond, M. E. (1917). *Social diagnosis.* New York: Russell Sage Foundation.

Rossi, P. H., & Freeman, H. E. (1982). *Evaluation: a systematic approach* (2nd ed.). Beverly Hills, California: SAGE Publications.

Skidmore, R. (1995). *Social work administration* (3rd ed.). Needham Heights, MA: Allyn & Bacon.

Suchman, E. A. (1967). *Evaluation research: Principles and practice in public service and social action programs.* New York: Russell Sage Foundation.

Trecker, H. (1977). *Social work administration: Principles and practices.* New York: Association Press.

Zastrow, C. (1995). *The practice of social work* (5th ed.). Pacific Grove, CA: Brooks/Cole Publishing.

제5장

사회복지와 전문성

학습개요와 학습목표

이 장에서는 사회복지와 전문성에 대하여 살펴보고자 한다. 전문직에 대한 정의와 사회복지 전문성과 관련된 다양한 접근을 살펴보고자 한다. 사회복지사가 수행하는 역할에 대한 이해와 활동 영역에서 수행하는 업무에 대한 이해를 쌓고자 한다. 사회복지사가 경험하는 다양한 업무상의 이슈를 살펴보면서 사회복지사 전문성과 연관하여 이러한 이슈를 성찰해 보고자 한다. 이 장의 학습목표는 다음과 같다.

● 전문직의 개념과 사회복지 전문직의 특성을 이해한다.
● 사회복지 활동과 전문성을 위한 다양한 노력에 대하여 살펴본다.
● 사회복지사의 노동조건에 대한 이해를 통하여 앞으로의 발전 방향을 생각해 본다.

1. 전문직의 개념

전문직에 대한 개념 정의는 사회학에서 주로 다루어져 왔다. 전문직은 근대사회의 산물이라고 부르는데, 어떤 직업군이 전문직으로 발전하게 되는가에 대한 명확한 기준을 내리기는 어렵다. 전문직으로 인정받게 되면 특정 직업군이 사회적으로 상승된 지위를 획득하고 관련 분야에서의 독점을 사회적으로 인정받게 되는 통로가 된다. 사회에서 공식적인 승인을 받기 위해서는 전문직 활동의 기초를 제공해 주는 지식이 제공되어야 한다. 이는 공인되고 자격증을 획득하는 데 필요한 지식을 의미하는 것인데, 여기서 자격증이란 특정 전문직에 속하는가의 여부를 판단하는 주요 기준이 된다. 실제로 전문직이 추구하는 것은 클라이언트의 이해보다는 시장의 독점이라고 보는 시각이 강하다. 가르시아(Garcia, 1990)는 사회복지 전문직의 발전과정을 살펴보면서 사회 변화를 통한 광범위한 사회문제의 해결보다 면허자격제도의 확립 등에 많은 관심을 가져온 점을 지적하였다. 이는 전문직이 사회에서 독점적인 지위를 얻고자 하는 속성을 반영하는 것이라 할 수 있다. 전문직의 권위와 지식에 기초하여 확보한 서비스 시장을 지키기 위해서는 사회적으로 인정을 받아야 한다. 타 경쟁직과의 경쟁에서 전문적 독점을 지킬 수 있도록 전문직 체계 내의 노력이 유지되고 개선되는 과정이 전문직 발전과정에서 발견된다.

모레일스와 셰퍼(Morales & Sheafor, 2004)는 이를 전문직과 사회가 협상을 하는 것이라고 보았는데, 책임이 따르는 민감한 영역에서 서비스를 제공하는 대가로 특정 전문직에게 해당 서비스를 독점적으로 제공할 수 있는 배타적인 권한과 영역을 맡기는 것을 의미한다.

파발코(Pavalko)는 전문직으로 인정받을 수 있는 속성들을 다음과 같이 정리하였다 (Morales & Sheafor, 2004: 51에서 재인용).

- 전문직은 이론체계를 갖추어야 한다. 이는 서비스를 제공하게 될 집단에 대한 지적인 이해와 다루어져야 할 상황 그리고 적용하게 될 개입 접근 등을 다루는 것을 의미한다.
- 특정 전문직에 의해 제공되는 서비스는 존재하는 사회적 제도가 부응하지 못하는 요구에 대하여 사회가 기꺼이 책임을 지고자 하는 욕구와 관련된 것이어야 하며 사회적으로 인정받는 욕구를 다루는 것이어야 한다.
- 전문직 활동은 일상적인 것이 아니어서 처방된 과정이나 단계로 엄격하게 축소시킬 수 있는 성격이 아니다. 따라서 전문가는 활동 수행에 대한 개인적인 판단을 사용할 수 있는 권한을 반드시 가져야 한다.
- 전문가는 시민으로서 가져야 하는 일반적이고 광범위한 교육을 받아야 할 뿐 아니라 특정 활동을 수행하는 데 필요한 기술에 대한 지식을 갖추어야 한다. 이는 숙련된 전문가를 통하여 수련자에게 전수하게 된다.
- 전문직은 전문가의 이해에 우선적으로 반응하는 것이 아니라 클라이언트에 대한 서비스에 초점을 유지해야 한다.
- 전문가는 활동에서 헌신이 중요한 부분을 차지한다. 이는 활동이 완결되었을 때의 느낌(taste) 혹은 부름(calling) 등으로 표현되기도 한다.
- 전문가는 그들이 규정하는 목적과 이해를 공동으로 나누는 집단의 공동체를 전문직이라고 본다.

• 전문직은 전문가와 클라이언트 간의 관계에 대한 행동윤리 강령을 만들고 이를 준수한다. 이는 전문직 회원의 특권 남용에 대한 기준으로 사용되기도 한다.

1) 전문직으로서의 사회복지 발전과정

미국의 소셜워크(social work)[1]는 사회사업이 전문직으로 성장한 대표적인 예라 할 수 있다. 1915년 이전에는 자원봉사자들이 자선사업의 성격을 띤 소셜워크 활동을 주로 담당하였다. 1915년 플렉스너(Flexner)가 미국 자선 및 교정 컨퍼런스(National Conference on Charities and Correction)에서 '소셜워크는 전문직인가?'라는 제기에 소셜워크는 전문직이 아니라고 결론지은 것에 대한 본격적인 대응책으로 소셜워크 조직을 형성하려는 다양한 노력이 이루어졌다. 1952년에 전미소셜워크교육협회(CSWE)에서는 전문직 지위를 위하여 석사학위 과정을 마쳐야 한다고 보았다. 1955년에 전미 단위의 사회사업가 조직이 형성되고 이에 윤리강령을 채택하여 전문직으로서의 인정을 받을 수 있는 단계가 완성된다. 이러한 움직임과 관련하여 전문직으로의 위상을 확보하고자 소셜워크가 취약한 사회계층에 대한 과업을 간과하는 것은 아닌가 하는 우려를 낳게 된다. 1960년대로 들어서면서 소셜워크는 전문직으로서의 위상을 본격적으로 강화하게 되는데, 윤리강령, 대학원 프로그램, 자격증제도 운영, 대중홍보, 원조직으로서의 소셜워크 위상 확보, 전문화와 인원 제한 등을 통하여 전문직으로 자리 잡게 된다. 1970년 전미소셜워크협회(NASW)의 인정에 이어, 전미소셜워크교육협회도 1974년에 소셜워크 학위를 취득한 이들을 전문가로 인정하게 된다.

플렉스너의 논쟁 이후 리치먼드(Richmond, 1917)는 그의 저서 『사회진단(Social Diagnosis)』을 통하여 진단, 치료 및 평가라는 사회사업실천 과정을 제시하면서 이론적 틀을 제시하기 위한 노력이 있었다. 이후 프로이트(Freud) 이론의 도입에서 소셜워크 이론의 구축과 더불어 치료적인 기능을 담당할 수 있는 전문가로서의 위상을 확보하고자 하였다. 개인치료 중심의 이러한 소셜워크의 선호는 소셜워크가 주요 가치로 내세우는 사회정의의 실현과 거리를 두고 사회문제의 통제자 역할을 담당하고 있다는 비난과 우려를 받게 된다. 이에 대한 대표적인 논쟁이 『타락한 천사(Unfaithful Angels)』(Specht &

---

[1] 이 장에서 소셜워크는 미국의 전문성이 강조된 사회사업을 지칭하는 것이며, 소셜워커는 현장에서 직접 서비스를 담당하는 사회사업가를 지칭한다.

Courtney, 1995) 논쟁이다. 저자들은 소셜워커가 사회정의에 대한 미션을 버리고 개인 중심의 치료자 역할을 자처하고 개업 활동을 하는 것에 대하여 소셜워커의 임무를 버린 것이라 비난하였다. 윌렌스키(Wilensky)는 소셜워크가 전문직으로 변천하는 과정을 소개하면서 초기 박애정신에 기초한 소셜워크가 협회를 형성하고 전문직으로 발돋움하는 과정에서 전문직의 이해를 우선적으로 하는 타협이 이루어졌다고 보았다. 이러한 과정에서 클라이언트의 이해가 차선으로 밀리는 현상이 일어난 것이라고 지적하였다.

한국에서의 사회복지 전문직 발달과정은 한국전쟁 이후 고아와 과부의 발생과 빈곤에 대응하기 위하여 종교적 성격을 강하게 띤 외원단체들이 소셜워크 활동을 하게 되면서 시작되었다. 종교적 배경을 안고 구호 중심의 소셜워크 활동이 이루어졌으나, 케이스워커가 사례를 담당하고 후원관리 등의 개별 사례 형식의 전문적이고 체계적인 활동이 이루어져 초기에서부터 전문직으로서의 사회복지실천이 이루어져 왔다고 할 수 있다.

2) 사회복지 전문직의 특성

과거에는 사회복지를 전문직 위상을 추구하는 준전문직으로 보아야 한다는 입장이 있었다. 에치오니(Etizioni, 1969) 등은 교직, 간호직, 소셜워크를 준전문직에 포함시켰다. 사회복지 전문성에 대한 논란은 사회복지사의 탄생과 더불어 지속적으로 진행되어 왔고 시대의 변화에 따라 진보해 왔으며 오늘날에는 휴먼 서비스 영역에서 사회복지 전문직은 사회적으로 인정받고 있는 전문직으로 자리 잡고 있다. 사회복지는 학문적 성격과 실천적 성격을 모두 요구한다. 실천학문으로서 이론적 측면과 사회복지실천 현장에서 필요한 기술이나 지식 그리고 실제 현장에서의 활동 등 실천적 측면을 포함한다. 또한 사회복지는 인간과 환경 사이에 발생하는 다양한 영역에 개입하는 실천적 특성을 가지고 있어 다차원적인 영역에서의 활동을 수행하게 된다. 따라서 사회복지 대상 영역이 광범위하고 포괄적이어서 사회복지라는 고유의 차원으로 통합하여 제시할 수 있는 이론 구축이 어렵다는 지적이 있다(김태성 외, 1998; Morales & Sheafor, 2004). 이에 대해 짧은 사회복지의 역사에서 그 원인을 찾는 의견도 있다. 고유의 지식체계, 명확한 역할 등 전통적인 의미에서의 전문직을 정의하는 관점에서 전문직으로서의 사회복지 기능을 찾는 것은 쉽지 않은 일이다. 앞서 언급하였듯이, 사회복지 특성상 인간과 환경 사이에 발생하는 문제에 대한 다차원적이며 포괄적인 영역을 다루어야 하기 때문이다.

사회복지 전문직의 특성은 서비스 대상자의 특성과 사회복지 전문직의 가치 등을 중요하게 고려해야 한다는 점에서 독특하다. 이는 여타 휴먼 서비스 전문직에 비해 가치와 윤리강령에 높은 비중을 두고 있는 점에서 드러난다(Garcia, 1990). 사회복지서비스 대상 자인 클라이언트는 문제해결을 위해 도움이 필요한 취약한 상황에 있는 경우가 대부분 이어서, 자격이나 훈련이 미비한 서비스 제공자가 서비스를 제공할 경우 해를 입을 가능 성이 높다. 따라서 사회적 약자인 클라이언트에게 최선의 서비스를 제공하기 위하여 사 회로부터 전문가로서의 독자적인 결정 권한을 승인받아야 할 필요가 있다. 이는 법적 규 제를 통하여 보호 장치가 이루어져야 한다. 사회복지 전문가 제도는 이를 실현하는 장치 라고 볼 수 있다.

사회복지가 전문직 위상에 관심을 가진 반면, 고유의 과업인 사회변화를 위한 사회 행 동은 간과하였다는 지적이 있다. 더불어 전문직의 가치나 윤리 준수보다는 기관의 이해 나 관심에 치중하는 추세에 대한 우려가 있다. 사회복지 전문직은 기관을 중심으로 서 비스를 제공하므로 기관의 이해와 목적이 활동의 근거가 된다. 기관의 행정적인 절차나 목적이 우선 관심의 대상이 될 때 사회복지 전문직의 관료화가 초래된다는 지적이 있다 (Hall, 1968; Wagner, 1989). 관료제는 전문가주의의 속성을 반영하는 것으로 서비스 제공 시 공익 추구나 클라이언트의 욕구나 이해보다 전문가 이해를 우선하는 의사결정을 실 행하게 된다는 비판이다. 이런 점에서 공공기관의 사회복지서비스 전달에서 소비자의 욕구와 접근성을 강조하는 소비자 중심 관점이 적용되어야 한다고 본다. 전문가의 독립 적인 권위가 보장되는 복지서비스 전문화가 이루어지면 서비스 이용자를 위한 책임 있 는 서비스를 전제하기보다는 자신들의 이익을 우선적으로 도모할 것이라고 보았던 것이 다(Laffin & Young, 1990; Oliver, 1991).

사회복지 전문가 위상이 사회복지 전문직의 이해나 관료적 행정체계 유지로 이어지 지 않기 위해서는 전문직의 발전과 클라이언트의 이해를 최우선으로 하는 책임 있는 서 비스 제공이 동시에 실현되도록 하여야 한다. 이것이 사회복지 전문직이 이루어야 할 과 제이며, 또한 사회복지 교육체계에서 충분히 다루어져야 할 주제이다. 교육 현장과 실천 현장은 사회복지 전문직이 사회복지 윤리와 가치 체계에 기반을 두어 클라이언트의 최 고의 이해를 추구하고 책임 있는 서비스를 제공할 수 있도록 협력해 나가야 할 것이다.

사회복지서비스는 앞서 언급하였듯이 다면적인 영역에 개입하기 때문에 단일 전문직 으로만 개입하기 어려워 팀 접근이 요구되는 경우가 많다. 이는 서비스 제공자 간의 협 력을 기반으로 이루어지는데, 여기서 전문직의 특성이 안고 있는 고유 영역에 대한 독점 적 배타성이 침범될 수 있다. 이는 전문직의 고유 영역을 훼손하는 것으로 전문직 발전에 부정적인 영향을 미칠 수 있다(Masterson, 2002). 또한 클라이언트에 대한 정보 공유에서 사회복지의 주요 원칙인 '클라이언트의 비밀보장' 면에서 윤리적 갈등을 경험할 수 있다. 게다가 전문직 간의 주요 관심사에 따른 의견 차이로 개입의 우선순위나 역할 분담이 불명확하게 될 우려가 있다. 이는 특히 사회복지서비스 제공이 기관의 주목적이 아닌 병원이나 학교와 같은 이차 세팅에서 흔히 경험할 수 있는데, 현장의 독특성을 이해하고 타 전문직과 팀 접근을 할 수 있도록 협력관계를 형성할 수 있는 능력을 갖추어야 한다. 더불어 관련 세팅에서 요구되는 지식과 문제와 클라이언트의 특성에 따른 실천 기술을 습득하는 것이 중요하다.

2. 사회복지사의 활동과 전문성

1) 사회복지 활동의 특성

사회복지사의 활동은 매우 다양한 영역에서 이루어진다는 특징이 있다. 서비스 대상은 노인에서 아동, 건강, 빈곤 등 다양한 스펙트럼을 이루고 있다. 사회복지사의 자격과 활동 내용을 제시하는 「사회복지사업법」 제11조에 '보건복지부장관은 사회복지에 관한 전문지식과 기술을 가진 사람에게 사회복지사 자격증을 발급할 수 있다'라고 적시하고 있다. 사회복지사의 등급은 1등급과 2등급으로 하고 있으며. 영역별로 정신건강ㆍ의료ㆍ학교 영역에 대해서는 정신건강사회복지사ㆍ의료사회복지사ㆍ학교사회복지사의 자격을 부여할 수 있다고 적시하고 있다. 제12조에는 국가 자격제도 시험과 자격 취득 등이 제시되어 있으나 자격별 수행 업무에 대한 범주는 제시되어 있지 않다. 한국사회복지사협회에서는 사회복지사는 「사회복지사업법」이 정한 유일한 국가자격증이라 강조하면서 사회복지사업을 시행하는 법률에서 정하고 있는 전문가라고 소개하고 있다. 여기에 사회복지 전문가는 사회복지사윤리강령에 따라 문제를 해결하는 전문가라는 점을 적시하고 있다. 사회복지사업에서 윤리적 실천을 강조하고 있는 것이다.

모레일스와 셰퍼(2004)는 사회복지 활동을 전통적 실천 관점, 다면적 실천 관점, 제너럴리스트 실천 관점, 전문적 실천 관점 등으로 나누어 제시하였는데, 오늘날의 사회복지 활동은 제너럴리스트 사회복지 활동과 전문적 사회복지 활동 모두를 포함해야 하는 것이라고 보았다. 제너럴리스트 실천 관점이 사회복지를 하나의 고유 영역으로 통합하는 것이라고 보면서 전문적 실천 관점은 전문화된 영역에서 보다 심층적인 사회복지 활동을 수행하는 데 필요하다는 것이다.

최근 사회복지사의 역할에서 자원 연계자 혹은 자원 동원자의 역할이 의료사회복지사나 학교사회복지사의 영역에서 강조 되고 있다. 지역사회복지에서 클라이언트의 참여와 선택의 권리 또한 중요한 관심사이다. 전통적으로 전문가 중심주의와 클라이언트 중심주의는 갈등이 발

변화하는 사회복지사

출처: imageserch.naver.com

생하는 가치로 이해되어 왔다. 그러나 최근에 부각되는 클라이언트 중심주의는 클라이언트와의 협력이 최선의 서비스를 가능하게 하며 전문가는 그 과정에서 조력자의 역할을 해야 한다고 본다. 이러한 관점은 실제로 사회복지관 운영 사업에 반영되고 있다. 사회복지관 3대 주요 사업의 하나로 지역사회조직화 기능을 포함하고 있다. 지역주민이 지역사회 문제 해결의 주체로 활동할 수 있도록 조력하는 것이 사회복지관의 주요 기능으로 설정하고 있는 것이다(보건복지부, 2013). 클라이언트 중심주의는 클라이언트의 권리에 대한 인식이 높아지는 것으로 연계된다. 「사회복지사업법」 제1조의2에서는 "① 사회복지를 필요로 하는 사람은 누구든지 자신의 의사에 따라 서비스를 신청하고 제공받을 수 있다."라고 명시하고 있어 사회복지서비스는 클라이언트의 권리라는 개념을 분명히 하고 있다.

2) 사회복지사의 역할

사회복지사는 개인, 집단, 가족, 조직 그리고 지역사회와 함께 일하게 되는데, 이과정에서 상담, 옹호, 중개자, 조정자, 교육자 등 다양한 역할을 수행한다. 재스트로(Zastrow)는 사회복지사의 역할을 다음과 같이 소개하고 있다(Zastrow, 2004: 77-78에서 재인용).

- 능력부여자(enabler): 개인이나 집단이 욕구를 표현하고 명확하게 파악하도록 돕는다. 문제에 효과적으로 대응할 수 있는 능력을 개발하고 해결 전략을 찾아내어 선택하고 행하는 것을 도와준다. 능력부여자는 집단, 가족과 일하면서 가장 빈번하게 수행하는 역할인데, 지역사회 수준에서는 조직을 형성할 수 있도록 원조할 때 능력부여자 역할을 수행하기도 한다.

- 중개자(broker): 개인이나 집단이 지역사회 내 서비스를 이용할 수 있도록 도와주는 역할을 수행한다. 사회복지사는 지역사회 내 다양한 기관 네트워크에 대하여 잘 알아야 한다.

- 옹호자(advocate): 클라이언트나 시민집단이 도움이 필요하나 기존의 기관들이 비우호적일 경우, 옹호자는 능동적이고 지시적인(directive) 역할을 담당하게 된다. 정보를 수집하고 클라이언트의 욕구나 요청이 정당하다는 것을 알리기 위해 리더십을 발휘하게 된다. 특정 서비스나 기관의 변화보다는 서비스와 관련된 정책을 변화시키는 것을 목적으로 한다. 옹호자 역할에서 사회복지사는 클라이언트나 시민집단과 한편을 이루며, 서비스와 정책의 변화를 가져와 그들을 역량강화(empower)한다.

- 행동가(activist): 사회의 부정, 불공평, 박탈 등에 관심을 두며 해결전략으로 투쟁, 직면, 중재 등을 사용한다. 그 목적은 사회환경이 개인의 욕구에 부응하도록 변화 되는 것이다. 그 예로 지역사회 내의 에이즈 클라이언트 서비스 향상에 관심이 있는 시민들이 조직화할 수 있도록 활동하는 것을 들 수 있다. 사회행동은 지역사회 혹은 국가 문제를 대상으로 이루어질 수 있다.

- 중재자(mediator): 편이 갈려 다툼이 일어난 경우에 타협을 찾아내고 서로의 차이점을 조정하여 상호 만족스러운 동의를 이루어 내는 역할을 수행한다. 이혼 사례, 이웃과의 분쟁, 자녀 후견 등의 문제를 다룰 때 중재자로서 사회복지사 역할을 수행하게 된다. 중재자는 어느 한쪽 편도 들지 않고 중립적 위치를 유지하는데, 각자의 입장을 명확하게 이해하도록 도와주거나 서로의 차이점에 대하여 의사소통이 이루어지도록 하고, 각자의 입장을 명확하게 밝힐 수 있도록 도와주는 역할을 수행하게 된다.

- 조정자(negotiator): 다툼이 있는 당사자들을 모이게 하여 상호 수용할 수 있는 타협과 협상을 이끌어 내는 역할을 수행한다. 다소 중재자의 역할과 유사한 면이 있는데, 중재자는 중립적인 입장을 견지하지만 조정자는 어느 한쪽 편의 입장에 서서 역할을 수행하게 된다.

- 교육가(educator): 클라이언트에게 정보를 주고 적응 기술(adaptive skills)을 가르치는 역할이다. 교육가로서의 사회복지사는 관련 지식을 갖추어야 하며, 클라이언트에게 정보가 잘 전달되고 이해되도록 의사소통을 할 수 있어야 한다. 실업자를 대상으로 한 취업훈련 프로그램, 분노조절이 어려운 클라이언트를 대상으로 한 분노조절 기술, 십대 부모를 대상으로 한 양육기술 제공 등에서 교육가로서의 역할을 수행하게 된다.

- 발의자(initiator): 현재 존재하는 문제 혹은 문제의 가능성이 있는 사안에 대하여 사

회적 관심을 불러일으키는 역할을 수행한다. 이는 문제를 사전에 발견할 수 있다는 점에서 중요하다. 예를 들면, 저소득층 주거지 재개발 계획은 중산층에 주택을 공급하는 효과는 가져올 수 있지만 현재 거주하는 저소득층은 집을 잃어 홈리스가 될 수 있다. 따라서 발의자는 문제에 대한 관심을 불러일으키는 것에 그쳐서는 안 되며 이후에 필요한 역할을 수행해야 한다.

- 역량강화자(empowerer): 사회복지실천의 주목적은 개인, 가족, 집단, 조직 그리고 지역사회를 원조하는 과정에서 이루어지는 역량강화이다. 역량강화는 환경을 향상시켜 그들의 강점, 대인관계와 사회경제적·정치적 강점과 영향력을 증대시키고자 하는 것이다. 클라이언트는 그들의 환경에 대하여 이해능력을 개발하고, 필요시 선택을 결정하며, 그 선택에 대한 책임을 지고, 조직이나 옹호활동을 통하여 자신들의 상황에 영향을 미칠 수 있어야 한다. 사회복지사는 클라이언트가 이러한 활동을 할 수 있도록 역량강화 중심의 실천 활동을 수행해야 한다. 이 외에도 역량강화자로서의 사회복지사는 사회에 존재하는 다양한 집단이 공정한 자원과 권력을 획득할 수 있도록 노력해야 한다.

- 코디네이터(coordinator): 조직화된 방법으로 필요한 구성요소를 한데 모으는 역할을 한다. 예를 들면, 재정, 정서, 법률, 건강, 사회, 교육, 여가, 상호작용 등의 복합적인 문제를 가진 가족을 대상으로 한 개입에서는 관련된 욕구에 부응하기 위하여 다수의 기관이 함께 일해야 한다. 여러 기관에서 서비스가 제공될 때는 중복을 피하기 위하여 조정하는 코디네이터 역할을 담당하는 사례관리 제공 기관이 정해져야 한다. 또한 코디네이터는 서비스 목적이 일치하지 않을 경우 상호 충돌을 방지할 수 있도록 조정해야 한다.

- 조사자(researcher): 모든 사회복지사는 조사자이다. 사회복지실천에서 조사는 관심 주제 문헌 연구, 사회복지실천 평가, 프로그램의 장단점 사정, 지역사회 욕구 조사 등을 포함한다.

- 집단 촉진자(group facilitator): 집단 촉진자로서의 사회복지사는 집단활동에서 리더 역할을 수행한다. 치료집단, 교육집단, 자조집단, 민감성 증진 집단, 가족치료 집단, 이 외에도 다른 목적을 지닌 집단에서 역할을 수행할 수 있다.

- 대중 홍보인(public speaker): 사회복지사는 종종 지역사회에서 다양한 집단을 만나 이용 가능한 서비스와 새로운 서비스를 홍보할 기회를 갖게 된다. 사회복지사는 그들에게 서비스에 대한 내용을 잘 전달할 수 있는 대중 홍보 기술을 갖추어야 한다.

3) 직무의 표준화와 전문화

사회복지가 사회의 다면적인 영역에 개입하면서도 사회복지라는 틀 안에서 제시할 수 있는 전문화된 공통 영역을 제시할 수 있느냐에 대한 지속적인 질문과 해결 노력이 서구 뿐만 아니라 한국에서도 진행되고 있다. 이를 위한 주된 해결책의 하나로 사회복지사 직무 표준화를 들 수 있다. 미국은 사회복지가 비교적 일찍부터 전문직으로 자리 잡은 경우이다. 사회복지의 공통 영역의 제시와 전문성 확보라는 두 가지 조건을 충족하기 위한 노력의 하나로 전미사회복지사협회의 윤리강령 등의 제정을 통하여 사회복지 활동에서 사회복지사가 수행해야 할 활동에 대한 내용과 전문가 행동에 따르는 윤리강령을 제시하였다.

한국의 경우, 전문직으로서의 사회복지는 미국의 소셜워크 개념을 도입하였다. 한국은 미국과 달리 상대적으로 짧은 역사를 통해 사회복지서비스가 확장되어, 전문직으로서의 사회복지 정착이 이루어지기도 전에 사회복지서비스 수요에 따른 사회복지사의 수적 증가가 급속히 이루어진 측면이 있다.

한국은 한국전쟁을 통해 서구화된 사회복지서비스가 도입된 이후 생활시설 중심의 사회복지서비스 현장이 차지하는 비중이 높았다. 사회복지 생활시설은 낮은 임금과 열악한 근무환경 등으로 사회복지실천 현장에 사회복지 비전공자 인력이 주를 이루는 현상이 지속적으로 유지되어 왔다. 이는 사회복지서비스의 확장이 사회복지 활동의 전문성과 더불어 이루어지기보다는 전문성이 결여된 현장에서 사회복지실천이 이루어지는 결과를 낳게 되었다. 이러한 비전문성은 사회복지실천 활동의 전문성에 대한 낮은 인식으로 악순환이 이루어지고 있다는 지적이 있다.

한편, 사회복지기관의 지속적인 확장으로 지역사회 내의 이용 시설의 양적 성장이 이어지고, 더불어 사회복지서비스의 확대와 함께 사회복지사의 수도 급증하였다. 국가자격시험제도 운영이 2003년부터 실행되고 사회복지사 수가 급격히 증가하면서, 실제 사회복지실천 현장이나 사회에서 사회복지 활동의 전문성에 대한 인식은 향상된 것으로 보고된다. 그러나 사회복지 활동에 대한 일반적인 인식은 여전히 높지 않은 반면, 사회복지서비스 공급 영역에서 경쟁 분야의 활발한 활동이 예상되고 있어, 고유한 전문 영역으로 경쟁력을 보여 주어야 할 시점에 놓여 있다(이기영, 최명민, 2006).

사회복지 업무 활동의 전문화된 체계적인 서비스를 제공하는 것은 클라이언트의 최고 이익을 실현하는 것이며, 더불어 사회복지 전문성의 확보에 기여하는 것이다. 수행 업무에 대한 불명확성은 사회복지 활동이 전문성을 기반으로 이루어지기보다는 기관의 운영 목표나 목적을 중심으로 이루어지기 때문이라고 보며, 이는 사회복지 활동의 전문성 발전을 저해하는 요인이라고 보기도 한다.

사회복지서비스 질에 대한 관심 또한 높다. 「사회복지사업법」 제5조에서는 인권존중과 최대 봉사의 원칙을 들고 있는데, 복지업무에 종사하는 사람은 그 업무를 수행할 때에 사회복지를 필요로 하는 사람을 위하여 인권을 존중하고 차별 없이 최대로 봉사하여야 함을 명시하고 있다. 이러한 법 조항의 적시는 사회복지사 업무에서 인권 중심의 가치가 중요함을 강조하는 것으로 사회복지 업무의 질은 가치 수행 역량이 함께 고려되어야 함을 보여 준다. 또한 최대 봉사의 원칙을 들고 있는데, 이는 취약 계층에 대한 억압이나 차별에 대한 민감성을 강조하는 것이라 보이지만, 봉사라는 개념은 여전히 전문직 수행에 수반되는 특성이라고 보아야 하는가에 대한 논의의 여지가 있다.

4) 교육과 훈련

(1) 교육

사회복지 교육은 사회복지 전문 인력을 양성하는 역할을 담당한다. 사회복지 교육 프로그램은 크게 학부와 대학원으로 나눌 수 있다.

전미소셜워크교육협의회는 학부와 대학원 프로그램에서 지향하는 공동 목적을 제시하여 사회복지 교육의 성과에 대한 구체적인 내용[2]을 다루고 있다(Zastrow, 2004에서 재인용).

---

2) ① 사회복지실천 세팅의 맥락에서 비판적인 사고기술을 적용할 수 있다. ② 사회복지실천에서의 사회복지 전문직의 가치와 윤리 기준 및 원리를 이해할 수 있다. ③ 연령, 계층, 문화, 장애, 민족성, 가족구조, 젠더, 결혼 상태, 국적, 인종, 종교, 성 그리고 성적 취향과 관련하여 편견을 가지지 않는다. 또한 이러한 주제들을 존중하고 지식을 쌓고 관련된 실천 기술을 행할 수 있다. ④ 억압과 차별의 형태와 기제를 이해할 수 있다. 사회경제적 정의를 향상시킬 수 있는 옹호활동과 사회변화를 위한 전략을 적용할 수 있다. ⑤ 소셜워커 전문직의 역사와 현행 소셜워커 전문직의 구조와 이슈들을 이해하고 해석할 수 있다. ⑥ 다양한 사회복지 세팅을 망라한 제너럴리스트 활동에 대한 지식과 기술을 적용할 수 있다. ⑦ 생애주기를 걸쳐 개인, 가족, 집단, 조직 그리고 지역사회에서 이루어지는 상호작용과 관련된 개인 발달과 행동에 대하여 이해할 수 있도록 실증적인 지식을 기반으로 한 이론적 틀을 사용할 수 있다. ⑧ 사회정책을 분석하고 형성하고 영향을 미칠 수 있다. ⑨ 사회조사 연구를 수행할 수 있다. 조사 결과를 실천 활동에 적용할 수 있으며, 자신의 활동에 대한 평가를 수행할 수 있다. ⑩ 다양한 클라이언트 집단과 동료 그리고 지역사회와 의사소통 기술을 사용할 수 있다. ⑪ 슈퍼비전을 받거나 사회복지실천 활동에 필요한 컨설팅을 이용할 수 있다. ⑫ 기관의 서비스 전달체계 구조에서 활동할 수 있으며, 필요할 경우 조직의 변화를 추구할 수 있다. ⑬ 이 외에도 사회복

전미소셜워크교육협의회는 또한 대학원 프로그램의 목적도 구체화하고 있다. 이에 따르면 소셜워크 대학원 프로그램 이수자는 전문화된 사회복지실천 현장에서 필요한 진보된 기술과 지식을 사용할 수 있어야 한다. 분석, 개입, 평가에서 차별화된 뛰어난 활동을 수행할 수 있으며 자기비판 능력도 갖추어야 한다. 높은 자율성과 기술을 가지고 광범위한 실천과 지식을 적용하고 통합할 수 있어야 한다. 그리고 각자의 활동에서 질을 향상시킬 뿐 아니라 소셜워크 전문직 전반의 질 향상을 가져올 수 있어야 한다.

이처럼 사회복지 교육은 다양한 실천 영역에서 서비스를 제공할 수 있는 전문 인력 배출의 목적과 더불어 사회복지 가치와 윤리 기준을 적용할 수 있는 가치 지향적인 활동을 수행할 수 있는 인력을 양성하고자 하는 목적이 있다. 전미소셜워크교육협의회는 인증제(accreditation) 운영을 통하여 사회복지 교육 프로그램의 질 관리를 하고 있다. 인증된 학부 프로그램의 경우 사회복지실천 현장에서 전문가로 활동할 수 있는 교육을 제공하는 것을 목적으로 제시할 것을 명시하였다.

김융일(2003)은 사회복지학은 이론과 실천 모두를 다루는 이중적인 역할이 요구된다고 보고, 이에 따른 고유한 교육목적과 교과과정이 필요하다고 지적하였다. 실제로 한국 사회복지교육협의회의 교과목 지침서(2020)에서는 전반적인 교육의 목적과 범위를 제시하지 않고 교과목별로 목적과 내용을 제시하고 있다. 서구와 달리 단시간 내에 양적 성장을 이룬 한국의 사회복지 교육은 증가하는 사회복지 인력을 공급하는 중요한 역할을 해 왔다. 그러나 양적 확대에 치중한 교육의 질 통제의 어려움, 예상되는 인력의 과다 배출, 실천 현장과 대학의 공조 미비, 대학원 교육의 차별화 문제, 교육을 통한 사회복지 전문직 정체성의 형성 문제 그리고 사회문제 변화를 반영하는 교육과정 등이 지속적인 논란의 대상이 되고 있다.[3] 이와 같은 논의에 대하여 전문가 윤리교육의 강화, 이수 과목 확대, 대학원 프로그램의 차별화, 실습교육의 질 향상, 새로운 교육 과정 개발 등이 대안적 접근으로 논의되고 있다.

지 교육 프로그램은 각 프로그램의 특성에 맞게 과업이나 목표 등을 고려한 목적을 발전시킬 수 있다.
3) 사회복지사를 양성하는 교육기관에 대한 자료는 2022년도 사회복지사 자격 취득 누계 현황을 통하여 살펴볼 수 있다. 정규교육과정을 먼저 살펴보자면, 전문대학이 325,576건(23.68%), 대학교 296,058건(21.54%), 대학원 28,504건(2.07%), 외국대학 501건(0.04%)으로 나타났다. 학점 은행에서는 전문대학 168,158건(12.23%), 대학교 40,001(2.9%)로 나타났다. 양성교육에서는 5,314건(0.39%), 기타로는 247,775건(18.02%)으로 나타났다. 사회복지사를 배출하는 교육과정이 다양한 학력을 통하여 진행해 왔음을 보여 주고 있다(출처: 한국사회복지사협회자격관리센터 및 보수교육센터시스템).

아시아에서는 서구의 영향을 많이 받은 홍콩이나 대만의 경우 최근 사회복지 교육 프로그램이 급속히 확장되면서 전문성과 더불어 질 평가에 대한 관심이 높다. 교육성과에 대한 평가 시행과 더불어 각 나라에서 발생하는 고유한 사회적 욕구[4]에 부응하여 고유의 실천 모델 개발에 대한 노력을 기울이고 있다. 또한 경쟁과 소비자 관점을 강조하는 사회적 변화에 부응해 사회복지실천의 가치와 사명을 유지하면서도 발전적인 방향에서 위기에 대응하고자 하는 노력이 지속되고 있다(Chang & Mo, 2007; Yuen & Ho, 2007).

사회복지실천은 전 세계적으로 이루어지는 활동이지만, 국가에 따라 사회복지에 대한 다양한 이해, 인력 배출, 사회복지사의 역할 등이 존재한다. 전문성이 높다고 인정받는 의료나 법률 전문직은 세계적으로 공통의 역할 규정이나 개념 정의에 합의가 되어 있다. 국가 간 인증제도에 대한 규제는 존재하지만 기본적으로 국가를 뛰어넘어 전문직 활동을 수행할 수 있는 기반이 갖추어져 있다. 서구에서는 이미 사회복지 교육이 세계화 현상에 부응하여 세계를 무대로 활동할 수 있는 사회복지 전문 인력을 배출하는 데 관심을 기울이고 있다(Morales & Sheafor, 2004). 이러한 맥락에서 전 세계적으로 인정하는 공통의 사회복지 교육의 교육과정과 전문직으로서의 실천 활동에 대하여 합의를 이루는 것이 향후 중요한 과제가 될 것이다. 한국에서의 사회복지 교육 또한 교육의 질 향상과 한국의 사회문화적 욕구에 부응할 수 있는 전문가 양성뿐 아니라 세계적 수요에 부응할 수 있는 사회복지 인력을 양성하는 역할에도 관심을 가져야 할 것이다.

(2) 자격제도와 훈련

사회복지 활동의 전문성을 확보하고자 하는 노력 중 다른 하나가 자격급수제도 운영이다. 한국의 사회복지사 급수는 「사회복지사업법」에 의거하여 운영된다. 사회복지사 1급은 사회복지사 2급 자격요건에 해당하는 자로서 사회복지사 1급 국가시험에 합격한 자(2003년도부터 시행)이다. 사회복지사 2급은 「보건복지가족부령」이 정하는 사회복지학 전공교과목과 사회복지 관련 교과목(필수 10, 선택 4)을 이수하고 학사학위를 취득한 자이다. 자격급수제도는 급수 간의 전문성을 차별화하는 데 의의가 있으나, 실제로 1급의 경

---

4) 대만의 경우는 결혼으로 이주한 외국인 여성과 대만 남성이 이룬 가족에 대한 다문화적 접근에 사회적 관심이 높다. 홍콩의 경우는 1990년 후반기에 시작된 교육제도 개혁과 더불어 시장주의와 마케팅 관리 관점이 사회복지 교육에 적용되고 있다. 교육과정에서 교육과 학습을 구체적이고 명확한 성과를 중심으로 평가하는 것을 요구하는 반면, 사회복지실천 가치와 윤리에 대한 강조는 줄어들고 있는 실정이다.

우 국가시험에 합격한 경우 취득하는 것으로 연수나 실천 현장 경험에 대한 별도의 규정이 주어지지 않아 사회복지실천 현장에서의 전문성이 높다고 보기에는 논란의 여지가 있다. 시험 취득 후 일정 기간의 수련과정을 갖거나 수련과정이 선행된 후에 1급 시험 자격을 부여해야 된다는 의견, 혹은 교육과정에서 실습을 강화시켜 보완해야 한다는 의견도 있다. 이는 현장에서의 숙련성을 기반으로 하지 않은 국가시험만으로 1급 사회복지사의 특성을 변별할 수 없다는 의미이다.

(3) 전문사회복지사 제도

모레일스와 셰퍼(2004: 82)는 사회복지사를 초급 사회복지사(basic social worker), 전문 사회복지사(specialized social worker), 독립 사회복지사(independent social worker), 고급 사회복지사(advanced social worker) 등으로 나누었다. 이 연구자들은 분류 기준으로 교육 정도, 임상 경험, 전문 영역에서의 수련과 자격증 획득 등을 포함하였는데, 각 군의 사회복지사는 모두 사회복지 전문직으로 간주하였다. 재스트로(2004)는 사회복지서비스를 제공하는 주 전문직으로서 사회복지 전문직을 강조하였다. 제너럴리스트로서의 사회복지 전문직의 역할은 학부 프로그램이나 대학원 프로그램 모두에서 지향한다고 지적하면서, 대학원 프로그램의 경우 제너럴리스트 역할에 그치지 않고 전문화된 영역에서 활동할 수 있는 역량을 갖추도록 교육을 제공해야 한다고 보았다. 이처럼 전문 사회복지사 제도는 사회복지 전문직이라는 큰 단위 아래 세분화된 영역에서 요구하는 집중적인 전문성을 갖추어야 한다.

한국의 전문 사회복지사 제도는 '영역별 사회복지사'로 볼 수 있다. 한국사회복지사협회에서는 '영역별 사회복지사'를 다음과 같이 소개하고 있다. "다양화되고 전문화되고 있는 사회복지 수요에 대응하여 정신건강, 의료, 학교 등 특정 영역에서 활동하고 있는 사회복지사의 자격을 국가자격으로 법제화하였다." 사회복지사의 영역별 자격증은 사회복지사 자격증 1급을 소지한 자로 해당 각 영역에서 수련을 마친 자에게 자격증을 발급하게 된다.

(4) 보수교육

사회복지사 윤리강령에 따르면, 사회복지사는 전문직의 발전을 위해 지속적인 노력을 할 책임이 있다. 보수교육[5]은 이러한 노력의 한 형태라고 할 수 있다. 미국의 경우, 사회복지서비스의 질 향상을 위하여 소셜워크에 대한 지속적인 교육(continuing education)이

2. 사회복지사의 활동과 전문성

이루어져 왔다. 2004년 47개 주와 컬럼비아 자치구 교육구가 CPE(continuing professional education)를 요구하였다(Smith et al., 2006). 저자들은 보수 교육이 실제 소셜워크들의 실천 활동에 변화를 가져올 수 있어야 한다고 강조하였다. 보수교육이 현장의 실천 활동에 적용되기 위한 조건으로는 다음과 같은 사항을 들었다.

첫째, 교육에 임하는 소셜워크의 높은 동기가 성공의 중요한 요소이다. 둘째, 전미 소셜워커협회의 윤리강령에 맞춘 교육과정 내용이어야 하며 실증적인 연구 결과가 뒷받침되어야 한다. 셋째, 현장에서 현실을 감안한 보수교육 과정이 개발되어야 한다. 사회복지실천 현장에서 종종 이루어지는 독서와 저널 쓰기, 동료 컨설팅 등의 활동을 보수교육에 연계시키고 인정하는 방안이 이루어져야 한다.

또한 거시적 시각에서 보수교육의 역할을 강조해야 한다는 목소리도 있다. 보수교육에서는 세계화, 경제합리주의, 관리통제주의(managerialism) 등 정치적·사회적 환경의 변화가 클라이언트의 삶에 미치는 영향과 위해에 대하여 체계적인 지식과 개입 기술 등을 습득하고자 하는 노력이 필요하다고 강조하는 것이다.

노충래(한국사회복지사협회, 2007)는 한국의 보수교육에 대한 정의를 사회복지사의 직무 관련 지식과 기술을 향상시키는 것을 주목적으로 하며, 이와 함께 인력 개발 및 소양 개발 그리고 가치관과 태도의 올바른 정립을 위해 실시되는 일련의 교육 활동이라고 정의하고 있다. 또한 사회복지의 최신 전문지식과 기술로 사회복지사의 업무 수행 역할을 향상시키기 위해 체계적으로 짜인 교육 활동을 의미한다고 보았다. 급격하게 변화하는 테크놀로지의 발전과 더불어 사회복지사의 디지털 리터러시를 향상시키기 위한 교육과 지원이 시급하다는 의견이 제기되고 있다. 보조적인 역할에서의 테크놀로지의 역할에서 확장되어 챗봇이 등장하면서 사회복지서비스 영역에서 사회복지사가 전통적으로 담당해 왔던 사정, 서비스 개입, 자원 배분 등에서 소정의 역할을 하리라고 예상하고 있다. 이제 사회복지사의 보수교육을 기술 변화와 유입에 따른 변화를 다루어야 하는데, 여기에서 윤리적 딜레마 이슈가 동반하게 된다. 이전의 전통적인 보수교육의 성격은 역량강화, 서비스의 질 관리 등의 성격이 강하였다면, 이제 사회복지실천의 패러다임이 달라지는 현실에 놓인 국면이라 하겠다. 보수교육은 변화하는 사회상과 기술과 학문의 발전이 긴밀하게 반영되어 수행되어야 한다. 근간의 테크놀로지 발전과 보조기술의 현장의 유입,

---

5) 서구에서는 'continuing education'이라는 용어를 사용하나, 이 장에서는 보수교육으로 통일해서 사용한다.

챗봇의 활약은 전통적인 사회복지사의 직무의 변화를 가져올 수밖에 없을 것이다. 보수교육에서 이러한 추이를 이끌어 가는 교육과 훈련을 제공해야 사회복지사의 전문성이 진화할 것이다. 이는 궁극적으로 사회복지서비스의 질적 향상으로 이어지고 클라이언트에게 최고의 서비스가 제공되도록 기여할 수 있어야 할 것이다.

3. 사회복지사의 노동조건

1) 현황

한국의 경우, 사회복지사는 「사회복지사업법」에 근거하여 자격을 부여받고 활동하게 된다. 「사회복지사업법」 제11조에는 사회복지에 관한 전문지식과 기술을 가진 자에게 사회복지사 자격을 부여할 수 있다고 명시되어 있다. 2022년 현재 사회복지사 자격증 교부자 수는 1,374,717명으로 보고되고 있다(한국사회복지사협회, 2022). 자격증 소지자가 140만 명을 육박하는 시대에 접어들었다.

사회복지서비스의 양적 확대에 이어, 책무성과 서비스 질에 대한 사회적 요구가 증가하고 있는 가운데 사회복지사의 노동조건에 대한 개선이 우선되어야 한다는 목소리가 일어나고 있다. 한국이 본격적으로 노령화 사회에 진입하면서 지역사회나 시설에서의 노인 인구에 대한 사회적 부양 부담이 높아지고 있어, 노인복지 영역에서의 사회복지 전문가 수급이 지속적으로 증가할 것으로 예상된다. 전문 인력의 사회적 필요에 대한 관심 못지않게, 사회복지사의 낮은 급여에 대한 문제 제기는 지속되고 있다. 사회복지사의 처우 개선을 제도화시키고자 하는 노력이 정부 차원에서 진행되어 왔다. 2012년 「사회복지사 등의 처우 및 지위 향상을 위한 법률」이 시행되었는데 임금이나 노동조건의 향상으로 이어지는가에 대하여 꾸준한 관심과 평가가 필요하다. 김유경 등(2020)의 보고에 의하면 사회복지종사자의 평균 임금은 32,426,426원으로 보고되고 있다. 사회복지사의 임금 실태에서 문제로 제기되고 있는 대표적인 내용은 전반적으로 보수 수준이 낮다는 점, 사회복지시설 유형별로 임금 격차가 발생하고 있다는 점, 인건비 가이드라인 수준이 향상될 필요와 이에 대한 준수가 의무화되어야 한다는 점 등이다. 앞서 언급한 「사회복지사 등의 처우 및 지위 향상을 위한 법률」의 시행으로 공무원 수준의 보수에 달하려는 노력과 개선이 있어 왔으나 미흡한 실정이라는 분석이다. 사회복지사 처우 개선은 적정 수준의 임금이 보상되는 것이 중요성과 더불어 근로조건의 개선 문제도 함께 논의되어야 한다고 제안하고 있다.

공공 영역에서의 사회복지 전문 인력 증가가 지속되어 왔다. 대표적인 것이 사회복지 전담공무원이다. 「사회보장급여의 이용 · 제공 및 수급권자 발굴에 관한 법률」(사회보장 급여법) 제43조에서는 사회복지전담공무원의 배치, 자격 및 수행 업무를 소개하고 있다. 사회복지전담공무원은 사회복지에 관한 업무를 담당하기 위하여 시 · 도, 시 · 군 · 구, 읍 · 면 · 동 또는 사회보장전담기구에 사회복지전담공무원을 둘 수 있다고 제시하고 있다. 자격기준으로는 「사회복지사업법」 제11조에 따른 사회복지사 자격을 가진 사람으로 하며, 그 임명 등에 필요한 사항으로 대통령령으로 정한다고 하였다. 사회복지전담공무원의 업무 내용으로 사회보장급여에 관한 업무 중 취약계층에 대한 상담과 지도, 생활시태의 조사 등 「보건복지부령」으로 정하는 사회복지에 대한 전문적 업무를 담당한다고 제시되어 있다. 사회복지전담공무원은 생활보호대상자, 노인, 장애인 등 저소득 사회취약층에게 전문적인 복지서비스를 제공하기 위하여 1987년부터 저소득 밀집지역 읍 · 면 · 동 사무소에 배치된 사회복지 전문요원이다. 2000년에 「국민기초생활보장법」이 시행되면서 사회복지전담공무원이 단계적으로 확충되어 왔다.[6] 이후 복지서비스가 급속히 확충되었으나 이를 조정할 수 있는 전달체계의 미비로 사회복지전담공무원의 업무가 폭증하였다. 2013년도 초에 사회복지전담공무원의 연이은 자살 사망으로 사회복지 전문직의 감당하기 어려운 업무량과 업무 스트레스에 대한 획기적인 대응의 필요성이 제기되었다. 한국 사회가 성장 중심의 가치에서 삶의 질의 가치를 강조하고, 저성장으로 인한 새로운 일자리 창출, 고령화 사회에서의 사회적 부양 부담 등을 경험해 왔다. 이러한 변화에 부응하여 지역사회 복지서비스 확충과 안전망 강화를 위한 사회복지전담공무원과 같은 사회복지 인력 증가 정책으로 이어지고 있다. 사회복지관은 사회복지서비스 제공을 목적으로 하는 대표적인 사회복지 세팅이다. 사회복지관 운영의 원칙 중 '전문성의 원칙'에서 전문 인력이 프로그램을 수행해야 하고 그들에 대한 지속적인 재교육 등을 통해 전문성을 증진해야 할 것을 명시하고 있다(보건복지부, 2007). 사회복지관은 사회복지사의 전문성을 사회적으로 인정받고 있는 세팅이라 할 수 있다. 사회복지관의 이러한 역할은 향

---

6) 사회복지전담공무원은 사회보장 급여의 이용 제공 및 수급권자 발굴에 관한 법률 제43조에 의거하여 사회 복지업무를 담당하는 사회복지직 공무원이다. 보건복지부자료에 의하면 2022년도 현재 전국에 31,824명 이 활동하는 것으로 나타났다(출처: 보건복지부 지역복지과, 사회복지전담공무원 현황).

후 달라질 것으로 보이는데, 이는 동주민센터가 지역사회 복지서비스 전달체계로서 중추 역할을 담당하고자 하는 변화를 보이고 있기 때문이다. 실제로 이러한 모형은 서울시의 '찾아가는 동주민센터'에서 찾아볼 수 있다. 서울시는 찾아가는 복지서비스를 표방하면서 2014년 발생한 송파구 세 모녀의 생활고로 인한 동반 자살과 같은 비극을 예방하기 위하여 찾아가는 복지서비스 체계 구축을 위한 노력이라고 선언하였다. 동주민센터가 복지서비스 전달 체계의 역할을 하는 모형은 전국적으로 확장되어 가는 추세이다. 최근 읍·면·동 복지허브화 정책은 읍·면·동을 복지서비스를 담당하는 중단위로 전환시키려는 것으로, 이러한 변화에 부합된다고 하겠다. 현재 지역사회 복지서비스를 담당하는 주요 역할을 하는 사회복지관이 향후 이러한 변화에서 어떻게 자리 매김을 하게 될 것인지에 대한 방향 모색이 중요한 시점이다. 송파 세 모녀 사례 이후에도 생활고로 인한 고독사 사례가 지속적으로 발생하면서 사각지대에 놓인 취약계층을 보다 적극적으로 발굴할 수 있는 전략이 필요하다는 의견이 제기되고 있다. 취약계층의 발굴을 위해서는 공공과 민간의 연대가 핵심적으로 작동해야 할 것으로 보이며, 복지서비스 접근의 장벽을 낮추는 노력도 우선되어야 할 것이다.

2) 사회복지사의 활동분야[7]

(1) 사회복지법인이나 시설에서의 사회복지사 업무
사회복지법인이나 시설에서 사회복지사는 아래의 업무를 수행한다.

- 사회복지프로그램의 개발 및 운영업무
- 시설거주자의 생활지도 업무
- 사회복지를 필요로 하는 사람에 대한 상담 업무

(2) 영역별 사회복지사 업무
- 사회복지전담공무원: 시·도, 시·군·구, 읍·면 또는 사회보장사무 전담기구에 사회복지전담공무원이 업무를 수행하고 있다.
- 통합사례관리사: 지원대상자의 사회보장 수준을 높이기 위하여 각각의 복합적인 특

---

7) 사회복지사의 활동 분야와 업무는 한국사회복지사협회에서 소개하는 내용을 기반으로 정리하였다.

성을 반영하여 상담, 지도, 욕구조사, 서비스 제공 계획 수립, 계획에 따라 서비스를 종합적으로 연계·제공하는 통합사례관리를 수행하고 있다.

- 정신건강사회복지사: 정신건강사회복지사는 정신질환의 예방, 정신질환자의 의료 및 사회복귀 등의 업무를 수행할 수 있는 전문지식과 기술을 갖춘 인력으로 정신과 병원 및 지역사회에서 정신보건에 관한 서비스를 제공한다.
- 의료사회복지사: 환자, 가족, 지역사회를 대상으로 의료진과의 협력을 기반으로 심리·사회적·정서적, 환경적 문제를 해결하도록 지원한다. 입원 시뿐만 아니라 입원 전후에서 사회적 기능을 원활히 수행할 수 있도록 예방, 회복, 사후관리를 담당한다. 개인적 차원에서의 접근뿐 아니라 의료제도와 정책적 차원의 접근을 통하여 환자와 가족을 지원하게 된다.
- 학교사회복지사: 학생과 환경과의 상호작용에서 문제가 발생한다고 보고 학생-가정-지역사회 연계를 통해 문제의 예방과 해결을 위해 지원한다. 모든 학생은 잠재력을 소유한 존재로 보고 개인의 잠재력을 최대한 발휘할 수 있는 교육 환경과 기회를 제공할 수 있도록 지원한다. 이를 통하여 교육의 목적을 달성하고 학생복지를 실현하고자 한다.

(3) 다양한 분야에서의 사회복지사 업무

한국사회복지사협회에서는 사회복지사들이 활동하는 다양한 분야와 업무를 소개하고 있다.

- 자원봉사활동관리: 자원봉사자들을 개발, 훈련, 상담하고 자원봉사활동 프로그램의 기획과 진행, 평가 등 시민력 향상을 통해 사회문제를 해결하는 활동을 수행한다.
- 후견지원: 의사결정능력이 미약한 피후견인의 신상보호, 재산관리에 관한 법적 후견인, 후견감독인, 심층후견감독위원 활동을 수행한다.
- 기업사회공헌: 기업이 자선적, 시혜적 차원에서 기부활동을 벗어나 전략적 마케팅에 필요한 사회투자를 통해 기업가치를 창조할 수 있도록 사회공헌문화를 주도하는 활동을 수행한다.
- 보훈: 보훈재가복지대상자에 대한 서비스 계획 및 관리, 대상자 발굴과 복지환경 실태조사, 보훈섬김이(가사·간병서비스 담당 요양보호사) 관리, 보훈가족 후원물품 신청접수·지급·실태관리, 유관기관 업무협조 등을 수행한다.

- 법무교정: 현행 법무부 소관 교정시설에서 수용자의 재활과 범죄 예방에 개입하고 수용자 자녀 등 그 가족의 2차 피해를 예방하는 업무를 수행한다.
- 군: 군대 내의 의무직에 속하여 환자의 상담과 복귀를 위한 복지업무를 담당하는 활동을 수행한다.
- 시민사회: 자율·참여·연대 등을 주요이념으로 인권·사회·정치·환경·경제 등의 분야에 공동의 이해를 가진 사람들이 특정한 목적을 위해 자발적으로 조직하여 사회복지 정책 및 제도의 개선을 위한 업무를 수행한다.
- 의회: 국회, 지방의회 등 국민 대포로 구성한 기관에서 법률(조례)을 제·개정하고, 행정부와 사법부를 감시하며 책임을 묻는 입법, 재정, 일반국정, 외교 등을 수행하게 된다.

3) 위험관리

(1) 클라이언트의 폭력

사회복지사의 활동과정에서 종종 경험하게 되는 위험요인으로는 클라이언트의 폭력, 직무 스트레스, 소진 등을 들 수 있다. 이러한 위험요인들은 사회복지사의 이직 의사나 결정에 영향을 미치게 되는데, 이것은 궁극적으로는 사회복지 종사자의 잦은 이직으로 이어진다. 이 과정에서 서비스의 분절 및 질 저하 등이 나타나게 되어 최고의 서비스를 받을 클라이언트의 권리를 위해하는 결과를 초래할 수 있다. 한국사회복지사협회(2021)에 따르면, 지난 5년간 클라이언트로부터의 폭력을 경험한 적이 있다고 응답한 경우가 조사 대상자 전체의 70.7%라 보고하고 있다. 특히 사회복지전담공무원의 폭력 경험이 심각한 것으로 보고되고 있다. 폭력이 발생한 이후 대처에 대한 응답에서는 사후조치가 없다고 응답한 경우가 62%로 체계적인 대응 역량이 미비한 것을 알 수 있다. 폭력을 경험한 사회복지사 중 10%가량이 외상 후 스트레스 장애 관련 증상을 경험한다고 보고하였으며, 20%는 우울 증상을 경험한 것으로 보고하고 있다. 사회복지사의 폭력 피해의 경험은 빈도 측면에서도 심각하기도 하지만, 이후 정신건강에 미치는 영향이 매우 심각함을 보여 주고 있다. 2023년도에 사회복지사의 안전은 사회복지서비스의 질 향상에 기여한다고 보는 취지의 법안인 「사회복지사 등의 처후 및 지위 향상을 위한 법률 일부개정법률안」이 발의되기도 하였다. 미국 통계에서 휴먼 서비스 워커는 직장에서 평생 동안 공격을 당할 확률이 50%가 된다고 보고하고 있다(James & Gilliland, 2001: 471). 이는 약물문제의 증가와 1970년대의 정신보건 정책의 주를 이룬 최소한의 규제환경 운동(least restrictive environment movement)에 이어 수준별 다양한 지역사회 기관, 인력 미비, 약물 복용 관리의 어려움, 갱 폭력의 증가 등에서 휴먼 서비스 워커의 위험 수준이 높아졌다고 분석하고 있다. 클라이언트의 폭력이나 사고가 발생하였을 경우 워커를 적극적으로 보호하고 사전에 예방할 수 있는 교육과 기법에 대한 지침이 기관에서 제공되는 것이 중요하다. 앞서 언급한 실태조사(보건복지부, 2021)에서 사회복지사가 클라이언트로부터 폭력을 경험하고 이후 사후 조치가 미비하였다는 점은 현장에서 사회복지사의 인권은 보호받지 못하고 있는 현실을 보여 주는 것이다.

클라이언트의 폭력이나 각종 재난사고로부터 사회복지사를 보호할 수 있는 법적 장치, 사고 후의 의료 및 상담 서비스 제공 등 포괄적인 방안에 대한 지침이 개발되어야 한다. 현장 기관 단위에서의 클라이언트 공격에 대한 대응 및 보고 방법에 대해 구체적인 지침들도 제공되어야 할 것이다. 이러한 지침이 보급되고 정착되기 위해서는 그 근거가 되는 법적 구속력이 따라야 할 것이다.

(2) 소진

소진(burn out)은 사회복지사에게 종종 나타나는 현상으로 보고된다. 파인스와 애런슨(Pines & Aronson, 1988)에 따르면, 소진은 동기가 높고 이상주의적이며 자신의 일에서 인생의 의미를 부여하는 전문직에서 종종 발생한다고 설명하고 있다. 특히 종사자의 노력과 활동에도 불구하고 상황이 악화될 경우 소진이 오게 되는데, 휴먼 서비스의 특성상 성공적인 결과를 거두기가 매우 어려운 현실이라 전문가는 소진을 경험하게 된다. 소진은 더디고 점진적으로 진행되기에 일반적으로 위기 상황으로 인식되기 어렵고, 전문직 활동에서 문제가 지속적으로 쌓일 때 발생할 수 있다. 해결해야 할 과제에 대한 불특정한 신체적 반응을 스트레스라 할 때, 어느 정도의 스트레스는 최적의 수행을 완성하기 위하여 도움이 되지만, 지나치면 해가 된다. 스트레스는 환경으로부터의 요구와 개인이 대응할 수 있는 능력 간의 불균형에서 오는데, 이는 주관적으로 인지한 불균형이거나 혹은 실제 상황일 수 있다. 소진은 스트레스가 완화되지 않고 전문가가 끊임없는 압박감을 감소할 수 있는 지지자원이 없을 경우 발생하게 된다.

소진은 열정 → 정체 → 좌절 → 무관심을 거쳐 마지막으로 소진으로 이어지는 과정으로 진행된다. 이는 위기로 보아야 할 만큼 다양한 신체, 심리, 대인관계에서의 부정적인 결과를 낳는다(James & Gilland, 2001). 소진은 개인과 나아가 기관에 영향을 미치기 때문에 초기에 그 현상을 자각하는 것이 중요하다. 교육과 워크숍 활동을 통해 소진에 대한 인식을 개선하고 기관 내에 지지집단을 형성하여 도구적·정서적 도움을 제공하는 자원을 형성하는 것이 도움이 된다. 과거에는 소진을 개인적 취약성으로 이해하는 경향이 있었으나, 이제는 기관과 휴먼 서비스 체계 관점에서 이해되고 해결되어야 한다고 보고 있다.

소진을 방지하기 위한 노력으로는 업무 분담 명확히 하기, 사회복지 전문직에 대한 정체성 확고히 하기, 새로운 임상 분야 개척하기, 학회 활동 등의 학문적 소양 높이기, 유머 감각 잃지 않기, 클라이언트로부터의 보상을 소중히 여기기 등을 들 수 있다.

소진을 사회복지사의 개인적인 문제로 보아서는 안 된다. 소진은 사회복지사 개인에게 영향을 미칠 뿐만 아니라 사회복지실천에 손상을 가져오고, 결국에는 클라이언트에게 질 낮은 서비스를 제공하게 된다. 그러므로 이를 예방할 수 있는 기관 측의 체계적인 노력이 필요하다.

(3) 서비스 과실

사회복지사는 클라이언트에게 최선의 서비스를 제공해야 할 전문적 책임이 있다. 그러나 실천 현장에서 예기치 못한 상황이나 실수로 클라이언트에게 불이익이나 위해를 가져올 수 있다. 리머(Reamer, 1995)는 서비스 과실(malpractice)이 클라이언트의 권리를 적극적으로 침해하거나 혹은 해야 할 의무를 다하지 않았을 때 발생한다고 보고, 구체적으로 다음과 같은 네 가지로 분류하여 제시하였다. 첫째, 서비스 과실에 대한 주장이 제기되는 것은 전문가와 클라이언트 사이에 지켜야 할 법적 의무와 관련된다. 예를 들면, 치료 정보에 대한 비밀보장이 있다. 둘째, 태만 혹은 작업과정에서 직무유기가 일어난 경우이다. 비밀이 보장되어야 하는 정보가 활동과정 중에 혹은 실수로 클라이언트의 동의 없이 기관에 누출되는 경우라 할 수 있다. 셋째, 클라이언트가 손실을 입거나 해를 입는 일이 발생한다. 비밀보장이 지켜지지 않아 클라이언트에게 제공되던 서비스가 종결되는 경우가 해당된다. 넷째, 클라이언트가 입은 손실이 직접적으로 전문가의 직무태만에 원인이 있는 경우이다. 예를 들면, 전문가가 비밀보장을 지키지 않아 재정적으로 손해를 보는 경우가 해당된다.

한국에서는 공공 서비스를 제외한 사회복지실천 현장 전반에서 서비스 과실과 관련된 체계적인 노력이 아직 이루어지지 않고 있으므로 미국의 예를 소개하고자 한다. 전미소셜워크협회에서는 책임 있는 서비스와 클라이언트에게 최선의 서비스를 제공할 전문가의 의무를 강조한다. 서비스 과정에서 발생한 불만사항이나 고소에 대응하는 전문적인 조사과정(professional review)을 제시하고 있다(NASW, 2005). 이 과정은 사회 복지 서비스의 질을 향상시키는 데 그 목적이 있음을 강조하고 있다. 이 과정은 법적 소송과 연계되는 것은 아니며, 참여자의 중재와 회복을 목적으로 한다. 금전적 손실을 사정하는 역할을 하지 않는다고 역할과 범위를 구체적으로 제시하고 있다. 이러한 과정을 통하여 클라이언트와 소비자, 기관, 동료, 일반 대중을 보호하는 것을 목표로 하며, 더불어 협회 회원을 보호하고 궁극적으로는 사회복지 전문직을 보호할 수 있다고 기대하고 있다.

학습과제

1. 사회복지 전문직의 특성에 대하여 설명하여 보시오.

2. 사회복지는 전문직인가에 대한 의견을 제시하여 보시오.

3. 사회복지사의 노동조건과 전문성 향상에 대하여 생각해 보시오.

참고문헌

김유경, 조성호, 박경수, 윤덕찬, 임성은, 김유희, 정희선(2020). 사회복지 종사자의 보수수준 및 근로여건 실태 조사. 보건복지부 · 한국보건사회연구원.

김융일(2003). 사회복지학 교육을 통한 정체성 확립. 2003년도 추계 학술대회 자료집, 85-115. 서울: 한국사회복지학회.

김태성, 최일섭, 조흥식, 윤현숙, 김혜란(1998). 사회복지전문직과 교육제도. 서울: 도서출판 소화.

노충래(2007). 사회복지사 보수교육 시행방안. 전문사회복지사 자격제도 및 보수교육 시행 방안 마련을 위한 공청회. 한국사회복지사협회.

보건복지부(2007). 사회복지관 및 재가봉사센터 운영 관련 업무처리 요령안내.

보건복지부(2013). 2013 사회복지관 운영관련 업무처리 안내.

보건복지부(2021). 사회복지사 안전 확보를 위한 폭력 경험 등에 관한 종합실태조사 연구.

서울복지재단(2006). 복지시설 종사자 위험관리 매뉴얼. 서울: 서울복지재단.

이기영, 최명민(2006). 사회복지 전문직과 인적자원 개발. 2006년도 춘계 학술대회 자료집, 74-108. 서울: 한국사회복지학회.

이태용, 고영훈(2004). 사회복지법제론. 서울: 동인.

한국사회복지교육협의회(2020). 2020~2022년도 사회복지학교과목 지침서.

Chang, C. F., & Mo, L. L. (2007). Social work education in Taiwan: Toward professionalism. *Social Work Education, 26*, 583-594.

Etizioni, A. (Ed.). (1969). *The semi-professions and their organization*. New York: Free Press.

Garcia, A. (1990). An examination of the social work profession's efforts of achieve legal regulation. *Journal of Counseling & Development, 68*, 491-497.

Hall, R. H. (1968). Professionalization and bureaucratization. *American Sociological Review, 33*(1), 92-104.

James, R. K., & Gilliland, B. E. (2001). *Crisis intervention strategies* (4th ed.). Belmont, CA: Brooks/Cole.

Laffin, M., & Young, K. (1990). *Professionalism in local government*. London: Longman.

Masterson, M. (2002). Cross-boundary working: A macro-political analysis of the impact on professional roles. *Journal of Clinical Nursing, 11*(3), 331-339.

Morales, A. T., & Sheafor, B. W. (2004). *Social work: A profession of many faces* (10th ed.). Boston, MA: Pearson/Allyn & Bacon.

National Association of Social Workers. (2005). *NASW procedures for professional review* (4th ed., revised). Washington, DC: NASW.

Oliver, D. (1991). *Government in the United Kingdom: The search for accountability, efficiency and citizenship*. Buckingham: Open University Press.

Pines, A., & Aronson, E. (1988). *Career burnout: Causes and cures*. New York: Free Press.

Reamer, F. G. (1995). Malpractice claims against social workers: First facts. *Social Work, 40*(5), 595-601.

Richmond, M. (1917). *Social Diagnosis*. New York: Russell Sage Foundation.

Skoglund, A. G. (2006). Do not forget about your volunteers: A qualitative analysis of factors influencing volunteer turnover. *Health and Social Work, 31*(3), 217-220.

Smith, C. A., Cohen-Callow, A., Dia, D. A., Bliss, D. L., Gantt, A., Cornelius, L. J., & Harrington, D. (2006). Staying current in a changing profession: Evaluating perceived change resulting from continuing professional education. *Social Work, 42*(3), 465-482.

Specht, H., & Courtney, M. (1995). *Unfaithful angels: How social work has abandoned its mission*. New York: Free Press.

Wagner, D. (1989). Fate of idealism in social work: Alternative experiences of professional careers. *Social Work, 34*(5), 389-395.

Yuen, A. W. K., & Ho, D. K. L. (2007). Social work education in Hong Kong at the crossroads: Challenges and opportunities amidst marketization and managerialism. *Social Work Education, 26*(6), 546-559.

Zastrow, C. (2004). *Introduction to social work and social welfare*. Belmont, CA: Thomson & Brooks/Cole.

보건복지부 http://www.mohw.go.kr

한국사회복지사협회 http://www.welfare.net

제2부

사회복지의 가치와 관점

Social welfare

사회복지정책의 가치

이 장에서는 사회복지정책 수립과 집행의 준거가 되는 사회복지의 가치에 대해 알아보고자 한다. 일반적으로 가치는 '개인 또는 사회가 선호하는 어떤 태도로서, 그들이 믿는 것이 유익한 결과를 가져올 것으로 기대되는 것'으로 정의할 수 있다. 이러한 의미의 가치는 사회환경의 변화에 따라 그 개념 또한 변화될 수 있기 때문에 특정 사회에서 수용되고 공유되는 가치를 파악하는 것은 용이하지 않다. 따라서 이 장에서는 역사적으로 전래받은 가치들과 변화하는 환경 속에서 새롭게 생성되는 사회복지의 다양한 가치를 고찰하여 현대사회에서 규정되는 사회복지의 기본적이고 핵심적인 가치체계를 살펴보고자 한다. 이 장의 학습목표는 다음과 같다.

● 사회복지정책의 형성 및 집행에서 보편적으로 수용되는 가치들에 대해 이해한다.
● 자유, 평등, 정의, 효율과 같은 가치들이 가지는 사회복지적 함의에 대해 이해한다.
● 자유, 평등, 정의, 효율과 같은 가치들 간에 야기되는 가치갈등은 무엇이며, 어떻게 표출되고 수렴되는지에 대해 이해한다.

1. 사회복지와 가치

사회복지정책 결정자들은 사회적 가치를 기초로 정책을 수립하고 집행하기 때문에 그 사회의 주도적인 가치를 이해하는 것은 매우 중요하다. 마셜(Marshall, 1972)은 "사회복지 결정은 (시장에서의) 개인 선호의 총체적 집합 혹은 투표에서 다수의 선택의 결과가 아니라 자율적 윤리체계에 의해 구체화된 가치 기준에 근거해야 한다. 사회의 가치 기준에 준거한 합의 없이 사회복지정책은 불가능하다."라고 주장하면서 가치의 중요성을 강조하고 있다. 이와 같이 가치는 사회복지정책을 형성하고 집행하는 기준이 되기 때문에 다수에 의해 수용되고 공유되는 가치를 파악하는 것은 중요하다. 그럼에도 불구하고, 바이어(Baier, 1968; Madison, 1980: 27에서 재인용)가 적절히 지적한 것처럼, 가치의 개념에 대해서는 아직 보편적인 합의에 도달하지 못하고 있다. 일반적으로 가치의 개념은 '개인 또는 사회가 선호하는 어떤 태도로서, 그들이 믿는 것이 유익한 결과를 줄 것으로 기대되는 것'으로 정의되지만, 바이어가 언급한 것처럼 단지 호의적인 태도만으로는 '무엇'을 가치로 받아들일 수는 없다. 그에 따르면, 가치는 "개인이 바람직한 상태를 가져오거나 유지하기 위해 그가 가지고 있는 자원의 일부를 제공하는 경우에 한해 가치로서 정당화"될 수 있다. 또한 많은 사회과학자는 성취 가능성이 있는 가치에 한하여 수용하는 경향이 있으며, 과거부터 전래되는 가치뿐만 아니라 새로운 가치들을 창출하고 발전시키고 있다(Madison, 1980: 27). 이러한 사실들로 보면, 보편적으로 수용될 수 있는 사회복지의 가치는 아직 정립되어 있지 못하다고 볼 수 있다.

그럼에도 불구하고 역사적으로 물려받은 가치들과 변화하는 환경 속에 새롭게 생성되는 사회복지의 다양한 가치들을 고찰하며 현대사회에서 규정하고 있는 사회복지의 기본적이고 핵심적인 가치체계를 알아보는 것이 필요하다. 이러한 필요에 의해 사회복지학자들은 사회복지의 가치를 유형화하거나 체계화하여 가치들의 우선순위나 중요도를 설정하고자 했다. 그 예로 퍼니스와 틸튼(Furniss & Tilton, 1977: 8)은 현대사회의 사회정책이 추구하는 일반적인 가치로 평등(equality), 자유(freedom), 민주주의(democracy), 사회적 연대(social solidarity), 생존권 보장(security of existence right) 및 경제적 효율(economic efficiency) 등의 여섯 가지를 제시하고 있으며, 길버트와 스펙트(Gilbert & Specht, 1974: 40-43)는 배분적 정의의 기초가 되는 가치로 평등(equality), 공평(equity) 및 적절성(adequacy)을 제시하고 있다.

이 장에서는 사회복지 영역에서 중요하게 다루어지고 있는 여러 가치 중에서 가치갈등의 중심을 이루고 있는 자유, 평등 및 정의라는 사회복지 가치와 최근 들어 새롭게 부각되고 있는 효율이라는 가치에 한정하여 살펴보고자 한다.

2. 자유

1) 자유의 개념

자유가 근대 이후 인간생활에 가장 큰 영향을 미친 사상 중 하나인 것은 분명하지만 그 개념과 본질을 정확히 파악하기는 쉽지 않다. 자유의 개념을 정의하기 어려운 이유 중의 하나로 '역사적 한정성'을 들 수 있다. 역사적으로 볼 때 자유를 위한 투쟁은 어떤 특정한 개인이나 집단 등의 요구가 각각 자유라는 미명하에 주장되고 정당화되었으므로 자유의 개념 속에는 다양한 내용들이 내포되어 있기 때문이다.

역사적으로 발전해 온 자유라는 용어 속에 담긴 의미를 가장 명료하게 설명하고 있는 학자는 아마도 벌린(Isaish Berlin)일 것이다.

벌린(1969)은 자유에 관한 사상적 측면을 고찰하여 '소극적 자유(negative liberty)'와 '적극적 자유(positive liberty)'로 구분하고 있다. 그에 따르면, 소극적 자유는 외적인 구속이 없다는 것과 관련된 것으로, "어떤 행위자가 타인으로부터 간섭 없이 자기가 할 수 있는 것 또는 될 수 있는 것을 하거나 되게끔 허용되는 또는 허용되어야만 하는 영역은 무엇인가?"(Berlin, 1969: 121-122)라는 질문에 대한 답 속에 들어 있다. 이러한 자유는 일반적이고 전통적인 자유 관념으로서 국가에 의한 간섭으로부터 벗어나려는 시민적 자유 개념 속에서 구현된다. 반면, 적극적 자유는 자아실현 또는 자기지배와 관련된 것으로, "무엇이 또는 누가 어떤 사람으로 하여금 저것이 아닌 이것을 하라고 또는 되라고 결정할 수 있는 통제력 또는 간섭의 원천인가?"(Berlin, 1969: 121-122)라는 질문에 대한 답 속에 들어 있다. 각 개인은 모두 무한한 가치를 가지고 있는데, 그 가치를 실현시키는 불가결의 요소가 바로 자유라고 보는 것이다. 벌린의 소극적 자유와 적극적 자유의 개념은 보편적으로 사용되고 있지만, 애초에 그가 사용한 것과는 다른 의미로 사용되기도 한다. 프롬(Fromm, 1972)에 따르면, '~로부터의 자유'가 소극적 자유의 기본형인데, 이 '~'에 무엇이 들어가느냐에 따라 다양한 형태로 나타날 수 있다. 즉, '국가로부터의 자유'일 수도 있고, '종교의 자유'일 수도 있으며, 포괄적으로 '타인으로부터의 자유'일 수도 있다. 한편, '~을 향한 자유'가 적극적 자유의 기본형인데, 이 '~'에는 자기개발, 자아실현, 개성 표현, 공공선 실현, 창조, 연대, 사랑 등의 방식으로 나타난다. 프롬은 적극적 자유를 소극적 자유의 부산물인 개인의 원자화와 고립, 고독을 극복할 수 있는 대안으로 제시하고 있다. 나아가 적극적 자유는 '국가(정부)에 의한 자유'를 의미하는데, 국가가 적극적으로 나서서 국민의 생활과 자유를 보장해 주는 것이다. 따라서 국가복지주의의 원리는 '국가에 의한 자유'라고 할 수 있다.

한편, 벌린은 자유의 개념 중 소극적 자유를 진정한 의미의 자유라고 주장하고 있는데, 일반적으로 소극적 자유는 국가와 타인의 관계에 있어 국가의 통제가 없거나 최소한으로 규정될 것을 전제하고 있다. 하이에크(Hayek)가 자유를 "한 개인이 타인의 자의적인 의지에 의해 강제되지 않는 상태"(Hayek, 1960: 11)라고 정의하면서, 정부의 개입은 정부 관료에게 과도한 권력을 부여함으로써 일종의 관료주의 행정국가를 탄생시키고 국민의 운명이 정부정책에 의해 좌우되는 사태가 발생한다고 주장한 것은 이러한 소극적 자유의 개념에 근거한 것으로 볼 수 있다. 이렇게 볼 때 사회복지정책을 비판하는 논리의 하나로 제시되고 있는 개인의 자유 침해도 이러한 주장과 일맥상통한다고 볼 수 있다. 일반적으로 시장에서의 거래에 의한 자원의 배분은 거래 당사자들의 자유로운 선택의 결과인 반면, 사회복지정책에 의한 자원의 배분은 개인의 자유로운 선택을 제한하여 이루어지는 경향이 있기 때문이다. 또한 사회복지정책 추진에 필요한 자원을 많이 제공한 사람들이 혜택을 적게 볼 경우 그 차이만큼 불필요하게 개인의 자유를 제한한다는 논리도 가능하기 때문이다.

하지만 국가의 역할과 관련한 소극적 자유의 개념은 일정 부분 수정이 불가피했다. 예를 들면, 홉하우스(Leonard T. Hobhouse)는 국가의 강제적 측면이 개인의 자유를 침해한다는 점은 인정하면서도 한 개인의 자유가 다른 사람의 자유를 침해하는 경우를 막기 위한 방편으로 국가의 강제를 정당화했는데(Hobhouse, 1964: 17), 이는 그가 한 개인의 반사회적 행동을 막는 국가의 강제행위는 자유를 감소시키는 것이 아니라 오히려 증대시키는 것이라고 보았기 때문이다(Hobhouse, 1964: 81). 나아가 사회복지정책을 통해 제공되는 재화는 보편성을 가지고 있을 뿐만 아니라 사회 전체를 위해 강제적으로 제공하는 것이 개인의 자발적인 선택의 자유에 맡겨 둘 때보다 그 양과 질을 높일 수 있다는 측면에서 자유의 제한은 합리화될 수 있다고 하였다. 다시 말하면, 개인의 소극적 자유는 줄어들지 몰라도 전체 사회 구성원들이 누릴 수 있는 적극적 자유의 수준은 전반적으로 높아질 수 있기 때문이다.

2) 자유와 사회복지: 논쟁의 제 측면

(1) 선택의 자유

사회복지에서의 사적 시장과 관련된 논쟁에서 '선택의 자유'는 공공복지를 반대하는 사람들의 핵심 주장의 하나이다(Higgins, 1982: 186). 공공복지 반대론자들은 복지 재화 및 서비스를 할당하는 가장 효과적인 방식은 자유시장에서의 수요·공급을 통해서라고 주장하면서 소비자 주권은 다양한 대안 상품들 중에서 선택을 함으로써 옹호될 수 있고 효용 또한 극대화시킬 수 있다는 것이다. 이러한 측면에서 볼 때, 공공복지제도는 특정한 자유 요소를 없애는 것으로 간주되기 때문에 비난을 받는다.

반면, 사적 시장 반대론자들의 주된 관심은 완전경쟁 시장에서 소비자가 진정으로 자유로운가 하는 점이다. 사회복지서비스가 사적 시장에 의해 제공될 경우, 소비자는 자신의 자원을 자유롭게 처분할 수 있는 권리는 가질 수 있을지 모르지만 다양한 재화와 서비스들 중에서 최상의 선택을 도모하기에는 오히려 부적합할 수 있다는 것이다. 현실적으로 소비자는 자신의 능력 내에서 가능한 것만을 선택할 수 있고, 다양한 재화와 서비스의 유용성과 상대적 장점에 대한 지식이 부족하기 때문이다. 나아가 공공 영역에서 특정 서비스를 제공하지 않는다고 해서 항상 사적 시장이 그 서비스를 제공하지 않을 수도 있을 뿐만 아니라 사적 부문에서 제공되지 않는다고 해서 이 서비스들에 대한 욕구가 없어지는 것 또한 아닐 것이기 때문이다. 무엇보다도 사적 부문에서 서비스가 제공된다고 하더라도 사용자가 지불할 능력이 없을 수도 있을 것이다.

요약하면, 소득 수준이 높은 계층의 경우 세금이 줄어들면 처분 가능한 자원의 총량이 증가하게 되고 그 결과 다양한 공급자가 제공하는 고품질의 서비스를 사용할 수 있기 때문에 처분의 자유를 제고시킬 수 있다. 그러나 소득 수준이 낮은 사람들의 경우에는 세금을 거의 납부하지 않기 때문에 그들의 자유가 다른 시민에게로 이전되어, 공공복지 급여를 통해 보장받던 결핍으로부터의 자유는 상실하게 된다(Higgins, 1982: 187-188; Tawney, 1964: 229). 이렇게 볼 때 상이한 집단, 특히 상이한 소득집단은 복지에 대한 공적 책임과 사적 책임을 축소시키거나 확대시키는 정책결정이 내려질 때 각각 다른 정도로 자유권에 대한 영향을 경험하게 되는 것이 분명하다. 하지만 복지에 대한 보다 많은 선택의 자유를 보장받음으로써 잃은 자유와 얻은 자유의 총합은 거의 변화가 없고, 일부 사람들을 위한 이득은 다른 사람들에게는 손실이 될 것이다(Higgins, 1982: 187-188).

(2) 처분의 자유

공공복지제도에서 자유와 관련되는 또 다른 문제는 '처분의 자유'이다. 사회복지 급여 형태에서 현물급여는 목표 효율성을 달성하는 면에서 현금 급여보다 상대적으로 유리하지만, 수혜자의 처분의 자유를 심각하게 훼손시키는 결과를 가져올 수 있다. 반대로 현금 급여는 수혜자의 처분의 자유는 제고시킬 수 있을지 모르지만, 목표 효율성을 달성하기는 용이하지 않을 것이다. 다른 한편으로, 현금 또는 현물 급여의 장단점은 재분배의 장단점과는 분명히 구분되어야 할 필요가 있다. 만약 자유를 옹호하는 사람이 현금에서 현물로의 재분배를 반대한다면, 그는 재분배 자체에 대해 반대하는 것인지, 아니면 재분배 수혜자의 선택권이 없어지는 것을 반대하는 것인지 물어야 할 것이기 때문이다. 즉, 현금 및 현물 급여와 관련된 주장이 재분배의 바람직성과 관련된 주장을 하는 것이 결코 아닐 수도 있기 때문이다.

(3) 행동의 자유

공공복지의 개입이 침해할 수 있는 또 다른 자유는 '행동의 자유'이다. 행동의 자유는 특히 사적이고 민감한 영역으로 간주되기 때문에 개인의 행동에 대한 공공 영역의 개입 정도는 논란의 대상이 된다. 이와 관련하여 마셜(1965: 269)은 "개인의 행동의 자유는 자신의 이익과 공공의 이익을 위해 합리적으로 제한될 수 있다."라고 주장하고 있다. 하지만 어떤 상황에서 누구에게 무엇을 제공해야 하는지의 문제와 관련한 서비스를 계획할 때는 신중을 기할 필요가 있을 것이다. 공공복지를 통한 개입은 개인의 행동의 자유를 침해하는 것으로 간주될 수 있을 것이기 때문이다. 특히 최근에 건강을 증진시키기 위한 방안으로 공공 영역에서 개입을 강화하고 있는 흡연, 알코올 섭취, 안전벨트 및 헬멧 착용 등과 관련된 이슈들은 이러한 행동의 자유와 관련되는 논쟁들이다.

결론적으로, 자유민주주의 사회에서 개인의 자유는 최대한으로 보장해야 한다. 하지만 무제한의 자유를 모든 사람에게 보장하는 것은 불가능하므로 우리가 추구해야 할 자유는 제한적일 수밖에 없다. 사회복지정책이 시장에서의 거래에 의한 배분에 개입하여 개인의 자유로운 선택의 기회를 제한할 때는 소극적 자유를 침해하는 것이지만 이를 통하여 가난한 사람들이 자신이 원하는 것을 성취할 수 있는 능력을 갖게 할 때에는 적극적인 자유를 신장시키는 것이 될 것이다. 이처럼 적극적 자유를 제고하는 것이 소극적 자유를 제한하는 것보다 사회적으로 보다 바람직할 수 있다. 이를 지지하는 근거는 소극적 자유로부터 감소되는 효용이 적극적 자유로부터 증가되는 효용보다 적을 수 있기 때문이다. 이런 점에서 소극적 자유의 제한이 적극적 자유를 확대하여 인간이 인간답게 살 수 있는 사회적 가치를 실현하는 데 용이하다면 이를 사회적으로 합의 · 인정하지 않을 수 없을 것이다.

3. 평등

1) 평등의 개념

평등은 자유와 함께 인간이 인간됨을 실현하기 위한 가장 중요한 정신적 가치의 하나이므로 18세기 이후 정의나 사회형평의 이론에서 기본적인 전제가 되어 왔다. 여기서 평등은 단순히 '법 앞의 평등'만이 아니라 인간의 존엄성과 가치가 동일하다는 의미를 포함하기 때문에 재화나 서비스가 모든 인간에게 동일하게 배분되어야 한다는 것이다. 따라서 퍼니스와 틸튼(1977: 29)은 평등을 "모든 인간이 충분하고 만족스러운 삶을 영위할 수 있는 권리를 똑같이 지니고 있다는 신념"이라고 정의하고 있다.

평등의 개념은 결과적 평등(numerical equality), 비례적 평등(proportional equality) 그리고 기회의 평등(equal opportunity)으로 구분된다. 먼저, 결과적 평등은 모든 사람을 똑같이 취급하여 개인의 욕구나 능력의 차이에 관계없이 사회적 자원을 똑같이 분배하는 것을 의미하는 개념이다. 반면, 비례적 평등은 개인의 욕구, 노력, 능력 및 기여의 정도에 따라 사회적 자원을 상이하게 배분하는 것을 평등의 개념으로 상정하는데, 흔히 이를 공평(equity)이라고 한다. 끝으로, 기회의 평등은 결과가 평등한가 아닌가의 측면은 완전히 무시한 채 결과를 얻을 수 있는 과정상의 기회만을 똑같이 해 준다는 개념이다. 나아가 기회의 평등은 어떤 사람이든 자신이 소망하는 목적을 추구하는 데에 그가 가진 능력을 아무런 인위적 제약 없이 사용할 수 있어야 함을 의미한다. 이런 의미에서의 기회의 평등은 인간의 자유를 신장시키기 위한 방편으로 볼 수 있다.

2) 평등과 사회복지

평등의 원리는 사회복지에 관한 논의에서 중심축이 된다. 정치적으로 좌파에 속하는 사람들은 사회복지란 공평한 사회를 만들기 위해 의료, 교육 및 기타 사회 서비스로부터 얻는 이득을 동일하게 하는 이상적인 도구나 장치로, 평등에 의미를 부여하고 있다. 그러나 중도파 내지 중도 우파적 관점에서는 사회복지가 성과물을 동일하게 하는 데 초점이 맞추어지면 상당한 비용을 수반한다고 보았다. 즉, 이러한 사회복지정책하에서는 평균 이상의 소득을 가진 사람들은 높은 세금을 부담해야 하고, 수혜자의 동기 저하와 경제성장의 둔화를 가져올 뿐만 아니라 국가의 과도한 개입과 함께 많은 관료와 전문가 집단이 사회복지정책 실현에 동원되어야 한다는 것이다(Blakemore, 1998: 20).

하지만 평등을 단지 좌파나 우파의 시각으로 단정해서 구분하는 것은 크게 잘못 이해하는 것이다. 우선 얼마나 평등해야 바람직한지, 사회의 불평등과 부정의(unjust)를 교정하기 위해 어떤 정책이 시도되어야 하는지와 관련하여 자유주의자나 보수주의자들 간에도 상당한 견해 차이가 있기 때문이다. 예를 들면, 평등에 관하여 자유주의 사상가인 롤스(Rawls, 1971)는 모든 정책의 기본 목표는 평등을 위한 것이어야 한다고 주장하고 있다. 인생에서 '좋은 일(교육과 직업 기회, 복지서비스, 여가 등)'은 가능한 한 평등하게 나누어 가져야 하기 때문이다. 다른 한편으로, 롤스는 자유권을 정의로운 사회의 기본으로 간주하여 어느 정도의 불평등, 즉 사회 내 부유층이 보상과 인센티브를 가질 만큼의 불평등은 그들뿐만 아니라 사회의 취약계층에게도 이득이 된다고 주장하고 있다. 동기가 적절하다면 사회 내 부유층은 최적의 효율성이 달성되는 수준에서 일을 할 것이기 때문이다. 이는 잘 운영되는 공적 서비스와 경제조직으로부터 모든 사람이 혜택을 입는다는 것을 의미한다. 그러나 부유층의 보상이 최적 수준을 초과한다면 빈곤집단은 보다 궁핍하게 될 것이다. 롤스는 이를 적절한 정도의 불평등을 획득한다는 의미에서 '차별원리(difference principle)'라 불렀다(Rawls, 1971 참조). 좌파에 속한 일부 사람들도 어느 정도의 불평등은 피할 수 없고 심지어 그 불평등이 이득이 된다면 조장되어야 한다고 믿고 있으며, 우파에 속한 일부 사람들 또한 어느 정도의 기본적인 평등은 유지되어야 한다는 생각에 동의하는 경우도 있어 왔다. 따라서 평등에 대한 좌파와 우파의 견해도 다양할 뿐만 아니라 시대에 따라 변하고 있음을 상기할 필요가 있다.

3) 평등과 관련한 논쟁의 제 측면

평등과 관련하여 제기되는 논점은 '정치환경이 변화하고 순수한 의미의 사회주의에 대한 지지가 없을 경우에도 평등이 사회복지정책의 중요한 가치로 동의될 수 있는가?'

하는 점이다. 이러한 질문에 대한 답은 아마도 평등을 어떻게 해석하느냐에 달려 있다고
볼 수 있는데, 이는 앞에서 제시한 평등의 개념과 관련된다. 따라서 평등주의, 공평성, 그
리고 기회의 평등 개념과 관련한 제 논쟁점을 살펴보고자 한다.

(1) 평등주의

　평등주의(equalitarianism)는 하나의 이상이며, 평등을 가장 순수한 또는 가장 유토피
아적인 요소로 표현한 것이다(Drabble, 1988). 평등주의는 사람들이 인생에서 동일한 결
과나 성과, 즉 동일한 소득, 동일한 수명, 동일 수준의 교육과 보건 등의 향유를 보장하
는 것에 관한 방법론적인 것이다. 기독교 사회주의자 토니(Tawney, 1964)는 평등을 배분
적인 정의 이상이거나 소득과 복지체계의 혜택이 개인 간, 계급 간에 평등해지도록 하는
것이라고 보았다. 여기서 사회복지의 목적은 사람들이 공동의 사회에 속한다는 느낌을
갖는 사회를 창조해 내는 데 도움을 주는 것이다. 또한 사람들이 자신의 장래에 관한 정
치적 의사결정 참여가 자유롭고 모든 사람이 똑같이 귀중한 사회를 만드는 것이다. 같은
맥락에서 마셜(1963: 107)은 "사회 서비스의 확장은 소득의 평균화 수단이 아니다. 문명
생활에서의 재산(substance)의 총체적인 제고, 위험과 불안의 총체적 감축, 온갖 불우한
사람들과 우월한 사람 간의 평균화, 지위의 평등은 소득의 평등보다 중요하다."라고 주
장하고 있다.

　하지만 평등주의자의 주장은 다음과 같은 몇몇 논거로 지지받기가 어렵다. 첫째, 개인
적 차이를 무시한다는 것이다. 천부적 재능이나 양육의 결과 인간은 재능, 능력, 기질, 동
기 등에서 사람마다의 독특한 조합을 가지고 있음에도 불구하고 이러한 개인 간 차이를
무시하고 모든 사람에게 동일한 결과를 보장하는 것은 정당성을 인정받기가 힘들다는
점이다. 예를 들면, 노력 여부와 관계없이 모든 학생에게 똑같은 성적을 보증하려는 정
책이 과연 정당화될 수 있을까? 이러한 정책은 즉각적으로 시험 성적의 신뢰성을 저하
시킬 것이다. 나아가 이는 열심히 공부하거나 보다 좋은 결과를 얻을 능력이 있는 사람
에게 부당한 대우를 하는 것과 다름없을 것이다. 둘째, 강제와 자유의 상실이다. 절대적
평등 상태를 유지하려면 끊임없이 개인의 소득을 조사하고, 부를 재분배하며, 고용에 대
한 접근을 감시하기 위한 매우 강력한 규제 당국이 필요할 것인데, 이러한 일을 수행하
는 데는 비용이 너무 많이 들 뿐만 아니라 사생활을 침해하는 국가를 탄생시키게 될 것
이다.

(2) 공평성

공평성(equity)은 평등 개념이 확대 해석된 유용한 개념이다. 평등주의 내지 근사 평등성의 개념은 동일성이나 유사성이라는 극단적인 상태에 초점을 맞추는 경향이 있다. 하지만 공평성은 개인, 가족 또는 집단을 평등한 것으로가 아니라 공평하게 다루는 데 있기 때문에, 공평성의 원리는 유사한 성과를 달성하는 데 유용한 원리이다. 공평한 접근은 종국적으로는 사람들 간에 평등하다는 것을 보증하기 위하여 사람들을 공정하게 대우하려고 하지만 실제로는 다르게 대우한다. 케이크를 분배하는 것은 공평성을 설명하기에 좋은 예가 될 수 있을 것이다. 부경이는 배가 부르고, 민경이는 배가 고프지만 심한 편은 아니며, 학봉이는 심하게 배가 고프다고 가정하자. 그렇다면 공평한 분배는 부경에게 케이크를 전혀 주지 않고, 민경에게는 소량의 케이크를, 그리고 학봉에게는 많은 양의 케이크를 주는 것이다. 이렇게 분배할 경우 세 사람 모두는 동등한 상태, 즉 배가 부른 상태가 될 수 있겠지만, 부경이와 민경이는 불평등한 대우를 받았다고 주장할 수 있을 것이다.

이처럼 공평성에 기반을 둔 사회복지정책의 문제점은 그 정책이 때로는 공정해 보이지 않는다는 점이다. 그것은 동일한 방식으로 사람을 취급하는 것은 공정해 보이는 반면, 사람을 다르게 취급하는 것은 부당하거나 특별한 호의를 나타내는 것으로 보이기 때문이다. 또한 공평성 원리를 적용시키는 것은 공평성이 사람의 욕구에 대한 정확하고 용인되는 정의를 요구하기 때문에 문제를 일으킬 수도 있다. 예를 들면, 식사시간에 승강이를 벌이고 있는 자녀들이 앉아 있는 식탁에서 공평성에 기반을 두고 음식을 분배하기로 결심하였다고 가정해 보자. 여러분이 사회복지정책을 배우는 부모나 학생이라면 자녀는 마음이 내키지 않아도 공평성 원리를 감수해야 한다는 것을 이미 배웠을 것이다. 그러나 각 자녀의 몫의 크기가 결정되는 근저에 대해서는 반대 의견이 많을 수 있다. "그는 어제 큰 조각을 먹었다." "그녀는 당신이 너무 많이 주면 병에 걸린다고 말했다."는 등의 반대가 있을 수 있다. 부경이는 많이 먹는 것을 뽐내는 것 때문에 단순히 더 많이 요구하는지, 또한 민경이는 말하는 것보다 배가 고프기 때문에 더 많이 먹도록 권장받아야 하는지 알기 어렵기 때문이다. 이러한 모든 것에 직면하여, 복지제도처럼 부모가 동등하지만 공평하지 않은 급여를 배분하게 되는 것은 놀라운 일이 아니다.

(3) 기회의 평등

기회의 평등(equality of opportunity)은 평등의 의미를 유용하게 개선시킨 용어이다. 정치적 우파는 기회의 평등을 강조하는 반면, 좌파는 기회의 평등 내의 평등의 구성요소를 강조한다.

　평등의 원리는 사회복지에 관한 논의의 중심축을 이루고 있음에도 최근의 정치적 · 경제적 환경 변화와 맞물려 그 중요성에 대한 논의가 약해지고 있는 실정이다. 구소련과 동유럽 그리고 중부 유럽의 소련 위성국에서의 사회주의 몰락에 따라 평등에 대한 중요한 준거점이 상실되었기 때문이다. 또한 평등의 중요성을 희석시키는 요인으로는 지난 수십 년 동안 소득과 부의 패턴이 변했다는 점을 들 수 있다. 즉, 불평등은 확대되었을지 모르지만 국민의 생활수준은 꾸준히 향상되었다는 점이다. 이에 따라 평등과 자원 재분배의 확대를 지지하는 정당은 더 이상 예전과 같은 호소력을 지니지 못하게 되었다. 하지만 자원 재분배 방식에 의해 사회를 실질적으로 과거보다 균등하게 만들기 위한 일단의 장치로 평등을 간주했을 때 평등의 가치는 그 의미가 커지게 된다.

4. 정의

1) 정의의 개념

　철학자들은 오래전부터 바람직한 분배의 문제를 정의(justice)라는 개념과 결부시켜 성찰해 왔다. 즉, '분배와 관련된 정의의 본질이 무엇인가?'라는 물음의 형태로 도덕철학 또는 윤리학의 일부로 논의되어 왔다(이준구, 1999). 분배의 정의는 넓은 의미와 좁은 의미로 구분되어 해석되고 있다. 넓은 의미에서 정의를 해석하면 사회적으로 의미 있는 모든 편익과 부담이 사회의 구성원 사이에서 분배되는 것과 관련된 정의를 뜻한다. 이에 비해 좁은 의미에서 해석하면 경제적인 것에 국한된 편익과 부담의 분배와 관련된 정의를 뜻한다.

　정의의 개념을 좁은 의미로 해석하든 넓은 의미로 해석하든 간에 정의는 단순한 개념이 아니다. 정의는 평등, 욕구, 권리, 자유 등에서 어느 것을 중심적 가치로 정하느냐에 따라 그 의미가 달라지기 때문이다(Kavalett & Pratt, 1997). 여러 저서에서 다양한 정의의 개념을 발견할 수 있는데(Loizou, 1997: 163-165), 정의의 개념은 "배분되어야 할 사람, 즉 예정된 사람에게 제공하는 것, 모든 사람을 평등하게 대우하는 것, 모든 사람을 평등한 것으로 대우하는 것, 모든 사람의 자유를 평등하게 존중하는 것, 모든 사람의 기본적 권리를 평등하게 존중하는 것, 받을 만한 자격이 있는 사람에게 제공하는 것, 최대다수의 최대행복을 촉진하는 선택권을 추구하는 것, 동일한 노력에 대하여 동일하게 보상하는 것, 각자의 능력에 따라 일하고 각자의 욕구에 따라 제공되는 것" 등이다. 정의에 대한 이와 같은 대부분의 개념들은 자유와 평등 그리고 이들 간의 관계를 다르게 이해하는 것을 바탕으로 한다. 따라서 정의와 다른 가치들 간의 관계를 먼저 고찰할 필요가 있다.

2) 정의와 자유 · 평등 간의 관계성

(1) 정의와 자유

정의의 개념이 다양한 것은 자유를 이해하는 방식이 다르기 때문이다. 이와 같은 다양성은 자유에 대한 개념 자체에서 발생한다기보다는 자유에 대한 침해나 제약으로 간주되는 요인들의 범주를 어떻게 정하느냐에 달려 있다. 모두에게 평등한 자유가 성립되지 않는다면 자유가 존재할 수 없다는 명제에 동의하지 않는 사람은 많지 않을 것이다. 대부분 평등한 자유라는 체계(예: 언론의 자유, 양심의 자유, 단결의 자유, 이동의 자유)를 보장하고 강화하는 데 가장 좋은 방법은 자유민주국가에서 이해되는 것처럼 법률에 의한 방법이다. 이러한 법률은 임의적인 구금, 폭행, 특정 종교 교리나 정치적 신념을 따를 것을 강요하는 공공연한 압력 등과 같이 자유가 결여되어 있는 모든 제약 요소로부터 보호해준다. 다른 사람과 제휴할 자유에 대한 임의적 제약, 언론의 자유를 막을 목적의 위협, 특정 정견을 수용할 것을 강요하는 시도는 분명히 자유를 빼앗는 요소들이다.

그러나 최소한의 만족스러운 생활을 유지하기 위한 수단이 결핍되어 있고, 이러한 수단을 획득할 명백한 방안이 없을 정도로 극히 빈곤할 경우는 어떻게 해야 하는가? 사실 이 문제는 자유주의자와 일부 사회주의자 간에 논쟁점을 이룬다. 고전적 자유주의자들은 자유의 결여를 규정하는 제약 요소들 중에 빈곤이나 재산의 부족은 고려하지 않았다. 그들의 주장에 따르면, 경제적 제약이라는 것은 '자연의 힘'과 '초인간적인 힘'에 의해 초래된 결과이다. 반면, 마르크스주의자는 경제적 제약이 계급 착취의 산물이며, 바로 인간행동의 산물이라고 보고 있다. 따라서 빈곤과 재산의 부족은 일반적으로 자유의 결핍을 일으키는 제약 요소들에 속한다. 이러한 논쟁과 관련하여 플랜트(Plant, 1984: 6)는 자유의 '도덕적 가치' 또는 '실용적 가치'라는 용어를 사용하여, "자유주의자는 평등한 자유에 관심이 있는 반면, 사회주의자는 자유가 모든 사람의 실용적 가치가 대략적으로 평등하다는 의미의 자원 배분을 보장하려는 데 관심"이 있다고 하였다.

개인의 자유에 대한 도덕적 가치는 결과를 개선시키기 위한 개인의 역량, 기회 및 자원과 관계가 있다. 소득과 재산이 많고 가족 배경이 좋은 사람은 전반적으로 이러한 혜택을 누리지 못하는 사람들에 비해 자유를 평가하는 사항들을 보다 효과적으로 추구할 수 있을 것이다. 우리가 자유의 도덕적 가치 내에서 보다 큰 평등을 확보하는 것에 관심이 있다는 것은 모두를 위한 자유를 중요시하기 때문이다.

(2) 정의와 평등

평등의 원리는 사회복지를 논의할 때 근간이 된다. 앞서 언급하였듯이 정치적으로 우파에 속하는 사람들은 사회복지정책이 너무 평등에만 관심을 두면 자유의 원칙이 위협받는다고 주장한다. 반면, 좌파의 견지에서는 욕구의 원칙을 언급함으로써 평등 촉진이라는 견해를 옹호한다. 따라서 평등은 이러한 개념 중 어느 것과도 분리해서는 충분히 이해될 수 없다.

3) 정의에 대한 대립적 관점: 롤즈 대 노직

(1) 롤즈의 정의관

롤즈(John Rawls)의 정의관은 평등을 우선시하고 있는데, 정의의 일반적 개념을 공정성(fairness)이라고 부르는 데서 알 수 있다. "자유와 기회, 소득과 부, 자존심 등의 모든 사회적 가치는 불평등한 분배가 모든 사람에게 이롭지 않다면 평등하게 분배되어야 한다."는 롤즈(1971: 62)의 입장에서는 정당화를 요하는 것은 평등이 아닌 불평등이다. 이는 롤즈가 주장한 '정의의 원칙(principle of justice)'에서 보다 분명해진다.

롤즈의 첫 번째 정의의 원칙은 '균등한 자유의 원칙(principle of equal liberty)'으로, 각자는 타인의 유사한 자유와 양립하는 한에서 가장 광범위한 기본적 자유에 대한 동등한 권리를 갖는다는 것이다(Rawls, 1971: 316). 이러한 자유에는 소위 시민적 자유, 양심과 사상의 자유, 사유재산권, 언론과 결사의 자유, 공직에 대한 선거권 및 피선거권, 신체의 자유, 부당한 체포 및 구금으로부터의 자유 등이 포함된다. 그에 따르면, 이러한 자유는 개인이나 집단의 자유가 타인이나 타 집단의 자유를 침해하는 것이 아닌 한 침해될 수 없다.

롤즈의 두 번째 정의의 원칙은, 사회적 · 정치적 불평등은 ① '최소 수혜자(the least advantaged)'에게 최대의 이득이 되게 하고(차등의 원칙), ② 기회균등의 원칙하에서 모든 사람에게 개방된 직책과 지위가 결부되도록(공정한 기회균등의 원칙) 편성되어야 한다는 것이다(Rawls, 1971: 316). 이 중 ①의 조건(차등의 원칙)은 특히 중요한데, 이는 원칙적으로 경제적 평등을 전제로 한 것으로서 자유주의적 원칙인 법적 평등에 더하여 소유에 대해 평등한 몫에의 권리를 부여하고 있는 것이다. 이러한 경제적 평등의 예외가 정당화되는 것은, 즉 불평등이 허용되는 것은 그것이 사회의 최소 수혜자의 관점에서 보다 이득이 되는 경우에 한해서이다.

롤즈는 정의의 두 원칙 간에 우선순위를 상정하고 있다. 즉, '제1의 원칙'이 충족된 연후에야 '제2의 원칙'이 고려될 수 있으며 '제2의 원칙'에 의해 '제1의 원칙'이 추호라도 손상되어서는 안 된다고 생각한다. 이것은 부와 소득의 분배 그리고 권력의 차등화 문제는 평등한 시민권의 자유와 기회의 균등이 보장되는 기본 전제하에서 추구될 수 있다는 말이다(Rawls, 1971: 82). 요약하면, 평등은 결코 자유를 앞지를 수 없다.

또한 롤즈는 자유와 자유의 가치를 구별하고 있다. 그에 따르면, 개인에게 자유의 가치는 체제 내에서 자신의 목적을 실현할 수 있는 각자의 능력에 비례한다(Rawls, 1971: 204). 그는 평등한 자유로서의 자유는 모든 이에게 동일하지만 자유의 가치는 모든 이에게 동일하지 않으며, 보다 큰 부와 권력을 갖는 자에게는 그들의 목적을 달성할 수 있는 보다 큰 수단이 주어진다는 것을 인정하고 있다(Rawls, 1971: 204). 자유 실현과 관련되는 이러한 자유의 가치는 바로 차등의 원칙에 따라 분배되는 것이다.

요약하면, 롤즈는 자유를 기본적인 전제로 하면서 보다 평등한 배분이 이루어질 수 있는 사회를 정의로운 사회로 추구한다. 그는 자유를 포함한 모든 사회적 가치는 일부 혹은 전부의 불평등한 분배가 최소 수혜자의 이익이 되지 않는 한 평등하게 배분되어야 한다고 주장함으로써 자유에 평등을 접목시키고 있다. 이는 한편으로는 평등보다는 자유를 우선함으로써 전통적인 자유주의자들과의 견해를 공유하고, 다른 한편으로는 차등의 원칙을 통해 그 한계를 넘어서려는 노력을 보여 주는 것이다.

(2) 노직의 정의관

노직(Robert Nozick)의 출발점은 자유를 주된 대상으로 하는 강력한 개인의 권리관과 제한적인 정부의 지지 또는 '최소한의 정부(minimal state)'이다. 그는 개인과 국가 간의 관계에 대한 주장을 '소유권리론(entitlement theory)'을 통해 밝히고 있다. 소유권리론은 취득에서의 정의의 원칙, 이전에서의 정의의 원칙 그리고 취득에서의 부정의(injustice)에 대한 교정의 원칙이라는 세 가지 원칙에 입각하고 있다(Nozick, 1974: 192-196). 이러한 소유권리론에 입각하여 그는 국가의 역할을 규정하고 있다. 그에 따르면, "국가에 관한 우리의 주된 결론들은, 첫째, 강압, 절도, 사기로부터의 보호, 계약의 집행 등의 좁은 기능들에 국한된 '최소 국가'는 정당화되며, 둘째, 그 이상으로 확장된 국가는 특정한 것을 하도록 강요당하지 않을 개인의 권리를 침해할 것이므로 부당하다."(Nozick, 1974: xi)는 것이다. 이와 같이 노직은 국가가 개인의 권리를 보호할 최소한의 역할에만 만족해야 된다고 확신하고 있다.

이처럼 노직의 절대적 관심사는 '개인의 권리를 어떻게 보호할 것인가?' 하는 문제이다. 따라서 그는 최소 수혜자 계층에 대한 사회적 책임을 묻는 롤즈의 분배적 정의를 타인의 권리와 자유를 규제하고 타인의 행동을 유용하는 비도덕적 간섭으로 본다. 즉, 그에 따르면, 어떤 사람으로부터 노동의 결과를 점유한다면 그에게서 시간을 빼앗고 그로 하여금 여러 다양한 행동을 하도록 강제하는 것과 다를 바 없다는 것이다. 나아가 그 사람으로부터 결정권을 빼앗아 가는 것이고 다른 사람들이 그 결과에 대한 '부분적인 소유자(part-owner)'가 되는 것으로, 그 사람의 재산권 일부를 박탈하는 것이나 다름없다는 것이다(Nozick, 1974: 218). 롤즈는 차등의 원칙을 통해 개인적 선택의 부정적 결과에서 생기는 최소 수혜자의 불평등까지 시정하고자 노력했던 반면, 노직은 사회적 불평등은 순수하게 개인적 능력과 선택의 책임으로 미루어 놓는다. 이와 같은 노직의 정의관에 따르면, 일반 조세를 통한 복지급여를 제공하는 것, 혹은 부유한 사람에게서 빈곤한 사람에게로 재분배시키는 근거는 어떤 경우라도 엄밀한 의미의 권리를 침해하게 된다. 나아가 그는 "노동 수입에 대한 과세는 강제노동과 똑같다."(Nozick, 1974: 169)라고 주장하고 있다.

결론적으로 노직은 진정한 자유를 획득한다는 것이 어떤 형식이 있는 부의 분배와 재분배를 강요하는 정의론과는 양립할 수 없다고 본다. 그는 이것을 두고 "자유가 '형식(patterns)'을 깨뜨린다."(1974: 160)라고 말한다. 사람들이 정부 활동이나 간섭에 앞서서 소유권을 보유하고 있다고 할 경우 노직의 주장이 옳다면, 정부가 합법적으로 소유하게 된 것을 재분배하려는 것은 위법임에 틀림없으며, 정부는 복지활동에 관여할 어떤 권능도 갖고 있지 않은 것이다.

5. 효율

1) 효율의 개념

사회복지정책이 평등의 가치를 우선적으로 추구한다고 하더라도 효율의 가치를 크게 훼손하면 바람직한 정책이라 할 수 없다. 정부가 제공하는 많은 서비스들에 대한 욕구는 거의 통제 불가능할 정도로 증가하고 있지만 이를 충족시킬 자원은 점차 감소하고 있는 모순적 국면에 직면하여 효율의 개념은 중요시될 수밖에 없다. 이러한 점에서 효율은 점차 자유, 평등, 정의 등과 같은 다른 사회복지 가치들보다 상대적으로 보다 큰 정치적 관심의 대상이 되고 있다(Hill & Bramley, 1986: 178).

효율의 개념은 대체로 "최소한의 자원을 사용하여 최대한의 결과를 산출"하는 것을 의미한다. 즉, 보다 큰 효율은 주어진 투입을 이용하여 산출을 최대한 증가시키거나, 주어진 산출에 필요한 투입을 감소시킴으로써 달성될 수 있다. 효율을 추구하면 자원이 부족할 경우에도 어떤 기관이나 사회가 원하는 목표를 용이하게 달성할 수 있을 것이다. 하지만 실제에서 효율을 추구하는 정책이 항상 이와 같은 결과를 도출하는 것은 아니다. 묵시적 혹은 명시적으로 손해를 보는 사람들이 있기 때문이다. 예를 들면, 효율성을 도모하기 위해 실업률이 높은 상황에서 공공지출을 줄인다면 공공 부문 근로자에게는 불리한 상황이 연출될 수 있을 것이다. 또한 사회복지 문화는 여러 이유들로 효율의 개념과 상치되기 때문에 논쟁을 야기할 수도 있다. 다시 말하면, 효율의 개념에는 시장이나 상업적 가치, 경영자의 가치 등과 같은 의미가 함축되어 있어서 봉사, 이타주의, 돌봄 등과 같은 사회복지적 특성과는 상반되는 것처럼 보이기 때문이다.

효율의 추구와 함께 다른 가치들을 모두 구현할 수 있는 사회복지정책들이 많으면 많을수록 이상적일 것이다. 하지만 현실적으로 공평과 같은 다른 가치들을 구현하는 사회복지정책은 효율의 가치를 훼손하게 되고, 그 반대도 마찬가지이다. 게다가 현실적으로 무엇이 효율적으로 목표를 달성하였는가를 판단하는 것도 쉬운 일이 아니다. 여기서는 이러한 문제에 관하여 논의하고자 한다. 이를 위하여 효율의 개념과 효율성을 추구하기 위한 방법으로 경제적 효율(economic efficiency), 사회적 효율(social efficiency) 그리고 관리적 효율(administrative efficiency)로 구분하여 살펴보고자 한다.

2) 효율의 제 관점

(1) 경제적 효율

'경제적 효율'이란 한정된 자원을 가장 잘 이용하는 것과 관련되는데, 다른 조건이 일정하다면 특정 재화의 최적 수량은 한계적 사회가치와 한계적 사회비용이 일치하는 수량을 의미한다. 이와 같은 경제적 효율의 추구는 완전경쟁, 완전시장, 시장실패가 없음,

완전한 정보 등과 같은 조건을 전제로 한다. 그런데 이 전제들 중 하나 이상이 실패하면 시장균형은 비효율적인 균형이 되어 경제적 효율성을 달성하기가 힘들다. 따라서 국가의 개입을 필요로 하게 된다.

'완전경쟁'은 경제 행위자들이 가격 수용자이고 힘(power)이 동일하다는 두 가지 본질적인 특성을 전제로 한다. 먼저, '가격 수용'은 시장에 대한 진입 장벽이 존재하지 않아 소비자와 생산자가 무수히 많다는 것을 의미한다. 다시 말해, 독점이나 과점 현상이 발생하지 않는다는 것을 의미한다. 또한 '동등한 힘을 가지고 있다'는 의미는 모든 측면에서 경제 행위자들이 시장에서 동등한 힘을 가지고 있어 차별이 발생하지 않는다는 것이다.

'완전시장'은 사람들이 생산비용을 충당시켜 주는 가격을 지불할 준비가 되어 있는 재화와 서비스라면 모두 공급이 이루어지는 시장을 의미한다. 하지만 완전시장은 다음과 같은 이유로 존재하기 힘들다. 첫째, 시장은 공공재를 공급하는 데 완전히 실패한다. 둘째, 어떤 위험은 보험 적용을 할 수 없기 때문에 '회피시장(missing market)'이 발생한다. 셋째, 자본시장은 일부 환경에서 융자를 제공할 수 없다(예: 학생 융자). 넷째, 미래시장이 존재하지 않을 수 있다. 즉, 미래의 어느 시점에 주어진 조건으로 상품을 구입하거나 판매하기 위해 현재 계약을 성사시키는 것은 불가능하다. 다섯째, '보충시장(complementary market)'이 존재하지 않기 때문에 상품이 공급되지 않을 수 있다.

'시장실패가 없다'는 가정은 공공재, 외부효과, 규모에 대한 수익 체증에 의해 존재하지 않는다는 것을 의미하는데, 현실에서는 다음과 같은 이유들로 이를 달성하기 힘들다. 첫째, 재화를 소비하는 데 비경쟁적이고 비배타적인 특성을 가지는 공공재는 일단 그 재화가 제공되면 다른 사람이 그 재화를 소비하는 데 추가적인 비용을 필요로 하지 않을뿐더러, 실제 그러한 사람들이 재화를 사용하는 것을 통제하기도 어렵기 때문에 시장기제를 통하여 이러한 재화를 분배하는 것은 비효율적으로 되기 쉽다. 둘째, 시장기제에 의한 재화의 배분이 효율적이기 위해서는 사람들이 재화의 교환행위를 하면서 특정한 사람의 복지에 영향을 주게 된다면 시장에서 재화 가격의 변화라는 형태로 그 대가를 지불해야만 한다. 그러나 어떤 경우에는 특정 사람들의 행위가 전혀 시장 가격의 변동 없이 다른 사람의 복지에 영향을 주고받을 수 있다. 이것을 특정 사람의 행위가 시장기제 외부에서 다른 사람의 복지에 영향을 준다는 의미에서 외부효과라 부른다. 어떤 재화를 사용하는 경우에 이러한 외부효과가 존재한다면, 시장기제에서는 이러한 재화가 불필요하게 많이 사용되거나(부정적 외부효과) 혹은 필요 이하로 적게 공급될 것이다(긍정적 외부효과). 셋째, 규모에 대한 수익 체증은 모든 산출 수준에서 계속해서 평균비용이 한계비용을 초과하는 것을 말하는데, 결과적으로 장기적 손실을 초래하게 되고, 이러한 현상은 산업에서 경쟁기업을 몰아내게 되어 독점시장이 형성되거나 시장이 존재하지 않게 만든다.

'완전한 정보'는 최소한 제품의 질, 가격, 미래에 대한 지식의 수준에서의 정보를 의미하는데, 이 또한 현실적으로 달성되기 힘들다. 첫째, 경제 행위자가 제품의 질에 관하여 완전한 정보를 가지고 있다는 가정은 식품과 같은 일부 재화에 대해서는 가능하지만 모든 재화에 대한 정보를 가지는 것은 현실적으로 불가능할 것이기 때문에 합리적인 의사결정이 불가능할 것이다. 둘째, 합리적인 선택은 경제 행위자가 가격에 대하여 완전한 정보를 가지고 있을 것을 요구하는데, 의료 서비스와 같은 여러 분야에서는 현실적으로 불가능할 것이다. 셋째, 시점 간의 효율함수 극대화는 장래에 대한 완전한 정보를 요구하는데, 이전 주와 다음 주에 필요한 식품의 양을 알 수 있고 그에 따라 구입할 수 있을지는 모르나 향후 10년간의 식품 소비에 관해서는 정확한 정보를 가지기 어려울 것이다.

이론상의 명제로서 시장은 앞서 언급한 모든 필수적인 가정이 유효할 경우에 한하여 자원을 효율적으로 배분한다. 이러한 경우에는 효율성 확보를 위한 어떠한 개입도 필요하지도 바람직하지도 않을 것이다. 다만, 앞서 제시한 가정 중 하나 이상이 실패한다면 이를 정당화시킬 수 있는 개입이 필요하게 되는데, 국가는 다음과 같은 네 가지 방식으로 시장에 개입하여 효율성을 도모하고 있다. 첫째, 규제를 통하여 자유시장에 개입한다. 물론 시장에 대한 국가 개입은 경제적 측면보다는 사회적 가치추구를 위한 것도 있지만(예: 주류 판매와 상점 개장 시간 등), 대부분의 경우는 시장의 효율적 운영이나 공정한 운영과 관련하여 개입한다. 식품과 조제약의 생산과 판매에 관한 위생법, 무자격자의 의료행위 금지법, 소비자보호법 등이 그것이다. 또한 수량의 규제는 개별 수요에 보다 영향을 미치게 되는데, 학교 출석 요구, 강제적인 자동차보험 가입, 강제적인 사회보험 등이 그것이다. 끝으로 가격 규제의 사례로는 최저임금제를 들 수 있다. 둘째, 재정적 통제를 통하여 개입한다. 여기에는 특정 상품의 가격에 적용되거나 개인의 소득에 영향을 미치는 보조금(또는 세금) 등이 포함된다. 가격보조는 개인과 기업이 당면하는 예산 제약의 정도를 변화시킴으로써 경제활동에 영향을 준다. 마찬가지로 가격은 다양한 조세(예: 환경분담금, 혼잡세)의 영향을 받을 수 있다. 셋째, 국가가 재화나 서비스 자체를 생산함으로써 공급에 개입한다. 이 경우 국가는 자본 투입 요소(예: 학교건물과 설비)를 소유하고 필요한 노동(예: 교사)을 고용한다. 다른 사례로는 국방을 들 수 있다. 넷째, 소득 이전으로서 상품 가격이나 생산요소 가격에 가외의 시장효과 없이 개인의 소득을 변화시킴으로써 경제활동에 영향을 준다.

(2) 사회적 효율

사회복지제도는 최소의 비용으로 정책목표를 달성하는 이른바 '비용 효과성(cost effectiveness)'을 달성하고자 한다. 정책이 비용 효과적이기 위해서는 정책 구상과 실행의 모든 측면에서 충분히 효과적이어야 할 뿐만 아니라 주어진 투입 혹은 자원들의 수준에서 최대의 사회적 혜택이 창출되어야 한다. 하지만 어떠한 정책을 채택하고 실행하는 것이 효율성 측면에서 가장 바람직한 정책이라고 단정하기는 매우 어렵다. 같은 자원을 투입하여 다른 정책을 실행하는 것이 오히려 보다 큰 효율을 창출할 수도 있기 때문이다. 따라서 사회적 효율을 달성하는 것이 필요한데, 이를 위한 방안이 올바른 사람(받을 만한 가치가 있는 사람)이 혜택을 받게 하는 표적 혹은 표적화된 효율을 추구하는 것이다. 표적화는 모든 사회복지 공급의 구상과 실행의 중요한 부분이 되고 있다. 그것은 기술적으로 사회복지 급여 수혜자가 의도된 것인지 아닌지, 예상된 지출이 사용된 정도에 속하는지 아닌지를 구별할 수 있는 개념의 범주로 받아들여진다.

'왜 표적 효율이 충분히 달성되지 못하는가?', 즉 '왜 자원이 잘못 사용되는가?'를 설명할 수 있는 다섯 가지 요인들이 있다(Walker, 2005: 186-191). 첫째, 정책 의도와 실제로 표적화된 사람들 간에 부조화가 일어난다는 점이다. 이러한 현상은 실제 정책목표들을 적절히 반영하지 않은 '표적 기준(targeting criteria)'에 따라 효율성이 평가되는 외부 평가에서 종종 발생한다. 또한 기안된 표적과 그것이 도달하는 것 간에 부조화가 일어날 수 있는 많은 실제적인 요인이 있다. 그 하나는 행정적 단순성인데, 정책 담당자들이 정확하게 소득을 측정하는 대신 단지 적은 소득을 가져 보다 위험에 노출될 것으로 생각되는 인구집단을 정책 표적으로 삼는 경우이다. 예를 들면, 영국에서 모든 퇴직연금자는 소득에 관계없이 크리스마스 보너스를 받는 반면, 80세 이상 퇴직연금자들은 일반적으로 후기 노후 관련 추가적 비용과 관련하여 약간 높은 연금을 받는다. 또한 현재의 사실보다는 역사적 사실에 의존하는 경우인데, 예컨대 미국에서 '근로소득세감면제도(Earned Income Tax Credit: EITC)'는 전년도 소득에 의해 평가된다. 둘째, 사람이 처한 상황의 불완전성이다. 몇몇 사회복지제도에서 수혜자는 자신에게 발생하는 상황의 변화를 즉각적으로 보고할 것을 기대하고 그에 따라 급여가 변경될 것으로 기대된다. 하지만 여러 이유로 개인이 변화된 상황을 보고하지 않아 급여를 상실한다면 효율을 달성하는 것은 실패할 것이다. 또 다른 측면에서 행정은 공식적으로 그리고 때때로 비공식적으로 상황의 변화를 무시하기도 한다. 예를 들면, 2003년 이래 영국의 세금감면제도는 상황 변화에도 불구하고 12개월이라는 기준을 유지하고 있는데, 그 이유는 행정 비용 축소와 근로의 '부정적 인센티브(disincentive)'를 감소시키기 위한 의도에서이다. 셋째, 사취(詐取)의 문제이다. 사취의 정도와 원인을 정확하게 파악하기는 힘들지만, 가장 큰 원인은 소득신고의 불성실과 관련된다. 넷째, 고도로 발달된 전산체계에도 불구하고 야기되는 행정 처리의 미숙이 서비스의 과잉지출 내지 과소지출을 초래하여 효율성 달성을 저해하고 있다. 끝으로, 측정 오류에 의해 효율성이 저해되고 있는데, 이는 다음과 같은 몇몇 요인에 의해 발생한다. 행정자료, 특히 재정적 감사의 대상일 때는 매우 의존적이지만 신청과정에서 요구되는 정보에 대해 제한되는 범위에서 종종 발생한다. 또 다른 오류 발생은 신청과정에 대한 압력하에 일선 직원이 주변적 과업들과 같은 것에 낮은 우선순위를 두는 경향이 있기 때문인데, 행정 절차에 대한 추가 조항으로 수집되어야 할 특별 통계자료가 있을 때 제기될 수 있다.

(3) 관리적 효율

사회복지행정의 일반적 목표는 가장 적절한 시기에 자격 있는 모든 사람들에게 정확한 급여를 전달하는 정책을 이행하는 것이다. 관리적 효율은 최적 재원의 조합을 통해 목표를 달성하는 '기술적 효율(technical efficiency)'과 최소한의 가격으로 그 목표를 달성하는 것을 보장하는 '가격효율(price efficiency)'을 모두 요구한다. 일반적 목표를 위해서 서비스가 급여 신청자와 수혜자 그리고 다른 이용자에 대한 존경과 고려를 보여 주는 방법으로 전달되어야 한다는 것을 추가하기를 원하는 사람도 있다(Walker, 2005: 229).

관리적 측면에서 비효율이 야기되고 지속되는 여러 요인이 있다(Hill & Bramley, 1986: 196-199). 첫째, 생산자의 이익이 소비자의 이익을 억누르는 경향이 있다는 것이다. 이는 전문가, 사업경영자, 공공기관과 같은 생산자 이익집단(producer interest group)이 파편화된 수혜자 중심의 압력단체보다 더 체계적이고 풍부한 자원을 가지고 있다고 여기는 다원론자 체계에서나 대규모의 사업체, 조합 및 정부의 지배에 대해 압력을 주는 조합주의 체계 모두에서 발생한다. 사회복지정책 분야에서 이러한 경향성은 사회적 지위가 낮은 많은 소비자와 전문직업주의의 중요성 그리고 법정기관들과 전문가들에게 독점 공급자의 지위를 부여함으로써 강화되었다.

둘째, 사회복지정책에 관한 주된 정치적 논쟁은 효율성과 효과성에 대한 고려를 통해 그 태도와 충성도가 양분된다는 것이다. 대체로, 좌파는 '더 많은' 사회복지정책을 선호하며, 이 부문에 투입되는 공공지출의 총량을 통해 그 성과를 측정한다. 반면, 우파는 효율성을 보다 지지하는 성향이 있긴 하지만, '낭비'를 줄이는 것과 서비스 산출을 삭감하는 것에 대한 구분을 꼼꼼하게 따지지는 못하고 어떤 자원이 보다 선택할 만한 가치가 있는가 하는 단순한 태도를 채택한다.

셋째, 정부의 의사결정 시 지배적인 유형은 그 방식이 점진적이라는 것이다(Ham & Hill, 1984). 점진주의는 필연적이고 현실적이며 '정치적으로 합리적'인 것처럼 보인다. 그러나 이것은 현재 이미 실행 중이거나 주어진 지출에 막대한 부분을 걸쳐 놓고, 비용편익 분석 혹은 비용효과 분석과 같은 체계적 평가 기술을 피하면서 주변적으로 움직이는 접근법일 뿐이다.

넷째, 효율성을 추구하는 데 도움이 되지 않는 방식으로 경제적 상황이 정치적 태도에 영향을 준다는 것이다. (1960년대와 같은) 번영의 시대에는 사회 서비스를 위한 추가적인 자원 공급이 가능했기 때문에 늘어난 욕구와 수요를 추가적인 재원 배분을 통하여 해결하는 것을 효율적인 것으로 간주하였다. 낮은 실업률로 노동력이 부족한 상황에서 경영진과 정치인은 자원의 지출을 통해 노동자의 급여와 근로조건을 개선할 필요성이 있었기 때문이다. 하지만 1970년대 말에서 1980년대 초에 경험했던 불경기에는 투입되는 자원의 총량을 줄이는 것이 오히려 효율성 도모에 유리하다는 입장이 제시되었다. 경영진의 입장에서 경비 절감을 통한 효율의 획득이 무엇보다도 우선시되어야 했으며, 노동자와 노동조합 역시 높은 수준의 실업률을 의식한 탓에 보다 소극적인 자세를 취하지 않을 수 없었다. 그 결과 사회적 지위가 낮은 육체노동자, 특히 시간제로 일하는 여성과 이 단체들의 교섭력을 축소시켜 현재의 고용제도와 급여 패턴을 동결시키는 결과를 초래하게 되었다.

다섯째, 사회복지서비스에 대한 중앙집권과 지방분권 사이의 대립 증대가 효율을 추구하는 데 장애를 가져온다는 것이다. 효율이라는 미명하에 지방정부를 통제하려는 중앙정부는 모순적이라 할 수 있다. 이는 분권화되고 반응적이며 책무성이 있는 지방정부는 전통적으로 효율성 측면에서 옹호되어 왔기 때문이다. 이것은 지방분권, 탈중심적, '작은 것이 아름답다'는 현대적 경영 지식은 물론이거니와 중앙집권적 관료주의를 혐오하는 전통적 성향을 거스르는 것이기도 하다. 지역적 차원에서 지방자치의 방어는 수행의 발전을 확인할 수 있는 기회를 규명하기 위한 측정을 거부하는 결과를 가져올 것이다. 지방정부의 자치권이 위협을 받는 정치적 상황에서 이러한 비교는 무시되고 거부될 수 있는데, 지방자치권의 부당한 간섭이라고 여길 수 있기 때문이다. 극단적 지역주의자

(localists)들은 지역 간의 이런 비교 자체가 전혀 의미 없다고 주장할 것이다.

끝으로, 지식, 기술, 경험 및 개인적 자원을 포함한 서비스 기관의 관리자와 직원의 자질문제나 태도, 신념, 가치관, 행동양식 등 조직문화의 중요성과 더불어 서비스 윤리 대 직업에 대한 도구적 태도를 대변하는 상황들에도 주목하여야 한다.

3) 효율과 사회복지

효율과 사회복지의 관련성에 관한 논의의 초점은 '사회복지정책이 사람을 더욱 어렵게 할 것인가?'와 관련된다. 사회민주주의나 조합주의와 같은 정책 패러다임에서 이 질문은 거의 문제시되지 않는다. 사회복지는 공동선에 상당히 기여한다는 믿음에서이다. 그러나 효율을 추구하는 경제이론은 사회복지 공급에는 최적 수준(파레토 최적)이 있다는 전제하에 이 수준을 넘어서는 사회복지 공급은 오히려 총복지를 감소시킬 것임을 제시한다. 찰스 머레이(Charles Murray, 1984)가 가장 극명하게 제기한 주장은, 사회복지는 개인적 발의를 약화시켜 경제성장과 집합적·개인적 부의 산출을 줄인다는 것이다.

사회복지는 급여 제공과 이를 위한 세금 징수라는 두 가지 중요한 방법으로 근로 동기에 영향을 미칠 수 있다. 경제이론에서는 개인의 근로 동기를 소득과 여가를 적절히 선택함으로써 얻을 수 있는 효용의 극대화로 설명한다. 경제학에서는 이를 '소득 효과(income effect)'와 '대체 효과(substitute effect)'라는 개념을 사용하여 설명한다(Walker, 2005: 201-212). 소득 효과는 임금률의 변화 없이 소득이 올라가면(혹은 내려가면), 여가에 대한 선호가 높아져 근로 동기가 약화되는 것(혹은 강화되는 것)을 말한다. 대체 효과는 소득에는 변화가 없이 임금률이 올라가면(혹은 내려가면), 여가에 대한 선호가 낮아져 근로 동기가 높아지는 것(혹은 낮아지는 것)을 말한다. 일반적으로 소득의 변화가 있으면 이러한 소득 효과와 대체 효과가 동시에 나타나는데, 이때 어느 효과가 강한지에 따라 근로동기가 결정된다. 그럼에도 불구하고, 보편적 급여의 제공은 유급근로에 종사하는 동기를 감소시켜 총근로의 양을 줄이고, 다른 것들이 균등하다면 경제적 산출량이 줄어들 것이다.

사회복지정책의 확대에 따라 조세부담이 증가하는 것 또한 일반 납세자의 근로 의욕에 영향을 주게 될 것이다. 납세자는 세금이 증가함에 따라 줄어든 가처분소득을 세금 증가 이전의 수준으로 유지하기 위하여 보다 많은 일을 하고자 하는 소득 효과가 발생하고, 한편으로는 실질적으로 낮아진 임금률의 결과로 여가의 기회비용이 낮아지게 되어 일을 하지 않으려고 하는 대체 효과가 발생한다. 따라서 이 두 효과 가운데 어느 것이 지배적인가에 따라 납세자의 근로 동기가 결정될 것이다. 이와 같이 소득과 세금의 대체효과는 부의 인센티브를 유발한다. 어느 효과가 지배적인지는 일에 대한 태도, 취향 그리고 처한 환경 등에 달려 있으며 경험적 분석으로만 결정될 수 있다(McClements, 1978: Walker, 2005: 205에서 재인용).

한편, 사회복지정책의 확대는 개인의 저축 및 투자 동기를 약화시켜 자본 축적을 어렵게 하고 결과적으로 생산성을 떨어뜨린다는 주장이 있다. 이 주장은 크게 두 가지 관점으로 나누어서 설명할 수 있다. 즉, 일반 납세자의 저축행위 변화와 사회복지정책의 현재적 혹은 잠재적 수혜자의 저축행위이다. 먼저 일반 납세자의 입장에서 사회복지정책의 확대는 필연적으로 조세부담의 증가를 수반하게 되는데, 그 결과 납세자의 가처분소득이 감소하게 되어 저축할 수 있는 능력 자체가 줄어 개인저축이 줄어든다는 것이다. 다음으로 사회복지 수혜자의 입장에서, 사회복지정책의 확대는 퇴직 이후의 생활이 상당 부분 보장될 것이기 때문에 사람들은 별도로 저축할 동기요인을 갖지 못하는 것이다. 사회복지제도가 이러한 형태로 저축에 영향을 미치는 것으로는 연금제도가 가장 대표적이다.

이와 같은 이유로 일부 사람들은 노년에 급여를 신청하려는 의도로 저축을 충분히 하지 않거나 전혀 하지 않을 수 있다. 또 다른 사람들은 근로생활 동안 근로나 소득을 희생하여 보다 많은 여가를 선택할 수 있다. 이와 같이 줄어든 저축은 일반적으로 보다 적은 산업투자를 의미하기 때문에, 줄어든 경제적 생산성과 보다 낮은 경제성장을 잠재적으로 초래할 것이다. 하지만 현실은 그렇게 단순하지 않다. 사회복지제도 설계자들은 가능한 부의 인센티브 효과를 최소화하기 위해 다양한 형태의 조건들을 도입하고 있기 때문이다. 사회복지 공급에 의해 초래되는 근로 혹은 저축에 대한 '부의 인센티브'는 사회복지 급여를 지급하기 위한 세금 혹은 기여금 증가에 대한 요구에 의해 상쇄 혹은 감소될 수 있다.

4) 효율성 제고를 위한 정책

모든 국가나 사회는 한정된 자원을 최대한 활용할 수 있는 방법들을 모색하고 있는데, 대체로 정부에 의한 할당과 시장에 의한 할당이라는 두 가지 주요 기제를 활용해 왔다. 계획경제체제하에서 재화를 얼마나 생산해야 할지, 그리고 생산된 재화를 누구에게 할당할지 등과 관련한 계획과 관리는 전적으로 정부의 몫이었다. 반면, 시장기제를 통한 할 당과 관련한 결정은 표면상 다수의 개인이나 사기업의 동등하지 않은 결정에 의해 이루 어졌는데, 시장은 동등한 수단과 계획비용에 대한 요구 없이 자원의 효율적인 할당에 이 르게 하는 (시장실패의 부재로) 기제로 경제학자들에 의해 바람직한 것으로 주장되었다. 물론 실제에 있어 시장에서 이루어지는 모든 결정이 단지 순수한 사적결정이 아닐 뿐 아 니라 모든 소유권 또한 사적인 것은 아니다. 정부는 다양한 기제들을 통해 시장에 개입 하기 때문이다.

이처럼 정부 독점에 의해 이전에 전달되던 서비스에 경쟁이 시작된 것이다. 몇몇 재화 및 서비스들은 공공 영역뿐만 아니라 사적 영역에서도 제공되고 있다. 따라서 사기업이 쓰레기 수거를 하고, 저소득 세입자를 위해 집을 짓고, 교도소를 운영하고 있다. 물론 복 지국가가 급격히 확대되던 시기에 이러한 공·사 협력은 서비스 제공에 있어 올바른 방 법으로 인식되지 않았다. 하지만 오늘날 이러한 재화 및 서비스들 중 일부는 전혀 논쟁 의 대상이 되지 않는다. 다만 건강과 교육 등과 같은 서비스 전달에서의 사적 영역의 역 할에 대해서는 아직도 논쟁의 대상이 되고 있는데, 사적 영역에서의 서비스 제공이 과연 계약한 대로 효율성을 담보하고 있는지에 대한 정확한 평가가 없기 때문이다.

그럼에도 불구하고, 효율성 제고를 전적으로 혹은 부분적으로 도모할 수 있는 보다 일 반적인 방법들을 제시하면 다음과 같다(Hill & Bramley, 1986: 199-200). 즉, 민영화, 공공 기관 혹은 반공공기관의 경쟁구도 조성, 공공기관에서 '고객 대표'와 '생산자 대표'의 역 할 분리, 서비스 전달의 탈중심화, 서비스 공급의 자립·상호원조·지역사회 보호양식 의 지원, 보다 빈틈없는 자원 운용(현금 제한, 인력 상한)과 이를 뒷받침할 혁신적 관리자 독려, 재정적 장려금과 새로운 발전기금을 위한 하위 단위를 일반적으로 허용하기, 뛰어 난 수행을 보상하기 위한 보다 유연한 급여 구조, 보다 융통성을 발휘하기 위한 노동계 약의 재협상, 보다 명확한 관리자 책무성의 분배(소위 '비용' 혹은 '책무성 중심' 중 하나), 개 별 단위의 수행 목표를 설정하고 모니터하기, 감사체계의 강화와 더불어 외부 감시의 역 할 증대, (기술) 훈련과 직원 능력 향상을 위한 자원 증대 등이 그것이다.

학습과제

1. 여러 사회복지 가치에 대한 여러분의 의견은 어떠한지 설명해 보시오.

2. 사회복지정책의 수립 및 집행에서 고려되어야 할 가치들이 무엇인가에 대한 목록을 만들고 그 이유를 설명해 보시오.

3. 만들어진 목록에서 중요도에 따라 순서를 매겨 보고 그 이유를 설명해 보시오.

4. 사회복지 가치들을 구현하기 위해 수립된 사회복지 프로그램들을 제시해 보시오.

참고문헌

이준구(1999). 재정학. 서울: 다산출판사.

Baier, K. (1968). Defining the concept of value. In The Acquisition and Development of Value. *Perspectives on Research, Report of a Conference*, May, 15-17. Washington, DC: U.S. Department of Health, Education and Welfare, Public Health Service, National Institute of Child Health and Human Development. GPO: 1969, 0-351-894.

Berlin, I. (1969). *Two concepts of liberty. Four essays on liberty*. New York: Oxford University Press.

Blakemore, K. (1998). *Social policy: An introduction*. Buckingham: Open University Press.

Culyer, A. J. (1980). *The political economy of social policy*. Oxford: Martin Robertson.

Drabble, M. (1988). *Case for equality, Fabian Tract 527*. London: The Fabian Society.

Fromm, E. (1972). *Escape from freedom*. New York: The Hearst Corporation.

Furniss, N., & Tilton, R. (1977). *The case for the welfare state*. Bloomington, IN: Indiana University Press.

Gilbert, N., & Specht, H. (1974). *Dimensions of social welfare policy*. Englewood Cliffs, NJ: Prentice-Hall.

Hayek, F. A. (1944). *The road to serfdom*. London: George Routledge & Sons.

Hayek, F. A. (1960). *The constitution of liberty*. Chicago, IL: University of Chicago Press.

Hayek, F. A. (1967). *The moral element in free enterprise. Studies in philosophy, politics, an economics*. London: Routledge & Kegan Paul.

Higgins, J. (1982). Public welfare: The road to freedom? *Journal of Social Policy, 11*, 177-200.

Hill, M., & Bramley, G. (1986). *Analysing social policy*. Oxford: Basil Blackwell.

Hobhouse, L. T. (1964). *Liberalism. Reproduced with Introduction by Allan P. Grimes*. New York: Oxford University Press.

Kavalett, M., & Pratt, A. (Eds.) (1997). *Social policy: A conceptional and theoretical introduction*. London: SAGE Publication.

Loizou, A. (1997). Social justice and social policy. In M. Lavalette & A. Pratt (Eds.), *Social policy: An conceptual and theoretical introduction*. London: SAGE Publications.

Madison, B. Q. (1980). *The meaning of social policy: The comparative dimension in social welfare*. London: Westview Press, Inc.

Marshall, T. H. (1963). *Sociology at the crossroads*. London: Heinemann.

Marshall, T. H. (1965). The right to welfare. *Sociological Review, 13*(3), 261-272.

Marshall, T. H. (1972). Value problems of welfare-capitalism. *Journal of Social Policy, 1, Part 1*, 15-33.

McClements, L. (1978). *The economics of social security*. London: Heinemann.

Murray, C. (1984). Privates on parade. *Community Care, 8*, March.

Nozick, R. (1974). *Anarchy, state and utopia*. Oxford: Blackwell.

Plant, R. (1984). Equality, markets and the state. *Fabian Society Pamphlet, No. 494*.

Rawls, J. (1971). *A theory of justice*. Oxford: Oxford University Press.

Sainsbury, E. (1977). *The personal social services*. London: Pitman.

Scruton, R. (1984). *The meaning of conservatism* (2nd ed.). London: Macmillan.

Tawney, R. H. (1964). *Equality* (4th ed.). London: Allen & Unwin.

Titmuss, R. (1971). Welfare rights, law and discretion. *Political Quarterly, 42*(1), 113-132.

Walker, R. (2005). *Social security and welfare: Concepts and comparisons*. Berkshire: Open University Press.

Williams, A., & Anderson, R. (1975). *Efficiency in the social services*. Oxford: Basil Blackwell and Martin Robertson.

Worsthorne, P. (1971). *The socialist myth*. London: Cassell.

제7장

사회복지정책의 제 관점

학습개요와 학습목표

이 장에서는 다양한 이데올로기적 관점과 탈이데올로기적 관점에서 사회복지 발달과 관련한 특성과 쟁점을 살펴보고자 한다. 사회복지정책 연구 관계자들이 사회복지제도에 내재되어 있는 이데올로기적 특성을 파악하는 것은 매우 중요하다. 그 이유는 한 사회의 사회복지제도는 그 제도를 입안하고 실시한 정책결정자들의 이데올로기적 정향을 반영하고 있다고 볼 수 있기 때문이다. 나아가 최근 들어 탈이데올로기적 요소들도 사회복지정책 형성 및 발달에 큰 영향을 미치고 있기 때문이다. 이 장의 학습목표는 다음과 같다.

● 극우와 극좌라는 연속선상에 존재하는 다양한 이데올로기적 관점들의 특성과 사회복지 발달에 미친 영향을 파악한다.
● 전통적 정치 스펙트럼상에 놓여 있지 않은 시민권론, 페미니즘, 환경주의 등이 주장하는 제 관점들이 사회복지정책 발달에 미친 영향을 파악한다.

1. 사회복지의 관점 및 유형

이 장에서는 사회복지정책에 관한 이데올로기 및 탈이데올로기적 관점들을 살펴볼 것이다. 일반적으로, 이데올로기는 "한 개인 또는 한 집단이나 계층의 성원들의 사회적 위치나 상황, 집단이 지향하는 목표나 미래상 또는 가져야 할 이미지에 관한 신념체계"(장인협, 1997: 45)로 정의되는데, 사회복지 연구나 실천에 관여하고 있는 사람들이 사회복지제도에 내재되어 있는 이데올로기적 특성을 파악하는 것이 매우 중요하다. 그럼에도 불구하고, 『복지국가 사례(The Case for the Welfare State)』(1977)라는 저서에서 퍼니스(Furniss)와 틸튼(Tilton)이 "복지국가는 자신만의 명료한 이데올로기를 가진 적이 없다.

대신 산업사회에서 몹시 가난한 사람들의 문제를 처리하기 위한 방법들을 자유주의나 마르크스주의 진영으로부터 차용하는 경향이 있다."라고 지적하였듯이, 사회복지학은 고유의 이데올로기를 정립하지 못하고 있으며 다만 인접 학문에서 발달된 제 이념과 이론들을 차용하여 사용하고 있는 실정이다.

일반적으로 이데올로기는 극우(순수 자본주의 체제)와 극좌(순수 사회주의 체제)의 연속선상에 다양한 조합이 존재할 수 있다. 극우 내지 순수 자본주의 체제의 이데올로기는 자본주의 초기의 '자유방임(laissez-faire)'의 철학을 그대로 이어받고 있을 뿐만 아니라 자본주의 경제체제가 가지고 있는 근본적인 결함을 인정하지 않는다. 따라서 정부의 역할은 자본주의 경제체제가 갖는 장점을 조장해 주는 것에 한정시키고 있으며, 오늘날에 와서 보수적인 이데올로기로 간주되고 있다. 반면, 극좌 내지 순수 사회주의 체제의 이데올로기는 개인기업과 자유경쟁의 시장경제를 전제로 삼는 자본주의 경제체제가 비효율적이며 불공정하다고 신랄하게 비판한다. 따라서 시장경제는 정부나 정치의 힘에 의해 계획되고 방향이 설정되는 합리적인 질서에 의해 대체되어야 하며, 이러한 질서에서만 이 모든 사람들의 기본적인 욕구가 충족될 수 있다고 주장한다. 나아가 자본주의 체제의 필연적 붕괴를 전제하기 때문에 오히려 자본주의 체제의 계속성을 보장하거나 보완하는 사회복지의 이념이나 실천을 배척하고자 하는 경향이 강하다(장인협, 1997: 46).

이와 같은 극단적인 이데올로기를 양 축으로 하면서 이들을 조화시키려는 또 다른 이데올로기들이 있다. 이른바 사회주의 체제를 기반으로 자본주의 경제체제의 특성들을 일부 도입하는 사회주의 중심의 이데올로기와 자본주의 체제를 중심으로 사회주의의 특성을 가미하려는 자본주의 중심의 이데올로기가 그것인데, 대체로 후자가 사회복지와 관련된 이데올로기의 주류를 형성하고 있다. 자본주의 중심의 수정 이데올로기는 자본주의 경제제도란 충족되지 않는 많은 욕구를 남길 뿐만 아니라 결과물의 분배에 불공평한 점은 있지만, 생산과 물자의 배분이라는 순수한 경제적 과제에 대해서는 우수성이 인정되기 때문에 그 체계를 근본적으로 바꾸어 놓기를 원치 않는다. 다만 자본주의 경제제도 자체로는 사회적 결함을 치유할 수 없으므로 국가가 강제로 관여하여 수정·보충하는 책임을 맡는다는 것이다. 따라서 이 체제의 우선 과제는 사회복지를 확충하거나 사회의 집합적 기능을 증대시키며, 사적 기업과 공적 조직 간에 이상적인 균형을 가져오도록 노력하는 것이다. 또한 국민의 복지증진을 위해서 국가는 비교적 대담하게 기존의 고정된 원리나 원칙을 깨는 것을 허용받게 된다.

한편, 최근 들어 이 이데올로기적 선상에 배치될 수 없는 관점들도 제시되고 있다. 이

표 7-1 사회복지 이데올로기 모형

주창자	구분
Wedderburn (1965)	반집합주의(Anti-collectivism), 시민권(Citizenship), 통합주의(Integrationism), 기능주의(Functionalism)
Titmuss (1974)	잔여주의(Residualism), 산업주의(Industrialism), 제도주의(Institutionalism)
Taylor-Gooby & Dale(1981)	개인주의(Individualism), 개혁주의(Reformism), 구조주의(Structuralism), 마르크스주의(Marxism)
George & Wilding(1994)	신우파(New Right), 중도주의(Middle Way), 민주사회주의(Democratic Socialism), 마르크스주의(Marxism), 여권주의(Feminism), 녹색주의(Greenism)

출처: George & Wilding (1994), p. 9.

른바 여권주의나 환경주의 등과 같은 탈이데올로기적 관점들이 그것인데, 대체로 이 관점들은 이데올로기적 관점에 따라 구축된 복지국가체제에 대한 비판적 시각에서 등장하게 되었다고 볼 수 있다(〈표 7-1〉 참조).

　여기에서는 이데올로기에 기반하여 사회복지 발달을 설명하는 이른바 '제1의 길'로 알려져 있는 사회민주주의, '제2의 길'인 신자유주의, 그리고 '제3의 길'이 제시하고 있는 사회복지 발달에 관한 관점들을 살펴보고자 한다. 그런 다음 이러한 이데올로기적 연속선상에 놓여 있지 않은 시민권론, 페미니즘 그리고 환경주의가 제시하고 있는 사회복지 발달에 관한 관점들을 살펴본다.

2. 이데올로기적 관점

1) 사회민주주의적 관점('제1의 길')

(1) 개념 및 이념적 정향

　사회민주주의는 자본주의의 고유한 병폐에 대한 저항운동의 일환으로 19세기 중엽 이래 전개되었던 독일의 사회민주주의와 영국의 페이비언주의(Fabianism)에서 출발하여 제1차 세계대전 이전까지는 마르크스주의와 함께 '제2인터내셔널'에 집결하여 자본주의 비판에 주력하였다. 그러나 제1차 세계대전의 발발과 러시아혁명을 계기로 좌파였던 레닌과 그 추종자들이 별도로 공산당과 '제3인터내셔널', 즉 '코민테른'을 창설함으로써 국제사회주의운동이 분열되었다. 특히 공산주의자들이 1947년 '코민포름'을 결성하자 사회민주주의자들은 이에 대항하기 위해서 1951년에 '사회주의 인터내셔널(Socialist International)'을 창립하고 '민주사회주의의 목표와 임무'라는 강령을 발표하였으며, 다시 1962년 6월 제2선언인 '오슬로 선언'을 발표함으로써 체계화되었다.

사회민주주의의 기본 구상은 민주주의를 인간생활의 모든 영역으로 확대·발전시키는 방법으로 민주주의 자체를 완성해 나가며, 그렇게 함으로써 사회를 개조할 수 있고 또 개조하자는 것이다. 따라서 사회민주주의는 사회주의와 구별되는 다음과 같은 몇 가지 특징을 지닌다. 첫째, 종래의 사회주의가 자유민주주의를 부정하거나 또는 단순한 수단으로 보아 온 것과는 달리, 자유 속에서 민주주의적인 수단에 의하여 새로운 사회를 건설하려고 노력한다는 것이다. 둘째, 종래의 사회주의가 생산수단의 공유를 사회개조의 유일한 그리고 절대적인 방법으로 믿어 온 것과는 달리, 공유 형태 자체를 목적으로 보는 것이 아니라 국민의 경제생활과 복지를 뒷받침하고 있는 기초산업과 공공사업의 관리수단으로서 그리고 비능률적인 산업의 합리화와 사적 독점이나 카르텔(Cartel)의 민중착취를 막는 수단으로서 본다는 것이다. 따라서 생산수단의 공유화를 사회개조의 유일하다거나 절대적인 방법으로 보지 않고 있다. 셋째, 종래의 사회주의가 생산수단의 공유화와 계획경제의 실시로 사회를 단번에 개조할 수 있는 것처럼 생각하였던 것과는 달리, 민주주의를 모든 영역에 확대·발전시킴으로써 최고 형태의 민주주의를 실현해 나가려는 지속적인 노력을 한다는 것이다. 넷째, 종래의 사회주의가 공산주의 비판을 미온적이고 철저하지 못했던 것과는 달리, 공산주의가 사회주의 전통을 계승하고 있다는 것을 잘못으로 보았다. 따라서 공산주의는 군국주의적 관료주의와 공포경찰제도에 기초를 둠으로써 새로운 제국주의의 도구로 변질되어 정권을 장악한 곳에서는 어디서나 자유와 자유를 획득할 기회를 파괴시키고 있다고 비판하고 있다. 끝으로, 종래의 사회주의 및 공산주의가 인류의 미래를 생산수단 공유의 사회 또는 공산주의 사회로 주장하던 것과는 달리, "미래는 공산주의 것도 자본주의 것도 아니다."(오슬로 선언)라고 하면서 최고 형태의 민주주의를 지향함으로써 새로운 미래상을 제시하고 있다.

이와 같이 사회민주주의의 이념적 정향은 기존의 고전적 자유주의나 사회주의와 비교할 때 다음과 같은 몇 가지 특성을 가진다. 첫째, 사회민주주의는 국가가 자유를 위협하는 것이 아니라 오히려 적극적인 국가 활동을 통해 자유를 확대할 수 있다고 주장한다.

이러한 특성은 고전적 자유주의 이론가들이 국가를 적대시하거나, 마르크스주의자들이 국가가 사회 내에서 지배적인 집단의 이해를 특히 대변한다는 것과는 매우 상반된다. 둘째, 사회민주주의는 17세기 이래 발달되어 온 자유의 개념을 적극적으로 수용함으로써 고전적 자유주의와 상통한다는 점이다. 다만 고전적 자유주의와의 차이점은 고전적 자유주의가 소극적 자유의 개념에 한정되는 반면, 사회민주주의는 보다 적극적 자유의 개념을 수용하고 있다는 점이다. 셋째, 사회민주주의는 평등의 개념에 대해서도 고전적 자유주의자나 사회주의자와 다르게 개념을 정의하고 있다는 점이다. 고전적 자유주의가 법 앞에 평등, 시민권과 자유권의 평등, 개인적 증진에 장애가 되는 의미에서의 기회의 평등과 같이 평등을 소극적인 개념으로 한정 짓는 반면, 사회주의는 자본주의의 특성인 권력과 경제적으로 불평등한 현실을 정당화시키는 수단으로, 그리고 모든 사람이 사회 경제적 지위 상승을 이룰 수 있는 기회를 가지고 있다는 믿음을 줌으로써 자본주의 체제를 유지시키는 수단으로 평등의 개념을 악용하고 있다고 본다(Kearns, 1997: 113-114). 따라서 사회민주주의는 사회적 조화와 경제적 효율 및 개인적 자유의 실현과 같은 세 가지 측면에 기초한 평등을 주장한다(김교환, 2002: 115).

첫째, 그들은 평등이 사회통합의 충분조건은 아니더라도 필요조건이라고 보았다. 둘째, 평등이 경제적 효율성을 제고시킨다는 것이다. 미국의 경제학자 오쿤(Okun)의 주장과는 달리, 평등과 효율성의 관계는 상호 대립적인 것이 아니라고 보기 때문이다. 평등이 효율성을 저하시킨다는 주장은 복지국가에 대한 자유민주주의적 비판의 핵심이었으나, 오쿤도 인정하였듯이 평등화된 고용기회는 효율성에도 유용할 수 있다는 것이다 (Okun, 1975: 79). 셋째, 평등은 개인적 자유를 확대시킨다는 것이다. 불평등은 다음과 같은 세 가지 이유로 개인적 자유를 축소시킨다(김교환, 2002: 116). 먼저, 불평등은 시민으로서의 기본권을 제한한다. 예를 들면, 교육의 기회가 당사자의 능력이 아닌 출생과 부모의 소득에 따라 분배될 때 기본권이 부정된다. 다음으로, 불평등은 '공동선'에 대한 기여보다는 우연적인 출생과 가문에 의하여 좌우되는 보상과 특권의 산물이기 때문에 부당하다. 끝으로, 불평등은 특정 집단의 타 집단에 대한 억압을 초래하기 때문에 부당하다. 따라서 평등은 강자에 의하여 약자가 억압받는 기회를 감소시키고, 보다 빈곤한 계급의 자아실현의 기회를 증대시킴으로써 자유를 확대시킨다. 이렇게 볼 때 사회민주주의자들이 주장하는 평등은 인간다운 생활을 영위할 수 있는 만인의 평등권을 의미한다.

(2) 사회민주주의와 사회복지

사회민주주의의 사회복지에 대한 관점은 사회민주주의적 용어로 자본주의 경제체제에서 야기된 제 문제를 해결하기 위해 고전적 자유주의와 사회주의의 제 관점들을 조화시켜 사회적으로 개혁하려는 새로운 국가이념이라고 볼 수 있다. 사회복지 발달과 관련하여 사회민주주의자들의 관점은 세 가지 핵심 사항을 둘러싸고 확립되었다고 할 수 있다(현외성, 강욱모 공역, 2007: 43-44; Pierson, 1998).

첫째, 사회민주주의자들은 자본주의의 출현이 노동자 계급에게 가혹하고 압제적인 결과를 가져왔다고는 인정하지만, 자본주의의 발전이 마르크스주의 비판가들이 주장하는 바와 같은 정도로 노동자 계급의 상대적 위치를 더욱 악화시키지 않는다는 것이다. 다시 말하면, 산업노동자 계급의 상황은 노동조합과 사회민주주의 정당에 대한 그들의 지원과 동원을 통하여 악화되기보다는 개선되어 왔다는 것이다. 이처럼 자본주의는 개량이 가능한 것으로 보았다.

둘째, 자본주의의 계급구조는 마르크스주의자들이 예상한 것처럼 양극화되기보다는 실제로는 계속 확산되고 분화되어 왔다는 것이다. 중요하게도, 자본주의의 발달은 중간 계급의 지속적인 성장을 수반하여 왔다. 동시에 개입주의 국가의 확대는 노동자 계급의 위치를 개선할 뿐만 아니라 확대되는 공공부문의 고용창출에 의해 점차적으로 시장의 논리를 무너뜨리고 계급구조를 한층 복잡하게 하고 분화시킨다는 것이다. 셋째, (개량된) 자본주의는 위기 없이 성장이 가능하며 또 점차로 복잡한 계급구조를 만들어 가기 때문에 사회민주주의자들은 (개념적으로 오히려 희미한 사회주의적 목적으로) 보다 진전된 사회진보는 (자본주의적) 경제성장의 지속적인 증대를 통하여 가장 잘 성취될 수 있으며, 실제로 그러한 경우에만 가능하다는 것이다.

이러한 전략적 요청과 그 결과는 대의 의회민주주의의 승리가 내포하고 있는 중요성에 대한 신념과 산업 소유자들의 약화된 경제력과 선출된 정부의 강화된 정치력 사이에서 대의 의회민주주의가 만들어 내는 사회세력 간의 변화된 힘의 균형에 의해 더욱 공고화되었다. 19세기 후반과 20세기 초반에 발달한 자본주의의 핵심 사회 내에서 이루어진 선거권의 확대는 이후 사회발전의 핵심으로서 사회민주주의적 설명이 확실한 우위를 차지할 수 있게 해 주었다. 이러한 사회발달은 자본주의 발달양식에 관심을 집중하기보다는 경제성장을 배경으로 한 민주주의 제도와 정치적 권리가 가져온 파급 효과에 관심을 가지는 것으로 가장 잘 설명된다. 새로운 사회적·정치적 질서를 가져온 민주주의의 승리가 결정적으로 중요한데, 이러한 질서하에서 그동안 갖고 있었던 경제적인 힘을 효과적으로 제어할 수 있었던 것이 바로 '정치적인' 힘이다. 조직화된 노동세력과 '경영혁명'을 통한 자본가들의 힘의 분산에 의하여 한층 강화된 국가는 선진 자본주의 사회 내에서 중요한 주도적인 권력자로 부상하였다. 더욱이 민주주의적 제도의 확보는 국가와 사회주도의 '점진적인' 개혁을 가능하게 했다.

하지만 이 관점은 사회민주주의자들로 하여금 경제를 장기적으로 사회화해야 하는 실천과 관련된 이론상의 '문제'를 여전히 남겨 놓았다. 초기 사회민주주의자들은 경제의 사회화라는 종국적인 '목적'은 사회주의와 다를 것이 없었으나, 이러한 목적을 달성하는 '방법' 면에서 급진적 사회주의자들과 구별되었다. 즉, 사회주의자들은 경제의 사회화를 중앙집권적인 계획경제를 통해 달성하려고 하였다. 반면에 사회민주주의자들은 사회화되고 계획된 경제로의 이행 방법으로 자유주의적 의회민주주의라는 합법적 수단을 통하여 달성하려는 것인데, 이는 현실적으로는 극복하기 힘든 상황이었다. 사회민주주의자들이 처한 이와 같은 딜레마를 극복할 수 있는 '해결책'이 바로 확대된 복지정책을 강조하는 케인스주의(Keynesism)의 경제정책이었다. 케인스(Keynes)의 '관리적 자본주의(managed capitalism)'의 옹호는 사회민주주의의 광범위한 지지자를 위한 개혁을 어떤 방법으로 추구해야 하는지, 사적 자본의 헤게모니에 도전하지 않고 사회주의로 장기적으로 나아가는 길을 유지하는 방법은 무엇인지에 대한 그들의 딜레마에 딱 들어맞는 좋은 해결책이었기 때문이다. 케인스는 다음과 같이 유명한 주장을 남겼다. "국가가 맡아야 할 중요한 일은 생산수단의 소유가 아니다. 만일 국가가 (생산)수단을 늘리기 위해 필요한 자원의 총량과 그것을 소유한 사람들에게 주는 보상의 기본 비율을 결정할 수 있다면 국가는 필요한 모든 일을 성취할 수 있을 것이다."(Keynes, 1973: 378)

이런 방식으로 사회민주주의자들이 경제의 공식적인 소유(그리고 사회화와 국유화의 전통적인 전략)를 부적절한 것으로 표현할 수 있게 되었다. 경제적 통제는 정부의 손으로 주요한 경제요인을 조정함으로써 실행할 수 있었다. 또한 자본의 소유자들은 사회민주주의의 광범위한 지지자들의 이익을 증대시키는 방법으로 '유도'될 수 있었다. 동시에 사회민주주의 정부는 세금정책과 금융정책을 통하여, 그리고 공공비용 수준을 조절함으로써 소비성향을 조정해 나갈 수 있었다. 그들은 복지국가와 동일시될 소득 이전과 사회 서비스를 통하여 시장력의 지속적인 활동이 지니고 있는 비효용을 수정할 수 있었다. 사회민주주의는 이처럼 '국가적인 이익'을 확보할 뿐만 아니라 지지자들에게도 동시에 봉사할 수 있었던 것이다. 그리하여 전통적인 사회민주주의자들에게 복지국가의 발달은 민주주의적 정치의 성공을 제도화한 것이었다.

물론 사회복지 발달을 역사적으로 고찰할 때 이러한 설명 또한 다음과 같은 반대 논리에 직면하게 된다. 첫째, 의회민주주의의 도래가 계급 간의 적대감을 종식시키고 복지국가와 혼합경제에 대한 통일적인 사회민주주의적 합의를 가져왔다는 점은 전혀 명확하지가 않다는 점이다(현외성, 강욱모 공역, 2007: 55; Pierson, 1998). 민주주의의 공식적인 양보가 기존 국가의 정치적 장치 내에 노동자 계급의 다소간 성공적인 편입을 가져온 곳에서조차도, 계급차별과 계급 적대감의 영구적인 화해를 가져오지 못했기 때문이다. 둘째, 복지국가의 '후기' 발달에서 노동자 계급의 역할이 무엇이었든지 간에 초기의 복지국가 조치들은 일반적으로 자유주의적 엘리트 내지 보수주의적 엘리트에 의하여 도입되었지 조직화된 노동의 대표자들에 의하여 도입된 것은 아니라는 점이다. 복지국가의 조치를 거부한 조직화된 노동의 반대에 대한 많은 역사적인 증거가 존재하는데, 이는 다음과 같은 이유에서인 것으로 보인다(현외성, 강욱모 공역, 2007: 56; Pierson, 1998). 즉, ① 노동조합 자체의 상호 지원 형태의 자율성과 통합에 대한 공격으로서, ② 복지보조금을 제공함으로써 임금을 억제하려는 방식으로서, ③ 노동세력에 대한 국가통제의 한 형태로서 간주되었기 때문이다. 셋째, 사회민주주의 이론가와 근대화 이론가의 계급분석은 너무나 낙관적이라는 점을 역사적 경험은 시사해 주고 있다는 점이다. 예를 들면, 노동자를 고용하는 사용자들 사이에는 건강하고 교육받은 '정규적인' 노동력에 이해관계를 가진 대규모 자본집약적인 사용자들과 가능한 한 가장 낮은 가격에서 대량의 미숙련 노동을 확보해야 하는 노동집약적인 사용자들 간에는 이해관계의 차이가 존재한다는 것이다(De Swaan, 1988). 노동과 자본 사이의 이러한 이해는 현재까지 지속되고 있다.

결론적으로 사회민주주의자들은 사회복지 발달의 역동성에 대하여 두 가지 주장을 하고 있다. 곧 사회복지는 국민 대다수의 지지에 대한 반응으로, 또 이를 얻기 위하여 채택되고 추진되는 면이 있다는 것이다. 따라서 티트머스(Titmuss, 1968: 191)는 한편으로 전후의 사회입법은 '하나의 사회를 향한 요구'에 대한 반응이라고 주장하고 있다. 왜냐하면 계급, 소득 또는 종족의 구분 없이 모두에게 차별 없이 서비스를 제공하게 되고, 이러한 서비스와 관련하여 자존심을 강화하고 확대하며, 사회적 통합을 명백히 증진시킬 수 있기 때문이다. 두 번째로 이러한 개혁의 실현에 장애 요인이 되는 것이 제시되고 정치적인 관심의 대상이 되는 것은 사회권의 실현을 추구하는 과정에서만 가능하다는 것이다. 이러한 장애 요인에는 사회복지 자체의 예기치 못한 결과가 포함된다. 그러므로 사회복지의 추구는 사회과학자가 중추적인 역할을 하는 내재적인 배움과 비판의 과정을 초래하게 한다. 이러한 두 가지 논점을 요약할 때, 사회복지의 발달은 정치적 목표의 추구와 이를 위한 대중적 지지의 유지에 의하여 영향을 받는다고 하겠다. 1970년대 중반부터 적극적 자유, 사회적·정치적 자유, 국가개입과 같은 사회민주주의적 이론과 연계된 가치들이 후퇴하고 있는 것으로 보인다. 사회복지를 위해 확대된 공공지출 수준은 불가피하게 높은 조세 수준을 가져왔으며, 이에 따라 인센티브를 손상하여 경제에 손실을 주었을 뿐 아니라 물가상승과 국제 경쟁력을 약화시켰다. 또한 빈곤문제를 완화시키기 위해 구축된 바로 그 정책으로 인하여 빈곤에 편입되어 사회적 급여에 의존하게 되는 빈곤문화를 창출하게 되었다. 따라서 1970년대 후반은 사회민주주의 복지정책의 본질에 대한 강력한 정치적 논쟁의 또 다른 시기로 보일 뿐만 아니라 국가 자체의 본질이 다시 개념 정의되는 근본적인 전환점으로 보인다.

2) 신자유주의적 관점('제2의 길')

(1) 개념 및 이념적 정향

신자유주의는 다양한 이론과 이념들로 구성되어 있는 복합적인 사상이다. 18~19세기의 고전적 자유주의는 사적 자유의 극대화와 모든 사회 구성원들의 법 앞에서의 평등을 주장하는 이론 및 이념들의 혼합물임과 동시에 사회개혁 운동이었다. 이 점에서 신자유주의는 고전적 자유주의와 차이가 없다. 신자유주의 역시 개인의 자유를 최고의 가치로 여기고 자유시장을 신성불가침의 것으로 믿고 있으며, 이런 이유 때문에 신자유주의는 고전적 자유주의의 현대적 화신이라고 표현하기도 한다(MacEwan, 1999: 4: 조영훈, 2002: 98에서 재인용). 하지만 고전적 자유주의와 신자유주의는 다음과 같은 두 가지 점에서 구별된다. 먼저, 양자가 놓인 사회적 상황의 차이에 의해 양자가 비판하고 있는 대상이 다르다는 점이다. 시민사회와 자유 시장경제의 형성기를 배경으로 하여 출현한 고전적 자유주의는 중상주의 정책을 통해 시장에서의 자유경쟁을 방해하고 권위주의에 기초하여 일반 시민의 자유를 억압하였던 절대주의 국가를 비판의 대상으로 하였다. 반면, 신자유주의는 1930년대 이후 확대되기 시작하여 1960년대에 그 절정기에 이르렀던 국가 개입주의를 배경으로 한다. 신자유주의는 이러한 개입주의 국가, 곧 복지국가가 확대됨에 따라 이제까지 성취되었던 개인의 자유와 자유경쟁 시장이 크게 위축되었다고 판단한다. 둘째, 고전적 자유주의는 국가가 개인생활이나 시장에 개입할 여지를 최소한으로 축소하려고 한다. 이른바 자유방임국가 또는 야경국가와 같은 허약한 국가가 이상적인 국가 형태이며, 국가의 역할은 국방과 치안, 전염병 예방, 지식과 정보의 생산, 사유재산의 보호 등에 한정되어야 한다는 것이다. 반면, 신자유주의는 이미 체제 내에 확립되어 있는 복지국가의 이해관계들과 자유경쟁 시장의 저해 요인들(특히 노동 부문)을 분쇄할 수 있을 정도로 국가가 강력해야 한다고 주장한다. 신자유주의에서 강력한 국가는 개인의 자유를 보장하고 자유경쟁 시장을 복원하는 데 필수조건인 것이다. 이와 같이 신자유주의에는 자유경쟁 시장의 확보 및 개인적 자유의 극대화라는 주장과 강력한 국가의 필요성 및 국가 권위에 대한 복종이라는 주장이 뒤섞여 있다. 여기서 전자는 고전적 자유주의를 그대로 계승한 것이지만, 후자는 자유주의와는 대치되는 권위주의 또는 보수주의의 입장을 반영하는 것이다. 또한 신자유주의는 기존의 사회질서 유지를 위해 전통적인 가족 및 민족의 중요성을 강조함으로써 보수주의의 성향을 강하게 드러낸다.

따라서 모든 신자유주의자가 공유하는 핵심적인 믿음은 다음과 같다. 첫째, 경쟁적 시장경제를 옹호하며 계획경제 및 국영제도를 반대한다. 둘째, 재산의 소유권을 분산시킴으로써 권력이 몇몇 사람에게 집중되는 것을 막기 위한 방편으로 시장경제가 민주주의를 수호하는 데 필수적이라고 주장한다. 셋째, 정부의 힘이 상위의 헌법에 의해 제약되어 임의의 지시보다는 예측 가능한 법률에 근거하여 권력을 행사하는 방편으로 법치주의를 옹호한다. 넷째, 정부가 갖추어야 할, 그리고 극단적인 경우 전제군주에 대항한 반역마저 정당화시킬 수 있는 수준 높은 도덕성이 존재한다(Green, 2003: 74).

(2) 신자유주의와 사회복지

신자유주의자들은 사회복지 영역에서의 국가 개입을 반대한다. 신자유주의자들은 산업주의, 근대화 및 사회민주주의적 접근에 내재되어 있는 공통적인 사고와는 달리, 선진 자본주의 사회가 당면하고 있는 사회적·경제적·정치적 제반 문제의 출발은 시장의 실패에 있는 것이 아니라 복지국가와 동일시되고 있는 제반 시장 침해정책의 잘못된 실천에 있다고 주장하기 때문이다.

이러한 신자유주의적 관점에 따른 복지국가에 대한 견해는 다음과 같이 정리된다(현외성, 강욱모 공역, 2007: 74-75; Pierson, 1998). 첫째, 복지국가는 비경제적이다. 복지국가는 (자본의) 투자 유인과 (노동의) 일에 대한 유인을 약화시킴으로써 시장에 필요한 원리와 유인을 제거한다. 둘째, 복지국가는 비생산적이다. 복지국가는 (비생산적인) 공공 관료제도의 급속한 성장을 자극하며 경제의 (생산적인) 민간부문으로부터 자본과 인적자원을 박탈한다. 국가의 급여 제공의 독점은 공공부문에 속하는 노동자로 하여금 인플레이션을 유발하는 임금 상승을 요구하게 된다. 셋째, 복지국가는 비효율적이다. 복지국가는 복지급여를 독점하고 특별하고도 부분적인 이익을 창출하고 후원함으로써 비효율적인 서비스 전달을 초래하며, 시장원리가 박탈된 체계는 (비조직화된) 소비자보다는 오히려 (조직화된) 생산자의 이익에 기여하는 체계를 가져온다. 일반적으로 정부는 정부가 개입하는 사회생활 영역을 확장하듯이 정책 실패도 증가한다. 넷째, 복지국가는 비효과적이다. 많은 자원이 복지국가에 투입됨에도 불구하고 복지국가의 조치들은 빈곤과 박탈을 제거하지 못한다. 오히려 복지국가는 전통적인 지역사회와 가족에 기반을 둔 원조 형태를 제거함으로써 가난한 사람의 처지를 더욱 악화시키고, 박탈된 사람을 '의존주기(cycle of dependence)' 속에 집어넣는다. 다섯째, 복지국가는 전체적이다. 복지국가는 기껏해야 관료제도의 박탈적인 손아귀에서 성장을 이루어 내고, 오만한 국가에 의하여 개별 시민의 사회통제를 가져오며, 경우에 따라서는 전체 지역사회의 사회통제를 가져오기도 한다. 많은 경우에 있어 국가 통제와 조종의 희생자들은 복지국가가 도움을 제공하기 위해 존재하는 바로 그 박탈된 시민이다. 끝으로, 복지국가는 자유를 부인한다. 복지국가의 강제적인 서비스 공급은 복지 영역 내에서의 개인의 선택의 자유를 부정하는 반면, 복지국가의 과도하고 누진적인 세금에 의존하고 있는 정체는 '징발적인' 것으로 표현될 수 있다.

이처럼 신자유주의는 개인의 자유와 경제적 효율성이 훼손된다는 이유로 보편적 성격의 복지국가에 반대한다. 다만 신자유주의자들 또한 일부 복지제도의 존재에 대해서는 동의하는데(조영훈, 2002: 106), 시장에서 실패한 개인을 대상으로 하는 공공부조와 수리 원칙을 철저히 따르는 사회보험으로만 구성된 복지체제가 그것이다. 이렇게 볼 때, 신자유주의 복지정책은 기존의 보편적 성격의 복지체제를 잔여적 형태의 복지체제로 재편하는 데 있다고 볼 수 있다. 신자유주의 사회복지정책이 추구하는 정책수단으로는 사회보장제도와 대체관계에 있는 민간보험의 활성화, 복지관리 기구에의 경쟁체제 도입, 복지전달체계에의 시장적 요소 도입, 보편적 프로그램에의 선별주의 강화, 근로와 복지의 연계, 사회보장 급여의 물가에의 연동, 사회보장 급여 수급조건의 강화 등을 들 수 있다.

3) '제3의 길' 관점

(1) 개념 및 이념적 정향

'제3의 길'은 이 장에서 다루는 다른 사회복지 관점들과 비교하여 역사가 짧다. 데이비드 로이드 조지(David Lloyd George)나 헤럴드 맥밀란(Harold Macmillan)과 같은 다양한 인물과 스웨덴 사회주의나 이탈리아의 파시즘과 같은 운동들과 관련된 제3의 길 혹은 중도가 이전에도 존재했으나, 최근에 논의되는 '제3의 길'은 앤서니 기든스(Anthony Giddens)의 저작 및 미국 빌 클린턴(Bill Clinton)의 민주당 행정부와 영국의 토니 블레어(Tony Blair)의 신노동당 정부의 정책들과 관련된다.

기든스는 1998년에 발간된 『제3의 길(The Third Way)』이라는 저서를 통해 사회민주주의와 신자유주의를 대신할 새로운 정치이념을 '제3의 길'로 명명하고 있다. 그에 따르면, 유럽에서 1970년대 중반에 경제침체와 재정적자 누증으로 위기에 놓였던 사회민주주의나 1980년대 사회민주주의의 대안으로 확산되던 신자유주의는 모두 20세기가 저물고 21세기가 밝아 오는 시점에서 보면 심대한 사회경제적 변화에 대응하기에 부적절하다(Giddens, 2000). 그는 현대사회가 당면하고 있는 다섯 가지 딜레마를 정식화하면서, 기존의 좌파와 우파라는 이념으로는 이러한 문제를 해결할 수 없다고 주장한다. 그가 주장하는 딜레마는 다음과 같다. 첫째, 세계화는 국민성과 국민주권의 의미를 변화시킨다. 둘째, 개인의 이익만을 추구하는 이기심도 아니고 국가가 하향적인 방법으로 강요하는 사회연대성도 아닌 '새로운 개인주의(new individualism)'가 출현하고 있다. 셋째, 지구 온난화 현상, 지역분리, 유럽연합의 미래에 대한 논쟁은 전통적 좌파와 우파의 구분을 통해서는 제대로 설명할 수 없다. 넷째, 정치인의 영향력이 점차 약화된다 할지라도 사회변화의 중요한 부분에서 정부의 역할은 계속되고 있다. 끝으로, 환경문제의 심각성에 대한 인식은 점점 확대되고 있다(Giddens, 1998).

이러한 상황에서 그가 주장하는 구좌파 내지 전통적 사회민주주의의 한계는 다음과 같다. 첫째, 경제의 상호 의존성이 현저한 전 지구적 자본주의 시대에서는 일국가적 경제관리만으로는 더 이상 복지국가의 유지가 어려워졌다. 둘째, 비대해진 국가는 관료주의에 물들어 반응력이 약화되고 있다. 셋째, 복지 수혜자는 의존적이 되었으며 자율적으로 책무를 실행하는 개인으로 서지 못했다. 끝으로, 무엇보다도 시장의 효율성과 역동성에 눈을 돌리지 못하여 경쟁력 있는 경제를 운영하지 못했다. 한편, 신자유주의가 드러낸 심각한 문제는 먼저 시장이 초래하는 불평등 문제에 대한 심각한 인식이 결여되어 취약한 자를 보호하지 못했고, 그럼으로써 사회정의라는 가치가 외면당하고 있다는 것이다. 또한 공공재를 산출하고 공급하기에 부적합한 시장에 과도하게 의존하였기 때문에 시장실패를 치유해야 할 국가는 결국 제 역할을 충실히 수행하지 못했다는 것이다(Giddens, 1998). 결국 우파는 시장의 힘을 지나치게 과신하면서 자기 파괴적으로 변화하고 있고, 좌파는 현상 유지의 방어자가 되고 있다는 것이다.

이에 기든스는 '제3의 길'이라는 새로운 이념을 통해 사회민주주의와 신자유주의의 대안적 정치철학을 모색하고자 하였다. 이러한 사실은 1994년에 간행된 『좌파와 우파를 넘어서(Beyond Left and Rights)』라는 그의 저작을 통해 분명히 알 수 있는데, 여기서 그는 자신의 정치적 입장을 중도좌파(centre of left)라고 밝히고 있다. 즉, 중도좌파란 좌파와 우파의 선택을 필요 없도록 만든다는 것이다. 그는 중도좌파 이념으로서의 이러한 '제3의 길'이 사회민주주의의 가치를 그대로 전제하고 그 교의를 수정하여 현대화하려는 시도이며, 현대사회의 문제를 해결하기 위한 현실적 대안이라고 주장하고 있다. 결국 '제3의 길'의 이념적 정향은 좌파·우파 양극단 사이의 공간을 찾으려고 시도하고, 양자 사이에서 자신을 실현시키지만 이 양자를 제거하지 않는 것이다. 따라서 기든스는 '제3의 길' 정책 대강을 다음과 같이 제시하고 있다. 첫째, 정부의 재구성을 통해 행정기구를 간소

표 7–2 사회정책에서 '제3의 길'의 이념적 정향 비교

중요성	구 사회민주주의	제3의 길	신자유주의
담론	권리	권리와 책임	책임
	공평	공평과 효율	효율
	시장실패	시장과 국가 실패	국가실패
가치	평등	포함	불평등
	보장	적극적 복지	비보장
행정 목표	결과의 평등	최소 기회	기회의 평등
	완전고용	고용 가능성	낮은 인플레이션
정책 수단	권리	조건부	책임
	국가	시민사회/시장	시장/시민사회
	국가의 재정과 전달	국가/사적 재정과 전달	사적/국가 재정과 전달
	보장	유연 안전성	비보장
	계층제	네트워크	시장
	높은 세금과 지출	투자를 위한 현실적 세금	낮은 세금과 지출
	높은 서비스와 혜택	높은 서비스와 낮은 혜택	낮은 서비스와 혜택
	높은 현금 재분배	높은 자산 재분배	낮은 자산 재분배
	보편주의	양자 모두	선택주의
	높은 임금	최저임금/세금 크레딧	낮은 임금

출처: Powell (2003), p. 103, 〈표 10–1〉 참조.

화하면서도 역동적인 조직으로 재편한다. 새로운 정부의 역할은 세계화를 추진하면서도 지역의 자율성을 강화해야 한다. 둘째, 시민사회를 재구성하여 정부, 시장 및 시민사회가 균형을 이루어야 한다. 셋째, 새로운 경제체제는 자유시장과 정부의 역할이 조화를 이루도록 해야 한다. 기존의 혼합경제가 국유화와 민영화를 중심으로 논쟁을 벌였다면, 새로운 혼합경제는 규제와 탈규제 사이의 균형을 추구한다. 넷째, 복지국가는 수동적 위험체계에서 적극적 복지체제로 바뀌어야 한다. 다섯째, 경제성장과 동시에 새로운 생태학적 근대화를 위한 전 인류적 노력을 기울여야 한다. 끝으로, 국민국가들 간 민주주의를 위한 '지구적 거버넌스(global governance)'를 위한 국제적 협조를 발전시켜야 한다(Giddens, 1998).

결국 기든스가 제시하고 있는 정책 내용은 그 자신도 구체적인 정책 제안이 아닌 단순한 개요라는 점을 인정하고 있지만, 사회 내 각각의 주요 부문에 관한 프로그램의 현실적인 통합처럼 보인다. 기든스는 시장경제를 수용하면서도 능동적인 정부의 역할을 강조한다. 또한 정부의 역할을 인정하면서도 활력 있는 시민사회를 강조하며 정부, 기업, 시민사회 간의 공생과 협력 관계를 중시하고 있다. 기든스가 주장하는 '제3의 길'의 이념적 정향을 '제1의 길' 및 '제2의 길'과 비교하면 다음과 같다.

(2) '제3의 길'과 사회복지

사회민주주의의 대표적인 상징물인 복지국가가 사회구조의 변화와 신우파의 정책에 의해 불구화된 상태에서, 사회민주주의의 부활을 외치는 '제3의 길' 논자들이 가장 중요한 개혁 대상으로 복지정책을 선택한 것은 어쩌면 당연한 것이었는지도 모른다. 그것은 '제3의 길'이 사회민주주의 및 신자유주의의 양자로부터 각각 어떻게 다른가를 가장 잘 보여 줄 수 있고 또 보여 주어야 할 영역이었기 때문이다.

먼저 기든스는 다음과 같은 세 가지 이유로 복지개혁을 '제3의 길' 정치철학에서 중요한 부분으로 간주하였다. 첫째, 현재의 복지구조는 사회경제적 변화를 따라가지 못하고 있다. 대량생산의 종언 및 기술 변화 그리고 세계화의 과정 속에서 자본주의가 역전 불가능한 변화를 겪고 있으며, 이에 따라 기존의 케인스주의적 복지국가는 더 이상 유지될 수 없다. 둘째, 적어도 몇몇 영역에서 그리고 몇몇 국가에서는 복지국가가 유지될 수 없는 실정에 처해 있다. 왜냐하면 복지국가가 가정하는 사회적 연대의 강화는 꿈도 꾸지 못한 채, 복지국가에서 오히려 사회적 연대가 약화되고 있기 때문이다. 더욱이 몇몇 국가는 많은 세금을 복지서비스에 직접 지출하기보다는 이자를 충당하는 데 쓸 정도로 높은 수준의 빚에 허덕이고 있다. 이런 문제 때문에 조세 거부운동과 세대 간 갈등, 기존 제도에서 이득을 얻는 자와 그러지 못 한 자 사이의 갈등 등과 같은 새로운 갈등이 야기되고 있다. 끝으로, 복지국가는 직접적인 방식으로 해결해야 할 필요가 있는 한계와 모순을 가지고 있다. 현재의 복지국가는 질병, 실업 등 사회적 위험에는 어느 정도 안전망이 되어 주지만, 이는 사람들로 하여금 적극적인 투자결정을 하도록 만들지 않는 '수동적 위험체계(passive risk system)'에 불과할 뿐 애초의 이상이었던 빈곤의 퇴치나 부의 재분배에는 별 역할을 하지 못한다고 진단한다. 이러한 문제점 때문에 복지국가는 현재의 상태로는 지속될 수 없으며, 지속된다 해도 점차 약화되거나 축소될 운명이다.

따라서 기든스는 권리와 책임을 묶는 '새로운 사회계약'이 개혁된 복지제도의 일부로 형성되어야 한다고 주장한다. 즉, 사람들이 적극적인 투자가가 되도록 재원을 제공하는 동시에 국가는 사람들을 보호하는 '보장기제(security mechanism)'를 제공해야 한다는 것이다(Giddens, 1994). 그의 주장에 따르면, 세계화 시대에도 국가가 여전히 평등과 민주주의의 증진을 위해 개입해야 하지만, 그것은 이전의 복지국가와 같은 형태의 직접적 소득 재분배가 아니라 고용의 재분배, 교육과 노동력의 재훈련 등을 통한 '기회의 재분배'가 되어야 한다. 또한 그는 국가의 역할 역시 과거와 같은 직접적 개입보다는 사적 부문 당사자들의 주도와 협의 아래 이러한 목표들이 달성될 수 있도록 사회적 협력관계의 제도적 연결망을 제공해야 한다고 밝히고 있다. 이렇게 될 때 국가는 사람들로 하여금 안심하고 기회에 도전할 수 있도록 도와주는 '사회보험 체계로서의 적극적 복지(positive welfare as social insurance)'를 제공할 수 있으며, 이것이 새로운 복지 모델이 되어야 한다(Giddens, 1994, 1998, 2000). 그는 이러한 '사회보험으로서의 복지'가 시민의 생활에서 적극적인 역할을 하면서도 지나친 간섭을 줄이는 동시에 개인적 책임을 장려하는 '적극적 복지'라고 강조하고 있다. 또한 이러한 국가의 역할을 '사회투자국가(social investment state)'라고 명명하고 있다(Giddens, 1998: 99).

결론적으로, '제3의 길' 복지개혁의 핵심은 국가와 국민 간의 책임과 의무를 재정립한 새로운 사회계약을 체결하여 복지정책의 방향을 '결과의 평등'에서 '기회의 평등'으로 전환시키자는 것이다. 이름하여 '복지에서 노동으로(welfare to work)' 또는 '생산적 복지'정책이 그것이다. 새로운 사회계약하에서 국민은 능력이 닿는 한 노동에 종사하거나 직업훈련을 받아 독립적인 개인으로서 생활할 수 있도록 기회를 확보해야 하고, 국가는 일할 능력이 있는 사람에게 노동시장에 참여할 수 있는 조건을 만들어 주어야 한다는 것이다(강욱모, 2003).

(3) '제3의 길'과 사회투자국가

'제3의 길' 정책 프래그머티즘(pragmatism)은 어떤 성과들을 만들어 낼 수 있는 시장의 능력에 대한 긍정적인 관점뿐만 아니라 적극적인 사회투자국가(social investment state)에 대한 강한 강조를 포함하고 있다(Green-Perdersen, van Kersbergen, & Hemerijck, 2001: 309). 사회투자국가론의 핵심은 복지가 갖는 투자적 · 생산적 성격을 강조하며 복지와 성장, 사회정책과 경제정책의 상호 보완성을 강조한다.

그렇다면 사회투자국가는 제2차 세계대전 이후 서구에 뿌리내린 전통적 의미의 복지국가와는 어떤 점에서 다른지를 살펴보아야 한다(Blair, 1998; Giddens, 1994, 1998). 첫째, '과세와 지출' 대신 사회투자를 강조한다. 투자는 수익을 상정하는 개념이므로(Perkins, Nelms, & Smyth, 2004: 33: 김영순, 2007에서 재인용), 이제 복지지출은 명확한 수익을 창출하는 것이어야 한다. 둘째, 사회투자국가는 경제정책과 사회정책의 통합성을 강조한다. 사회지출은 수익을 창출할 투자이기 때문에 곧바로 경제정책의 한 요소가 된다. 즉, 사회정책은 성장과 효율에 복무할 때 의미를 갖게 되며 사회정책과 경제정책이 충돌할 때 전자는 후자에 맞춰 조정되어야 한다(Lister, 2004: 163). 셋째, 사회투자의 핵심은 인적자본 및 사회적 자본에의 투자이다. 인적자본에 대한 투자와 그 핵심 대상으로서의 아동의 중요성에 대한 강조이다. 사회투자국가는 또한 좋은 인적자원을 만들어 내는 사회적 맥락, 경제활동의 포괄적 기반으로서의 사회적 자본을 강조한다. 지역사회가 아동과 더불어 사회투자국가의 또 다른 표적이 되는 것은 이 때문이다(Lister, 2004: 163). 사회투자국가론은 강한 가족과 강한 지역사회는 강한 사회의 기본이라고 본다(Williams & Roseneil, 2004: 185). 넷째, 사회투자국가에서는 사회지출을 소비적 지출과 투자적 지출로 이분화하기 때문에 소비적 지출을 되도록 억제하려 하며, 자산조사를 동반하는 표적화된 프로그램을 선호한다. 다섯째, 시민권을 주로 권리의 측면에서 바라봤던 구좌파와 달리, 시민의 권리는 의무와 균형을 이루어야 한다고 주장한다. 경제적 기회의 제공과 복지의 제공이 국가의 의무라면, 유급 노동을 통해 스스로를 부양하는 것은 시민의 의무라는 것이다(Lister, 2004). 여섯째, 사회투자국가는 결과의 평등보다는 기회의 평등에 관심을 가지며, 불평등의 해소보다는 '사회적 포섭(social inclusion)'에 더 관심을 갖는다. 기든스는 이제 복지국가는 소득이 아니라 '기회를 재분배'하는 존재가 되어야 한다고 본다. 즉, 국가는 이제 시장의 실패자들에게 사후적으로 소득을 보장해 주기보다는(passive risk system) 인적자원에의 투자를 통해 사람들로 하여금 새로운 지식기반 경제에 적응하여 시장에서 승리자가 될 수 있게 도와주는 '적극적 복지(positive welfare)'의 제공자가 되어야 한다는 것이다(Giddens, 1998). 이것이 평등에 대한 현대적 사회민주주의자들의 역동적·생애기회적 관점에서의 접근이다(Giddens, 2000: 86; Lister, 2004: 162). 이렇게 기회를 재분배함으로써 경쟁 지반을 평평하게 하기 때문에 결과의 불평등은 받아들일 수 있는 것이 된다. 국가는 경쟁의 패자들이 사회 밖으로 튕겨져 나가 사회적 배제 상태에 빠지는 것은 막아야 하지만, 일단 사회 내로 포섭된 사람들 사이의 불평등은 그리 중요한 문제가 아니다.

이와 같이 사회투자국가는 소비적 지출보다 투자적 지출, 결과의 평등보다는 기회의 평등, 시민의 복지권보다는 그에 상응하는 의무를 강조한다는 점에서 구좌파의 복지국가론과 다르다. 또한 여전히 시장의 부작용 교정과 평등화를 위해 국가 개입의 필요성을 인정한다는 점에서는 신자유주의와도 다르다. 복지의 투자적 성격을 강조하는 사회투자국가는 논리상 보육, 교육 등 미래 세대에 대한 지출과 여성이나 실업자 등 비경제활동인구를 활성화시키는 적극적 노동시장 정책을 강조하는데, 이런 프로그램들은 탈산업사회의 새로운 문제점들, 이른바 새로운 사회적 위험들을 수습할 수 있는 프로그램들과 거의 일치한다. 이에 따라 선진 복지국가 일반, 그리고 이들을 회원국으로 하는 국제기구들에서는 사회투자국가가 제기했던 것과 유사한 투자적 사회정책의 확대 필요성을 강조해 왔다. 우리 사회에서도 노동시장 유연화와 저출산·고령화 사회의 도래에 따른 새로운 위험의 징후가 뚜렷해지면서 사회투자국가 내지 사회투자적 복지정책에 대한 논의가 확산되고 있다.

3. 탈이데올로기적 관점

1) 시민권론

⑴ 개념 및 이념적 정향

19세기와 20세기 초반 유럽의 시민권은 마르크스가 인식한 일반적 동의에 의한 근대 민주주의 규칙으로서의 시민계약에 의해 약속된 형식적 평등과 시장에서의 진정한 불평등을 감소시키려는 시도로 이해될 수 있다. 이러한 시도는 아래로는 노동계급과 페미니스트 조직에 의해, 위로는 중간계급에 의해 지지를 받았다. 이는 개인주의적 시장사회의 모순에 대항하는 투쟁인 집합주의의 발생이라고 부를 수 있다. 하지만 시민의 지위에 부여되는 권리와 의무를 규정하는 정치적 방어를 둘러싼 논쟁이 지속되고 있는데, 어떤 것은 시민권에 관한 과거의 이론에서 직접적으로 도출된 것이고 또 다른 것들은 최근의 논쟁에서 비롯된 것이다. 여기서 다루고자 하는 것은 이러한 논의들과 관련된 이슈들인데, 시민권 이론의 선구적인 이론가라 할 수 있는 마셜(Marshall)이 주장한 시민권의 세 가지 유형을 중점적으로 논의를 전개하고자 한다. 마셜의 이론은 그것의 파급 효과나 영향력에 비례해서 비판 또한 광범위하게 이루어지고 있기 때문이다. 따라서 마셜의 고전적 논의를 살펴본 다음, 비판적 견해를 살펴보고 시민권에 대한 새로운 의제와 제기되는 논점들이 무엇인지를 검토해 본다.

(2) 시민권과 사회복지: 마셜의 시민권론

시민권은 마셜이 1949년 옥스퍼드 대학교가 주관한 기념강연회에서 행한 연설문에서 기원을 찾을 수 있다. 이 연설에서 그는 서구 자본주의 사회의 발달을 18세기의 공민권 (civil rights), 19세기의 정치권(political rights), 그리고 20세기의 사회권(social rights)이라는 각각의 권리의 발달로 구분하면서, 시민복지의 완전한 성취는 궁극적으로 국가에 있다고 보았다. 중요한 점은 개별 권리가 서로 독립적이지만, 완전한 '시민권'을 이루기 위해서는 상호 보완적이어야 한다는 것이다. 시민권은 사회복지의 본질을 재설계해 줄 뿐만 아니라 개인과 국가의 관계를 인식하는 중심적 개념이라 할 수 있다. 권리와 의무에 관한 논의는 시민권 논의의 또 다른 한 축이지만, 시민권은 국가에 대한 개인의 권리라고 볼 수 있다. 요크(York)에서 행한 라운트리(Rowntree)의 사회조사를 통해 빈곤이 사실상 영국을 정복했다는 의견이 형성될 때, 복지의 영향이 대단히 폭발적이던 낙관주의 시대에 마셜의 주장은 자유시장 자본주의와 민주주의 사이의 실질적인 충돌을 해소한다. 시민권의 점진적인 발전이론은 '사회권'의 최종적 영역에서 최고조에 이른다. 따라서 마셜이 논한 시민권의 세 가지 유형의 특징을 보다 구체적으로 살펴보면 다음과 같다.

① 공민권

공민권은 사유재산의 자유, 계약체결의 자유, 언론·출판·집회·결사의 자유, 법 앞에서의 평등 등 개인의 자유를 실현하는 데 필수불가결한 권리들을 의미한다. 이 권리는 영국의 명예혁명과 청교도혁명, 프랑스혁명, 미국의 독립전쟁 및 남북전쟁 등 시민혁명을 통해 중세 봉건사회의 신분적 억압으로부터 탈피함으로써 획득된 것이다. 중앙집권화된 왕권 및 신권으로부터 해방된 시민은 자신의 능력에 따라 자유로이 계약을 체결하고 재산을 축적할 수 있는 기반을 획득한 것이다. 사유재산권과 계약 체결의 자유 그리고 법 앞에서의 평등을 주축으로 하는 공민권은 자본주의 생산기제가 원활히 작동할 수 있도록 하는 윤활유 역할을 담당하였다. 따라서 이 권리는 자본주의 생산체계의 기능적 역할을 담당하는 권리이다.

이와 같이 마셜에게 있어서 공민권은 극도로 개인주의적이며, 자본주의의 개인주의적 발달단계를 나타낸다. 공민권이 중심적 역할을 하던 시기의 사회사상은 자유주의였다. 이 시기의 자유는 '무엇을 하기 위한 자유(freedom to)'라는 적극적 의미보다는 '무엇으로부터의 자유(freedom from)'라는 소극적 의미로 해석되었다. 이는 개인주의적이고 자유방임주의적인 사상에 바탕을 둔 것으로서 사회적 의무 또는 사명으로부터의 자유이다. 따라서 평등은 단지 사법적 관점에서 자연적 자유에 대한 '평등한 권리'라는 의미로 해석되었으며, 또한 '조건의 평등'이나 '결과의 평등'보다는 '기회의 평등'에 중심적 가치를 두는 것이다. 이는 궁극적으로 시장의 원리에 '제1의 가치'를 부여하는 것이며, 국가는 그러한 시장의 기능이 순조롭게 작동하지 못할 때, 즉 빈곤, 질병 등의 문제에 의해 사회질서가 혼란되고 시장의 역할이 저해될 경우에만 개입하는 야경국가의 특성을 갖는다. 최근의 시민권 논쟁에서 신우파는 시민권의 범위를 사회권으로 확대시키는 것이 아니라 경제적 시장기제에 제1원칙을 두는 공민권적 시민권으로의 복귀를 주장하고 있다.

② 정치권

시민권 중 정치권은 정치적 권위를 부여받는 기구의 구성원으로서 혹은 그러한 기구의 구성원을 선출할 수 있는 유권자로서 정치권을 행사할 수 있는 권리를 의미한다. 정치권이 제기될 수 있었던 첫 번째 배경은 시민혁명이었다. 그러나 시민혁명을 통해 전근대적 봉건적 관계가 일거에 그리고 철저하게 폐지되었고, 새로운 사회에 자유와 민주주의의 사조를 광범위하게 배포시키기는 했지만, 혁명의 근본적인 성격이 '부르주아 혁명'이라는 한계를 내포하고 있었다. 그 결과, 국가와 사회 간에 최초로 수립된 협약은 다양한 사회 세력들에게 동등한 권리를 부여하는 공평한 협약이 아니었다. 먼저 봉건주의에서 자본주의로의 이행과정에서 엄청난 부를 축적했던 신흥 자본가 계급이 신분제 의회에 편입되어 조세 납부에 대한 교환조건으로 정치적 대표권을 획득했다. 따라서 최초의 민주국가는 재산과 교육의 정도에 따라 노동계급과 농민 등 국민 대다수의 참정권을 제약한 '부르주아 민주주의'에 불과했기 때문에 사회적 불평등을 해소하기보다는 오히려 정치적으로 강화시키는 양상을 띠었다.

이러한 한계를 극복하려는 노력은 노동자들의 정치투쟁을 통해 나타났다. 정치권이 보다 구체적인 양태를 띠면서 발달할 수 있었던 배경에는 산업혁명 이후 급속히 증가한 노동계급 운동과 이에 수반한 중산계급 개혁가들의 도움이 있었기 때문이다. 이러한 공민권과 정치권의 발달은 끊임없는 갈등의 역사였고, 19세기까지의 보편적인 역사였다. 경제 영역에서의 공민권과 정치 영역에서의 정치권은 시민사회에서 자본주의가 성장할 수 있는 사상적 토대를 제공하였다. 그러나 역사적으로 민주주의와 시장자본주의는 나란히 발달해 온 것이 사실이지만, 양자 사이에는 근본적인 긴장관계가 존재한다. 사회적 선택에서 동등한 비중을 지닌 시민의 참여가 특징인 민주주의와 생산수단의 사유와 자유로운 처분 그리고 시장을 통한 가격의 결정과 자원의 배분으로 특징되는 자본주의는 상반되는 원칙에 놓여 있기 때문이다. 민주주의는 적어도 원칙상 '1인 1표'의 수평적인 평등에 입각하고 있는 반면, 자본주의는 소유한 부의 정도에 따른 서로 다른 영향력을 전제로 하고 있다. 이러한 관점에서 민주자본주의가 생명력 있는 선택이 되기 위해서는 하나의 타협을 전제로 해야 한다. 즉, 생산수단을 소유하지 못한 사람들은 사유재산제에 동의하는 반면, 생산수단의 소유자는 다른 집단의 자원과 산출에 대한 분배 요구를 부분적으로나마 수용하고 그 요구를 전달하고 실행하는 정치제도를 용인해야 한다는 것이다. 마셜은 바로 이러한 타협을 사회권의 발달로 파악하고 있다.

③ 사회권

정치권에서 사회권으로의 발전은 인간의 기본권이 정치적 영역에서 사회적 영역으로 확대되어 왔으며, 사회적 영역에서 가장 핵심적인 권리는 최소한의 사회복지를 보장받을 수 있는 권리가 되는 것임을 의미한다. 시민권의 기본적인 이념인 사회권의 출현과 더불어 개인은 공동체에 완전히 참여할 수 있다. 중요한 점은 복지국가로 표현되는 사회권 간에는 근본적인 차이점들이 존재한다는 사실이다. 자유주의적 원칙은 소극적인 방식으로 형성되는 것이 일반적이므로 무엇(특히 국가 개입)으로부터의 자유에 기초하는 반면, 사회권은 적극적인 방식으로 형성된다. 즉, 사회권은 적극적이고 심지어 개입주의적인 정치제도 내지 국가를 의미한다. 이러한 사회권은 '시민권'의 공식적인 지위에 물적 기반을 제공함을 의미한다. 특정 수준의 물질적 안녕이 보장되며, 이는 시민이 공동체에서 완전한 참여권을 행사할 수 있도록 해 준다.

발달과정적 차원에서 완전한 시민권의 실현은 사회권을 달성함으로써 도달될 수 있다. 사회권은 적정 수준의 경제적 복지 및 사회보장을 통하여 사회적 유산을 충분히 공유하고, 사회의 보편적 기준에 따라 문명화된 삶을 영위할 수 있는 권리에 이르기까지의 전 범위의 권리를 의미한다. 이와 가장 밀접한 제도는 교육 및 사회복지이다. 따라서 그 원천은 공동체에 대한 성원권과 공동체 성원과의 기능적 유대이다. 이러한 사회권은 19세기 말부터 20세기에 이르기까지 다양한 사회복지제도들을 통해서 실현되고 있다. 그러므로 사회권은 '복지권'이라 부를 수 있다.

이러한 관점에서 사회권은 대부분의 사람들이 생활수준을 획득하기 위해 노동시장에서 자신의 노동력을 팔아야 하는 사회, 그러한 사회를 계층화시키는 사회계급에 대한 정면 도전 내지는 시장경제의 한계성을 인정하는 것이 된다. 마셜의 주장처럼, 사회권은 사회계급을 초월하여 지위의 평등을 제공하며, 모든 국민에게 경제적·사회적 보장을 제공하는 것이라고 볼 수 있다. 따라서 마셜의 분석은 좁은 의미에서는 소득분배와 교육기회의 균등분배를 통한 계층적 상향 이동이라는 관점에서 해석되지만, 보다 중요한 의미를 갖는 것은 시민권과 사회계급 간의 관계이다. 중요한 관심은 '시민권'이 사회 불평등을 완화시키고 지위의 평등을 어느 정도 달성했는가 하는 점이다. 따라서 사회 원칙적으로 사회권이란 오직 협소한 의미에서 '계급에 대한 권리'만을 의미하지만, 보다 중요한 것은 사회권을 통해서 확보되는 급여가 광범위하고 보편적이어야 한다는 것이다. 사회권의 실재성을 나타내는 시민권의 핵심은 이러한 권리가 창출되어 공동체의 완전한 참여적 권리를 갖는 구성원으로서 개인의 지위를 보호하는 것이다. 사회권은 개인이 사회의 생활방식에 접근할 수 있도록 보장하는 데 중요한 기준인 욕구의 개념에 기초해 있다. 왜냐하면 사회권이란 분배를 받을 수 있는 권리로서 단순히 동등한 자연적 권리가 아니라 동등한 사회적 가치라는 개념에 뿌리를 두고 있기 때문이다. 이러한 논리 속에서 '사회권'을 소유한 모든 국민은 '복지에 대한 권리'를 갖는다는 논리가 도출된다. 그리고 이러한 권리의 개념으로부터 적극적인 국가 개입의 정당성이 부여된다. 흥미로운 점은, 동료학자였던 티트머스(Titmuss)는 복지의 정당성을 이타주의에서 찾으려는 시도를 하였던 반면, 마셜은 사회 성원으로서의 한 개인은 가정이나 이웃 또는 지역사회로부터 도움을 받을 수 있는 도덕적 권한을 가지고 있다는 권리에 바탕을 둔 복지제도를 지지한다는 점이다.

(3) 마셜의 시민권론에 대한 비평

많은 연구들이 마셜이 주장한 시민권론의 한계를 지적하고 있다. 기든스(1994)는 "기본적인 복지권으로서의 시민권은 아직도 모든 국민이 향유한다고 볼 수 없는데, 남녀의 임금 차이, 장애인에 대한 사회적 편견, 기타 빈곤층이 감수해야 하는 여러 형태의 불이익을 예로 들 수 있다."라고 지적한다. 또한 신우파들의 주장에 힘을 실어 주는 위험이 있기는 하지만, 사실 복지국가는 시민권을 향상시켜 경제적 독립을 보장시키기보다는 시민을 복지제도에 의존하게 만들 수도 있다고 보았다. 곧 마셜이 언급한 사회통합이 이루어지는 것이 아니라 근로의욕을 상실한 수동적인 사회계층으로 전락시키고 의존적으로 만드는 결과를 가져왔다고 본다. 여성의 사회참여권의 등한시, 빈곤의 악순환, 경제문제 중심의 시민권 접근, 복지 관료주의에 의한 비인간화의 문제 등도 제기한다.

마셜의 시민권론에 대한 비판의 신랄함은 단지 마셜만을 겨냥한 것은 아니다. 모든 정치사회학자처럼 그도 시대의 산물이기 때문이다. 그는 전후 복지제도가 이렇게 도전받을지 예상하지 못했다. 특히 그는 보수당이 전후에 구축된 복지체제를 수용하고 복지비용이 외관상 증가하던 시기에 집필했다. 유사하게, 그는 새로운 유형이 등장할 것을 예견하지 못했다. 이런 세력들은 노동과 가족에 근간한 사회보장제도의 전후 복지 합의가 부적절하다고 생각한다. 전통적 소외세력(노인, 무능력자나 장애인)과 함께 새로운 소외세력(한부모, 장기실업자, 홈리스, 소수인종 집단)은 '배제적 사회(exclusive society)'의 희생자들이다. 현재의 사회적·경제적 경향에 의해 방치된 대중의 이런 부류(새로운 소외세력)에게 적용되는 순환적인 묘사는 '최하층(the underclass)'이다. 마셜은 이런 문제점들을 예견하지 못했다. 그의 시민권 분석은 여성문제에 다소 둔감한 면이 있다. 또한 그는 여성한부모 가정을 양산해 내는 변화하는 가족구조와 재구성되는 노동시장을 예견하지 못했다. 마셜이 사회적으로 "경제적 복지와 보장을 위한 권리…… 사회적 유산을 충분히 공유할 권리와 사회에서 우세한 규범에 의해 문명화된 삶을 영위할 권리"를 통해 성취되는 "지역사회의 완전한 성원권"이라는 것은 이런 사람들에게 잔인한 신기루와 같다. 현재에 대한 사회의 반발과 참여적 시민권으로부터 배제될 미래의 많은 논의 속에 있는 시민권 논쟁의 중심이다. 결론적으로, 사회적 시민권의 구성은 대중 참여를 통해 보다 효율적으로 형성되므로 시민권의 소극적 전통은 보다 참여적인 문화로 이행될 수 있을지의 여부가 존재하는 것으로 보인다.

2) 페미니즘

(1) 개념 및 이념적 정향
전후 복지국가에 대한 저술에서는 여성에 대한 언급이 거의 없었다. 사회복지 유형에 관한 티트머스(1958)의 고전적 논문도 국가가 제공하는 복지에 더하여 기업 및 재정복지의 중요성에 대해서는 강조하고 있지만, 복지 제공자로서 그리고 역사적으로 여성이 주로 주도한 자발적 영역과 가족이 제공하는 급여에 대해서는 언급하지 않았다. 다른 전후 논평가들과 마찬가지로, 티트머스도 사회복지 분석에서 가장 중요한 변수로 사회계층에 초점을 맞춤으로써 젠더와 인종을 배제하고 있다. 이와 같이 제2차 세계대전 이후 구축된 복지국가체제는 사회에서 남성과 여성의 역할과 행위에 관한 거대한 가설에 근거하여 구축되었다. 즉, 성인 남성은 모두 고용되어 생계를 책임질 것이고, 여성은 주로 가정주부와 보호자로서 가정생활에 안착될 것으로 가정했기 때문이다.

그러나 기존의 사회복지제도와 정책목표들은 1960년대 후반에 여성해방운동과 때를 같이하여 부활한 페미니스트들에 의해 논의의 중심에 포함되었다. 이러한 사실은 오코너(O'Connor, 1996)의 "서구에서의 복지국가 연구를 평가할 때 지난 20여 년간의 복지국가 연구 중에서 매우 혁신적인 연구의 하나는 여성학적 시각에서 복지국가를 분석하는 작업이었다."라는 주장에서도 뒷받침되고 있다. 페미니스트들은 특히 가족과 고용에서 여성의 지위를 설명하는 주류 사회학과 경제학에 대한 도전을 시작하면서 사회에서의 성의 불평등에 대한 원인을 집중적으로 탐색했다. 당시 주류를 이룬 기능주의 사회학자들과 신고전파 경제학자들은 여성은 자녀를 원한다는 것과 생물학적 그리고 소득능력에서의 차이에 따라, 남편은 주 수입원이 되게 하고 아내는 주 보호자가 되게 함으로써 그들의 역할을 극대화하는 이상적인 제도를 구축했다는 가설에 동의했다. 이와 같은 전통적인 남성 생계부양자 모델은 가장 효과적이고 본질적으로 조화로운 가족의 형태로 기술되었다.

하지만 '주류적인' 접근 방법과 구별되는 여러 페미니스트 이론이 등장하였으며, 이들 간에는 상이한 이념적 정향을 보이고 있다. 따라서 주류를 이루고 있는 몇몇 페미니즘의 내용과 특성을 간략히 살펴볼 필요가 있다. 여기서는 자유주의, 마르크스주의, 급진주의, 사회주의 그리고 복지주의 페미니즘에 한정하여 살펴본다.

① 자유주의 페미니즘

자유주의 페미니즘은 자유주의 정치사상에 기원을 둔 것으로, 주로 19세기와 20세기 초에 현격한 성 불평등을 해소하고자 했다. 이 입장에 따르면, 여성도 남성과 동등한 능력을 보유하고 있기 때문에 동등한 처우를 받아야 하지만, 현실에서는 성차별이 발생하고, 여러 가지 제도적·법적 불평등에 의한 기회의 차단이 성차별을 영속화시키는 요인이다. 따라서 자유주의 페미니즘은 참정권의 쟁취와 교육에서의 기회평등의 달성 등을 전략으로 내세웠다. 하지만 자유주의 페미니즘에서는 국가가 성차별적 제도 개선을 위해 긍정적인 역할을 수행할 수 있다는 입장이지만, 개인의 가정생활과 사적 영역에까지 개입하는 것에는 반대한다. 이처럼 여성문제를 자본주의의 기본 질서 내에서 법적·제도적 개혁에 의해 해결할 수 있다고 보지만, 취업 기회와 교육 기회가 평등하게 주어진 서구에서도 여전히 성차별과 불평등한 분업이 존재한다는 사실이 이러한 관점의 한계를 드러내고 있다. 따라서 기회의 평등이 여성문제 해결의 본질적인 대책이 될 수 없으며 자본주의 체제 내의 부분적인 개혁 그 이상이 요구된다.

② 마르크스주의적 페미니즘

마르크스주의 페미니즘의 출발은 여성도 경제활동 참여를 통하여 경제적 자립을 얻으면 해방될 수 있다는 기본 이념에서 시작된다. 19세기 이후에 특히 서구의 경우 산업화가 보다 본격화되면서, 특히 여성 노동자는 중산층 이상의 여성과는 달리 경제적 억압이 무엇보다 절박한 상황이었다. 그들은 여성이기에 받는 차별과 경제적 억압이라는 이중고에 시달렸던 것이다. 마르크스주의 페미니즘은 계급의 모순을 일차적으로 인정하면서 여성 억압을 낳는 궁극적인 요인을 사적 소유제 혹은 그 현대적 형태인 자본주의 체제로 보고 있다. 사적 소유제의 모순은 남녀 간의 지배관계로 나타났는데, 그 매개체로 공적 부문과 사적 부문의 구별, 성별 분업, 가족제도 등을 거론한다. 따라서 마르크스주의 페미니스트들은 여성에 대한 남성의 억압을 종식시키기 위해서는 여성이 경제적으로 독립하는 것이 매우 중요하다고 보며, 여성해방의 조건으로 전체 여성을 공적 분야에 유입하고, 가사노동과 자녀양육의 사회화를 기하여 여성을 해방할 수 있다는 것이다(조흥식 외, 2000: 52). 그러나 현존하는 사회주의 사회에서도 자본주의 사회에 비해 성차별이 상대적으로 감소하고 가부장제가 완화되었다고 해도 여전히 성별 분업이 존재하고 있다.

③ 급진적 페미니즘

1960년대 후반 이후 서구에서 여성해방운동이 강하게 일어나면서 여성 억압이야말로 억압의 가장 근본적인 형태로 독자적 체제를 이룬다고 보는 급진주의 페미니즘이 등장하였다. 급진주의 페미니스트들 중 대부분은 여성 억압이 최초의, 가장 보편적인 그리고 가장 뿌리 깊은 억압임을 인정한다. 아울러 여성집단을 지배하면서 이득을 보는 주된 집단을 자본주의나 어떤 사회구조가 아니라 바로 남성집단이라고 주장한다. 남성의 여성 지배체제가 바로 그들이 말하는 '가부장제'인 것이다. 이처럼 남녀의 대립을 강조하는 급진주의 페미니즘은 여성 억압의 주된 원인을 법이나 제도, 노동보다는 여성의 재생산 기능, '성관계적 성(sexuality)' '사회적 성(gender)' 등 여성으로서의 특징에서 찾는다. 특히 여성의 생물학적 특성인 출산과 이에 따른 의존성이 여성의 문제로 나타난다는 입장이다. 따라서 성의 혁명이 일어나야만 여성문제를 근원적으로 해결할 수 있다고 보고, 가능한 한 여성의 생물학적 생식의 지배에서 해방시켜야 함을 강조한다. 이를 위해 출산과 양육의 역할을 여성뿐 아니라 남성에게도 담당시켜야 함을 주장하는데, 예를 들면 인공수정이나 체외수정을 통한 출산의 과학화를 통해 여성해방이 가능해질 수 있다고 보는 것이다(조흥식 외, 2000: 53). 그러나 여성의 출산능력 자체를 인류의 재생산을 위해 사회적으로 보호되어야 할 모성으로 보지 않고 남성에 의해 지배당할 수밖에 없는 약점으로 보는 것에는 한계가 있다.

④ 사회주의 페미니즘

사회주의 페미니즘은 급진주의 페미니즘과 마르크스주의 페미니즘에 대한 비판적 문제의식에서 출발하였다. 즉, 급진주의 페미니즘이 여성들 간의 계급 차이나 가부장제 개념에 대해 너무 몰역사적인 점에 대해서, 그리고 마르크스주의 페미니즘의 경우 여성 억압을 부차적인 것으로 처리한 점에 대해서 비판적이다. 따라서 사회주의 페미니즘은 가부장제 이데올로기에 역사성을 부여하고, 유물론에 성이라는 범주를 적극적으로 끌어들이는데, 자본주의 사회의 여성문제는 자본주의의 본질인 계급 억압과 성의 억압인 가부장제가 결합하여 더욱 굳건해진다는 점을 강조하는 것이다. 그러나 자본주의와 가부장제가 어떻게 결합하여 여성 억압으로 이어지는가에 대해서는 아직 합의가 이루어지지 않은 상태이다(조흥식 외, 2000: 54). 이러한 관점은 여성문제 해결을 전체 남성 대 여성의 투쟁으로 본다는 데 한계가 있다.

⑤ 복지주의 페미니즘

복지주의 페미니즘은 1970년대부터 모성의 기능인 사회적 재생산에 대한 물질적 보상이 자본주의 체제에서 제대로 주어지지 않은 자체가 여성 억압임을 강조하며, 어머니로서의 여성의 욕구 해결과 아동의 욕구 해결 모두에 관심을 기울이면서 등장하였다. 그리고 복지주의 페미니즘은 여성의 실용적인 문제해결에 관심을 가지기 때문에 공공 영역보다 사적 영역에서의 욕구 해결을 더 중시한다. 또한 복지주의 페미니즘은 성차별 문

192   제7장 사회복지정책의 제 관점

제를 긍정적 차별의 원리에 입각하여 다루기 때문에 가족 내에서 여성의 전통적 역할을 인정은 하지만, 모성의 사회적 재생산 역할에 대한 보상과 관련해서는 공공 영역인 국가 사회복지정책 개입에 의해 이루어짐을 주장함으로써 성차별 문제를 점진적으로 개혁하고자 한다(조흥식 외, 2000: 56). 그러나 여성문제에 대한 근본적 개선은 시도하지 않는다는 한계를 지닌다.

(2) 페미니즘과 사회복지

이와 같은 페미니스트들의 주장이 지닌 광범위한 기반을 지지하는 많은 증거가 있다. 복지국가에서 성차별적인 불평등 구조를 나타내는 가장 명백한 지표는 여성과 남성 사이의 빈곤 가능성의 차이이다. 빈곤은 복지국가체제의 어느 곳에서도 제거되지 않았던 반면, 빈곤의 빈도와 분포가 변하였다. 남성의 빈곤이 주로 노동시장과 연관된 위기의 성격을 지니고 있다면, 여성은 이혼, 별거, 사별, 혼외 출산율, 동거의 증가 등과 같은 가족적 차원의 요인들과 실업, 고용 불안정, 차별 및 주변화 등과 같은 노동시장 요인들이 복합적으로 연결되어 있다. 따라서 여성의 빈곤은 가부장제 자본주의 사회에서 여성의 지위를 총체적으로 표현하고 있다. 어떤 논자들은 "여성이 과거에 비해서 더욱 가난해진 것이라기보다는 그들의 과거에 드러나지 않았던 가난이 점차 드러나게 되었다."고 주장한다. 반면에 적어도 빈곤의 통계적 측면에서 여성화를 밝히는 것은 가능하다(Glendinning & Millar, 1992). 예를 들면, 미국에서 1980년대 후반에 공공부조를 받는 가구의 81% 이상의 가장이 여성이었으며, 식품권이나 의료 보호를 받는 가족의 60% 이상의 가장이 여성이었다(Fraser, 1989: 107). 이처럼 소득 유지의 가장 기본적인 분야에서, 복지국가는 다른 어떤 집단보다도 여성에게 보다 광범위하게 실패하여 왔다. 이러한 실패는 페미니스트들의 비판이 지니고 있는 여러 가지의 요인에 의해 설명될 수 있다.

가족적 차원의 요인들과 실업, 고용 불안정, 차별 및 주변화 등과 같은 노동시장 요인들이 복합적으로 연결되어 있다. 따라서 여성의 빈곤은 가부장제 자본주의 사회에서 여성의 지위를 총체적으로 표현하고 있다. 어떤 논자들은 "여성이 과거에 비해서 더욱 가난해진 것이라기보다는 그들의 과거에 드러나지 않았던 가난이 점차 드러나게 되었다."고 주장한다. 반면에 적어도 빈곤의 통계적 측면에서 여성화를 밝히는 것은 가능하다(Glendinning & Millar, 1992). 예를 들면, 미국에서 1980년대 후반에 공공부조를 받는 가구의 81% 이상의 가장이 여성이었으며, 식품권이나 의료 보호를 받는 가족의 60% 이상의 가장이 여성이었다(Fraser, 1989: 107). 이처럼 소득 유지의 가장 기본적인 분야에서,

복지국가는 다른 어떤 집단보다도 여성에게 보다 광범위하게 실패하여 왔다. 이러한 실패는 페미니스트들의 비판이 지니고 있는 여러 가지의 요인에 의해 설명될 수 있다.

둘째, 여성과 남성에 대한 복지권의 불평등이 존재한다. 남성의 경우 유급 노동에의 참여, 즉 노동력의 상품화를 전제로 그들이 실업, 질병, 산업재해, 노년 등과 같은 사회적 위험에 처하게 될 때 어떤 자격요건과 기여 정도에 따라 사회적 보호가 이루어진다. 반면, 여성은 가족 내의 무급 보살핌 노동을 주로 담당하면서 자신의 노동력을 상품화시키지 못했기 때문에 탈상품화의 전제가 되는 유급 노동에의 접근이 제한되어 있다. 더욱이 여성의 낮은 생애수입과 비지속적인 고용 형태는 그들이 남성보다 기업연금이나 기여적인 사회보장 급여를 받을 기회를 줄이고 있다. 이러한 불리한 여건은 시간제로 일터에 다시 돌아오는 여성(특히 피부양자에 대한 계속적인 책임을 가진 여성)이 늘어 가고 있는 경향 때문에 더욱 악화된다.

셋째, 복지국가에서의 사회적 규범으로서 가족윤리는 전형적인 성별 분업적인 가족을 전제로 하고 있다는 점이다. 즉, 여성은 남성 생계부양자에 의존하면서, 그들의 지원하에 자녀를 양육하는 것을 가장 적합한 가족윤리로 생각하게 된다는 것이다. 그레이엄(Graham, 1987: 223)이 지적하고 있듯이, 자녀를 돌보는 것은 전형적으로 전임제이며 무보수의 직업이고, 대부분의 여성은 그 일을 위해 전임제의 유급 직장을 그만두게 된다. 발달된 자본주의 경제에서는 어디서나 모두, 남성 노동력 참여 비율이 지난 20~30여 년간 저하되었던 반면, 여성 참여 비율은 증가하였다. 그럼에도 불구하고 피부양 아동이 있는 여성의 노동 참여 비율은 저하되고 있다. 1993년과 1994년 영국의 경우, 5세 이하의 부양 아동을 가진 6명의 여성 중 1명 이하만이 전임으로 고용되었다(Oppenheim & Harber, 1996: 105-106). 아동양육의 책임을 가지고 있는 여성에게 불리한 것은 단순히 의존과 당면한 소득의 상실만이 아니다. 아동을 양육하는 것으로 야기되는 경력상의 공백 때문에 전임 고용으로 되돌아온 대부분의 여성은 고용 시 공백이 없는 그들의 남성 동료들보다 고용기간에서 불이익을 당하게 된다. 사회복지체계 역시 이러한 전통적인 성별 분업을 반영하고 있으며 재강화하는 측면이 있다. 따라서 사회정책도 만약 가족이 이러한 기능을 수행하지 못할 때 사회적인 지원이 제공되며, 이러한 사회적 지원은 생계부양자인 남성이 없는 여성에게 주로 제공된다.

끝으로, 남성 부양자-여성 의존자의 성별 분업은 나아가서 여성의 노동시장 내 위치에도 큰 영향을 미친다는 점이다. 즉, 여성은 주요 노동자가 아닌 이차적 노동자이고, 따라서 여성은 산업예비군으로 예비되어 있는 노동자군을 이루게 된다. 이로써 여성의 저임금은 합리화될 수 있으며, 그 외 노동시장 내 여성노동의 제한성을 재강화하게 된다 (Barrett & McIntosh, 1980: 61).

결론적으로, 복지국가는 직접적으로든 간접적으로든 '남성 부양자-여성 의존자'라는 전제하에 많은 사회정책을 실시하고 있는데, 이는 결국 여성의 빈곤을 야기하게 되는 중요한 고리의 역할을 하게 된다. 따라서 윌슨(Wilson, 1977)에 따르면, 보육정책이나 모성휴가 등의 노동복지정책은 값싼 여성 노동력을 노동시장 내로 유인하려는 정책이며, 여성 노동보호법들은 노동력 재생산의 장인 가족을 유지하기 위한 정책적 배려에 불과하다. 가족의 유지를 위해 의존적인 여성에게 지급되는 국가의 복지급여 역시 여성의 경제적 독립을 일시적으로는 증가시킨다 할지라도 의존자로서의 여성의 전통적 역할을 유지할 동기를 제공함으로써 장기적으로는 성별 분업을 강화하는 역할을 한다고 지적한다. 나아가 윌슨은 현대 복지국가는 단순히 서비스만을 제공하는 것이 아니라 그 서비스를 통해 가족과 여성의 역할에 관한 이데올로기를 주입시키고 있다는 주장을 하고 있다. 즉, 현대 복지국가가 남성은 생계를 책임지고 여성은 경제적으로 남편에게 의존하는 내부구조를 가진 가족을 확립시키는 것으로 보았으며, 따라서 복지국가체계를 매우 부정적으로 보고 있다.

3) 환경주의

(1) 개념 및 이념적 정향

최근 들어 신사회운동의 일환으로 등장한 환경주의 관점이 사회복지 논의에서 중요하게 대두되고 있다. 환경에 대한 폭넓은 관심은 1972년의 「성장의 한계(Limits to Growth)」라는 보고서의 발표로 시작되었다고 할 수 있는데, 이 보고서의 저자들은 현재와 같은 인구 증가와 지속적인 경제성장하에서 재생 불가능한 기본적인 자원이 얼마나 지속될 수 있을지를 다양한 컴퓨터 모델을 이용하여 제시하였다. 같은 해에 '지구의 친구(Friends of Earth)'와 '그린피스(Greenpeace)'가 설립되어 창조적이고 지속적인 캠페인과 함께 환경적 메시지를 보급시키기 시작했다. 1973년에는 중동 산유국에 의해 야기된 원유 가격의 상승은 서구사회에서 에너지 절약 노력을 확산시켰다. 환경문제는 소규모의 영향력 있는 압력단체에서 세계의 선도적 국가 의제로 점차 옮겨져 왔다. 여러 다양한 관점이 제기되고 있지만, 주요 선진국들은 환경문제가 사회와 경제 논제보다 우선순위에 있어야 한다는 믿음을 대체로 같이하게 되었다. 이러한 분위기에서 1980년대 후반 지구 온난화와 오존층에 구멍이 생기는 등의 매우 심각한 환경문제에 직면하게 됨에 따라 1992년 리우데자네이루에서 개최된 국제연합 지구정상회담(United Nations Earth Summit)에서 지속 가능한 발달 프로그램에 대한 국제 공동체의 이행을 논의하였다.

환경주의는 물질적 진보에 대한 자연적·사회적 제한들이 있다는 사실에 대한 인식을 공유한다. 그들은 지구는 인구 과잉과 산업과 수송 활동에 의한 배출물 때문에 생물권이 파괴되고 인구를 부양하기 위한 식량이 부족하게 되었다고 주장한다. 따라서 환경주의의 대응은 사회복지 논의에서 중요한 함의를 가지는 지구에서의 인간 활동의 부담을 줄일 것을 요구한다. 하지만 인간의 부담을 줄일 수 있는 방법과 관련해서는 환경주의자들 간에도 아직 의견의 일치를 보지 못하고 있는 실정이다.

(2) 환경주의와 사회복지

환경주의자들은 환경과 복지의 관계에 대해 다음과 같은 몇 가지 점에서 대체적으로 부정적인 관계로 규정짓는다. 첫째, 복지국가는 그 자체로서 경제성장의 가정 위에서만 유지되고 발달할 수 있다는 지적이다. 복지제도의 확대가 산업화된 서구 경제의 괄목할 만한 성장을 전제로 해 왔다는 것은 틀림없는 사실이다. 복지제도의 확대와 관련한 대부분의 연구자는 보다 큰 경제생산의 산출을 확대된 (재)분배의 필수적인 기반으로 여겨 왔다. 하지만 환경론자들은 성장에 기초한 복지국가는 전체 인류의 복지 보장과 조화를 이루지 못한다고 주장한다. 먼저 복지국가가 기반을 둔 경제학적 패러다임에 따르면, 환경은 활동하는 개방체계임과 동시에 천연상품의 원천이자 경제로부터 '부산물'을 제거하는 쓰레기 처리장이다. 환경은 상품을 공급하거나 쓰레기를 흡수하는 능력의 한계가 무한하다고 가정될 정도로 '개방체계'로 인식된다. 이러한 개방체계의 관점은 환경을 전통적 경제학의 '공짜 선물(free gift)'과 '자유로운 처분(freed disposal)'이라는 가정을 바탕으로 한다(Perring, 1987: 김영화, 공정원 역, 2002: 294-295에서 재인용). 사회복지가 이러한 개방체계적 관점에 의존하는 한, 다음과 같은 점에서 논란이 제기된다. 먼저, 사회복지가 지속적으로 발전하기 위해서는 지속적인 경제성장이 뒷받침되어야 하는데, 경제성장의 불가피성은 더 이상 실질적인 인간 욕구의 충족과 인간 복지의 지속적인 보장과 조화되지 못한다는 것이다. 제이콥스(Jacobs, 1996)가 주장하였듯이, 사회복지를 향상시키는 경제성장을 지지하는 '주요한 모델'은 더 이상 존재하지 않는다. 이는 부분적으로 지구 온난화, 해양오염, 생명의 다양성 상실 등과 같은 환경적인 '성장의 한계'에 관해 익숙한 환경주의자들의 논리를 표현한 것이다. 둘째로, 경제성장은 더 이상 대부분의 사람의 삶

의 질을 향상시키지 않는다는 것이다. 환경주의자들에 따르면, 환경친화적인 경제복지
지수는 오히려 과거 20년에 걸쳐 지속적으로 하락해 왔다. 제이콥스(1996: 83)는 "지금의
형태에서 경제 성장률의 증가는 사람들의 복지를 증가시키지 않는다. 이러한 형태는 사
람들이 인식하는 생활의 질을 떨어뜨리는 불평등, 범죄, 환경오염, 불안, 공공 서비스와
공공자산의 감소 등과 같은 사회적 비용을 요구한다."라고 주장하고 있다. 셋째로, 경제
성장의 인간 비용과 사회적 비용(스트레스와 관련된 질병, 풍요에서 비롯된 인한 질병, 불만족
스러운 노동과 이러한 사회적 질병의 직접적인 경제비용)은 복지국가의 경제를 자멸시킨다는
것이다. 끝으로, 경제활동의 대가로 산출된 부의 일부가 경제활동의 결과를 보상하는 데
지출되어야 하는데, 경제성장 속도에 비례하여 환경 파괴가 가속화될 것이기 때문에 이
러한 지출은 지속적으로 증가해야 할 것이라는 점이다. 다시 말해, 보다 많은 자원이 복
지의 동일한 수준을 달성하기 위해 보다 빠른 비율로 소모되어야 한다(Jacobs, 1991; Ross
& Usher, 1986: 김영화, 공정원 공역, 2002: 297에서 재인용). 이런 까닭에 '성장'(지출과 소비의
양적 표현인)의 바로 그 수단이 생산된 부의 진정한 성격이 무엇인가를 사실상 모호하게
만들고, 시간이 지나면서 복지 한 단위를 창출하기 위해 보다 강력한 착취가 필요하다는
사실을 얼버무리도록 한다. 이러한 사실은 경제성장이 오히려 사회복지에 투자할 수 있
는 자원의 양을 줄이는 결과로 돌아올 것이다. 이렇게 볼 때 장기적으로 복지에 해로운
것은 환경적으로 '지속할 수 없는 성장', 즉 자연 쓰레기를 처리하는 생태계의 능력에 너
무 많은 부담이 되는 성장이나 대체물의 제공 없이 안정된 자원을 고갈시키는 성장이다.
그런데 문제는 지속성이 얼마나 정의될 수 있으며 어떻게 이를 달성할 수 있는지에 대해
서는 논란의 여지가 많다는 것이다.

둘째, 환경주의자들에 따르면 자본주의적 경제성장의 촉진에 바탕을 둔 타협으로서의
복지국가로의 사회민주주의적 위탁은 복지국가 이전의 사회주의가 지닌 전통적 이념의
내용 중 일부분인 생산의 사회화, 노동자에 의한 통제, 삶의 질, 자원의 사용계획 등과 같
은 모든 급진적인 주장의 '일소'를 의미한다는 것이다. 하지만 이러한 자본주의적 복지국
가로의 위탁과 연합은 사회민주주의를 급진적 사회변화가 불가능한 수단으로 만들어 놓
았다고 비판한다.

셋째, 환경주의자들은 복지국가는 현대사회에서 기술 관료주의나 기술주의적 합리성
지배의 가장 중요한 요소 중 하나라는 것이다. 합리주의의 지배 논리를 지향하는 모든
인간과 사회적 행위의 형태를 예속시키려는 시도에 대한 거부는 신좌파와 서구 마르크
스주의에서 오랜 역사를 가진다. 호르크하이머와 아도르노(Horkheimer & Adorno, 1973)

는 최소한 돌이킬 수 없는 자연을 정복하고 착취하려는 시도는 항상 자연 속의 인류의 예속과 착취를 강제할 것이라고 주장하고 있다. 또한 마르쿠제(Marcuse, 1964: 51-52)는 복지국가를 '기술주의적 합리주의'와 '통제된 삶' 위에 건설된 '구속 상태'로 묘사하고 있다. 따라서 환경주의자들에게 복지국가는 그것을 통제하는 인간성의 개발을 희생시키면서 사회적 자본의 창조와 감시, 통제가 뒤얽혀 있는 것이 된다.

끝으로, 복지국가는 경제성장과 함께 일반의 사회복지를 조화시키는 문제에 전 세계적으로 대응하기보다는 국가적인 대응을 나타낸다는 비판이다. 따라서 복지국가는 복지의 전 세계적인 문제들을 보다 심각하게 만드는 국가적·정치적인 해결방안으로 제3세계에 경제성장의 장애물들을 떠넘기는 것에 의존하고 있다. 즉, 근대화의 집중은 상이한 지역환경의 상대적 특징에서 발생한 거대한 불균형을 낳았고, 세계의 정치적·경제적 지역 내에서 그리고 이를 가로질러서 부자와 자원을 갖지 못한 사람들 사이의 불평등을 급격하게 증가시켰으며, 더불어 지구환경의 점진적 오염과 악화를 낳았다는 것이다. 나아가 실질적인 사회복지의 결핍은 특히 아프리카의 사하라 사막 이남의 변동, 국제적 약물이동 등이 문제로 표현된다(Jacobs, 1996: 41-64). 결국 복지국가의 더 이상의 발전은 역사적으로 복지국가가 반진보적이었기 때문이 아니라 경제성장 전략과 결정적으로 연결되어 있고, 이러한 경제성장의 불가피성은 더 이상 실질적인 인간욕구의 충족과 인간 복지의 지속적인 보장과 조화되지 않기 때문에 저지되어야만 한다는 견해이다. 우리는 이것이 복지국가에 대한 환경주의자 비평의 핵심 주장이라는 것을 보았다.

결론적으로, 환경주의는 여러 가지 이유에서 사회복지를 이론화하는 데 중요한 새로운 요소를 포함한다. 사회복지정책과 환경정책이 별개이고 관계가 없던 시대는 이제 끝났다. 환경주의는 환경적 비판이 환경과 개발 및 그 결합으로 대표되는 자원에 대한 투쟁에 관심을 가지는 방식이다. 현대사회에 대한 환경주의적 비판은 산업사회 그리고 산업사회가 개발한 기술 및 과학적 지식의 사회적·정치적 특징 간의 관련성을 다룬다는 의미에서 '성찰적' 비판이다. 사실상 환경주의적 비판은 다양한 방식으로 과학 자체에 대해 지속 가능하고 환경친화적인 기술적 해결책을 제시할 능력이 있다는 데 반대한다. 환경주의적 관점에서는 과학이 문명의 거대한 희망이 아니라 착취와 갈등의 도구이다. 지구의 복지 측면에서는, '자연'이 인간의 재주와 객관적 방법에 의해 정복되거나 통제될 수 없다. 전체 생태계에서 볼 때, 인간 활동과 특수한 환경 간의 모든 관계는 혜택을 받는 동시에 누군가가 어딘가에서 어떻게든 반드시 지불해야만 하는 비용을 유발한다. 보다 심각한 문제는 환경 악화의 비용이 모든 정치행동의 형태에 따라서 불균등하게 분배

된다는 점이다. 다른 사람의 삶에 권력과 영향력을 행사하는 능력을 보다 많이 가진 사람은 산업기술과 경제체계에 의해 유발되는 위험을 최소한으로 겪기 때문이다. 현대 환경착취가 무책임의 체계라는 특성을 지니는 한, 비용과 이익은 불균등하게 분배되고 세계는 계속 약탈될 것이 확실하다. 따라서 사회와 환경정책 일체를 포함하여 모든 시민이 안전하고 건강한 환경을 가지는 사회를 생산하는 것이 무엇보다도 중요해지고 있다. 그리고 이것은 지속 가능한 사회정책을 위한 목표가 되어야 한다.

학습과제

1. 각 이데올로기들이 표방하고 있는 사회복지적 관점과 논리적 한계점들을 설명해 보시오.

2. 여러분 자신의 이데올로기적 정향을 제시하고 그 논리적 정당성을 설명해 보시오.

3. 한국 사회에서 야기되고 있는 이데올로기적 갈등문제를 제시하고 그 해결책에 대해 제시해 보시오.

4. '제3의 길'이 표방하고 있는 사회투자국가의 우리 사회에서의 적용 가능성 여부와 그 실현을 위한 정책방안을 제시해 보시오.

참고문헌

강욱모(2003). '제3의 길'과 복지정책. 강욱모, 김진수, 김학주, 심창학, 조기제 공저. '제3의 길'과 복지개혁: 영국·미국·독일·스웨덴 사례. 경남: 경상대학교 해외지역연구센터.

김교환(2002). 현대복지국가론. 서울: 교육과학사.

김영순(2007). 사회투자국가가 우리의 대안인가?: 최근 한국의 사회투자국가 논의와 문제점. 경제와 사회, 74, 84-113.

김영화, 공정원 공역(2002). 사회복지의 이론화: 계몽과 근대사회[Theorising Welfare Enlightenment and Modern Society]. O'Brien, M. , & Penna, S. 공저. 서울: 대학출판사. (원전은 1998년).

장인협(1997). 사회복지학개론. 서울: 서울대학교 출판부.

조영훈(2002). 신자유주의 복지정책의 이론과 현실. 현상과 인식, 제26권, 제3호.

조흥식, 김혜련, 신혜섭, 김혜란(2006). 여성복지학(2판). 서울: 학지사.

현외성, 강욱모 공역(2007). 전환기의 복지국가[*Beyond the Welfare State: The Political Economy of Welfare* (2nd ed.)]. Pierson, C. 저. 서울: 학현사. (원전은 1998년).

Barrett, M., & McIntosh, M. (1980). The Family wage: Some problems for socialist and feminists. *Capital and Class, 4*, 11.

Blair, T. (1998). *The third way: New politics for the new century.* London: The Fabian Society.

De Swaan, A. (1988). *In case of the state: Health care, education and welfare in europe and the USA in the modern era.* Cambridge: Polity.

Fraser, N. (1989). Women, welfare and the politics of need interpretation. In P. Lassman (Ed.), *Politics and social theory* (pp. 104–121). London: Routledge.

Furniss, N., & Tilton, R. (1977). *The case for the welfare state.* Bloomington, IN: Indiana University Press.

Giddens, A. (1994). *Beyond left and right: The future of radical politics.* Cambridge: Polity.

Giddens, A. (1998). *The third way: The renewal of social democracy.* Cambridge: Polity.

Giddens, A. (2000). *The third way and its critics.* Cambridge: Polity.

Ginsburg, N. (2003). The socialist perspective. In P. Alcock, A. Erskine, & M. May (Eds.), *The student's companion to social policy.* Oxford: Blackwell Publishing.

Glendinning, C., & Millar, J. (Eds.). (1992). *Women and poverty in Britain-the 1990s.* Hemel Hempstead: Harvester Wheatsheaf.

Graham, H. (1987). Women's poverty and caring. In C. Glendinning & J. Millar (Eds.), *Women and poverty in Britain* (pp. 221–240). Brighton: Wheatsheaf.

Green, D. (2003). The Neo-liberal perspective. In P. Alcock, A. Erskine, & M. May (Eds.), *The student's companion to social policy.* Oxford: Blackwell Publishing.

Green-Pederson, C., van Kersbergen, K., & Hemerijck, A. (2001). Neo-liberalism, the 'third way' or what? Recent Social Democratic Welfare Policies in Denmark and the Netherlands. *Journal of European Public Policy, 8*, 307–325.

Horkheimer, M., & Adorno, T. (1973). *Dialectic of enlightenment.* New York: Herder & Herder.

Jacobs, M. (1991). *The green economy.* London: Pluto.

Jacobs, M. (1996). *The politics of real world.* London: Earthscan.

Kearns, K. (1997). Social democratic perspectives on the welfare state. In M. Lavalett & A. Pratt (Eds.), *Social policy: A conceptual and theoretical introduction.* London: SAGE Publications.

Keynes, M. (1973). *The general theory of employment. Interest and money.* London:

Macmillan.

Lister, R. (2004). The third way's social investment state. In J. Lewis & R. Surender (Eds.), *Welfare state change: Towards a third way?* Oxford: Oxford University Press.

MacEwan, A. (1999). *Neo-liberalism or democracy?* London: Zed Books.

Macmillan, H. (1938). *The middle way.* London: Macmillan.

Marquand, D. (1992). *The progressive dilemma.* London: Heinemann.

Marshall, T. H. (1963). *Sociology at the crossroads.* London: Heinemann.

Marshall, T. H. (1965). The right to welfare. *Sociological Review, 13*, 3, 261–272.

Marshall, T. H. (1992). *Citizenship and social class.* London: Pluto Press.

O'Connor, J. (1996). Special issue: From women in the welfare state to gendering welfare state regimes. *Current Sociology, 44*(2).

Okun, A. (1975). *Equality and efficiency: The big trade-off.* Washington, DC: Brookings Institute.

Oppenheim, C., & Harber, L. (1996). *Poverty: The facts* (3rd ed.). London: CPAG.

Perkins, D., Nelms, L., & Smyth, P. (2004). Beyond neo-liberalism: The social investment state? Social Policy Working Paper, No. 3. Victoria: The Center for Public Policy, University of Melbourne.

Perring, C. (1987). *Economy and environment.* Cambridge: Cambridge University Press.

Powell, M. (2003). The third way. In P. Alcock, A. Erskine, & M. May (Eds.), *The student's companion to social policy.* Oxford: Blackwell Publishing.

Ross, D. P., & Usher, P. J. (1986). *From the roots up: Economics as if community mattered.* New York: Bootstrap Press.

Taylor-Gooby, P., & Dale, J. (1981). *Social theory and social welfare.* London: Edward Arnold.

Titmuss, R. M. (1958). *Essays on the welfare state.* London: Allen & Unwin.

Titmuss, R. M. (1968). *Commitment to welfare.* London: Allen & Unwin.

Titmuss, R. M. (1974). *Social policy: An introduction.* London: Allen & Unwin.

Williams, F., & Roseneil, S. (2004). Public values of parenting and partnership: Voluntary organizations and welfare politics in new labour's Britain. *Social Politics, 13*(2).

Wilson, E. (1977). *Women and the welfare state.* London: Tavistok Publication.

사회복지실천의 가치와 관점

가치 기반 학문의 성격이 강한 사회복지의 한 방법론으로서, 사회복지실천은 인간과 환경(사회체계)과의 상호작용 관계에서 발생하는 문제와 욕구를 사회복지사가 직·간접적으로 개입하는 방법이다. 따라서 사회복지사는 과학적인 지식뿐만 아니라 전문적인 가치와 이론적 관점으로 무장되어야 한다. 이 장의 학습목표는 다음과 같다.

- 사회복지실천에서 지식, 가치, 윤리의 개념과 관계를 파악한다.
- 사회복지실천에서 중시되는 가치를 파악한다.
- 사회복지실천의 이론적 관점을 습득하여 성찰할 수 있는 능력을 함양한다.

1. 사회복지실천의 가치

사회복지실천에 종사하는 사회복지사는 과학적이고 전문적인 지식을 갖추는 것만으로는 부족하고 사회복지실천의 가치와 윤리 그리고 자신의 개인적인 가치관을 잘 알아야 한다. 왜냐하면 적절한 가치와 윤리에 기반을 둔 사회복지사의 판단은 클라이언트와 그들의 삶에 직접적인 영향을 미치기 때문에 사회복지사는 그 어느 직업보다도 가치지향적인 직군으로 규정되곤 한다. 따라서 사회복지실천에 있어서 가치와 윤리는 지식 및 기술과 함께 그 본질을 구성하는 3대 핵심 요소로 일컬어진다(최명민, 김정진, 김성천, 정병오, 2022).

변화가 빠르지 않았던 과거 전통사회에서는 비교적 단일한 가치관을 공유하며 살았으나 유동성(liquidity)으로 대표되는 후기산업사회의 특성은 다양성(diversity), 양가성(ambivalence), 불확실성(uncertainty), 불안정성(insecurity), 우발성(contingency) 등의 모습을 보이고 있다(Bauman, 2005). 이러한 사회에서 사회복지실천의 현장에서 일하는 사회복지사는 실천과정에서 쉽게 답을 얻을 수 없는 가치 갈등과 윤리적 딜레마를 겪게 된다. 이러한 어려움을 해결하기 위해 사회복지 윤리강령, 지침, 매뉴얼 등이 존재하나 복합적이고 다양한 인간의 욕구와 문제를 접근하고 결정을 내리는 데는 늘 한계가 있다.

이렇게 사회복지실천의 현장에서는 클라이언트의 문제를 해결하기 위해 단순하게 정형화된 접근으로는 도저히 처리할 수 없는 본질적인 복잡성(complexity)과 직면하는 경우가 매우 흔하다(Thompson, 2010). 이러한 복잡성은 근대 사회 자체가 지향하고 있는 도덕적 다원주의(moral pluralism)에 기인할 수도 있고, 사회복지실천이 스스로의 의무와 책임을 다해야 하는 대상이 다양함에서 비롯되는 복합적 책임성(complex accountability)이 원인일 수도 있다.

이러한 성격을 지닌 사회복지실천에서 지식(knowledge)과 가치(value) 및 윤리(ethics)는 복잡한 문제를 해결하는 데 있어서 매우 중요한 역할을 하는 요소이다. 지식은 증명할 수 있는 세계와 인간이 관찰한 결과를 객관화시킨 사실을 말한다. 반면에 가치는 객관적으로 증명할 수 없고 주관적으로 선호하는 것으로 인간의 적절한 행동을 선택하는 데 지침이나 기준이 된다. 예를 들어, 일부일처제가 바람직한 결혼형태라고 믿는 것은 지식이 아니라 가치의 영역이다. 어떤 현상을 객관적으로 설명하는 지식과는 달리 가치는 '이래야 한다, 저래야 한다'는 당위성을 이야기한다. 사회복지사는 객관적인 지식뿐만 아니라 가치의 의미와 가치에 대한 전문적 지침에 대해서도 잘 이해하고 있어야 한다(Morales & Sheafor, 1986). 가치는 사회적으로 합의되어 지켜야 할 윤리가 되는데, 윤리는 인간이 살아가면서 지켜야 할 도덕적 원리이고, 사회윤리는 사람이 사회적 관계에서 지켜야 할 도리 또는 사회 협동생활에 관한 윤리가 된다. 사회복지사는 1982년도에 제정되고 2023년도에 5차 개정된 '사회복지사 윤리강령'에서 사회복지사는 인간 존엄성과 사회정의라는 사회복지의 핵심 가치에 기반을 두고 사회복지 전문직의 사명을 다하기 위해 노력해야 한다고 규정하고, 이러한 핵심 가치와 관련해 사회복지 전문직이 준수해야 할 윤리적 원칙을 제시하고 있다(한국사회복지사협회, 사회복지사 윤리강령, 2023).[1]

재스트로(Zastrow, C., 2007)는 사회복지실천에서 일반적으로 중시되는 주요 가치들로 ① 인간의 존엄성과 개인의 독특함을 존중함, ② 자기결정권에 대한 클라이언트의 권

---

1) 윤리강령은 '사회복지실천론' '사회복지실천기술론' 등의 과목에서 자세히 다루고 있음.

리 존중, ③ 비밀보장, ④ 잔여적(residual) 대책이 아닌 제도적(institutional) 대책 지향, ⑤ 사회적, 경제적 정의의 추구, ⑥ 가족을 서비스의 단위로 봄, ⑦ 서비스의 사회적 책임성 지향 등을 들고 있다. 로웬버그(Lowenberg)는 사회복지실천의 중심 가치를 다음과 같이 제시하고 있다(양옥경 외, 1993). 첫째, 사회복지사의 전문적 관계는 개인존중과 인간존엄에 바탕을 두고 구축되며, 클라이언트의 참여, 가치 존중 및 수용, 비밀보장, 정직성, 갈등을 다루는 책임성 등의 가치에 의해 증진된다. 둘째, 사회복지사는 클라이언트의 선택 권리, 서비스 계약 권리, 서비스 개입을 인정하는 권리를 존중한다. 셋째, 사회복지사는 사회제도가 보다 인본주의적이며 인간의 요구에 반응하는 제도가 되도록 하는 데 기여한다. 넷째, 사회복지사는 다양한 인구집단이 가진 고유한 특성을 존중하고 수용하는데 솔선한다. 다섯째, 사회복지사는 질 높은 실천을 위해서 전문적 지식과 기술을 끊임없이 연마하고 자신의 윤리적 행동에 책임을 진다. 이와 같이 기존의 사회복지실천에서는 인간의 존엄성, 개별화, 클라이언트의 참여, 자기결정, 비밀보장 등을 기본적인 사회복지실천의 가치라고 보는 데 일반적으로 동의한다.

한편, 비판적 사회복지실천(critical social work practice)에서는 개인에 초점을 둔 가치보다 사회구조에 초점을 둔 가치를 강조하는 경향을 보이고 있다. 푹(Fook, 2002)은 개인의 권력 소유 여부, 사회적 낙인과 이데올로기의 규제, 사회통제를, 톰슨(Thompson, 2001)은 개인의 신념과 편견, 문화적 가치와 규범, 이데올로기, 사회적 압력을, 도미넬리(Dominelli, 2002)는 정체성, 차이의 정치화, 타자화 과정, 불평등한 제도 등에 대한 가치를 중시하고 있다. 힐리(Healy, 2015; 남찬섭 역, 2012)는 자기 자신에 대한 비판적 성찰, 서비스 이용자의 억압경험에 대한 비판적 사정, 서비스 이용자의 역량 강화, 함께 일함, 개입의 최소화 등에 대한 가치를 중시하고 있다. 이렇게 비판적 사회복지실천에서는 권력, 문화, 이데올로기, 사회통제, 사회제도 등의 가치를 강조하고 있음을 알 수 있다.

이러한 다양함 속에서 사회복지사는 자신과 자신이 속한 기관에서의 가치관에 대한 우선순위와 목적 그리고 수단 등이 다르기 때문에 사회복지사는 일반화된 가치기준과는 다른 가치나 윤리적 선택을 할 수 있다. 사회복지의 가치는 사회의 가치에 기반을 두고 나왔으나 반드시 현 사회의 가치와 일치하는 것은 아니다. 예를 들면, 일반윤리는 '모든 사람은 평등하게 존중받아야 한다.'라는 윤리적 원칙을 강조하지만 사회복지사의 윤리는 '……그러나 클라이언트의 이익이 우선적으로 보호받아야 한다.'를 강조할 수 있다. 사회복지실천에서 이러한 가치기준은 절대적인 것이 아니며, 클라이언트를 도울 때 유용하게 사용할 수 있는 개념들에 지나지 않는다. 유능한 사회복지사는 이 지침을 잘 이

해하여 특정한 클라이언트를 만날 때 어떤 지침 내용이 유용한지를 잘 파악할 수 있어야
할 것이다(Zastrow, 1995).

지금까지 살펴본 사회복지실천의 가치기준은 주로 사회복지실천이 발달한 서구의 사
회문화적 배경에서 나온 것이다. 서구 사회의 가치는 자본주의-청교도 윤리, 유대-기독
교적 유산, 인도주의와 실증주의 및 유토피안적인 사고로 대표된다(Johnson, 1986). 서양
의 인도주의 사상은 개인주의 사상과 불가분의 관계를 지닌다. 그런데 개인의 존엄성을
최고의 가치로 삼는 개인주의는 공동체의 결속을 보다 중시하는 동양사상에서는 낯선 것
이다. 한국과 서양의 문화는 적지 않은 부분에서 다른 모습을 띠고 있다. 최준식(2003)은
『한국인에게 문화는 있는가』에서 호프스테드(Hofstede)가 제시한 각 국가의 문화 분류의
기준을 소개하고 있다. 그 기준은 ① 권력의 거리, ② 집단주의와 개인주의, ③ 남성성과
여성성, ④ 불확실성에 대한 태도이다. 그런데 한국에서 활용되는 사회복지실천 모델의
탄생지인 미국과 한국은 이 네 가지 기준에서 서로 정반대의 성격을 갖고 있는 국가로 분
류되고 있다. 따라서 서구와 다른 문화적 배경을 갖고 있는 한국이 서구에서 발달한 사
회복지실천의 방법과 기법을 수행할 경우 개인적 · 사회적 · 전문적 가치 간에 갈등이 많
이 발생할 수 있다고 가정할 수 있다. 따라서 서구의 것을 일방적으로 따를 것이 아니라
한국 사회에 맞는 사회복지실천의 가치와 윤리를 모색하는 작업은 매우 중요하다. 그러
나 아직 이에 대한 노력과 연구는 매우 미비한 형편이다. 앞으로 서구의 가치관을 소개
하고 그대로 받아들여 활용하는 풍토에서 한국의 사회복지실천 상황에 적합한 가치와
윤리 및 방법이 검증되어 활용되는 노력이 이루어져야 할 것이다.

2. 사회복지실천의 관점

사회복지실천의 주요 이론적 관점으로 생태체계적 관점, 강점 관점, 비판주의 관점,
포스트모더니즘 접근, 사회구성주의를 소개하고자 한다.

1) 생태체계적 관점

사회복지실천의 메타 패러다임으로서 활용되고 있는 생태체계적 관점은 체계적 관
점과 생태적 관점이 합성된 것이다. 생태학적 관점은 인간과 인간의 주변 환경 간의 상

호작용, 상호 의존성, 또는 역동적 교류와 적응을 중시한다. '환경 속의 인간'을 중시하는 것은 궁극적으로 생태체계적 관점에서 조망하는 것이고, 사회문제를 다룸에 있어 개인, 환경, 개인과 환경 간의 상호적 관계 모두에 동시적인 초점을 두는 것이다(Germain & Gitterman, 1995). 따라서 개인과 환경 모두는 특정 상황 속에서 양자가 끊임없이 영향을 주고받는 관계 측면에서 관찰되고 파악되어야만 충분히 이해될 수 있다.

생태적 사고는 종래의 단선적 사고와는 현격한 차이를 나타낸다. 단선적 사고가 A와 B와의 관계를 논함에 있어 A가 B의 변화에 끼친 영향만을 살피고, 그 과정에서 발생했을지도 모를 A 자신의 변화에는 관심을 보이지 않는 반면, 생태체계적 사고는 A와 B 사이의 시간을 두고 지속되는 순환적 교환에 관심을 둔다. 즉, A가 B의 변화에 영향을 주고, B의 변화는 다시 A의 변화에 영향을 주고, 이 변화는 다시 B에 영향을 주어 B를 변하게 한다는 것이다. 이러한 과정은 생태체계 관점의 주요 개념들인 교류(transaction), 상호의존성(reciprocity), 상호성(mutuality) 등의 용어에 의해 표현된다(이필환 외, 1999).

인간은 생태체계에서 다양한 미시체계, 중시체계, 거시체계들과 상호작용하며 생활한다. 콤프톤과 갤러웨이(Compton & Gallaway, 1999)는 상이한 수준의 환경을 네 개의 환경, 즉, 개인이 처한 상황을 미시수준(micro level) 환경, 중간수준(mezzo level) 환경, 거시수준(macro level) 환경 등으로 분류하였다. 각 수준에 속한 체계는 그 수준보다 큰 수준체계 내에 놓여 있어 각 수준체계가 어떻게 기능하느냐는 대개 높은 수준체계와의 상호작용양상에 좌우된다(Bronfenbrenner, 1979).

미시 환경은 전체의 물리적 · 사회적 환경 중에서 개인이 일상생활 속에서 직접 접촉하고 상호교류할 수 있는 부분이다. 가족, 학교, 직장, 여가 생활 등을 통해 개인이 직접 경험하는 일상적 세계가 이 수준의 환경에 포함된다. 이러한 미시수준 환경은 인간의 행동 및 정서발달과 성장에 매우 중요한 영향을 주고 있고, 실천 현장에서 중시하여 집중적으로 다루는 수준이다.

중시 환경은 전체 환경 중에서 미시 환경에 직 · 간접적으로 영향을 주는 환경이다. 개인이 일상적으로 경험하는 생활에 영향을 주는 학교, 직장, 교회 등의 일반적 환경 특성, 여가 체계의 일반적 특성, 개인이 이용할 수 있는 지역사회 자원체계들의 성격 등이 여기에 해당된다. 일상생활의 필요에 의해 접하게 되는 각종 집단들도 여기에 포함된다. 사례관리가 지역사회 자원을 활용한다는 측면에서 주로 자원의 차원에서 접하게 되는 수준이라고 볼 수 있다.

거시수준 환경은 사회 구성원 모두에게 공통적으로 해당되는 환경을 의미하며 사회문화적, 경제적, 정치적 구조, 즉 법과 정책, 언어, 주택 수준, 관습의 내용, 사회의 내면에 흐르는 규칙 등도 여기에 포함된다. 사례관리에서 거시적 수준은 클라이언트에게 직접적인 영향을 주지 않는 것처럼 취급되기도 하나 이는 공기와 같이 우리에게 익숙한 것이어서 의식을 못 할 뿐이고 실제로는 이러한 구조적 요인들이 우리의 행동과 생각 등에 중요한 요인으로 작용하고 있다. 이에 초점을 둔 대표적 접근이 반억압, 반차별 실천이라고 볼 수 있다. 예를 들어, 통합학교에 다니고 있는 지적장애 학생의 부적응은 개인적 요인이라기보다 이 학생에게 적합한 교육을 할 수 없는 구조의 학교제도의 문제에 기인한다고 볼 수 있다. 그러나 사례관리 현장에서는 주로 미시적 차원에서 접근하는 경우가 많은 것이 현실이다.

생태체계적 관점은 홀론(holon) 현상으로 잘 설명될 수 있다. 각 환경은 보다 작은 환경에 대해서는 상위체계가 되고 보다 큰 환경에 대해서는 부분, 즉 하위체계가 된다. 각 부분 속에서 전체의 속성이 발견되고 전체는 각 부분의 합과 각 부분이 상호작용의 양태를 합한 것이 된다. 따라서 모든 수준의 체계들은 상호작용하는 하나의 전체로서 조망되어야 한다. 개인의 문제는 개인만의 문제에 국한되는 것이 아니라 미시와 거시 체계와의 관련 속에서도 조망되고 분석되며 지원되어야 함을 의미한다.

사회복지사는 실천 현장에서 만나는 클라이언트 체계들이 자신들의 문제를 해결해 가도록 도움을 제공하는 과정에서 클라이언트 체계들과만 활동하는 것이 아니라 클라이언트 체계의 문제에 영향을 미치는 주변의 많은 체계, 그리고 그 주변체계들과 클라이언트

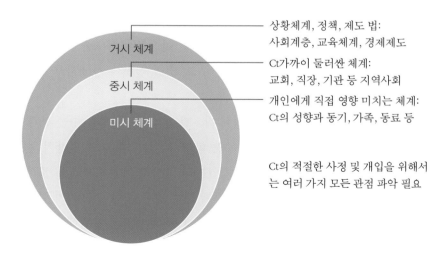

[그림 8-1] 생태체계의 수준

체계들 간의 상호작용 양상에 관여하게 된다. 클라이언트 체계가 표출하는 문제가 진공 가운데 따로 떨어져 존재하거나 발생한 것이 아니라 그들이 위치해 있는 주변 환경체계 들과의 상호작용의 결과로 발생했다고 보는 것이 사회복지실천의 기본 시각이기 때문이 다. 또한 클라이언트 체계가 누구인지 분명하지 않은 경우도 발생할 수 있다. 예를 들어, 비행청소년의 경우, 클라이언트 체계는 비행청소년이 될 수도 있고 그의 부모가 될 수도 있는데, 이 비행문제를 해결하기 위해서는 청소년 개인체계 자체에 대한 개입뿐만 아니 라, 그 부모체계, 학교체계, 동료체계, 청소년 쉼터나 청소년 상담실 등의 타 기관체계, 검·경찰체계, 보호관찰체계 등에 대한 개입, 그리고 이 모든 체계들과 청소년체계와의 교류 양상에 대한 개입이 필요할 수 있다고 본다.

핀쿠스와 미나한(Pincus & Minahan, 1973)은 사회복지사가 실천 현장에서 함께 활동함 에 있어서 고려하고 연계되어야 하는 체계들을 변화매개체계, 클라이언트 체계, 표적체 계, 행동체계, 전문가체계 등으로 제시하고 있는데, 이는 사회복지실천에서 좋은 준거틀 로 작동할 수 있다고 생각한다.

- 변화매개체계: 클라이언트의 변화를 도모하기 위해 노력하는 변화매개인으로 주로 사회복지사를 지칭할 수 있고 사회복지기관, 상담실, 각종 쉼터, 서비스 기관, 가족 과 이웃 등도 변화매개체계가 된다.
- 클라이언트 체계: 사회복지사에게 도움을 청하거나 어떤 문제해결을 위해 사회복지 사와 공동의 노력을 기울이겠다는 묵시적 계약 상태에 있는 사람(체계)들이 클라이 언트 체계가 된다. 클라이언트 체계가 누구인지 분명하지 않은 경우도 있을 수 있 다. 예를 들어, 이웃들이 피해를 입는다는 이유로 특정 가족을 사회복지사에게 의뢰 하였을 때, 클라이언트 체계를 누구로 보아야 할지에 대해서는 고민이 따르게 된다. 왜냐하면 보통 사회복지실천에서 클라이언트는 욕구가 있고, 문제해결의 의지가 있는 사람을 지칭하기 때문이다.
- 표적체계: 변화매개체계가 그 활동목적을 달성하기 위해 변화시킬 대상이 표적체계 (예: 가족, 지역사회 등)이다. 사회복지사는 실천을 함에 있어서 클라이언트의 변화만 을 목적으로 하는 것이 아니라 주변의 다른 체계를 변화시키려는 노력을 하게 되는 경우가 많은데 이들이 표적체계가 된다.
- 행동체계: 클라이언트를 돕는 입장에서 사례관리자가 함께 노력하는 모든 체계가 행 동체계에 해당된다. 사회복지실천을 함에 있어서 활용되는 다양한 자원체계는 행

동체계에 해당된다.

- 전문가체계: 복합적인 문제와 욕구를 지닌 클라이언트를 만나 개입해야 하는 사회복지사는 자신이 베테랑이라 하여도 혼자서는 풀어 가기 힘든 복합적인 상황에 직면하고, 책임성을 높이기 위해 관련 전문가들의 슈퍼비전을 받는 것이 필수적이라고 볼 수 있다.

따라서 생태체계적 관점에서 사회복지사가 일한다는 것은 클라이언트와의 관계에만 초점을 두는 것이 아니라 자원체계가 될 수 있는 행동체계와 표적체계의 변화와 활용에도 초점을 두어야 하는 것이고 사례관리의 속성상 전문가체계의 슈퍼비전도 중시하는 것을 의미한다.

이러한 생태체계관점은 흩어져 있던 사회복지사의 역할을 하나로 묶어 주는 개념적 기반이 되어 주었을 뿐만 아니라 각 대상과 위계에 따라 필요한 이론이나 모델을 복합적으로 활용할 수 있는 절충의 틀을 제시해 주었다. 또한 이는 사회복지의 통합적 방법론으로 이어져 전문직 정체성 형성에 기여하면서 타전문직과의 차별성을 보다 뚜렷이 해 주었다. 그러나 생태체계관점은 그 기여에 못지않게 상당한 비판 또한 받아 온 것이 사실이다. 그중 가장 핵심적인 비판을 살펴보면 다음과 같다.

첫째, 사회복지의 기본이자 핵심 단위인 인간 주체에 대한 인식과 설명이 충분하지 않다는 것이다. 사회복지실천이 기반으로 삼고 있는 관점이나 이론이 인간을 어떤 존재로 인식하고 있느냐 하는 것은 매우 중요한 실천의 출발점이다. 그러나 생태체계론은 인간을 환경에 속한 존재로서 더 큰 사회환경과 교류하는 개방적 유기체로 간주하여 인간과 물리적, 사회적 환경 간의 적응을 중시하고 있기는 하지만, 인간이 고유한 삶의 주체로서 어떤 심리적 기제나 의지, 또는 역량을 갖고 있는지를 이론적으로 충분히 설명하지 못하는 한계를 갖고 있다. 이것은 사회복지사의 고유한 역할이나 클라이언트와의 관계를 설명하는 데에도 제한을 가져와서 사회복지사를 변화매개체계로 규정할 뿐, 사회복지사의 덕목, 사회복지사와 클라이언트 관계, 사회복지사 양성을 위한 교육과 훈련의 방향 등을 내용적으로 충분히 제시하지 못하는 한계를 나타낸다. 이러한 점은 생태체계론이 가진 추상성과 불확실성, 논리적 연결성 부족, 과도한 포괄성 및 일반화와 더불어 사회복지 전문직의 일관성을 성취하는 데에 도움이 되지 않는다는 비판을 받고 있다(최명민, 김기덕, 2013).

둘째, 생태체계론이 다양한 사회체계들을 함께 고려하며 이들 간의 상호작용을 개념

화하고는 있지만, 그 논리적 연결이 추상적이고 기계적이어서 하나의 분석틀로서 기능
하나 상황을 변화시키기 위해서 사회복지사가 구체적으로 어떤 행동을 해야 하는지를
알려 주지 못하는 한계를 지니고 있다. 이렇듯 생태체계론은 이론으로서의 내용적 설
명이 부족하기 때문에 사회복지실천에서 무엇을, 어디에서, 어떻게, 왜 해야 할지에 대
한 규범을 제시하는 데에는 한계를 갖고 있다는 비판을 받아 왔다(서진환 외 공역, 2001:
251). 결국 생태체계관점은 총체적 시야를 확보하는 데에는 기여하였지만 이들의 관계
를 통합적으로 사유하고 어떤 역사성이나 방향성을 갖고 실천적으로 접근하는 틀로서는
여전히 취약하다는 평가를 면하기 어려워 보인다. 다시 말해 생태체계론은 가장 미시적
인 인간체계와 그 내면에 대한 설명도, 보다 큰 사회환경으로서 거시적 권력체계의 역동
도, 그리고 이들 간의 관계도 충실히 설명해 주지 못하기 때문에 사회복지실천 패러다임
으로서는 많은 아쉬움을 남기고 있다고 하겠다(최명민, 김기덕, 2013).

2) 강점 관점

사회복지실천의 궁극적인 목표가 클라이언트의 역량강화라는 점을 고려할 때 강점 관
점은 매우 유용한 이론적 근거를 제시하여 준다. 강점 관점은 모든 사람은 강점을 가지
고 있다는 인식에서 출발하며, 사회복지사가 클라이언트를 돕는 과정에서 클라이언트의
문제와 병리 현상보다는 다양한 강점에 초점을 두고 활동하는 것이 효과적이라고 보는
관점이다.

살리비(Saleebey, 2009a: 1)는 강점관점을 "클라이언트가 갖고 있는 목적 및 꿈을 실현
하게 하거나, 클라이언트 자신의 다양한 문제로부터 벗어나도록 돕는 사회복지실천 활
동의 전 과정에서 사회복지사가 클라이언트의 강점과 자원을 발견하고 드러내어 묘사,
탐색, 활용하려는 총체적인 노력"이라고 정의했다. 이것은 사회복지사가 클라이언트를
대할 때 표출 문제에만 주로 또는 전적으로 초점을 두기보다는 클라이언트의 가능성으
로 시야를 돌리는 것을 의미한다. 이는 클라이언트의 생활단위가 아무리 힘든 상황에 놓
여 있다 할지라도 사회복지사는 그들의 역량, 재능, 경쟁력, 가능성, 비전, 가치, 희망 등
에 중점을 두고 그들을 봐야 한다고 주장하는 것이다(Saleebey, 2009b). 즉, 클라이언트
의 부족한 것보다는 갖고 있는 것, 모르는 것보다는 아는 것, 할 수 없는 것보다는 할 수
있는 것을 헤아려 볼 것을 요구한다. 이 과정에서 클라이언트의 내부와 외부에 존재하는
강점 자원 목록이 작성될 수 있다. 사회적으로 가장 낮은 위치에서 학대, 억압, 차별, 외

상, 고통, 그리고 그 밖의 역경을 경험하고 있는 사람이라 할지라도 그 가운데서 희망과 변화의 싹은 돋아날 수 있다는 것이다.

이러한 강점 관점은 심각하고 고질적인 정신 장애 성인, 알코올 및 약물 문제로 힘겨워하는 사람, 심한 정서 장애 아동 및 그 가족, 교정시설에 있는 사람들, 이웃 및 지역사회, 정책 분석, 사례관리 등에 두루 활용되고 있으며 많은 효과를 나타내고 있다고 보고되고 있다(Saleebey, 2009a). 경영학의 아버지로 불리는 피터 드러커(Drucker, 2008)도 성과는 약점 보완보다는 강점을 강화하는 데서 출발한다고 주장하여 강점관점은 사회복지실천에서뿐만 아니라 경영학에서도 그 효과성이 주장되고 있다.

살리비(2009b: 10)는 강점의 개인적 요소를 알파벳 C, P, R로 시작되는 것으로 제시하고 그것을 C-P-R로 표기하였다. 먼저 알파벳 C로 시작되는 요소는 경쟁력(Competence), 역량(Capacities), 용기(Courage) 등이다. P로 시작되는 요소는 희망(Promise), 가능성(Possibility), 긍정적 기대(Positive expectation), 잠재력(Potential) 등이다. R로 시작되는 요소는 복원력(Resilience), 비축된 힘(Reserves), 자원(Resources), 정보력(Resourcefulness) 등이다. 강점을 형성하는 개인의 특성으로 용기, 대인관계 기술, 합리성, 통찰력, 낙관주의, 진실성, 인내심 또는 끈기, 현실주의, 즐거움을 추구할 수 있는 역량, 미래 지향적 사고, 개인적 책임감과 목적 지향성 등을 들 수 있다. 사회관계 측면에서 볼 때 강력한 사회연대를 형성하는 능력도 강점 중 하나이다. 계속적인 빈곤 상태에서 살아가지만 양질의 사회적 연대를 형성하고 살아가는 사람들은 신체적·심리적·사회적 측면에서 큰 문제없이 살아간다고 보고되고 있다(엄명용 외, 2015).

이러한 강점 관점은 다음과 같은 비판을 받고 있다. 첫째, 클라이언트들이 직면하는 구조적 장벽에 대해 지나치게 단순한 생각을 갖고 있는 개인적 지역사회적 측면에서의 변화에 주목하는 자유주의적 관점에 머물고 있다(남찬섭 역, 2015). 강점 관점이 주목하는

[그림 8-2] 강점기반 실천의 요소

차원의 변화는 너무 좁고 제한적인 것이다. 둘째, 강점 관점은 변화를 달성할 책임을 개인과 지역사회에 지나치게 부과한다는 점이다.

3) 비판주의 관점

현대사회에서 비판적 사상가들이 차지하는 중요한 역할은 궁극적으로 억압기제와 권력의 위계질서 분석에서 보이는 비판적 입장에 근거하고 있다(김기덕 외, 2012). 비판적 사상가에게 권력에 대한 분석은 중요한 핵심이다. 넓은 의미에서 비판사회복지(critical social work)란 사회복지실천의 모든 수준에서 권력관계를 분석하고 이를 변화시키는 데 관심을 두는 접근이라고 볼 수 있다. 비판사회복지는 마르크스주의 사회복지, 급진사회복지, 구조적 사회복지, 여성주의 사회복지, 반인종차별 사회복지 그리고 반억압 사회복지와 반차별사회복지 등을 포함하는 매우 광범위한 실천적 접근을 가리킨다. 이들 실천이론들은 각기 조금씩 다른 내용에 기초하고 있지만 모두가 비판적 사회과학의 패러다임, 즉 비판사회과학적 패러다임으로부터 그 이론적 근거를 얻고 있다(남찬섭 역, 2015). 비판사회과학적 패러다임이 갖는 특징의 하나로는 사회적 삶의 모든 차원에 존재하는 사회관계는 거시적인 사회구조에 의해 형성된다는 점이다. 즉, 중간계급과 노동계급 간의 관계는 가부장제에 의해 형성되며, 남녀 간의 관계는 가부장제, 유럽인과 비유럽인 간의 관계는 제국주의에 의해 영향을 받는다고 주장한다. 이러한 주장에 근거하여 비판사회복지사들은 서비스 이용자들이 당하는 억압의 원인을 거시적인 사회구조에서 찾으려 하며 나아가서 이러한 거시적 사회구조를 변화시키고자 한다.

비판적 사회복지는 협의의 정의와 광의의 정의로 분류할 수 있다. 협의의 비판적 사회복지는 1970년대에 등장하였던 진보적 정치적 입장에 기반을 둔 것(서진환 외 공역, 2001)으로, 전통적인 사회복지접근과 구별된다. 이 이론에 의하면 어떤 이론이 비판적이기 위해서는 정의와 해방의 방식으로 사회적 변화를 추구하는 것을 지향한다. 따라서 사회복지사와 서비스 이용자가 볼 때 부당하며 착취적이라고 생각되는 다양한 환경을 사회의 억압적 측면에 대한 구조 분석으로 연결하여 설명하고 이를 변화시키고자 한다. 이러한 점에서 협의의 비판적 사회복지는 현대사회의 경제적, 정치적 지배의 다양한 측면을 밝히고자 하는 목적을 지닌 여성주의나 인종이론 그리고 마르크스비판이론 등과 같은 다양한 지적 운동과 연계하여 등장하였다. 협의의 사회복지실천의 기원은 19세기 이래 사회주의 혹은 좌파의 정치적 급진사상을 의미하는 것으로 광범위한 정치적 운동과 함께

한 마르크스주의 정치철학과 사회학에서 유래되었는데, 사회복지실천에 영향을 주어서 급진사회복지실천(radical social work)을 태동시켰다. 개인의 변화보다 사회변혁에 관심을 기울이는 급진적 경향은 1930년대 미국 사회복지실천에서 클라이언트를 둘러싼 환경과 사회개혁을 중시하게 되어 아담스(Adams)의 인보관 운동 그리고 뉴딜정책 시기에 나타난 랭크앤파일 운동(the Rank and File Movement)[2] 등에서 그 활동을 찾아볼 수 있다. 이 시기 급진주의의 중요한 이데올로기적 원천은 선험론(transcendentalism), 마르크시즘 그리고 사회주의와 같은 19세기의 세속적 이상주의 철학과 종교에서 영향을 받았고, 그 이후인 20세기 초에는 다양한 사회운동—국내와 국제적으로 업종 노동자조합주의, '1세대(first-wave)' 페미니즘, 평화주의 등과 깊은 관련을 맺었다. 이후 매카시즘의 영향으로 급진사회복지실천은 위축되었으나 다양한 사회운동이 촉발되기 시작한 1960년대 들어와서 급진주의는 다시 부활하여 사회복지실천에서 사회적 맥락을 주요한 의제로 만들었고, 사회경제적 구조와 역사적 조건들이 개인의 경험에 영향을 미치는 것에 관심을 갖게 하여 강력한 사회개혁을 요구하게 되었다(Fook, 2007). 또한 1970년대에 들어와서는 전문사회복지실천에 대한 비판이 나타나기 시작하였다. 급진사회복지사들은 전문사회복지사가 클라이언트의 이익보다는 자신들의 이익을 보다 중시하며 사회복지서비스를 클라이언트를 통제하는 도구로 활용하고 있다고 비판하였다(서진환 외 공역, 2001). 또한 사회복지 전문직 내부에서도 개별사회사업이 '희생자를 비난'하고, 문제의 원인을 사회구조로 보기보다 개인에게 돌리려 한다는 비판을 제시하게 된다(Fook, 2007: 5-6). 이러한 현상을 프랑스의 사회학자 부르디웨(P. Bourdieu)는 실천가들을 세 가지의 유형인 비판적 지식인과 숙련된 전문가, 충실한 하인으로 분류하기도 하였다(김기덕 외, 2012). 그러나 되살아난 매카시즘의 여파로 급진주의는 사회주의로 공격을 받고, 1980년대 영국의 대처리즘과 미국의 레이거노믹스의 보수화 물결로 인해 또다시 쇠퇴를 맞게 된다. 그러나 1990년대 초반의 사회주의 몰락으로 급진주의 운동에 대한 저항감이 약화되었고, 1980년대에 집권한 영미의 보수주의 정권들의 실정(失政)으로 인한 불평등 문제의 심화

---

2) 오늘날 사회복지실천가들의 개혁의 전통은 1930년대, 1960년대 사회복지사들이 노동운동에 적극적으로 참여한 데 기인하고 있다. 1930년대 임금 삭감 요구에 직면한 전문가들은 조직(Association of Federation Social Workers: AFSW)을 결성하여 필요한 대응을 하였다. 이 조직은 훗날 『Social Work』 저널을 만든 실천가집단과 연대하여 일반 조합원(직원)운동(rank-and-file movement)을 결성하였다. 일반조합원들은 빈곤, 실업, 인종차별 반대운동에 적극 참여하였다.

로 인해 급진주의는 재조명되고 새로 부각되었다. 이 시기의 급진주의는 다양한 성격의 급진주의로 분화되어 발전하게 되었다. 1970년대부터 급진주의는 인도주의와 평등주의 사회의 구현을 위해 계급주의, 인종주의, 젠더차별주의를 없애자는 목표들을 갖게 되었으며 이는 페미니즘의 확산, 인종차별주의와 성차별주의를 막기 위한 입법, 장애와 성적 취향의 자유, 노인에 대한 반차별−반억압 접근 등으로 확산되었다(Thompson, 2001).

이에 반하여 광의의 비판적 사회복지실천은 효과적인 개입에 필수적인 속성과 특성에 대해 보다 융통적인 입장을 견지하면서 구조적인 요인만을 강조하지 않고, 사회복지사와 클라이언트의 잠재력을 극대화할 수 있는 최선의 실천을 모색하는 데 더 큰 관심이 있다. 특히 협의의 접근에 비해 더 강조하는 점은 사회복지사가 인간의 존재를 다루는 데 있어서 비판적이고 성찰적이어야 한다고 주장한다. 비판적 성찰 활용이론(critical reflection using approach) 도입의 필요성을 강조하는 페인(Payne; 서진환 외 공역, 2001)의 비판적 대조접근(critical constrastive approach)은 광의의 비판적 사회복지접근법을 잘 표현해 주고 있다고 볼 수 있다. 그 주요 강조점은 클라이언트의 강점과 회복능력을 인정하고, 자원 제공에 있어서 부적절함을 밝히는 대안의 발견에 있다. 광의의 접근은 협의의 접근과는 달리 현대사회의 억압체제에 대한 구조적 분석을 일련의 전투적 활동과 더불어 변화에 대한 참여나 저항과 결합하지 않는다는 점이다. 따라서 기존의 사회복지제도와 실천이 더 나은 발전에 대한 장애물이라고 인식하고는 있지만 현행의 민주주의 형태의 정치규칙을 유지하는 데 이의를 제기하지 않는다(김기덕 외, 2012: 135).

4) 포스트모더니즘 접근

1960년대에 예술과 문학 분야에서 시작된 포스트모더니즘(postmodernism)은 수많은 논쟁 속에서 새로운 문화운동 또는 문화정치학으로 부상하였고, 이와 동시에 이념운동의 측면으로 자리 잡으면서 새로운 사회질서가 되었다.

포스트모더니즘이란 개념은 19세기 중엽에 확립된 서구 세계의 합리주의가 붕괴되면서 대두한 새로운 역사적 시기를 기술하기 위한 표현이었으며, 1980년대에는 새로운 사상으로서 유럽을 휩쓸게 되었고, 리얼리즘, 모더니즘, 포스트모더니즘으로 이어지는 사조를 보게 되었다(남찬섭 역, 2015).

피츠패트릭(Fitzpatrick, 1996)은 포스트모더니즘에는 다음과 같은 특징이 있음을 주장한다.

- 보편주의를 거부한다.
- 맥락의 중요성을 강조한다.
- 토대주의(foundationalism)[3]와 본질주의(essentialism)[4]를 거부한다.
- 이분법적 차이를 거부한다.
- 정치학의 정체성을 지지한다.
- 모순과 차이를 환영한다.

사회복지에서 해결해야 할 문제는 시대에 따라 변화되면서 더욱 복잡해지고 있다. 따라서 기존 사회복지실천의 관점은 클라이언트의 다양성과 개별화를 이해하는 데 분명 한계가 있었다. 포스트모더니즘 이후 사회복지실천은 개별 클라이언트의 다양성을 인정하고 낙인이나 타자화의 경향을 줄이게 되는 관점이 자리를 잡게 된다. 포스트모더니즘이 사회복지실천에 미친 실천적 함의는 다음과 같다.

첫째, 포스트모더니즘적 접근은 사회복지사들로 하여금 클라이언트가 직면하고 있는 문제를 다양한 관점에서 볼 수 있다는 사실을 인식하게 하고, 그러한 다양한 관점을 탐색하도록 장려한다는 점에 장점이 있다. 사회복지실천의 연구 방법이나 주제의 인식 등에서 지금까지 소외되거나 간과되었던 다른 차원의 가치(고미영, 2005)를 제공해 주었다. 포스트모더니즘 이전 사회과학연구는 합리적 접근이 주류를 이루어 왔다. 그러나 포스트모더니즘의 영향으로 '다름의 지식'이 이론화되어 자연과학적 방법에서 하나의 모델로 이해된 조직화된 지식에서 '합리성 외부'에도 지식이 존재함을 이해하게 된 것이다. 포스트모더니즘은 비합리성의 중요성을 더 가치 있는 것으로 강조하고, 합리적 이론이 채택하고 있는 이분법적 논리를 거부한다. 이를 통해 사회복지실천은 기존의 인간, 문화 그리고 문제에 대한 이해에 다른 관점을 갖게 된다. 모더니즘 시대의 인간은 객관적으로 관찰할 수 있고 속성을 파악할 수 있는 존재로 이해했지만, 포스트모더니즘 시대에는 각 개인을 이해하기 위해 사회적 의미, 인간의 관계성, 해석과 통찰이 중요하게 된다.

둘째, 사회복지실천을 전개하는 데에서 클라이언트가 속한 문화적 맥락을 이해하고 인정하는 것이 무엇보다 중요함을 강조하고 있다. 문화는 인간의 경험을 구성하는 역할

---

3) 절대적이며 자명한 진리가 존재하며, 합리적 과학적 방법을 통해 이러한 진리가 지식으로 획득될 수 있다고 보는 관점이다.
4) 어떤 것이 되기 위해 그것이 없으면 안 되는, 어떤 것을 규정하는 근본적인 속성들이 있다고 보는 관점이다.

이 된다. 인간이 속한 사회와 문화적 맥락이 겹겹이 영향을 미치게 되어 인간의 삶을 형성하게 된다는 것이다. 따라서 포스트모더니즘에서 인간의 문제는 문제 그 자체로 존재하지 않는다. 여기서 문제란 개인의 삶 자체가 아니라 삶에서 읽힌 그들의 담론으로 보고, 언어나 영역 안에 인간의 문제가 존재하는 것으로 보고 있다. 이러한 맥락하에서 사회복지사는 클라이언트의 문제를 해결하는 데 자신만의 특권적 지식을 가지고 있다고 전제하여서는 안 되며, 클라이언트와의 관계가 권력적이지 않은 협력적 관계가 형성될 수 있도록 강조하고 있다(고미영, 2005).

셋째, 가치, 신념 및 이해관계의 다양성이나 특수성을 강조하는 새로운 사회복지실천 정향을 제시할 수 있다. 포스트모더니즘은 여성 대 남성, 취업자 대 실업자, 가정 대 일 등 위계적 대립에 의존하였던 범주들에 따른 분화와 배제는 보편주의로부터 비롯된 것으로 보고 다양한 가치와 이해관계를 중요하게 고려하고 있다. 따라서 오랫동안 보편적으로 인식되었던 고정관념을 지양하고 정체성과 유연한 사회관계를 포괄하는 접근 방법상의 차이를 받아들여야 한다고 주장한다.

이러한 포스트모더니즘 접근이 갖는 한계는 다음과 같다. 첫째, 포스트모더니즘이 취하는 도덕적 상대주의가 사회복지실천의 이상인 사회적 정의를 쇠퇴시키는 것을 우려하고 있다(Fook, 2002). 이는 포스트모더니즘적 접근이 상대성을 강조함으로써 사회복지실천을 위한 일관성 있는 도덕적 · 정치적 틀이 상실될 수 있을까에 대한 의문을 갖는다. 둘째, 비판사회복지사들은 포스트모더니즘이 보수주의적인 정책과 실천적 접근을 지지하는 데 활용될 수 있다고 비판한다.

5) 사회구성주의

사회구성주의는 실재하는 자연 현상과 반대 개념으로 실제(reality)는 인간의 의식적 행동에 의해 이루어진 사회적 지식으로 간주한다. 즉, 의미를 구성하고 결정하는 과정에서 진위 여부나 자료에 의한 객관적 검증 등을 중요하게 고려하는 자연과학은 객관적이고 보편적 원칙을 중요하게 생각하는데, 사회구성주의는 이러한 원칙을 부정하고 과학이 사회적으로 구성됨을 주장한다. 또한 합리적 요소보다는 사회적 · 정치적 · 경제적 · 이데올로기적 요인들이 여기에 영향을 미치고 있음을 강조한다.

사회구성주의에서 사용되는 '사회적'이란 의미는 '상호 의존적 인간들의 결사체'라는 의미이다. 사람들 사이의 상호 의존은 기본적으로 인간 개개인의 행동(action)을 매개로 이루어지고, 인간의 행동은 다른 사람들의 행동에 실질적인 영향을 끼침으로써 비로소 의미를 갖게 된다는 것으로, 대표자는 거겐(Gergen)이다. 거겐은 의미를 만들어 내는 데에서 사회적 상호작용이 강력한 영향을 미친다는 점을 강조한다(Nichols & Schwartz, 2001). 즉, 지식의 구성은 내면적인 마음의 외적 표상이나 추론이 아니라 공동체의 계속적인 상호 교환의 과정에 의한 것이라는 점이다. 구성주의가 사람들이 자신의 현실에 대하여 의미를 구성하는 과정에 관심을 둔 반면, 사회구성주의는 의미를 구성하는 상호작용의 영향력에 초점을 둔다(송성자, 2002). 또한 실재하는 그 무엇에 관심을 갖기보다 인간의 언어에 초점을 둔다. 즉, 사람은 객관적인 현실을 지각하는 것이 불가능하고, 사람이 구성하는 현실은 사용하는 언어체계의 제한을 받게 된다는 것이다.

이러한 관점에서 사회구성주의는 사회복지실천에 다음과 같은 함의를 제공한다. 첫째, 모든 사람의 생각은 그들의 사회적 환경에 지배를 받기 때문에 어떤 절대적인 진리를 갖고 있는 사람은 없다고 본다. 즉, 모든 진리는 사회적인 구성체에 불과하다. 둘째, 사회복지사는 클라이언트로 하여금 자신의 문제를 새롭게 구성하고 문제를 개방할 수 있도록 돕는다. 또한 클라이언트의 문제는 일정한 관계에서 형성된 것으로 본다. 셋째, 사회복지사나 클라이언트 중 어느 한쪽이 진실을 알고 있는 것이 아니기 때문에 양자가 의견을 교환하고 다른 이의 관점을 존중하는 대화가 진행되는 가운데 새로운 현실이 나타난다고 본다. 넷째, 사람은 현재의 관계를 통하여 가장 영향을 받기 때문에 일단 사회복지사가 클라이언트에게 중요한 사람으로 인식되고 문제에 대한 새롭고 유용한 구성체를 창출하면 개입은 기본적으로 끝난 것으로 본다(Nichols & Schwartz, 2001).

학습과제

1. 자신의 평소 가치관과 사회복지실천의 전문적 가치관을 비교해 보시오.

2. 사회복지실천에서 개인적 가치와 사회복지의 가치와 윤리 또는 사회복지기관의 가치가 갈등을 일으킬 경우에 어떻게 해결할 수 있는지를 논의해 보시오.

3. 사회복지실천의 관점에 따라 인간의 욕구와 문제를 어떻게 다르게 분석되고 해석될 수 있는지를 비교하시오.

참고문헌

고미영(2005). 탈근대주의 시대의 사회사업실천. 한국사회복지학회 추계학술대회 자료집, 95-107.

김기덕, 최명민(2014). 바우만의 근대성 이론을 통한 한국사회복지실천의 유동성 분석. 한국사회 복지학, 66(4), 53-75.

김기덕, 최명민, 이현정, 조성후 공역(2012). 사회복지학의 새로운 접근: 철학적 토대와 대안적 연구 방법[Social work: Theories and methods]. Gray, M., & Webb, S. A. 편저. 서울: 시그마프레스. (원전은 2009년).

김성천, 박순우, 장혜림, 이현주, 이해령 공역(2007). 급진사회복지실천[Radical Casework: A Theory of Practice]. Fook, J. 저. 서울: 학지사. (원전은 1993년).

남찬섭 역(2012). 사회복지사를 위한 실천이론[Social Work Theories in Context]. Healy, K. 저. 서울: 나눔의 집. (원전은 2005년).

서진환, 이선혜, 정수경 공역(2001). 현대 사회복지실천이론[Modern Social Work Theory]. Payne, M. 저. 서울: 나남출판사.

송성자(2002). 가족과 가족치료. 서울: 법문사.

엄명용, 김성천, 윤혜미(2020). 사회복지실천의 이해(4판). 서울: 학지사.

양옥경(1993). 사회복지실천과 윤리. 경기: 한울 아카데미.

이팔환 외 공역(1999). 사회복지실천이론의 토대[The Foundations of Social Work Practice (2nd ed.)]. Mattaini, M. A., Lowery, C. T., & Meyer, C. H. 편저. 서울: 나눔의 집.

최명민, 김정진, 김성천, 정병오(2022). 사회복지실천론. 서울: 사회평론아카데미.

최준식(2003). 한국인에게 문화는 있는가. 경기: 사계절.

한국사회복지사협회(2023). 사회복지사 윤리강령.

Bauman, Z. (2019). 액체근대(이일수 역). 서울: 강.

Bronfenbrenner, U. (1979). *The ecology of human development: Experiments by nature and design.* Cambridge, MA: Harvard University Press.

Compton, B., & Gallaway, B. (1999). *Social work processes* (6th ed.). Pacific Grove, CA: Brooks/Cole.

Dominelli, L. (2002). *Anti-oppressive social work theory and practice.* London: Palgrave Macmillan.

Drucker, P. F. (2008). *The essential Drucker: The best of sixty years of Peter Drucker's essential writings on management.* New York: Harper Collins Publishers.

Dubos, R. (1978). Health and Creative Adaptation. *Human Nature, 1*, 74-82.

Fitzpatrick, T. (1996). Postmodern social policy: A contradiction in terms? *Journal of Social*

Policy, 25(3), 303-320.

Fook, J. (2002). *Social work: Critical theory and practice.* London: Sage Publications.

Foucault, M. (1989). *The Archaeology of knowledge.* London: Routledge & Kagan Paul.

Germain, C. B., & Gitterman, A. (1980). *The life model of social work practice.* New York: Columbia University Press.

Germain, C. B., & Gitterman, A. (1996). *The life model of social work practice* (2nd ed.). New York: Columbia University Press.

Ludwig von Bertalanffy (1967). *Robots, men, and minds: Psychology in the modern world.* New York: G. Braziller.

Morales, A., & Sheafor, B. A. (1986). *Social work* (4th ed.). Boston, CA: Allyn & Bacon.

Nichols, M., & Schwartz, R. (2001). *Family therapy: Concepts and methods* (5th eds.), Boston, CA: Allyn & Bacon.

Pincus, A., & Minahan, A. (1973). *Social work practice: Model and method.* Itasca, IL: Peacock

Saleebey, D. (Ed.). (2005). *The strengths perspective in social work practice* (4th ed.). Boston, CA: Pearson Education.

Saleebey, D. (2009a). Power in the people. In D. Saleebey (Ed.), *The strengths perspective in social work practice* (5th ed.). Boston: Pearson Education.

Saleebey, D. (2009b). The strengths approach to practice: Beginnings. In D. Saleebey (Ed.), *The strengths perspective in social work practice* (5th ed., pp. 93-107). Boston: Pearson Education.

Thompson, N. (2001). *Anti-discriminatory practice.* London: Palgrave Macmillan.

Thompson, N. (2010). *Theorizing social work practice.* London: Palgrave macmillan.

Zastrow, C. (1995). *The practice of social work.* Belmont, CA: Wadsworth.

Zastrow, C. (2007). *Introduction to social work and social welfare: Empowering people.* Belmont, CA: Thompson Learning.

제**3**부

사회복지의 대상과 사회보장

Social welfare

제9장

사회복지 욕구 영역과 사회보장

1. 소득보장

학습개요와 학습목표

이 절에서는 사회보장의 여러 형태 중 인간의 삶과 생존에 가장 중요한 요소인 소득보장에 대해 살펴본다. 소득보장은 그 자체로서의 중요성 외에도 의료(건강), 고용, 주거 등 다른 사회보장 형태와 긴밀히 결부되어 있다. 따라서 소득보장의 의미와 범위, 수준, 방법, 주요 쟁점을 살펴본다. 이 절의 학습목표는 다음과 같다.

● 인간의 삶의 맥락에서 소득보장의 의미와 범위를 이해한다.
● 최저생활, 적정생활 등 생활수준의 가치 관점에서 소득보장의 수준을 파악한다.
● 사회보험, 공공부조 등 현재 운영되고 있는 제도를 중심으로 소득보장의 방법을 분석하고 이해한다.
● 소득보장의 수준 및 방법에서 제기되는 주요 쟁점을 파악한다.

1) 소득보장의 의미와 범위

사회복지와 사회보장의 주요 이슈로는 서비스 제공 형태에 따라 소득보장, 의료보장, 주거보장, 교육보장, 고용보장 등의 영역이 있지만, 소득보장의 영역은 인간의 삶과 생존에 기본적으로 영향을 주는 요소라는 점에서뿐만 아니라 여타의 모든 영역과 직·간접적으로 관련을 맺고 있다는 점에서 핵심적인 부분을 차지한다. 고용보장은 실업문제 해결과 고용을 통해 소득을 마련할 수 있다는 점 외에도 인간의 삶 자체가 노동을 통해 이루어진다는 점에서 인간다운 삶에 중요한 영향을 미친다. 의료보장 및 주거보장은 인간의 원초적이고 직접적인 삶에 직결되어 있는 중요한 사안이다.

인간은 삶의 주기를 통해 누구에게나 나타날 수 있는 다양한 위험에 직면하게 된다.

소득보장이란 이러한 위험들에 의해 빈곤의 상태에 떨어지지 않도록 또는 빈곤에서 벗어날 수 있도록 사회적 차원에서 보장하고 도와주는 각종 제도적 장치로서 경제적 불안정성에 대처하기 위한 사회적 수단이다(강욱모 외, 2006). 즉, 소득보장은 각종 사회적 위험에 의하여 소득원이 상실되었을 때 상실된 소득의 일부 혹은 전부를 보상하여 주는 것인데, 소득 상실의 사회적 위험은 노동능력 및 기회의 상실 정도에 따라 다음과 같이 구분될 수 있다.

- 노동능력을 영구적으로 전부 또는 일부 상실한 경우로 노령, 장해, 사망 등의 위험
- 노동능력을 일시적으로 상실한 경우로 재해, 사고의 위험
- 노동기회를 상실한 경우로 실업의 위험
- 노동에 대한 보상의 미흡으로 발생하는 저임금의 위험
- 부양자의 사망, 예외적인 지출(예: 질병, 사고, 양육, 출산 등에 의한 비용) 등의 경우로 빈곤의 위험

이러한 사회적 위험에 따른 소득보장의 주요 논점은 어느 정도의 수준까지 소득을 보장하느냐와 어떤 방법으로 보장하느냐라고 볼 수 있다.

소득보장은 국민의 생존권 보장, 즉 국가가 국민의 최저소득을 보장하고 책임져야 한다는 당위성에 기인하는 것으로, 자본주의 산업발달과정에서 도래한 국가책임의 원리이다. 그러나 소득보장은 단순히 빈곤문제 해결을 위한 생존권과 최저생활 보장이라는 의미 외에도 불평등을 완화하여 평등한 삶을 지향하는 소득 재분배까지를 포함한다. 물론 최저생활 보장은 일차적 중요성을 갖지만 그 역시 소득 재분배를 통해 이루어진다는 점에서, 티트머스(R. M. Titmuss)와 같은 연구자들이 사회복지정책을 소득재분배정책과 동일시했을 정도로 사회복지정책에서 소득재분배정책은 중요하다.

2) 소득보장의 수준

우선 가장 일반적인 소득보장 수준은 그 나라 국민에게 생활의 모든 측면에서 사회적으로 인정되고 있는 '최저생활의 보장'이다(George & Wilding, 1984). 한국도 「헌법」 제34조에서 "모든 국민은 인간다운 생활을 추구할 권리를 가진다."라고 규정하여 사회 구성원 누구나 건강하고 안정된 생활을 영위하도록 최저한의 생활을 보장하고 있다. 최저생활 보

장은 사회적 최저 수준(social minimum) 또는 국가적 최저 수준(national minimum) 이상의 생활을 보장하는 것으로서 빈곤선(poverty line)의 설정 기준인 최저생계비 개념에 입각하고 있다.

최저생계비는 국민이 건강하고 문화적인 생활을 유지하기 위해서 필요한 최소한의 비용으로, 흔히 대부분의 국가에서 공공부조의 급여 수준을 설정하는 기준이 되고 있다. 최저생계비 계측방식으로는 절대빈곤 개념에 입각하여 전물량 방식인 라운트리 (Rowntree) 방식 또는 마켓 바스켓(market-basket) 방식과 반물량 방식인 엥겔(Engel) 방식이 널리 알려져 있다. 전물량 방식은 최저생계 수준의 유지에 필요한 의식주 등의 필수품목(한국의 경우 음식비, 주거비, 광열비, 피복비 등)과 소요량을 정하고 이를 시장가격으로 환산하여 합계를 구하는 방법이며, 반물량 방식은 필수품목 중 음식비만을 산출하여 이를 최저소비 계층의 엥겔계수(전체 소비지출 중 음식비가 차지하는 비율; 가계소득이 높을수록 엥겔계수가 낮아진다는 엥겔의 법칙에 근거)의 역수에 곱하여 최저생계비를 계측하는 방식이다.

사회보장은 최저한도의 소득보장을 의미한다고 간주한 비버리지(Beveridge, 1942) 이후 최저생활수준이 소득보장의 가장 기초적이고 필수적인 원리이긴 하지만, 소득보장은 반드시 최저생활만을 보장하는 것은 아니다. 사회복지 프로그램 중 무상급여제도인 공공부조제도는 최저생활수준만을 보장하는 것이 보편적이지만, 기여에 주로 의존하는 사회보험제도의 경우 수급자의 수급 발생 이전의 소득이나 기여 등을 고려하여 적정한 소득보장 수준을 설정하게 된다. 예를 들면, 각 나라의 노령연금 또는 공적연금의 경우 기초연금과 소득비례연금을 병행하여 소득계층별로 적정한 수준의 소득보장을 추구하고 있으며, 실업보험의 경우도 소득이나 기여에 따라 급여액을 차등화하는 것이 일반적이다.

한편, 최저생활수준의 소득을 보장하는 공공부조의 경우도 현실적으로 그러한 것일 뿐 그것이 바람직하다는 원리적인 문제는 아니다. 또한 빈곤 개념 자체도 앞서 언급한 절대빈곤 외에 전체 소득자의 중간소득 또는 중위소득의 1/2 정도로 빈곤선을 추정하는 상대빈곤 개념도 존재한다. 따라서 각 나라의 사회경제적 수준에 따라 좀 더 적정한 수준의 소득보장을 추구하는 것이 경제적·사회적·문화적으로 적절한 생활수준을 유지시키고자 하는 사회권(social rights) 또는 복지권(welfare rights)의 원리에 좀 더 접근하는 것이다.

3) 소득보장 방법

소득보장을 위한 사회복지 프로그램은 전체 프로그램의 다수를 차지할 정도로 광범위하고 또 중요하기도 하다. 다양한 소득보장 프로그램을 분석적으로 이해하기 위해서는 프로그램 운영 방식으로 구분해 살펴보는 것이 바람직할 것이다. 첫 번째 기준은 수급자의 기여 여부이며, 두 번째 기준은 자산조사 수행 여부이다. 이와 같이 볼 때 분석적으로는 기여-비자산 조사, 기여-자산 조사, 비기여-자산 조사, 비기여-비자산 조사 프로그램의 네 가지 형태가 존재한다(참조). 그러나 수급자의 기여에도 불구하고 자산조사를 수행하는 프로그램은 현실적으로 거의 존재하지 않는다. 왜냐하면 기여에 의해 이미 수급 자격이 주어지기 때문이다. 따라서 주로 다음의 세 가지 형태가 존재한다. 즉, 기여-비자산 조사 형태는 사회보험 방식이며, 비기여-자산 조사 형태는 공공부조 방식이고, 비기여-비자산 조사 형태는 사회수당 방식이다.

사회보험제도로는 흔히 4대 사회보험제도라 불리는 공적(노령)연금, 건강(의료)보험, 산업재해(노동자)보상보험, 고용(실업)보험이 있다. 의료보험은 물론 의료비와 관계되는 측면은 있지만 소득보장이라기보다는 의료보장이라고 분류하는 것이 타당할 것이다. 고용(실업)보험은 현대에 와서 단순히 실업자에 대한 급여를 벗어나 고용정책이라는 적극적 노동시장정책과 긴밀히 결부되어 있다. 따라서 이 중 실업급여의 측면이 직접적인 소득보장이라고 볼 수 있다. 공공부조제도는 빈곤층에 무상으로 급여한다는 점에서 한국의 기초생활보장제도나 미국의 TANF(Temporary Assistance to Needy Families) 등과 같이 비교적 단순하다. 사회수당제도는 주로 인구학적 기준에 의한 보편적 프로그램으로서 나라마다 다르지만 가족수당, 아동수당, 장애수당, 노인수당 등이 있다.

표 9-1 소득보장의 형태와 프로그램

자산조사 여부 \ 기여 여부	기여	비기여
자산조사	×	공공부조(한국의 국민기초생활 보장, 미국의 TANF 등)
비자산조사	사회보험(공적연금, 산재보험, 고용보험)	사회수당(가족수당, 아동수당, 장애수당, 노인수당 등)

(1) 사회보험

사회보험(social insurance)은 현재의 최저생활을 보장하기 위한 직접적인 정책 수단은 아니지만, 사회적 위험에 대비한 잠재적인 최저생활 보장정책이라 볼 수 있다. 사회보험의 대표적인 소득보장 프로그램으로는 공적연금, 산재보험, 고용보험(실업보험) 등이 있다.

공적연금제도는 일상생활을 영위하던 중에 노령, 사고, 사망, 질병이나 장애 등 영속적인 생활장애에 의한 소득 중단 또는 감소 상태에 대비하여, 국가 차원에서 근로 시기에 정기적인 보험료 갹출을 통해 사고 발생 이후에 일정액을 지급하는 생활보장방식을 말한다. 연금제도는 자본주의적 산업화의 발전에 따른 퇴직제도 및 노령인구의 증가와 핵가족화 현상에 의한 필요성에 따라 발생한 사회보험제도의 근간이다. 이에 따라 연금제도는 1889년 독일에서 노령연금제도를 도입한 이래 가장 많은 국가에서 시행하는 사회보험이 되었다. 이러한 연금제도는 노령자에게 최저한의 소득을 보장하고 노후생활을 설계하도록 하며 소득을 재분배하는 기능을 수행한다.

한국의 공적연금제도는 공무원연금, 군인연금, 사립학교교직원연금 등 (특수)직역연금과 공무원, 군인, 사립학교 교직원을 제외한 일반 국민을 대상으로 하는 국민연금으로 구성되어 있다. 한국은 1960년 공무원연금의 도입을 시작으로 1963년 군인연금(공무원연금에서 분리), 1975년 사립학교교직원연금이 시행되었으며, 국민연금은 1988년부터 시행되었다.

산재보험은 근로자의 과실 여부에 관계없이 사업장에서 업무상으로 발생하는 근로자의 재해에 대해 사용자의 보상책임을 담보해 주는 사회보험제도이다. 산재보험은 대부분의 국가에서 근로자의 과실이건 사업주의 과실이건 간에 보상하는 무과실 책임주의와 사고가 업무에 관계되어 발생할 때 보상하는 업무 기인성에 입각하고 있다. 대부분의 선진국에서 산재보험은 사회보험 중 우선적으로 도입되었는데, 이는 산업화의 진전에 따른 산재사고의 증가로 피해 근로자의 보상문제에 대해 사용자 개인의 책임을 넘어 사고 위험이나 부담의 분산이라는 사회적 대처의 필요성에 공감한 데서 기인한다(한국복지연구원, 2006). 산재보험의 목적은 ① 산재노동자의 생계소득 보장, ② 기업의 배상보상, ③ 사회적 소득의 재분배이다.

한국의 경우, 산재보험은 산업화에 따른 기업과 근로자 양측의 기능적 필요에 따라 1964년에 다른 사회보험제도보다 우선적으로 도입되었다. 한국의 산재보험은 처음 도입 당시에는 종업원 500인 이상 규모의 광업 및 제조업 부문 사업체에 적용되었으나, 이후 꾸준히 적용 범위가 확대되어 현재는 특정 업종을 제외한 종업원 1인 이상의 전 사업체에 적용되고 있다.

고용보험은 원래 실업보험으로 시작하여 주로 실업에 대비한 최저생활 보장을 위한 사회보장적 대응으로 존재해 왔다. 그러나 점차 실업급여를 일정 기간 지급하는 데에서 더 나아가 적극적인 취업 알선 및 재취업, 직업 안정 및 고용구조 개선을 향한 적극적 노동시장정책을 추구하는 방향으로 나아가고 있다. 따라서 각국의 고용보험제도는 그 명칭이 고용보험이건, 아니면 실업보험을 유지하건 점차 고용보험의 형태로 전환되고 있는 추세이다.

한국의 고용보험은 사회보험 중 가장 늦은 1995년부터 도입·시행되었는데, 실업예방, 고용촉진 및 근로자의 직업능력 개발과 향상을 도모하고 국가의 직업 지도 및 직업소개 기능을 강화하며, 근로자가 실직한 경우에 생활에 필요한 급여를 지급함으로써 근로자의 생활안정과 구직활동을 촉진할 것을 목적으로 하고 있다. 한국의 고용보험은 도입 당시 실업급여는 종업원 30인 이상 사업장, 그 외 사업(고용안정사업, 직업능력 개발사업)은 70인 이상 사업장에 적용되었으나(현재는 모성보호 추가), 적용 범위를 꾸준히 확대하여 현재 실업급여는 전 사업장에 적용되고 있다.

(2) 공공부조

사회보험이 수급자의 기여에 의한 예방적 성격의 생활보장정책이라면, 공공부조(public assistance)는 스스로 보험료를 납부할 능력이 없는 빈민의 최저생활수준을 보장하기 위한 사후적인 성격의 생활보장정책이다. 따라서 공공부조는 수급자의 기여에 관계없이 급여하기 때문에 일반적으로 수급 대상자의 자산조사가 수반된다. 현대국가의 사회복지제도 중에서 공공부조제도는 저소득층 국민의 최저생활 보장을 목적으로, 특히 생활능력을 상실한 자에 대하여 국가가 건강하고 문화적인 최저생활을 보장하고 자립을 돕는 것을 목적으로 하는, 빈곤에 대한 치료적이며 최종적인 정책 수단이라 할 수 있다.

공공부조는 사회보험에 의해 포괄되지 못하는 여러 가지 보장 및 사람들을 포괄하고 충족시키기 위하여 실시된다. 서구 선진국을 비롯한 각국의 공공부조제도는 빈곤자, 노인, 시각장애인, 기타 장애인 등 마땅히 부조를 받아야 하는 것으로 인정되는 사람들과 아동을 부양하는 한부모가정 등 현재의 상황이 개선될 것 같지 않고 다른 원조 수단을 이용할 수 없는 사람들에게 도움을 주기 위해 제공된다(김기원, 2000; DiNitto & Dye, 1987).

이러한 공공부조는 생존권 및 최저생활 보장의 원리, 국가책임의 원리, 피보호자의 자산, 능력 등을 감안하여 부족분을 보충하는 보족성(보충성)의 원리, 궁극적으로 보호를 탈피하도록 돕는 자립성장의 원리 등을 기본 원리로 하며, 가족 또는 세대 단위의 신청보장 및 자산조사, 현금급여를 원칙(중심 급여인 생계급여)으로 하고 있다.

　한국의 공공부조는 1961년부터 실시된 생활보호제도에서 비롯되었는데, 현재는 생활보호제도를 개선한 국민기초생활보장제도를 중심으로 기타 재해구호 등을 실시하고 있다. 과거 생활보호제도는 1988년 국민연금이 실시되기 이전까지 빈민층에 대한 유일한 소득보장 대책으로 존재해 왔다. 2000년부터 시행되고 있는 국민기초생활보장제도는 수급권자의 범위를 "부양 의무자가 없거나 부양 의무자가 있어도 부양능력이 없거나 또는 부양을 받을 수 없는 자로서 소득인정액이 중위소득의 일정 부분(%) 이하일 경우(급여종류에 따라 차이)"(「국민기초생활보장법」 참조)로 규정하고 있다. 이러한 국민기초생활보장제도는 과거 생활보호제도에서 규정한 65세 이상의 노쇠자, 18세 미만의 아동 등 인구학적 기준을 탈피하여 수급권자의 범위를 확대하고, 가부장적 시혜의 의미인 '보호'를 '급여'로, '보호대상자'를 '수급권자'로 바꾸는 등 공공부조에서의 국민의 권리를 강화하였다.

(3) 사회수당

　사회수당(social allowance)은 사회 차원에서 보장이 필요한 대상에게 기여 없이 일정한 인구학적 조건(아동, 장애인, 노인 등)에 의해 자산조사를 수반하지 않고 급여하는 제도이다. 사회수당은 나라마다 다소 다르기는 하지만 대체로 가족수당 또는 아동수당의 형태로 존재한다. 그리고 서유럽의 선진 복지국가에서 실시하고 있는 보편적 연금과 장애수당도 사회수당의 형태이다(최일섭, 정은, 2006). 사회수당의 본래적인 의미는 단지 보장이 필요한 인구학적 기준이지만 고도의 선진 복지국가를 제외하고는 본래의 의미로 실시하는 경우는 드물다. 한국의 경우에 아동수당은 사회수당에 해당되지만, 장애인수당, 노인대상의 기초연금 등은 저소득층을 주요 대상으로 하는 자산조사 요건이 있기 때문에 실제 내용상으로는 공공부조의 성격이 더 강하다고 볼 수 있다.

　이와 같이 살펴본 사회보험과 공공부조 그리고 사회수당은 모두 소득보장제도의 일환으로 실시되지만, 그 보장 대상, 급여 수준, 재정 부담 등에서 차이가 있다. 그러나 공공부조와 사회수당은 둘 다 비기여에 의한 프로그램이기 때문에 어느 정도 유사성을 갖고 있다. 사회보험과 공공부조의 특성을 비교하면 다음과 같다(김기원, 2000: 21-24에서 재구성).

표 9-2 사회보험과 공공부조의 비교

구분 내용	사회보험	공공부조
보장 대상	일정 요건을 갖춘 모든 국민	절대빈곤층
보장 수준 (급여 수준)	하한선이 최저생활 (퇴직 이전 소득 고려)	상한선이 최저생활
재원(재정 부담)	기여금, 사용자 부담금	일반 조세
재분배 기능	약한 재분배성	강한 재분배성
사회적 위험	미래 위험에 대해 예방적	현재 위험에 대해 완화적
권리적 성격	강한 권리성	약한 권리성
노동 관련	과거 노동 관련	과거 노동과 무관

4) 소득보장의 주요 쟁점

앞서 언급하였듯이 소득보장은 사회보장의 여러 영역 중 가장 중요하고도 핵심적인 영역이다. 소득보장은 인간의 삶과 생활에 가장 직접적인 영향을 미칠 뿐만 아니라 여타 사회보장의 영역도 어찌 보면 넓은 의미의 소득보장으로 간주될 정도로 긴밀한 관계를 맺고 있기 때문이다. 예를 들면, 의료보장의 경우 사회보장의 영역에서 주요 이슈는 의료비의 문제이며 고용보장의 경우에도 고용을 통한 소득 획득이 목적일 수 있기 때문이다. 따라서 소득보장을 통해서 사회보장의 목적을 극대화시키기 위해서는 소득보장의 수준 및 방법의 적절성과 합리성이 중요하다. 이에 따라 그에 대한 적지 않은 논의가 따른다.

우선 소득보장의 수준과 관련해서 '사회적 또는 국가적 최저 수준'을 목표로 보기도 하고 또는 사회권의 관점에서 '사회적 적정 수준'을 목표로 보기도 하지만(EspingAndersen, 1990; Marshall & Bottomore, 1992), 실상 그러한 수준의 개념은 상대적인 개념일 뿐이다. 또한 최저 수준을 설정하는 최저생계비와 빈곤선을 측정하는 방식도 각 사회의 경제적 · 문화적 조건 및 가치와 이념에 따라 상대적일 수 있다. 따라서 각 사회는 그 사회의 경제적 · 사회적 · 문화적 수준에 적절하게 소득보장의 수준을 규정하는 것이 중요하다.

다음으로, 소득보장 방법과 관련하여 사회보험과 공공부조 및 사회수당은 각기 장단점을 가지고 있다. 사회보험은 개인의 책임의식과 자본주의 시장의 합리성과 효율성을 추구하는 반면, 능력주의에 따른 불평등 문제 및 보장의 사회화가 다소 약하다. 공공부

조와 사회수당은 국가의 사회화된 책임성과 강한 재분배 기능을 통한 평등 추구의 장점
이 있는 반면, 개인의 책임 회피에 따른 도덕적 해이와 생산성 약화, 그리고 특히 공공부
조는 선별주의에 따른 수치심 유발의 문제가 따른다. 이에 국가마다 추구하는 가치와 이
념에 따라 주된 소득보장 방법은 다르다. 따라서 이러한 방법들을 적절히 배분하여 운영
하는 것이 소득보장 목표의 관건이라고 볼 수 있겠다.

학습과제

1. 소득보장의 범위에 대해 논의해 보시오.

2. 최저생계비, 빈곤선, 최저생활, 적정생활 등의 개념에 대해 논의해 보시오.

3. 소득보장 방법에서 기여, 비기여, 자산조사 등의 의미에 대해 논의해 보시오.

4. 사회보험제도의 종류와 사회적 위험을 관련시켜 설명해 보시오.

5. 사회보험과 공공부조를 비교하여 설명해 보시오.

참고문헌

강욱모, 김영란, 김진수, 박승희, 서용석, 안치민, 엄명용, 이성기, 이정우, 이준영, 이혜경, 최경
　　구, 최현숙, 한동우, 한형수(2006). 21세기 사회복지정책. 서울: 청목출판사.
김기원(2000). 공공부조론. 서울: 학지사.
최일섭, 정은(2006). 현대사회복지의 이해. 경기: 공동체.
한국복지연구원(2006). 한국의 사회복지 2006-2007. 서울: 유풍출판사.

Beveridge, W. (1942). *Social insurance and allied services*. London: HMSO.
DiNitto, D. M., & Dye, T. R. (1987). *Social welfare: Politics and public policy*. Englewood
　　Cliffs, NJ: Prentice Hall.
Esping-Andersen, G. (1990). *The three worlds of welfare capitalism*. Cambridge: Polity Press.
George, V., & Wilding, P. (1984). *Impact of social policy*. London: Routledge and Kegan Paul.
Marshalll, T. H., & Bottomore, T. (1992). *Citizenship and social class*. London: Pluto Press.

2. 건강보장

○◀ **학습개요와 학습목표**

건강은 복지를 실현하는 과정에서나 복지의 성과 측면에서나 모두 중요하게 접근되는 영역이다. 이 절에서는 건강에 대한 정의와 다양한 접근을 이해하고 사회복지서비스에서는 어떻게 접근할 수 있는가에 대하여 학습하고자 한다. 또한 건강 관련 정책과 현안 서비스 이슈들을 살펴 사회복지서비스 분야에서 건강문제 개입 시 알아야 할 지식을 쌓고자 한다. 이 절의 학습목표는 다음과 같다.

● 건강에 대한 개념과 다양한 접근을 이해한다.
● 건강과 관련된 사회복지서비스에 대하여 익힌다.
● 건강과 관련된 최근의 쟁점을 살펴본다.

1) 건강에 대한 관점

세계보건기구(WHO)는 건강에 대한 정의를 신체적 · 정신적 · 사회적으로 완전한 안녕을 이룬 상태로, 단순히 질병이 없거나 허약하지 않은 상태를 의미하는 것이 아니라고 제시하였다. 이러한 정의는 전인적인(holistic) 건강을 강조하는 것으로 발전하게 된다. 바다쉬와 치즈브로(Badasch & Chesebro, 1999)는 WHO의 건강에 대한 정의는 완벽한 상태를 강조하였다고 보고, 건강은 질병이나 허약하지 않은 상태와 상관없이 성취할 수 있어야 한다고 주장하였다. 그들은 인간이 신체 · 정신 · 사회 · 정서의 합일체로 살아가는 데 최적의 삶을 성취하고자 한다고 보았다.

이러한 관점에서 볼 때 전인적인 건강은 인간의 안녕을 성취하는 복지와 의미를 같이한다고 할 수 있다. 듀보스(Dubos)는 건강이나 질병은 개인의 과거와 현재의 환경과 인체기관의 상태, 다양한 신체적 · 정신적 작용 등의 복잡한 상호작용과정에서 보아야 한다고 주장하였다(Germain, 1984: 58에서 재인용). 건강이나 질병에 대한 이와 같은 이해는 신체적 증상에 주 관심을 두는 전통적인 의료 관점에서 벗어나 적응 모델 관점으로의 이행을 가능하게 하였으며, 이에 다학제적 접근을 강조하게 된다. 이는 단순히 질병 혹은 장애, 건강문제에만 관심을 두는 것이 아니라 건강증진 등에 폭넓게 관심을 둔다. 사회복지실천은 생태체계적 관점에서 문제와 욕구를 이해한다. 현대의 건강문제와 질병은 생리적 원인으로만 설명할 수 없으며, 사회적 환경의 적용과정에서 설명하고자 하는 생태체계적 관점의 적용이 유용하다. 이는 의학적 개입 이외에 질병과 더불어 발생하는 심리적·사회적 욕구에 대한 개입의 중요성을 제시해 준다.

2) 건강 관련 모델

(1) 적응 모델

적응 모델(adaptation model)은 생태체계적 관점을 반영하였다. 질병이나 장애 경험의 주요 관심사인 적응, 스트레스, 대처양식을 주로 다룬다. 건강상태나 질병은 인간과 물리적·사회적·문화적 환경 간에 이루어지는 지속적인 교환작용에서 산출되는 결과로 본다(Germain, 1984). 질병이나 장애에 대응하는 노력은 개인이 질병이나 장애로부터 경험하는 스트레스로부터 영향을 받는데, 효과적인 대처양식이 있을 경우 스트레스에 대처하려는 노력을 지속할 수 있다고 보는 것이다. 건강과 사회적 기능에서 가능성을 열어 두고, 환경이 건강과 적응기능을 최적이 되도록 지원하고 증진시키는 역할을 맡아야 한다고 보는 것이다.

(2) 건강 모델

건강 모델(health model)은 생리적·심리적·사회적 관점을 바탕으로 사회복지실천 영역에 대한 기반을 제시하고 있다. 웨이크(Weick, 1986)에 따르면, 의료 모델은 질병의 원인을 찾아 인과적 관계로 설명하고 치료를 강조하는 반면에, 건강 모델은 건강상태를 다양한 차원의 상호작용으로 이루어지는 것으로 보아 예방이나 건강증진에 관심을 둔다. 또한 건강 모델에서는 인간은 변화하는 환경에 끊임없이 반응하여 스스로 수정하는 기제를 가진 존재로서 질병이라는 변화하는 환경에서 반응하고 치료할 수 있는 잠재력을 지니고 있다고 본다. 치료에서 환자의 적극적인 역할이 반드시 필요하다고 보아, 이러한 역할을 잘 수행할 수 있도록 하는 지지와 역량강화를 강조한다. 여기에서 사회복지의 주요 관심인 강점 관점과 자기결정권을 치료과정에서 실현하게 되는 것이다. 그리고 환경이 건강에 미치는 영향이 크므로 궁극적으로 사회는 개인의 건강과 필요한 자원이 제공되도록 책임을 맡아야 한다고 본다.

3) 건강 관련 정책과 서비스

(1) 의료정책

한국은 「의료법」 제1조에 "모든 국민이 수준 높은 의료 혜택을 받을 수 있도록 국민의료에 필요한 사항을 규정함으로써 국민의 건강을 보호하고 증진하는 데 목적이 있다."고 명시하여 건강보호에 대한 국가의 책임을 강조하고 있다. 의료보장은 이와 같은 국가의 책임을 반영하는 것으로 기여능력이 있는 국민에게는 '건강보험제도'가 적용되고, 기여능력이 없는 국민에게는 '의료급여제도'가 적용된다.[1] 저소득층을 위한 「의료보호법」은 1977년 12월에 제정되었다. 이 법에 의하여 의료보호제도가 시행됨으로써 빈곤층에 대한 중심적인 의료보장제도의 역할이 수행되어 왔다. 2001년 5월 「의료보호법」이 전문개정되어 「의료급여법」[2]으로 바뀌었다. 「의료급여법」에 의한 수급권자는 적용범위가 꾸준히 확대되는 추이를 보이고 있다.[3] 의료급여는 사회적 약자에 대한 의료보장정책으로 적용 범위와 확장과 다양화 면모는 의료보장정책의 사각지대를 해소하고자 하는 노력이라 하겠다.

(2) 정신건강정책

서구나 한국에서의 전통적인 정신건강정책은 만성 정신장애인을 중심으로 한 시설 수용에 주 초점을 두어 왔다. 정신질환의 예방과 사회 복귀의 중요성이 부각되면서 1995년

---

1) 2022년 말 의료보장이 적용되는 인구는 5,293만 명이다. 건강보험 적용 인구를 살펴보면 5,141만 명으로 높은 비중을 차지하고 있다. 의료급여가 적용되는 인구를 살펴보면 152만 명으로 2012년 기준 151만 명에서 다소 증가한 추이를 보이고 있다(보건복지부, 2023a).

2) 「의료급여법」의 제1조는 "이 법은 생활이 어려운 자에게 의료급여를 실시함으로써 국민보건의 향상과 사회복지의 증진에 이바지함을 목적으로 한다."고 규정하고 있다. 이 법의 주요 골자를 살펴보면, 첫째, 의료급여사업의 기본 방향, 의료급여의 기준 및 수가 등을 심의하기 위하여 보건복지부에 중앙의료급여심의위원회를 설치한다. 둘째, 의료급여의 내용에 예방·재활을 추가하여 생활이 어려운 저소득 국민의 의료에 대한 권리를 강화한다. 셋째, 의료급여를 받을 수 있는 기간의 제한을 폐지하여 수급권자가 연중 상시적으로 의료급여를 받을 수 있도록 한다.

3) 「국민기초생활 보장법」 「재해구호법」 「의사상자 등 예우 및 지원에 관한 법률」 「입양특례법」 「독립유공자에 우에 관한 법률」 「국가유공자 등 예우 및 지원에 관한 법률」 「보훈보상대상자 지원에 관한 법률」 「무형문화제 보전 및 진흥에 관한 법률」 「북한이탈주민의 보호 및 정착지원에 관한 법률」 「5·18민주화운동 관련자 보상 등에 관한 법률」 「노숙인 등의 복지 및 자립지원에 관한 법률」 등에 따라 의료급여가 필요하다고 인정하는 사람, 그 밖에 생활유지 능력이 없거나 생활이 어려운 사람으로서 대통령령으로 정하는 사람

에 『정신보건법』[4]이 제정되었고 1997년 1월에 시행되었다. 이후 지속적인 변화를 거쳐, 정신질환자에 대한 선별적인 접근에서 나아가 대상을 보편적으로 확장하는 노력과 정신건강증진 개념을 강조하게 된다. 2023년도 시행되고 있는 『정신건강증진 및 정신질환자 복지서비스 지원에 관한 법률(약칭: 정신건강복지법)』에서는 제1조에 그 목적을 적시하고 있다. "정신건강복지법은 정신질환의 예방·치료, 정신질환자의 재활·복지·권리보장과 정신건강 친화적인 환경 조성에 필요한 사항을 규정함으로써 국민의 정신건강증진 및 정신질환자의 인간다운 삶을 영위하는 데 이바지함을 목적으로 한다." 정신건강증진사업[5]은 정신질환자를 대상으로 하는 선별적인 접근이 여전히 주요 영역이다. 그러나 정신건강 복지서비스에서의 대상을 정신건강증진이라는 관점을 적용하여, 대상을 보편화시키는 노력이 있어 왔다. 예방을 강조하는 측면도 변화를 보이는 면이라 하겠다. 대상을 보편화시키고, 예방에 대한 관심이 높아지면서, 지역사회 내에서 정신건강에 긴밀하게 영향을 미치게 되는 포괄적인 영역들에 대한 주목도 이어지고 있다. 2023년도 최근 정신건강정책 추진 방향은 '마음이 건강한 사회, 함께 사는 나라'로 설정한 것은 정신건강정책 방향의 보편화를 보여 주는 것으로 정신건강에 대한 사회적 권리와 제도적 책임을 강조하고 있다.

(3) 관련 서비스

　건강과 관련된 서비스로는 지역사회 의료 서비스, 시설 서비스, 재가 서비스 등을 들 수 있다. 먼저 대표적인 재가 서비스로는 노인돌봄이 서비스, 중증 장애인 활동보조 서비스, 산모도우미 서비스 등을 들 수 있다. 강흥구(2007)는 건강상태에 따라 다음과 같은 세 가지 수준의 서비스 체계로 분류하였다. 1차 보호체계에서는 건강 유지와 질병 예방을 위한 조기 개입이 이루어진다. 2차 보호체계는 이미 악화된 상태의 건강문제에 개입하는 것으로 치료와 조정을 목표로 서비스가 이루어진다. 그리고 3차 보호체계는 만성적이거나 말기단계에서의 서비스를 포함한다. 이러한 분류는 배타적이라 할 수 없다. 2차에 해당하는

---

4) 『정신건강복지법』은 정신질환의 예방과 정신질환자의 의료 및 사회 복귀에 관하여 필요한 사항을 규정함으로써 국민의 정신건강증진에 이바지함을 목적으로 한다(제1조). 적용대상인 정신질환자란 정신병(기질적 정신병을 포함함), 인격장애, 알코올 및 약물 중독, 기타 비정신병적 정신장애를 가진 자이다(제3조 제1호).
5) 제3조 2항에 정신건강증진사업이란 정신건강 관련 교육·상담, 정신질환의 예방·치료, 정신질환자의 재활, 정신건강에 영향을 미치는 사회복지·교육·주거·근로 환경의 개선을 통하여 국민의 정신건강을 증진시키는 사업을 말한다.

입원치료와 3차에 해당하는 호스피스 병동이 동일 보호체계에서 이루어지기도 한다. 그러나 일반적으로 1차와 2차에서 주로 이루어지는 공공건강기관(보건소, 국립 의료기관), 민간 의료기관, 병원의 외래나 입원 치료 등을 지역사회 의료 서비스로 볼 수 있다.

시설 보호의 비용 부담을 감소시키고 지역사회가 치료적 환경 역할을 할 수 있다는 탈시설화의 영향으로 다양한 지역사회 서비스가 제공되고 있다. 2008년 「노인장기요양보험법」의 시행으로 재가 서비스는 본격적으로 확대되었다.[6] 이는 지역사회 내에서 머무르며 필요한 의료와 복지 서비스를 받음으로써 불필요한 시설 서비스 이용을 줄이고 가족의 부담을 줄이는 효과를 나타냈다. 최근에는 의료급여 수급자의 다수가 고령, 저학력, 만성질환, 합병증, 건강관리 능력 부족 등의 어려움을 안고 있어 그들에 대한 밀착관리의 필요성이 제기되었다.

정신장애 지역사회 서비스는 지역사회 정신건강복지센터, 회복단계별 사회복귀시설(생활훈련시설, 직업훈련시설, 기타 훈련시설), 중독통합관리센터 등에서 제공된다. 정신건강복지센터는 지역사회를 기반으로 하여 정신질환 예방, 정신질환자 발견·상담·진료·사회복귀 훈련 및 사례관리, 정신건강복지 시설 간 연계 구축 등 지역사회 정신건강복지 사업의 기획, 조정 및 수행을 담당한다. 이러한 서비스를 통하여 지역사회 내에 거주하는 정신질환자에 대한 통합적인 서비스를 제공하게 된다. 중독관리통합지원센터에서는 중독 예방, 중독자 상담 및 재활 훈련 등을 담당하게 된다. 정신재활시설에서는 병원 또는 시설에서 치료나 요양 후 사회복지 촉진을 위한 훈련을 제공하게 된다. 정신요양시설에서는 만성 정신질환자의 요양과 보호를 제공한다. 정신의료 기관에서는 정신질환자 진료를 제공하고, 지역사회 정신건강증진사업 지원을 담당하고 있다(보건복지부, 2023b).

4) 건강과 사회복지사의 역할

질병과 건강은 환경적 영향을 많이 받는 것으로 알려져 있다. 사회복지사는 생리적·심리적·사회적 측면에서 다양하게 개입할 수 있는데, 현대사회에서 꾸준히 발생하는

---

6) 「노인복지법」에 요양보호사 자격 취득에 대한 내용이 제시되어 있다. 노인장기요양보험제도는 전문요원인 요양보호사가 일상생활이 어려운 노인 가정을 방문하여 가족 대신 식사나 청소, 목욕, 화장실 이용, 옷 갈아입기, 몸단장 등을 도와주고, 간호 서비스를 제공하거나 필요할 경우 전문 요양기관에 입원시켜 병간호를 제공한다.

알코올 및 약물 남용, 아동 학대 및 방임, 가정폭력, 자해행동 등을 대표적으로 들 수 있다. 빈곤은 건강문제나 질병과 밀접한 관련을 보이는 것으로 보고되고 있으며, 이와 같은 문제들을 동반하는 경우가 많아 전 세계적으로 빈곤층에 대한 예방적 접근과 치료적 접근이 강조되고 있다(강흥구, 2007; Moniz & Gorin, 2007).

현대 의료 서비스 체계는 간소화된 효율성을 추구하고 있어 질병과 관련하여 밀접하게 다루어져야 할 심리사회적 측면을 간과할 수 있다. 치료과정은 심리적 · 정서적 지지가 매우 중요한데, 의료사회복지사와 같은 건강 전문직이 그 역할을 담당할 수 있다. 실제로 정신보건 사회복지사의 경우 가족에 대한 개입과 사회재활 분야에서는 지역사회 보호에서 적극적인 역할을 담당하고 있다. 또한 퇴원 계획을 통하여 지역사회 내 자원을 연계하는 등의 사례관리자 역할이 강조된다. 「의료법 시행규칙」 제38조(의료인 등의 정원)에 "종합병원에는 사회복지사업법의 규정에 의한 사회복지사 자격을 가진 자 중에서 환자의 갱생, 재활과 사회복귀를 위한 상담 및 지도 업무를 담당하는 요원을 1인 이상 둔다."는 규정이 있다.

정신건강복지 사회복지사의 경우 체계적인 수련과정과 제도적 근거를 가지고 있으나 정신장애인 대상으로 하는 서비스 제공이 주를 차지하고 있다. 정신장애인의 재활에서 직업재활은 중요한데, 현실적으로는 정신장애에 대한 낙인으로 지역사회 중심의 정신보건 서비스가 활성화되지 못하고 있어 옹호활동이나 대중교육에서 정신건강복지 사회복지사의 역할이 요구된다.

건강과 관련하여 질 높은 심리사회적 서비스를 제공할 수 있도록 사회복지 교육체계가 이 분야에서의 관련 교과목 개설, 실습과정과 연수체계 등의 정비를 통한 실천 현장의 확대 등의 노력을 함으로써 건강 영역에서 사회복지사가 적극적으로 역할을 담당하도록 하여야 할 것이다. 앞서 언급하였듯이, 복지의 성취는 건강의 성취와 일맥상통한다. 사회복지사는 세팅의 성격에 상관없이 건강 관련 지식과 개입기술을 훈련받아야 한다. 여기에서는 직접적인 개입기술보다는 사정과 의뢰가 주가 될 것이다. 다양하고 복잡한 어려움을 지니고 있는 사회복지 클라이언트의 경우 건강 관련 욕구가 높은 경우가 많으므로, 사회복지사는 적절한 자원으로 연계하는 문지기(gatekeeper) 역할을 해야 할 것이다.

5) 사회복지사가 갖추어야 할 질병 또는 건강문제 관련 지식

첫째, 질병문제와 관련된 욕구에 대한 이해가 이루어져야 한다. 치료과정에서 발생하는 경제적 문제, 신체적 손상이 이루어질 경우 그에 대한 수용, 질병과정에서 좌절감이나 환자 역할의 부정적인 자아상, 가족의 소진 등이 있다. 둘째, 타 전문직과의 협력작업에 대한 이해가 이루어져야 한다. 의사, 간호사 등이 주축이 되는 의료 세팅에서는 의학 지식이 무엇보다 선행되어야 한다. 또한 필요한 자원을 동원하기 위해 관련 법률과 정책에 대한 지식, 지역사회 자원에 대한 지식 및 연계 활동 등이 필요하다. 셋째, 방어기제에 대한 이해를 들 수 있다. 질병에 대한 대응은 이전의 대처기술로부터 영향을 받는다. 환자와 가족의 방어기제와 더불어 사회복지사 자신의 방어기제에 대한 통찰을 가지고 있어야 한다. 넷째, 다문화 특성에 대한 이해가 중요하다. 다문화는 문화적 · 사회적 특성을 모두 포함하는 것으로, 언어나 관습의 차이에 대한 이해와 수용뿐 아니라 가족구조의 변화에 따른 다양한 가족 형태에 대해 이해하고 발생하는 욕구에 부응할 수 있어야 한다.

6) 주요 쟁점

(1) 정신질환과 인권

2017년 5월 「정신건강복지법」이 시행되었다. 새로이 개정된 「정신건강복지법」은 인권 보호를 무엇보다 강조하고 있다. 한국의 높은 강제 입원율은 정신질환자나 정신장애인의 인권을 위배하는 문제로 관심의 초점이 되어 왔다. 이를 해결하기 위하여 강제입원 절차를 기존의 정신과 전문의 1인의 동의에서 전문의 1인을 추가하여 일치된 진단을 받아야 하는 것으로 개정되었다. 모든 강제입원은 1개월 내 입원적합성심사위원회 심사를 받고 자해 혹은 타해의 위험이 확인되어야 한다. 강제입원 절차를 강화하여 환자의 인권을 보호하고자 하는 의도인 것이다. 그러나 심사 절차에서 여전히 의료인 중심으로 질병 관점이 지배적으로 반영되고 있는 것을 볼 수 있다. 정신질환이나 정신장애의 경우 재발이 빈번하여 회복 과정이 중요하다. 회복은 지역사회 기반으로 다양한 서비스 인프라가 형성되어야 하는데, 이를 위한 노력은 여전히 미흡한 실정이다. 인권의 강조는 어느 가치보다 우선되어야 할 가치이나, 여기에 치료받을 권리라는 가치도 매우 중요하다는 점이 강조되어야 할 것이다. 인권 보호의 가치가 제대로 빛을 발휘하기 위해서는 지역사회 내 다양한 정신질환 서비스와 정신건강증진 서비스 인프라가 확보되어야 할 것이며, 이를 위한 사회복지 전문직의 인식 향상과 선도적인 노력이 필요하다고 하겠다. 최근에는 '묻지마 폭행 사례'에서 정신질환 병력이 있는 경우가 차지하는 비중이 높다는 분석이 있었다. 이에 대응하여 사법 입원에 대한 논의가 제기되었는데, 우려의 목소리 또한 높다

(한겨레신문, 2023). 자칫 정신질환자에 대한 편견을 높이고, 강제적 격리가 주요 대응 방안으로 부각될 수 있기 때문이다. 정신질환 문제에 대한 사회적 대응은 예방과 치료가 균형을 잡는 것이 중요하다. 증상 관리라는 의료적 관점에서 확장되어 사회적 역할의 부여, 포괄적인 지지망을 강조하는 사회적 관점으로 진화되어야 한다. 정신질환으로 어려움을 겪고 있는 당사자와 가족이 지역사회에서 사회적 관계가 단절되지 않는 것이 주요 개입의 목표가 되어야 한다. 여기에는 치료의 지속성이 기반이 되어야 할 것이며, 더불어 지역사회에서 다양한 역할을 부여하고 경험할 수 있는 기회가 제공되어야 한다. 정신질환의 치료에 대한 사회적 인식 향상과 서비스 이용에 대한 긍정적인 인식과 치료의 효과에 대한 적극적인 홍보 활동도 한 축으로 자리 잡아야 할 것이다.

(2) 고령화 시대와 사회복지 전문가의 역할

노인 인구 증가는 노인성 질환과 장애로 인해 발생하는 돌봄 욕구를 증가시키고 있다. 2020년 치매진단을 받고 등록된 치매 환자는 461,475명으로 증가 추세를 보이고 있다. 여성 치매 환자는 남성에 비해 2.6배 많이 발생하는 것으로 나타나는데, 여성 노인의 수명이 남성 노인에 비해 높은 데에서 나타나는 현상으로 보인다(보건복지부, 2021a). 노인성 질환과 장애는 의료서비스와 사회복지서비스 욕구를 동반하게 된다. 사회복지 영역에서는 만성질환에 따른 사회복지서비스 욕구에 부응할 수 있도록 지역사회 내에서 대응해야 한다. 향후 보건 및 사회복지서비스의 확충이 예상되는데, 지역사회와 의료 세팅에서 사회복지 전문직이 질병과 더불어 발생하는 사회복지실천 수행 역량을 갖추어야 할 것이다. 고령화에 따른 질병으로 사회적 부양부담이 높은 것 중의 하나가 치매이다. 이제 치매에 대한 부양부담은 개인이나 가족의 차원이 아닌 국가적 차원에서 부담해야 한다는 정책이 자리 잡고 있다. 시설 의존에서 지역사회에서 자신의 주거에서 머무를 권리에 대한 사회적 보장이 강조되기도 한다. 지역사회에서 치매의 경중에 따른 다양한 치료, 재활, 보호 및 예방 서비스가 필요하다. 예방적 차원에서는 노인복지관이나 경로당 등을 대상으로 신체 및 인지 강화 훈련 프로그램의 보급을 생각할 수 있다. 경증의 경우 노인주간보호에서의 치료 및 보호 프로그램, 중증의 경우 시설에서의 치료 및 요양 보호 프로그램이 확장될 것으로 예상된다. 여기에 관련 교육과 훈련을 거친 사회복지 전문직 인력이 준비되어야 할 것이다.

(3) 정신건강에 대한 예방적 개입

영국에서는 정신질환에 대한 조기 개입에서 질병단계별로 증거-기반 실천을 적용한 최선의 서비스를 제공해야 한다고 강조한다(Health, 2006). 개입 지침을 제공하고 있어 통일된 치료 구성요소를 제공하도록 하고 있다. 지침 원칙에는 회복 중심, 클라이언트와 가족 간의 협력, 인격적 존중, 생리적ㆍ심리적ㆍ사회적 관점의 적용 그리고 발달단계적 관점의 적용이 포함된다. 한국에서도 소아ㆍ청소년 의학에서 성인과는 차별적인 접근을 진행하고 있다. 조기 개입과 예방을 주 목표로 정신건강 의료 세팅과 지역사회 정신건강센터, 학교 정신보건사업 등이 포함되어 있으나, 영국의 경우처럼 가장 효과적인 실천 모델에 대한 지침이나 실증적으로 검증된 모델을 제시하고 있지 않아 이에 대한 연구와 노력이 필요하다.

(4) 정신건강 문제의 다양한 양상

보건복지부 조사에 의하면, 한국인의 정신질환 평행 유병률은 27.8%(남 32.7%, 여 22.9%)로 성인 4명 중 1명 이상이 평생 동안 한 번 이상 정신건강 문제를 경험하였다고 보고한 것으로 나타났다(보건복지부, 2021b). 각 질환별로 성별 차이를 보이는 것으로 나타났는데, 주요 우울장애(우울증)의 경우 1년 유병률에서 남자는 1.1%, 여자는 2.4%를 보이는 것으로 나타났다. 여자의 경우, 남자에 비해 2배 이상으로 높은 비율을 보였다. 코로나19 팬데믹의 영향으로 우울 증상이 증가한 것으로 해석하고 있으며, 우울장애가 증가한 것으로는 보지 않고 있다. 불안장애의 경우, 일 년 유병률에서 남자는 1.6%, 여자는 4.7%로 남자의 3배가량으로 보고되었다. 지난 1년간 성인의 1.3%가 한 번 이상 심각하게 자살을 생각하고, 0.5%가 자살계획을 한 것으로 보고되었으며, 0.1%는 자살시도가 있었다고 보고하였다. 지난 1년간 정신건강서비스 이용률은 7.2%로 서구에 비해 낮은 수준을 보이는 것으로 나타났다. 한국의 낮은 정신건강 서비스 이용률은 지속적인 양상으로 나타나고 있어, 서비스 접근성을 향상시키는 노력이 필요하다. 정신건강 문제를 경험하는 인구가 전체 인구에서 차지하는 비율이 일정 수준이 되는 만큼, 지역사회에서 정신건강 문제 예방과 고위험군의 개발이 적극적으로 이루어질 필요가 있다. 지역사회 기반으로 다양한 사회복지 기관에서 활동하는 사회복지 전문직은 정신건강 문제를 경험하는 대상자를 만날 가능성이 있다. 정신건강 문제에 대한 이론과 개입 역량은 이제 필수적으로 갖추어야 할 전문 역량이다. 정신건강 문제에 대한 초기 개입과 관련된 교육 및 훈련을 이수하여, 위험에 놓인 서비스 대상자가 적기에 필요한 정신건강 전문적 서비스를 받을 수 있도록 연계자의 역할을 담당할 수 있어야 한다.

(5) 중독 문제와 사회복지에서의 대응

최근에는 마약, 도박, 인터넷 중독 문제가 심화되고 있어 이에 대한 대응이 적극적으로 추진되고 있다. SNS 발달로 인한 무기명 거래가 가능한 접촉 형태의 다양화와 해외 직구 방식 등을 활용한 마약 거래는 이전과는 다른 양상으로 마약에 대한 접근성을 용이하게 만들고 있다. 이에 수반되는 마약 중독 인구 확장은 사회적으로 큰 우려를 낳고 있는 실정이다. 심화되는 중독 문제에 대응하기 위하여 수사와 검거에 집중하는 방안이 집중적으로 논의되고 있다. 여기에서 주목해야 할 부분은 예방과 치료가 핵심적인 해결책이 되어야 한다는 점이다. 마약에 대한 경각심과 예방을 위한 노력은 미디어 홍보를 적극적으로 활용하고, 청소년을 대상으로 노력을 집중하고 있다. 이에 반하여 중독 문제에 놓여 있는 고위험군에 대한 치료적 개입은 부족한 현실이다. 중독에 대한 사회적 인식을 개선하고 중독자 조기 발견, 치료체계 구축이 긴밀하게 연계될 때 중독 문제를 풀어갈 사회적 환경이 마련될 것이다. 중독의 원인이 다양한 만큼 개입에서도 복합적인 영역이 협력하게 된다. 사회복지 전문가는 지역사회에 퍼져 나가는 중독 문제에 대한 이해와 개입에서 요구되는 과학적 실천 역량을 갖추는 것이 필요하다. 이러한 역량은 사회복지 전문가 교과과정이나 전문가 훈련 과정 등 기초와 심화 등의 맥락에서 쌓는 것이 필요하다. 중독 문제는 사회복지 영역에서 전통적으로 기여해 온 영역이다. 한국 사회에서 중독 문제에 대응하여 사회복지 영역에서의 전문가 교육과 양성이 활발하게 이루어져야 할 것이다.

(6) 재난과 정신건강

세월호 참사 이후 재난이 가져오는 사회적 관심과 애도 과정의 중요성이 널리 인식되고 있다. 재난은 다양한 형태로 발생하는데, 많은 사례에서 예방이 가능하였다는 진단을 내리고 있어 사회적 재난이라는 인식이 공감대를 이루고 있다. 2022년도 10월에 발생한 이태원 참사는 전 국민의 슬픔과 애도, 트라우마를 남겼다. 예방할 수 있다는 점에서 피해자와 남은 자 모두 트라우마의 상흔에서 자유롭지 않음을 우리 사회는 경험하고 있다. 「중대재해처벌법」 시행 이후에도 여전이 지속되는 노동자 사고 사망 사건들은 살아남은 자에게는 죄책감을 사회 구성원 전반에게는 '우리 사회가 안전한가'에 대한 불신과 불안을 가져오고 오곤 한다. 재난으로 인한 불안과 슬픔은 피해자에 그치는 것이 아닌 만큼,

정신건강 문제의 영향에 놓일 수 있는 집단에 대한 순차적 예방의 노력이 필요하다. 특히 이 시대의 재난은 사회적 재난의 성격이라는 점에서 지역사회에서 재난 발생 시 적극적인 정신건강에 대한 개입과 더불어, 재난 예방 개입을 위한 노력에서 재난과 관련된 정신건강 문제에 대한 이해와 어떻게 대응하는가 등의 정신건강 문제 예방도 중요한 축으로 자리 잡아야 할 것이다.

(7) 코로나19 팬데믹과 정신건강

코로나19 팬데믹은 사회적 거리 두기의 시대를 열었다. 사회적 관계와 정신건강은 밀접하게 영향을 미치는 국면이나, 이를 차단하는 것이 일상이 된 시간을 지내 온 것이다. 이 시기에 학생들은 학교에 가지 못하고, 현장 근무 대신 재택근무라는 새로운 현상이 자리 잡게 된다. 자신과 타인을 보호하는 강력한 기제로 마스크 사용이 필수가 되어 버리고 인간 간의 상호작용은 멀리할수록 서로에게 이로운 결과를 만들어 낸다는 인식이 자리 잡게 되었다. 이제 엔데믹 시대로 접어들었지만, 감염병에 대한 전 세계적인 위협은 상시 존재할 것이라는 예측이 있다. 사회적 관계를 차단하고 행복감이나 삶의 질을 추구하는 것이 어렵다는 점은 이미 다양한 매체를 통해 보고되었다. 대표적인 정신건강 문제로 우울과 불안의 증가를 들고 있다. 사회적 관계의 단절은 개인 간 혹은 제도 간의 소통이 어렵게 하게 되어, 자살이나 범죄와 같은 위기 상황이 발생할 수 있다고 보았다 (국회입법조사처, 2021). 관계의 단절이 동반되는 감염병으로 인한 사회적 위협이 상시 발생할 수 있는 시대를 살아가면서 정신건강 문제에 대응하는 정책과 서비스 발전이 어느 때보다 요구되는 현실이다.

학습과제

1. 건강과 관련된 관점과 모델에 대하여 설명해 보시오.

2. 건강 영역에서의 사회복지사의 역할에 대하여 설명해 보시오.

3. 건강 영역에서의 주요 쟁점 중 하나를 선택하여 대안적 접근을 논의해 보시오.

참고문헌

강흥구(2007). 의료사회복지실천론. 서울: 학현사.

국회입법조사처(2021). 코로나 19 대유행이 가져온 정신건강 위기와 대응 정책 과제.

보건복지부(2021a). 2021년도 보건복지 통계.

보건복지부(2021b). 2021년도 정신건강실태조사.

보건복지부(2023a). 국민건강보험공단의료보장 적용 현황.

보건복지부(2023b). 2023정신건강사업안내.

이태용, 고영훈(2004). 사회복지법제론. 서울: 동인.

한겨레신문(2023. 08. 16.). '대법원 "사법인원제 신중해야"… 졸속 도입 맨 형식화.' http://www.hani.co.kr

Badash, S. A., & Chesebro, D. S. (1999). *Introduction to health occupations: Today's health care worker*. Upper Saddle River, NJ: Prentice-Hall Health.

Health, F. (2006). Early psychosis intervention program. www.earlypsychosisintervention.ca

Germain, C. B. (1984). *Social work practice in health care: An ecological perspective*. London: The Free Press.

Moniz, C., & Gorin, S. (2007). *Health and mental health care policy: A biopsychosocial perspective*. Boston, MA: Pearson Education, Inc.

Weick, R. G. (1986). The philosophical context of a health model of social work. *Social Casework, 6*(9), 551-559.

보건복지부 http://www.mohw.go.kr

3. 고용보장

○◀ **학습개요와** **학습목표**

이 절에서는 최근 들어 사회복지정책의 중요한 영역으로 대두되고 있는 고용보장정책을 살펴본다. 개인의 사회적 지위가 경제적 생산체계에의 참가와 이를 통한 사회적 교환관계를 통하여 형성될 때, 실업은 사회적 지위 상실의 가능성을 한층 높일 뿐만 아니라 급격한 생활수준의 하락, 사회생활의 약화, 근로와 관련된 한계화를 초래하게 된다. 이와 같이 일자리를 가지고 있다는 것 자체가 사회복지정책에서 매우 중요함에도 불구하고, 고용문제는 오랫동안 대부분의 사회복지정책 과정에서 소홀히 다루어져 왔다. 하지만 4차 산업혁명 시대의 도래 및 코로나19 팬데믹 사태를 거치면서 일자리 감소, 일자리 불안정성 증가, 플랫폼 노동으로 대표되는 비정형 고용관계 확대 등으로 인해 실업급여 제공을 중심으로 한 전통적인 고용보장정책의 지속가능성을 회의하게 만들었다. 이러한 현실에 직면한 한국 정부는 '제2차 사회보장기본계획(2019~2023)'을 통해 고용 분야에서 향후 5년간 중점 추진 과제로 일자리 안전망 확충 및 적극적 노동시장정책 강화, 노동시장 격차 완화 및 일 · 생활균형 달성 등을 설정하고 재정사업 등을 통해 이를 실천하고 있다. 따라서 이 절에서는 노동시장 환경변화에 대응하여 중요성이 부각되고 있는 고용보장정책의 최근 동향을 살펴본 후, 제2차 사회보장기본계획(2019~2023)에서 제시하고 있는 한국의 고용 관련 주요 정책들을 살펴보고자 한다. 이 절의 학습목표는 다음과 같다.

- 고용보장 문제가 사회복지 분야에서 중요한 정책 이슈로 등장하게 된 배경을 파악한다.
- 전통적인 소극적 노동시장정책을 넘어 적극적 노동시장정책의 중요성이 부각된 배경 및 적극적 노동시장의 주요 관점을 살펴본다.
- 제2차 사회보장기본계획(2019~2023)에 제시된 고용 부문 정책을 중심으로 한국의 고용보장정책 내용 및 주요 이슈들을 살펴본다.

1) 고용보장정책의 의의

고용은 사회복지정책 영역의 중요한 관심사가 되고 있다. 개인의 사회적 지위가 경제적 생산체계에의 참가와 이를 통한 사회적 교환관계를 통하여 형성될 때, 실업은 사회적 지위 상실의 가능성을 한층 높일 뿐만 아니라 급격한 생활수준의 하락, 사회생활의 약화, 근로와 관련된 한계화를 초래하기 때문이다. 나아가 정확한 인과관계가 무엇이든지 실업자 집단은 비실업자 집단에 비해 상대적으로 질병과 범죄, 가정파탄 등에 노출되어 있다는 사실을 부인할 수 없기 때문이다. 또한 실업은 사회보장 지출을 증가시킬 뿐만 아니라 세입이나 사회복지 기여금 등으로 거두어들일 수 있는 수익을 오히려 감소시키기 때문에 정부에도 많은 부담을 가져다 준다.

이와 같은 중요성에도 불구하고, 고용문제는 오랫동안 대부분의 사회복지정책 과정에서 소홀히 다루어져 왔다. 그나마 간혹 제기되는 논의도 실업률을 감소시킬 수 있는 정책이나 방법을 모색하기보다는 높은 실업률에 의해 발생하는 제 문제들을 어떻게 처리할 것인가와 같은 소극적 정책에 맞추어졌다. 이로 인해 실업보험과 같은 현금이전 프로그램을 중심으로 실업문제를 관리하고자 한 것으로, 제조업 중심의 완전고용에 가까운 노동시장 구조하에서 실업이라는 예외적 상황에 놓인 실업자가 빈곤에 빠지지 않게 하는 수단으로 기능하였다. 이러한 대처방안의 기저에는 실업을 사회문제로서 인식하기보다는 경제문제로 보았고, 고용 정도와 서비스는 사회서비스의 차원이 아니라 일반적인 경제정책의 일환으로 다루어져야 한다고 여겨졌기 때문이다(Deacon, 2003: 342).

하지만 고용문제는 1970년대 이래 서구의 정책 분석가와 입안자들에게 지속적인 관심의 대상이 되기 시작했다. 대부분의 서구 국가들이 경험한 높은 수준의 실업률은 경제정책에 악영향을 미쳤을 뿐만 아니라 정부로 하여금 실업문제를 완화하기 위한 전략을 개발하도록 요구함으로써 사회보장 지출의 급속한 증가를 초래했기 때문이다. 정책입안자들을 보다 당혹스럽게 한 것은 실업자에게 단지 실업급여를 지불하는 등의 기존 정책으로는 실업문제를 해결하는 데 한계가 있을 뿐만 아니라, 오히려 그것이 변화하는 경제현실에 유연하게 대처하는 것을 방해한다는 것이었다.

이러한 상황에 직면한 서구 국가들은 실업인구 수급의 변화 맥락에서 사회와 노동시장정책을 재설계하려는 방안을 모색하기 시작했는데, 새로운 정책의 중요한 양상은 노동시장과 가장 밀접한 집단은 물론 기존의 노동시장정책의 대상으로 분류되지 않았던 장애인, 노인, 한부모 등과 같이 노동시장에 취약한 집단에까지 영향을 미칠 수 있도록 정책 범위를 확대하는 것이었다. 즉, 정책 변화는 실업자들이 능동적 사회의 제 측면에 잘 적응케 함으로써 노동시장에서 이익을 획득할 수 있는 적극적 노동시장정책을 개발하는 것에 초점을 맞춘 이른바 케인스주의 복지국가(Keynsian welfare state)를 대신하는 슘페터주의 근로복지국가(Schumpeterian workfare state)를 구축하는 것이다. 케인스주의 복지국가의 주요 목표는 시장 안정성을 보장하고, 대량생산의 산출 요구를 보장하고, 사회적 안정을 보장하는 것이지만, 시장의 세계화와 새로운 형태의 근로와 생산의 출현에 의해 1970년대 후반부터 심대한 위기에 직면하게 된 것이다. 이러한 문제를 극복하기 위한 대책으로 등장한 것이 공급 중심의 근로복지국가로 불리는 슘페터주의 근로복지국가인데, 시장안정을 보장하는 것이 주된 목적이 아니라 국제시장에서 기업의 경쟁력을 자극하고 공공영역과 가정 기반 산업(home based industries)의 능률을 제고하는 것이다. 이를 위해 기업의 유연성, 고품질과 혁신적 능력 및 자극을 촉진하는 것이다. 이러한 새로운 정책 전환에 따라 일자리를 찾을 수 없고 일에 대한 욕구 저하를 초래한 실업자들의 기술과 능력을 증진시키려는 정책들에 관심이 집중되고 있다(Heikkala, 1999).

이러한 적극적 노동시장정책으로의 정책 정향은 4차 산업혁명 시대의 도래 및 코로나 19 팬데믹 사태를 거치면서 야기된 일자리의 감소, 일자리의 불안정성 증가, 플랫폼 노동으로 대표되는 비정형 고용관계의 확대 등으로 인해 더욱 중요성이 부각되고 있다.

한국 사회도 1997년 말에 경험한 경제위기 이후 이러한 정책 정향을 수용하고 있다. 특히 제2차 사회보장기본계획(2019~2023)에서는 고용분야의 주요 정책과제로 "일자리 안전망 확충 및 적극적 노동시장정책 강화" 및 "노동시장 격차 완화 및 일 · 생활 균형 달성"을 설정하고 7개 세부과제, 22개 하부과제를 제시하고 있다. 따라서 이 절에서는 적극적 노동시장정책이 복지개혁의 주요 이슈로 등장하게 된 배경과 이러한 정책 시행에 따라 제기되는 몇몇 주요 이슈들, 그리고 제2차 사회보장기본계획(2019~2023)에서 제시하고 있는 고용분야 주요 정책들을 중심으로 정책을 평가해 보고자 한다.

2) 노동시장 구조 변화와 정책 조정의 필요성

복지국가의 사회보장은 표준고용관계 중심의 완전고용 가설에 기반하여 개인이 노동시장에서 획득한 임금으로 살아갈 것을 전제하기에, 국가는 우선적으로 노동시장정책을 통해 개인이 자립하도록 지원한다. 실업보험을 중심으로 한 소득보장정책은 노동시장에서의 근로 가능 연령이 아닌 아동, 노인을 대상으로 하거나, 근로연령대의 사람들에 대해서는 개인의 노동시장에서의 노력에도 불구하고 근로가 불가능하거나 근로를 함에도 불구하고 임금수준이 낮은 경우에 적용되었다(서정희 외, 2020: 90).

하지만 1970년대 두 차례의 석유파동과 복지 발전의 딜레마(예: 복지병)로 인한 실업률 증가, 탈산업 사회로의 전환은 기존 전통적인 고용보장정책들의 변화 필요성을 높이게 되었다. 장기고용에 기반한 제조업 중심 경제가 유연한 고용에 기초한 서비스 경제로 옮겨가면서 완전고용이 어려워졌을 뿐만 아니라 기업들 또한 고용에 들어가는 비용을 절감하기 위한 노력을 지속하면서 기존의 전통적인 고용보장정책들의 변화 필요성을 높이게 된 것이다. 특히 그중에서도 4차 산업혁명으로 불리는 기술혁신과 최근의 코로나19 팬데믹 사태를 겪으면서 일하는 방식과 고용 형태가 크게 변화함에 따라 전통적인 고용보장정책의 지속가능성은 더욱 어렵게 되었다. 나아가 윤석열 정부가 들어서면서 제시하고 있는 고용정책 또한 기존 정책과의 변화를 예고하고 있다.

(1) 4차 산업혁명과 노동시장 구조 변화

수력과 증기력으로 생산을 기계화한 1차 산업혁명, 전기로 대량생산을 가능하게 한 2차 산업혁명, 전자제품과 정보기술로 생산을 자동화한 3차 산업혁명에 이어, 20세기 중반 이후 시작된 현재의 4차 산업혁명은 디지털 혁명이다(Schwab, 2016a; 서정희 외, 2020: 91에서 재인용). 이른바 4차 산업혁명의 총아라 할 수 있는 디지털 기술에 기반한 AI(인공지능), 자동화(로봇화), 사물인터넷 등은 업무방식과 내용뿐만 아니라 노동력 활용방식도 근본적으로 변화시켜 새로운 고용 형태의 확산을 촉진시키고 있다. 특히 디지털 플랫폼(digital platform)의 확산은 주문형 경제(on-demand economy), 공유경제(sharing economy), 긱 경제(gig economy) 등 다양한 방식의 시장을 새로이 형성하고 있고, 이에 따라 노동방식도 플랫폼 노동, 크라우드 워크(crowd work),[7] 주문형 앱노동(on-demand work via app) 등 여러 가지로 변화하고 있다(박제성 외, 2018: 33).

4차 산업혁명이 노동에 미치는 영향에 대해서는 크게 두 가지 측면에서 살펴볼 수 있다. 첫째, 노동의 양적 측면에서의 변화와 관련되는데, 이와 관련한 연구 결과는 매우 다양하다. 프라이와 오즈번(Frey & Osborne, 2013)은 미국의 경우 일자리의 47%가 사라질 것이라는 분석을 내놓았고, 무로 등(Muro et al., 2019)은 향후 몇십 년 안에 미국 일자리의 1/4이 사라질 것이라고 전망했다(서정희 외, 2020: 93). 또한 추이 등(Chui et al., 2015)은 인공지능이 업무를 완전히 자동화하여 일자리를 없애게 되는 경우는 5% 미만이 될 것이고, 일부만 자동화할 것이므로 특정 직종의 업무 내용이 변화하기는 할지언정 일자리 자체가 사라지는 경우는 이들의 예상보다는 적을 것이라고 분석하고 있으며(서정희 외, 2020에서 재인용), OECD 보고서에서는 평균적으로는 약 9%의 일자리 감소를 예견하였

---

7) 하나의 업무를 여러 개의 작은 단위로 쪼갠 다음 디지털 플랫폼을 통해 여러 명의 노동자가 개별적으로 처리하게 하고 각각의 작업 결과를 다시 디지털 플랫폼을 통해 하나로 결합하여 작업을 완성하는 방식

다(Arntz et al., 2016). 그리고 4차 산업혁명이 새로운 일자리를 창출할 것이라는 상반된 주장도 제기되고 있는데, 기술발달과 생산성 증가는 결과적으로 생활수준의 향상뿐만 아니라 충족시켜야할 새로운 욕구(need)를 생성한다는 근거에 기반한다. 실제로 과거 1~3차 산업혁명기에도 일자리 감소의 우려가 대두되었으나 결과적으로는 새로 생기는 일자리의 수가 사라지는 일자리의 수보다 많았다는 것이다(박제성 외, 2018).

둘째, 4차 산업혁명으로 인해 노동의 불안정성이 커져 노동의 질 또한 악화될 것이라는 우려와 관련되는데, 특히 확대되고 있는 플랫폼 노동시장에서의 근로조건이 안정적이지 않다는 것이다. 소득 측면에서 상당수의 노동자들이 저임금을 받고 있고(Berg, 2016; Mandl, 2016), 독립 계약자로 분류되어 노동과정에서의 비용 및 위험이 노동자에게 전가되고(Felstiner, 2011; Howcroft & Bergvall-Kareborn, 2016에서 재인용), 업무 수주를 위해 지속해서 플랫폼에 대기하면서 실질 근로시간이 길고 일감이 불안정하며, 업무 과정 및 결과에 대한 평가 방식이 감시와 통제의 극단적인 방식으로 작용한다(Dunlop, 2016; Howcroft & Bergvall-Kareborn, 2016). 그럼에도 불구하고 이들은 사회보장 정책으로도 그리고 노동정책으로도 온전하게 보호받지 못한다(서정희, 백승호, 2017; Cherry, 2016; De Stefano, 2016; Ratti, 2017). 근로계약이 아닌 도급이나 업무위탁계약을 통해 사업주에게 사실상 근로자와 유사하게 노무를 제공하는 노무제공자를 특고종사자라고 하는데, 현재 약 166만 명, 전체 취업자의 6.12%로 추산된다(2018년 노동연구원 자료). 또한 플랫폼을 매개로 노무제공에 종사하는 플랫폼종사자는 약 179만 명, 전체 취업자의 7.5%로 추산되며(2020년 일자리위원회 자료), 유럽의 경우 플랫폼종사자 비율은 전체 취업자의 10%를 상회하는 것으로 보고되고 있다(2018년 기준)(박지순 외, 2021: 1).

(2) 코로나19 팬데믹과 노동시장 구조 변화

2019년 말부터 감염 확산이 본격화된 코로나19는 2020년 1월 세계보건기구의 '국제적 공중보건 비상사태(PHEIC)' 선포에 이어 3월에는 팬데믹으로 선언되며 전 세계적으로 급격한 보건 및 경제 위기를 초래하였다. 코로나19 발생과 함께 외생적인 충격에 의해 생산·서비스 중단, 노동공급 감소 등의 공급 충격과 국경 봉쇄와 이동 감소에 의한 수요 충격이 중첩된 결과 2020년 세계 경제는 1930년대 대공황 이후 최악의 경제 침체를 경험하였고, 한국도 1998년 외환위기로 인해 −5.1%의 역성장을 한 이후 가장 심각한 −0.9%의 역성장을 하였다(허재준 외, 2022: 1).

코로나19 위기의 영향이 가장 크게 나타난 부문이 고용인데, 대체로 두 가지 측면에서 부정적 영향을 제시할 수 있다. 첫째, 코로나19로 인해 일터에서 직접 감염되는 경우는 아니더라도 경기 침체 및 사회적 거리두기, 매출 감소 등으로 인한 '고용의 위험'을 들 수 있다. 국제노동기구(ILO)는 코로나19에 관한 보고서에서 코로나19 발병 이후 전 세계적으로 2억 5천 5백만 개의 일자리가 감소했다고 추산했는데, 이 중 직접적 실업으로 인해 감소한 일자리가 1억 1천 4백만 개이며, 나머지는 고용 상태는 유지하되 단축된 근로시간에 기인한 것이다(이다혜, 2021: 80에서 재인용). 한편, 한국의 경우 2020년 9월 기준 코로나19로 인해 감소한 취업자 수를 74만여 명, 감소한 총노동시간을 약 4,800만 시간으로 한국노동사회연구소는 추산했으며, 이를 주 40시간 일자리로 환산하면 120여 만 개의 일자리 상실이 된다. 또한 2020년 12월에 발표된 한국노동연구원 자료에서는 감소한 취업자 수를 102만 명, 증가한 일시휴직자를 99만 명으로 보았다(한국노동연구원, 2020: 41). 둘째, 고용의 부정적 영향이 특히 저임금 근로자, 저학력 근로자, 청년층 등 일부 집단에 집중된 경향이 있었을 뿐만 아니라 확산세가 진정된 2021년 이후 노동시장은 빠른 회복추세를 보이고 있음에도 불구하고 일자리의 양 및 질에 있어 실질적인 회복이 체감되지 않는다는 비판이 존재한다(장인성 외, 2021: 368-369). 게다가 감염병 확산을 계기로 비대면 및 디지털 전환이 가속화되면서 새로운 고용 형태 및 근무방식이 출현하는 등 노동시장에서 직면하는 구조적 변화가 이루어지고 있다는 측면에서 전통적 정책과 제도의 혁신이 요구되는데, OECD(2021)는 교육훈련(재교육) 및 양질의 일자리 창출 등 적극적 노동시장정책을 통한 실업 완화 필요성을 권장한다(이채정 외, 2022: 106).

(3) 윤석열 정부의 고용정책

출범 초기 윤석열 정부는 구인·구직 서비스를 포함한 고용서비스 전반을 포괄하는 '일자리 사업의 효과성 제고 및 고용서비스 고도화'를 국정과제로 채택하고 있는데, 이를 보다 세부적으로 살펴보면 '구직자 도약 보장 패키지 도입' '기업 도약 보장 패키지 도입' '디지털 고용서비스 고도화' '고용서비스 전달체계 효율화 및 전문성 제고' '일자리 사업 구조 조정 및 평가강화'로 구성된다(허재준 외, 2022: 126-127).

이처럼 윤석열 정부의 고용서비스 관련 정책의 핵심은 그간 고용서비스 선도 국가로부터 도입되었던 다양한 고용서비스 프로그램을 서비스 수혜자 중심으로, 제대로 효과를 낼 수 있도록 맞춤형으로 제공하자는 것이다(허재준 외, 2022: 151). 현재 우리나라 고용서비스 프로그램은 대상별, 상황별, 목적별로 매우 다양한 프로그램을 보유하고 있어 고용서비스 선진 국가와 비교해도 별로 부족하거나 모자란 부분이 없는 수준이다. 다만 수혜자의 입장에서 고용서비스를 설계하기보다는 제공자의 측면에서 설계되고 적용되어 실제 취지와 달리 실효성이 떨어진 경우가 많은데, 이러한 문제점을 해결하기 위해서 구직자 또는 기업을 대상으로 하는 정책들을 모아서 상황과 조건에 맞도록 패키지로 제공하자는 것이 윤석열 정부의 고용서비스 정책의 핵심이다.

3) 노동시장정책의 유형 및 한국의 고용보장정책

(1) 노동시장정책의 유형

OECD에 따르면 노동시장정책이란 노동시장의 효율적 작동을 지원함과 동시에 노동시장의 불균형을 교정하기 위한 정책으로 적극적 노동시장정책과 소극적 노동시장정책

표 9-3 노동시장정책 분류(OECD 기준)

	대분류	중분류
적극적 수단 (ALMP)	공공 고용서비스 및 행정(PES)	취업알선 및 관련 서비스 실업급여 행정 기타
	직업훈련(Training)	기관 직업훈련 현장 직업훈련 통합 직업훈련 실습 특별지원
	고용장려금(Employment Incentive)	채용장려금 고용유지지원금
	지원고용 및 재활 (Supported Employment and Rehabilitation)	지원고용 재활
	직접 일자리 창출(Direct Job Creation)	
	창업 장려금(Start-up Incentive)	
소극적 수단 (PLMP)	실업 소득유지 및 지원 (Out-of-work Income and Support)	완전 실업급여 부분 실업급여 단시간 실업급여 해고보상 파산보상 임금체불 보상
	조기퇴직 지원(Early Retirement)	

출처: OECD (2019).

으로 구분할 수 있다(OECD, 2019). 〈표 9-3〉에서 보는 바와 같이, 적극적 노동시장정책은 국가가 국민의 자립과 역량 강화를 돕는 정책으로, 취업취약계층과 저숙련 노동자를 대상으로 노동시장서비스, 직업훈련과 교육, 고용인센티브, 고용유지 및 재활, 직접일자리 창출, 창업 인센티브, 일자리 매칭 등을 지원하는 정책이며, 소극적 노동시장정책은 실업자, 조기퇴직자 등 노동시장 소외계층을 대상으로 실업급여 및 부조, 조기퇴직 지원 등을 지원하는 정책이다.

앞에서 살펴본 바와 같이, 4차 산업혁명과 코로나19 사태를 거치면서 기존 산업사회의 전형적 고용 형태인 '표준적 고용관계(Standard Employment Relationship: SER)'[8]는 더 이상 일자리의 표준으로 기능하기 어렵게 되었다. 선행연구들에 따르면, 오늘날 사회변화로 인해 생성되는 신규 일자리의 경우 기존 정형화된 사회안전망에 포함되기 어려운 구조를 보이고 있기 때문에 실업보험 위주의 소극적 노동시장정책은 한계가 있을 수밖에 없으며, 이러한 한계는 플랫폼 경제(platform economy)가 확대됨에 따라 더욱 심화될 것이 예상된다(이채정 외, 2022: 106).

노동시장의 구조 변화에 따른 정책 수단으로서 OECD(2001)는 적극적 노동시장정책의 확산이 OECD 국가의 구조적 실업 감소에 긍정적인 영향을 보였음을 언급하며, 오늘날 경제위기 및 실업에 대한 노동정책 수단으로 적극적 노동시장정책의 도입·확대를 꾸준히 권고하고 있다(이채정 외, 2022: 106).

(2) 한국의 고용보장정책

정부는 「제2차 사회보장기본계획(2019~2023)」을 수립하면서 고용 분야의 향후 5년간 중점 추진과제로 일자리 안전망 확충 및 적극적 노동시장정책 강화, 노동시장 격차 완화 및 일·생활 균형 달성 등을 설정하고 재정사업 등을 통해 이를 실천하고 있다(〈표 9-4〉 참조). 여기서는 고용분야 사회보장사업 중 '일자리 안전망 확충 및 적극적 노동시장정책 강화' 과제를 중심으로 한국의 소극적 및 적극적 노동시장정책의 현황 및 문제점을 살펴보고자 한다.

---

8) '표준적 고용관계'란 ① 고용의 지속성과 안정성, ② 고용에 대한 법적 보호, ③ 주요 의사결정 참여 권리, ④ 단체협상과 직업복지의 포괄적 수급권, ⑤ 가족임금이 주어지는 일자리를 의미한다(Hinrichs & Jessoula, 2012; 남재욱, 2017: 9). 이러한 표준적 고용관계의 해체는 ① 비정규, ② 비정형, ③ 비표준, ④ 균열 노동으로 표현된다.

표 9-4 제2차 사회보장계획 중 고용분야 사회보장사업 과제 구성

과제명	세부과제	하부과제
일자리 안전망 확충 및 적극적 노동시장정책 강화	1. 고용보험 및 산재보험 적용대상 확대를 통한 사각지대 해소	① 특수형태 근로종사자 · 프리랜서 예술인 고용보험 적용 확대 ② 산재보험 적용확대 및 보장성 강화
	2. 실업급여 보장성 확대를 통한 고용안전망 강화	① 실업급여의 지급 수준, 지급기간 확대 및 자발적 이직자 대상 단계적 도입
	3. 취약계층 대상 적극적 노동시장정책 추진	① 한국형 실업부조 도입 ② 고용센터 취업지원기능 강화 ③ 근로자 내일배움카드 확대
	4. 청년의 구직 어려움 해소	① 청년추가고용장려금 및 청년내일채움공제 확대 ② 상생형 일자리 모델 확산 ③ 온 · 오프라인 청년센터를 통한 정보제공
노동시장 격차 완화 및 일 · 생활 균형 달성	1. 최저임금 현장 안착 및 비정규직의 정규직화	① 최저임금 현장 안착 ② 비정규직의 정규직화
	2. 여성의 경제활동 참여 지원 및 출산 · 육아기 지원 강화	① 출산급여 신설을 통한 모성보호 사각지대 해소 ② 여성 경력단절 예방 ③ 남녀 공동 육아참여 기반 구축 ④ 적극적 고용개선조치 적용대상 확대 검토 ⑤ 가이드라인 교육 등 고용상 성별 격차 완화 ⑥ 경력단절여성에 대한 재취업지원 ⑦ 아이돌봄 서비스 확대 ⑧ 공동육아나눔터 확대 운영 ⑨ 아동수당 확대
	3. 일하는 방식 개선	① 연간 노동시간 단축 ② 일하는 방식 및 문화 개선

출처: 보건복지부(2019. 2. 12.).

① 한국의 일자리 안전망(고용안전망) 확충 정책

일자리 안전망 혹은 고용안전망은 국가가 실업 및 산업재해와 같은 노동시장에서 발생 가능한 사회적 위험을 국민들이 극복하거나 관리할 수 있도록 지원하는 제도를 의미하기에 OECD 일자리 분류에 따른 소극적 노동시장정책과 같은 유형으로 볼 수 있다. 「제2차 사회보장기본계획」에 따르면, 정부는 고용보험 및 산재보험 적용대상 확대를 통

해 사각지대를 해소하고, 실업급여 보장성 확대 등 고용안전망 강화 과제를 통해 일자리 안전망을 확충할 계획이다.

　일반적으로 실업 관련 사회안전망에 해당하는 정책 수단은 크게 실업보험(고용보험)에 따른 실업급여(unemployment benefit)와 실업을 근거로 지원되는 실업부조 (unemployment assistance), 저소득자를 위한 공적부조(public assistance, 또는 사회부조)로 구분할 수 있는데, 일반적인 의미의 소극적 노동시장정책에는 실업급여와 실업부조가 포함된다. 한국의 실업보험, 실업부조, 그 밖의 관련 공적부조(사회부조) 정책 현황에 대해 보다 구체적으로 살펴보면 다음과 같다.

　가장 전통적인 소극적 노동시장정책이자 현금이전 프로그램인 고용보험은 1995년 7월 「고용보험법」이 시행되면서(1993년 12월 제정) 도입되었으며, 제도 체계 내에 고용안정사업과 직업능력개발사업이라는 적극적 노동시장정책 수단을 포함하고 있다는 점이 특징적이다. 즉, 실업자 생활 안정을 위한 실업급여라는 소극적 노동시장정책 수단과 함께 직업능력개발 훈련이나 구직활동 노력의 입증과 같은 적극적 노동시장정책 수단을 동반·전제하는 형태를 보이는 것이다.

　하지만 1997년 말 IMF 경제위기 이후 대량실업이 발생하면서, 실업보험만으로는 실업문제를 관리하기 어렵게 되자 기존의 생활보호법을 대신하여 「국민기초생활보장법」 (1999년 9월 제정)이 시행되면서 근로 능력이 있는 수급자에게 자활에 필요한 사업 참가를 조건으로 생계급여(자활급여)를 지급할 수 있게 됨으로써 사실상 실업부조에 대한 첫 법적 기반이 마련된 것이다.[9] 이들 제도는 빈곤층이면서 근로 능력이 있으나 일하지 못하는 경우 자활사업과 취업성공패키지[10]를 이용하도록 함으로써 고용안전망 성격을 가진다. 이후 2021년 이른바 한국형 실업부조제도인 '국민취업지원제도'가 실시되기 전까지 실업보험과 자활급여, 취업성공패키지는 '실업보험-공적(사회)부조' 체계 안에서 한국의 소극적 노동시장정책으로 기능해 왔다.

　한편, 한국형 실업부조로 불리는 '국민취업지원제도'는 2021년 1월 「구직자 취업촉진

---

9) 자활급여제도는 근로 능력이 있는 수급권자(조건부 수급자 및 조건부과 유예자) 및 차상위자를 대상으로 한다(보건복지부, 2022).

10) 김종수(2019)는 취업성공패키지의 경우 소득보장기능이 존재하지 않아 실업부조제도로 볼 수 없다고 주장한 바 있다. 그러나 취업성공패키지의 경우 일정 자격요건을 갖춘 자에게 참여수당을 지급하였다는 점에서 현금부조 및 생계부담 완화 성격을 가진다.

및 생활안정지원에 관한 법률」에 근거하여 도입된 제도로 2020년에 종료된 '취업성공패키지'를 확대한 제도이다. 국민취업지원제도는 취업을 희망하는 사람에게 취업지원서비스를 종합적으로 제공하고 저소득 구직자에게 최소한의 소득을 지원하는 것을 목적으로 하며, 자격요건에 해당하는 자는 고용복지센터를 통해 다양한 서비스와 수당을 지원받을 수 있다. 또한 '취업성공패키지'와 마찬가지로 '국민취업지원제도' 역시 소득과 재산에 따라 유형이 두 가지(유형 I, 유형 II)로 구분되는데, 이 중 '취업성공패키지'의 내용은 유형 II로 포괄되었다(〈표 9-5〉 참조). 정책 참여자들은 나이와 소득, 취업 경험 등에 따라 구직촉진수당이나 취업활동비용, 취업지원서비스를 제공받는다. '국민취업지원제도' 도입을 통해 한국은 비로소 '실업보험-실업부조-공적부조'의 소극적 노동시장 체계를 갖추게 되었다고 볼 수 있다.

한편, 산재보험은 근로자의 업무상의 재해를 신속하고 공정하게 보상하며, 재해근로자의 재활 및 사회 복귀를 촉진하기 위한 공적보험으로 1964년 1월 1일부터 시행되었으며, 산재보험급여는 「산재보험법」 제36조에 따라 요양급여, 휴업급여, 장해급여, 간병급

표 9-5 **국민취업지원제도 유형별 비교**

구분		유형I			유형II		
		요건 심사형	선발형		특정 계층	청년	중장년
			청년	비경제 활동			
지원 대상	나이	15~69세(청년: 18~34세, 중장년: 35~69세)					
	소득	중위소득 60% 이하	중위소득 120% 이하	중위소득 60% 이하	무관	무관	중위소득 100% 이하
	재산	4억 원 이하			무관		
	취업경험	2년 이내 100일 또는 800시간 이상	무관	2년 이내 100일 또는 800시간 미만	무관		
지원 내용	취업지원서비스			○			
	소득 지원 / 구직촉진수당	○				×	
	소득 지원 / 취업활동비용	×				○	

출처: 국민취업지원제도 홈페이지 참조.

여, 유족급여, 상병보상연금, 장의비, 직업재활급여, 진폐보상연금, 진폐유족연금으로 구분된다. 또한, 정부는 특수고용형태근로종사자와 자영업자를 대상으로 산재보험 적용 범위를 확대하였고, 산재보험료 할인이 대기업에 편중되고 영세사업장의 경우 보험료 할증이 산재은폐 요인으로 작용한다는 문제점을 개선하기 위해 개별실적요율제[11] 적용 대상을 축소하고 할인·할증 폭을 통일하는 등의 제도 개선을 추진하였다.

② 한국의 적극적 노동시장정책

적극적 노동시장정책은 정부가 고용 유지 및 촉진, 직업훈련과 직업알선제도를 통해 노동시장의 인력수급 기능을 원활하게 하는 일련의 정책을 의미하며, 기능적 측면에서 인적자원개발정책(human capital development approach)과 노동시장접근정책(labor market attachment approach)으로 나뉜다(Therodore & Peck, 2000).

인적자원개발정책은 직업훈련이나 기술 향상 지원 등과 같이 실업자의 인적자본에 투자하는 정책을 의미하며, 구직자 혹은 실직자들의 교육과 기술 수준을 높여, 경제적 안정성과 가족을 부양할 수 있는 임금, 숙련 형성을 가능하게 하는 일자리를 찾을 수 있도록 한다. 반면, 노동시장접근정책은 민간 또는 공공 고용주에 의해 제공되는 일자리에 사람들을 진입시키는 정책으로 정의되며, 실직자의 빠른 업무로의 전환을 목표로 개인과 노동시장의 재연결을 위한 구직서비스에 초점을 맞춘다. 즉, 단기적(혹은 중기적)으로나마 근로 경험을 제공함으로써 근로 이력을 축적할 수 있도록 하는 것으로 주로 근로연계복지 정책과 결합하여 나타난다(이채정 외, 2022: 119).

정부는 재정이 지원되는 노동시장정책을 재정지원 일자리사업으로 구분하여 관리하고 있는데, 재정지원 일자리사업은 「고용정책 기본법」 제13조의2에 따라 취업취약계층의 고용창출과 안정을 직·간접적으로 지원하기 위해 중앙행정기관 및 지방자치단체 또는 이들로부터 위탁받은 각종 기관 및 단체가 재정을 활용하여 시행하는 일자리사업을 의미한다.

재정지원 일자리사업 중 적극적 노동시장정책은 OECD의 일자리사업 분류 기준에 기초하여 직접일자리, 직업훈련, 고용서비스, 고용장려금, 창업지원 5개 유형으로 구분하

---

11) 산재보험료율은 매 보험연도마다 과거 3년 동안(6월 30일 기준) 사업종류별로 보수총액 대비 산재보험급여총액의 비율을 기초로 결정 고시하는데, 개별실적요율제는 재해방지 노력을 기울인 사업장에 대해 보험료율을 할인해 주고, 그렇지 않은 기업에 대해 보험료율을 할증해 주는 제도이다.

표 9-6 재정지원 일자리사업의 유형별 주요 내용 및 사업예시

구분		주요내용	사업예시
적극적 노동시장 정책	직접 일자리	취업취약계층의 취업지원·소득보조를 위해 정부가 한시적·경과적 일자리를 제공하는 사업	노인일자리 및 사회활동 지원 (복지부)
	직업훈련	실업자의 취업 및 중소기업 재직 근로자의 실업위험 감소를 위해 직무능력 향상 훈련을 제공하는 사업	내일배움카드 (고용부)
	고용 서비스	취업알선, 직업상담 및 진로지도, 노동시장 정보제공 등을 통하여 구직자의 직업탐색과 고용주의 인력확보를 지원하는 사업	취업성공패키지 지원 (고용부)
	고용장려금	취업취약계층의 채용촉진, 실직위험이 있는 재직자의 계속고용지원, 근로자의 고용안정·일자리 질 향상 등의 목적으로 지원되는 보조금 사업	고용창출 장려금 (고용부)
	창업지원	실업자 등 취업취약계층이 창업을 통해 노동시장에 진입하도록 현금·융자·시설·컨설팅 등을 제공하는 사업	창업기업자금 (중기부)
소극적 노동시장 정책	실업소득· 유지지원	실업보험, 취업촉진수당, 체당금 지급, 직업훈련 생계비대부 등 공적 자금으로 실직자의 임금 보전을 지원	구직급여 (고용부)

출처: 고용노동부 제출 자료를 바탕으로 재작성; 국회예산정책처(2020: 15)에서 재인용.

고 있다. 재정지원 일자리사업의 범위, 분류 기준 및 평가 기준은 고용노동부장관이 마련하도록 되어 있으며, 이에 따라 고용노동부는 2014년부터 전 부처 재정지원 일자리사업에 대한 성과평가를 시행하고 있다.

4) 현행 한국 고용보장정책의 문제점 및 개선방안

고용보장정책에 대한 관심이 증가하고 있는 이면에는 복지국가 시대에 재정 절감을 위한 방안으로써뿐만 아니라 전 세계적인 노동시장 구조 변화에 대응하여 새로운 노동시장정책을 구축하려는 의도를 볼 수 있다. 특히 적극적 노동시장정책에 대한 강조는 실업급여나 실업부조 등 소득보전 기능의 소극적 노동시장정책의 한계를 극복하여 장기실업 문제에 대응하고 실업기간을 단축하고자 하는 정책적 의도를 반영하며, 기본 목표가 '취업을 통한 소득 확보'이기에 적극적 노동시장정책이 고도화될수록 구직자의 권리와

취업능력 향상 및 실행 의무를 강조하는 방향으로 정책의 방향이 변화하고 있다(이채정 외, 2022: 134-135; 정병석, 2010: 158). 1997년 말 IMF 경제위기를 경험한 이래 한국 정부는 점차 고용보장정책을 주요 국정과제에 편입시켜 제도 확대를 기해 왔다. 아래에서는 기존 연구들이 제시하고 있는 한국 고용보장정책의 주요 쟁점들을 살펴보고자 한다.

먼저, 직접일자리 창출 정책의 실효성 문제가 지속적으로 제기되고 있음에도 불구하고, 한국의 고용보장정책은 직접일자리 창출 위주로 추진해 왔다는 지적이다. 2008년 이후 직접일자리 정책이 지출 규모의 약 50~60%를 차지하고 있으며(류기락, 2020), 2007년부터 2017년까지 10년간 직접일자리 창출을 위한 지출 규모는 GDP 대비 약 0.01%에서 0.16%로 증가한 반면 고용서비스나 고용장려금, 직업훈련 관련 지출 규모는 GDP 대비 0.01~0.03% 수준의 증가 혹은 감소를 보여 직접일자리 정책의 지출 규모가 클 뿐만 아니라 다른 유형에 비해 큰 폭으로 증가했다(류기락, 2020). 직접일자리 정책의 실효성이 낮은 이유 중 하나는 해당 정책을 통해 제공하는 일자리의 노동 강도가 낮고 최저임금 수준에 머물러 실질적인 근로소득으로 보기에는 한계가 있기 때문이다. 또한 직접일자리는 대부분 한시적인 일자리로 사업 참여 종료 후 참여자는 다시 실업 상태로 돌아가는 경우가 많기 때문이다.

둘째, 단기 취업률 제고 중심의 성과 관리로 역량개발 및 숙련 수준 향상에 한계가 있다는 지적이다. 최근 코로나19 팬데믹을 통해 경험한 바와 같이 예측이 어려운 노동시장 불확실성에 근로자들이 대비할 수 있으려면 단순히 취업상태 유지가 목표가 아닌 고용 가능성 증진과 숙련 형성 및 향상을 통해 개인의 전 생애 관점에서 직무 동기·근로 동기를 향상하고 주도적인 경력개발을 지원하는 적극적 고용보장정책 접근과 실행이 필요할 것이다(이채정 외, 2022: 139-140).

셋째, 노동시장 취약집단별 특성 및 사회적 맥락에 따라 고용 가능성 촉진 요인 및 일자리 위험 요인이 다르게 나타나므로 정책 실효성 제고를 위해서는 취약계층 대상 획일적인 정책 수단의 적용이 아닌 수요자 요구를 중심으로 맞춤화된 지원서비스가 필요하다는 지적이다(이채정 외, 2022: 141).

넷째, 산업 구조조정 및 기술 변화와 같은 경제·산업 구조의 변화로 인해 예상되는 노동시장 구조 변화에 선제적으로 대응하는 장기적인 일자리 대책을 추진할 필요가 있다는 지적이다. 앞으로 산업 구조조정(제조업 종사자 비중 감소) 및 기술 변화(판매서비스 및 생산공정, 운송시스템의 자동화 등)와 같은 경제 및 산업의 구조적 변화가 가속화된다면 일부 직종 일자리 감소와 고용 불안정성 증가 등 노동시장 구조에 변화가 예상되기 때문에 정부는 노동시장 구조 변화에 선제적으로 대응하는 장기적인 일자리 정책을 추진할 필요가 있다.

끝으로, 4차 산업혁명, 코로나19 팬데믹 사태 등으로 인해 노동의 불안정성이 커졌을 뿐만 아니라 노동의 양과 질 또한 악화될 우려가 커졌다는 사실을 감안하여, 국가가 실업 및 산업재해와 같은 노동시장에서 발생 가능한 사회적 위험을 국민들이 극복하거나 관리할 수 있도록 지원하는 일자리 안전망(고용안전망) 정책과 정부가 고용 유지 및 촉진, 직업훈련과 직업알선제도 등을 통해 노동시장의 인력수급 기능을 원활하게 하는 일련의 적극적 노동시장정책 간의 서비스 연계를 강화하여 근로취약계층의 취업역량을 제고하고 좋은 일자리로 취업할 수 있도록 지원할 필요가 있다.

학습과제

1. 사회복지정책에서 고용보장정책과 소득보장정책 간의 관계를 설명하고, 복지국가 위기 이후 고용보장정책의 중요성이 보다 강조되는 이유를 제시해 보시오.

2. 소극적 노동시장정책과 적극적 노동시장정책의 특성과 한계점을 제시해 보시오.

3. 고용문제를 해결하기 위한 정책들을 각자 제시해 보시오.

참고문헌

김봉수(2020). "코로나 경제상황에서 고용조건 및 고용보장에 관한 소고", 국제법무, 12(2): 55-90.
국회예산정책처(2020). 사회보장정책 분석 Ⅲ (고용).
남재욱(2017). 노동시장 변동에 따른 실업 관련 제도의 변화와 성과 연구: 유럽 9개국 사례 비교를 중심으로. 연세대학교 사회복지대학원 박사학위논문.
남재욱, 김봄이, 크리스티나 히슬(2020). 플랫폼 노동자의 사회적 권리 보장 연구. 한국직업능력개발원.
노대명, 정세정, 곽윤경, 이지혜, 임지영, 이호근(2020). 고용형태 다변화에 따른 사회보장 패러다임 재편방안 연구. 한국보건사회연구원.
류기락(2020). 적극적 노동시장 정책의 전환을 위한 과제: 새로운 사회 위험 관리 전략의 가능성 모색. 시민과 세계, 37: 199-240.

박제성, 이철수, 강성태, 이다혜, 김종진, 김기선, 최석환, 장지연, 이영민, 권현지, 박명준(2018). 경제 산업 환경 변화에 대응한 새로운 노동패러다임 확립에 관한 연구. 한국노동연구원.

박지순 외(2021). 비전형 노무제공자 현황과 향후 노동법제 개편 방향. 기획재정부.

보건복지부(2019). 제2차 사회보장기본계획(2019~2023). 보건복지부.

서정희, 백승호(2017). "제4차 산업혁명 시대의 사회보장 개혁: 플랫폼 노동에서의 사용종속관계 재구성과 기본소득", 법과 사회, 56: 113-152.

서정희, 오욱찬, 이지수(2020). "4차 산업혁명 시기에 장애인 소득보장 및 고용보장 정책의 방향 성에 대한 일고찰", 장애인복지학, 47: 89-127.

이다혜(2021). 코로나19와 노동법의 과제: 포스트 코로나 시대, 정의롭고 안전한 노동을 위한 법 제도적 방향, 법과사회 66: 71-109.

이채정, 민보경, 이선화, 유희수, 허종호, 성문주, 최지선, 김지원, 류은영, 우해봉, 오민지, 이재춘, 황종남, 양혜선(2022). 고용없는 저성장·초고령 시대의 복지체제 연구. 국회미래연구원.

장인성, 강신혁, 김세움, 윤준현, 길은선, 차경수, 한치록, 황선웅(2021). 코로나19 감염 확산이 고 용에 미친 영향—노동시장 전반에 미친 영향 및 향후 정책방향에 대한 시사점. 고용노동부· 한국노동연구원.

전병유(2019). 고용보장 분야의 정책과제와 추진전략. 보건복지포럼(2019. 5): 22-33.

정병석(2010). 한국 노동시장정책의 평가와 발전방안: 이행노동시장 이론의 활용. 노동정책연구, 10(2): 155-185.

한국노동연구원 동향분석실(2020). 2020년 노동시장 평가 및 2021년 전망. 월간 노동리뷰. 제189 호, 한국노동연구원.

허재준, 박지순, 이영민, 김균, 최영섭(2022). 기업활동과 고용정책 혁신. 한국노동연구원.

Arntz, M., Gregory, T., & Zierahn, U.(2016). The risk of automation for jobs in OECD countries: A comparative analysis. OECD Social, Employment and Migration Working Papers.

Berg, J. (2016). Income security in the on-demand economy: Findings and policy lessons from a survey of crowd workers. ILO Working paper, Conditions of Work and Employment Series No. 74.

Cherry, M. (2016). 미국 내 플랫폼 경제 관련 소송 분석: 디지털 환경으로의 전환과 규제의 문제. 황덕순 외(2016). 고용관계 변화와 사회복지 패러다임 연구. 세종: 한국노동연구원.

Deacon, A.(2003). Employment. In P. Alcock, A. Erskine, & M. May (Eds.), *The student's companion to social policy*. Oxford: Blackwell Publishing.

De Stefano, V. (2016). The rise of the "just-in-time workforce": On-demand work, crowdwork and labour protection in the "gig-economy". ILO Working paper, Conditions of work and employment series No. 71.

Dunlop, T. (2016). 노동 없는 미래(*Why the future is workless*). (엄성수 역). 서울: 비즈니스맵.

Felstiner, A. (2011). Working the crowd: Employment and labor law in the crowdsourcing industry. *Berkeley Journal of Employment & Labor Law 32*(1): 143-201.

Frey, C. B., & Osborne, M. A. (2013). The future of employment: How susceptible are jobs to computerisation?. Oxford University. URL: http://www.oxfordmartin.ox.ac.uk/downloads/academic/The_Future_of_Employment.pdf.

Hinrichs, K., & Jessoula, M. (2012). *Labour market flexibility and pension reforms: What prospects for security in old age?. In Labour market flexibility and pension reforms* (pp. 1-25). London: Palgrave Macmillan.

Heikkala, M. (Ed.) (1999). *Linking welfare and work.* Dublin: European Foundation for the Improvement of Living and Working Conditions.

Howcroft, D., & Bergvall-Kåreborn, B. (2016). 크라우드워크 플랫폼의 유형론. (황덕순 외). 고용관계 변화와 사회복지 패러다임 연구. 세종: 한국노동연구원.

Mandl, I. (2016). 크라우드 고용과 기타 파편화된 일자리(patchwork jobs)의 근로조건.

Muro, M., Maxim, R., & Whiton, J. (2019). Automation and artificial intelligence: How machines are affecting people and places. Metropolitan Policy Program at Brookings.

OECD(2001). Labour Market Policies That Work. (https://www.oecd.org/els/emp/labourmarketpoliciesthatwork.htm).

Ratti, L. (2017). Online platforms and crowdwork in Europe: A two-step approach to expanding agency work provisions. *Comparative Labour Law & Policy Journal 38*(2): 477-512.

Schwab, K. (2016). The fourth industrial revolution: What it means, how to respond. World Economic Forum. https://www.weforum.org/agenda/2016/01/the-fourth-industrial-revolution-what-it-meansand-how-to-respond/

Theodore, N., & Peck, J. (2000). Searching for best practice in welfare-to-work: The means, the method and the message. *Policy & Politics. 29*(1): 81-98.

4. 주거복지

학습개요와 학습목표

이 절에서는 사회복지서비스 분야 중 점차 중요한 비중으로 떠오르고 있는 주거복지의 개념과 주거복지의 접근 관점을 이해한다. 또한 국내 · 외 주거복지정책과 최근 논의되고 있는 주거 빈곤층의 주거복지 쟁점을 살펴본다. 이 절의 학습목표는 다음과 같다.

● 주거복지의 다양한 개념을 이해한다.

● 주거복지에 대한 다양한 접근 방법을 알아본다.

● 국내 · 외 주거복지정책과 쟁점을 살펴본다.

1) 주거복지의 개념

주거는 우리에게 사적이고 편안한 공간을 제공하여 삶의 활력과 의미를 부여한다. 동시에 자신을 외부로 표현하고 개인의 독자성을 상징하게 해 준다. 그러므로 인간에게 주거는 물리적 환경뿐 아니라 심리적 · 정서적 환경을 포함하는 개념이라고 볼 수 있다. 하성규(2011)는 주택은 사회적 서비스(social services)의 핵심이라고 하였고, 이를 설명하기 위하여 베버리지(W. Beveridge)의 주장을 인용하였다. 베버리지는 사회악을 제거하기 위하여 사회보장, 의료보장, 교육보장, 주택보장 및 고용보장 등의 사회정책이 필요하다고 보았다. 특히 일정 수준의 주거가 보장되지 않는다면 인간다운 생활이 어렵고 다른 권리의 실현도 어려운 측면이 있다. 그러므로 많은 국가에서는 최소한의 주거수준 혹은 적절한 주거의 질을 자력으로 향유할 수 없는 이들의 주거권 향상을 사회복지정책으로 보장하고 있다.

한국에서도 국민의 주거권(housing rights)을 실질적으로 보장하기 위한 「주거기본법」이 2015년 5월 29일 국회 본회의를 통과해 같은 해 12월 23일부터 시행되었다. 제2조에서 '국민은 물리적 · 사회적 위험으로부터 벗어나 쾌적하고 안정적인 주거환경에서 인간다운 생활을 할 권리'로 주거권을 정의(http://www.law.go.kr)하고 있다. 「주거기본법」은 주거정책의 패러다임을 물리적인 주택공급 확대에서 주거복지 향상으로 바꾸고, 주거에 관한 권리를 국민의 기본권으로 인정한 법률이다. 이 법의 제정으로 국가는 실정법 상 명시된 의무로서 국민 모두의 주거권을 보장하고 보호할 의무를 지게 되었다(고영선, 2016). 그리고 주거권에 대하여 인간의 존엄성에 적합한 주택조건과 주거환경을 향유할 권리로 정의되기도 한다. 주거의 권리와 관련하여 인간의 존엄성을 지킬 수 있는 적정한 주거는 매우 중요하다.

국제적으로 적정한 주거에 대한 권리를 명시하는 선언, 보고서, 지침 등이 있다(국가인 권위원회, 2020). 예컨대, 인간 정주를 위한 벤쿠버 선언(1979), UN사회권규약위원회 일 반논평 4(General Comments 4): 적정한 주거에 대한 권리(1991), 유엔인권위원회 결의 제 77호: 강제퇴거(1993), 인간정주를 위한 이스탐불 선언(1996), 적정주거 특별보고관 밀 룬 코타리의 보고서(2007), 모두를 위한 지속 가능한 도시와 인간정주에 대한 키토선언 (2016), 적정 생활수준을 누리기 위한 권리적 요소로서 주거권(2016), 적정한 주거에 대한 권리 이행지침(2020) 등이다. 이 중에서 UN 사회권규약위원회 일반논평 4: 적정한 주거 에 대한 권리(1991)에서는 '적절한 주거'를 구성하기 위한 7가지 구성요소를 언급하고 있 다(국가인권위원회, 2020: 20-22에서 재인용).

첫째, 주거 점유의 법적 보장(legal secerity of tenure)이다. 즉, 임대(공공/민간), 조합주 택, 자가, 임시주택 등 점유의 형태와 상관없이 모든 사람은 강제퇴거, 괴롭힘, 기타 위협 으로부터 법적인 보호를 받을 수 있도록 주거 점유에 대한 법적 안정성을 보장받아야 한 다. 둘째, 주거는 서비스, 물자, 시설, 인프라에 대한 가용성(habitability)이 있어야 한다. 적절한 주택은 건강, 안전, 편안함, 영양에 필수적인 시설을 갖추고 있어야 한다. 셋째, 주거비용의 적정성(affordability)이다. 주거와 관련된 개인 또는 가정의 비용은 다른 기본 적인 수요의 확보 및 충족을 위협하지 않거나 제한하지 않는 수준이 되어야 한다. 즉, 주 거 관련 비용이 소득수준에 적합하도록 보장되어야 한다. 넷째, 거주 가능성(availability of services, materials, facilities and infrastructure)이 있어야 한다. 적절한 주거는 거주자에 게 충분한 공간을 제공하고 추위, 습기, 더위, 비, 바람, 구조적 위험, 해충 등 기타 건강 에 위협이 되는 것들로부터 보호할 수 있어야 한다. 다섯째, 주거의 접근성(accessibility) 이 있어야 한다. 적절한 주거는 권한을 갖는 자들 모두에게 접근 가능성이 있어야 한 다. 주거 혜택을 받지 못한 사람들에게도 주거자원에 대하여 완전하고 지속적인 접근이 허용되어야 한다. 그래서 노인, 아동, 장애인, 만성질환자, 불치병환자, 자연재해의 피 해자 등은 주거영역에서 일정 정도의 우선순위를 보장해야 한다. 여섯째, 주거의 위치 (location)이다. 적절한 주거는 직장 선택, 보건의료서비스, 학교, 보육시설 및 기타 사회적 시설에 근접한 장소에 있어야 한다. 구체적으로 출퇴근의 시간적, 재정적 비용이 빈곤 가정에 과도한 부담을 주지 않아야 하며, 건강권을 위협할 수 있는 오염원과 근접한 오염지역에 주택이 신축되어서는 안된다. 여섯째, 문화적 적절성(cultural adequacy)이다. 주택, 건축방법, 사용되는 건축자재, 이들을 지원하는 정책들은 문화적 정체성과 주택의 다양성을 적절히 표현할 수 있도록 하여야 한다.

　적정한 주거의 확보는 인간의 권리라고 생각하는 주거권의 개념은 넓은 의미와 좁은 의미로 구분될 수 있다. 의식주에서 '주'만을 생각한다면 좁은 의미이다. 반면에 인간의 주거환경을 보장하는 주거 서비스의 확보와 지역사회 편의시설을 이용할 권리로 이해한다면 넓은 의미에 해당한다. 또한 "개인의 독립성 유지가 가능한 안전하고 안락한 일상생활을 유지할 수 있는 공간 확보 및 유지할 수 있는 주택 건설과 공급, 이와 관련된 서비스를 통하여 지원하여 주는 제반 사회적 노력"이라는 광의의 개념으로 정의(이혜원, 1996; 조추용, 2005)되기도 한다.

　이상한과 김용순(2013)은 주거복지 정의에 대하여 광의 및 협의의 개념으로 구분하였으며, 각각의 개념에 따른 주거복지의 수요[12]를 설명하였다. 광의 차원의 주거복지의 목표는 전체 국민을 대상으로 하며, 국민의 전반적인 주거수준 및 주거여건을 향상하는 것이다. 이에 대한 주거복지 수요는 높은 주택가격 수준으로 내 집 마련이 어려운 가구가 증가함에 따른 '내 집 마련 지원요구', 주택가격 하락으로 대출 상환 부담 가구의 확대에 따른 '하우스 푸어(house poor)의 문제해결 요구' '도심 노후ㆍ불량주택 개량요구 증대' 등이 해당된다. 반면에 협의 차원의 주거복지는 시장에서 자력으로 주거문제를 해결할 능력이 없는 시장소외계층으로 한정할 수 있다. 이에 대한 주거복지 수요는 최저주거기준[13] 미달

---

12) 현행 정책대상 수요, 현재 사회에서 요구하는 수요, 향후 확대될 것으로 예상되는 수요

13) 2011년 개정된 우리나라 최저주거기준은 면적기준, 시설기준, 구조ㆍ성능ㆍ환경기준 등 세 가지 요소로 구성된다. 첫째, 가구원 수에 따른 방 수, 주택면적기준, 둘째, 시설기준은 상수도 또는 수질이 양호한 지하수 이용시설 및 하수도 시설이 완비된 전용입식부엌, 전용수세식화장실 및 목욕시설 구비, 그리고 셋째, 구조ㆍ성능ㆍ환경기준으로 ① 영구건물로 구조강도 확보, 구조부재질로 내열ㆍ내화ㆍ방열 등에 양호, ② 적절한 방음ㆍ환기ㆍ채광 및 난방설비 등을 갖출 것, ③ 소음ㆍ진동 등의 환경요소가 법정기준에 적합, ④ 자연재해 위험이 현저한 지역에 위치불가, ⑤ 안전한 전기시설과 화재 발생 시 안전하게 피난할 수 있는 구조와 설비를 갖추어야 한다(박신영, 2012: 36). 이 같은 '인간이 기본적으로 누려야 할 최소한의 주거수준'에 미달하는 상태를 절대적 주거빈곤으로 정의한다. 반면에 상대적 주거빈곤은 상대적 박탈감 혹은 주거 불평등 의식 등과 같이 심리적이거나 문화적인 주거빈곤 문제이며, 주관적 주거빈곤은 자신이 처한 상황에서 자신의 주거빈곤 여부를 평가하는 것이라고 정의한다(김문길 외, 2011에서 재인용).

가구, 실태 파악이 안 되는 쪽방, 고시원 등 비주택거주자 등과 같은 '주거 빈곤가구', 급속한 고령가구 증가로 자력으로 적절한 주거수준을 유지하기 어려운 경제능력이 취약한 '1인 고령가구', 전·월세난으로 생활고를 겪는 '렌트 푸어(rent-poor)' 등을 들 수 있다.

한편, 주거복지의 개념과 적용 범위에 대한 합의가 이루어지지 않았던 과거와는 달리, 현재는 「주거기본법」에 근거하여 인간다운 주거생활을 할 권리적인 차원으로 협의 차원을 포괄하는 넓은 의미로 규정하고 있다. 또한 국가 및 지방자치단체는 「주거기본법」의 제2조(주거권)를 보장하기 위한 주거정책의 수립 및 시행의 의무를 명시하고 있다. 주거정책의 기본 원칙은 9가지로 제3조에서 제시(www.law.go.kr)되고 있다.

첫째, 소득수준·생애주기 등에 따른 주택공급 및 주거비 지원을 통하여 국민의 주거비가 부담 가능한 수준으로 유지되도록 해야 한다. 둘째, 주거복지 수요에 따른 임대주택의 우선공급 및 주거비의 우선 지원을 통하여 저소득층 등 주거취약계층의 주거수준이 향상되도록 해야 한다. 셋째, 양질의 주택 건설을 촉진하고, 임대주택 공급을 확대하는 원칙이다. 넷째, 주택이 체계적이고 효율적으로 공급될 수 있도록 해야 한다. 다섯째, 주택이 쾌적하고 안전하게 관리될 수 있도록 해야 한다. 여섯째, 주거환경 정비, 노후주택 개량 등을 통하여 기존 주택에 거주하는 주민의 주거수준이 향상될 수 있도록 해야 한다. 일곱째, 장애인·고령자 등 주거약자가 안전하고 편리한 주거생활을 영위할 수 있도록 지원해야 한다. 여덟째, 저출산·고령화, 생활양식 다양화 등 장기적인 사회적·경제적 변화에 선제적으로 대응해야 한다. 마지막으로 주택시장이 정상적으로 기능하고 관련 주택산업이 건전하게 발전할 수 있도록 유도해야 하는 원칙이다.

주거복지 차원에서 제공된 주거급여는 국민기초생활보장제도(2000년)에서 처음으로 도입되었다. 「국민기초생활보장법」에서 주거급여가 분리되어 신설된 것은 복지정책과 주택정책에서 주거문제는 중요하며, 주거 빈곤을 해소하려는 복지적 관점의 실천이 반영된 점에서 의미가 크다(김혜승, 2004). 국민기초생활보장제도를 근거로 주거급여가 제공되다가 2015년 7월 이후부터 주거급여의 제공근거는 「주거급여법」과 「국민기초생활보장법」으로 변화되었다. 소관부처도 보건복지부에서 국토교통부로 변경되었다. 보편적이고 적극적인 의미의 주거복지는 전 국민을 대상으로 기본적 주거 욕구를 충족시키기 위한 집합적 책임이라고 볼 수 있다. 그러므로 이 절에서 주거복지의 개념은 「주거기본법」에 근거하여 인간의 권리로서 적절한 주거가 보장되어야 한다는 광의 차원으로 정의한다.

2) 주거복지의 접근방법

주거문제는 주택이 가지는 경제적 특성과 주거정책의 복지정책에의 배제 등으로 인해 복지정책과 연관성이 없는 경제적인 부분으로 여겨질 수 있다. 그러나 주거정책과 복지정책 간에는 연계성이 있다. 특히 저소득층을 위한 주거정책은 복지정책과 깊은 연관성이 있다. 따라서 주거급여제도를 저소득층의 주거복지 수단으로 활용하기 위해서는 행정부처 간 협조체계, 프로그램 간 연계, 주거정책과 복지정책의 연계방안이 필요할 것이다. 주거문제와 복지국가의 성격을 통하여 주거복지에 대한 접근을 살펴본다(고철 외, 2002).

첫째, 전통적으로 복지국가는 시민들에게 삶의 기본적인 상태에 있어서 평등성을 실현하기 위하여 사회보장 및 소득보장 프로그램을 통하여 재분배정책을 실시하였다. 그러나 국가의 다른 정책들도 재분배 효과와 관계없이 삶의 기본적인 상태인 주거, 식품, 의복에 영향을 미친다. 복지정책이 어떤 종류의 분배가 우선해야 하는가에 대한 갈등의 결과로 보인다면, 주거문제는 누가 누구를 위해 주택을 짓고 어느 정도의 기간 동안 제공하는가의 이해관계들에 대한 갈등을 포함한다(Lundqvist, 1986).

둘째, 복지국가의 탄생과 관련하여 자본주의 국가의 복지정책은 시장과 시민사회로부터의 압력과 지지를 수용한 국가의 이중적 기능(축적지원 기능과 정당화 기능)을 통해 성격이 결정된다. 주택정책 역시 주택 공급을 촉진하거나 공공임대주택 공급, 임대료 보조 등을 통해 국민들에 대한 정당성을 강화하고, 동시에 주거비 부담을 낮춤으로써 자본의 임금 부담을 줄이고 주택산업을 육성하여 자본의 축적을 지원하는 등, 자본주의 국가의 복지정책이 갖는 이중적 기능을 수행하는 것으로 볼 수 있다.

셋째, 주거문제는 시장경제의 결함으로 나타나는 사회문제이다. 사회문제로서의 주택문제는 주택에 대한 인간의 기본적 욕구가 제대로 충족되지 못한 상태와 주택의 소유, 점유 형태에 관하여 사회 구성원이 바람직하지 못하다고 인식하는 상태를 의미한다. 그 예로 주택의 양적·질적 문제 및 주택의 불평등 문제 등을 들 수 있다. 복지국가는 사회문제를 보완하고자 등장하였고, 제도의 결함으로 나타나는 사회문제를 예방하는 것이 복지국가의 기본 역할인 것이다. 그러므로 국민의 기본적인 주거 욕구를 해소하기 위하여 노력하는 것은 복지국가의 기본적 역할의 한 부분이다. 이와 같은 복지정책과 주거정책의 특징으로부터, 주거정책은 공공성이 약한 사적 소비재인 주택을 기반으로 복지정책과 동떨어져 존재하는 경제정책이기보다는 복지정책과 상당한 연관성을 가진 주거복지정책으로서 이해할 수 있다.

　이와는 다르게 주거복지에 대하여 주거여건의 중요성을 중심으로 접근할 수 있다. 주거여건은 거주자의 삶의 질에 많은 영향을 준다(노병일, 윤경아, 2004; new stateman, 2002)고 알려져 있다. 예컨대, 방이 많은 주택에서 사는 아동과 비교하여 비좁은 집에서 잠을 제대로 자지 못한 상태에서 학교에 가는 아동은 주의집중력이 더 낮을 가능성이 크다. 또한 쾌적한 환경의 집에서 영양이 풍부한 음식을 섭취하는 아동에 비하여 습기가 많은 집에서 불균형된 음식을 섭취하는 아동은 건강이 더 나빠질 가능성이 크다. 이처럼 주거여건은 인간의 삶의 질에 다양한 영향을 줄 수 있으므로 가장 기본적인 요건이라 할 수 있다. 적정 수준의 주거복지가 확보되지 않는다면 개인과 가족은 거의 모든 생활을 하는 데 어려움을 겪거나 정상적이고 건강한 활동을 하는 데 많은 지장을 받을 수 있기 때문이다.

3) 주거복지정책과 쟁점

(1) 주거복지정책

① 외국의 주거복지정책

　주택이라는 재화의 특성상 정부 개입은 보편화되지만 국가의 정치이념, 문화적 가치, 경제적 사정, 시대의 흐름에 따라 다양한 양상으로 나타나고 있다. 주거복지정책은 중앙정부와 지방정부 차원에서 추진되고 있다. 박준 등(2020)의 선행 연구를 참고하여 외국의 주택정책 및 주거복지(급여)의 특징에 대하여 요약하면 다음과 같다.

　영국의 주거복지정책은 이원화 구조이다. 중앙정부는 주거 조사, 주택공급계획, 주거급여, 주택개량 등의 계획과 예산을 총괄하며 지방정부는 중앙정부의 정책을 지원하거나 집행하는 역할을 한다. 중앙정부의 주거 조사(English Housing Survey)는 1967년부터 매년 진행하고 있다. 조사 내용은 주거 형태 및 거주기간, 주거 형태의 변화 내역 및 목표, 임대료, 임대인과의 관계 및 이웃에 대한 인식, 접근 가능성, 에너지 효율, 건강·안전 기준 등이다.

　중앙정부의 주거복지와 관련된 정책은 주택공급과 주거급여이다. 영국의 주택정책은 다양한 수단을 활용하여 주택공급을 확대하고 자가 소유를 높이는 정책을 하고 있다. 주택공급을 확대하기 위하여 지방정부 등의 주도적 참여를 유도하고 있다. 지방정부 차원에서는 지역 내 주택공급에 대한 계획을 수립하고, 과감하고 혁신적인 방법을 활용하여 주택공급을 촉진시키라는 방향성을 제시한다. 또한 주택공급을 확대시킬 수 있는 환경을 만들고자 민간 개발업체의 주택공급 관련 인허가 절차를 사업자 입장에서 단순화하고, 영세 주택공급업체들의 주택사업을 위한 자금 대출을 지원한다. 영국의 주거급여는 보수당 정권 집권기인 1982년에 도입되었고, 저소득 대상 임대료 지원을 통해 수요자 중심의 주거복지제도로 전환하였다.

그러나 주택소유 여부와 상관없이 모든 임차가구에서 주거급여 혜택이 주어지게 된다. 정부 차원에서는 복지 급여에 재정적 부담이 늘어나게 됨에 따라, 2013년 10월부터 통합공제(universal credit)제도를 통해 주거급여를 포함한 6개 복지급여제도를 통합하였다. 통합공제 제도에서 주거급여와 관련된 부분은 주거비용(housing payment)이며, 사회주택 및 민간임대 여부에 따라 비용이 다르게 지급되고 있다. 2018/19년 기준으로 영국(잉글랜드, 스코틀랜드, 웨일즈 포함)은 복지급여 전체 지출에서 주거급여 비용이 11.7%를 차지하나, 주거 부분에서는 절반을 넘는다(박준 외, 2020). 주거복지에 예산투입 비중이 높음을 알 수 있다.

영국의 중앙정부와 지방정부의 주거복지정책 관련 주요 쟁점은 3가지로 요약된다. 첫째, 사회주택 공급과 재정지원이다. 현재 사회주택의 공급계획과 실행은 지방정부 주도로 추진되고 있다. 그러나 독립적으로 활용할 수 있는 재정이 충분하지 않으므로 주도적으로 주거복지정책을 전개하는 데 어려움이 있다. 둘째, 주거급여의 중앙정부 역할 확대와 지방정부 역할 축소이다. 2011년 이후 중앙정부의 복지예산 감축이 됨에 따라 지방정부의 역할이 상대적으로 제한적으로 변화하였다. 셋째, 주거복지 거버넌스에서의 분담원칙이다. 주거복지 거버넌스는 중앙정부가 정책을 수립하고 지방정부와 비영리 조직이 정책을 수행하는 체계로 작동된다. 복지급여의 통합 등으로 중앙정부의 통제수단이 증가하고 지방정부의 실질적인 책임이 증가하는 경향이 발견되고 있다. 비영리 영역에서는 중앙정부와 지방정부 사이에 발생하는 공백을 채워 주는 역할을 하고 있다(박준 외, 2020: 77-79).

네덜란드에서는 주거복지정책에 주민등록제도를 활용하고 있어서 실생활과 밀접히 연계되어 있다. 그래서 등록된 주소지와 실제 거주지가 대부분 일치한다. 거주지를 등록할 수 있는 여건을 관리할 때 최저주거기준을 충족하도록 유도하고 있다. 저소득층을 위해서 주거보조금을 지원하여 주거 불안을 줄여 주고 있다. 거주등록이 된 저소득층은 주거보조금(huurtoeslag, Housing Benefit)을 통해 임대료를 지원하여 최저기준 이상의 주거환경을 유지할 수 있도록 한다. 네덜란드의 주거취약계층은 노숙인 보호소 입주자,

시설입주자, 난민, 거동이 불편한 자 등 사회적, 의학적 긴급성이 인정되는 사람을 의미한다.

　최근에는 독립생활하는 청년 수가 증가함에 따라 청년주거가 사회적 문제로 떠오르며 이에 대한 대책이 주목을 받고 있다. 성인이 되어 부모로부터 독립하려고 하지만 사회주택 입주 기간이 너무 길어짐에 따라 주거취약계층이 된다. 정부에서는 청년주거문제를 해결하기 위하여 18~27세의 성인을 대상으로 청년주택을 운영하고 있으며, 최대 5년간 임대할 수 있다. 네덜란드의 사회주택은 공공이 아닌 민간영역(사회적 경제)이 공급과 운영의 주체이기 때문에 정부의 역할은 제한적이다. 또한 1800년대 연합왕국을 형성했던 시기부터 지방분권의 오랜 역사를 가지고 있고, 현재에도 그 명맥을 유지하고 있다. 중앙정부 외에 12개의 주/도(province) 정부와 320개의 지방정부(municipality)가 있으며, 서로 다른 역할을 하고 있다. 그러나 공간계획, 도시개발, 주택정책 등 주거복지에 해당하는 영역은 지방정부의 역할이므로 중앙정부보다 상대적으로 역할이 강조된다.

　중앙정부의 역할은 개별주택의 공급보다는 주택의 공급 및 관리를 위한 제도마련 및 지원금 지급이다. 반면에 지방정부의 역할은 직접적인 주택공급을 하고 있다. 중앙정부와 지방정부 간의 주요 쟁점은 사회주택 보유에 따른 보유세이다. 2008년부터 사회주택 입주자에 대한 소득상한 제한을 도입하여 임대료 소득에 대한 세금(약 월 임대료의 8%)을 납부하기 시작했고, 전국 사회주택조합협회 등이 꾸준히 문제제기를 하고 있다. 보유세는 사회주택조합의 재정에 영향을 끼쳐 신규 주택공급을 위한 투자에 악영향을 주기 때문에 중앙정부의 조세정책이 지방정부의 주거복지실현에 부정적 영향을 준다고 볼 수 있다(박준 외, 2020). 중앙정부와 지방정부의 역할이 있지만 지방정부의 역할을 확대하여 주거복지 수준을 향상시킬 수 있는 방향으로 변화되어야 할 것이라는 함의가 도출된다.

　② 한국의 주거복지정책

　한국의 저소득층을 위한 공공주택정책은 주택공급 지원제도와 주택수요가구 지원제도로 구분된다. 주택공급 지원 프로그램으로는 영구임대주택,[14] 국민임대주택,[15] 행복주

---

14) 취약계층의 주거안정을 도모하기 위해 건설된 임대주택으로 임대기간은 50년, 전용면적은 40m²이며 시중시세의 30% 수준임(박준 외, 2020: 16).

15) 소득 1분위에서 4분위의 무주택 저소득층의 주거안정을 위해 국가재정과 국민주택기금 지원으로 건설 · 공급하는 임대주택으로 임대기간은 30년, 전용면적은 60m²이며, 시중시세의 60~80% 수준임(박준 외, 2020: 16).

택,[16] 기존주택 매입임대주택,[17] 기존주택 전세임대주택[18] 등이 있다. 주택수요가구 지원 제도에는 저소득층 전세자금 지원, 월세자금 지원 등이 있다. 이 절에서는 새롭게 변화된 패러다임인 주거복지 관점과 기초생활보장제도 내 개편된 주거급여제도를 살펴본다.

국민이 쾌적하고 안정적인 주거환경에서 인간다운 주거생활을 할 권리를 보장하는 「주거기본법」(2015년 6월 22일)이 제정되었다. 법률의 제정 및 시행은 주거에 관한 권리를 국민의 기본권으로 인정한 것이며, 국민 모두의 주거권을 보장할 국가의 의무를 갖게된 점에서 의미가 크다. 「주거기본법」에서는 주거정책의 기본 원칙, 주거종합계획의 수립·시행, 장애인·고령자 등 주거약자 지원, 최저주거기준 미달가구에 대한 우선지원, 주거실태조사, 주거복지 전달체계, 주거복지센터의 설치, 주거복지 전문 인력 양성 등의 내용이 포함되어 있다. 이를 근거로 국가와 지방자치단체는 주거복지를 효율적으로 전달할 수 있는 체계를 구축하는 의무가 부여되었으며 조직, 인력, 예산 등도 확보하게 하는 내용이 포함되었다. 더불어 주거복지서비스에 대한 정보제공과 상담을 수행하는 주거복지센터를 LH와 각 지자체가 설립하도록 하고 있다. 또한 주거복지정보를 전달하는 주거복지정보체계(주거복지포털) 구축, 주거복지사 등 전문 인력 양성 등의 내용도 있다 (고영선, 2016). 이를 통하여 주거정책 기능의 강화 및 확대가 가능하게 되었다.

주거급여는 2015년 7월부터 기초생활보장제도의 급여개편으로 「주거급여법」과 「국민기초생활보장법」에 근거하여 지원된다. 그 이전에는 최저생계비 이하의 가구에 대해 통합급여체계로 주거급여가 지원되는 방식이었다. 그러나 소득인정액이 최저생계비를 벗어나면 무조건 수급자격을 잃는 이러한 방식은 정책 사각지대를 야기하고 빈곤계층의 욕구별 지원에도 한계가 나타났다. 이에 따라 생계, 주거, 교육, 의료 급여를 각각 개별급

---

16) 도심 내 근접이 가능한 곳에 건설한 임대주택으로 대학생, 신혼부부, 청년 등 사회활동이 왕성한 계층을 대상으로 공급한다. 주택규모는 60m²이며, 임대료는 주변시세의 60~80% 수준이다(박준 외, 2020: 16).

17) 도심 내 저소득층이 현 생활권에서 거주할 수 있도록 기존의 다가구주택 등을 매입하여 임대하는 제도이다. 정책대상은 저소득층, 청년, 신혼부부, 고령자, 다자녀 가구이며, 최초 임대기간은 2년이며, 2년 단위로 9회까지 재계약이 가능하다. 대부분 시중 전세가의 30% 선에서 공급함.입주대상자가 희망하는 주택을 선정하면, 한국토지주택공사 또는 지역별 지방공사가 전세계약을 체결한 후 저소득층에게 재임대하는 제도로, 임대기간은 최장 20년이며, 가구당 지원 한도액은 수도권의 경우, 최대 9,000만 원, 광역시의 경우 최대 7,000만 원, 기타지역은 최대 6,000만 원이다(박준 외, 2020: 17).

18) 입주대상자가 희망하는 주택을 선정하면, 한국토지주택공사 또는 지역별 지방공사가 전세계약을 체결한 후 저소득층에게 재임대하는 제도이다. 임대기간은 최장 20년이며, 가구당 지원 한도액은 수도권의 경우, 최대 9,000만 원, 광역시의 경우 최대 7,000만 원, 기타지역은 최대 6,000만 원이다(박준 외, 2020: 17).

여로 분리 독립하여 맞춤형 급여체계로 변화됨에 따라 소관부처도 보건복지부에서 국토교통부로 변경되었다. 수급자의 욕구에 따라 각 급여를 개별화하여 지원하는 방식으로 제도를 개선한 목적은 복지사각지대 해소, 생활영역별 복지 욕구 대응, 고용-복지 연계를 통한 지원의 효과성 제고, 수급자의 탈빈곤 지원 등 보다 종합적인 맥락에서 수급자의 생활안정 기반을 구축하는 것이다(국토교통부, 2023).

한편, 개편된 주거급여의 목표는 생활이 어려운 사람을 지원하여 국민의 주거안정과 주거수준 향상에 이바지함을 목적으로 한다(「주거급여법」 제1조). 또한 주거급여는 주거가 불안정한 저소득층 등 취약계층의 주거비 부담을 완화하고 양질의 주거수준을 확보하는 것이다. 취약계층에 대한 주거지원 프로그램을 살펴본다. 중위소득 47% 이하 가구에게 지원되는 주거급여는 수급자의 가구원수, 거주형태, 부담수준, 지역여건 등을 고려하여 임차수급자에게는 임차급여를 지급하고, 자가 수급자에게는 주택 노후도에 따라 맞춤형 주택 개보수가 가능하도록 수선유지급여를 지급한다.

또한 전년도 도시근로자 가구당 월평균 총소득의 50% 이하는 주거안정 월세대출(연소득 5천만 원 이하)을 한다. 더불어 주거급여 대상자와 주거안정 월세대출대상자에게는 공공임대 주택공급(영구임대, 다가구 매입임대, 기존주택 전세임대)을 받을 수 있다. 그리고 전년도 도시근로자 가구당 월평균 총소득의 70% 이하는 버팀목 대출(전세자금 대출지원, 연소득 5천만 원 이하)을 한다. 더불어 공공임대 주택공급(국민임대주택, 행복주택)을 받을 수 있다(국토교통부, 2023). 결론적으로 「주거기본법」과 「주거급여법」의 제정 및 시행은 최저수준 이상의 주거복지서비스를 보장받게 된 것으로 평가할 수 있다.

주거급여가 지원되기 위한 행정체계를 살펴본다. 중앙정부 차원인 국토교통부에서 주거급여 제공을 위한 기법과 지침 등을 제정하고, 기본계획 수립 및 예산을 지원한다. 한국토지주택공사(LH)에서 주거급여 정보시스템과 사회보장정보시스템과 연계하여 임차수급자 주택조사와 자가 수급자 주택조사를 전담한다. 또한 주거급여 정보시스템을 통하여 주택급여 수급자의 정보관리 및 모니터링을 실시한다. 더불어 주거상담, 정보제공, 공공임대주택알선, 대상자 발굴 등의 역할을 한다. 지방정부 차원인 시도에서는 주거급여에 대한 예산확보 및 배분, 이의신청 처리를 한다. 또한 시군구에서는 주거급여를 결정하기 위한 조사 및 결정하여 지급, 중지, 이의신청 등의 처리를 한다. 읍·면·동에서는 주거급여 신청자로부터 수급 신청을 받는다. 다음의 그림과 같이, 중앙정부와 지방정부 차원에서 주거급여 지원을 위한 행정절차를 통하여 수급자에게 주거급여가 지원된다.

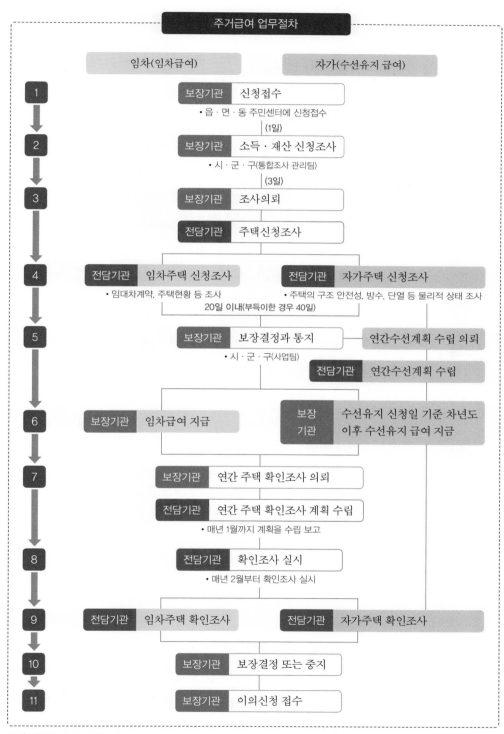

출처: 국토교통부(2023: 3).

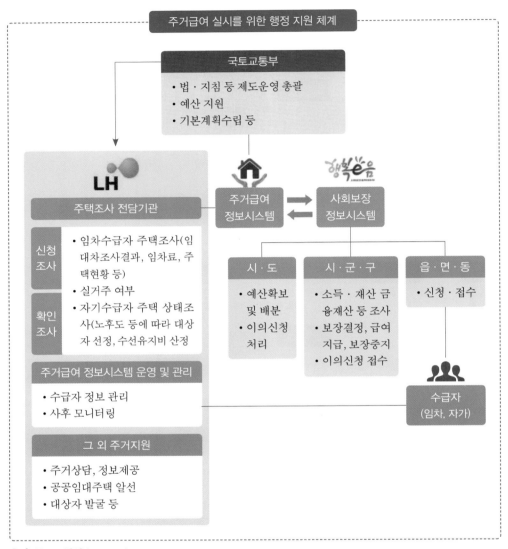

출처: 국토교통부(2023: 25).

(2) 주거복지 쟁점

① 저소득계층의 열악한 주거환경

저소득층을 위하여 저렴한 임대료와 최저주거기준 이상의 물리적 조건을 갖춘 공공임대주택 공급정책이 지원되어야 한다. 실제로 국토교통부조사(2022)에서 공공임대주택에 거주하고 있는 가구를 대상으로 만족도를 조사한 결과, 95.2%가 만족한다고 응답하였으며, 만족하는 주된 이유로 '저렴한 임대료(50.2%)'가 가장 높았으며, 그다음은 '자주

이사를 하지 않아도 되므로'가 39.2%로 나타났다. 그리고 공공임대주택 공급 시, 주거권의 구성요소인 적절한 주거기반시설 및 서비스, 노인·장애인·어린이 등의 편의성, 직장 및 각종 생활시설들과의 근접성 등의 조건이 고려되어야 한다. 이러한 조건이 충족되지 않을 경우, 어떤 형태이든지 또 다른 주거문제가 생길 수 있는 가능성이 있을 것이다(남원석, 2007: 27).

국토교통부에서 발표(2022.12)한 「2021년 주거실태조사 결과」에 따르면, 최저주거기준 미달가구는 4.5%로 2020년 수준과 비슷한 수준으로 나타났으며, 1인당 주거면적은 33.9m²로 조사되었다. 최저주거기준에 미달되는 가구를 위하여 우선적으로 지원을 할 수 있도록 공공임대주택과 주거급여정책을 확대할 필요가 있다. 또한 가장 필요한 정책 수요는 '주거지원 프로그램(41.3%)'이며, '주택구입자금 대출지원(36.0%)' '전세자금 대출지원(23.9%)' '장기공공임대주택 공급(10.9%)' '월세보조금 지원(9.8%)' 등으로 파악되었다. 이러한 수요를 충족시켜 주기 위하여 주거비 부담을 완화할 수 있는 정책이 요구된다.

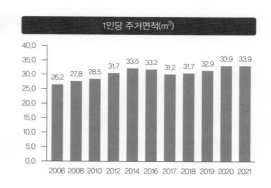

출처: 국토교통부 보도자료(2022. 12. 20.).

향후 주거복지정책에서 장기적으로 지향해야 할 4가지 방향은 보편성, 포용성, 우선성, 지속가능성이다(강미나 외, 2021: 157). 첫째, 보편성은 인간으로서 누려야 할 최소한의 주거복지수준을 설정하고, 이를 누릴 수 있도록 지원하는 것이다. 둘째, 포용성은 국민의 주거안정을 위하여 자력으로 해결하기 어려운 가구는 정부가 지원하는 것이다. 셋째, 우선성은 주거복지정책 소요 정도에 따라 가장 취약한 계층을 우선지원하여 일정 수준의 주거수준에 도달할 수 있도록 지원하는 것이다. 마지막으로, 지속가능성은 일시적인 주거복지 정책이 아니라 주거욕구를 충족하기 위한 안정망으로서 역할을 할 수 있도록 지속적인 재정지원을 해야 한다는 것이다. 국토교통부(2022)의 주거종합계획에 따르면, 취약계층에 대한 촘촘한 주거안전망을 구축하기 위하여 건설형, 행복기숙사, 기축 매입형, 고령자복지주택, 일자리연계형 주택, 테마형 임대주택(청년+예술창업, 신혼부부+공동육아, 장애인+자립지원) 등 공공임대주택 11.3만 호를 신규로 공급하여 2023~2027년도에는 50만 호 이상의 공공임대 공급계획을 가지고 있다. 또한 저소득층 주거급여 지급대상을 중위소득의 50%까지 단계적 확대하고, 지급상한을 매년 물가에 연동하여 현실화할 예정이다.

② 청년 주거 빈곤

청년 주거 빈곤층을 빗대어 표현한 '민달팽이 세대'라는 신조어가 있다. 민달팽이 세대는 옥탑방이나 고시원 등 최저주거기준(14m²) 미만의 열악한 주거환경에 시달리는 청년층을 일컫는 말이다. 삼포세대, 오포세대, 칠포세대, N포세대[19] 등으로 불리는 청년세대의 또 다른 상황을 보여 주는 신조어로, 열악한 주거환경에 시달리는 청년층을 껍데기가 없는 민달팽이에 비유해 만들었다. 시민단체 민달팽이 유니온은 2013년 「청년 주거 빈곤 보고서」에서 전국적으로 20~34세 청년의 약 14.7%에 해당하는 139만 명 정도가 최저주거기준인 14m² 미만의 주택에 살고 있다고 밝힌 바 있다. 민달팽이 세대는 청년실업과 비정규직의 증가, 불안정한 고용환경 등이 맞물리며 나타났다. 청년층은 저임금으로 일하면서 학자금 대출 등의 지출 부담을 안고 있지만 상대적으로 주거 임대료는 계속 상승해 왔기 때문이다. 민달팽이 세대의 등장으로 대규모 임대주택 등 청년층의 주거문제 해결을 위한 정책의 필요성이 대두되었다(다음 백과사전).

다른 세대의 빈곤과 다르게 청년기의 빈곤은 생애주기에서 연속된 빈곤상태로 유지할 가능성이 매우 높다. 주거문제가 청년빈곤에 많은 영향을 주는 이유는 주거비가 가장 큰 경제적 부담을 주기 때문이다. 통계청의 사회조사를 활용하여 가구주의 연령을 기준으로 노인가구, 청년가구, 아동가구로 구분하여 최저주거기준 미달, 주거환경이 열악한 주거 빈곤, 주거비 부담이 과도한 주거 빈곤, 전체 주거 빈곤을 분석하였다. 그 결과, 가구형태별로 최저주거기준 미달 비율은 비슷하였다. 반면에 청년가구는 주거환경이 열악

---

19) 청년세대의 위기를 삼포세대(三抛世代)로 표현하다가 최근 저출산 고령화가 진전되면서 전통적인 가족구성에 필요한 연애, 결혼, 출산이라는 삼포 외에 추가적인 포기를 해야만 하는 상황에 대하여 오포세대(취업, 내 집 마련 포기), 칠포세대(인간관계, 미래에 대한 희망 포기), N포세대라는 신조어로 생겨났다. 이처럼 미래 젊은 세대의 위험의 개수는 줄어들기보다는 점차 늘어갈 것으로 예견된다(강현수 외, 2016).

출처: 국가인권위원회, 웹진 『인권』(2022. 09.) 재인용, 도시 청년의 주거권 보장을 위하여; 민달팽이유니온 홈페이지, 활동보고 (2022. 10. 04.): "2022 세계 주거의 날" 기념 1001 주거권 대행진 [2.피켓]"

한 주거 빈곤, 주거비 부담이 과도한 주거 빈곤이 다른 세대보다 상대적으로 높은 비율로 나타났다. 전체 주거 빈곤도 청년세대가 가장 높게 나타났다(이태진 외, 2016). 특히 도시 청년은 주거 불평등을 겪는 대상이며, 청년세대 내에서도 상대적으로 저소득 및 최저주거기준 거주 비율이 높은 청년 1인가구가 주거불안과 우울을 겪는다. 또한 전세 사기와 같은 보증금 미반환 위험 문제 등 세입자 권리침해, 여성 청년 1인가구의 안전문제 등에 노출되어 있다. 주택에 대한 점유 안정성의 보장, 안전하게 거주할 권리(지수, 2022)가 있으므로, 국가 차원에서 주거권이 보장될 수 있도록 정책방안 모색이 필요하다.

　정부 차원에서 세입자 주거비 부담 완화를 위하여 취업준비 등으로 독립 거주 중인 저소득 청년을 위하여 청년월세 제도, 기금전세대출 지원 등을 하고 있다(국토교통부, 2022). 청년층의 주거 빈곤은 생애주기의 빈곤과 맞물려 있다. 그러므로 향후 지속적으로 청년층의 주거지원과 일자리 지원은 연계하여 지원하는 방안을 확대할 필요성이 높다.

　③ 취약계층 및 비정상거처 거주자의 주거빈곤

　주거 취약계층으로는 반지하・쪽방 및 비주택 등 재해 취약주택 거주자, 생활・이동이 불편한 저소득 장애인 및 노인, 산불・폭우 등 재해・재난에 처한 긴급 위기가구 등이다. 특히 비주택(비정상거처)인 공장, 여관, 판자집, 비닐하우스, 고시원 등에 살고 있는 경우, 인간다운 삶을 영위할 수 없는 상태로 볼 수 있다. 2022년 8월 서울에서, 재해 취약주택인 다세대주택 지하에 살고 있던 가족 4명 중 3명이 갑자기 내린 폭우로 목숨을 잃었던

출처: 국가인권위원회, 웹진『인권』(2022. 09.) 재인용, 안전을 위한 모든 사람의 주거권.

사건이 있었다. 언론에서는 반지하라고 보도되었지만 주택의 3분의 2 이상이 땅속에 파묻혀 있던 지하주택이다. 이 주택은 성인 남성 키를 훌쩍 넘는 천장과 비슷한 높이에 새로 50cm 정도의 창문만 지상으로 나 있어 한낮에도 햇볕이 잘 들지 않아서 어두웠다. 참사 당일 수압으로 현관문이 열리지 않은 상황이었으므로 재해에 매우 취약하였다(최은영, 2022). 인간의 삶에서 주거권의 구성요소들이 꼭 보장되어야 함을 체감하게 된다.

한편, 생활·이동이 불편한 저소득 장애인 및 노인의 주거환경은 생활의 기초가 되므로 최저주거기준을 충족할 수 있도록 주거환경 개선 지원을 정책이 필요하다. 또한 비닐하우스, 컨테이너 등 열악한 기숙사 환경에 살고 있는 농업이주노동자, 외국인 근로자 등의 주거권 보장이 될 수 있도록 사회적인 관심이 필요하다.

국토교통부(2022)의 주거종합계획에 따르면, 관계부처·지자체 협업을 통한 이주수요 등 발굴조사를 통하여 재해취약주택의 근본적 해소방안을 마련하고, 비정상거처에 거주하는 정보접근성이 낮은 주거취약계층을 위한 공공임대 이주지원, 저소득 장애인의 생활·이동에 불편이 없도록 경사로, 장애인용 주방가구 등 편의시설 설치지원, 재해·위기가구의 긴급지원주택 지원 등의 정책을 추진할 예정이다.

학습과제

1. 주거복지의 개념을 토의해 보시오.

2. 「주거기본법」에 근거한 주거보장이 실현되기 위해서 중앙정부와 지방정부, 민간은 어떠한 역할을 해야 하는지 토의해 보시오.

3. 미래의 주거복지정책은 어떠한 방향으로 변화해야 하는지 생각해 보시오.

4. 사회적으로 이슈가 되는 다양한 주거 빈곤 계층에 대하여 토론해 보시오.

참고문헌

강미나, 변세일, 이재춘, 이길제, 우지윤, 최수, 이건우, 최명섭, 김태환, 문지희(2021). 주거복지정책 효과분석과 성과제고 방안" 공공임대주택과 주거급여제도를 중심으로. 국토연구원.

고철, 천현숙, 박능후, 이태진, 최현수, 노언정(2002). 주거정책과 복지정책의 연계방안 연구. 국토연구원.

고영선(2016). 주택공급에서 주거복지로. 국회보, 통권 593호, 44-45. 국회사무처.

국토교통부(2023). 2023년 주거급여 사업 안내.

김문길, 김태완, 박신영, 이병희, 임병인, 이서현(2011). 빈곤통계연보. 한국보건사회연구원.

김혜승(2004). 주거급여제도의 현황 및 개선방안. 국토, 23-31. 국토연구원.

노병일, 윤경아(2004). 주거빈곤층의 삶과 터전. 대전대학교 지역협력연구소.

남원석(2007). 주거복지의 개념과 저소득세대의 주거문제에 대한 적용, 주택도시연구, 제93호: 20-30. 주택도시연구원.

박준, 한만희, 유승동, 오도영(2020). 국내외 주거복지정책 사례분석을 통한 지방분권형 주거복지 실현방향 연구. 서울특별시의회.

이상한, 김용순(2013). 주거복지제도의 바람직한 방향. 2013년 한국주택학회 · 건설산업연구원 정책세미나 자료집.

이태진, 김태완, 정의철, 최은영, 임덕영, 윤여선, 최준영, 우선희(2016). 청년 빈곤 해소를 위한 맞춤형 주거지원 정책방안. 한국보건사회연구원.

조추용(2005). 유료 노인주거복지 산업의 현재와 미래. 노인복지연구, 28(여름호), 7-39. 한국노인복지학회.

지수(민달팽이유니온 위원장)(2022. 09.). 깊이읽기 "도시 청년의 주거권 보장을 위하여", 웹진 『인권』. 국가인권위원회.

최은영(2022. 09). 깊이읽기 "안전을 위한 모든 사람의 주거권", 웹진『인권』. 국가인권위원회.

하성규(2011). 주거복지의 시대적 과제와 당위성. 도시와 빈곤, 제91호, 5-8. 한국도시연구소.

국가법령정보센터「주거기본법」http://www.law.go.kr

국가인권위원회 http://www.humanrights.go.kr,「주거권 국제기준 자료집: 적정한 주거에 대한 권리, 강제퇴거 관련」.

국토교통부 보도자료(2022. 12. 20.). "2021년도 주거실태조사 결과" 발표, http://www.molit. go.kr/portal.do., 2022,「2022년 주거종합계획」. http://www.molit.go.kr.

다음 백과사전. "민달팽이 세대", http://100.www.daum.net.

민달팽이유니온. 2022 세계 주거의 날 기념 1001 주거권 대행진 [2. 피켓]사진, https:// minsnailunion.net

5. 교육보장

학습개요와 학습목표

교육은 사회복지의 한 지표로서 전체 복지 욕구를 충족시키는 데 필요한 기본 전제가 된다. 사회복지에서 교육은 교육기회의 불평등과 교육결과로서의 불평등을 어떻게 조정·해소하느냐에 초점을 두어 정책적 대안을 강구하는 데 주로 관심을 둔다. 또한 한국에서는 교육복지라 하여, 교육환경, 교육여건을 향상시키고, 교육과정에서 소외된 학생들을 위한 프로그램을 제공하는 데 관심을 두고 있다. 이 절의 학습목표는 다음과 같다.

● 사회복지의 한 실천 지표로서의 교육을 정책적 측면, 실천적 측면에서 이해한다.
● 사회복지 측면에서의 교육 관련 프로그램에 관하여 배운다.
● 학교사회복지의 기능과 역할을 익힌다.

1) 교육과 사회복지

교육은 「헌법」에 보장된 국민의 기본권일 뿐만 아니라 사회 구성원으로서의 의무이기도 하다(제31조). 교육보장은 사회복지의 4대 기본 지표—소득, 건강, 교육, 주택— 중의 하나이다. 교육은 사회복지의 기본 욕구와 관련하여 모든 인간의 욕구를 충족시키는 데 기본적으로 필요한 요소인 것이다. 욕구를 충족시키기 위한 지식과 기술의 습득이 기본적으로 교육을 통하여 이루어지기 때문이다.

사회복지의 출발이 되는 인간의 욕구로부터 도출되는 사회복지의 실행지표는 소득, 건강, 교육, 주택과 문화, 환경의 여섯 가지로 구분할 수 있는 바, 교육은 사회복지의 모든 지표를 실현하는 기본 수단이자 목표가 된다고 할 수 있다. 다시 설명하면, 인간의 기본적인 욕구인 의식주를 해결하는 데 필요한 소득을 얻기 위하여 직업을 가져야 하는데, 직업에 필요한 기술과 능력이 교육을 통하여 이루어진다. 건강한 상태를 유지하고, 질병에 걸리지 않거나 이겨 내는 법, 위험한 상황을 예방하고 대처하는 법, 좋은 인간관계를 통하여 사랑과 사회적 인정을 받는 것, 높은 지위에 올라가는 것, 자아를 실현하는 것 모두가 교육을 통하여 한 단계 올라갈 수 있다.

278

　모든 분야에 걸쳐 있는 교육의 이슈 중 사회복지에서 교육을 다루는 이론적인 부분은 미시적인 교육 내적인 분야—교육방법, 교육과정, 교육기술 등—보다는 교육사상, 교육철학, 교육정책 등과 관련된 거시적인 측면을 다루며, 특히 교육보장은 정책적 측면에서 교육의 불평등을 해소·완화하는 데 초점을 둔다. 따라서 교육에 있어서의 사회복지 논의는 사회적 약자에 대한 교육여건의 보장, 교육 기회의 평등에 관한 것으로 축약된다. 한편, 학교사회복지는 학교 청소년의 성장과 복지적 차원의 각종 프로그램을 적용하는 사회복지실천의 한 영역으로 자리 잡고 있다.

2) 교육보장의 관점과 방법

(1) 교육의 평등과 불평등의 관점

　교육보장을 다루는 데 있어 기본적으로 필요한 전제는 교육의 평등과 불평등에 관한 인식, 즉 교육의 대상과 조건, 교육과정, 교육결과 등에 관한 관점이다. 교육평등에 관한 논의는 교육기회의 평등, 교육내용의 평등, 교육결과의 평등으로 크게 구분하여 이루어진다. 사회복지에서 가장 많이 다루는 교육 기회의 평등은 허용적 평등, 보장적 평등, 교육조건의 평등, 교육결과의 평등으로 세분할 수 있다. 본문에서는 교육 내적인 측면인 교육내용에 관해서는 언급하지 않기로 한다.

① 교육기회의 허용적 평등

　모든 사람에게 교육의 동등한 기회가 주어져야 한다는 관점이다. 이는 시민의 자유권이 보장되지 않던 근세 이전의 논의로서, 귀족이나 양반 등 특정 계층만이 교육받을 수 있었던 시대에 관한 개념이다. 현대에서의 허용적 평등 개념은 법적으로 교육받을 권리가 보장되어 있는 것으로 제도화되어 있으며, 의무교육제도의 실시로 거의 모든 국가에서 이루어지고 있다. 다만 나라에 따라 의무연한에 차이가 있을 뿐이다. 그러나 현대사회에서는 법적으로 규정되어 있다 하더라도, 빈곤 등의 환경적 제약으로 인하여 그 권리를 누리지 못하는 나라도 다수인 것이 현실이다.

② 교육기회의 보장적 평등

　교육에 있어서 단지 학교에 입학을 허용하는 것만으로는 충분치 않다는 관점이다. 부모가 교육비 부담능력이 없는 경우, 가까운 지역에 적절한 학교가 없는 경우, 또는 여자에게 공부를 시키지 않던 전통적인 문화를 가진 경우(현대사회에서도 무수히 존재한다)처럼 취학을 가로막는 경제적·지리적·사회적 여건을 제거해 주는 것을 말한다. 시행하지 않을 시 처벌이 수반되는 의무교육의 보장, 장학금 지급, 주거 지원, 교구 구입비 및 생활비 지원 등이 그 예가 될 수 있다.

③ 교육조건의 평등

학교의 교육여건(환경)과 교육이 진행되는 과정이 평등해야 한다는 관점이다. 교육설비, 교사의 자질 등의 학교 간 차이가 학업성취의 차이를 보인다는 것이다. 공립학교와 사립학교의 차이, 빈곤층이 많이 사는 지역의 학교 주변 여건 등의 차이를 좁혀 주는 것 등을 예로 들 수 있다. 그러나 학생의 학업성취의 차이는 교육여건보다는 가정 배경(계층)이 중요한 영향을 준다는 연구가 있다(여유진 외, 2007; Jencks, 1992). 사회계층에 따라 부모의 교육에 대한 열의, 교육방법, 주거환경 등의 차이가 수반되는 현상으로 해석할 수 있을 것이다.

한편으로, 부모의 빈곤 등 여건으로 인하여 아동양육과정에서부터 발달의 기회를 제한받는 경우가 있을 수 있다. 이러한 불평등한 시작이라는 문제를 예방하기 위하여, 스타트 프로그램이 존재한다. 미국의 헤드 스타트, 영국의 슈어 스타트 등 저소득층 아동을 위한 스타트 프로그램이 좋은 예가 된다. 한국에는 드림스타트(공공), 위스타트(민간) 프로그램이 시행되고 있으며, 2016년부터 민간(공동모금회)의 지원으로 청소년을 대상으로 빈곤 대물림 예방을 위한 희망플랜사업이 시범 진행되고 있다.

④ 교육결과의 평등

이 관점은 교육받은 과정이 동일하면, 학업성취의 결과가 같아야 한다는 관점이다. 교육결과는 두 가지로 구분하여 살펴볼 수 있다. 하나는, 학업성취로서 같은 노력을 들인다면 같은 결과(성적)가 주어져야 한다는 주장이다. 선천적으로 지능의 차이는 본인의 획득적인 결과가 아니기 때문이라는 논의는 가능하지만, 이러한 주장은 비현실적일 것이다. 이 경우에는 능력이 부족한 학생에게 더 많은 시간과 노력을 투자하여 최대한 평등한 성취 결과를 얻도록 돕는 조처가 현실적인 것이다(김신일, 1996). 지역아동센터 학습지도, 방과후 교실 등도 유사한 제도이다.

한편, 학업성취 결과가 달라도 보상을 평등하게 하자는 주장도 가능하다. 대학입시 등 상급학교를 진학함에 있어 상대적으로 기준 성적이 부족하더라도, 장애인, 농촌지역, 소수인종, 빈곤가정 자녀 등 사회적 약자, 또는 소수집단 자녀에게 원하는 대학의 입학기회를 주는 긍정적 차별화 제도가 이에 해당한다.

　현대사회에서 가장 문제가 되는 것은 교육의 불평등 현상이 심화되고 있고, 특히 학업성취의 차이를 결정하는 주요 요인이 계층적 요인이라는 점이다. 학업성취의 차이가 상급학교 입학의 차이를 결정하고, 이는 직업과 직결되어 소득의 차이로 이어지기 때문이다. 빈곤계층은 교육의 소외계층으로 연결되어, 결과적으로 빈곤과 교육 소외는 세대를 통해 악순환될 가능성이 높기 때문에, 사회적으로 관심을 가지고 이의 완화 또는 예방을 위하여 교육보장 제도를 확대하도록 노력해야 하는 것이다.

(2) 교육보장의 방법

① 의무교육

　교육보장의 가장 보편주의적인 정책은 의무교육제도이다. 국민은 개인적 욕구를 충족해야만 하는 주체일 뿐만 아니라 사회적으로는 인구를 재생산하고 사회화하며 노동력을 제공하는 사회적 구성원이기 때문에 사회의 질을 높이기 위하여 교육을 필요로 한다. 의무교육 연한이 높을수록 그 사회의 수준이 높이 평가될 수 있을 것이다. 의무교육 연한은 나라마다 다른데, 한국은 「교육기본법」에 의하여 초·중학교 교육 9년을 의무교육으로 규정하고 있다.

② 스타트 프로그램과 영재교육

　교육의 성취도 또는 성과는 계급적·계층적인 영향을 받는다. 빈곤가족의 아동은 태어날 때부터 지능을 개발할 기회를 덜 가지게 될 가능성이 높고, 학교교육에서의 수학능력을 함양할 기회도 상대적으로 박탈되고 있다. 이에 따라 학교교육에서도 성취 가능성이 낮아져 높은 성취를 이루지 못하게 될 것이다. 나아가 상급학교에 진학할 가능성도 줄어들어 저임금의 직업 선택을 할 가능성이 높아지고, 이에 따라 빈곤가족이 될 가능성이 높아서 자녀를 제대로 교육시키지 못하는 등 빈곤의 악순환을 경험하게 된다.

　스타트 프로그램은 이러한 악순환의 고리를 만들지 않기 위하여 빈곤가족 아동에 대한 조기교육을 실시하는 것을 말한다. 중산층 이상 가정에서 이루어지는 것과 같은 유아기 교육 기회를 제공하는 것이라 할 수 있다. 특수교육 기회도 같은 맥락이라 할 수 있다.

　한편, 영재교육은 지능을 계발할 권리에 대한 다른 한 측면이다. 지능이 높은 아동 역시 자기 능력을 최대한 계발시킬 권리를 가지고 있는 것이다. 더구나, 시간과 노력을 투자하면 상대적으로 훨씬 높은 성과를 낼 수 있고 사회적으로 기여할 가능성도 높아진다. 따라서 능력이 낮은 아동 중심으로만 투자하는 것은 상대적으로 능력을 향상시킬 기회를 잃게 되는 '역차별'의 가능성이 있다는 것이다. 이에 영재교육 역시 교육 기회의 평등이라는 관점에서 필요한 정책이 된다.

③ 장학제도와 생활비 지원

장학제도는 학업성취 능력이 있는 학생이 환경적 여건으로 인하여 학업을 지속할 수 없는 상황에 처하지 않도록 교육의 기회를 평등하게 하는 방법이다. 여기에는 단순한 학비(등록금)지원뿐만 아니라 학업을 계속하는 동안 필요한 생활비가 포함될 수 있고, 더 나아가 학생이 학업을 지속함으로써 부양하지 못하는 가족에 대한 지원으로까지 연결될 수 있다. 일반 장학금과 함께, 저소득층 자녀에 대한 교육급여나 학비면제 제도도 이 영역에 해당한다. 유럽의 여러 나라에서는 학비가 무료에 가까울 뿐만 아니라, 교육을 받는 기간 동안 생활비를 지급하거나 대여하는 방법도 적용되고 있다. 우리나라에서도 교육부의 교육급여사업으로 2016년 기준, 소득인정액 중위소득 50% 이하 가구 자녀에게, 의무교육 대상인 초등학생, 중학생에게는 각각 부교재비, 학용품비를 제공하고 있고, 고등학생에게는 학용품비, 교과서비와 수업료, 입학금 전액을 제공하고 있다. 대학생의 학비 조달을 위해서는 국가장학금의 범위를 소득분위 80% 이상까지 확대하고 있으며, 2017년부터 정부는 고등학교까지 무상급식을 확대하기로 하였다. 또한 최근에는 무상교육, 반값등록금에 관한 논의가 부분적으로 진행 중이다.

④ 학자금 대출

장학금과 생활비 지원과 함께, 학자금 대출도 기회평등을 보장하기 위한 하나의 지원 방법이 될 수 있다. 그러나 대학생 학자금 대출제도는 교육보장의 근본적인 해결책이 되지 못한다. 대학의 경우 최대 8학기까지의 대출금 축적으로 인하여, 졸업 후 이자를 포함한 대출금 상환에 따른 어려움이 발생하고 있기 때문이다. 더욱이, 청년취업이 원활하지 않은 시장 상황에서 취업준비생에게 대출 상환의 압박은 매우 큰 스트레스가 된다. 졸업 시점부터 바로 발생하는 대출이자를 갚기 위하여, 단기 아르바이트를 할 수밖에 없는 상황이 발생하는 것이다. 다수의 청년이 장기적인 비전을 가지고 취업준비조차 착실하게 할 수 없는 어려운 상황에 빠지게 되지 않도록 이에 관한 대책마련이 필요한 시점이다.

예를 들면, 2017년 초 캐나다에서 적용했던 학자금 대출 탕감정책을 비롯하여, 미국에서 실시하고 있는 학자금 대출 상환 10년 유예제도 등을 적용할 수 있을 것이다.

⑤ 긍정적 차별화

긍정적 차별화는 평등을 추구하기 위한 역차별화 전략이다. 이것은 서비스가 균등하게 배분되어야 할 뿐 아니라 박탈된 자는 동등한 분담 이상으로 받아야 한다는 보상원칙을 기반으로 한다. 개인과 지역에 따라 차별 또는 격차가 심한 경우 적용할 수 있고, 지방 출신 학생, 여성, 장애인, 유색인종, 소수민족의 입학기회를 제공하는 할당제를 그 예로 들 수 있다.

미국에서는 1960년대 말부터 「기회균등법」에 의하여 오랫동안 긍정적 차별화 정책이 적용되어 왔으나, 1997년 이를 금지하는 주법이 합법적이라는 대심원의 판결 이후 위축되어(김영모, 2005: 401), 현재 주마다 다른 양상을 보이고 있다. 우리나라에서는 대학마다 내용은 다소 다르지만, 농어촌학생 전형, 특성화고 전형, 교육기회균등 전형 등 긍정적 차별화 정책을 일부 채용하고 있다.

이와 함께, 대상의 특성을 중심으로 장애인을 위한 특수교육, 학교 밖 청소년을 위한 교육, 재외국민을 위한 국제교육, 성인을 위한 평생교육 등이 있다.

3) 교육보장에서의 정책 이슈

교육보장을 위하여 정책을 결정할 때 기본 쟁점이 되는 이슈에 관하여 살펴보면 다음과 같다.

(1) 기회 및 보상(결과)의 평등

교육에서의 기회와 보상의 평등은 위에서 설명한 바와 같이 어느 정도의 수준을 기준으로 하느냐가 정책을 결정한다. 성별, 지역별, 계층별 격차를 줄이기 위하여 다양한 기회의 평등을 위한 장치를 할 수 있으나, 결과의 평등에 관하여는 교육의 측면에서만 다루기 어려운 것이 사실이다. 전체적인 사회구조 안에서 교육의 평등화가 논의될 수밖에 없는 것이다.

(2) 교육의 공공화

교육기관의 공공화 논의는 누가 교육비 부담의 책임을 지느냐와 관련된다. 「헌법」에 보장된 의무교육은 물론 세금에 의한 공공자원의 부담이 기본이 된다. 그러나 보편적인 교육을 넘어 다른 교육, 특별한 교육을 필요로 할 때 사립학교가 존재하게 된다. 이때 교육비는 개인, 가족이 부담하게 되는데 여기에 계층 간 차이가 나는 것이 문제가 된다. 우리나라의 경우, 공립학교에 비하여 사립학교의 비율이 매우 높지만, 실질적으로 중학교까지는 의무교육이기 때문에 교육비는 차이가 없다. 다만, 자립형 사립고나 특수목적고교가 사교육비 부담과 관련하여 논란이 될 수 있다. 특히 대학교육의 경우, 독일이나 프랑스와 같이 전체 대학을 공공화하여 개인의 경제적 여건에 상관없이 개인의 의사와 능력에 따라 공부할 수 있는 정책이 바람직하다 할 것이다.

한편, 우리나라에서 공교육의 문제는 입시제도의 한계로 인한 학교교육의 부실화, 사교육비의 과다지출, 개인의 과부담으로 인한 불평등 현상으로 나타나고 있다.

(3) 자율과 규제

교육의 공공화가 한 축이라면, 자율과 경쟁은 교육의 질을 높이는 데 기여하는 또 다른 축이다. 그러나 규제가 없는 자율과 경쟁은 능력 있는 사람(집단)과 그렇지 않은 사람(집단)의 양극화를 초래하여 사회통합을 위협하는 결과를 낳을 수 있다. 최근 한국에서 실시하고 있는 평준화 정책과 관련하여 주요 이슈가 되는 외국어고, 과학고, 예술고 등 특수목적 고등학교 설립 자율화 논의, 대학입시에 있어서 대학자율화 논의는 경쟁과 규제의 균형을 어떻게 잡느냐에 관한 논의이다. 결국 이러한 논의는 학생의 특기나 적성을 기본으로 해야 하는 본질적인 교육적 목적과 달리, 입시경쟁이라는 제도하의 사회에서는 경쟁력 있는 가정의 자녀와 그렇지 못한 가정의 자녀의 교육 평등과 불평등 문제로 귀결될 가능성이 높기 때문에 국민적 합의를 도출하기가 쉽지 않다.

(4) 학교사회복지의 제도화

학교사회복지는 학생의 문제는 개인만의 문제가 아닌 환경과의 상호작용 문제로 보고, 이러한 심리·사회적 문제들을 학생-학교-가정-지역사회의 연계를 통해 예방하고 해결하는 사회복지실천 과정을 말한다. 또한 모든 학생이 자신의 잠재력과 능력을 최대로 발휘할 수 있도록 최상의 교육환경과 공평한 교육 기회를 제공하여, 궁극적으로는 교육의 본질적인 목적을 달성하고 학생복지를 실현할 수 있도록 도와주는 교육기능의

한 부분이며 사회복지의 전문 분야이다.

학교사회복지사의 주요 업무와 역할은 다음과 같다. ① 학생을 위한 개별, 집단 상담 및 치료적 개입(임상전문가) ② 학습, 진로를 위한 정보의 제공 및 사회성기술, 학습전략, 의사소통훈련, 각종 예방을 위한 교육(교육자/자문가) ③ 학생과 가족에게 필요한 자원의 발굴, 연계(매개자/연계자) ④ 학생과 환경 사이에서 양자 모두의 문제 해결 과정을 조정, 중재(조정자/중재자) ⑤ 학생과 가족의 인권을 보장하기 위한 옹호활동(옹호자) ⑥ 학생과 가족, 학교에 필요한 지역사회자원의 발굴 및 개발촉진(자원개발자) ⑦ 교사를 비롯하여 다양한 전문가, 관련기관과의 협력, 공조(공조자/협력자) ⑧ 실태조사 및 효과성 연구를 통한 효과적 복지서비스 제공(조사연구자) ⑨ 학생복지 증진을 위해 다양한 수준에서의 정책감시, 제언에 참여(정책제언가) (한국학교사회복지사협회 홈페이지 참조).

한국에서는 1982년 한국사회복지대학협의회에서 발간하고 토론한 『전문직으로서의 사회복지사』에서 학교사회복지사에 관한 논의를 기점으로, 1990년대부터 민간자원으로 학교사회복지라 할 수 있는 학교중심 사회복지 프로그램이 시작되었고, 1997년부터 교육부에서 시작한 '학교사회사업 시범연구사업'을 통하여 인식이 높아지기 시작하였다.

그러나 오랫동안 국가자격으로 인정되지 않은 탓에, 실질적으로 학교사회복지 사업이 정책적으로 채용되면서도, 사회복지사는 전문직으로서의 학교사회복지사가 아니라, '지역교육전문가'라는 명칭으로 일해야 하는 과정을 거쳤고, 학교사회복지학회와 학교사회복지사협회의 오랜 노력 끝에 2017년에야 국가자격으로 인정, 법제화되었다. 학교사회복지사는 「사회복지사업법」 제11조(사회복지사 자격증의 발급 등)에 전문직으로서 명시되었고, 사회복지사 1급에 한하여 일정한 수련을 거쳐 자격을 부여받게 되어 있다.

현재 학교사회복지 사업은 교육복지우선지원사업(교육청 주도), 지방자치단체사업(지자체 주도), 드림스타트 사업(국가지원, 민간 주도) 등 3가지 형태로 실시되고 있다(학교사회복지협회 홈페이지). 하지만 공공사업으로 지정되지 않은 더 많은 지역이 있는 바, 차후 모든 초·중·고 교육 현장에 학교사회복지사가 전담 배치되어, 학생의 보다 나은 생활을 지원해 줄 수 있도록 '학교사회복지법'으로 제도화, 법제화되어야 하는 과제가 남아 있다.

4) 한국 교육정책의 쟁점

한국의 교육은 현실적으로 대학입학시험 정책과 직결되어 있다. 초·중·고 모든 단계의 교육과정이 실질적으로 대학입학시험 정책에 따라 좌우되기 때문이다. 한국 사회에서 입시와 관련하여 가장 활발하게 논의되었던 주제는 1974년 이래 시행되어 온 평준화 정책과 관련되어 있다. 특히 고교평준화 정책은 대학의 등급이 현실적으로 존재하는 우리 사회에서 끊임없이 논쟁의 핵심이 되어 왔다.

2003년 이후 채택하고 있는 3불 정책-고교등급제 불가, 기여 입학제 불가, 본고사제도 불가 등의 한국 교육정책 기조에 관한 논쟁은 교육이 사회적으로 자율과 경쟁 대 규제와 통합이라는 사회정책적 이슈를 어떻게 반영하는 것이 좋은가에 관한 논의이다. 자율과 경쟁은 시민의 창의성과 생산성을 높이는 주요 변수인 한편, 규제와 통합은 자율과 경쟁의 대열에서 상대적으로 불리한 위치에 있는 시민을 위한 변수이기 때문이다.

이 절에서는 한국의 교육정책을 구체적으로 논하는 것을 대신하여, 교육정책의 근거가 되는 우리나라의 「헌법」과 「교육기본법」의 주요 내용을 제공하고자 한다.

(1) 헌법상 행복추구권

대한민국 「헌법」에는 모든 국민이 행복을 추구할 권리, 즉 행복추구권을 보장하고 있다. 인간은 기본적으로 정서적 충족과 함께 소득, 건강, 주택, 교육이 보장되어야 행복할 수 있는 바, 이를 헌법에 명시한 것이다.

> 제10조 모든 국민은 인간으로서의 존엄과 가치를 가지며, 행복을 추구할 권리를 가진다. 국가는 개인이 가지는 불가침의 기본적 인권을 확인하고 이를 보장할 의무를 진다.

(2) 헌법상 교육권

국민의 권리와 의무로서의 교육에 관한 내용은 「헌법」 제31조에 다음과 같이 규정되어 있다.

① 모든 국민은 능력에 따라 균등하게 교육을 받을 권리를 가진다.
② 모든 국민은 그 보호하는 자녀에게 적어도 초등교육과 법률이 정하는 교육을 받게

할 의무를 진다.

③ 의무교육은 무상으로 한다.

④ 교육의 자주성·전문성·정치적 중립성 및 대학의 자율성은 법률이 정하는 바에 의하여 보장된다.

⑤ 국가는 평생교육을 진흥하여야 한다.

⑥ 학교교육 및 평생교육을 포함한 교육제도와 그 운영, 교육재정 및 교원의 지위에 관한 기본적인 사항은 법률로 정한다.

(3) 교육기본법

교육에 관하여 기준이 되는 법률은 1997년에 제정된 「교육기본법」이며, 초·중등교육을 대상으로 한다. 이 중 거시적인 차원의 사회적 정책에 관련된 내용은 다음과 같다 (2007년 전문개정, 2021년 개정).

제1조(목적) 이 법은 교육에 관한 국민의 권리·의무 및 국가·지방자치단체의 책임을 정하고 교육제도와 그 운영에 관한 기본적 사항을 규정함을 목적으로 한다.

제2조(교육이념) 교육은 홍익인간(弘益人間)의 이념 아래 모든 국민으로 하여금 인격을 도야(陶冶)하고 자주적 생활능력과 민주시민으로서 필요한 자질을 갖추게 함으로써 인간다운 삶을 영위하게 하고 민주국가의 발전과 인류공영(人類共榮)의 이상을 실현하는 데에 이바지하게 함을 목적으로 한다.

제3조(학습권) 모든 국민은 평생에 걸쳐 학습하고, 능력과 적성에 따라 교육받을 권리를 가진다.

제4조(교육의 기회균등 등) ① 모든 국민은 성별, 종교, 신념, 인종, 사회적 신분, 경제적 지위 또는 신체적 조건 등을 이유로 교육에서 차별을 받지 아니한다.

② 국가와 지방자치단체는 학습자가 평등하게 교육을 받을 수 있도록 지역 간의 교원 수급 등 교육여건 격차를 최소화하는 시책을 마련하여 시행하여야 한다.

③ 국가는 교육여건 개선을 위한 학급당 적정 학생 수를 정하고 지방자치단체와 이를 실현하기 위한 시책을 수립·실시하여야 한다.

제7조(교육재정) ① 국가와 지방자치단체는 교육재정을 안정적으로 확보하기 위하여 필요한 시책을 수립·실시하여야 한다. ② 교육재정을 안정적으로 확보하기 위하여 지방교육재정교부금 등에 관하여 필요한 사항은 따로 법률로 정한다.

제8조(의무교육) ① 의무교육은 6년의 초등교육과 3년의 중등교육으로 한다. ② 모든 국민은 제1항에 따른 의무교육을 받을 권리를 가진다.

제18조(특수교육) 국가와 지방자치단체는 신체적·정신적·지적 장애 등으로 특별한 교육적 배려가 필요한 사람을 위한 학교를 설립·경영하여야 하며, 이들의 교육을 지원하기 위하여 필요한 시책을 수립·실시하여야 한다.

제19조(영재교육) 국가와 지방자치단체는 학문·예술 또는 체육 등의 분야에서 재능이 특히 뛰어난 사람의 교육에 필요한 시책을 수립·실시하여야 한다.

제28조(장학제도 등) ① 국가와 지방자치단체는 경제적 이유로 교육받기 곤란한 사람을 위한 장학제도(獎學制度)와 학비보조제도 등을 수립·실시하여야 한다.

② 국가는 다음 각 호의 사람에게 학비나 그 밖에 필요한 경비의 전부 또는 일부를 보조할 수 있다. (이하 생략)

제29조(국제교육) ① 국가는 국민이 국제사회의 일원으로서 갖추어야 할 소양과 능력을 기를 수 있도록 국제화교육에 노력하여야 한다.

② 국가는 외국에 거주하는 동포에게 필요한 학교교육 또는 평생교육을 실시하기 위하여 필요한 시책을 마련하여야 한다.

학습과제

1. 사회복지에서 교육을 다루는 기본 관점은 무엇인가?

2. 교육기회의 불평등 현상은 어떠한 형태로 나타나는가?

3. 교육기회의 불평등 현상을 해소할 방법은 무엇인가?

4. 한국에서 공교육의 정상화를 위하여 가장 필요한 조건이 무엇인지 논의해 보시오.

5. 학교사회복지가 제도화되어야 하는 이유와 법제화 방안을 논의해 보시오.

6. 자율과 규제, 경쟁과 통합과 관련하여 우리나라 대학입시 정책을 논의해 보시오.

참고문헌

김신일(1996). **교육사회학**. 서울: 교육과학사.

김영모(2005). **사회정책**. 서울: 한국복지정책연구소 출판부.

대한민국정부(2020). 제4차 저출산 · 고령사회 기본계획.

여유진, 김수정, 구인회, 김계연(2007). **교육불평등과 빈곤의 대물림**. 서울: 한국보건사회연구원.

최현숙(1982). 한국교육 기회의 불평등에 관한 연구. 중앙대학교 대학원 석사학위논문.

최현숙(1982). '전문직으로서의 학교사회복지사'. 한국사회복지대학협의회, 전문직으로서의 사회복지사.

교육부 http://www.moe.go.kr (2023. 5.)

한국학교사회복지사협회 http://www.kassw.or.kr (2023. 5.)

제**10**장

대상자별 사회서비스와 사회복지사의 역할

1. 아동복지

학습개요와 학습목표

이 절에서는 아동의 정의와 특성을 이해하고, 아동복지에서 가족과 국가의 역할이 어떻게 변화해 왔는지 살펴본다. 특히 돌봄의 대상인 동시에 권리주체로서의 아동이라는 시각에서 아동복지정책과 서비스를 살펴보고 당면한 문제점과 전망을 알아본다. 이 절의 학습목표는 다음과 같다.

● 아동의 정의와 아동기의 특성에 대해 알아본다.
● 아동의 발달단계에 대응하는 아동복지서비스의 내용을 이해한다.
● 아동복지의 원칙과 아동권리를 숙지한다.
● 빈곤, 돌봄, 대리양육, 안전보장 및 보호의 영역에서 아동복지문제와 서비스를 살펴본다.
● 아동복지 분야에서 사회복지사는 어떤 역할을 하는지 사례를 통해 알아본다.

1) 아동의 정의와 아동발달

(1) 아동의 정의

아동은 한 사회의 미래를 결정짓는 핵심 인구집단이며 전통적인 사회복지 대상이다. 아동이 삶의 다른 주기에 있는 인구집단과 달리 별 논란 없이 사회복지의 대상으로 인식되는 것은 아동의 독특성 때문이다. 아동은 성인과 달리 보호자의 애정 어린 돌봄에 의존하며, 지속적인 성장발달과정에 있는 존재이다. 과거에는 아동의 양육과 보호가 온전히 부모의 책임이었으나, 현대 복지국가에서는 아동복지제도를 통해 국가와 사회가 이를 공유하고 있어, 아동복지 수준은 한 국가의 사회복지 수준을 판단하는 중요한 지표가 된다. 예를 들면, 불의의 사고로 부모를 잃은 아동이 성인으로 독립할 능력을 갖추기까지 친지의 선심에 기대야 하는지 또는 국가의 아동복지제도를 통해 촘촘한 보호와 양육을 제공받을 수 있는지는 아동의 발달과 삶의 질에 엄청난 차이를 가져올 수 있다. 최근 우리나라는 급격한 출생률 저하(2022년 합계출산율 0.78)에 따른 아동인구 감소[18세 미만 인구비율 2000년 27.5% → 2020년 15.8%, 통계청(2019)]는 물론, 노동시장과 가족의 변화로 인한 아동돌봄문제, 사회양극화로 인한 아동양육환경의 격차 심화 등 아동복지에 대한 관심이 그 어느 때보다도 높다.

그러면 아동은 누구인가? 일반적으로 아동은 신체적 · 정신적으로 발달과정 중에 있어 보호가 필요한 사람으로, 연령을 기준으로 성인과 구분된다. 우리나라 법에 의하면 아동은 18세 미만의 사람이다. 18세 미만이라는 연령은 국제적으로는 「유엔아동권리협약」의 아동연령기준과 동일하고, 국내적으로는 아동복지법, 입양특례법, 한부모가족지원법에서 규정한 법적 연령이다. 이 연령 기준에 따르면 '아동'은 태아기부터 18세 전후까지, 즉 영유아기, 학령 전기, 학령기, 청소년기 등 광범위한 발달단계를 포함한다. 연령에 따른 구분은 제공되는 아동복지서비스의 수급 자격 조건이 되기도 하고 구체적인 아동복지정책의 범주와 서비스의 실천방법에 대한 지침을 제공한다는 점에서 매우 중요하다.

아동은 성인과 구별되는 욕구를 가지고 있으며, 타고난 특성과 환경적 조건의 상호작용을 통해 발달하고, 적응성과 민감성이라는 특성을 보여 준다. 최근의 연구들은 아동이 고난과 위험요인에도 불구하고 긍정적 발달성과를 가져오는 능력인 '적응유연성(resilience)'이 성인에 비해 뛰어나다고 보고하고 있다(Webb, 2011). 이러한 아동의 특성은 아동복지정책수립, 서비스 개발과 인력양성에서 종합적으로 고려되고 반영되어야 한다.

(2) 아동발달과 아동의 특성

아동은 다른 어떤 인구집단보다도 사회복지 접근이 대상의 특성에 민감할 것을 요구한다. 동일한 연령대에 속한다 하더라도 발달단계와 개인의 발달속도에 따라 욕구와 문제의 위험도가 상이하기 때문이다. 아동의 발달단계에 대한 이해는 특정한 아동이 처한 상황이나 특성이 표준적 범위 내에 있는지 특수한지를 판단하는 기준이 되고, 제공되는 서비스의 내용과 개입의 경중을 결정하는 기준이 되기도 한다. 예를 들면, 부모의 방임이라는 동일한 문제를 가지고 있는 2세의 아동과 10세의 아동은 방임이라는 위험이 가져오는 결과에 차이가 있다. 2세 아동에게는 방임이 안전과 발달에 치명적인 결과를 가져올 수 있지만, 10세 아동은 상대적으로 교육이나 심리사회적 부적응 영역에서의 불이익을 경험하게 된다. 즉, 연령별로 위험수준이 차이 나므로 차별화된 방임 관련 아동복지서비스가 요구되는 것이다.

　최근의 발달 연구는 인간의 전 생애 이론에 기초하고 있어서 발달을 '태아에서 사망까지의 전 생애에 걸쳐 계속되는 변화'를 의미하는 것으로 보고 있다. 발달단계에 맞춘 아동복지가 중요한 이유는 인간의 발달과 변화는 전 생애를 통하여 이루어지지만, 특히 아동기에 가장 빠른 속도로 크고 되돌릴 수 없는 변화가 명백하게 진행되기 때문이다. 맨눈으로는 볼 수도 없는 수정란에서 평균 3.2kg의 신생아로의 변화, 생후 1년간 일어나는 체중과 신장의 증가 및 신체기관 기능의 정교화와 운동능력의 획득, 생후 2년을 중심으로 한 언어발달 등은 인간의 생애 어느 단계에서도 찾아보기 어려운 놀라운 현상이다.

　아동발달에는 몇 가지 특성이 있다. 첫째, 발달에는 일정한 '방향성'이 있는데, 머리부분에서 발부분으로, 몸의 중심에서 말초로, 그리고 전체에서 세밀한 부분으로 발달한다는 것이다. 둘째, '연속성과 계속성'으로, 발달은 도중에 중단되지 않고 연속적으로 이루어진다. 셋째, '개별성'인데 이는 발달의 순서는 일정하지만 발달속도는 개인에 따라 다르다는 것을 뜻한다. 넷째, '상호 관련성의 원리'는 발달이 통합적으로 이루어진다는 것으로, 부분의 발달은 전체의 발달과 관련되어 있다. 다섯째, '상호작용의 원리'는 아동의 발달에는 생래적 특성과 환경이 상호작용하므로, 발달이 성장, 성숙과 경험이라는 여러 과정의 결과라는 뜻이다.

　또한 아동발달은 기초성, 적기성, 누적성, 불가역성이라는 특성을 갖고 있다. '기초성'이란 아동기 발달과정에서의 모든 경험이 성인기의 행동에 영향을 미친다는 특성으로, 아동의 발달초기에 특히 중요하다. '적기성'은 발달은 연속적으로 이루어지고 특정한 발달과업은 특정한 시기와 관련되어 있다는 것이며, '누적성'이란 이전 단계의 발달이 다음 발달단계에 지속적으로 영향을 미치게 되는 것을 말한다. '불가역성'은 특정 발달단계에서 발달이 손상을 입게 되면 후속 단계에서 이를 되돌리기 어렵다는 것이다.

　발달의 원리는 아동복지정책이나 프로그램을 만들고 실천하는 데 기본적으로 고려되어야 하는 원칙이다. 예를 들면, 빈곤 임산부에 대한 적절한 영양 공급이나 신생아에 대한 무료 예방접종은 시행 시기를 놓치면 아동의 성장발달에 치명적인 결과를 가져오게 되고 이후의 어떤 집중적 서비스로도 그 손상을 되돌릴 수 없다. 최근 많은 국가가 아동 빈곤 예방에 힘을 쏟는 것은 초기 아동기에 빈곤으로 발달지연이 야기되면 손상이 누적되고 회복이 어려워, 이후 청소년기와 성인기까지 부정적 영향을 미친다는 사실이 밝혀졌기 때문이다.

　따라서 아동과 일하는 사회복지사는 인간의 전인적 발달이라는 시각에서 신체적 · 정서적 · 인지적 · 사회적 발달의 네 가지 측면에 대한 깊은 이해가 필요하다. 여기에는 프로이트(Freud)의 심리성적 발달이론, 에릭슨(Erikson) 등의 심리사회적 발달이론, 피아제(Piaget) 등의 인지발달이론과 밴듀라(Bandura)를 포함한 행동주의 학자들의 사회학습이론 및 브론펜브레너(Bronfenbrenner)의 생태체계이론 등의 습득이 포함된다.[1] 이처럼 개별 아동이 가지고 있는 유전적 정보 못지않게 아동이 자라나는 가족 환경과 지역사회 환경, 국가의 아동정책도 아동발달에 미치는 영향이 지대하다. 이 관점은 바로 아동의 건전한 성장을 위한 가족과 지역사회 그리고 국가의 역할을 주장하는 근거가 되기도 하며, 아동의 발달단계를 고려한 아동복지 접근이 왜 중요한지를 잘 보여 준다.

2) 아동권리와 아동복지

아동은 신체적 · 정서적 · 교육적 · 사회적 욕구를 충족시켜 주고 그들을 보호해 줄 최소한 한 명 이상의 성인과의 안정적 · 양육적 · 지속적 관계를 필요로 한다. 대부분의 아동은 부모의 사랑 속에서 자라지만, 일부 아동은 의식주와 같은 가장 기본적인 욕구도 충족되지 않고, 때로는 사랑조차도 결핍된 가정에서 자라고 있다. 아동복지는 이러한 위험요인들을 최소화하고 최적의 발달을 도와줄 수 있는 보호요인들을 강화하는 노력이다. 뿐만 아니라 아동복지는 전체 사회에 아동 친화적이고 양육 지원적인 물리적 · 사회적 환경을 확산하여, 아동이 원가족에게서 자랄 수 있도록 가정을 지원하고, 모든 아동의 안전과 행복을 증진하기 위해 공적 영역과 민간 영역에서 시행하는 제도와 활동을 말한다.

최근 모든 아동복지제도와 서비스의 기본 가치로 아동권리가 크게 조명받고 있다. 20세기 초 제네바 아동권리선언에서 시작된 아동권리보장을 위한 노력은 1989년에 제정된 UN의 아동권리협약(CRC)으로 일단락을 맺는다. 2023년까지 미국과 소말리아 등을 제외한 세계 거의 모든 국가가 협약을 비준하여 아동권리협약은 글로벌한 보편적 인본주의 가치인 동시에 아동복지의 행동규칙이 되었다. 우리나라도 1990년 유엔아동권리협약에 가입하고 1991년 국회 비준 후 협약을 준수하기 위해 노력하고 있다. 이 협약의 특징은

---

[1] 이 이론들은 사회복지학의 기본 교과목인 '인간행동과 사회환경'이나 분야론으로서의 '아동복지론' 또는 '정신보건' 등에서 보다 자세히 다루어지고 있다.

표 10-1 UN아동권리협약의 아동의 4대 권리와 원칙

생존권	적절한 생활수준을 누릴 권리, 안전한 주거지에서 살아갈 권리, 충분한 영양을 섭취하고 기본적인 보건서비스를 받을 권리	• 생존과 발달 보장의 원칙 • 아동이익 최우선의 원칙 • 차별금지의 원칙 • 아동 의견존중과 참여 원칙
발달권	모든 형태의 학대와 방임, 차별, 폭력, 고문, 징집, 부당한 형사처벌, 과도한 노동, 약물과 성폭력 등 어린이에게 유해한 것으로부터 보호받을 권리	
보호권	잠재능력을 최대한 발휘하는 데 필요한 권리, 교육받을 권리, 여가를 누릴 권리, 문화생활을 하고 정보를 얻을 권리, 생각과 양심과 종교의 자유를 누릴 권리	
참여권	자신의 생활에 영향을 주는 일에 대하여 의견을 말하고 존중받을 권리	

아동은 더 이상 미성숙하고 의존적인 취약한 존재가 아니라 기본적 권리와 자유의 주체로 존중받아야 하며 자신의 의견을 표명하며 평가할 수 있는 권리와 정보를 제공받고 자신과 관련된 결정에 참여할 권리를 가진다는 것이며 국가에 이를 실현할 책임을 부여한 것이다. 아동권리협약이 말하는 아동권리의 4가지 기본요소는 생존, 발달, 보호와 참여이며, 이를 실천하기 위한 4가지 원칙인 '아동이익 최우선의 원칙' '아동의 의견존중과 참여의 원칙' '아동의 생존과 발달 보장의 원칙' 그리고 '차별금지의 원칙'이다.

유엔아동권리협약은 아동권리가 선언 차원에 그치지 않고 이행의 구속력을 갖는 국제 협약으로 발전된 형태로서, 회원국의 아동관련 법률, 아동정책과 복지서비스 개선과 보완의 준거틀을 제공한다는 의미를 갖는다. 우리나라도 2003년 제1차 국가보고서에 대한 유엔아동권리위원회의 권고사항 이후, 아동의 부모면접교섭권 인정, 아동정책 조정과 협약 모니터링을 위한 상설 중앙기구 설치, 가정과 학교에서의 체벌금지, 저소득 아동 대상 공공 보건의료 강화, 전국 규모의 정기적 아동실태조사와 통계 수집 등 이행 성과를 보여 왔다. 2024년 12월까지 우리나라는 아동권리에 관한 제7차 국가보고서를 제출한다.

아동권리는 아동-가족-국가 관계에 대한 인식의 재정립에도 영향을 미쳤다. 아동의 양육과 보호는 어디까지가 부모의 권리이고 책임이며, 어디서부터가 국가나 사회의 권리이고 책임인가? 이 질문에 대한 대답은 아동에 대한 일반사회의 시각과 아동양육에서의 가족과 국가 간의 관계에 대한 관점에 따라 달리 나타난다(Harding, 1991). 아동의 적절한 양육보장이라는 과제에서 국가역할에 대한 인식은 다음과 같이 변화해 왔다. 1900년대

초기까지 아동양육은 거의 전적으로 가족의 책임으로 여겨져, 국가는 부모 사망, 아동학대 등 극한적 상황에서만 개입하면 된다는 자유방임적 관점이 지배적이었다. 그런데 이러한 최소한의 개입원칙이 아동학대와 방임의 심각성에 제대로 대응하지 못한다는 비판을 받게 되자 국가가 아동보호와 양육에 대해 주도적 역할을 하는 국가부권주의적 시각이 도입되었다. 국가부권주의적 관점에서는 가족이 아동을 적절하게 양육할 능력이 있는지를 기준으로, 집단주의적 보호가 조명받고 생물학적 부모의 권리와 가족의 가치가 격하되었다. 한편, 제2차 세계대전 후 가족 재결합에 대한 관심이 증가하면서 친생부모의 독특한 가치가 재평가되었다. 즉, 아동에게 최선의 양육환경은 친생부모 밑에서 사랑받으며 자라는 것으로, 국가의 역할은 아동을 대리양육하는 것이 아니라 부모가 이런 조건을 갖출 수 있도록 지원해 주는 것이라는 가족친화주의 관점이 등장한 것이다. 20세기 후반에 오면, 스웨덴 등 북유럽 국가를 중심으로 아동권리중심주의가 등장한다. 아동권리중심주의 관점은 아동복지의 중심 가치가 아동의 시각에서 결정되어야 하고 아동권리가 모든 아동복지의 정책과 실천의 기본 원칙이 되어야 한다는 것이다. 이 관점의 특징은 아동을 권리의 주체로 본다는 점이다. 현재 선진 국가의 아동복지제도는 아동권리중심주의를 지향하면서 친생가족의 중요성을 인정하는 가족친화주의와의 연속선상에 위치하고 있다. 자유방임주의에서 아동권리중심주의까지의 이러한 논의는 잔여적 개념에서 출발하여 차차 제도적 개념으로 발전하여 보편성을 확보해 나가는 사회복지제도 발달과정과도 그 맥을 같이하고 있다.

3) 아동복지 대상과 서비스 유형

(1) 아동복지의 대상

아동권리 시각에서 보면 아동복지는 모든 아동을 대상으로 한다. 유엔아동권리협약의 비차별 원칙에 따르면 생존·발달·보호 및 참여의 권리보장을 통해 아동은 건강하게 태어나서 안정된 가정환경에서 친부모의 양육을 받으며 적절한 놀이와 학습의 기회를 누리고 자신의 의견을 존중받으며 건강하고 행복하게 성장하여야 한다. 이를 위해서 국가는 가족유지와 지원, 교육과 여가의 보장, 의료서비스 및 사회참여의 기회를 아동정책을 통해 제공해야 한다. 그러나 모든 아동의 상황이 동일한 것은 아니어서 국가의 아동복지 실천은 많은 경우에 욕구의 응급성과 자원의 결핍 정도에 따라 우선순위가 정해지기도 한다. 예를 들면, 다양한 이유로 친부모의 양육을 받을 수 없는 아동이나, 아동학대나 방임으로 인해 안전이 위협받는 아동, 장애나 질환, 약물남용 등의 특수한 문제가 있는 아동, 이주아동(다문화) 등 낯선 환경에 적응문제가 있는 아동, 부모의 맞벌이 등으로 일정 시간 타인의 돌봄이 필요한 아동과 같이 욕구의 응급성이 큰 아동도 있다. 미국의 아동보호기금(Children's Fund)은 서비스 유형에 따라 아동복지의 대상을 다음과 같이 분류하였다.

① 모든 아동: 소득, 주거, 보건의료, 보육 등 돌봄서비스와 교육, 레크리에이션 등
② 추가지원이 필요한 아동: 아동·가족센터, 부모교육, 가정방문 등
③ 특별한 지원이 필요한 아동: 정신보건서비스, 가정폭력관련 서비스, 약물남용예방 및 치료 서비스, 수형자 자녀를 위한 서비스 등
④ 위기아동: 학대피해아동보호서비스, 집중적 가족보존서비스 등
⑤ 가정 외 서비스가 필요한 아동: 그룹홈, 위탁가정, 양육시설, 아동치료시설, 아동교정시설 등

아동복지서비스는 이처럼 기능에 의해서, 또는 아동문제 방어선의 위치에 따라 분류되기도 한다. 카두신(1980)은 아동복지서비스를 기능에 따라 지지적(supportive)·보완적(supplementary)·대리적(substitute) 서비스로 3분하여 설명한다. 지지적 서비스는 부모와 가족의 역할과 기능이 제대로 수행될 수 있도록 지원하고 역량을 강화해 주는 서비스로 아동상담, 가족치료 등이 해당된다. 보완적 서비스는 가족의 역할수행에 빈틈이 있을 때, 부모역할의 일부를 대신 수행해 주는 서비스로 소득보장을 위한 아동수당, 보육서비스 등이 속한다. 대리적 서비스는 아동이 출생한 가정이 기능을 상실하여 아동을 양육할 수 없는 경우, 부모가 아닌 제삼자(다른 가족, 양육시설)가 부모역할을 대신하는 서비스로 입양, 가정위탁, 양육시설보호 등이 있다. 한편 주커만(1983)은 방어선이라는 개념을 중심으로 아동복지서비스를 유형화한다. 1차 방어선으로서는 가정지원서비스인데, 가정의 사회적 기능을 회복, 유지 및 강화하는 아동상담, 부모교육, 보육, 소득지원 등이 속한다. 2차 방어선은 대리가정서비스로 가정이 기능수행을 할 수 없을 경우, 가정과 유사한 보호를 제공하는 입양, 또는 가정위탁보호와 같은 대리가정을 말한다. 3차 방어선은 집단보호서비스로서, 아동의 욕구가 출생한 가정이나 대리가정으로 충족될 수 없는 경우에 제공되는 양육시설을 포함한 프로그램을 말한다.

표 10-2 아동복지서비스의 분류

카두신의 기능에 따른 분류		주커만의 방어선에 따른 분류	
지지적	가정기능 지원 서비스	1차 방어선	가정지원서비스
보완적	가정기능 보완 서비스	2차 방어선	대리가정서비스
대리적	대리가정서비스	3차 벙어선	집단보호서비스

4) 아동복지정책과 서비스

(1) 아동복지정책과 관련 법률

우리나라 아동복지정책의 주무부서는 보건복지부이다. 산하기관인 아동권리보장원이 정책 수립을 지원하고 사업을 평가하며 국무총리가 위원장인 아동정책조정위원회에서 심의가 이루어진다. 현재 우리나라 아동복지의 가장 큰 현안은 출생률 급락(합계 출산율 2000년 1.48 → 2010년 1.23 → 2020년 0.84 → 2022년 0.78)에 따른 아동 인구의 감소, 맞벌이의 규범화와 한부모가구 증가(2018년 전체 가구의 10.9%) 등 가족 유형 변화에 따른 돌봄의 공백, 사회경제적 양극화 현상이 가져오는 아동의 양육환경과 발달 성과의 격차 및 아동학대와 방임에 대한 대응이라고 할 수 있다. 이러한 변화는 아동의 삶에 부모뿐만 아니라 지역사회와 국가의 개입이 중요하다는 인식의 확산을 가져왔고, 물질적인 지원 외에 아동의 주관적 행복감에 관심을 두는 아동정책의 패러다임 변화를 불러왔다.

우리나라 아동복지의 근간이 되는 법률은 「아동복지법」이다. 1981년 전면개정을 통해 아동복지의 대상을 전체아동으로 확대 제시하였고, 1991년 비준한 유엔아동권리협약의 비차별의 원칙, 아동이익 최우선의 원칙, 생존과 발달의 원칙 및 아동의견표명(참여)의 원칙을 법률에 담고 있다. 2011년 개정된 「아동복지법」 제7조에 따라 5년마다 아동정책기본계획을 수립하도록 하여 국가의 아동정책 목표와 기본방향, 주요추진과제를 수립, 중앙부처와 지방자치단체가 공동으로 이를 시행하고 관리하고 있다. 제1차 아동정책기본계획(2015~2019)은 보편적 아동복지의 확대를 정책 방향으로 하여 아동수당, 아동 의료비 경감, 고등학교 무상교육 제도의 도입을 가져왔고, 제2차 아동정책기본계획(2020~2024)은 아동권리존중 실현 및 아동의 행복감 증진 환경 조성을 정책 방향으로 설정하여 법과 제도 구축 및 국가책임성과 공공성 강화를 전략으로 삼았다. 2차 기본계획에서는 새로 설립된 아동권리보장원이 아동권리를 중심으로 아동복지정책수립을 지원하고 아동복지서비스를 개발, 평가하며 아동복지인력의 질을 관리하도록 했다. 또 지역불균형을 개

선하기 위한 시 · 도의 아동정책 조정과 지원체계를 구축했으며 지자체의 아동정책영향
평가제도를 전면 도입하였다. 2024년 7월부터는 출생신고가 되지 않아 모든 국가서비스
에서 제외되는 미등록아동 발생을 예방하기 위해 그동안 부모 등 보호자에게 부과되었
던 출생신고 의무를 의료기관이 국가에 통보하도록 하는 출생통보제가 시행된다. 임산
부가 자신의 신분을 밝히지 않고 의료기관에서 출산하고 아동을 포기할 수 있는 보호출
산제도 동시에 시행될 예정이다.

현재의 아동복지정책이나 서비스는 아동권리실현을 기본 가치로 하여, 가정보호 우선
의 원칙과, 아동이 성장하는 동안 양육과 보호가 영속적이고 안정적이어야 하며 대안적
양육의 상황에 처한 경우에도 아동과 가족 간 관계 또는 접촉이 지속적으로 보장되어야
한다는 원칙을 준수하고자 한다. 아동의 안전한 성장환경 마련에서 국가책임을 강화하
는 동시에, 부모가 아동을 잘 양육할 수 있도록 가족을 지원하면서, 아동 개인의 삶의 질
에도 집중하고자 하는 것이다. 이를 이행하기 위한 접근을, 첫째, 보호대상아동의 가정
보호와 사회보호(가정형 보호 우선) 체계 보완, 둘째, 지역사회 중심의 저소득층 지원대상
아동 지원체계 강화, 셋째, 모든 아동의 아동권익 신장으로 나누어 볼 수 있다([그림 10-
1] 참조). 특히 보호대상아동, 저소득층 지원대상아동과 전체 아동의 발달을 균형적으로
지원하는 것이 과제이다.

[그림 10-1]은 우리나라 아동복지의 대상과 대상별 현재의 아동복지서비스 유형을 보
여 준다.

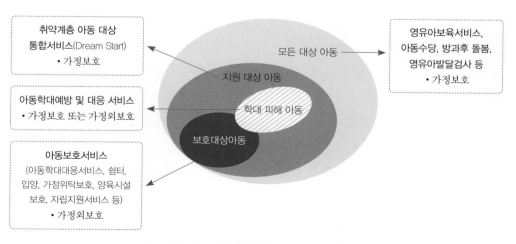

[그림 10-1] 아동복지대상 분류와 서비스 유형

(2) 아동복지서비스

여기서는 앞에서의 논의에 기초하여 아동의 삶에 영향을 미치는 빈곤, 돌봄, 안전, 그리고 가정 외 양육 및 예방 영역의 쟁점과 이에 대응하는 아동복지서비스를 소개한다.

① 아동빈곤-소득보장과 자산형성

인류는 그 어느 때보다도 경제적으로 풍요로워졌지만, 이 경제적 풍요 속에서도 아동빈곤은 여전히 아동복지의 우선순위 문제이다. 2016년 OECD 자료를 보면 한국의 아동빈곤율은 OECD 평균 13.1% 대비 2.1% 높은 15.2%로 나타났다(OECD Family Database, 2019). 가족구조별로는 양친가구에서보다 한부모가구와 조손가구[2)에서 빈곤아동 비율이 훨씬 높게 나타난다(보건복지부, 2020).

빈곤은 아동의 삶을 둘러싼 다양한 생태체계에 영향을 미치고 그 폐해가 다른 인구집단에 비해 상대적으로 더 크고 때로 치명적일 수 있다. 예를 들면, 임신 중 어머니가 빈곤으로 적절한 영양이나 의료적 처치를 공급받지 못하면 미숙아, 저체중아 또는 장애아를 출산할 확률이 높다. 출생 후 성장과정에서 빈곤아동은 부적절한 영양 공급이나 예방접종의 결핍, 비위생적이고 위험한 주거 및 지역사회 환경에서 자랄 확률이 높고, 적절한 돌봄이나 인지적 자극을 제공받지 못해서 이후의 성장·발달과 학업성취에서 불리한 위치에 놓이기 쉽다. 또 빈곤아동의 부모는 생계를 이어 가기에 바빠서 자녀의 욕구에 주의를 기울이는 것은 물론 가장 기초적인 보호와 양육을 무시하게 되는 상황에 처하기 쉬워 생계형 방임이나 아동학대가 발생할 수 있다. 영유아기에 심신발달과 인지정서발달이 불리했던 빈곤아동은 초등학교와 중등학교 교육의 경쟁구도에서 자칫 소외되기 쉽고, 그 결과 훗날 직업시장에서 경쟁력을 잃게 된다. 빈곤아동의 지역사회 역시 사회적 자원이 부족하여 아동의 안전을 위협하고 비행 등 일탈행위에 대한 지도감독 자원도 부족하다. 이처럼 빈곤아동은 적절한 개입이 없이는 성인이 되어서도 빈곤을 벗어나기 힘들기 때문에 그의 자녀 세대에게도 역시 더 나은 환경을 마련해 주지 못해 빈곤이 세대 간 전달되는 악순환을 겪게 될 가능성이 높다는 지적도 있다.

아동빈곤 문제에 대한 대응책은 소득지원이다. 현재 우리나라의 아동빈곤 관련 소득지원제도로는 '국민기초생활보장제도'와 아동수당, 양육수당, 부모급여 및 자녀세액공

---

2) 조손가구란 조부모와 손자녀로 이루어진 가구로 1·3세대 가구라고도 한다.

제가 있다. 우리나라의 빈곤아동은 대부분 국민기초생활보장 수급가정의 아동이거나 부모가 없을 경우 본인 자신이 수급자로서, 최저생계비를 지원받는다. 2018년 국민기초생활보장제도의 생계비 지원을 받은 아동은 367,916명이었다. 국민기초생활보장제도는 빈곤선 이하의 가구에게만 지급되는 제한점이 있는 데 반해 아동수당 등 수당은 소득·재산 조사 없이 해당 연령대의 모든 아동에게 지급된다. 2018년 9월 1일부터 6세 미만 아동에게 월 10만 원씩 지급이 시작된 아동수당은 2023년 현재 만 8세 미만의 모든 아동에게 지급되고 있다. 보육서비스를 이용하지 않고 가정에서 양육되는 아동에게는 양육수당이 제공된다. 2023년 1월부터는 0~11개월의 신생아가 있는 가정에 월 70만 원, 12~23개월의 영아가 있는 가정에 월 35만 원의 부모급여가 지급되기 시작했다. 단, 부모급여와 양육수당은 자녀가 어린이집에 등원할 경우 보육료 바우처로 대신 지급된다. 이외 아동을 양육하는 가정을 위한 세제지원도 있는데, 자녀세액공제가 그것이다. 자녀 2명까지는 1명당 연 15만 원, 2명을 초과하여 셋째 자녀부터는 연 30만 원의 세액을 공제해 주는 것이다. 또 18세 미만 자녀가 있는 총소득 4,000만 원 미만 가구(2022년 기준)에 대한 자녀장려금 제도도 있다. 이와 같은 국가아동급여의 가장 큰 특징은, 첫째, 부모의 노동력 유무라는 기준에서 가족 내 아동 유무를 기준으로 급여를 제공하도록 소득보장을 재구성하고, 둘째, 부모의 근로소득에 따른 차등 급여와 세제를 통한 급여제공 방식의 변화를 통해 저소득계층 부모의 노동시장 참여를 강화하여 아동빈곤 해소를 목적으로 하고 있다는 점이다(윤혜미, 2015).

아동의 자산형성을 위한 노력도 중요한데, Williams(2003)는 부모의 자산이 아동의 인지발달, 신체건강, 사회·정서적 행동 등에 긍정적으로 작용한다고 하였다. 이러한 효과는 저소득 가구에도 해당되며, 아동의 성장에 따라 영향력이 증가한다. 즉, 빈곤아동은 부모의 취약한 자산으로 인한 불이익을 경험한다는 것인데, 이는 아동기에 국한되지 않고 성인기 진입에도 그대로 연결된다. 따라서 최근에는 보호대상아동의 자산형성에 주력하게 되었다. 자산형성 접근법은 저소득층 아동에게 단순히 공공부조를 통한 현금 지원 대신 '저축'으로 상징되는 물적 자산을 형성시킴으로써 아동이 자라서 노동시장에 적응할 수 있는 기반을 형성해 주고 근로의욕을 강화하자는 전략이다. 우리나라에서도 2007년부터 '디딤씨앗통장'이라는 아동발달지원계좌를 도입하여 빈곤아동의 자산형성을 시도하고 있다. 아동의 자립을 위해 정부가 아동의 지원금을 1:2(국가매칭금 월 10만 원 한도)로 매칭해 주는 것이다. 대상은 시설보호아동, 가정위탁보호아동, 소년소녀가정아동, 공동생활가정(그룹홈)아동, 장애인시설보호아동과 가정복귀아동 등이며, 이 자금은 향후 아동이 사회 진출 시 학자금, 취업과 창업, 주거마련 등의 자금으로 사용할 수 있다.

② 아동돌봄-보육과 방과후 돌봄

기혼여성의 경제활동이 규범화되자, 과거와 달리 맞벌이 가정의 자녀돌봄에 공백이 생기면서 아동돌봄이 사회적 관심사가 되었다. 아동돌봄에는 학령 전 아동의 보육은 물론, 초등학교 저학년 아동의 방과후 돌봄이라는 두 가지 욕구가 있다. 먼저, 학령 전 영유아의 돌봄은 어린이집이라는 이름으로 보편적 보육서비스로 자리 잡았다. 맞벌이 가정의 아동을 위한 양질의 보육서비스는 아동의 건강한 발달과 성장은 물론 그 가족의 정서적 안정과 경제적 향상을 가져다주는 중요한 아동복지서비스이다. 보육은 또한 모든 영유아에게 표준화된 프로그램을 제공함으로써 적절한 발달을 도모하여 개인의 생애 전반에 걸친 교육과 훈련의 기초를 강화시킨다는(Koroly & Bigelow, 2005) 미래인력에 대한 인적투자의 성격도 가지고 있다. 이런 이유로 우리나라는 2013년부터 부모의 맞벌이 여부나 소득수준과 상관없이 모든 0~5세 아동에게 표준화된 보육 프로그램을 무상으로 제공하게 되었다. 또한 어린이집을 이용하지 않고 가정양육을 선택할 경우 일정액의 양육수당을 제공하고 있다.

학령기 아동의 방과후 돌봄은 보육서비스에 비해 매우 복잡하다. 초등학교 저학년 아동은 12:00~15:00 사이에 하교하게 되는데 부모의 퇴근 후 귀가 시간까지 3시간에서 길게는 6시간 이상 돌봄의 사각지대에 놓이게 된다. 2020년 교육부 자료에 따르면 초등학생 자녀를 둔 가족의 40%가 방과후 돌봄서비스의 필요성에 공감했다. 많은 아동이 방과후 다양한 사교육 기관들에서 시간을 보내기도 하지만 공공영역에는 교육부의 초등돌봄교실, 보건복지부의 지역아동센터, 다함께돌봄센터, 학교돌봄터가 있고, 여성가족부에서도 아이돌봄서비스와 청소년 방과후 아카데미 프로그램을 통해 돌봄을 제공하고 있다. 이 중 보건복지부의 지역아동센터는 지역사회 빈곤아동을 대상으로(최근 비빈곤아동도 서비스를 이용할 수 있게 됨) 방과후 보호, 학습지원, 급식 및 특별활동 지원을 제공하는 민간돌봄사업이다. 이용아동에게 특별한 이용료를 받지는 않고 정부와 지자체가 2인의 직원 인건비와 아동의 급식비를 지원한다. 전국에 약 4,000여 개소가 있으며 2019년 기준 약 109,000명의 아동이 이용하고 있다. 다함께돌봄센터는 맞벌이 부부의 출퇴근 시간에 맞추어 아동돌봄을 제공하는 공공영역의 유료 이용시설로 2021년 기준 694개소가 설치되어 운영 중이다. 2024년부터는 학교에서 초등학교 1학년생을 오전 7시부터 오후 8시까지 돌보는 '늘봄학교'를 도입하고 차차 대상학년도 늘려 갈 예정이다. 2025년에 계획된 유아교육(유치원)과 보육(어린이집)의 교육부로의 통합에 따라 방과후 돌봄에도 변화가 예상된다.

③ 아동학대와 방임−아동보호서비스

가정 내외에서 발생하는 아동학대와 방임은 자기보호 능력이 없는 아동의 생존과 발달에 대한 매우 중대한 위협이다. 아동학대는 신체적 학대, 정서적 학대 및 성적 학대, 그리고 방임으로 세분되고 최근에는 가정폭력 목격도 아동학대로 인정되었다. 아동학대와 방임은 피해아동의 연령, 폭력의 발생빈도와 심각성에 따라 결과의 차이가 있지만 아동의 양육과 보호를 책임지는 보호자에 의한 폭력이라는 점에서 아동의 신체와 정신적 발달에 미치는 영향이 매우 크다. 아동기의 학대와 방임 피해 경험은 적절한 치료가 없다면 성인기의 부적응 원인이 된다고 알려져 왔다. 아동학대 · 방임의 원인은 부모의 성격 및 심리적 특성, 아동발달이나 부모역할에 대한 무지와 몰이해, 실업이나 빈곤, 질병 등에 의한 스트레스의 증가, 체벌이나 폭력에 관대한 사회적 분위기 등 아동과 가족의 각 생태체계 간의 상호작용으로 설명된다(윤혜미, 김혜래, 신영화, 2013).

우리나라에서는 2000년의 「아동복지법」 개정에 따라 아동학대 예방사업이 진행되어 왔고, 2014년에는 아동학대를 범죄로 규정하여 처벌을 강화하는 취지의 「아동학대범죄의 처벌 등에 관한 특별법」이 도입되어 학대피해아동의 발견, 보호와 치료, 학대행위자의 처벌 등에 보다 체계적으로 대응하게 되었다. 특히 2020년 10월부터는 그동안 민간 아동보호전문기관이 수행해 온 아동학대조사업무를 지방자치단체로 이관, 신고는 경찰에서 112로 접수하고 지자체의 아동학대전담공무원이 아동학대조사를 실시하는 아동학대조사의 공공화가 이루어졌다. 경찰(112)로 신고된 사례를 지자체 아동학대전담공무원이 아동학대사례로 판단하게 되면, 학대와 방임의 심각성에 따라 고소고발이 이루어지고 가정법원이 학대행위자에 대한 조처를 결정한다. 시도의 아동보호전문기관은 피해아동과 가정에 대한 사례관리를 맡게 되는데 2021년 현재 전국에 77개의 아동보호전문기관이 있다. 2021년 52,083건의 아동학대 신고 중 아동학대사례는 72.2%인 37,606건이며 이 중 15.2%인 5,718건이 아동학대처벌법으로 조치되었다. 학대행위자로부터 분리된 피해아동을 안전하게 보호하면서 생활지원과 상담, 치료 및 교육을 제공하는 전국 98개 학대피해아동쉼터에서 1,162명의 아동이 일시 보호를 거쳐 양육시설이나 그룹홈 등으로 전원되었다(보건복지부, 2022).

이처럼 법과 제도가 마련되어 사회복지−교육−검 · 경찰−가정법원의 협조체계가 작동합에도 불구하고 아동학대와 방임이 줄지 않고 매년 학대로 인한 아동사망사건이 발생하면서 아동학대 조기발견을 목적으로 3세 유아 전국조사, 초등–중학생을 대상으로 장기결석아동 전국조사, 의무교육 미취학 아동 일제점검, 건강검진 미실시 영유아 및 양육수당 미신청 가정 등에 대한 조사가 이루어지고 있다.

아동학대방지대책에는 예방체계 강화, 조기발견, 신속 대응 및 보호 지원, 재학대 방지의 네 가지 키워드가 가장 중요하다. 신고를 통해 학대피해아동이 발견되어야 비로소 개입이 시작될 수 있기 때문에, 신고의무자와 일반국민의 신고 독려는 물론, 빅데이터를 활용한 상시 발굴 시스템(e–아동행복지원시스템)을 이용하여 지역 단위 아동보호 네트워크가 가동되어야 한다. 일단 아동학대가 발생하면 피해정도에 따라 신체적 · 정신적 치유가 신속히 진행되어야 하는데 2022년 말부터 지역의 대형병원을 중심으로 아동학대전담의료기관 지정을 통한 협업이 이루어지고 있다. 아동학대 대응책의 다른 키워드는 예방이다. 예방은 아동학대발생을 미연에 방지한다는 개념과 함께 재발방지도 포함한다. 인식 개선과 부모교육 등의 1차적 예방책과 함께, 피해아동의 보호 · 지원 및 재학대 방지를 강화해야 한다. 또 재학대 방지를 위해 학대발생가정에 대해 상담과 부모교육 외에도 소득 · 취업 · 건강 · 돌봄 등 종합적 지원을 강화하여 아동학대 유발요인을 차단하려는 노력도 중요하다.

④ 대안양육–아동의 가정외보호(out-of-home care)

대다수의 아동이 부모에게서 자라고 있지만, 일부 아동이 부모와 사별하거나 이혼, 별거, 학대 등으로 친척이나 제3의 대리 보호자를 필요로 한다. 부모로부터 유기되거나 안전이 보장되지 않는 아동은 사회적 보호(가정위탁보호, 입양, 시설보호)를 필요로 한다. 이런 아동을 보호대상아동이라고 부르는데, 과거에는 기아, 미아 등이 주원인이었으나 최근에는 가정의 빈곤, 부모의 실직, 아동학대 등의 비율이 증가하고 있다. 부모의 보살핌을 받지 못하는 아동에 대한 사회적 보호에는 세 가지 중요한 원칙이 있다. 하나는 가정보호의 원칙이고, 두 번째는 가족 재결합의 원칙이며, 다른 하나는 보호의 영속성 원칙이다. 가정보호의 원칙이란 비록 친부모를 잃었다 하더라도 아동은 입양, 친척 또는 위탁가정과 같은 가정 형태에서 자라는 것이 발달과 성장에 바람직하다는 원칙이다. 두 번째 가족 재결합의 원칙은 사회적 보호를 받는 아동의 원가족복귀가 빠른 시간 내에 이루어져야 한다는 것이다. 2022년에는 양육시설에서 보호받는 아동의 부모면접교섭권이 확보되어 아동권리 측면에서 진일보하였다. 세 번째 원칙은 보호의 영속성으로, 일단 부모를 잃은 아동에게는 되도록 빠른 시간 내에 성인이 될 때까지 지속적으로 보호·양육해 줄 수 있는 보호체계를 찾아 주어야 한다는 것이다. 언제 모르는 사람이나 기관에게로 다시 옮겨질지도 모른다는 불안은 아동의 심리사회적 발달에 매우 치명적일 수 있기 때문이다.

가정위탁보호는 친부모가 일시적으로 아동을 양육할 수 없는 상황일 때 일정기간 훈련받은 위탁가정에서 아동을 보호하고 양육하는 제도이다. 한정된 기간 동안 동거인 자격으로 아동을 양육하는 것인데, 원칙적으로 아동이 원가정에 복귀한다는 가정하에 아동에게 가정경험을 제공하는 중요한 서비스이다. 친인척 위탁과 대리위탁(조부모가 손자녀를 양육), 일반위탁으로 유형이 나뉘며, 위기아동(6세 미만 학대피해아동, 2세 이하 아동 등)을 위한 전문위탁가정도 있다.

입양은 혈연이 아닌 제3자가 법적 절차를 통해 아동을 자기 자녀로 삼는 것으로 입양아동과 입양부모가 친자의 관계를 맺는 제도이다. 입양부모는 입양아동의 양육에 법적, 사회적, 윤리적 차원에서 무제한의 책임을 지게 되며, 아동은 영구적인 가정을 제공받는다. 아동권리 시각에서 입양은 친가정에서 보호하려는 노력이 선행된 이후에 진행되어야 하며, 아동의 이익이 최우선으로 고려되어야 한다. 우리나라에서는 매년 약 240명 정도의 아동이 국내 입양되고 있으며 국내에서 입양가정을 찾지 못해 외국에 입양되는 경우도 여전히 유사한 수준에서 진행되고 있다. 최근에는 출생률 감소 등의 이유로 입양대상아동 수도 감소하는 추세이다. 또 입양부모의 자녀에 대한 욕구보다는 아동에게 가정을 제공하기 위한 것으로 입양을 보는 시각이 아동중심으로 변화되고 있다. 2023년 5월 국내입양법이 개정되고 같은 해 8월에 국제입양법이 국회 본회의를 통과함에 따라 헤이그협약 비준도 이루어질 것이다.

공동생활가정이나 양육시설 등 시설보호는 원가정에서 자랄 수 없는 아동을 위한 또 다른 서비스이다. 우리나라는 한국전쟁 이후 전쟁고아 등을 보호 양육하기 위해 양육시설 중심의 대안적 보호가 지속되다가 인구감소 및 사회환경적 변화로 점차 시설 수가 줄어들고 대규모에서 소숙사 형태로 전환하는 경향을 보인다. 시설보호는 나름의 장점과 기능도 있지만 아동에게 가정 경험을 주기 어렵다는 점에서 최근의 가정형 보호 원칙에 따른 변화가 필요한 시점에 와 있으며 탈시설화 로드맵을 연구 중이다.

⑤ 아동복지문제의 예방−통합적 조기개입지원 (드림스타트)
개인의 생애주기에 따라 적합하게 제공되는 교육과 훈련에 대한 투자는 사회경제적

지위에 상관없이 모든 사람에게 동등한 기회를 부여하는 효과를 가져온다. 아동에 대한 인적 자본 투자는 그 효과를 확인하기 위한 기간은 길지만 어린 시절 보강된 인적 자본을 바탕으로 다시 자생적으로 인적 자본을 축적할 수 있는 능력이 배양되므로 시너지 효과를 거둘 수 있어 제한된 자원으로 높은 투자성과를 기대할 수 있다. 해크만과 로크너(Heckman & Lochner, 2000)는 연령대별 인적 자본 투자전략의 효과성을 비교한 결과, 학령전기 아동에 대한 인적 투자가 가장 효과적이라고 보고한 바 있다. 이는 빈곤의 세대 간 전승에 관한 연구들에서도 빈곤 대물림의 가장 큰 요인 중 하나가 자녀 세대의 교육 취약성이며 이들의 학교적응과 학업성취가 어려운 원인이 초등학교 진입 이전까지 추적된다고 한 지적들과 일맥상통하는 것이다.

전형적인 조기개입 프로그램으로는 북미와 유럽 국가들의 '스타트(Start)' 프로그램이 있는데, 우리나라의 드림스타트가 이 범주에 속한다. 드림스타트는 취약계층 아동에게 맞춤형 통합서비스를 제공하여 아동의 건강한 성장과 발달을 도모하고 공평한 출발기회를 보장한다는 목적을 가지고 0세(임산부)~12세(초등학생) 이하의 취약계층 아동 및 가족을 대상으로 하고 있다. 드림스타트 참여가정은 통합사례관리대상이 되며 보건, 교육, 복지영역의 필수 및 맞춤 서비스를 받을 수 있다. 학대 및 (성)폭력 예방 교육과 임산부를 대상으로 하는 산전 및 산후 검진, 예비부모 교육, 그리고 부모를 대상으로 하는 자녀발달 및 양육 교육 서비스도 포함되어, 공공영역에서의 대표적 조기개입 프로그램으로 자리 잡고 있다.

5) 아동복지와 사회복지사 역할

아동복지 실천 현장의 사회복지사는 아동뿐만 아니라 아동의 가족과 함께 일한다. 아동이 보여 주는 증상의 배경에는 언제나 가족이 있기 때문이다. 아동과 일할 때에는 지적된 문제행동이 아동의 발달적 문제행동인지 혹은 다른 문제나 가족문제의 증상인지 구별할 수 있어야 하며, 아동의 성, 연령, 발달단계에 따라 적합한 수준의 계획을 세워야 한다. 경우에 따라 부모와 아동이 모두 클라이언트가 될 수도 있고, 아동만이 개입의 대상이 될 수도 있다. 부모는 대개의 경우 협조적이지만 아동학대나 방임 등의 문제가 있을 때는 비협조적이거나 방어적이 되기도 한다. 사회복지사는 아동과 신뢰 관계를 성립하는 동시에 부모와도 긍정적 관계를 수립하여 부모가 개입과정에서 소외된다는 느낌을 받지 않도록 주의해야 한다. 실천과정에서 아동이익 최우선의 원칙이 활동의 기준이 되어야 하는 것은 변하지 않는 원칙이다. 또한 아동이 직접 자발적으로 도움을 청하는 예는 없고 대부분 이웃이나 학교 교사 등 아동과 접촉하는 제3자가 아동을 의뢰하는 경우이므로, 아동복지 부문의 사회복지사는 아동을 둘러싼 다양한 체계를 활용하게 된다. 아동복지 분야에서 일하는 사회복지사는 아동권리의 대변인 역할을 수행하게 되는 경우도 많다.

사례

•중2 은희가 학교 위클래스를 통해 종합복지관의 사회복지사 A에게 의뢰되었다. 은희는 사회적 거리두기가 요구되었던 코로나19 시절에 초등학교 졸업과 중학교 입학이라는 교육 전환시기를 비대면으로 겪어야 했다. 은희는 2년여에 걸친 비대면 수업 기간 동안 일상이 무너진 생활에 익숙해졌고, 온라인 수업을 소홀히 하여 학업을 따라가기 벅차다. 진학한 중학교의 새로운 급우들과의 또래관계가 서툴다 보니 스마트폰 과몰입 증상을 보이며 무단결석이 잦고 자퇴하고 싶어 한다. 은희 동생 은호(5)는 다니던 어린이집이 폐쇄되어 집에서만 지내다 일상회복 이후 타 어린이집에 등원하고 있는데 적응이 어렵다. 어린이집에서는 은호가 불안과 경계선 지능장애가 의심된다는 우려를 전해 왔다. 어머니(45)는 3년 전 가정폭력을 피해 이혼하고 학습지 방문교사로 일해 오다가 코로나19로 일자리를 잃어 현재는 가사도우미로 부정기적으로 일을 하고 있으나 심신이 많이 지쳤다. 코로나19 시절에도 어려웠으나 일상회복이라는 지금이 두 아이에게는 회복이 아닌 추락인 듯하고 경쟁적인 우리사회를 생각하면 가족 전체의 미래가 너무 암울해서 분노와 슬픔이 교차하면서 자녀들과 함께 하는 삶이 버겁다.

• 사회복지사의 역할

코로나19 시기는 모두에게 어려웠으나 빈곤가정의 아동에게는 위기의 지속이었다고 볼 수 있다. 일상회복 후에는 경제사회적 양극화에 따른 격차가 더욱 심해져서 빈곤 한부모가정에 새로운 좌절의 원인이 되고 있다. 사회복지사 A는 이 가정의 욕구를 은희와 은호의 어린이집과 중학교 적응과 일상회복, 가정의 소득회복, 어머니에 대한 심리사회적 지원체계 마련으로 보았다. 우선 이 가정이 한부모가정 지원을 받을 수 있는지 지자체의 아동복지팀에 문의하여 긴급지원 대상으로 선정하였다. 이를 통해 어머니가 안정적 취업을 할 때까지 일정기간 소득지원을 알선하고, 지역사회의 가족센터에도 등록하여 부모교육 및 자조집단을 통한 사회적 지지를 경험하도록 했다. 무엇보다도 발달단계의 변곡점에 와 있는 두 자녀가 사회적 거리두기로 인해 학교와 놀이터, 지역사회 등에서 배제되어 일상이 중단되었던 경험에서부터 일상을 회복할 수 있도록 일상의 구조화와 학습지원 및 또래관계 개선이 필요하다고 보아, 은희에게는 청소년아카데미를 통해 또래와의 비학습적 경험 및 특별활동 등, 스마트폰 과몰입을 대체할 수 있는 기회를 제공하고 지역의 지역아동센터 중학생 프로그램에서 학습지원과 함께 멘토링을 받도록 했다. 은호는 지역 병원과 연계하여 불안과 경계선 지능장애 여부를 진단받고 가족센터에서의 놀이치료 및 지역아동센터에서 제공하는 '느린 학습자 지원 프로그램'을 통해 특수 제작된 교재교구와 훈련받은 교사로부터 아동의 상황에 맞는 학습을 지원받도록 연계하였다.

학습과제

1. 아동양육에 대해 국가와 부모의 권리에 대한 시각이 어떻게 변화해 왔는지 설명해 보시오.

2. 부모가 없는 아동에 대한 사회적 보호의 기본 원칙에 대해 설명해 보시오.

3. 학령 전 통합적 조기개입 서비스의 배경과 원칙에 대해 설명해 보시오.

4. 아동빈곤 문제해결에 대해 토의하시오.

5. 코로나19 이후 사회경제적 양극화가 아동의 학업성취 등에서의 격차를 더 심화시켰다고 하는데, 어떻게 이런 문제를 예방할 수 있을지 논의해 보시오.

참고문헌

보건복지부(2021). 보건복지백서.

보건복지부(2022). 2021 전국아동학대실태보고서.

보건복지부(2024). 아동분야사업안내.

보건복지부(각 연도). 국민기초생활보장수급자현황. https://www.ssc.go.kr/stats/infoStats/stats010100_view.do?indicator_id=360&listFile=stats010200&chartId=1297

보건복지부(각 연도). 아동급식 지원(내부자료).

윤찬영(2007). 사회복지의 이해. 서울: 학현사.

윤혜미(2015). 사회투자 시각에서 본 한국의 아동복지. 생활과학연구논총, 19(1). 충북대학교.

윤혜미, 김혜래, 신영화(2013). 아동복지론. 서울: 청목출판사.

통계청(2011, 2015, 2017, 2021). 통계연보.

Downs, S., Moore, E., McFadden, E., & Costin L. (2005). *Child welfare and family services* (6th ed.). New York: Allyn & Bacon.

Esping-Andersen, G. (2002). Towards the good society, once again? In G. EspingAndersen (Ed.), *Why we need a new welfare state*. London: Oxford Univ. Press.

Garbarino, J. (1992). *Children and families in the social environment*. New York: Aldine Publishing Company.

Harding, L. (1991). *Perspectives in child care policy*. London: Longman.

Heckman, J. J., & Lochner, L. J. (2000). Rethinking myths about education and training. In S. Danziger & J. Waldfogel (Eds.), *Securing the future: Investing in children from birth to college*. New York: Russell Sage.

Hendrick, H. (1994). *Child welfare: England 1872-1989*. London: Routeledge, Kegan & Paul.

Koroly, L. A., & Bigelow, J. H. (2005). *Early childhood interventions: Proven results, future promise*. RAND Corp. Santa Monica.

Lindsey, D. (2004). *The welfare of children* (2nd ed.). London: Oxford University Press.

Webb, M. B. (2011). *Social work with children and family* (3rd ed.). New York: Allyn & Bacon.

Williams, T. (2003). The impacts of household wealth on child development. Center for Scoial Development Working Paper No. 04-07. St. Louis: Washington University.

OECD Family Database (http://www.oecd.org/social/family/database.htm) (2019. 11. 19. 추출)

https://www.ssc.go.kr/stats/infoStats/stats010100_view.do?indicator_id=359&listFile=stats010200&chartId=1296

2. 청소년복지

○─ 학습개요와 학습목표

이 절에서는 청소년복지의 개념, 기본 관점, 접근 방식을 학습한다. 청소년의 정의와 특성을 통해 청소년기를 학습한 후 변화된 환경 속에서 청소년복지의 필요성을 이해하고, 청소년복지의 대상, 목표를 살펴본다. 청소년복지의 실천방법은 정책적 접근과 실천적 접근으로 나누어 탐색한다. 청소년복지의 정책적 접근에서는 우리의 법체계 속에서 청소년복지가 제공되는 서비스, 정책의 방향과 전달체계를 점검해 본다. 아울러 청소년복지의 실천적 접근은 상담과 청소년복지의 영역별 지역사회 기반 서비스 제공을 살펴봄으로써 우리 주변에서 청소년복지 활동이 어디서 어떻게 실현되고 있는지 탐색한다. 또한 상담사례를 통해 청소년복지의 구체적 실천 활동을 이해한다.

이 절의 학습목표는 다음과 같다.

• 청소년기의 정의와 특징을 탐색한다.
• 청소년복지의 필요성과 개념, 대상 기본관점을 이해한다.
• 청소년복지의 정책적 접근으로 관련 법과 정책, 전달체계 내용을 알아본다.
• 청소년복지의 실천적 접근으로 문제해결을 위한 상담과 위기청소년을 위한 지역사회 서비스의 구체적인 내용을 학습한다.

1) 청소년의 이해

(1) 청소년의 정의와 특성

청소년기는 생애주기 중 하나인 고유한 발달시기로서 일반적으로 아동기에서 성인기로 이동하는 성장의 시기로 이해된다. 청소년복지의 기본사항을 규정하고 있는 「청소년기본법」에서 청소년의 연령은 9세 이상 24세 이하의 연령층을 지칭한다. 청소년은 다양한 기준으로 정의될 수 있으며, 우리나라의 경우 아동, 청소년, 소년, 청년의 개념과 연령범위가 혼재되어 사용되고 있다(청소년 연령에 대한 법적 기준과 호칭은 〈표 10-3〉 참조). 「청소년복지 지원법」과 「청소년활동 진흥법」도 청소년 관련 법률 중 상위법률인 「청소년기본법」에 준해 청소년을 만 9세 이상 24세 이하의 자로 정의하고 있다. 한편, 청소년을 각종 유해 물질 및 환경으로부터 보호함을 목적으로 제정된 「청소년 보호법」에서는 만 19세 미만의 자를 청소년으로 정의하고 있고, 개인으로서 법적 권리에 관한 내용을 담고 있는 「민법」에서는 19세 미만인 미성년자를, 반사회성이 있는 소년에 대한 특별조치 내용을 담고 있는 「소년법」에서는 10세 이상 19세 미만인 자로 나이를 명시하고 미성년자 또는 소년으로 정의하고, 촉법소년은 14세 미만으로 규정하고 있다. 또한 「영화 및 비디오물의 진흥에 관한 법」과 「게임산업 진흥에 관한 법률」에서는 18세 미만인 자로 규정하고 「근로기준법」에서는 15세 미만인 자는 근로자로 사용할 수 없다고 규정되어 있다.

청소년복지와 밀접히 관련되어 있는 「아동복지법」이나 「아동·청소년의 성보호에 관한 법률」에서는 만 18세 미만의 자를 아동이라고 정의하고 있어 통념상의 아동과 청소년이 모두 대상에 포함되어 있음을 알 수 있다. 하지만 아동은 의존 성향이 강하여 주로 보호해야 할 대상으로 보며, 청소년은 자아정체성의 형성과 더불어 사회 구성원으로 책임감을 가지고 독립생활로 전이할 수 있는 대상으로 보는 경향이 있다. 법령 제정 당시의 사회적 환경에 따라 청소년 보호 연령은 낮추고 청소년 육성 연령은 더 높이는 경향이 있는데, 이처럼 다르게 규정된 청소년 연령은 복지 정책의 실천 현장에서 어려움을 야기할 수 있다.

표 10–3 청소년 관련법의 호칭과 연령 구분

연령구분	호칭	법률
9세 이상 24세 미만	청소년	청소년 기본법 청소년 활동 진흥법 청소년복지 지원법 학교밖 청소년 지원에 관한 법률 성매매알선 등 행위의 처벌에 관한 법률
만 19세 미만	청소년	청소년 보호법
19세 미만	소년	소년법(형사 미성년자는 14세 미만)
19세 미만	아동·청소년	아동·청소년 성보호에 관한 법률
19세 미만	미성년자	민법
18세 미만	아동	아동복지법
18세 미만	청소년	영화 및 비디오물의 진흥에 관한 법률 게임산업 진흥에 관한 법률
15세 미만	소년	근로기준법

생물학자는 사춘기의 시작과 완성에 초점을 두는 반면 법학자들은 법률에 정해진 연령 구분에 관심을 가지고, 교육학자들은 학교 교육의 편제에 따라 청소년들은 초등교육 시기는 아동기로, 중ㆍ고등교육시기는 청소년기로, 그 이후 대학교육시기는 청년기로 간주되는 경향이 있다. 이 책에서는 청소년을 앞서 정의한 초등학교 고학년 이상~고등학생에 해당되는 만 13~18세의 사람으로 잠정 정의하면서 청소년복지를 살펴보도록 한다. 청소년을 이해하고 효율적으로 지원하기 위해서는 이러한 청소년 시기의 특성과 이 시기의 일반적인 관심영역을 탐색함과 동시에 청소년 개개인의 발달속도와 경험의 개별성을 고려하는 것이 필수적이다.

(2) 청소년기 특성

청소년기는 신장과 체중이 급격하게 성장하고 성적 성숙을 경험하며 성장하는 시기이다. 이 시기의 남성과 여성은 성역할에 민감한 반응을 보이게 되며 자신의 성적 성숙에 자부심과 함께 두려움 등의 부정적 감정을 갖게 되는 양면적 감정을 경험하게 된다(박정란, 서홍란, 장수한, 2014). 성적 욕구는 자연스러운 현상이지만 불안감 충동조절의 문제처럼 통제가 안되는 감정은 원치 않는 임신과 성폭행 등의 문제를 발생시킬 수 있다. 신체적 변화가 급격히 일어나는 청소년기에는 신체상이 왜곡되기 쉽다. 청소년의 신체상은 매력에 대한 사회문화적 기준의 영향을 받으며, 자아존중감과 밀접한 상관관계가 있다. 즉, 신체에 만족하는 청소년이 자아존중감이 높게 나타나는데 여성이 남성에 비해 부정적인 신체상을 가진 것으로 알려지고 있다(조아라, 이장한, 2013).

급격한 신체적 발달과 함께 청소년기는 질풍노도의 시기라 알려질 만큼 정서적 변화가 극심한 시기이며 자신의 존재와 의미에 대한 심각한 고민과 갈등을 경험하는 시기이다. 에릭슨(2014)은 이 시기의 중요한 발달과업으로 자아정체감을 형성하는 것을 강조한다. 자아정체감은 안정된 느낌으로 행동이나 사고 혹은 정서의 변화에도 불구하고 변하지 않는 자신을 아는 것이다. 정체감의 혼란을 극복하지 못하면 자존감이 낮고, 역할로부터의 도피, 미래에 대한 불안을 경험하게 된다.

청소년기 사고의 특징은 추상개념, 가설 설정, 조합적 사고가 가능하고 사고과정을 탐색할 수 있는 능력을 포함하는 형식적 조작기로 정의할 수 있다. 이들의 논리적 사고는 성인만큼 안정되어 있지 않고 자신의 생각에 집중하고, 스스로가 독특하면서 특별한 존재라고 인식하는 자기중심적 사고가 강화된다. 청소년기의 자기중심성은 자신은 특별한 존재이고 타인은 자신을 이해하지 못한다고 생각하여 위험으로부터도 예외라고 생각하는 무모함이 생긴다. 청소년들의 자기중심적인 사고가 증가할수록 오히려 또래나 친구들에게 동조하는 모습을 보인다고 하였다(Elkind & Bowen, 1979). 사회적 발달 영역에서 청소년기는 독립과 자립의 욕구가 강해지는 시기이다. 부모로부터 심리적 이유기에 해당하여 또래집단의 영향력이 강화된다. 대중매체의 선정성, 유해환경의 증가, 물질 만능주의와 시민의식 결여 등은 청소년의 비행가능성을 높일 수 있으므로 청소년의 청소년비행에 관심을 가져야 한다. 뿐만 아니라 이미 청소년은 우리 사회에 핵심적인 소비주체로 등장하였으며 자신 스스로 소득을 창출하여 소비하는 경우가 많아졌다(김선애, 2015). 비행의 예방뿐 아니라 청소년들이 자신의 상황에 대해 통제감을 가지고 삶의 주체자로서 권리와 능력을 회복할 수 있도록 관계망을 촉진시키고 지역사회와 연계하여 자원을 발굴하고 청소년의 선택을 옹호하는 것이 필요하다고 할 수 있다.

2) 청소년복지의 이해

(1) 청소년복지의 필요성

현대사회에서 청소년을 둘러싼 사회환경은 급속하게 변화하고 있다. 먼저 별거나 이혼으로 인한 한부모가구의 증가, 핵가족화, 가족 간 세대갈등의 확산 등으로 가족의 양육 기능이 약화되고 있다. 또한 입시 위주의 획일화된 교육방식으로 인한 학업 스트레스는 높고 학교 만족도는 낮아서 정신건강의 위험 신호인 청소년 우울, 자살, 학교폭력 등의 학교 부적응 문제도 심각하다. 지역사회는 공동체로서의 기능약화로 사회화의 매개체나 비공식적 지원제계로서의 역할을 못하고 있을 뿐만 아니라 경제성장 과정에서 나타난 황금만능주의, 성과주의는 윤리의식의 혼란과 청소년의 규범의 부재라는 문제로 나타나고 있다. 정보화 시대의 스마트 기기 과의존 경향, 무분별한 성범죄 대상으로 청소년 노출 등 새로운 유해환경도 청소년 문제의 위험요인이 되어 잔인한 범죄와 같은 청소년 문제를 야기할 수 있다.

한국 사회가 안고 있는 많은 문제들이 직·간접적으로 청소년과 관련되어 있으므로 청소년복지는 더욱 중요해지고 있다. 첫째, 가정적·사회적 위험요소의 증가로 보호대상 청소년이 증가하고 있어 청소년 문제 예방을 위한 사회적 대책이 필요하다. 기존의 청소년 문제는 청소년 비행, 빈곤가정의 청소년 자녀, 가출 등이었지만 점차 학교폭력, 우울·자살, 다문화 청소년의 규모와 비중의 급증 등이 문제로 부각되고 있다. 더욱이 최근에는 비만과 섭식장애 문제, 음주·흡연의 저연령화, 인터넷 중독과 사이버 공간에서의 폭력도 심각해지는 경향이 나타나고 있다. 따라서 현재의 청소년 문제를 해결하고 미래에 발생할 청소년 문제를 예방하기 위해 청소년복지가 필요하다.

둘째, 인구학적 측면에서 청소년은 중요한 사회적 집단이다. 청소년 인구구성비는 1960년 전 인구의 약 31.8%에서 1982년 36.8%로 정점까지 증가하다가 감소세로 바꾸면서 2022년 15.8%로 낮아졌으며 2060년에는 11.1%까지 감소할 것으로 전망된다. 또한 다문화 학생, 은둔형 청소년, 가족돌봄청(소)년(young-carer)의 지속적인 증가처럼 새로운 유형의 취약청소년이 발생하고 있다. 이처럼 청소년 인구는 지속적으로 감소 추세를 보임에도 불구하고, 위기유형별 청소년 규모는 증가하고 있어 청소년 개개인의 역량강화는 물론 취약청소년 대상의 복지·지원정책 수요가 확대되고 있다(여성가족부, 2023). 따라서 청소년 문제에 대한 국가의 책임을 인식하고 적극적으로 개입함으로써 다양한 위험요인으로부터 청소년을 보호하고 그들이 문제를 해결하고 건강하게 성장할 수 있도록 돕는 청소년복지의 필요성은 증대되고 있다.

셋째, 청소년기는 성인기로 잘 나아가도록 준비하는 고유한 발달시기이므로 청소년복지에 대한 관심은 당연하다. 현대사회의 삶의 조건에서 산업화는 교육받은 노동력을 필요로 하게 되고 의무교육의 등장으로 교육기간이 늘어나면서 청소년기가 연장되었다. 많은 청소년은 아직 직업 안정성을 얻지 못한 상태로, 고용불안은 청소년의 취업 스트레스를 증가시키고 있고, 취업불안으로 인한 졸업기피 현상까지 나타나며 학령기를 연장시키고 있다. 이러한 청소년기에 효과적으로 개입하는 것은 청소년의 초기에 겪는 어려움을 줄여 주고 그 시기의 발달과업을 수행하여 사회 구성원으로 역할을 담당하는 데 기여할 수 있다(Global Coalition to End Child Poverty, 2017). 청소년기에는 청소년 스스로 독립적인 생활을 하도록 청소년 권익옹호를 통해 청소년들이 책임감 있고 건강한 사회 구성원으로 기능할 수 있게 도움을 주는 청소년복지는 더욱 중요하다고 보여진다.

넷째, 국가의 미래 경쟁력을 확보하기 위해서는 미래 자원인 청소년을 어떻게 육성하느냐가 결정적이다. 저출산으로 인한 자녀 수 감소는 부모의 과보호와 청소년 사회성 발달의 문제를 야기하여 청소년의 성장을 지연시킬 가능성이 높다. 사회적으로는 사회보장제도나 경제활동의 위축위험을 높이게 되어 추후 기본적인 사회복지서비스 제공을 어렵게 할 수 있다. 따라서 인적 자원 개발의 차원에서 청소년의 건전한 성장은 미래의 사회와 경제가 발달하는 데 기여할 수 있기 때문에 청소년복지가 필요하다.

(2) 청소년복지의 개념과 대상

청소년복지는 청소년은 물론 청소년과 함께 살아갈 공동체의 번영을 위해서 필요하다. 「청소년 기본법」에서는 '청소년복지'를 "청소년이 정상적인 삶을 영위할 수 있는 기본적인 여건을 조성하고 조화롭게 성장·발달할 수 있도록 제공되는 사회적·경제적 지원"(법 제3조 제4호)으로 정의하고 있다. 즉, 청소년복지의 개념은 청소년의 기본적 욕구의 충족과 건강한 성장·발달의 촉진은 물론 청소년이 현재 사회 구성원의 일원으로서 주체적 삶을 영위하도록 하고 나아가 청소년을 둘러싼 환경이 청소년의 성장을 돕기 위해 최적의 기능을 발휘하도록 직·간접적으로 제공되는 사회정책과 관련 제도 및 전문적 활동으로 규정할 수 있다.

청소년복지는 대상 범위를 협의 또는 광의로 분류할 수 있다. 협의의 청소년복지는 특별한 보호가 필요한 청소년을 중심으로 전개되는 복지이며 광의의 청소년복지는 요보호 청소년뿐만 아니라 일반 청소년과 그 가족까지 대상으로 포함하여 제공된다. 과거에는 보호를 요하는 상황에 있거나 문제나 위기에 처한 청소년에게 초점을 맞추는 선별적 복지가 실시되었으나 오늘날 학생들을 포함하는 전체 청소년의 삶의 질 향상을 포함하는 보편적 복지개념이 확산되고 있다. 선별적 청소년복지에서는 우선적으로 시급하게 해결해야 할 문제나 장애를 지닌 청소년을 보호하고 계발하는 것을 목표로 특별한 도움이 필요한 청소년(빈곤청소년, 미혼모청소년, 가출청소년, 비행청소년, 학업중단 청소년, 이주배경 청소년 등)에게 상황이 악화되지 않도록 하고 잔존 능력을 유지, 회복시킨다. 반면 보편적 청소년복지에서는 그 대상이 특별한 문제가 없는 일반 청소년까지 확대되어 청소년과 가족 및 외부 자원을 활용하여 잠재능력을 최대한 계발하고 육성하는 것을 목표로 하여 인권보장·참여·우대·건강보장 등의 정책을 실시한다. 예를 들어, 청소년에게 입장료나 이용료를 면제 혹은 할인해 주며, 경제적인 혜택 외에도 예금 통장 개설 등 금융거래와 대학입시, 검정고시 등에서 신분증으로 활용이 가능한 청소년증을 신청하면 발급받을 수 있다.

보편적 청소년복지를 위한 활동은 다음과 같은 내용이 포함되어야 한다(홍봉선, 남미애, 2018). 첫째, 청소년은 인생주기 중 한 부분을 살아가는 사회 구성원으로서 독립된 인격체로 성인과 동등한 인간으로서 기본적 인권과 권리를 보장받아야 한다. 이를 위해 빈곤가정의 자녀나 장애 청소년과 같은 요보호 청소년에게 인간으로서 차별 없이 존엄성을 유지할 수 있도록 청소년의 기본적인 욕구충족이 가능한 생활이 보장되어야 하며, 개별적 서비스가 제공되어야 한다. 이에 더하여 청소년은 청소년복지의 대상인 동시에 주체라는 것을 인식하여 청소년 스스로 자신의 창의력, 자의식, 도전의식, 호기심 등을 발산하며 자신들의 역량을 발휘할 수 있도록 권리와 참여 기회를 보장해야 한다.

둘째, 청소년기는 신체적 · 정서적 · 인지적 · 사회적 성장변화의 시기이므로 청소년 복지는 긍정적이고 신속하며 지속적으로 이루어져야 한다. 현재의 부족함과 어려운 상황을 보완하도록 도와주는 것과 동시에 긍정적인 관심과 지지를 제공함으로써 청소년이 지닌 강점과 장점을 찾아서 극대화하고 청소년의 성장가능성을 지원하도록 해야 한다. 이를 위해서는 청소년의 능력을 계발하고 청소년의 개인적 자립뿐 아니라 사회의 발전에 기여할 수 있도록 직업교육, 문화역량향상을 위한 문화적 지원 시민의식 정립교육, 직업능력개발 등을 포함하는 종합적 · 통합적으로 청소년의 성장 · 변화 가능성을 탐색할 기회를 제공해야 한다.

셋째, 청소년복지를 위해서는 청소년의 변화와 성장을 위해 힘쓰는 동시에 그러한 성장과 변화가 일어날 수 있는 청소년 주변 환경의 변화와 조정에 힘써야 한다. 청소년의 변화와 성장을 위한 노력은 상담, 교육, 치료 등의 개입을 통해 이루어질 수 있지만 주변 환경을 변화시키려는 적극적인 노력이 병행되어야 한다. 이러한 노력에는 요보호대상 청소년부터 일반청소년까지 모든 청소년을 포함하여 그들의 가족, 학교, 지역사회를 대상으로 예방적 서비스를 강화하고 최적 수준의 서비스를 제공하도록 적극적으로 노력하여야 한다.

넷째, 청소년복지는 국가의 사회보장제도, 교육정책, 노동정책, 문화정책 등 다른 정책과 통합적으로 다루어져야 한다. 「청소년 기본법」에서 명시된 것처럼 사회적 책임과 국가 및 지방자치단체의 책임을 인식하고 정부, 민간단체, 지역사회 주민, 학교, 가정 등 모든 체계들이 상호 협력할 수 있도록 유도하고 지원해야 한다. 청소년복지는 청소년의 활동, 보호, 복지를 중심으로 하되 가족, 보건, 복지, 장애인 정책, 교육, 교정 정책 및 실천과 연계되어 포괄할 수 있어야 하므로 청소년 정책의 총괄 조정 기능이 강화되어야 한다.

다섯째, 청소년복지는 청소년 문제와 욕구에 대한 과학적 이해에 근거하여 전문적 정책과 활동으로 이루어져야 한다. 청소년기의 특성과 청소년 개개인의 특성, 청소년기의 문제와 환경적 변화 등을 고려하여 개별적인 전략을 수립해야 하므로 전문가의 개입과 상호 협력체계를 구축하는 것이 효과적이다. 무엇보다 청소년들은 참여를 통해 자아존중감과 시민의식의 향상을 경험하고 사회 구성원으로서의 역할을 습득하기 때문에 청소년복지의 모든 활동에서 청소년의 참여가 핵심임을 인식해야 한다.

(3) 청소년의 권리와 참여

아동의 기본권리에 관한 UN의 아동권리협약(1989년 채택)은 국내법과 같은 효력이 있다. 18세 미만의 아동 연령과 중첩되어 논의되어 온 생존권, 보호권, 발달권, 그리고 참여권은 아동과 마찬가지로 청소년의 기본권리로 보장되어야 하는 권리이지만, 특히 청소년의 의결표명권과 자기결정권은 중시되어야 하는 청소년 권리라 할 수 있다. 아동의 권리와 비교하여 청소년의 권리는 보호의 개념보다는 자유, 자기결정, 자율성, 독립성, 자립을 위한 역량개발 등에 맞춰져야 한다. 여기에서는 청소년헌장을 중심으로 청소년 권리를 살펴보기로 한다.

청소년헌장(1990년 제정, 1998년 개정)은 청소년의 기본권, 자율권, 참여권, 생존권을 보장하기 위한 학교 가정, 사회 그리고 국가의 책임과 공동체 구성원으로서 청소년의 책임을 명시하고 있다. 청소년 권리는 정신적, 신체적으로 균형 있게 성장할 권리, 차별받지 않을 권리, 폭력으로부터 보호받을 권리, 사적인 삶의 영역을 침해받지 않을 권리, 표현의 자유에 대한 권리, 건전한 모임을 만들고 활동할 권리, 배움을 통한 자아실현의 권리, 일할 권리와 직업을 선택할 권리, 여가를 누릴 권리, 문화예술 활동에 참여할 권리, 정보에 접근할 권리, 정책결정 과정에 참여할 권리를 포함한다. 청소년이 자신의 삶에 영향을 주는 의사결정에 참여하고 행동할 수 있게 권한을 부여하는 활동을 통해 청소년이 사회 구성원의 역할을 할 수 있도록 도와주는 청소년 참여의 원칙이 무엇보다 중요하다.

청소년의 참여는 특정 사회 구성원으로서 청소년이 개인 또는 공동의 목표를 달성하기 위해 다른 개인은 집단과 상호작용을 가지면서 행하는 모든 활동과 과정을 의미하며 청소년의 기본권리 중의 하나이다. 청소년 참여의 의의는 다음과 같다. 첫째, 사회 구성원으로서 참여를 통해 지식, 기술, 태도를 학습하게 된다. 둘째, 청소년 참여는 청소년이 주체가 되어 재능을 발견하고 자기계발과 발전을 위한 도전의 기회가 되어 자아정체감 확립에 도움이 된다. 셋째, 청소년 참여는 새로운 시각으로 문제해결하고 자신의 문제뿐 아니라 공적인 문제를 결정하는 참여함으로써 사회통합에 기여하고 공동체 발전에 중요한 역할을 한다. 여성가족부는 청소년의 관점에서 정책을 추진하기 위하여 청소년 참여기구를 체계화하여 청소년의 역량강화를 위한 지원을 확대하려고 노력해 왔다. 「청소년기본법」에 근거한 청소년 참여기구는 범정부 차원의 청소년 정책과제를 발굴 제안하는 청소년특별회의, 청소년수련시설의 심의 평가 등 시설운영에 참여하는 청소년운영위원회, 그리고 여성가족부 및 지방자치단체의 청소년정책을 만들고 추진하는 과정에 참여하는 청소년참여위원회가 설치 운영 중이다.

3) 청소년복지의 정책적 접근

청소년복지의 정책적 접근은 법률에 근거하여 정책과 사업의 형태로 구현되므로 여기에서는 청소년복지정책 개념과 목표, 청소년관련법과 전달체계로 나누어 개괄적으로 살펴보도록 한다.

(1) 청소년정책의 개념과 목표

청소년복지정책은 청소년복지 향상을 위한, 또는 청소년의 욕구와 필요를 충족시키기 위한 정부의 수단으로 정의할 수 있다. 청소년복지정책은 독립적 삶의 주체로서 청소년을 존중하고 이들에게 자율과 참여의 기회를 보장하기 위한 방향으로 제공되어야 한다. 청소년복지정책은 국가적 차원에서 청소년이 사회 구성원으로 책임 있는 삶을 살아갈 기반을 마련하고 청소년 삶의 질 향상과 행복보장을 위한 환경을 조성하는 데 초점을 두어야 한다. 구체적으로 우리나라 청소년 정책은 「청소년 기본법」에 근거하여 청소년의 활동, 복지, 보호의 세축을 중심으로 청소년의 균형 있는 성장 발달을 추진 방향으로 삼고 있다(정익중, 이소희, 도미향, 김지혜, 한윤선, 2021). 청소년의 균형 있는 성장을 위해서 수련활동, 교류활동, 문화활동 등 다양한 형태의 청소년 활동, 청소년의 기본적인 욕구를 충족하고 조화로운 성장에 필요한 사회적 경제적 지원을 의미하는 청소년복지 그리고 청소년의 건전한 성장에 유해한 환경을 규제하는 청소년 보호가 필요하다는 의미이다. 청소년기의 핵심 과업은 성인기로의 전환을 위한 준비와 함께 현재의 다양한 삶 속에서 동등한 기회를 누림으로써 건전한 가치관을 가진 성숙한 시민으로 성장하는 것이다. 성인기를 위한 준비는 학업을 통한 경쟁력 확보와 함께 학업 이외 다양한 사회 체험 활동을 통해 이뤄질 수 있는데 이 모든 과정에서 기회 평등이 보장되어야 한다. 학교 교육에서 수월성 제고 및 국제경쟁력 강화와 함께 소외된 취약계층 및 이주민가정 출신 청소년과 학습부진 청소년을 위한 복지지원을 강화함으로써 출발점의 평등을 이루기 위한 맞춤형 통합정책이 시행되어야 할 것이다.

「한국 청소년기본계획」은 정부의 첫 중장기 청소년 계획으로 청소년에 대한 체계적이고 장기적인 종합계획의 필요성에 따라 수립되었다. 청소년의 건강한 성장 지원을 위해 1993년부터 5년마다 국가 차원의 정책이 수립·추진되어 왔다. 「7차 청소년 정책기본계획(2023~2027)」에서는 디지털 시대를 선도하는 글로벌 K-청소년을 비전으로 제시하고 청소년 성장기회 제공과 안전한 보호 환경 조성을 목표로 한다. 분야별 중심방향은 다음과 같다. 첫째, 청소년의 역량강화를 위한 플랫폼 기반 청소년 활동이 활성화될 수 있도록 학교 안팎 연계를 강화한다. 둘째, 지원이 필요한 청소년을 촘촘히 지원할 수 있도록 데이터를 활용한 청소년 지원망을 구축하여 새로운 위기 유형 발굴 및 지원을 추진한다. 셋째, 증가하는 유해환경으로부터 청소년을 안전하게 보호할 수 있도록 유해환경 차단 및 보호를 강화하고 근로형태 다양화에 따른 보호를 내실화한다. 넷째, 청소년이 건강하고 균형 있게 성장할 수 있도록 참여, 권리보장을 강화한다. 다섯째, 청소년 정책의 효과성과 실효성을 높일 수 있도록 총괄 조정 기능을 내실화한다(여성가족부 청소년정책과, 2023).

(2) 청소년 관련법과 제도

청소년 관련법은 청소년의 삶의 질 향상을 위한 국가의 책임을 명문화하고 청소년복지 관련 사회서비스를 제공하는 근거가 된다. 청소년복지에서 국가가 청소년들에 대한 사회적 책임을 인식하여 국가적 차원에서 정책적으로 다루기 시작한 것은 1991년 「청소년 기본법」이 제정되면서이다. 우리나라 청소년정책은 「헌법」과 「청소년 기본법」을 근간으로, 「청소년 보호법」과 「청소년복지 지원법」이 제정되면서 청소년을 대상으로 하는 복지, 활동 보호의 법적 기반이 마련되었다. 우리나라는 청소년 관련법의 매우 많지만 여기에서는 청소년복지와 직접 관련된 「헌법」 「청소년 기본법」 「청소년 보호법」 「아동 · 청소년의 성보호에 관한 법률」 「청소년복지 지원법」 「청소년활동 진흥법」의 핵심 내용을 간략히 살펴보고자 한다.

① 헌법

「헌법」은 대한민국 모든 국민의 행복 추구권과 기본권을 보장하고 있다. 인간으로서의 존엄과 가치, 행복을 추구할 권리(10조), 정치적, 경제적, 사회적, 문화적 생활의 모든 영역에 있어서 차별을 받지 않을 권리(11조), 모든 국민은 능력에 따라 균등하게 교육받을 권리가 있고 의무교육은 무상임을 명시하고(31조) 모든 국민은 인간다운 생활을 할 권리가 있으며 국가는 사회보장, 사회복지 증진, 청소년복지 향상을 위한 정책의무를 진다고 규정되어 있다. 국민의 기본권 연소자의 근로 보호(32조)와 모든 국민이 인간다운 생활을 할 권리에 대한 책임과 함께 청소년복지 향상을 위한 정책 실시(34조)를 규정하고 있다.

② 청소년 기본법

「청소년 기본법」(1991년 제정)은 청소년 육성에 관하여 다른 법률에 우선하여 적용한다. 「청소년 기본법」은 청소년 육성을 위한 가정 사회 국가 및 지방자치단체의 책무를 명문화하였으며 동법을 근거로 국가는 5년마다 청소년 정책에 관한 기본계획을 수립하고 청소년복지정책을 추진한다. 주요 내용은 청소년의 권리와 책임, 청소년 자치권 확대, 청소년에 대한 책임, 청소년 정책 총괄 조정에 관한 내용, 청소년 시설, 청소년 지도자에 대한 규정이 있다.

③ 청소년 보호법

「청소년 보호법」(1997년 제정)은 만 19세 미만인 청소년에게 유해한 매체물과 약물 등이 청소년에게 유통되는 것과 청소년이 유해한 업소에 출입하는 것 등을 규제하고 청소년을 유해환경으로부터 보호 구제함으로써 청소년이 건강하게 성장할 수 있도록 하기 위해 마련되었다. 청소년 보호법은 유해매체물의 청소년 유통규제, 청소년 유해업소, 청소년 유해약물 및 청소년 유해 행위 등의 규제, 청소년의 인터넷 게임 중독 예방, 청소년 보호사업 추진에 대한 행정조직으로 청소년보호위원회를 설치할 수 있는 근거를 마련하였다.

④ 아동·청소년의 성보호에 관한 법률

「아동·청소년의 성보호에 관한 법률」(2000년 제정, 2010년 개정)은 아동·청소년 대상 성범죄의 처벌과 절차에 관한 특례를 규정하고 피해아동과 청소년을 위한 구제 및 지원 절차를 마련하여, 성범죄자를 체계적으로 관리함으로써 아동·청소년을 성범죄로부터 보호하고 아동·청소년이 건강한 사회 구성원으로 성장할 수 있게 함이 목적이다. 동법은 총칙, 아동·청소년 대상 성범죄의 처벌과 절차에 관한 특례, 아동·청소년 대상 성범죄의 신고 응급조치와 지원, 아동·청소년의 선도보호 등, 성범죄로 유죄판결이 확정된 자의 신상정보 공개와 취업제한 등, 보호 관찰과 벌칙으로 구성되어 있다.

⑤ 청소년복지 지원법

「청소년복지 지원법」(2004년 제정, 2012년 개정)은 청소년의 복지 향상 및 건강한 성장·발달을 보장하기 위한 가정·사회·국가의 책무에 관한 사항을 규정하고 있다. 「청소년복지 지원법」의 주요 내용으로는 지역사회청소년통합지원체계(CYS-Net) 운영에 관한 법적 근거를 제시하고, 청소년우대, 청소년의 건강보장, 위기청소년지원, 가출, 학업 중단 및 이주배경 청소년에 대한 지원, 예방적 회복적 보호지원, 1388 청소년 전화 운영, 청소년 복지지원기관, 청소년 복지시설 설치 등 청소년 복지사업의 법적 근거를 마련하였다.

⑥ 청소년활동 진흥법

「청소년활동 진흥법」(2004년 제정)은 총칙, 청소년 활동의 보장, 청소년 활동 시설, 청소년 수련활동의 지원 등 총 4장으로 구성되어 있다. 청소년 활동 시설은 수련활동, 교류활동, 문화활동 등 청소년 활동에 제공되는 시설로 범주화하고 이며, 청소년수련시설을 설치 운영하는 개인 법인 단체는 청소년 활동을 활성화하고 청소년 참여를 보장하기 위해 청소년운영위원회를 운영하여야 함을 명시하고 있다. 동법은 보편적 법률로 주 5일 수업제의 시행과 자유학기제도 도입 등 변화하는 청소년 사회환경에 대응하기 위한 법령으로 평가받고 있다.

(3) 청소년복지 전달체계

우리나라 청소년정책의 주무 행정부처는 과거 체육부 청소년국, 문화관광부, 국가청소년위원회, 보건복지부 아동청소년가족정책실로 변경되었다가 2010년부터 여성가족부로 이관되어 오늘에 이르고 있다(홍봉선, 남미애, 2018). 청소년복지 전달체계는 주무부처인 여성가족부이지만 청소년에 대한 복지, 교육, 일자리, 비행 예방 등의 정책은 관련 부처에서 제각기 업무를 담당하고 있다. 청소년복지는 여성가족부의 청소년가족정책실 내 청소년 정책관에서 총괄하고 시ㆍ도 및 시ㆍ군ㆍ구 지방행정 조직은 지역과 중앙정부를 연계하는 기능과 청소년 관련 업무를 수행한다. 맞춤형 통합 청소년복지정책이 시행되기 위해서는 청소년복지와 관련된 모든 중앙정부부처가 유기적인 연계를 맺어 정책 상호 간 통합, 조정, 보완, 협력을 이루어야 할 것이다. 중앙부처 단위의 협력을 근간으로 민관협력체를 지역사회 단위에서 구축하고 중앙 및 지방자치단체가 이들을 지원할 필요가 있다.

정부산하 기관인 한국청소년 상담복지개발원 지방청소년상담복지센터에서 청소년복지 및 보호관련 업무를 담당하고 한국청소년활동진흥원과 산하 지방청소년 활동 진흥센터에서 청소년 활동 관련 사업 및 인력지원 업무를 담당하고 있다. 한국청소년활동진흥원은 다양하고 창의적인 청소년 체험 활동을 진흥시켜 청소년의 잠재역량 계발과 인격

형성을 도모하고 안전하고 신뢰받는 청소년 활동을 조성하고 수련 참여 교류 권리 증진 활동을 종합적으로 지원함으로써 궁극적으로 청소년 삶의 질 향상에 기여한다. 한국청소년활동진흥원이 수행하는 주요 정책 지원사업으로는 청소년 활동프로그램을 인증하고 그 기록을 유지 관리 제공하는 청소년 수련활동 인증제, 청소년 특화 봉사활동 지원과 기록 관리서비스, 청소년들이 신체단련, 자기개발, 자원봉사, 탐험활동을 고르게 수행하여 꿈과 끼를 개발하도록 하는 국제청소년 성취포상제, 수련시설[3] 종합 안전 점검 지원 및 안전 관련 컨설팅 홍보, 청소년들에게 어울림마당·동아리 활동 등 다양한 체험활동 기회를 제공, 그리고 국내외 청소년 및 청소년 지도자의 글로벌 역량강화를 위한 교류활동의 진흥 및 지원사업이 있다.

한국청소년상담복지개발원은 「청소년복지 지원법」에 의해 설립된 여성가족부 산하 공공기관이다. 한국청소년상담복지개발원의 주요 기능으로는 지방자치단체가 설치 운영하는 청소년상담복지센터를 중심으로 한 지역사회 위기청소년 통합지원체계 관계자회의 지도, 지원 등을 실시하고 종합 정보망을 운영하고 있으며 사회적 이슈가 되는 청소년 문제들을 분석 연구함으로써 문제해결과 예방에 도움을 주고 있다. 청소년상담복지센터는 청소년의 건강한 성장과 복지증진을 목적으로 상담, 긴급구조, 자활 의료지원 등의 역할을 담당한다. 시·도 청소년상담복지센터는 광역자치단체의 청소년 상담 전문기관으로서 지역의 시·군·구 청소년상담복지센터와 연계하여 청소년전화 1388 운영, 지역사회 청소년 통합지원체계운영, 찾아가는 상담 전문가인 청소년동반자 운영, 긴급구조 및 일시보호사업, 청소년인터넷 중독예방, 해소 사업 등을 추진하고 있다. 그 밖에도 심리상담 및 놀이치료, 또래상담 사업, 학부모상담자원봉사회 운영, 청소년 상담 관련 심리 교육, 지도자 양성, 학부모의 청소년 문제에 대한 정보제공과 자문 등을 실시하고 있다.

(3) 청소년복지의 전문인력

「청소년 기본법」에서 명시한 청소년지도자에는 청소년지도사 및 청소년상담사와 청

---

3) 청소년활동시설은 「청소년활동 진흥법」 10조에서 수련시설과 이용시설로 구분된다. 청소년수련시설에는 청소년수련관, 청소년수련원, 청소년문화의 집, 청소년특화시설, 청소년야영장, 유스호스텔 총 여섯 종류이다. 청소년이용시설은 수련시설이 아닌 청소년의 건전한 이용 등에 제공할 수 있는 시설로 문화예술시설, 공공체육시설, 기타 청소년 이용에 적합한 공용시설 등이 포함된다.

소년 시설, 청소년 단체 및 청소년 관련 기관 등에서 청소년 육성 및 지도업무에 종사하는 사람을 말하며 자격검정에 합격하고 연수를 마친 국가자격증이 있는 전문인력이다. 청소년 시설 및 단체에서는 청소년지도사와 청소년상담사를 배치하고 자질 향상을 위해 정기적인 보수교육을 받도록 하고 있다.

① 청소년지도사는 청소년 문제를 적극적으로 해결하고 청소년 활동을 체계적으로 영위하기 위해 청소년 수련활동에 대한 전문지식과 지도 기법, 자질을 갖추고 청소년 수련시설과 단체 사회복지시설 등 활동 현장에서 청소년 활동을 지원하고 청소년 보호와 관련된 직무를 수행한다. 청소년지도사는 청소년 활동을 전담하여 청소년의 수련활동, 지역, 국가 간 교류활동, 동아리 활동, 봉사활동, 문화활동을 지도한다.

② 청소년상담사는「청소년 기본법」에 의해 한국청소년상담복지개발원, 시 · 군 · 구 청소년상담복지센터, 사회복지관, 청소년 쉼터, 경찰청이나 법무부 등 청소년 업무 지원 부서, 근로청소년 관련 사업체 등에서 청소년 상담 업무, 청소년 동반자 프로그램, 위기청소년 안전망 구축사업, 부모교육 등 업무에 종사한다.

③ 학교사회복지사는 학교에서 학생들의 심리사회적 문제의 예방과 해결을 통해 학교교육의 목적을 달성할 수 있도록 개입하는 전문가로 학교와 교육복지센터 등에서 학생들의 문제해결과 복지증진 및 최적의 교육환경을 만들기 위해 사례관리 · 개별 · 집단 · 가정개입 · 지역사회연계 등의 업무를 수행한다.

4) 위기청소년 대상 실천적 접근

청소년복지의 실천적 접근은 청소년을 둘러싼 사회문제의 예방과 치료를 통해 청소년 문제를 다루는 개별화, 구체화된 방법으로 대책을 찾는 것이다. 청소년 인구의 지속적인 감소 추세이지만 취약 위기청소년이 오히려 증가하고 있어 청소년복지의 수요는 지속적으로 증가될 것으로 전망된다. 최근 가출, 약물남용, 학교폭력, 청소년 성매매, 자살 등 다양하게 부각되고 있는 청소년 문제는 청소년의 일반적인 특성은 물론 청소년에 대한 개별적이고 전문적인 관점과 접근의 필요성이 부각되고 있다. 실천적 접근 방법으로 청소년 상담과 지역사회기반 복지지원서비스를 살펴본다.

(1) 청소년 상담

청소년 상담은 청소년기의 발달 특성과 적응의 문제를 다루는 전문 영역이다. 일차적 대상은 청소년이지만 부모, 교사, 친구 등 청소년과 관련된 환경의 변화를 위한 전문적 조력활동을 포함한다. 청소년 상담의 가장 중요한 목표는 변화를 촉진하고, 적응기술을 증진하며, 또한 의사소통과 대인관계를 등 사회기술을 증진하여 잠재력 계발을 포함하여 성장의 기회를 제공하는 것이다(정규석, 김영미, 김지연, 2017). 청소년 상담은 예방과 발달, 문제해결과 치료, 그리고 교육의 목적을 지니며, 상담과 목적, 내담자의 특성 그리고 상담자의 전문성에 따라 정신분석 상담, 인간중심 상담, 인지행동치료, 현실치료 등을 적용할 수 있다. 청소년 상담은 면접 중심의 대화뿐 아니라, 다양한 활동으로 진행되며, 상담방법으로는 개인상담, 집단상담, 또래상담, 사이버상담, 건강한 성장을 돕는 교육프로그램 등이 효과적이다(정익중 외, 2021).

(2) 지역사회 기반 청소년 지원사업

청소년의 복지 향상을 위한 실천적 접근 가운데 현재 실시되고 있는 대표적인 지역사회 기반의 지원사업을 살펴보기로 한다.

① 지역사회 청소년통합지원체계(CYS-Net)

CYS-Net 사업은 지역사회 청소년 관련 기관 간의 네트워킹을 통한 통합지원체계 구축과 위기청소년에 대한 전화 상담, 구조, 보호, 치료, 자립, 학습 등 서비스 제공을 통해 위기청소년의 건강한 성장과 삶의 역량을 강화하는 것을 목적으로 하고 있다. 한국청소년상담원의 상담전화 및 청소년 지원센터의 상담전화 등을 청소년 전화 1388로 통합하여 지역사회 청소년통합지원체계 위기청소년 발견을 위해 노력하고 있다. 청소년 전화 1388은 청소년과 학부모 교사 등 누구나 청소년을 위하여 이용하는 전화로 청소년 상담, 긴급구조, 자원봉사 및 수련활동 정보제공, 인터넷 중독 치료 등 청소년 관련 문제에 대해 365일 24시간 원스톱 서비스 제공을 목적으로 한다.

② 위기청소년 특별지원 사업

위기청소년 특별지원은 사회경제적 지원이 필요한 청소년 중 다른 제도 및 법에 의한 지원을 받지 못하는 청소년에게 현금급여 또는 관련 서비스를 지원하는 사업이다. 시군구를 통한 전달체계를 활용하여 주민센터에 신청하면 소득재산 조사, 운영위원회 심의를 통해 지원 여부를 결정하게 된다. 2023년 현재 특별지원은 만 9~24세 이하 위기청소년 중 가구소득이 중위소득 100% 이하인 자로 확대되었다. 생활, 건강, 학업, 자립, 법률, 상담, 활동 지원 등 월 15만 원에서 최대 350만 원까지 지원한다(여성가족부 홈페이지, 2023).

③ 학업중단 청소년 지원

학교밖 청소년 지원사업은 학교밖 청소년에게 상담, 교육, 취업, 자립지원 등의 서비스를 제공하여 청소년들이 건강한 사회 구성원으로 성장하도록 돕는 것이 목표이다. 「학교 밖 청소년 지원에 관한 법률」이 제정(2014년)됨에 따라 학교밖 청소년 지원센터(청소년 지원센터 꿈드림)에서는 두드림 프로그램(자립준비)과 해밀 프로그램(학업 복귀)을 운영하고 있다. 서비스대상은 우선지원대상과 지원대상으로 구분된다. 우선지원대상은 만 13~20세 사이 학업중단청소년, 학업중단 숙려제 대상 청소년(보호 · 복지 · 교정시설보호 및 퇴소 청소년, 청소년쉼터, 아동청소년 그룹홈, 아동복지시설, 자립생활관, 보호관찰소, 소년원 등), 기타 가정 외 보호체계에서 생활하는 청소년이다. 지원대상은 만 13~24세 사이 CYSNet 체계를 통해 연계된 청소년 중 경제적 · 가정적 · 환경적으로 취약한 청소년이다. 꿈드림 센터에서는 연계된 청소년의 특성과 요구에 따라 맞춤형 서비스를 지원한다. 서비스에는 상담지원, 취업지원, 자립지원, 건강검진 등이 있는데 참여 청소년들에게 그들의 목표를 달성할 때까지 사례관리 서비스를 제공한다. 학교밖 청소년들이 꿈을 가지고 자신의 미래를 스스로 준비하여 공평한 기회를 얻을 수 있도록 지원하는 것이다.

④ 가출청소년 지원

「청소년복지 지원법」(2004년 제정)은 청소년 가출 예방 및 보호 지원을 목적으로 청소년 쉼터를 설치 운영하도록 법적인 근거를 마련하였다. 최근 가족 간의 갈등으로 인해 청소년 가출이 증가하고 있으며 이들은 절도, 폭행, 성매매 등의 범죄를 일으키거나 범죄의 대상이 되어 심각한 사회문제가 되고 있다. 이에 청소년 가출을 예방하고 가출청소년의 생활보호뿐 아니라 상담, 자립역량 강화, 고충상담, 문화활동 프로그램 기회 제공 등을 통해 가출청소년에게 신속하게 보호, 상담, 교육, 문화활동을 지원하여 일탈을 방지하고 가정복귀 및 사회적응을 지원하기 위해 청소년 쉼터를 운영하고 있다. 「청소년 기본법」에 정의된 '9세 이상 24세 이하' 청소년이 이용할 수 있지만 쉼터입소대상 선정 시에는 만 19세 미만 청소년 우선이다. 가출 등 위기청소년의 조기발견과 개입, 가정 및 사회복귀를 위한 청소년 쉼터는 지방자치단체의 경상보조로 지원되고 있으며, 가출 및 위기청소년의 욕구와 특성에 따라 청소년쉼터가 일시쉼터, 단기쉼터, 중장기쉼터로 구분되어 있다. 이외의 청소년 시설[4]로 청소년자립지원관, 청소년 치료재활센터, 청소년 회복지원시설이 있다.

⑤ 이주배경 청소년 지원센터

이주배경 청소년이란 「청소년복지 지원법」 18조에 따른 다문화가족의 청소년 및 그밖에 국내로 이주하여 사회적응 및 학업 수행에 어려움을 겪는 청소년을 말한다. 현재 이주배경 청소년은 다문화가족의 청소년, 외국인근로자 가정 자녀, 중도입국 청소년, 북한이탈청소년, 제3국 출생 북한이탈주민 자녀 등으로 분류하고 이들의 사회적응 및 학업수행을 지원하는 서비스를 제공한다. '레인보우스쿨'은 이주배경 청소년에게 한국어교육, 진로교육, 필수교육, 한국 사회에 대한 기본 정보, 사회적 관계 향상 프로그램 등 맞춤형 교육을 제공하여 이주배경 청소년이 글로벌 인재로 성장할 수 있도록 조력하고 있다. 구체적인 지원 내용은 한국어 교육프로그램인 레인보우스쿨 운영, 진로탐색과정인 '무지개 Job아라', 직업교육과정 '내일을 Job아라' 프로그램을 운영하고 인식 개선을 위한 청소년 다문화감수성 증진 프로그램, 이주배경 청소년들의 심리정서 프로젝트 '다톡다톡 프로젝트'를 개발하여 제공하고 있다.

⑥ 청소년 방과후 아카데미

방과후 보호사업은 여성가족부의 청소년 방과후 아카데미, 교육부의 교육복지우선지원사업이 대표적이며 취약계층 청소년을 주요 대상으로 한다. 방과후 돌봄이 필요한 저소득층, 한부모, 조손, 다문화 장애, 세 자녀 이상 가정의 초등학교 4학년부터 중학교 3학년까지의 청소년이 대상이다. 청소년 방과후 아카데미는 방과후 돌봄이 필요한 청소년에게 체험 활동, 학습지원, 급식, 상담 등 종합서비스를 제공하여 청소년의 전인적 성장

---

4) 청소년 자립지원관은 청소년 쉼터의 지원 이후에도 가정, 학교, 사회로 복귀할 수 없는 청소년에게 자립하여 생활할 수 있는 능력과 여건을 갖추도록 지원하는 시설이다. 청소년치료재활센터는 학습·정서·행동상의 장애로 어려움을 겪는 청소년에게 심리상담 및 치료 보호, 자립지도, 교육 등 종합적·전문적 치유 서비스를 원스톱으로 제공하는 거주형 시설이다. 2012년 국립 중앙 청소년 디딤센터를 개원하였으며, 점차 권역별 치유기관을 확충하여야 한다. 청소년회복지원시설: 소년법에 다른 감호 위탁처분을 받은 청소년에게 가정과 같은 환경을 제공하여 생활지원, 심리지원, 학업 진로, 자립 등 서비스 지원을 통해 보호 청소년들의 재범 방지 및 건강한 성장을 지원하는 시설이다.

을 지원하고 양육부담 완화에 기여하기 위해 마련된 사업으로 청소년수련관, 청소년문화의집, 청소년 단체시설 등에 공간을 마련하여 여성가족부와 지방자치단체가 공동 운영하고 있다. 하루 4시간(방과후~21시), 주 5~6일 운영되며, 기본지원활동(급식, 귀가지도, 상담 등)과 체험 · 역량강화 활동 (역량개발, 진로체험, 동아리활동, 자원봉사, 지역사회프로그램 참여 등) 학습지원활동(교과학습, 보충학습 등)을 제공하며, 최근에는 지역 돌봄 협의회를 구성하고 돌봄서비스의 연계 협력이 강조되고 있다.

⑦ 교육복지우선지원사업

학교와 지역의 교육공동체 구축을 통하여 교육배려 학생들이 건강한 민주시민으로 성장할 수 있도록 필요한 다각적인 맞춤형 지원을 제공하는 사업이다. 2010년 개정된 지방교육재정 교부금 시행령과「초 · 중등교육법」을 근거로 지방이양사업으로 전환하고 사업대상을 기존의 지역단위에서 개별 학교로 변경되었다. 국민기초생활보장법에 의한 교육급여 수급자, 차상위계층 및 한부모가족의 자녀, 북한이탈주민 및 다문화가족의 자녀, 특수교육대상자 등이 주요 대상이며 개별 학생을 위한 맞춤형 프로그램 및 방과후 프로그램을 포함한 특기적성 지원, 현물 서비스 지원하여 교육 배려 학생들이 직면한 교육기회 · 교육과정 · 교육결과에서의 격차를 해소하여 학생의 교육적 성장을 도모한다. 구체적으로는 지원학생 선정과 학생별 특성 및 욕구를 파악하고, 학생의 학교생활, 가정환경 등을 고려하여 지원학생을 선정한다. 학생의 특성을 파악하여 사례관리나 프로그램 지원과 같은 맞춤형 프로그램을 지원하고, 운영을 지원하는 사업을 제공하며, 교육과정과 연계한 교육복지 학교 · 학급 문화를 조성하고 위기가정 학생 지원을 위한 협력체계를 구축하는 등 교육복지공동체 환경을 조성하기 위한 사업을 추진하고 있다(전라북도교육청, 2021).

• 배경

중학교 2학년 A 양은 초등학교 3학년 때 부모의 이혼으로 할머니와 아버지와 함께 생활해 왔다. 할머니는 고관절 골절로 고생하시다 두 달 전에 돌아가시고 아버지로부터 심한 욕설과 지속적인 구타를 당한 후 반복적인 손목자해 및 자살시도를 하였으며 이로 인해 학교에서 청소년상담복지센터로 의뢰되었다. A양은 부모의 이혼, 모와의 연락 단절, 할머니와의 이별, 그리고 가정폭력(학대) 등으로 인해 불안, 우울감을 호소했다.

• 사회복지사의 역할

사회복지사는 먼저 A양과의 개인상담을 통해 자해 행위의 경위에 대한 정보, 현재 가장 고민이 되는 것은 무엇인지를 파악하였다. 이 과정에서 학교의 위클래스 상담교사와 연락이 되어 A양의 학업과 교우관계에 관한 학교생활과 면담했던 상황과 내용을 파악하였다. 상담 결과, A양은 중학교 1학년 때도 결석이 잦았고 수업 중에 자는 경우가 많았으며 학습능력 측정 결과 초등학교 저학년 정도였다. A양을 가정으로 되돌려 보내기 위해 아버지와 접촉하고자 하였으나 다시는 집에 돌아가지 않고 혼자 살아갈 준비를 하겠다며 한사코 아버지와의 만남을 거부하였다. 아버지로 인해 받은 상처의 크기와 깊이가 심한 것으로 판단되어, 아버지에게 부모교육 훈련을 제안하였으나 딸에 대한 기대가 없다고 거부하여 일단 쉼터에 머무르면서 할 수 있는 서비스를 계획하였다. 쉼터의 사회복지사는 어릴 때부터 지지와 훈육이 부족한 가족 경험과 청소년기 특성을 이해하지 못한 부의 심각한 학대로 인해 자살시도, 자해, 불안, 환시, 환청 등 임상적 문제를 겪는 A양과 정기적인 개인상담을 실시하였다. 우선 A양에게는 정신과 진료와 병행하여 학교의 방과후 프로그램을 통해 학습지원을 받았고, 대학생 멘토와 함께하는 문화활동을 통해 할머니를 대신하는 어른과의 긍정적인 관계를 맺고 정서적인 안정도 향상되고 있었다. 이후 중기쉼터에서 퇴소하게 될 경우 거처 마련 등의 자립지원금이 필요할 것이라 판단하여 청소년안전망 실행위원회와 연계하여 협력기관(학교, 교육청, 보건소/병원, 시청, 아동전문보호기관, 자활/자립센터, 사회복지재단, 청소년쉼터 등)과 함께 진로탐색, 아동학대 신고, 장기쉼터 입소, 특별지원금/긴급지원금/장학금 지급, 후견인 매칭 등 다양한 서비스를 지원하였다. 1년에 걸친 상담 및 지원서비스를 통해 A양은 현재 자해, 자살시도가 거의 소멸되었고, 정신과 치료도 받지 않을 정도로 불안, 우울감 등도 조절이 가능한 상태가 되었다. 현재 편의점에서 아르바이트를 하면서 향후 네일아트숍을 운영하여 자립을 하고자 하는 꿈을 꾸고 있다.

사회복지사는 청소년을 이해하고 청소년을 성장시키거나 지역사회 발전과 국가 건설에 기여할 수 있게 사회복지사업의 모든 방법(개별상담, 집단상담, 지역사회복지, 사회복지제도와 정책적 지원)을 활용해야 한다. 특히 청소년복지를 담당하는 사회복지사는 청소년들이 자신을 표현하고 발달을 위한 기회를 창출하는 데 초점을 두고 창의성, 기술, 잠재력을 활용할 수 있는 기술뿐만 아니라 실용적인 근거 기반 프로그램을 제공해야 한다. 모든 청소년은 리더라는 생각으로 청소년을 위해서 일하는 것이 아니라 청소년과 함께 청소년의 잠재역량을 향상시키기 위해 노력해야 한다.

학습과제

1. 청소년의 특성을 기반으로 청소년 역량강화를 위해 사회복지사가 해야 하는 역할을 토론해 보시오.

2. 「아동의 권리에 관한 국제협약」은 아동과 청소년을 구분하지 않지만, 특별히 아동보다 청소년에게 적용되는 권리는 무엇인지 생각해 보시오.

3. 디지털 세대인 청소년을 위한 7차 청소년 정책기본계획에서 제시한 정책목표와 중점과제를 평가하고 향후 방향을 제시하시오.

4. 우리지역의 지역사회 기반 청소년 안전망 사업의 현황을 점검해 보고 개선방안을 탐색해 보시오.

5. 지역사회 내의 청소년 시설을 방문해 보고 청소년의 관점에서 기관 및 사업 운영을 평가해 보시오.

참고문헌

김선애(2015) 청소년복지권의 성격과 증진 방안연구. **청소년복지연구**, 17(4): 93-115.

박정란, 서홍란, 장수한(2014). **청소년복지론**. 경기: 양서원.

에릭 에릭슨(2017). **유년기와 사회**. (송제훈 역). 경기: 연암서가.

여성가족부 청소년정책관실(2023). 제7차 청소년정책 기본계획(2023-2027).

전라북도교육청(2021). 2022년 교육복지우선지원사업 기본계획.

정규석, 김영미, 김지연(2017). **청소년복지의 이해**. 서울: 학지사.

정익중, 이소희, 도미향, 김지혜, 한윤선(2021). **청소년복지론**. 서울: 학지사.

조아라, 이장한(2013). 성차에 따른 신체 비교와 신체 불만족 간의 관계 연구. 한국심리학회지: 건강, 18(1): 105-120.

홍봉선, 남미애(2018). **청소년복지론**. 경기: 공동체.

Elkind, D., & Bowen, R. (1979). Imaginary audience behavior in children and adolescents. *Developmental Psychology, 15*(1), 38-44.

Global Coalition to End Child Poverty (2017). Child povery and adolescnt transitions. WWW.endchildhoodpoverty.org.

여성가족부 http://www.mogef.go.kr/sp/yth/sp_yth_f009.do

법체처 https://www.moleg.go.kr/

3. 노인복지

학습개요와 학습목표

이 절에서는 고령사회를 맞이하며 사회복지서비스 대상 분야 중 중요한 비중을 차지하게 된 노인복지 분야에서 노인과 노화과정에 대한 이해를 넓히고, 노인이 겪는 어려움과 이를 해결하기 위한 법과 제도에 대해 알아보고자 한다. 기존의 노인에 대한 부정적 시각을 전제로 한 노인복지가 아니라 성공적 노화의 관점에서 노인복지를 살펴봄으로써 노인이 사회의 건강한 주체로 자리매김을 하도록 하는 것이 고령사회에서 노인문제 해결을 위한 시작일 것이다. 이와 같은 관점을 토대로 우리나라의 노인복지를 알아보고자 한다. 이 절의 학습목표는 다음과 같다.

● 노인에 대한 정의를 다양한 차원에서 알아본다.
● 보편적 노화와 성공적 노화, 활동적 노화, 웰 에이징의 차이를 알아본다.
● 고령화 실태와 노인의 일과 빈곤, 신체적 및 정신적 건강, 여가와 사회참여, 노인부양과 존엄성, 연령차별 등 다양한 영역에서 노인이 겪는 어려움을 알아본다.
● 노인복지의 정책과 서비스의 목적과 쟁점을 일과 적정한 소득보장을 통한 경제적 안정, 지속적인 케어, 노인의 안전과 존엄 유지, 지속적 발전 차원에서 알아본다.
● 노인복지 분야의 사회복지사의 역할을 사례를 통하여 알아본다.

1) 노인과 노화에 대한 정의

(1) 노인에 대한 정의

노인이 누구인가를 정의하는 것은 노인들 자신에게나, 사회적인 인식 측면에서나 매우 중요하다. 노인들은 자신들이 생각하는 노인에 대한 정의에 의해 자신의 정체성을 정립하며, 사회적으로는 노인문제를 이해하거나 공식적인 또는 비공식적인 복지서비스를 제공하고자 할 때 매우 중요한 토대가 되기 때문이다. 가장 흔히 사용되는 노인에 대한 개념 정의는 역연령에 의한 개념 정의이다. 이 정의에 따르면, 달력상 계산으로 일정 연령(흔히 60세나 65세) 이상을 노인으로 본다. 그러나 역연령에 따른 노인이라는 개념 정의도 시대가 지남에 따라 달라지고 있다. 한국에서는 전통적으로 환갑 혹은 회갑이 60세이므로 그 이상의 연령층을 노인이라고 칭하여 왔다. 그러나 점차 평균수명이 늘어나고 건강하고 활동적인 노인들이 많아짐에 따라 65세 이상을 노인으로 보는 경향이 늘어나고 있으며, 고령사회가 되면서 이를 상향조정하자는 논의도 있다.

그러나 역연령에 의한 노인의 정의는 일정 연령 이상을 모두 동일한 특성을 가진 것으로 가정함으로써 하나의 역연령을 기준으로 노인복지정책을 설계한다면 연령차이에 따른 욕구의 다양성을 반영하기 힘들다. 따라서 연령계층별로 기능별 차이가 나는 것을 고려하여 역연령에 따른 노인도 하나의 집단으로 분류하기보다는 여러 계층으로 분류하고 있다. 브로디(Brody, 1977)는 노인을 세 계층으로 분류하였다. 즉, 60~64세를 연소노인(young-old), 65~74세를 중고령노인(middle-old), 그리고 75세 이상을 고령노인(old-old)이라 하였다. 최근에는 65세 이상을 노인으로 보는 견해가 우세함에 따라 연소노인을 65~74세, 고령노인을 75~84세, 초고령노인을 85세 이상으로 구분하기도 한다(한국노인복지학회, 2006). 이와 같은 노인 분류는 노인 연령계층에 따라 달리 나타나는 특성과 욕구에 적합한 사회복지서비스를 제공하는 토대가 되므로 매우 의미 있는 것이다.

두 번째 노인에 대한 개념 정의로는 공식적 · 행정적 규정에 의한 정의가 있다. 이것은 법이나 제도에 나타난 노인의 정의를 의미한다. 그러나 법마다 차이가 있는데 그 이유는 법의 목적에 맞는 정의를 내리고자 하기 때문이다. 예를 들면,「고용상 연령차별금지 및 고령자고용촉진에 관한 법률」은 고령자를 55세 이상으로 정의하고 있는데, 이는 대체로 55세 내외로 정년퇴직을 하는 우리나라 중년층의 취업 실태를 반영하면서 노인취업 문제를 해결하기 위해 이 법이 만들어졌기 때문이다. 한국의「노인복지법」에서는 노인의 개념을 65세 이상으로 보고 있으며, 2014년부터 실시된 기초연금 대상자 역시 65세 이상으로 급여 대상자를 정하고 있다. 현재 노인에 관련된 법들이 다양한 노인연령기준을 사용함에 따라 혼선이 발생하는 면이 있기 때문에 이를 통일해야 하고, 고령화에 따라 공식적인 노인연령기준을 상향해야 한다는 논의가 진행되고 있다.

이러한 역연령이나 공식적 · 행정적 규정에 의한 정의가 객관적 정의라 한다면, 세 번째로 노인 개인이 스스로 노인이라고 판단하는 연령을 노인으로 규정하는 주관적 정의도 있다. 2020년 노인실태조사에 따르면, 노인 스스로 노인이라고 생각하는 연령은 평균 70.5세이며, 69세 이하는 25.9%에 불과하며, 70~74세라는 응답이 52.7%, 80세 이상이라는 응답도 6.5%나 되어 고령화가 진행되면서 주관적으로 노인이라고 정의하는 연령이 공식적 · 행정적 규정에 의한 정의보다도 상당히 더 높은 것을 알 수 있다(이윤경 외, 2020). 따라서 객관적 정의와 주관적 정의 사이의 괴리를 인식하여 노인복지정책 수립이나 실천 시 이를 반영하고자 하는 노력이 필요하다.

이 외에도 다양한 노인에 대한 정의가 쓰이고 있다(권중돈, 2022). 사회적 연령의 개념을 사용하여, 사회적 역할을 상실한 사람을 노인이라고 정의하거나, 기능적 연령의 개념을 사용하여 개인의 신체적 기능, 생산성, 정신기능 등의 기능수준을 중심으로 이러한 기능수준이 약화된 사람을 노인이라고 정의하거나, 인간의 발달단계에 근거하여 생물학적 노화, 사회적 노화, 심리적 노화를 통합적으로 보면서 노년기에 들어간 사람을 노인이라고 정의하기도 한다. 산업현장에서는 기능적 연령의 개념을 활용하는 것이 필요할 때가 있으며, 노년기에 이루어야 하는 과업을 알기 위해서는 발달단계에 근거한 노인의 정의를 활용하는 것이 바람직할 것이다. 이와 같이 다양한 노인에 대한 정의 중 어떠한 정의를 사용할지는 그 정의를 사용하는 목적에 따라 결정하는 것이 바람직하다.

(2) 노화에 대한 다양한 정의

노인의 개념을 무엇으로 정하든지, 중요한 것은 노인이 되어 가는 노화과정을 어떻게 이해하는가이다. 노화의 개념 중에서 가장 먼저 널리 알려진 개념은 노화를 인간발달 과정 중 한 부분으로서 누구나 경험하게 되는 보편적 과정이라고 정의하는 것이다. 애칠리(Atchley, 1994)는 노화를 성인기를 통해 우리 몸에 나타나는 생물학적 · 심리적 · 사회적 변화로 정의하고 있다. 생물학적 노화는 신체의 구성 성분, 내부 구조 및 기능이 시간의 경과에 따라 변화하는 것을 의미한다. 심리적 노화는 감각, 지각기능, 축적된 경험에 의한 행동, 자아에 대한 인식, 성격 등이 시간의 경과에 따라 변화하는 것을 의미한다. 그리고 사회적 노화는 생활주기상에 발생하는 사회적 규범, 역할, 지위 등의 변화를 의미한다.

애칠리(1994)는 노화가 하나의 과정이 아닌 다양한 과정이고 긍정적인 면과 부정적인 면의 양면성을 가져서, 노화가 부정적이다 또는 긍정적이라고 단정할 수 없다는 것을 주장하고 있다. 그러나 이러한 생물학적 · 심리적 · 사회적 노화는 최근까지 매우 부정적으로 인식되어 왔다. 로우과 칸(Rowe & Kahn, 1999)은 나이가 들면서 노인에게 나타나는 위험을 '보편적인 노화'라는 개념으로 설명하고 있다. 보편적인 노화과정에 있는 노인은 현재는 잘 기능하고 있지만 질병이나 장애에 걸릴 위험이 매우 큰 노인이다. 이 보편적인 노화는 신장, 심장, 폐 등과 같은 신체기관들이 나이가 들면서 서서히 쇠약해지며 회복력이 감소되고 면역체계도 쇠퇴하여 혈관 내 높은 지방과 혈당 수치, 고혈압 등과 같이 여러 가지 위험 특성이 누적되는 문제를 주시하고 있다. 그러나 노화과정이나 속도는 개인별로 매우 큰 차이가 난다. 따라서 노화과정의 보편성보다는 개인의 다양성과 차이에 대한 이해가 필요하다.

'보편적인 노화'의 부정적인 개념에 반박하여 노화의 긍정적인 측면을 강조하는 것이 '성공적인 노화(successful aging)' 개념이다. 로우와 칸에 의하면 '성공적인 노화'를 구성하는 세 가지 축이 있는데, 이는 "질병과 장애가 없고, 신체적 기능과 정신적 기능을 유지하며, 사회생활에 적극적이고 지속적으로 참여하는 것"이다(Rowe & Kahn, 1999, p. 39). 이를 위해서는 질병예방, 위험 피해 가기, 적절하고 규칙적인 운동과 건강한 생활습관, 지속적인 지적 활동으로 신체적 기능과 정신적 기능 유지하기, 다른 사람들과 친밀한 관계를 유지하고 의미 있고 목적 있는 행복한 활동에 참여하기 등을 해야 한다.

최근에 또 새롭게 노화를 이해하는 개념이 등장하였는데 '활동적 노화(active aging)'라는 것이다. 이에 대해서는 아직 합의된 우리말 번역이 없어 '적극적 노화' '긍정적 노화' '능동적 노화' 등의 개념으로도 쓰이고 있다. 이 개념은 성공적 노화의 세 구성요소 중 좀 더 외적으로 나타나는 사회참여가 강조된 개념이라고 할 수 있다. 활동적 노화는 세계보건기구(WHO)나 경제협력개발기구(OECD), 유럽연합(EU) 등의 세계적 조직들과 고령사회에 도달한 국가들이 최근 고령사회를 이해하고 노인을 위한 정책들을 만드는 데 매우 관심을 갖는 용어이다. WHO(2002)는 활동적 노화란 단순히 신체적으로 활동적이거나 노동시장에 참여하는 것만을 의미하는 것이 아니라 노인 개개인의 욕구와 능력에 따라 사회에 참여하는 것을 의미한다고 하였다. 메이휴(Mayhew, 2005)는 활동적 노화란 연령과 상관없이 사람들이 자신의 잠재능력을 발휘하고 독립적인 생활을 할 수 있도록 하는 것이라고 정의하고 있다. 활동적 노화라는 개념은 보호가 필요한 노인이 남은 생애 전반에 걸쳐 신체적·심리적·사회적으로 행복한 삶을 살 수 있는 잠재적 능력이 있고, 그것이 최대한으로 발휘되도록 지원해 주어야 한다는 것을 깨닫게 해 준다.

최근에는 웰 에이징(well-aging)이란 개념이 부각되고 있다. 웰 에이징이란 개념은 사회에 노화를 부정하고 젊음을 찬양하는 안티에이징(anti-aging)의 현상이 나타나면서 이에 대응하는 개념으로 부각되기 시작하였다. 김두리 등(2021)의 국내 웰 에이징 연구에 대한 문헌고찰 결과를 보면, 웰 에이징은 신체적, 정서적, 사회적 기능을 최적의 상태로 유지하는 것을 중시한다는 점에서 성공적 노화와 노화의 개념 정의에서 맥을 같이하지만, 노화로 경험하게 되는 변화를 부정하지 않고 받아들이며, 자신의 존엄성을 유지하며 늙어 가는 것을 강조한다는 점에서 성공적 노화의 개념과 조금 차별화된다.

노화에 대한 다양한 정의를 볼 때, 노화를 이해할 때는 보편적 노화현상에 더하여 성공적 노화와 활동적 노화의 긍정적인 측면을 함께 이해해야 한다는 것을 알 수 있다. 이러한 발상의 전환은 고령사회에서 노화에 대한 일반인의 부정적인 인식 전환을 돕는다. 또한 노인의 잠재력을 최대한으로 개발하여 노인 개개인이 독립적이고 건강하며 행복한 삶을 살 수 있도록 사회제도를 만들고, 노인복지정책의 방향을 결정하는 매우 중요한 토대가 되기 때문이다.

2) 고령화와 노인문제

(1) 고령화 실태

UN은 전체 인구 중 65세 이상 인구비율이 7% 이상 14% 미만인 사회를 고령화사회 (aging society), 14% 이상 20% 미만인 사회를 고령사회(aged society), 그리고 20% 이상인 사회를 초고령사회(super-aged society)로 분류하고 있다. 한국은 2022년 현재 65세 이상 인구가 901만 8천 명으로 전체 인구의 17.5%를 차지하는 고령사회이고, 2025년에는 20.0%로 초고령사회가 될 것으로 전망하고 있다(통계청, 2022a).

한국의 고령화 현상의 특이한 점은 고령화 속도가 전 세계적으로 유례없이 빠르다는 것이다. 65세 이상 고령인구가 14%에서 20%로 증가하여 고령사회에서 초고령사회로 도달하는 데 오스트리아는 53년, 영국은 50년, 미국은 15년, 일본은 10년이 걸린 데 비해 우리나라는 7년이 걸릴 것으로 예상되고 있다(통계청, 2022a). 이렇듯 빠른 고령화 속도에 비해 그에 대응하는 사회적 기반은 따라가지 못하고 있는데 이것은 우리사회에서 해결해야 할 매우 중요한 과제가 되고 있다.

고령화 현상의 원인은 저출생과 평균수명의 증가이다. 한국의 합계출산율은 2022년 0.78명으로(통계청, 2023a) 세계적으로 가장 낮은 국가집단에 속하고 있고, 평균수명이 급속하게 증가하고 있어 인구의 고령화로 이어지는 것이다. 한국의 평균수명은 2021년 현재 남자는 80.6세, 여자는 86.6세로 세계 최장수국 중에 하나가 되고 있다(통계청, 2023a).

고령화 현상 중에 주목해야 할 현상은 세 가지이다. 첫째, 초고령노인의 급격한 증가이다. 2022년에 17.5%인 65세 이상 노인이 2065년에는 45.9%로 2.6배 증가하는 데 비해 80세 이상 노인은 4.2%에서 21.5%로 약 5배 증가한다(통계청, 2023a). 둘째, 노인 성비의 불균형이다. 전반적으로 여성노인의 수가 남성노인의 수보다 많으며, 연령이 높아질수록 남성노인에 비해 여성노인의 수가 많아지고 있다. 2022년 현재 65세 이상 여자를 100으로 할 때 남자의 성비는 77.5%에 머물고 있다(통계청, 2022a). 셋째, 농촌과 도시의 고령화 격차이다. 농촌지역은 도시지역보다 고령화 속도가 빨라 읍면지역은 2010년부터 65세 이상 노인인구가 20.9%로 이미 초고령사회가 되었다(농업인신문, 2012). 고령노인의 급 격한 증가, 노인 성비의 불균형, 도농 간의 고령화 격차는 노인복지서비스에 대한 욕구 의 급격한 증가에 대한 대응과 성별, 지역별 다양한 접근이 필요함을 시사하고 있다.

빠른 고령화의 사회경제적인 파급 효과는 매우 크다. 고령화는 생산인구 및 취업인구 의 감소와 저축률의 하락으로 우리 경제의 잠재적 성장률을 낮추게 되며, 사회보험 기여 금의 감소와 급여 확대, 노인복지서비스의 확대로 국민의 조세 및 사회보험 부담률을 높 이게 되고, 사회적으로 고령화는 노인에 대한 가족과 사회의 부양 부담의 증가로 이어져 노인과 가족의 삶의 질을 저하시킬 수도 있다(보건복지부, 2016). 따라서 고령화에 따른 경제성장과 사회 부담에 대한 부정적 영향을 감소시키기 위해서는 노인이 성공적 노화 로 건강하게 경제활동과 사회활동을 지속할 수 있도록 사회적 장치를 마련해야 한다.

(2) 노인문제

고령화가 진행되면서 노인의 문제들이 사회적인 문제로 부각되기 시작하였다. 전통 적으로 노인의 문제는 4고(苦)라 불리는 빈곤, 질병, 역할상실, 소외와 고독문제로 분류 되고 있다. 이를 노인복지정책을 준비하는 관점에서 좀 더 세분화하여 본다면 일과 빈 곤, 신체적 · 정신적 건강, 여가와 사회참여, 노인부양과 존엄 유지, 연령차별 문제 등으 로 구분할 수 있다.

① 일과 빈곤

사람들은 일을 통해 경제적인 풍요로움뿐만 아니라 자아정체성을 확고히 하고 성취감 과 자아존중감을 높인다. 그러나 일의 기회가 누구에게나 똑같이 주어지는 것은 아니다. 노인의 경우 평균수명이 길어지면서 옛날보다 건강하게 오래 사는 노인이 일을 하고 싶 어도 퇴직이라는 사회제도에 의해 직장을 그만둘 수밖에 없다. 우리나라 55~64세 연령 층이 주된 일자리에서 퇴직하는 평균 정년퇴직연령은 49세이다(박지혜, 2022). 그러나 실 질적으로는 72.3세에 일에서 은퇴하여 OECD 국가 중 실질 은퇴연령이 1위인 것으로 보 고되고 있다(박지혜, 2022).

통계청(2021a)에서 발표한 고령자 통계에 따르면 2020년 현재 65세 이상 고용률은 34.1%로 타 국가에 비해서도 우리나라 노인은 일을 하는 비율이 높다. 노인의 경제활동 참가율이 OECD 국가들의 평균인 15.5%보다 두 배 이상인 35.5%이며 OECD 회원국들 중 1위로 높다(황남희, 2021). 이는 공적・사적 노후 대비가 부족한 상황에서 빈곤을 벗어나기 위해 우리나라 노인들이 퇴직 후 다시 취업전선에 뛰어들고 있다는 것을 의미한다.

그런데 일하는 노인들의 근로의 질은 매우 낮다. 2022년 현재 60세 이상 취업자 중 비정규직 비중이 28.7%로 전체 취업자의 정규직 비율인 62.5%에 절반에도 못 미치고(통계청, 2023b), 60세 이상 근로자의 월평균 임금은 전체 근로자 월평균 임금의 77% 수준에 머무는 등 노인 취업자의 고용환경은 매우 열악하다(통계청, 2023b).

그럼에도 불구하고 노인의 취업에 대한 욕구는 매우 높다. 65~79세의 54.7%가 취업을 희망하고 있는데 이 비율은 지난 10년간 계속 증가하였으며(통계청, 2022a), 취업 희망 이유도 '생활비에 보탬이 되어서'가 53.3%를 차지하고 있다(통계청, 2022a). 이를 볼 때 사회안전망에 미흡한 우리나라 노인에게 취업의 기회를 주는 것은 사회적으로도 중요한 투자이자 개인의 삶의 질을 높이는 수단임을 알 수 있다.

우리나라 노인은 OECD 국가 중 경제활동 참가율이 매우 높음에도 불구하고 노인소득수준은 매우 낮다. 노인의 소득실태에서 나타나는 주요한 쟁점은, 첫째, 노후빈곤이 매우 심각함에도 불구하고 노후준비가 미흡하다는 것이고, 둘째, 노인소득의 구조 중에서 외국에 비해 근로소득이 차지하는 비중이 매우 크고 공적이전소득이 매우 적다는 것이다. 통계청 가계동향조사의 전국 1인 이상 소득자료에서 2022년 4분기 65세 이상 노인가구주 가구의 월평균 소득은 전국 가구 평균의 61.8% 수준에 머물고 있다(통계청, 2023a). 2019년 현재 우리나라 노인의 상대적 빈곤율이 43.2%로 OECD 회원국 중 가장 높은 수준임을 볼 때(통계청, 2022a), 노후빈곤은 우리나라에서 매우 시급히 해결되어야 할 문제임을 알 수 있다. 그런데도 노후를 준비하고 있는 65세 이상 노인은 48.6%로 절반이 안 되고 있다(통계청, 2021a)

우리나라 노후빈곤의 원인은 노인들이 일을 하지 않아서라기보다는 공적이전소득이 적기 때문이다. 2018년 OECD 국가들 중 노인의 소득을 기준으로 한 소득원에서 근로소득이 차지하는 비중이 OECD 평균은 25.8%임에 비해 우리나라는 52%로 두 배에 이르면서 상위그룹에 속하고 있으며, 공적이전소득이 차지하는 비중이 OECD 국가는 평균 57.1%임에 비해 우리나라는 25.9%로 하위 그룹에 머물고 있다(OECD, 2021). 기초연금과 국민연금의 성숙 등의 노인소득보장제도의 강화로 공적이전소득이 차지하는 비중은 높아지고 있지만 여전히 그 비중은 OECD 국가들에 비해 매우 낮고, 근로소득이 차지하는 비중은 여전히 높은 상황임을 알 수 있다. 또한 전통적으로 노인의 소득을 보충해 주었던 가족 간의 도움을 의미하는 사적이전소득의 비중은 낮아지고 있어 노후빈곤을 심화시키고 있다. 2020년 노인실태조사 자료에 의하면 일하여 버는 근로소득과 사업소득의 비중이 51.0%를 차지하고 있고, 공적이전소득은 22.3%, 사전이전소득은 11.7%를 차지하고 있다(이윤경 외, 2020).

선진국은 오래전부터 노후생활 보장을 위한 노후소득보장제도를 도입하여 노인의 빈곤을 예방해 왔다. 우리나라도 노후생활비 마련에 있어서 정부와 사회단체의 지원으로 해야 한다는 비중이 2011년 7.7%에서 2021년 13.4%로 증가하고 있어(통계청, 2022b) 사회의 책임이 점차 중요시되고 있는 것을 알 수 있다. 이와 같은 전반적인 노인의 경제생활실태를 볼 때, 앞으로 오랫동안 사회의 발전에 기여해 온 노인의 경제적 문제해결을 위해 소득보장제도를 강화하고 내실화할 필요가 있음을 알 수 있다.

② 신체적·정신적 건강

노인이 되면 병들고 허약해진다는 생각은 보편적인 노화과정에 대한 이해로부터 나온다. 보편적으로 청장년층과의 유병률을 비교하면 이와 같은 결론을 내릴 수도 있다. 20~40대에 10%대에 머무는 유병률이 60대 이상이 되면 57%로서, 연령이 높아질수록 유병률도 높아지기 때문이다(통계청, 2022b). 노인은 특히 만성질환에 취약하여 65세 이상 노인의 84%가 만성질환 1개 이상을 앓고 있다(이윤경 외, 2020). 만성질환과 관련하여, 우리나라 65세 이상 노인의 사망원인 1위는 암, 2위는 심장질환, 3위는 뇌혈관질환이다(통계청, 2022a). 2020년 현재 치매노인은 전체 노인의 10.29%가 되는데(보건복지부, 2021), 치매는 병에 걸린 노인뿐만 아니라 부양가족에게도 큰 고통을 주기 때문에 노인에게는 매우 중요한 건강문제이다. 또한 노인 자살률의 증가도 노인의 정신건강 측면에서 관심을 가져야 할 현상이다. 우리나라 전체 인구 자살률은 2021년에 10만 명당 26명으로 OECD 국가 중 가장 높은 자살률을 보이고 있는데, 노인인구 자살률은 60~69세는 28.4명, 70~79세는 41.8명, 80~89세는 61.3명으로 연령이 올라갈수록 자살률이 급격하게 상승하고 있다(통계청, 2021b).

그러나 노인의 건강은 양면성을 다 보아야 한다. 옛날과 비교하여 보면 노인은 전보다 더 오래 살고 대다수가 건강하며 독립된 생활을 유지하고 있기도 하다. 평균수명의 증가 외에도 노인의 기능상태를 알기 위해 옷 입기, 세수, 양치질, 머리감기, 목욕 또는 샤워하기, 차려 놓은 음식 먹기, 누웠다 일어나 방 밖으로 나가기, 화장실출입과 대소변 조절하기 등으로 측정하는 일상생활 수행능력(Activities of Daily Living: ADL)의 경우 65세 이상 노인 중 완전자립비율이 97%나 되고, 몸단장, 집안일, 식사준비, 빨래, 약 챙겨먹기, 금전

관리, 근거리 외출, 물건 구매, 교통수단 이용 등 수단적 일상생활 수행능력(Instrumental Activities of Daily Living: IADL)의 경우도 노인의 96.6%가 완전자립으로 수행할 수 있다 (이윤경 외, 2020).

노인의 건강문제와 연관되어 발생하는 사회문제는 건강보험에서 노인 진료비의 증가이다. 평균수명과 노인인구의 증가로 건강보험의 65세 이상 노인 진료비는 2021년 현재 전체 건강보험 진료비의 43.3%를 차지하고 있다(국민건강보험, 건강보험심사평가원, 2021). 노인 진료비의 증가율은 전체 진료비의 증가율보다 훨씬 높으며, 앞으로 고령화가 더 진행되면 노인 진료비는 더욱 증가할 것으로 예측된다.

따라서 노인의 신체적 · 정신적 건강 측면에서 중요한 것은 노년기 대부분을 질병과 장애가 없고, 건강한 신체적 기능과 정신적 기능을 유지하며, 적극적으로 사회에 참여하는 성공적인 노화를 경험하도록 하는 것이다. 이는 노인 의료비 절감에도 필요한 것이다. 이를 위해 건강 측면에서는 치료와 더불어 질병에 대한 예방활동을 강화해야 한다. 특히 노인 자살률을 낮출 수 있는 정책이 적극적으로 실행되어야 한다.

또한 인지능력이나 일상생활 동작능력에 문제가 있는 노인의 비율이 고령노인이나 초고령노인 집단에서는 상당히 높아지므로, 이 집단들을 위해서는 삶의 질을 높일 수 있는 제도적 지원이 병행되어야 한다. 사회 차원에서 그들이 지역사회에서 최대한도로 정상적인 생활을 영위할 수 있도록 노인과 부양가족을 경제적 · 신체적 · 정서적 등의 다양한 차원에서 돕기 위해 개인별 의료와 돌봄욕구에 대응하는 맞춤형 통합돌봄시스템을 마련하는 정책들이 실행되어야 한다.

③ 여가와 사회참여

평균수명의 연장과 조기 퇴직은 노인의 여가시간을 전보다 상당히 증가시켰다. 그런데 우리나라 노인의 여가활동을 살펴보면 아직 상당히 소극적임을 알 수 있다. 한국보건사회연구원의 노인실태조사(이윤경 외, 2020)에서 나타난 여가활동 참여율을 보면, 주로 TV 시청과 라디오 청취가 가장 많이 하는 여가활동으로 나타났으며(96.6%), 그다음으로 산책, 음악감상 등의 휴식활동을 많이 하고(52.7%), 화투, 바둑이나 장기, 등산, 화초 가꾸기 등의 취미오락활동을(52.7%) 많이 하는 것으로 나타났다. 사회 및 기타활동을 하는 노인은 44% 정도 되지만, 학습활동 참여율은 11.9%, 자원봉사 참여율은 2.9%로 매우 낮다. 이는 2013년 외국 노인의 자원봉사 참여율인 영국 노인 41%, 독일 노인 26%, 미국 노인 24.4%에 비해 볼 때도 한참 못 미치는 수준이다(보건복지부, 2016).

노인의 사회참여와 관련하여 정보화 수준은 노인이 미래 사회에 적응하는 데 매우 중요한 지표가 될 수 있다. 우리나라 노인의 정보화 수준은 많이 향상되고 있다. 인터넷이 되는 휴대폰 보유율은 37.4%, 스마트폰이나 태블릿 pc 보유율은 56.4%, 컴퓨터 보유율은 12.9%로 높아졌지만, 여전히 정보제공서비스가 온라인 인터넷 중심이라 정보 이용의 어려움을 겪는 노인이 74.1%나 되고 있어(이윤경 외, 2020), 정보화 역량이 강화되어야 함을 알 수 있다.

한편, 우리나라 노인은 손자녀를 돌보는 데에 여가시간 활용을 많이 하고 있다. 우리나라 노인의 손자녀 양육 비율은 8.7%인 것으로 나타났다(최경덕 외, 2022) 아동 관점에서 볼 때 영아기 자녀 중 23.6%가 조부모에 의해 양육되고 있으며(백선정 외, 2011), 영유아가 있는 맞벌이가구의 경우 조부모/친인척의 돌봄을 이용하는 비율이 63.6%나 되는 것으로 나타났다(조숙인 외, 2020).

우리 사회에서는 '노인'에 대해 생산적이지 않은 사람이라는 부정적 인식이 있으나, 실제 노인 취업자의 비중이 외국 어느 나라보다도 높고, 또 손자녀를 돌보는 노인도 많아 노인들이 사회에 기여하고 있는 바가 크다. 칸과 로우는 여태까지 사용해 온 '생산적'이라는 뜻을 달리 정의해야 한다고 주장하고 있다(Rowe & Kahn, 1999). 보수를 받는 일뿐만 아니라 자원봉사, 가족이나 이웃에게 비공식적 도움을 주는 것 모두 사회의 발전을 위해 필요한 일이므로 '생산적'이라고 보아야 한다는 것이다. 이러한 측면에서도 우리나라 노인의 경우 자원봉사 참여나 평생교육 참여, 손자녀 돌봄과 같이 사회에 기여하고 자기발전을 꾀하는 여가활동이 존중되고, 앞으로 더 증가될 필요가 있다.

외국에서는 노인이 사회로부터 스스로를 분리하면서 만족감을 얻는다는 분리이론(disengagement theory)보다 다양한 사회활동에 참여하면서 만족감을 얻는다는 활동이론(activity theory)이 더 설득력을 얻어 가고 있다. 우리나라 노인도 일과 여가를 통하여 생산성을 높일 수 있도록 노인 개개인과 사회가 함께 노력해야 할 것이다.

④ 노인부양과 존엄성

여성의 경제활동 참여가 증가하고, 가족구성 형태가 핵가족화하며, 노인부양에 대한 의식이 변화함에 따라 노인의 주거와 가족부양에 관련된 문제와 노인의 존엄성을 저해하는 학대, 안전, 죽음과 관련된 다양한 문제가 발생하고 있다. 2022년 65세 이상 고령자 가구는 519만 5천 가구로 우리나라 전체 가구의 24.1%에 달하고 있는데, 이 가구들 중 노인이 혼자 사는 독거가구와 노인부부가구로 구성되는 노인단독가구가 빠르게 증가하여 이들이 전체 노인 가구의 71.3%에 달하고 있으며, 특히 독거노인의 비중이 전체 노인 가구의 36.1%를 차지하고 있다(통계청, 2022a). 이에 노인의 거주 형태 중 보편적 형태는 노인만 사는 가구로서, 자녀가 동거하면서 노인을 부양하는 가구가 아닌 형태로 바뀌었다. 특히 독거노인의 비중이 늘어남에 따라 이들에 대한 관심이 필요함을 알 수 있다.

이를 볼 때 독립주택에 대한 노인의 욕구가 증가하고 있다는 것과 노인부양에 대한 문제가 앞으로 주요한 사회문제가 될 것임을 알 수 있다. 현재 우리나라의 노인부양은 여전히 가족이 주된 부양자 역할을 하고 있으나, 국민 가운데 가족이 노인을 부양해야 한다는 의식은 감소하고 정부와 사회가 함께 부양해야 한다는 의식이 증가하고 있다. 2006년에서 2022년까지 16년 동안 가족이 부모부양을 해야 한다고 생각하는 고령자의 비율은 67.3%에서 19.7%로 감소한 반면, 정부와 사회가 해야 한다는 비율은 4.0%에서 5.5%로, 가족과 정부와 사회가 같이 해야 한다는 비율은 14.9%에서 62.1%로 증가하였다(통계청, 2016a, 2022b).

한편, 노인부양 의식의 감소는 노인학대로 나타나기도 한다. 2020년 노인실태조사에 나타난 노인의 학대 경험률은 정서적 학대가 6.6%로 가장 많았으며, 신체적 학대가 1.3%, 성적 학대가 1.1%, 그리고 경제적 학대, 신체적 방임, 경제적 방임이 각각 0.2~0.4%를 차지하였다(이윤경 외, 2020).

노인부양 의식이 약화되고 가족과 떨어져 사는 노인이 증가하면서 안전 역시 관심을 두어야 하는 문제 중 하나가 되고 있다. 노인들만 사는 주거형태가 증가하고 있음에 따라 노인이 정든 지역사회에서 오랫동안 자립적으로 안전하게 살기 위해서는 주거환경이 뒷받침해 주어야 한다. 2020년 현재 65세 이상 가구주 가구의 67%는 주택을 소유하고 있어(통계청, 2022a), 주택소유율은 높은 편이지만, 이들 중 3.4%는 최저주거기준에 미달되는 집에서 살고 있다(통계청, 2021a). 그리고 노인실태조사(이윤경 외, 2020)에 따르면, 노인주택의 8.9%는 생활하기에 불편한 구조이며, 71.3%는 불편하지는 않지만 노인 배려 설비가 없는 것으로 나타나 노인주택의 편리성도 개선되어야 할 것으로 보인다. 주거환경과 관련되어 나타나는 노인안전 문제가 낙상인데, 2020년 노인실태조사에 따르면 65세 이상 노인의 지난 1년간 낙상 사고 경험률은 7.2%로 나타나고 있다(이윤경 외, 2020). 안전과 관련하여 노인의 운수 사고 사망률도 65세 이상은 전체 인구의 2배 정도로 높게 나타나고 있다(통계청, 2022a).

노인만 사는 가구가 증가하고 노인부양 의식이 약화되면서 인생의 마지막 단계인 죽음의 과정에서 존엄성을 유지하는 것이 어려운 현실이 되고 있다. 노인이 되면 누구나 경험하는 것이 죽음이다. 죽음으로부터 어느 누구도 자유로울 수 없다. 따라서 어떠한 죽음을 맞이할 것이며 어떻게 죽음에 대한 준비를 할 것인가는 인간이 풀어야 하는 마지막 숙제이다.

우리나라 노인인구의 자살률이 세계적으로 높은 것도 노인의 죽음과 연관된 중요한 사회문제이지만, 많은 노인이 사망원인 1위인 암으로 고통스러운 죽음의 과정을 경험한다는 것도 중요한 사회문제이다. 이에 따라 노인의 호스피스(임종간호)나 웰 다잉(well-dying)에 대한 사회적 관심이 증가하고 있다. 노인이 생각하는 좋은 죽음에 대한 의견을 보면, 노인들은 가족이나 지인에게 부담을 주지 않는 죽음에 대해 90.6%, 신체적, 정신적 고통 없는 죽음에 대해 90.5%, 스스로 정리하는 임종에 대해 89.0%, 가족과 함께 임종을 맞이하는 것에 대해 86.9%가 찬성함으로써 대다수의 노인들이 타인에게 부담을 주지 않고 가족과 함께 죽음을 맞이하고, 스스로 정리하면서 고통 없이 죽고 싶어 하는 것으로 나타났으며, 연명의료에 대해서는 반대하는 비율이 85.6%에 달하는 것으로 나타나(이윤경 외, 2020), 존엄한 죽음에 대한 노인 자신과 사회적 공감대가 높아지고 있는 것을 알 수 있다.

이제 노인도 자녀에게 의존해서 살고자 했던 과거의 태도에서 벗어나 독립적으로 살겠다는 의식이 높아지고 있다. 따라서 앞으로 노인이 지역사회에서 독립적으로 안전하고 건강하게 살다가 죽음을 맞이하게 되었을 때는 편안하게 죽음을 준비할 수 있도록 제도적 뒷받침이 필요하다.

⑤ 연령차별

연령차별주의(ageism)란 단순히 사람들이 특정한 연령이라는 이유로 다른 사람과는 다른 이미지와 태도를 품고 연령을 기준으로 편견을 내포한 행위를 하는 것을 의미한다. 특히 연령차별주의는 노인을 대상으로 많이 사용되는데, 커스트-애쉬먼(Kirst-Ashman, 2007)은 노인이라는 이유만으로 부정적인 이미지와 태도를 품는 것이 연령차별주의라고 하고 있다.

젊음을 강조하고 우상시하는 우리 사회에는 노동시장과 사회 전반에 걸쳐 노인에 대한 부정적인 이미지가 유포되고, 실제 노인의 삶에 영향을 미치는 차별적 행위가 이루어지고 있다. 예를 들면, 신입사원을 뽑는 홍보물에 지원 대상자를 일정 연령 이하로 제한하는 것이 당연시되고 있다. 그리고 연령에 근거한 퇴직제도도 연령차별의 중요한 예이다. 실제로 노인들은 대중교통수단 이용 시 20.8%가, 식당커피숍 이용 시 16.1%가, 판매시설 이용 시 14.7%가, 의료시설 이용 시 12.7%, 일터에서 10.6%가, 공공기관 이용 시

8.7%가 연령차별을 경험했다고 보고하고 있다(이윤경 외, 2020).

성차별과 마찬가지로 연령차별 역시 개인의 능력과 노력 이외의 것에 대우와 보상의 기준을 두는 것으로, 개인적으로도 형평적이지 않고, 노인의 잠재력을 제한하기 때문에 경제사회 발전을 위해서도 바람직하지 못하다. 다행히 우리나라에서는 「고용상 연령차별금지 및 고령자고용촉진에 관한 법률」에서 합리적인 이유 없이 연령을 이유로 하는 고용차별을 금지하여 연령차별을 방지할 수 있는 근거를 마련했다. 이와 같은 법 집행과 더불어 우리 사회에서 노인에 대한 부정적인 편견과 이미지를 바꾸기 위한 노력을 병행해야 할 것이다.

3) 노인복지정책과 서비스

(1) 노인복지정책의 목적과 기본방향

한국에서 노인복지정책의 핵심적인 법적 근거는 「노인복지법」이다. 「노인복지법」의 목적은 노인의 질환을 예방하고, 적절한 치료와 요양으로 심신의 건강을 유지하며, 노후의 생활안정을 위해 필요한 조치를 강구하도록 하여 노인의 보건복지증진에 기여하는 것이다(「노인복지법」 제1조). 「노인복지법」은 1981년에 제정된 후 수차례에 걸친 개정으로 노인복지의 발전을 이끌어 왔다. 「노인복지법」의 기본정책은 점차 고령화되어 가는 사회의 변화를 반영하여 궁핍한 노인 중심의 잔여적 서비스에서 일반 노인을 대상으로 하는 보편적 서비스로, 가족보호원칙에서 국가보호를 강화하는 것으로, 수용시설보호에서 재가복지를 강조하는 것으로, 노인학대에 대한 법적 장치를 마련하여 노인인권을 강화하는 것으로 바뀌어 왔다.

그러나 「노인복지법」만으로는 저출산과 연관된 급속한 고령화에 대비하기 어렵고 전반적인 경제와 사회 시스템을 변화시켜야 한다는 판단하에 2005년에 「저출산·고령사회기본법」이 제정되었다. 이 법에 따르면, 대통령을 위원장으로 하는 저출산·고령사회위원회를 설치하여 5년마다 기본계획을 수립하고 고령사회정책을 체계적으로 추진하도록 되어 있다. 이 위원회는 1차 계획에서 가족친화적 인구대책을 통해 출산안정을 도모하고, 고용확대를 통해 성장 기반을 강화하며, 누구나 안심할 수 있는 노후생활 보장체계를 만들고, 고령친화적인 재정·금융 정책을 마련하는 것을 목표로 하였다. 2010년에는 제2차 저출산·고령사회 기본계획이 마련되어 고령화기본계획 대상을 50세 이상 등 베이비붐세대로 확대하고 정책 영역을 소득·일자리·주거·건강 등 전반적인 영역으로 확대하여 다양한 영역에서 고령사회를 대비하도록 하였다.

그러나 고령사회로의 진행의 원인인 저출산문제가 해결되지 않자 2015년 제3차 저출산·고령사회기본계획은 저출산·고령화문제에 대해 그동안의 미시적이고 현상적인 접근에서 벗어나 종합적이고 구조적인 접근을 시도하는 것으로 방향을 전환하였다. 즉, 종전의 기혼가구 보육 부담 경감에서 일자리와 주거 등과 관련된 만혼, 비혼대책으로 전환하고, 기존 제도의 내실 있는 실천과 사회인식 변화 중심으로 접근하겠다는 것이다. 고령사회 대응 역시 소득과 건강보장제도 도입이 달성되고 이들 제도가 성숙기에 이르렀기 때문에 사각지대 해소와 급여수준을 높이는 것, 그리고 고령사회에 적합한 고용과 산업 분야에서의 구조개편에 주력하는 것으로 방향을 전환하였다(보건복지부, 2015).

2020년에는 제4차 저출산·고령사회기본계획(2021~2025)이 수립되었다. 이 계획은 개인을 노동력·생산력의 관점에서 바라보는 국가발전전략의 관점에서 개인의 삶의 질을 제고하는 전략으로 기본관점을 전환하고, 저출산 문제에 대해서는 사회·경제·구조적 요인과 가치관 변화의 총체적인 결과라는 인식하에 거시적 접근을 병행하고자 하였고, 노인들에 대해서는 능동적 주체로서의 역할을 지원하는 접근 방향을 정립하였다(저출산고령사회위원회, 2020). 거시적인 접근 방향에는 함께 일하고 함께 돌보는 사회를 조성하고, 건강하고 능동적인 고령사회를 구축하며, 모두의 역량이 고루 발휘되는 사회를 만들고, 인구구조 변화에 대해 적응한다는 전략들이 녹아들어 있다. 특히 고령자가 '살던 곳에서 편안한 노후(aging in place)'를 보낼 수 있도록 지역사회 통합돌봄을 전국으로 확산하고 생계급여 부양의무자 기준을 폐지하는 등 기본생활에 대해 국가책임을 강화하는 것과, 고령자를 부양 대상이 아닌 '삶의 주체'로 인식하여 신중년의 능동적 역할과 선택을 지원하기 위한 사회적 기반을 마련하는 등 베이비붐세대의 노인층으로의 진입이 가속화되는 고령화에 대해 적극적으로 대응하고자 하였다(저출산고령사회위원회, 2020).

(2) 노인복지정책과 서비스 쟁점

① 일과 적정한 소득보장을 통한 경제적 안정

성공적인 노화의 우선 조건은 경제적 안정일 것이다. 최근 노후소득보장제도의 강화에 따라 노인의 소득원 중 공적이전소득의 비중이 높아지고 있는데, 공적이전소득을 구성하는 주요 제도는 국민연금, 국민기초생활보장, 기초연금이다.

국민연금은 노인을 빈곤으로부터 예방하고자 하는 정책으로 1988년부터 시행되어

2008년부터는 완전노령연금이 지급되기 시작하였다. 그러나 2021년 65세 이상 인구 중 공적연금을 받는 사람은 55.1%에 그치고 있는데, 그중에 국민연금을 받는 노인이 89.2%를 차지하고 있다(통계청, 2022a). 2022년 12월 기준 1인당 국민연금의 월지급액은 평균 53만 원 수준으로(국민연금공단, 2023.4.24.) 적정한 소득수준을 보장하기에는 미흡하다. 즉, 국민연금이 시행된 지 35년이 지난 2023년 현재에도 노인의 절반 정도가 공적연금을 못 받고 있어 국민연금의 사각지대가 존재하고, 국민연금 급여액 수준도 미흡하여 국민연금 사각지대를 해소하는 것이 노후소득보장에서 중요한 과제가 되고 있다. 이와 같은 국민연금 사각지대 해소를 위해 제4차 저출산·고령사회계획에서는 저소득지역가입자의 국민연금 보험료를 지원하고, 퇴직연금을 활성화하며, 주택연금 대상을 확대하고자 하였다. 2021년 '두루누리' 연금보험료 지원으로 10인 미만 사업장에서 일하는 근로자의 소득이 월 220만 원 이하인 경우 근로자에게 연금보험료를 지원하여 국민연금 사각지대를 축소하고자 하고 있으며, 농어업인의 경우도 소득이 월 100만 원 이하인 경우 연금보험료를 일부 지원하고 있다(보건복지부, 2021).

우리나라 노인들은 자산 중에 부동산이 차지하는 비중이 80.9%로 매우 높기 때문에(통계청, 2022a) 자산을 활용한 주택연금도 노후소득보장의 주요 원천이 될 수 있다. 주택연금은 만 55세 이상 노인에게 부부합산 기준으로 공시가격 등이 9억 원 이하인 주택소유자에게 집을 담보로 맡기고 자기 집에 평생 살면서 일정기간, 혹은 살아 있는 동안 매월 연금을 받도록 하여 국민연금을 보완하는 중요한 소득보장정책으로 이용되고 있으며, 앞으로 더 활성화되어야 할 것이다(한국주택금융공사, 2023. 4. 24.).

국민연금의 사각지대에 있는 노인들의 빈곤을 완화하기 위해서는 2008년부터 시행되어 오던 기초노령연금제도를 강화하여 2014년 7월부터 65세 이상 노인의 소득인정액이 하위 70%에 속하는 노인들에게 정액급여를 주는 기초연금제도를 시행하고 있다. 기초연금액수는 2023년에 최대 월 323,180원으로 인상되면서(보건복지부, 2023. 4. 24.) 노인의 약 70%가 혜택을 받고 있어 지금까지 노후생활 안정을 위한 어떠한 정책보다도 대상자 수의 규모가 큰 정책으로서 노후생활 안정에 큰 도움을 주고 있다.

빈곤층의 경제적 생활안정을 위한 정책인 국민기초생활보장제도도 노후빈곤을 감소시키는 제도이다. 2001년부터 시행된 이 제도는 2015년부터 맞춤형 급여체계로 개편하고 부양의무자 기준을 완화하면서 65세 이상 수급자 수가 증가하였는데, 특히 노인의 국민기초생활보장제도의 생계급여 수급의 장애요인이었던 부양의무자 기준이 2021년부터 폐지됨으로써 노인의 부모 또는 자녀 가구의 연 소득이 1억 원을 초과하거나, 일반 재산이 9억 원을 초과하는 경우가 아닌 한, 자녀의 소득이나 재산으로 인하여 생계급여를 받지 못하는 문제가 해소되어 노인빈곤완화에 기여하였다(보건복지부, 2021). 2021년 현재 전체 기초생활수급자의 47%가 60세 이상 노인으로 구성되어 있다(보건복지부, 2022).

그러나 노후생활 안정을 소득보장정책으로 일관하기에는 사회적 비용이 너무 크다. 개인적 측면에서 성공적 노화의 요건으로도 경제생활에 적극적으로 참여하는 것이 매우 중요하다. 고용보장정책은 노후에도 일자리를 보장하여 소득안정과 함께 자아정체성 확립에도 도움을 주는 것으로 연소노인과 중고령노인의 절반 이상이 일을 하고 싶어 하는 욕구를 채워 줄 수 있는 매우 중요한 노인복지정책이다. 우리나라에서 노인들의 고용을 촉진하는 제도는 크게 고용노동부와 보건복지부의 정책으로 구성된다.

우선 고용노동부에서 집행하는 노인들을 위한 고용촉진제도로「고용상 연령차별금지 및 고령자고용촉진에 관한 법률」에 의해 300인 이상 사업장에 대하여 55세 이상의 고령자를 산업에 따라 상시 근로자의 2~6%를 고용하도록 권장하고, 연령에 의한 고용차별을 금지하는 것이 있다. 2013년에는「정년연장법」이 제정되어 60세 이상으로 정년을 연장하도록 하여 조기 정년에 따른 노후생활의 불안을 해소할 수 있는 기반이 마련되었다. 공공기관, 지방공사, 지방공단, 300인 이상 사업장은 2016년부터, 국가 및 지방자치단체, 300인 미만 사업장은 2017년부터 이 법의 적용을 받게 되었다. 고용노동부는 고령자의 계속고용을 지원하기 위해 고령자고용안정지원금제도를 시행하고 있다. 이 제도는 고령자 계속고용장려금, 고령자고용지원금을 사업장에 지급하는 제도이다. 2020년에 신설된 고용자 계속고용장려금제도는 정년을 운영 중인 사업주가 정년을 연장 또는 폐지하거나, 정년을 변경하지 않아도 정년에 도달한 근로자를 계속해서 고용하거나 재고용하는 사업주에게 비용의 일부를 지원하는 제도로 계속고용된 근로자 1인당 월 30만 원씩 최대 2년간 총 720만 원을 지원하는 제도이다(고용노동부, 2023). 고령자 고용지원금제도는 이것을 신청하는 분기의 월 평균 만 60세 이상 근로자 수가 직전 3년 평균보다 증가한 경우, 증가인원 1명당 분기 30만 원을 최대 2년까지 총 240만 원을 우선지원대상 중견기업 사업주에게 지원하는 제도이다(고용노동부, 2023).

이 외에도 고용노동부에서는 고령자를 포함한 중장년층의 재취업을 위해 중장년내일센터, 생애경력설계서비스, 고령자인재은행 등의 사업을 시행하고 있다. 또한 퇴직 후 사회공헌 및 일자리를 지원하기 위해 신중년 경력형 일자리 지원사업, 재취업지원서비스 지원사업 등을 실시하고 있다(고용노동부, 2023. 4. 25.).

정년연장제도를 활성화하는 방안으로 정년을 연장하는 대신에 기존에 근로자가 받던 임금수준을 낮출 수 있도록 정부가 지원하는 제도로 2006년부터 2018년까지 임금피크제 지원금제도가 시행되었었다. 임금피크제 지원금제도는 임금피크제의 적용으로 임금이 줄어든 근로자에게 줄어든 임금의 일부를 정부가 직접 지원하는 제도로 시작했으나, 60세 이상 정년의무화 이후 2018년에 종료되었다. 임금피크제는 2021년 현재 1인 이상 사업장의 22%, 300인 이상 사업장의 52%가 운영하고 있다. 임금피크제 도입은 지원제도의 도입 후 계속 증가 추세를 보이다가 2019년부터 정체하는 모습을 보이고 있다(고용노동부, 2022). 정년연장법은 기업의 노동비용을 증가시키고, 청년의 신규채용을 축소시킬 수 있다는 주장이 제기되고 있어 임금피크제, 임금구조의 단순화 등은 앞으로도 정년연장과 함께 병행되어야 할 과제로 남아 있다.

노인들의 일자리는 보건복지부에서 시행하는 노인일자리 및 사회활동 지원사업으로부터도 창출되고 있다. 이 사업은 노인들의 사회활동과 소득보장이라는 두 가지 목표를 동시에 달성하고자 만들어졌으며, 이전의 공공형과 민간형의 분류체계에 2019년부터 사회서비스형 일자리를 추가하였다. 공공형 일자리는 시민서비스에 가까운 유형으로 저소득 노인들에게 일정한 참여기간, 사회적 기여, 최소한의 금전적 보상을 하여 소득보전을 지원하고 동시에 공공의 영역에서의 활동을 통해 사회적 가치도 창출하고 있다. 공공형 일자리 중 공익활동유형은 기초연금 수급자에게 월 27만 원의 활동비를 11개월간 지원하는데, 노노케어, 취약계층 지원, 공공시설 봉사, 경륜전수 활동 등을 지원하며, 재능을 나누는 봉사성격의 활동인 재능나눔활동은 월 10만 원의 활동비를 6개월간 지원한다(보건복지부, 2021). 민간형 일자리는 소득보전과 자립을 지향하는 유형으로 시장형사업단, 취업알선형, 시니어인턴십, 고령자친화기업운영 지원 등으로 구성된다. 사회서비스형은 노인의 경력과 활동역량을 사회적 도움이 필요한 데에 다양한 서비스로(예: 지역사회돌봄, 안전관련서비스 등) 제공하는 일자리를 지원하며 월 59만 4천 원의 급여를 10개월간 지급한다(보건복지부, 2021). 2021년 노인일자리 및 사회활동 지원사업 운영 실태를 보면, 공공형 중 공익활동이 전체 사업의 73.1%로 대부분을 차지하며, 민간형 사업이 18.3%, 사회서비스형이 6.7%를 구성하고 있다(보건복지부, 2021). 보건복지부의 노인일자리 및 사회활동 지원사업을 통해 2021년에 총 836,172명의 노인에게 일자리를 제공하고, 상대적 빈곤율을 줄이며, 의료비 지출도 감소시키고, 우울수준도 줄이고, 자아존중감과 삶의 만족도는 높이는 것으로 나타나는 성과도 있지만(보건복지부, 2021), 이 사업의 70% 이상이 공공형 일자리로 구성되면서 노인일자리의 소득보장수준과 질적 수준을 높여야 한다는 과제를 안고 있기도 하다.

이와 같이 노인을 위한 국민연금, 기초연금, 국민기초생활보장 등의 소득보장제도와 고용노동부의 고령자 고용지원제도 및 보건복지부의 노인일자리 및 사회활동 지원사업을 통해 노인의 노후소득보장을 지원하고 있지만, 현실에서는 여전히 노인의 빈곤율이 세계적으로 높은 수준에 머물고 있다. 앞으로 적정수준의 노후소득보장을 달성하려면 노인 고용의 양과 질을 높이고 공적소득보장을 더욱 강화하여, 퇴직과 더불어 공적소득보장이 잘 연계되면서 노후에 소득보장이 단절됨 없이 이루어지도록 노인소득보장과 고용보장정책들이 더 정비되어야 할 것이다.

② 건강유지와 지속적인 케어

성공적 노화를 위해서는 노인의 건강상태에 따라 안전하고 쾌적하면서 자립생활을 최대한도로 유지할 수 있도록 노인케어 서비스가 지속적으로 지원되어야 한다. 제4차 저출산 · 고령사회기본계획에서도 "살던 곳에서 편안한 노후(aging in place)"를 보낼 수 있도록 하는 것을 강조하고 있다(관계부처합동, 2020). 그러기 위해서는 [그림 10-2]에서처럼 노인의 건강이 약화됨에 따라 제공되어야 하는 일반주거 서비스, 사회활동보조 서비스, 가사보조 서비스 및 의료간호 서비스의 비중은 달라지지만 이들이 연속선상에서 서로 연결되어 제공되어야 한다.

한국에서는 급성질환을 가진 노인은 입원과 외래 서비스를 받을 수 있도록 국민건강보험제도가 운영되고 있다. 그리고 만성질환으로 점차 기능이 떨어져 가는 노인들에

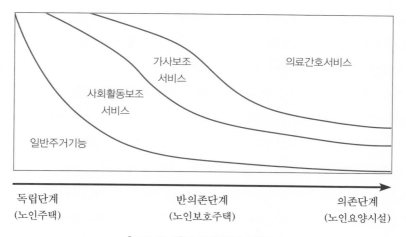

[그림 10-2] 노인주택과 서비스

출처: 이연숙(1995): 이해영(2006)에서 재인용.

게 지속적인 케어를 제공하기 위해 지역사회 내에서 전문적 간호와 사회서비스를 받을 수 있도록 하는 재가복지서비스와 요양병원과 요양시설에서 치료와 다양한 사회서비스를 받을 수 있도록 하는 장기요양보험제도가 2008년 7월부터 시행되고 있다. 노인장기요양보험제도는 전 국민을 대상으로 하고 있는데, 장기요양급여를 신청할 수 있는 사람은 65세 이상 노인과 65세 미만이라도 노인성질환을 가진 국민으로 6개월 이상 혼자 일상생활이 어려운 자로서 장기요양등급판정위원회에서 등급판정(1~5등급)을 받은 자이다. 2018년부터는 경증치매노인들을 위해 인지지원등급을 신설하여 주야간보호 인지서비스를 제공함으로써 장기요양보장성을 강화하였다(보건복지부, 2021). 급여종류로는 재가급여와 시설급여, 특별현금급여가 있다. 재가급여는 요양보호사, 간호사 등이 수급대상이 된 노인의 가정을 방문하여 신체활동 및 가사활동 등을 지원하는 서비스로서 방문요양, 방문목욕, 방문간호, 주야간보호, 단기보호, 기타 복지용구를 제공하는 서비스 등이 있다. 이 재가급여는 노인이 살던 가정에서 생활할 수 있도록 해 주는 재가복지 서비스이다. 시설급여는 가정에서 머물기 힘든 수급대상 노인이 장기요양시설에서 장기간 동안 생활할 수 있도록 신체활동지원과 같은 서비스를 제공한다. 특별현금급여는 장기요양시설이 부족한 외지에 살아서 재가급여나 시설급여를 받지 못하고 주로 가족이 요양서비스를 직접 노인에게 제공해야 하는 경우 가족에게 주는 가족요양비이다. 2016년 7월부터는 장기요양 수급자의 상태나 욕구에 따라 다양한 종류의 재가급여를 혼합하여 제공해야 할 필요성을 반영하여 방문요양에 주간보호를 혼합하거나(주야간보호통합형), 방문요양에 방문간호를 혼합하여 제공하는(가정방문통합형) 통합재가시범사업으로 진행되다가 2021년 10월부터 모의적용이 추진되었다.

　　장기요양보험제도는 노인돌봄의 중축을 이루고 있는 중요한 제도로 시행 이후 인정자가 지속적으로 증가하여 2021년 말 현재 전체 노인인구의 10.7%인 95만3511명 정도가 장기요양보험제도의 서비스를 받고 있고, 그중에서 재가노인시설 이용자는 205,995명으로 장기요양서비스를 받는 노인의 21.6%를 차지하고 있으며, 이들 이용자들은 장기요양보험 신청자의 63.5%에 해당한다(보건복지부, 2021). 장기요양보험 이용자가 확대되고 있는 것은 장기요양보험이 잘 정착되고 있다는 것을 보여 준다. 그러나 재가나 시설급여에 대한 욕구가 있는 노인들이 모두 장기요양보험급여를 받지는 못하고 있기 때문에 대상자 확대가 필요하며, 재가노인시설이용 비율을 더 높여 "살던 곳에서 편안한 노후"를 보내도록 한다(관계부처합동, 2020)는 제4차 저출산고령사회계획의 목표가 실천되도록 해야 할 것이다.

　　노인장기요양보험의 혜택을 받지 못하는 저소득층 노인에 대해 2020년부터 노인맞춤돌봄서비스가 시행되고 있다. 이 서비스는 일상생활이 힘든 저소득 노인을 대상으로 돌봄서비스를 제공하여 안정적인 노후생활을 보장하고, 기능을 유지하며, 건강이 악화되는 것을 예방하고자하는 목표를 가지고 있다. 이는 기존에 시행되던 노인돌봄기본서비스, 노인돌봄종합서비스, 단기가사 서비스, 초기독거노인 자립지원, 독거노인 사회관계 활성화, 지역사회 자원연계 등의 유사하거나 중복적인 노인돌봄사업들을 통합하여 대상자의 욕구를 바탕으로 맞춤형으로 안전지원, 사회참여, 생활교육, 일상생활지원, 정서지원 등 다양한 서비스를 생활지원사가 제공하도록 한 서비스이다. 이 서비스를 받을 수 있는 저소득층은 65세이상 기초생활수급자, 차상위계층, 기초연금 수급자 중 돌봄이 필요하다고 인정되는 노인으로 제한되어 있다. 2021년 현재 약 50만 명이 이 서비스를 제공받고 있다(보건복지부, 2021).

　　지속적인 케어가 정말 필요한 노인은 치매노인이다. 고령사회로 감에 따라 치매노인이 증가하고 있으므로 2011년 8월에 「치매관리법」을 제정하고 2017년에는 '치매 국가책임제'를 선포하면서 치매환자와 부양가족에 대해 국가의 책임을 강화하고 있다. 또한 5년마다 치매관리종합계획을 수립하고 있는데, 2020년에 제4차 국가치매관리종합계획(2021~2025)을 수립하면서 치매예방과 치료에 대한 국가적으로 체계적인 관리정책을 추진하고 있다. 국가적으로 체계적인 치매관리를 위해 17개 시·도에 광역치매센터를 설치하고 전국 모든 보건소에 치매상담센터를 설치하여 무료로 치매선별검사를 실시하고 있고, 그 안에 치매상담전문요원을 배치하고, 치매노인 사례관리를 실시하며, 가족지원 강화 및 치매에 대한 사회적 인식을 개선하는 일 등을 시행하고 있다. 2018년부터는 '치매국가책임제'를 실시하여 치매상담센터를 치매안심센터로 바꾸면서 치매 조기검진을 통해 인지지원등급을 받을 수 있도록 지원하고 있다. 2019년부터는 치매전문병동을 설치한 공립요양병원 중 치매 전문 의료인력을 갖춘 병원을 치매안심병원으로 지정하여 중증치매환자를 집중적으로 치료하고 있으며, 치매전담형 주야간보호시설 및 요양시설도 단계적으로 확충하고 있다.

　　앞으로 우리나라 노인의 성공적인 노후를 위해서는 건강에 대한 다양한 욕구에 따른 케어가 단절 없이 연계되면서 노인들에게 지속적으로 제공되어야 한다. 2021년 현재 우리나라 노인장기요양보험 등급인정자는 노인인구의 10% 정도 인데, 이렇게 노인돌봄에 대한 공적보험을 운영하는 일본, 독일 등은 15~18% 수준인 것을 볼 때(보건복지부, 2017) 여전히 돌봄에서 사각지대가 있을 것으로 생각된다.

장기요양보험과 저소득 노인들을 위한 맞춤형돌봄서비스가 시행되고 있음에도 불구하고, 민간의료기관들이 각각 시장기제를 통하여 서비스를 제공하다 보니, 이러한 돌봄서비스들이 공급자 위주로 제공되고 있기 때문에 서비스 분절 문제가 발생하고 있다. 노인실태조사(이윤경 외, 2020)에 따르면 노인의 56.5%가 살던 곳에서 여생을 마치는 것을 원하고 있으나, 지역사회의 통합적 돌봄 체계가 미흡하기 때문에 대다수가 병원이나 시설에서 죽음을 맞이하는 것이 현실이다. 노인은 의료와 돌봄에 대한 복합적 욕구를 지님에도 불구하고 의료와 요양서비스 간의 연계가 잘 이루어지지 않는 것이 돌봄의 사각지대를 발생시키는 문제 원인으로 작동하며, 이것은 사회적 비효율을 발생시키고 있다. 그 예로 요양병원의 부적절한 입원통계에서 나타나듯이 경증으로 입원하는 비율과 1년이상 장기입원 환자의 비율이 2008년에서 2016년 사이 2.8배가 증가하고 있는 것을 들 수 있다(신현웅 외, 2018: 관계부처합동, 2020에서 재인용).

제4차 저출산·고령사회 기본계획에서는 살던 곳에서 건강하고 편안하게 생활할 수 있도록 "재가기반 건강·돌봄서비스 확충"을 실천 전략으로 내놓고 있으며, 지역사회 통합돌봄이 이러한 전략의 실행하는 중요한 사업이 되고 있다(관계부처합동, 2020). 이 지역사회 통합돌봄이라는 것은 노인과 장애인 등이 평소 살던 지역사회에서 지속적으로 거주할 수 있도록 주거, 보건의료, 요양, 돌봄 등 다양한 서비스를 통합적으로 제공하는 것이다.

보건복지부는 2018년에 지역사회 통합돌봄 기본계획을 발표하고 2019년부터 2021년까지 16개 지방자치단체를 선정하여 지역사회 통합돌봄 선도사업을 실시했다. 이를 토대로 2025년까지 지역사회 통합돌봄을 전국적으로 확산시킨다는 계획이 제4차 저출산·고령사회 기본계획에 포함되었고 2022년까지 지역사회 통합돌봄법 제정을 추진한다는 계획을 세웠으나, 시범사업이 끝난 후 2023년 현재에도 아직 이 법은 제정되지 않은 상태이다. 지역사회 통합돌봄사업은 예방적 서비스에 초점이 맞춰져 있어 사회적 입원 감소효과가 미미한 것으로 나타나, 지역사회 돌봄서비스 체계의 좀 더 근본적인 변화가 필요하다는 주장이 나오고 있다(최혜진, 2022). 이를 위해 다양한 재가복지서비스를 계속 발전시키고 예방적인 정책들을 강화하여 노인이 지역사회 내에서 최대한도로 신체적 기능과 정신적 기능을 유지하면서 독립적인 생활을 영위해 나가도록 하는 동시에 시설에서의 케어가 필요한 노인에게는 돌봄서비스가 적절하게 제공되면서도 사회적 입원을 줄일 수 있는, 좀 더 체계적이고 실효성 있는 지역사회 통합돌봄으로 발전해야 할 것이다.

③ 노인의 안전과 존엄 유지

노인도 존엄성을 가진 존재이므로 자신의 생활과 관련하여 스스로 결정할 수 있는 권한을 가져야 한다. 노인이 원하는 지역사회에서 독립적으로 안전하고 존엄성을 유지하면서 살도록 하려면 우선 안전한 주거가 가능하도록 지역사회를 고령친화적으로 만드는 것이 필요하다. 이를 위해 2012년부터 장애인·고령자 등 주거약자 지원에 관한 법률이 시행되면서 노인들을 위한 주택공급을 확대하기 위한 기틀이 마련되었다. 제4차 저출산·고령화 대책에는 고령자를 위한 "안전하고 편안한 주거·교통 여건 조성 및 고령친화 커뮤니티 확산을 통한 고령친화적 거주환경조성"이라는 노인안전을 위한 실천 전략과 "존엄한 삶의 마무리 지원을 통해 전 생애에 걸친 삶을 준비하고 대응할 수 있는 체계 형성"이라는 실천 전략을 세웠다(관계부처합동, 2020).

노인이 지역사회에서 독립적으로 안전하게 살도록 하기 위해서는 노인이 살고 있는 집이 편안하고 안전한 주거환경으로 되어야 한다. 노인을 위한 주거복지정책으로는 집에서 사는 노인들을 위한 정책과 가족부양이 어려운 노인들을 위해 노인주거복지시설에 대한 정책이 있다. 생활시설이 아닌 자가가구에 거주하는 노인들의 주거지원을 위해서는 고령 주거급여 수급자에 대해 이동편의시설이나 냉방기기를 추가 지원하도록 주거급여 지침을 2019년에 개정하였다. 그리고 공공임대정책으로는 공공임대 호수의 5~8% 이상을 주거약자용으로 공급하는 방안으로 안전 바를 설치하고 문턱을 제거하며, 높낮이 조절 세면대를 설치하는 등 무장애(Barrier free) 설계를 하도록 하고, 영구임대주거지역에 사회복지관을 결합하여 커뮤니티 케어 등의 복지서비스를 연계하여 제공하는 고령자 복지주택을 도입하여 2019년 말에 10곳에 1,268호를 공급하였다(국토교통부, 2020). 2020 주거복지로드맵 2.0에는 2025년까지 공공임대 8만 호에 무장애 설계를 적용한 맞춤 임대주택 공급을 확대하고, 고령자 복지주택은 1만 호까지 확대하며, 기존 주택을 매입하여 커뮤니티시설을 갖춘 노인주택으로 리모델링한 후 공급하는 고령자 리모델링 주택을 1만 호까지 확대하는 계획이 나와 있다(국토교통부, 2020). 노인주거복지시설로는 2021년 말 양로시설 192개소, 노인공동생활가정 107개소, 노인복지주택 38개소가 운영되고 있으며, 이를 이용하는 노인들이 14,753명에 이르고 있다(보건복지부, 2021). 코로나19가 장기화되면서 대면서비스제공이 어려워진 양로시설에 사는 노인들의 안전수준을 높이고자 양로시설 사물인터넷(IoT) 활용 비대면 돌봄 시범사업이 2020년도에 시작되어 2022년까지 순차적으로 국비 지원 양로시설 94개소 전체에 확대되었다(보건복지부, 2021a).

노인의 안전을 위협하는 환경, 죽음에 대한 사회의 부정적·소극적 시각, 시설에서의 노인인권 무시 등 고령화가 진행되면서 노인의 존엄성을 약화시키는 문제들이 발생하고 있다. 노인의 신체적 약함과 경제사회적 의존성의 증가는 그들로 하여금 쉽게 학대의 대상이 되도록 한다. 사회에 만연해 있는 연령차별주의와 노인공경의식의 약화는 노인의 안전을 위협하기도 한다. 우리나라에서는 「노인복지법」에서 노인학대를 금하고 있으며, 2021년 현재 중앙노인보호전문기관 1개를 포함하여 전국 38개소의 노인보호전문기관, 학대피해노인전용쉼터 19개소가 운영되고 있다(보건복지부, 2021a). 의료인과 119 구급대원, 그리고 노인복지시설, 장애인복지시설, 가정폭력 관련 상담소와 가정폭력 피해자 보호시설, 노인(재가)장기요양기관, 건강가정지원센터, 사회복지관 등 대부분의 사회복지시설에서 종사하는 사회복지사들과 사회복지전담공무원들에게는 노인학대를 알게 된 경우 신고의 의무를 두고 인권교육을 실시하고 있다. 노인양로시설, 노인공동생활가정, 노인요양시설, 노인요양공동생활가정 같은 노인주거복지시설과 노인의료복지시설에서는 집단생활을 하다 보니 노인 개개인의 의견이 무시되고, 활동에 제약이 가해지며, 노인 개인의 욕구보다는 행정적 편의에 따라 시설이 운영되어 노인의 인권이 침해받는 경우가 발생하기도 한다. 2021년 현재 생활시설에서의 노인학대는 전체 신고된 학대사례의 7.9%를 차지하고 있다(보건복지부, 2021a). 시설에 사는 노인의 인권문제도 사회의 관심이 필요한 부분이다.

노인이 되면 죽음을 가까운 현실로 대면하게 된다. 빈곤에 시달리는 노인, 질병문제로 자식에게 부양의 부담을 주게 되거나 학대의 대상이 된 노인, 또는 독거노인으로 고독하게 노후를 보내는 노인은 자살로 삶을 마감하고 싶은 유혹을 못 이길 때가 있다. 우리나라의 높은 자살률을 감소시키기 위해 2011년 3월 「자살예방 및 생명존중문화 조성을 위한 법률」이 제정되어 자살예방을 위한 대책수립의 기초를 마련하고 이를 근거로 자살예방을 위한 다양한 사업이 추진되고 있다. 이에 전 국민을 위하여 자살예방센터가 전국적으로 운영되고 있지만 특히 자살위험이 높은 독거노인들에 대해서는 일상생활을 하기가 어려운 노인을 대상으로 생활지원사가 적절한 돌봄서비스를 제공하여 기능과 건강의 악화를 예방하고자 노인맞춤돌봄서비스가 2020년 1월부터 시행되었다. 이는 65세 이상 기초생활수급자, 차상위계층, 기초연금 수급자 중 장기요양보험 등의 유사한 서비스를 받지 않고 있는 노인들에게 제공되는데, 2022년에 약 50만 명에게 제공되었다(보건복지부, 2021a). 이 외에도 건강상태가 취약한 독거노인들의 집에 화재, 가스, 활동감지기 및 응급호출가능장비를 설치하고 응급상황 시 119나 지역센터응급관리요원과 연계하여 신속한 구조를 지원하는 독거노인응급안전서비스도 제공되고 있다. 또한 외로움이나 고독사, 자살 등을 예방하기 위하여 공공기관과 민간기업, 일반 자원봉사자가 서로 연계하고 협력하는 자원봉사사업으로 독거노인 사랑잇기사업이 시행되고 있다(보건복지부, 2021a).

요즘 우리 사회에서는 대부분의 노인이 집에서 죽음을 맞이하기보다 병원이나 양로원에서 죽음을 맞이하고 있다. 죽음은 두려움의 대상이기도 하지만 삶을 회고하고 정리하며 자신을 되돌아볼 수 있는 기회이기도 하다. 대부분의 사람이 죽는 순간 존엄성을 유지하며 죽기를 바란다. 그러나 현재 병원이나 노인의료복지시설의 환경에서는 한 사람의 인간으로서 존엄성을 유지하면서 죽기보다는 병명을 가진 환자로서 치료 대상으로 취급받다가 죽음에 대한 준비도 못 한 채 죽음을 맞이하게 되는 경우를 흔히 본다. 호스피스 서비스는 죽음을 눈앞에 둔 환자가 기계에 의해 생명을 유지하지 않고 존엄성을 유지하면서 죽을 수 있는 환경을 만들어 준다. 대부분의 노인이 연명의료를 반대하는 상황에서 죽음을 앞둔 노인 환자들의 존엄성을 지키기 위하여 '웰 다잉법'이 2016년 2월 국회를 통과하였다. 정확한 이름은 '호스피스 완화의료 및 임종과정에 있는 연명의료 결정에 관한 법'이다. 이를 통해 말기암, 후천성면역결핍증, 만성폐쇄성 호흡기질환, 만성간경화처럼 회복불가능한 환자에게 연명의료를 중단할 수 있는 근거를 마련하였다. 2021년 말 사전연명의료의향서 작성건수는 지속적으로 증가하여 1,158,585건이었으며, 연명의료 중단 등 이행건수는 192,456건이었다(보건복지부, 2021a). 또한 2021년에는 입원형 호스피스 전문기관이 88개(병상 수 1,470)개, 가정형 호스피스 전문기관이 39개 운영되고 있으며, 시범사업으로 자문형 호스피스기관이 33개, 요양병원형 호스피스기관이 11개소, 소아청소년 호스피스기관이 9개소 운영되고 있다(보건복지부, 2021a).

노인단독가구들이 증가하고 부양 의식이 약화되고 있다. 이에 대응하여 노인들이 지역사회에서 독립적으로 안전하게 살도록 고령친화환경을 만들고, 인생의 마지막 단계에서 존엄한 죽음을 맞이할 수 있도록 새로 제정된 법 집행이 성공적으로 정착되며, 노인 인권보호가 강화되어야 하는 것이 노인안전과 존엄 유지를 위한 앞으로 남은 과제이다.

④ 지속적 발전
성공적인 노화는 사회참여를 적극적으로 할 때 달성되기 쉽다. 그것은 신체적으로 활동적이거나 노동시장에 참여하는 것만을 의미하는 것이 아니라 노인 개개인의 욕구와 능력에 따라 사회에 참여하는 것을 의미한다. 퇴직은 노인의 삶에서 다양한 재능 발견

의 기회를 주어 생활을 풍요롭게 하고, 가족부양 책임에 매달렸던 시절에서 벗어나 새로운 것에 도전하며, 또 가족과 이웃을 위해 봉사할 수 있는 기회를 제공하기도 한다. 사회에서 생산성의 의미를 보수를 받는 일에 국한시키지 않는다면, 노인이 하는 이러한 많은 일이 자신과 사회의 지속적 발전을 위해 생산적인 것으로 재발견될 수 있다.

따라서 노인 개인의 잠재능력을 재발견하고, 변화하는 사회에 적응하는 능력을 키우기 위해 노인을 위한 평생교육과 다양한 여가복지 프로그램이 마련되어야 한다. 우리나라는 「노인복지법」에 의한 노인여가복지시설이 노인의 평생교육과 여가복지를 주관하는 핵심 시설이 되고 있다. 노인여가복지시설에는 노인복지관, 경로당, 노인교실 등이 포함된다. 2021년 말 현재 경로당은 67,633개소, 노인복지관은 399개소, 노인교실은 1,282개소가 운영되고 있다(보건복지부, 2021a). 그동안 평생교육, 취미여가, 건강생활지원사업, 노인상담 및 정서사회생활지원 등의 다양한 프로그램이 개발되어 운영되고 있지만, 앞으로도 베이비붐세대의 고학력의 다양한 욕구를 가진 노인들의 증가에 대응하여 더욱 다양한 평생교육들이 맞춤형으로 제공될 수 있도록 되어야 할 것이다.

노인의 지속적 발전은 평생교육과 여가복지가 함께 연계되어 제공될 때 이루어질 수 있다. 평생교육과 여가복지 서비스는 퇴직을 앞둔 사람들을 대상으로 퇴직 후 생활설계를 하는 교육에서부터 잠재능력을 재발견하게 해 주는 교육의 확대, 사회참여를 높일 수 있는 자원봉사 활성화를 위한 홍보와 지원, 건강을 유지하는 데 도움을 주는 건강 증진 및 운동 프로그램 등이 노년층을 표적으로 서로 연결되면서 주어질 때 그 목적달성을 극대화할 수 있을 것이다. 2015년 12월부터 시행된 「노후준비지원법」은 퇴직을 앞둔 사람들이 행복한 노후생활을 위해 재무, 건강, 여가, 대인관계 등 4개 분야에 대한 현재 상태를 진단하고, 상담, 교육, 관계 기관을 연계하고 사후관리서비스를 제공하는 노후준비서비스를 제공하도록 하고 있다. 이를 위해 국민연금공단에 노후준비지원센터를 설치하여 노후준비서비스 제공인력을 양성하고 노후준비 콘텐츠를 개발하는 등의 사업을 시작하였다.

우리나라는 세계 어떤 나라보다 4차 산업혁명이 빠르게 진행되고 있다. 그러나 많은 노인이 정보 이용의 어려움을 겪고 있으며, 평생교육을 통하여 이 문제가 해소되지 않는다면 노인들은 앞으로 미래 사회에 적응하지 못하고 더 주변화될 가능성이 높다. 따라서 노인들의 지속적 발전을 위해 정보화 역량강화는 앞으로 매우 중요한 정책과제가 될 것이다.

4) 노인복지와 사회복지사의 역할

　　노인복지서비스 현장에서 사회복지사는 다양한 문제를 가진 노인들을 접하게 된다. 사회복지사는 기존의 노인에 대한 부정적인 이미지를 반영하는 연령차별주의를 극복하고 노인이 성공적인 노화과정을 경험하도록 도와주어야 한다. 미란다, 모레일스 및 셰퍼(Miranda, Morales, & Sheafor, 2006)는 노인을 위한 개입전략의 목표로 다음과 같은 네 가지를 선정하고 있다. 즉, ① 최대한도로 자립할 수 있도록 장려하는 것, ② 높은 삶의 질을 유지할 수 있도록 자원 획득을 돕는 것, ③ 노인이 다른 사람들과의 관계를 효과적으로 맺을 수 있도록 하는 것, 그리고 ④ 노인의 삶을 개선할 수 있는 사회복지정책 발전을 가져오도록 영향력을 발휘하는 것이다.

　　다음의 사례는 노인복지 실천 현장에서 노인을 대상으로 한 사회복지사가 한 일을 기록한 것이다. 이 사례를 통하여 노인복지서비스 실천 현장에서의 사회복지사 역할을 알아보고자 한다. 사회복지사는 클라이언트의 욕구를 면밀하게 파악하여 사례계획을 바탕으로 필요한 서비스들을 연계시켜 줌으로써 클라이언트가 건강상태를 호전시키고, 타인과의 대인관계를 개선하며, 주거환경을 더 좋게 바꾸고, 돌봄서비스 지원으로 생활의 안정을 찾으며, 결과적으로 삶의 의욕을 찾아 좀 더 성공적 노화과정을 경험하도록 지원해 주었다.

사례

・배경

S 할머니는 70대 후반의 독거노인이다. 관절염과 영양실조, 당뇨와 같은 노인만성질환으로 거동이 불편하였으며, 우울감이 높고 대인기피증이 있어 이웃도 만나지 않고 은둔생활을 하고 있으며 병원진료를 받지 않아 심신으로 병약한 상태에 놓여 있었다. 결혼생활도 순탄치 않아 홀로 자녀를 양육하였지만 자녀와의 관계도 단절되었다. 살고 있는 집은 보일러가 작동되지 않아 겨울에도 냉방에서 생활하고 있었으며, 쓰레기가 집안에 널려 있는 등 주거환경도 매우 열악하였다. 기초연금에 의존하여 겨우 생계를 유지하고 있어서 의식주와 관련하여 기초생활을 해결하는 것이 어려웠다.

• 사회복지사의 역할

복지사각지대 대상자 발굴 과정에서 발견된 S 할머니는 주민복지센터 찾아가는 보건복지팀의 사회복지전담공무원이 사례관리를 한 사례이다. 사회복지전담공무원이 할머니의 욕구와 문제 상황을 진단하였고, 이를 토대로 필요한 목표와 사례관리계획을 세우며 개입하였다. 목표로는 병원진료받기, 영양식 섭취하기, 장기요양등급 신청으로 편안한 일상생활 유지하기, 주거환경개선을 위한 자원 연결하기 등으로 세웠다. 목표달성을 위해 정신건강복지센터와 연계하여 우울 관련 검사와 심리상담을 받도록 하였고, 지역 내 병원과 연결하여 건강진단을 받도록 하였다. 또한 재가노인식사배달서비스를 연계하여 주었으며, 보건소와 연계하여 만성질환 관리가 되도록 하였다. 국민건강보험공단과 연계하여 노인장기요양등급을 신청하도록 하였고, 집수리를 위한 자원봉사센터를 연계하였다. 그 결과 병원에서 정기적 진료를 받고, 처방약을 규칙적으로 복용하도록 되었고, 보건소로부터 당뇨관리를 하면서 건강을 유지하게 되었으며, 단열공사, 냉난방 공사, 청소 등의 서비스를 제공하여 쾌적한 주거환경을 유지하게 되었다. 또한 국민건강보험공단에서 장기요양등급대상자로 판정받음에 따라 재가복지센터의 요양보호사가 재가방문서비스를 제공하여 일상생활지원을 받게 되었다. 이 사례에서 사회복지사인 사회복지전담공무원은 사례관리를 통하여 소외되고 고립된 노인의 욕구와 문제상황을 파악하고, 이를 해결하기 위해 지역사회의 다양한 자원을 연계하며, 지속적인 관심으로 사후관리를 하였고, 이로 인하여 S 할머니는 일생생활의 기능을 회복하고, 일부 도움을 받으며 자신이 거주하는 집에서 이웃과 교류하며 편안한 생활을 할 수 있게 되었다.

학습과제

1. 보편적인 노화, 성공적 노화, 활동적 노화, 웰 에이징(well-aging)의 정의는 어떻게 다른지 논해 보시오.

2. 우리나라의 고령화 실태와 고령화의 사회경제적 파급 효과에 대해 설명해 보시오.

3. 연령차별주의란 무엇이며, 우리나라에서 노인 차별을 금지하는 법은 무엇인지 설명해 보시오.

4. 노인의 빈곤실태와 이를 해결하기 위해 일과 적정한 소득보장을 통한 경제적 안정을 목표로 하는 노인복지정책들에 대해 논해 보시오.

5. 노인의 지속적인 케어를 위해 함께 제공되는 노인복지 서비스의 종류에 대해 설명해 보시오.

6. 노인의 안전과 죽음과정에서 존엄성을 지키기 위해 제정된 법과 제도에 대해 설명해 보시오.

7. 노인의 지속적 발전을 위해 필요한 노인복지 서비스에 대해 설명해 보시오.

참고문헌

고용노동부(2022). 2022년판 고용노동백서.

고용노동부(2023). 고령자 고용안정지원금 가이드북.

관계부처합동(2020). 제4차 저출산·고령사회 기본계획.

국민건강보험·건강보험심사평가원(2021). 2021 건강보험통계연보.

국토교통부(2020). "주거복지 지난 2년의 성과와 더 나은 미래를 위한 발전 방안−주거복지 로드맵 2.0−."

권중돈(2022). 노인복지론. 서울: 학지사.

김두리, 강경희, 박아르마, 이종형, 김광환(2021). "국내 웰에이징 연구에 대한 통합적 문헌고찰." 한국산학기술학회논문지. 제22권(3호), pp. 190-198.

농업인신문(2012. 1. 6.). "농촌고령화, 단순 복지보다 '농촌 회생'으로 해결해야."

류상윤(2013. 5. 15.). "대한민국, 은퇴하기가 어렵다." LG Business Insight, 17-22.

박지혜(2022). "늦어지는 은퇴, 생애주기수지 적자에 대비하라." 미래에셋투자와 연금리포트 No. 54.

백선정, 고지영, 양정선, 백현식(2011). 맞벌이 가정내 조부모의 양육현황 및 지원방안 연구. 경기: 경기도 가족여성연구원.

보건복지부(2016). 2015 보건복지백서.

보건복지부(2021). 2021 보건복지백서.

보건복지부(2022). 2022 보건복지통계연보.

보건복지부 보도자료(2015. 12. 9.). "인구위기 극복을 위한 전사회적 노력 본격화−'제3차 저출산·고령사회 기본계획(2016~2020)' 브릿지 플랜 2020 수립−." 보도자료, 2015. 12. 9.

보건복지부 보도자료(2017. 11. 7.). "본인부담 경감 대상 확대, 경중치매대상 인지지원 등급 신설 등 장기요양보험 보장성 강화된다." 보도자료, 2017. 11. 7.

이윤경, 김세진, 황남희, 임정미, 주보혜, 남궁은하, 이선희, 정경희, 강은나, 김경래(2020). 2020년도 노인실태조사. 서울: 보건복지부. 한국보건사회연구원.

이해영(2006). 노인복지론. 서울: 창지사.

저출산고령사회위원회 보도자료(2020. 12. 15.). "「함께 일하고 함께 돌보는 사회」 더 촘촘하게 만들겠습니다." 보도자료.

조숙인, 김나영, 장미나, 박은영(2020). 맞벌이 가구의 일·가정 양립을 위한 육아지원 방안연구. 육아정책연구소.

최경덕, 권현진, 최인선, 이윤경(2022). 손자녀 양육과 고령자의 건강, 인지기능 및 삶의 만족도에 관한 연구. 한국보건사회연구원.

최혜진(2022). "노인돌봄 재정 지원 정책의 재정적 지속가능성과 향후 과제." 보건복지포럼. 2022. 2. DOI: 10.23062/2022.12.5.

통계청(2016a). 2016 고령자통계.

통계청(2021a). 2021 고령자통계.

통계청(2021b). 2021 사망원인통계연보.

통계청(2022a). 2022 고령자통계.

통계청(2022b). 2022 사회조사보고서.

한국노인복지학회(2006). 노인복지학사전. 경기: 학현사.

황남희(2021). "노인의 경제활동과 경제 수준." 보건복지포럼, 제300호, 7-21.

Atchley, R. C. (1994). *Social forces and aging: An introduction to social gerontology*. Belmont, CA: Wadsworth Publishing Co.

Brody, E. M. (1977). *Long-term care of older people: A practical guide*. New York: Human Service Press.

Kirst-Ashman, K. K. (2007). *Introduction to Social Work and Social Welfare: Critical Thinking Perspectives* (2nd ed.). Belmont, CA: Thomson Brooks/Cole.

Mayhew, L. (2005). "Active aging in the UK-Issues, barriers, policy directions." *Innovation*, 18(4), 455-477.

Miranda, M. R., Morales, A. T., & Sheafor, B. W. (2006). "Social work practice with older Americans." In T. M. Armando, W. S. Bradford, & E. S. Malcolm (Eds.), *Social work: A profession of many faces* (pp. 383-409). Boston, CA: Allyn & Bacon.

Rowe, John W. & Kahn, Robert L. (1999). *Successful Aging*. New York: Pantheon Books.

World Health Organization (2002). *Active aging: A policy framework*. Geneva: WHO.

고용노동부(2023. 4. 25.). "신중년 고령사회에 대응한 신중년 고용안정과 재취업 지원." moel. go.kr/policy/policyinfo/aged/list.do.

국민연금공단(2023. 4. 24.). "전국 국민연금 지급통계." https://www.nps.or.kr/jsppage/stats/ stats_map.jsp.

보건복지부(2023. 4. 24.). 보건복지부 기초연금. https://basicpension.mohw.go.kr/menu.es?mid=a10102010000

통계청(2023a). 국가통계포털 홈페이지 https://kosis.kr/index/index.do. 2023. 3. 6.

통계청(2023b). 국가통계포털 홈페이지. https://kosis.kr/statHtml/statHtml.do?orgId=118&tblId=DT_11831_N001 &vw_cd=MT_ZTITLE&list_id=D_3&scrId=&seqNo=&lang_mode=ko&obj_ var_id=&itm_id=&conn_path=MT_ZTITLE&path=%252FstatisticsList%252 FstatisticsListIndex.do. 2023. 3. 14.

OECD(2021). Pension at a glance. https://www.oecd-ilibrary.org/finance-and-investment/pensions-at-a-glance 2021_4ae58a1e-en. 2023. 4. 22.

한국주택금융공사(2023. 4. 24.). "국민을 위한 참 쉬운 주택연금가이드." hf.go.kr/synapsoft/skin/doc.html?fn=6.pdf&rs=/synapsoft/result/202304/

제**10**장 대상자별 사회서비스와 사회복지사의 역할

4. 장애인복지

이 절에서는 다양한 관점에서 장애의 개념 및 범주, 현대 장애인복지의 근간이 되는 이념들을 고찰함으로써 개인과 사회 차원에서 나타날 수 있는 장애의 과정 및 결과에 대해 이해할 수 있도록 한다. 나아가 장애인복지정책 및 재활 실천 분야의 전반적 맥락을 이해할 수 있는 기초적 이해를 제공한다. 이 절의 학습목표는 다음과 같다.

● 장애에 대한 개념 정의를 다양한 관점에서 이해한다.
● 장애의 과정과 결과를 개인적 차원과 사회적 차원에서 살펴본다.
● 장애인복지의 이념을 고찰한다.
● 장애인복지의 정책과 서비스에 대해 알아본다.
● 장애인복지 분야에서 사회복지사의 역할에 대해 살펴본다.

1) 장애의 정의

(1) 장애의 개념

특정한 시대와 사회마다 장애를 다르게 정의하기 때문에 장애를 한마디로 정의하기는 어렵다. 전통적으로 장애는 주로 신체와 정신에 결함이 있는 것을 의미하였으나 현대에 와서는 심신의 손상(impairment)으로 인해 일상 활동을 포함하여 사회참여에 제한이 발생하는 경우까지 그 의미가 확대되었다. 이러한 개념의 변화는 장애를 어떤 입장에서 어떻게 보느냐에 따라 장애의 개념과 범주, 나아가 해결책까지 달라질 수 있음을 보여 준다.

장애 개념을 정의하기 위해서는 장애를 어떻게 보는가에 대해 먼저 살펴볼 필요가 있다. 일반적으로 장애 개념은 개인적 모델과 사회적 모델에 근거하여 구분해 볼 수 있다. 개인적 모델에서 장애는 개인의 문제이며, 기능적 제한성 또는 심리적 손상으로 본다. 또한 장애는 불행한 개인에게 무작위로 일어날 수 있는 비극(personal tragedy)이다(Oliver, 1996). 따라서 개인적 모델에서의 해결책은 수술이나 약물치료처럼 생물학적 개입이나 유전학적 개입을 통해 장애를 예방하거나 개선할 수 있다고 보는 생물의학적 접근(biomedical approach), 그리고 작업치료나 물리치료와 같은 재활 서비스를 통해 결함 자체에 의한 기능 저하의 회복에 초점을 두는 기능적 접근(functional approach)에서 찾는다.

한편, 사회적 모델이 출현하게 되면서 장애를 전혀 다른 관점에서 바라보게 되었다. 이 모델에서 장애는 환경에서 기인하며, 신체적 또는 인지적 속성이라기보다는 사회에서 정해 놓은 하나의 신분으로 정의된다(Gill, 2001). 또한 이 모델에 따르면, 장애인과 비장애인의 차이는 단순히 다름에서 시작되었지만 결국 장애는 열등하며 피할 수 없는 사회적 억압의 대상으로 만들었다(Barnes & Mercer, 2003). 따라서 이 모델에서는 사회의 유형·무형의 억압과 차별이 손상에 의한 장애(disability)를 사회적으로 불리한 상태(handicap)로 만드는 주요 요인이라고 본다. 즉, 장애는 사회적 억압의 결과로서 나타난 사회문제이므로 그 대책도 사회변화를 통해 이루어야 한다고 본다. 따라서 사회적 모델에서는 장애인의 사회참여 기회를 제한하는 사회적 태도를 변화시키고 법과 제도를 개정하는 등의 장애환경의 개선을 위한 노력들이 필수적이다.

이러한 장애를 정의하는 모델 이외에도 실제로 각 나라에서 장애정책을 추진하기 위해 설정한 장애 개념을 살펴보는 것 역시 중요하다. WHO의 장애 개념은 이념적인 수준에 머물러 있던 것을 실제적인 적용을 위해 개념을 구체화한 좋은 예라 할 수 있다. 1980년에 WHO에서는 장애를 손상(impairment), 능력 장애(disability), 사회적 장애(handicap)로 구분하고, 이에 대한 대책으로는 예방, 재활, 기회의 균등 등을 정책적 대안으로 제시하였다. 손상은 심리학적, 생리학적 또는 해부학적인 기능의 상실이나 불구를 의미한다. 능력 장애는 손상에 의해 인간에게 있어 정상적이라고 생각되는 방법이나 범위 내에서 활동을 수행할 수 있는 능력이 제한되거나 부족한 것을 의미한다. 사회적 불리는 손상이나 능력 장애에 의해 특정 개인의 연령, 성별, 사회문화적인 요인들에 의해 정상적인 역할의 수행이 제한되거나 방해받는 불이익을 의미한다. 이러한 정의는 장애를 개인과 환경적 차원에서 정의했다는 점에서 의의가 있으나, 장애 자체가 부족하고 열등하다는 것을 전제로 한다는 점에서 장애 개념을 중립적으로 정의하는 데 한계를 보였다.

이후 1997년 WHO에서 새로운 장애 개념으로 제시한 ICIDH-2안을 구체화하여, 세계보건위원회(World Health Assembly)는 2001년 ICF(International Classification of Functioning, Disability and Health)를 세계에서 통용할 수 있도록 승인하였다. ICF에서 개인의 기능과 장애는 개인의 신체 기능과 구조, 활동, 참여로 표현되며, 이 세 가지 구성요소는 건강 조건이나 상황적 맥락, 즉 환경적 요소와 개인적 요소와의 상호작용의 결과라고 보았다. 이러한 새로운 장애 개념에서 주목할 사항은 신체 기능 및 구조와 함께 개인의 활동과 참여 정도가 장애의 주요 차원으로 설정되어 있다는 점이다. 이를 통해 ICF에서는 장애나 건강상태보다는 기능수행(functioning)에 중점을 둠으로써 병인학적으로 중립적인 태도를 취하고 있음을 알 수 있다. 또한 ICF의 분류는 다차원적이며 구성요소들 간의 상호작용에 중점을 두고 있는 역동적인 개념이다. 실제로 장애는 환경요인이 장애인에게 촉진요인으로 작용하는가 또는 방해요인으로 작용하는가에 따라 장애인의 기능수행 또는 활동과 참여의 차이를 가져올 뿐 우세하거나 열등한 차원으로 구분되지 않는다. 예를 들면, 동일한 정도의 손상을 가졌다 해도 사회환경 요인에 따라 가난한 나라의 장애인이 부유한 나라의 장애인보다 사회활동이나 참여에서 더 많은 제약을 받을 것이다. 따라서 현대의 장애 개념은 환경이 개인의 신체적 손상에 비해 결정적인 역할을 한다고 보는 점에서 사회적 모델에 가깝다.

(2) 장애 범주

장애 범주는 장애인에게 사회에서 필요한 급여와 서비스를 제공하기 위해서 필요한 분류이지만 장애인 개인의 자아정체성을 고려하지 못하고 장애에 대한 고정관념을 유발할 수 있으므로 이를 충분히 감안하여 적용하는 것이 바람직하다.

장애 범주는 국가마다 다르게 정해지므로 일률적으로 정하기는 어렵지만, 일반적으로 신체적 장애(physical disabilities), 지적장애(intellectual disabilities), 인지장애(cognitive disabilities) 및 정신장애(psychiatric disabilities)로 구분한다(Smart, 2001). 신체적 장애에는 시각장애, 청각장애, 중복장애(시청각장애), 이동장애, 건강장애 등이 있다. 이동장애는 뇌성마비, 척수손상, 절단 등으로 개인의 동작과 그 조합에 어려움이 있는 경우를 말하며, 건강장애는 당뇨, AIDS, 혈우병 등이 있어 치료와 보호가 필요한 경우를 말한다. 지적장애에는 정신지체, 다운증후군, 자폐증이, 인지장애에는 외상성 뇌손상, 학습장애, 그리고 정신장애에는 정신병, 자폐증, 약물남용 등이 포함된다.

물론 이러한 장애 범주는 국가마다 범주를 구성하는 기준이나 내용이 달라 일률적으로 말할 수는 없지만, 대체로 현대국가들은 이러한 범위를 기초로 장애를 범주화하며 선진국일수록 사회활동과 참여에 제약을 받는다면 장애로 정의하는 등 장애 범주를 넓게 정하는 경향이 있다.

우리나라는 「장애인복지법」에 따라 장애를 15개 유형으로 구분하고 있다. 크게 신체적 장애와 정신적 장애로 구분되며, 신체적 장애는 다시 외부 신체기능의 장애와 내부기관의 장애로 구분된다. 외부 신체기능의 장애에는 지체장애, 뇌병변장애, 시각장애, 청

표 10-4　장애 범주

구분	유형
신체적 장애	시각장애, 청각장애, 중복장애(시청각장애), 이동장애, 건강장애
지적장애	정신지체, 다운증후군, 자폐증
인지장애	외상성 뇌손상, 학습장애
정신장애	정신병, 자폐증, 약물남용 등

각장애, 언어장애, 안면장애가 포함되며, 내부기관의 장애에는 신장장애, 심장장애, 간장애, 호흡기장애, 장루·요루장애, 뇌전증이 포함된다. 정신적 장애에는 지적장애, 자폐성 장애 그리고 정신장애(정신분열병, 정동장애, 우울장애 등)가 있다.

2) 장애문제

장애문제는 개인적 측면과 환경적 측면에서 살펴볼 때 더 정확하게 접근할 수 있다. 따라서 여기서는 개인의 입장에서 본 장애의 문제와 사회적 측면에서 본 장애문제로 나누어 살펴보기로 한다.

(1) 장애와 개인

① 장애에 대한 반응: 장애 수용

장애에 대한 인식 수준이나 수용 정도는 신체적 손상 자체만큼이나 장애인의 적응이나 사회통합에 긍정적인 영향을 미친다(박수경, 1997; Belgrave & Walker, 1991; Lee et al., 1985). 따라서 장애에 대한 반응 또는 장애 수용과정은 심리사회적 적응이나 신체적 건강 유지를 위한 필수적인 단계로 재활과정에서 중요하게 다루어져 왔다(Naugle, 1991; Shontz, 1989).

전통적으로 사람들은 질병이나 장애에 의해 생기는 정신적 고통의 주요 원인이 손상에 의한 장애 자체이므로 그 해결책이 장애에서 비롯된 신체기능의 회복에 있다고 믿었다. 그러나 이러한 접근은 장애를 재활을 통해 신체기능을 어느 정도 회복하고 취업을 한 장애인에게서도 여전히 심리적 부적응 문제가 나타남에 따라 논리가 너무 단순하다는 비판을 받게 되었다.

한편, 사회학적 시각에서는 질병이나 장애를 단순한 신체 상태보다는 사회적으로 규정된 역할이나 지위로 보았다. 따라서 환자나 장애인의 행동은 사회에서 이들이 특정한 방식으로 행동하도록 요구하는 사회적 규범에 대한 순응이다. 그러나 이러한 접근 또한 동일한 사회 내에서 보이는 장애인의 차이를 설명하는 데는 한계를 보였다. 이후 기존의 다양한 접근을 토대로 장애에 대한 반응을 내면적 측면과 환경적 측면에서 통합적으로 설명하는 시도가 나타났다. 행동으로 나타나는 반응은 환경적 압력에 대한 반응인 동시에 내면적인 정신과정에 대한 반응이므로 장애 수용에 대한 이해와 분석은 개인적 원인과 환경적 원인을 동시에 고려해야 한다는 주장이 설득력을 얻게 되었다(Wright, 1960).

② 장애에 대한 적응/반응 과정

장애에 대한 적응/반응의 단계이론은 개인의 반응 과정과 결과를 이해하고 예측하는 데 도움을 준다. 일반적으로, 장애가 발생하면 장애에 대해 적응 또는 반응하는 과정을 거치게 된다(Smart, 2001). 장애 반응 과정을 살펴보면, 첫 번째로 충격(shock)의 단계에서는 개인의 생각이나 감정이 자주 혼란스럽고 의기소침해지게 된다. 두 번째로 장애를 부인(denial)하는 방어적 후퇴(defensive retreat) 단계에서는 사람들이 장애 존재를 부정하거나 장애가 주는 의미(implications), 장애 때문에 발생한 결과(performance)를 부정하게 되며, 주로 장애가 주는 의미 또는 영향을 부정하게 된다. 세 번째는 우울 또는 비탄(depression or mourning)에 빠지는 단계이다. 이 단계에서 신체장애인은 종종 재활 프로그램에 참여할 에너지나 동기가 없고 희망의 상실, 무관심, 깊은 우울의 주기를 경험하게 된다. 네 번째로 퇴행(regression)의 단계는 신체장애인이 포기하거나 덜 성숙했던 인생의 초기로 퇴행하는 과정이다. 퇴행의 또 다른 형태는 개인이 '정상성(normality)'이나 장애 발생 이전의 정체성을 낭만적으로 묘사하거나 이상화할 때 발생한다. 다섯 번째로 개인적 의문 그리고/또는 분노(personal questioning and/or anger)의 단계에서 개인은 '신은 나에게 왜 이런 일이 일어나게 했을까?' 하고 의문을 갖게 되며, 이에 장애의 발생이 자신에게 불공평한 일로 느껴진다. 분노는 종종 무력감, 좌절, 공포 그리고 성급함이 혼합된 감정으로 표출된다. 여섯 번째인 통합과 성장(integration and growth)의 단계에서는

[그림 10-3] 장애의 반응단계

현실과 장애가 주는 의미를 이해하고 수용하게 되거나, 장애와 상충되지 않는 새로운 가치나 목적을 세우거나, 자신의 강점과 능력을 발견하고 이용하게 된다.

이 이론은 장애, 특히 중도에 발생하는 신체장애에 대한 보편적인 단계를 이해하는 데 도움이 된다. 그렇지만 이러한 단계들이 모든 장애인에게 동일하게 나타나지 않으므로 이를 정형화된 틀로 사용하기보다는 장애의 적응 또는 반응 과정을 이해하는 데 참고하는 것이 바람직하다.

(2) 장애와 사회

① 편견과 차별

일반적으로 장애에 대한 사회적 편견은 어느 사회에서나 존재하지만 그 원인에 대해 사회에서 어느 정도 수긍하는가에 따라 낙인의 정도가 달라진다. 일반적으로 전쟁 부상자나 산업재해에 의한 장애는 다른 원인에 비해 사회로부터 최소한의 낙인을 받게 되며, 사회는 그들에 대해서 개인적 사고에 의해 장애를 갖게 된 사람들보다 더 많은 급여를 제공하게 된다. 또한 낙인의 위계(hierarchy of stigma)는 장애의 범주에 따른 사회의 차별에 영향을 미치기도 한다. 일반적으로, 낙인의 정도는 신체적 장애인이 가장 낮으며, 다음으로 인지장애인, 지적장애인 그리고 정신장애인의 순으로 나타난다. 낙인의 위계는 장애인에 대한 사회적 암시를 반영하며, 이것이 결국 서비스와 급여 등을 차별하는 기제로 사용된다.

② 편견과 차별의 경험

장애인이 사회에서 경험하는 편견과 차별의 형태는 다양하다. 이는 사회가 장애문제를 해결하기 위해 어떤 노력을 해야 하는지 알 수 있도록 만든다. 장애에 대한 편견과 차별의 대표적인 유형을 살펴보면 다음과 같다.

- 고정관념: 사회에서 장애인을 볼 때 유형화하고 고정화하는 경향을 말한다. 고정관념(stereotyping)은 장애인을 개별적인 존재로 보기보다는 그저 동일한 특성을 갖는 집단으로 인식함으로써 장애인을 하나의 범주로 묶고 과장된 신념으로 정의하며, 결과적으로 이러한 행위를 그 범주와 관련짓는 데 정당화 또는 합리화할 수 있는 하나의 근거로 사용된다. 따라서 대부분의 장애인에 대한 고정관념은 사실에 따른 것

이라기보다는 비장애인이 만들어 놓은 하나의 왜곡된 신념인 경우가 많고, 이러한 고정관념은 장애인에게 내재화되어 잘못된 고정관념을 형성하기도 한다.

- 역할 제한과 낮은 역할 기대: 일반적으로 장애인의 역할 제한(role entrapment)은 민족이나 인종보다 더 광범위하게 나타나며, 직업적으로 열등하고 바람직하지 않은 역할들이 주는 형태로 존재해 왔다. 직업적인 역할 제한은 장애인에게 특정 분야의 일을 연관 짓는 경향을 말한다. 지적장애인에게 일하는 분야를 패스트푸드점, 집안일, 정원 가꾸기, 세탁소 일로 제한하는 것, 청각장애인이 소음이 심한 구두공장에서 일하는 경우가 많은 것, 시각장애인이 사진을 인화하는 일에 적합하다고 생각하는 것 등이 대표적인 예이다. 한편, 이러한 역할 제한의 문제는 대부분 낮은 역할 기대(role expectation)로 이어지게 되고 장애인에 대한 부적절한 회의주의를 가져올 수 있다.

- 유아화와 온정주의: 장애인들은 많은 경우 장애 유형이나 장애 정도와 상관없이 사회로부터 적정한 역할을 부여받지 못하고, 통제나 관리, 정신적 지도가 필요한 '영원한 아이'로 간주된다(Imrie, 1996). 따라서 장애인이 성인이 되어서도 사회에서 가치 있는 역할을 부여받지 못하고 정상화되지 못한 채 아이처럼 가족이나 사회로부터 보호를 받게 된다. 또한 이러한 유아화(infantailization)는 장애인이 스스로의 판단보다는 사회에서 정해 놓은 규칙과 제도에 따라 생활하고 서비스를 받도록 하는 온정주의(paternalism)를 당연히 수용해야 하는 환경 속에 놓이게 만든다.

(3) 장애인복지의 이념

장애정책의 방향은 그 사회가 추구하는 이념에 의해 절대적인 영향을 받을 수 있으므로 대표적인 이념을 살펴보는 것은 정책을 이해하는 데 의미가 있다.

① 정상화

과거 장애인은 일탈자, 조소의 대상, 동정이나 자선의 대상 혹은 영원한 아동으로의 역할로 규정하는 경향이 강하였다. 따라서 장애인에 대한 부정적인 역할을 제거할 수 있는 방법은 사회 구성원들의 인식과 가치를 변화시키거나 부정적인 인식을 일으키는 장애인의 상이성이나 낙인을 최소화하는 데 있다(Flynn & Nitsch, 1980). 또한 사회는 장애인이 사회에서 가치 있는 역할을 수행할 수 있도록 유형적 · 무형적 사회환경을 개선함과 동시에 장애인 자신의 능력을 향상시킬 필요가 있는데, 이렇게 하는 과정이 바로 장애인의 정상화(normalization)이다. 정상화란 장애인에게 사회적으로 가치 있는 역할을 부여하고 이러한 역할을 수행할 수 있도록 지원하는 과정이라 할 수 있다. 따라서 정상화는 장애인이 문화적이고 규범적으로 인정될 수 있는 개인의 행동과 성격을 형성하고 유지하기 위해서 사회문화적으로 인정된 규범적인 수단을 사용할 수 있도록 하는 과정이다(Wolfenberger, 1983). 여기서 강조하는 것은 익숙하고 가치 있는 기술과 도구 그리고 방법 등 문화적으로 인정된 규범적인 수단을 사용하도록 하는 것을 말한다(Flynn & Nitsch, 1980).

② 사회적 통섭/사회통합/사회참여

1990년 이후 장애정책 면에서 사회적 통섭(social inclusion)과 사회통합(social integration) 간의 차이를 밝히려는 움직임이 있었다. 이는 장애정책의 설정에 중요한 영향을 미치고 있다. 두 용어에 대한 일치된 의견이 있는 것은 아니지만, 일반적으로 사회적 포함은 개인적·사회적·재정적·정치적 기회가 부족한 불이익 집단에게 일반적으로 적용하고 있는 사회적 배제(exclusion)의 반대개념으로서 사회통합보다 근본적인 사회구조에 대한 변화를 요구한다.

사회통합은 장애인이 평등의 기초 위에서 사회의 부분이 되어 장애인이 속한 사회적·문화적 활동에 참여하는 것을 의미하는 것으로(이익섭, 1993), 비장애인이 영위하는 수준과 동등하게 장애인이 지역사회 내에 존재하고 참여하는 정도를 말한다(Mank & Buckley, 1989). 이러한 개념은 좁게는 질병이나 외상으로 장애를 입게 된 후 기능을 회복하여 장애 이전의 생활로 복귀하는 정도를 의미하지만, 넓게는 사회에서 장애인에게 기대하는 규범적인 역할의 수행 정도나 사회구조 또는 사회적인 신념에 따른 장애인과 비장애인 간의 상호작용 유형을 의미하기도 한다. 한편, 다차원적 접근에서 사회통합은 장애인과 비장애인 간의 관계, 지역사회 자원에의 접근, 지역사회 활동에의 참여 정도, 생산적인 활동에의 참여 정도 등 사회참여와 비슷한 의미로 사용되기도 한다(박수경, 1997). 2000년 ICF 장애 개념이 설정된 이후 활동과 참여는 장애인복지가 달성해야 하는 중요한 목적으로 간주되고 있다. 활동(activity)은 개인에 의한 과업이나 행동을 수행으로서 개인의 역량강화를 통해 가능한 반면 참여(participation)는 실생활에서 개인의 생활상황에의 관여 또는 인생경험으로서 환경개선을 이룰 수 있음을 의미한다.

③ 자립생활

자립생활(independent living)은 미국에서 1970년대부터 체계화되고 발달된 개념으로서 장애인의 권리를 인식의 토대로 하고 있다. 자립생활의 기본 전제는 장애인의 문제는 당사자가 가장 잘 이해하고 있으므로 장애인이 삶을 영위하는 데 스스로의 선택권과 자기결정권이 중요하며, 따라서 그들의 권리를 신장하고 사회복지서비스를 제공하는 데서 장애인의 주도적인 참여를 보장해야 한다는 이념이자 실천 전략이다. 여기서 자립이란 장애인의 신체적 · 지능적인 능력과 연관된 것이 아니며, 장애인 자신이 스스로 보호하고 관리하기 위하여 아무런 지원 없이 일을 수행할 수 있다는 것을 의미하지 않는다. 중요한 것은 장애인 스스로 필요한 원조와 지원을 다양한 지원체계를 통하여 제공받음으로써 장애인의 자립생활이 이루어지도록 하여 자립 가능하도록 만드는 데 있다(Brisenden, 1989). 장애인 자신의 건강관리, 식사 조절, 취침시간과 같은 모든 일상의 활동뿐만 아니라 보호자를 결정하는 일, 금전 관리, 거주지를 결정하는 일까지 모두 장애인 자신의 선택과 판단에 의해 의사결정을 하는 것이다(Johnson, 1993).

④ 생애주기

생애주기(life span) 관점은 장애를 신체적 · 심리적 손상에 의해 나타나는 동일 문제가 아니라 생애단계에 따라 장애인과 환경 간의 상호작용 결과 발생하는 사회적 제약이나 박탈의 모습으로 본다. 예를 들면, 학령기 장애학생과 청년기 장애인, 노년기 장애인의 경우 동일한 장애를 가졌다 해도 생애단계에서 직면하는 환경과의 상호작용 결과 나타나는 결과물은 매우 상이하다는 것이다. 따라서 생애주기에 근거한 접근은 장애를 개인의 문제로 차별화하는 동시에 생애단계에서 발생하는 비장애인의 문제와 공통성을 갖고 접근할 수 있도록 하여 장애문제에 대한 본질적 접근이 가능하게끔 만듦으로써 장애정책의 질적 제고와 함께 장애인의 진정한 사회통합을 이루도록 한다는 데 의의가 있다(박수경, 2006).

3) 장애인복지의 정책과 서비스

(1) 소득보장

장애인 빈곤의 주된 원인은 경제활동참가율과 고용률이 낮아 장애인이 경제적으로 독립하기 어렵다는 데 있다. 실제로 2022년 상반기 우리나라 장애인의 경제활동참가율과 고용률은 각각 38.1%, 36.4%로 전체 인구의 경제활동참가율과 고용률, 64.9%, 63%의 절반을 약간 넘는 수준에 머물고 있다(한국장애인고용공단, 2023). 이처럼 경제활동이 제한된 장애인의 경우 국가에서는 소득보장제도를 통해 생활안정을 도모하고 있으며 직접적인 소득보장제도와 간접적인 소득보장제도로 구분된다. 직접적인 소득보장제도는 장애인에게 장애에 의한 소득 상실이나 노동능력의 상실분을 현금으로 제공해 주며, 간접적인 소득보장제도는 세금 감면이나 각종 지원, 공공요금 할인 등을 통해 지출을 줄이도록 하는 간접지원 형태이다. 직접적인 소득보장은 일반적으로 자산조사가 동반되는 공공부조, 기여가 필요한 사회보험, 소득과 자산조사 없이 인구학적으로 일정 조건이 갖춰지면 소득과 자산조사를 하지 않고 급여를 지급하는 사회수당의 형태로 제공된다. 현재 한국에서는 국민기초생활보장제도, 국민연금의 장애연금과 산재보험의 장해급여, 장애인연금, 장애수당, 장애아동부양수당 등 자산조사나 보험료를 기반으로 하며 사회수당 제도는 존재하지 않는다.

(2) 의료보장

장애인 의료보장의 목적은 장애를 최소화하고 잔존능력을 최대화하는 데 있다. 장애인의 경우 지출하는 추가비용에서 의료비(58.5%), 보호간병비(21.9%), 장애인 보조기구 구입 및 유지비(15.3%)가 대부분을 차지하며(한국보건사회연구원, 2020), 불충분한 의료보장은 경제적 어려움에도 직접적인 영향을 미치게 된다. 국가가 시행하는 장애인 의료보장은 일반적으로 장애 예방과 재활치료를 통해 이루어진다. 장애 예방은 장애 발생과 관련이 있는 질병이나 각종 재해 및 사고 등을 미연에 예방하기 위한 정책과 서비스를 말하며, 재활치료는 장애가 발생했을 때 장애나 재활의 정도를 최소화하기 위해 제공되는 체계적인 의료재활 서비스를 의미한다. 예를 들면, 장애의 조기 진단 및 치료, 재활을 통하여 장애를 최소화하는 것, 그리고 신체장애를 최대한 보완해 주거나 환경에 맞게 장애보조기구를 제공하는 것 역시 장애인 의료보장에서 중요한 분야이다. 현재 한국에서 장애인을 위해 시행되는 의료 및 재활지원사업으로는 장애인의료비지원사업, 지역 건강보험 가입자의 보험료 경감, 장애인등록진단비 및 검사비 지원, 발달재활서비스 바우처 지원, 언어발달 지원, 「국민기초생활보장법」상의 수급자 및 차상위계층에 대한 장애인보조기구 교부, 보장구 건강보험 적용, 장애인 의료재활시설 운영, 여성장애인 출산비 지원 등이 있다.

(3) 고용보장

장애인 고용문제는 소득보장과 관련하여 가장 중요한 문제이다. 2022년 장애인 고용률은 36.4%로 전체 인구 고용률 63%의 절반보다 높고, 장애인의 고용지위를 보면 비정규직이 64.9%로 전체 인구 37.5%에 비해 훨씬 높다(한국장애인고용공단 고용개발원, 2023). 일반적으로 장애인은 편견이나 부정확한 통계 및 정보, 부족한 경력, 제한된 일자리에 의한 수요독점적 차별, 이동 및 접근성 문제 등으로 노동시장에 진입할 때는 물론 노동시장에 진입한 이후에도 임금 및 근로조건 등에서 차별을 받게 된다.

장애인고용정책의 방향은 장애문제를 개인적 차원에서 보느냐 아니면 사회적 차원의 문제로 보느냐에 따라 정해진다. 일반적으로 국가에서 시행하는 장애인 고용정책은 장애인 개인의 직업능력을 향상시키는 직업재활과 사회에서 장애인 고용을 일정 부분 책임지는 고용할당정책으로 구분된다.

우리나라의 장애인고용정책은 크게 장애인직업재활과 고용할당제도, 즉 의무고용제도로 구분된다. 장애인고용정책을 추진하는 주무 부처는 고용노동부이지만 보건복지부도 중증장애인을 위한 고용지원 서비스를 담당하고 있다. 현재 일반 장애인의 직업능력 향상을 위한 사업으로는 장애인고용공단에서 실시하고 있는 장애인고용 서비스, 장애인복지관 및 직업재활시설 등 지역사회기관에서 실시 중인 중증장애인 직업재활 지원 및 수행기관 운영지원, 직업재활시설에서 운영하는 보호작업장 등이 있다. 이와 함께 장애인고용을 촉진하기 위해 장애인을 고용한 사업주에게 고용장려금을 지원하거나 시설을 개조하는 데 필요한 비용을 무상으로 지원 또는 융자하는 사업, 취업한 장애인근로자의 이동을 위한 자동차구입대금 지원 등이 있다. 한편 장애인 의무고용제도는 2023년 현재 50인 이상 사업체에게는 상시고용 근로자의 3.1%를 의무 고용하도록 법으로 규정하고 있으며 고용이 미달된 인원수만큼 고용부담금을 부과하고 있다.

(4) 사회적 · 심리적 보장

장애인의 사회적 · 심리적인 문제를 해결하기 위해 지역사회에 장애인종합복지관이나 지역사회복지관, 자립생활센터, 정신보건센터, 그룹홈, 사회복귀시설 등이 있다. 또한 장애인의 자립생활지원을 위해 활동지원 서비스(식사, 세탁, 이동 및 외출 지원), 자녀양육 지원, 심리적 문제 지원(역량강화, 장애 수용 등), 사회활동 지원 등을 통해 장애인이 비장애인과 동일한 생활을 누릴 수 있도록 하고 있다. 재가 장애인을 위한 지역사회 중심 재활이 활성화됨에 따라 사회 · 심리 재활 서비스도 강화되는 추세에 있으며, 특히 발달

장애인을 위한 다양한 재활지원서비스가 확대되고 있다.

4) 장애인복지와 사회복지사의 역할

장애문제는 만성적이고 복합적이어서 다학문적 접근이 필요한 전형적인 분야로 사례관리가 필수적이다. 따라서 현재 장애인 실천 분야에서 사회복지사의 역할은 사회적ㆍ심리적 재활 서비스를 제공해 줄 수 있는 전문가인 동시에, 여러 재활 영역, 즉 의료, 직업, 교육, 사회적ㆍ심리적 재활 등 다양한 영역의 서비스를 적절한 시기에 제공할 수 있도록 연계하는 사례관리자로서의 역할이 대표적이다. 장애 분야에서의 사례관리자 역할을 사례를 통해 소개하면 다음과 같다.

근로복지공단 재활상담사의 사례관리자 역할내담자 P씨는 조선소에서 도장작업을 하다 추락하여 추간판탈출증으로 허리를 다치게 되었고, 이에 근로복지공단의 재활상담사에게 상담을 의뢰하게 되었다. 재활상담사는 우선 내담자가 재취업을 희망하고 있으며 장해등급은 6급으로 취업훈련이 가능하다고 판단하여 본격적인 상담과정을 진행하였다. P씨의 경우 다른 산재장애인과 달리 아내와 모든 일을 상의하고 동행하는 등 정서적으로 안정적인 면을 보였고 본인의 취업에 대한 욕구가 강하여 바로 취업훈련과 연계하기로 결정하였다.

우선 광주재활훈련원 입교를 계획했으면서도 생활고로 선뜻 입교를 결정하지 못하기에, 이미 공단의 직업훈련 이후 자립점포 지원을 받아 세탁소를 운영 중인 지원자를 소개해 주어 스스로 결심하도록 도왔다. 이후 재활훈련원 입교를 결정하여 세탁업과 수선을 할 수 있는 과목을 내담자와 의논하여 정하고 직업훈련을 받도록 주선해 주었다. 훈련 이후에는 창업지원과 함께 자립점포를 지원받도록 하였다. 현재 P씨는 세탁소를 개업하여 운영 중이다. 이처럼 재활상담사는 산재장애인을 위한 기초적인 상담부터 재취업을 위한 체계적인 직업훈련을 받을 수 있도록 성공한 동료를 연계해 주었고, 직업훈련과 이후 창업과 실질적으로 필요한 점포를 얻을 수 있도록 지원 서비스를 제공하였다(근로복지공단, 2003).

학습과제

1. 장애 개념에 대한 다양한 접근을 생각해 보고 이것이 장애정책에 어떤 영향을 미치는지 논의해 보시오.

2. 개인이 장애에 적응 또는 반응하는 과정에 대해서 설명해 보시오.

3. 장애에 대한 사회 편견의 구체적인 예를 제시해 보시오.

4. 장애인복지의 대표적 이념에 대해 이야기해 보시오.

5. 장애인의 소득보장을 국가에서 해 주어야 하는 이유를 설명해 보시오.

6. 장애인복지 분야에서 사회복지사의 역할이 다른 분야와 다른 점을 이야기해 보시오.

참고문헌

근로복지공단(2003). 재활상담모범사례모음집.

박수경(1997). 산재장애인의 사회통합에 영향을 미치는 요인에 관한 연구. 연세대학교 대학원 박사학위논문.

박수경(2006). 지체장애인의 장애수용과 영향 요인. 사회보장연구, 제22권, 제1호, 265-286.

이익섭(1993). 한국장애인복지정책의 이념정립을 위한 고찰. 한국사회복지학회 추계학술대회 자료집, 247-257.

한국장애인고용공단 고용개발원(2023). 한 눈에 보는 2022년 장애인통계.

Allport, G. W. (1986). *The nature of prejudice* (25th anniversary ed.). Reading, MA: Addison-Wesley, American with Disabilities Act of 1990, 42 U.S.C. 12101 et seq.

Barnes, C., & Mercer, G. (2003). *Disability*. Cambridge: Polity Press.

Belgrave, F. Z., & Walker, S. (1991). Predictors of employment outcome of Black persons with disabilities. *Rehabilitation Psychology, 36*(2), 111-119.

Brisenden, S. (1989). *A chapter for personal care in progress. 16*. Edinburgh: Disablement Income Group.

Flynn, J., & Nitsch, K. (1980). *Normalization, social integration, and community services*. Baltimore, MD: University Park Press.

Gill, C. (2001). What is the social model of disability and why should you care? *Alert: The Newsletter of the Institute on Disability and Human Development, 12*(2), 6-9.

Imrie, R. (1996). *Disability and the city: International perspective*. New York: St. Matin's Press.

Johnson, D. L. (1993). Grieving is the pits. In G. H. S. Singer & L. E. Powers (Eds.), *Families, disability, and empowerment: Active coping and strategies for familyinterventions* (pp. 151-154). Baltimore, MD: Brooks.

Lee, P. W. H., Ho, E. S., Tsang, A. K., Cheng, J. C., Leung, P. C., Cheng, Y. H., & LiehMak, F. (1985). Psychosocial adjustment of victims of occupational hand injurie. *Social Science and Medicine, 20*(5), 493-497.

Mank, D. M., & Buckley, J. (1989). Strategies for integrated employment. In W. E. Kiernan & R. L. Schlock (Eds.), *Economics, industry, and disability: A lock ahead*. Baltomere, MD: Poul H. Brooks Publishing Co.

Naugle, R. I. (1991). Denial in rehabilitation: Its genesis, consequences, and clinical management. In R. P. Marinelli & A. E. Dell Orto (Eds.), *The psychological and social impact of physical disability* (pp. 105-129). New York: Springer.

Oliver, M. (1996). *Understanding of Disability*. Houndmills: Macmillan Press.

Shontz, F. C. (1989). A future for research and adjustment to disability. *Rehabilitation Counseling Bulletin, 33*(2), 163-176.

Shontz, F. C. (1991). Six principles relating to disability and psychological adjustment. In R. P. Marinelli & A. E. Dell Orto (Eds.), *The psychological and social impact of physical disability* (pp. 105-129). New York: Springer.

Smart, J. (2001). *Disability, society and the individual*. Queenstown, MD: An Aspen Publication.

Wolfensberger, W. (1983). *Social role valorization: A proposed new term for the principle of normalization. Mental Retardation 21*, Baltimore, MD: University Park Press.

Wright, B. A. (1960). *Physical disability: A psychological approach*. New York: Harper & Row.

5. 여성복지

여성의 경제활동과 사회적 참여 등이 증가함에 따라 전통적인 여성복지의 개념도 변화하고 있다. 현대사회에서 여성복지의 핵심은 양성평등과 여성인권으로 볼 수 있다. 사회의 다양한 분야와 인간의 삶에서 양성평등과 여성인권이 왜 필요하며 어떠한 여성복지정책과 서비스가 있는지 살펴본다.
이 절의 학습목표는 다음과 같다.

● 양성평등과 여성복지 개념에 대하여 이해한다.
● 여성의 인권보장은 무엇인지 살펴본다.
● 여성복지정책과 서비스의 현황을 학습한다.
● 여성복지정책의 주요 이슈를 살펴본다.
● 여성복지실천 현장에서 사회복지사의 역할을 알아본다.

1) 양성평등과 여성복지

정치 · 경제 · 사회 · 문화의 모든 영역에서 양성평등을 실현하는 것을 목적으로 「양성평등기본법」(2021년 10월 21일)이 제정되어 시행되었다. 이 법은 제2조에서는 개인의 존엄과 인권의 존중을 바탕으로 성차별적 의식과 관행을 없애고, 여성과 남성이 동등한 참여와 대우를 받고 모든 영역에서 평등한 책임과 권리를 공유함으로써 실질적 양성평등 사회를 이루는 것을 기본이념으로 명시하고 있다(법령정보센터). 또한 '양성평등'이란 성별에 따른 차별, 편견, 비하 및 폭력 없이 인권을 동등하게 보장받고 모든 영역에 동등하게 참여하고 대우받는 것으로 정의하고 있다(「양성평등기본법」 제3조 1항). 사회의 양성평등 수준은 남성과 여성이 평등한 정도를 나타내는 통계인 성평등 지수[5]로 발표하고 있다.

---

5) 성평등 지수는 사회 각 분야에서 여성과 남성의 평등한 정도를 나타내는 통계로, 여성과 남성이 동등한 지위를 갖고 있는가를 판단 · 평가하며, 이를 토대로 성평등을 개선시키고자 하는 정책 도구이다(한국여성정책연구원).

국제 성평등 지수[6]와 국가 성평등 지수 및 지역 성평등 지수를 통하여 한국의 국제적인 양성평등 수준, 한국의 양성평등 수준, 지역별 양성평등 수준을 확인할 수 있다. 세계 각국의 성평등 수준을 비교할 수 있는 대표적인 지수를 소개한다. 하나는 세계경제포럼(WEF, 다보스포럼)의 성격차지수(Gender Gap Index: GGI)[7]로, 경제, 정치, 교육, 건강에 대한 성 격차를 통하여 성평등 정도를 파악하는 지수이다(한국여성정책연구원). 2021년 보고서에 따르면 우리나라의 GGI는 0.687로 조사 대상 국가 156개국 가운데 102위를 차지했다. 지표 가운데 여성의 '경제참여 및 기회' 0.586(123위), '교육적 성취' 0.973(104위), '건강과 생존' 0.976(54위), '정치적 권한' 0.214(68위)로 나타나 우리나라의 성평등 수준이 아직 낮아 개선 필요성이 확인된다. 또 다른 국제 성평등 지수는 유엔개발계획(UNDP)이 전 세계 189개국을 대상으로 조사한 '성불평등지수(Gender Inequality Index: GII)'이다. 한국은 2020년 기준으로 0.064로 189개 조사 대상 국가 중 11위로 아시아에서 가장 높게 나타났다. 성격차지수(GGI)와 성불평등 지수(GII) 사이에 성평등 수준이 차이가 나는 이유에 대하여 전문가는 "GGI는 제반 영역에서의 남녀 간 격차를 측정하는 데 초점을 맞춘 반면, GII는 여성의 처우와 권한의 절대적 수준을 성별 격차와 함께 반영한다"로 설명하고 있다. 그러나 우리나라의 청소년 출산율(15~19세 여성인 1천 명당 출산 수)은 1.4명으로 OECD 평균(22.9명)의 16분의 1 수준이고 1위인 스위스(2.8명)에 비해서도 절반 수준이다. 또한 여성의원 비율은 16.7%로 OECD 평균(30.8%)의 절반 수준으로 낮은 편이다(연합뉴스 재인용). 그러므로 경제활동 및 기회, 교육적 성취, 여성의 대표성 확대 등 부분별 불균등한 측면에서 양성평등 할 수 있는 사회환경 조성이 필요하다.

한편, 국가 차원의 국가 성평등 지수[8]는 2009년 국가의 성평등 수준을 계량적으로 측정할 수 있도록 개발된 지수로, 성평등한 사회참여의 정도, 성평등 의식 · 문화 및 여성의

---

6) 국제 성평등 지수는 유엔 총회 산하 유엔개발계획(UNDP)가 1995년 남녀개발지수(Gender-related Development Index: GDI)와 여성권한척도(GEM)를 처음 소개하면서부터 관심이 높아지기 시작하여, 현재 세계경제포럼(World Economic Forum: WEF), Social Watch, OECD 등의 국제기구에서 정기적으로 발표되고 있다. 또 다른 성평등 지수인 성불평등 지수(Gender Inequality Index: GII)는 매년 발표되며, 3개 영역(생식 건강, 여성 권한. 노동 참여 등)에서 평가하며 세부적으로는 모성 사망비율, 청소년 출산율, 여성의원 비율, 중등학교 이상 교육받은 비율, 경제활동참가율을 절대적인 수치로 나타내서 5로 나눈 값으로 완전히 평등하면 0, 완벽히 불평등하면 1로 측정한다(한국여성정책연구원; https://namu.wiki).
7) 2006년부터 발표되고 있으며, 완전 평등을 1, 완전 불평등을 0으로 산정한다.
8) 성평등한 사회참여, 여성의 인권 · 복지, 성평등 의식 · 문화의 정책영역별로 7개 분야(경제활동, 의사결정, 복지, 보건, 안전, 가족, 문화 · 정보)에 23개의 지표로 구성된다(한국여성정책연구원).

인권·복지 등의 사항으로 구성된 성평등 지표를 통해 계산하는 지수화된 값이다. 국가 성평등 지수의 변화추이를 살펴보면, 2015년 70.4점에서 2016년 71.2점, 2017년 72.0점, 2018년 72.9년, 2019년 73.7점, 2020년 74.7점으로 전년대비 1.0점 상승하는 것으로 파악된다. 분야별로 보건분야(97점)인데 반하여 상대적으로 낮은 부분은 의사결정분야(37점), 가족분야(63.6점), 안전분야(71.0점)이다. 반면에 지역 성평등 지수[9]는 시·도의 성평등 수준을 측정하기 위해 2011년 개발된 지수로, 국가 성평등지표를 기초로 지역의 특성을 반영한 성평등 지표를 통해 계산하는 지수화된 값이다(한국여성정책연구원). 전년도의 성평등 지수를 다음 해에 발표하는데, 성평등 상위지역을 4수준(Level 1~4)으로 구분하여 발표하고 있다.

지역 성평등 지수는 지역별 성평등 수준을 비교·분석하여 정책영역의 다양한 분야에서 여성문제를 주요 의제로 다루도록 유도할 목적으로 산정하고 있다. 이를 통하여 지역별·영역별·분야별 성평등 수준 비교를 통해 성평등 수준이 취약한 영역을 파악할 수 있게 하고 지역별로 특화된 양성평등 정책을 수립할 수 있게 하여 지역 성평등을 촉진하는 데 의미가 있다. 국가 성평등 지수와 지역 성평등 지수의 통계생산과 발표는 「양성평등기본법」 제19조 ①과 ③항에 근거[10]를 두고 추진되고 있다(주재선 외, 2021). 국민들과 지방자치단체에서는 국가 성평등 지수와 지역 성평등 지수를 통하여 양성평등에 대한 관심과 인식을 높일 수 있고 상대적으로 낮은 분야의 양성평등 정책을 체계적으로 수립할 수 있다. 즉, 성평등 지표별로 남성과 여성의 격차를 줄일 수 있는 양성평등정책은 사회구조적인 측면에서 상대적으로 취약할 수 있는 여성문제를 해결하는 해법이므로 여성복지와 연결성을 갖는다.

양성평등과 여성복지와 연계할 때 젠더(gender) 개념을 이해할 필요가 있다. 젠더는 여성과 남성에 대하여 사회적으로 정의된 성을 의미한다. 생물학적인 성(sex)과 다르게 사회문화적인 환경에 의하여 후천적으로 형성되는 기질이다. 사회구조적인 불평등과 차

---

9) 국가 성평등 지수와 동일한 3개의 정책영역으로 구성되며, 8개 분야((경제활동, 의사결정, 교육·직업훈련, 복지, 보건, 안전, 가족, 문화·정보)에 21개의 지표로 구성된다(한국여성정책연구원).

10) 제19조(국가 성평등 지수 등) ① 여성가족부장관은 국가의 성평등 수준을 계량적으로 측정할 수 있도록 성평등한 사회참여의 정도, 성평등 의식·문화 및 여성의 인권·복지 등의 사항이 포함된 국가 성평등 지수를 개발·보급하여야 함. (중략) ③ 여성가족부장관은 제1항에 따른 국가 성평등 지수를 기초로 지역의 특성을 반영한 지역성평등지수를 개발·보급하고, 지역성평등지수를 이용하여 지역의 성평등 정도를 지수화한 지역 성평등 지수를 매년 조사·공표하여야 함.

별로 인하여 남녀(성별)의 차이를 설명할 때 젠더 관점을 사용한다. 비슷한 용어인 성인 지적 관점을 정책, 현상 등 검토에 사용하기도 한다. 즉, 남성과 여성이 처한 현실에 따라 그 효과가 다를 수 있다는 문제의식에서 출발해 여성과 남성의 삶을 비교하고, 특정개념 이 특정 성에게 유리하거나 불리하지 않은지, 성역할 고정관념이 개입되어 있는지 아닌 지에 대하여 각종 제도나 정책 등을 검토하는 관점이다(송미영, 2019: 27). 제도적으로 「성 별영향평가법」(2012년 3월 제정)에 근거하여 법령[정부발의 법령 제 · 개정안, 의원발의 법률 안(필요시)], 사업(성별영향평가 대상으로 선정한 사업), 정부 홍보사업 등에 대하여 성별영 향평가를 하고 있고, 성인지예산 제도를 운영하고 있다(여성가족부, 2023a). 여성복지[11] 향 상을 위한 기본적인 전제 중 하나는 다양한 양성평등정책의 추진이다.

이처럼 국가 차원에서는 양성평등정책을 추진하기 위하여 「양성평등기본법」 제7조에 근거하여 양성평등정책 기본계획을 5년마다 수립하고 있다. 최근 제3차 양성평등정책 기본계획(2023~2027)이 수립되었고, 국가 기본계획과 연계하여 지방자치단체에서도 지 역특성을 반영한 양성평등실현을 위한 정책을 마련하고 있다. 제2차 양성평등정책 기본 계획(2018~2022)의 비전은 '여성과 남성이 함께 만드는 평등하고 지속 가능한 민주사회' 이고 4대 목표는 성숙한 남녀평등 의식 함양, 여성의 고용과 사회참여 평등, 일과 생활 의 균형, 여성 안전과 건강 증진이다. 제2차 양성평등정책 기본계획의 주요한 성과는 남 녀평등 의식과 문화 확산, 평등하게 일할 권리와 기회 보장, 여성 대표성 제고 및 참여 활 성화, 일 · 생활 균형 사회기반 조성, 여성폭력 근절과 여성 건강 증진, 양성평등정책 추 진체계 강화로 평가된다. 반면에 일과 돌봄의 공정한 분배, 여성폭력으로부터 안전 및 건강할 권리 보장, 양성평등에 대한 공감도 형성 및 가치 실현을 위한 기반 마련은 향후 과제로 제시되었다. 특히 양성평등실태조사(여성가족부, 2021)에 따르면, 여성에 대한 각 종 폭력 문제가 심각하며, 미투 운동, n번방 불법촬영물 사건 등으로 특히 온라인상 성희 롱 · 성폭력 문제 심각성에 대한 문제인식이 높게 나타났다(여성가족부, 2023b).

이처럼 성별에 기반한 폭력 문제의 심각성에 대한 보편적 인식이 존재하므로 여성폭 력으로부터 안전 및 건강할 권리보장이 매우 중요하다. 또한 제3차 양성평등정책 기본 계획(2023~2027)[12]에서 '안전과 건강권 증진'은 제2차 양성평등정책 기본계획의 목표와

---

11) 여성복지의 개념은 사회변천에 따라 변화하고 학자마다 다양하게 정의하고 있다. 이 절에서는 여성복지 의 개념에 사회적인 변화를 반영하여 남성과 여성이 동등하게 인권을 보장받고, 모든 영역에 동등하게 참 여하는 양성평등 개념을 포함한다.

동일하게 포함되어 있다. 따라서 사회적으로 여성인권 보장이 중요함을 알 수 있다.

2) 여성의 인권보장

여성은 사회문화적인 환경 속에서 임신 및 출산, 육아의 문제, 경제활동, 성폭력, 가정폭력 등에서 인권에 매우 취약하다. 이에 따라 법률에 여성의 인권을 보장하는 내용이 포함되어 있으므로 몇 가지를 살펴본다. 우선, 헌법에 국가의 모성보호와 육아권을 보장의무를 명시하고 있다. 「헌법」 제36조[13]와 제34조[14]에서 여성의 모성보호와 육아권을 보장(국가법령정보센터)한다. 여성의 모성권 보호의 대상(제36조 제2항)은 임신, 출산, 수유의 생리적 기능을 보호하는 것이다. 또한 여성의 육아권의 보장은 「헌법」 제36조 제1항의 국가가 보장해야 하는 가족의 보호와 「헌법」 제31조 제2항의 자녀교육권을 근거로 모와 부 모두에게 기본적인 권리로 육아권을 보장하고 있다. 여성에 대한 복지는 임신한 여성과 육아 중인 여성 모두를 포함하는 개념이므로 실질적인 복지제도를 통한 여성 인권보장은 국가의 모성보호 및 육아권 보호의 구현을 위한 구체적인 규정으로 이해할 수 있다. 더불어 성인지적 관점에서의 인권보장으로 해석할 수 있다(송미영 외, 2020). 한편, 국제적으로 비준된 인권 관련 조약, 협약, 선언 등에서 인간의 기본적인 인권보장 및 여성의 인권보장을 명시하고 있다.

우리 국가가 비준하고 있는 경제적, 사회적, 문화적 권리에 관한 국제규약(International Covenant on Economic, Social and Cultural Rights, 일명 사회권 규약 혹은 A규약, 1966), 시민적 정치적 권리에 관한 국제규약(International Covenant on Civil and Political Rights, 일명 자유권규약 혹은 B규약, 1966)은 개인이 누려야 하는 인권의 기본적인 내용을 규정하고 있다. 인권의 정의와 범주는 고정불변한 것이 아니라 사회변화에 따라서 변화하는 개념이다(안태윤, 황해동, 2012). 아래와 같이, 세계인권선언의 범주를 정리하여 소개한다.

유엔여성차별철폐협약은 여성의 권리장전이라고 불리며 유엔이 주도한 인권협약 체

---

12) 대과제로 공정하고 양성평등한 노동환경 조성, 모두를 위한 돌봄 안전망 구축, 폭력 피해 지원 및 성인지적 건강권 보장, 남녀가 상생하는 양성평등 문화 확산, 양성평등정책 기반 강화가 제시된다.

13) 제36조 ① 혼인과 가족생활은 개인의 존엄과 양성의 평등을 기초로 성립되고 유지되어야 하며, 국가는 이를 보장한다. ② 국가는 모성의 보호를 위하여 노력하여야 한다.

14) 제34조 ③ 국가는 여자의 복지와 권익의 향상을 위하여 노력하여야 한다.

표 10–5 인권의 범주

세계 인권선언	인권의 범주
자유권 (시민적 · 정치적 권리)	신체의 자유, 노예상태 및 강제노동의 금지, 자의적 체포 및 구금금지, 거주이전 및 주거선택의 자유, 법 앞의 평등, 형법의 소급적용금지, 개인의 사생활 보호, 사상 · 양심 · 종교 · 언론 · 출판 · 집회 · 결사의 자유, 생명권, 참정권 등
사회권(경제적 · 사회적 · 문화적 권리)	근로권, 노조결성 및 가입의 권리, 사회보장권, 건강권, 교육받을 권리, 문화생활 영위권리 등

출처: 안태윤, 황해동(2011: 32).

표 10–6 유엔여성차별철폐협약의 내용

구 분		내 용
1부 (1~6조)	비차별, 성별스테레오타이프와 성매매	제1조 차별의 정의 제2조 협약국의 의무 제3조 제2조 실행을 위한 적절한 조치 제4조 모성보호는 성차별이 아님 제5조 남녀 역할 스테레오타이프에 근거한 편견이나 관습 제거를 위한 조치, 자녀양육에 있어 남녀 공동의무 제6조 여성의 인신매매나 성매매 착취를 봉쇄할 모든 적절한 조치
2부 (7~9조)	공적 영역에서의 여성의 권리	제7조 투표, 국가의 공적, 정치적 생활 참여에 있어서 평등 보장 제8조 여성이 정부를 대표하고 국제조직의 업무에 참여할 동등한 기회 보장 제9조 여성 자신의 국적과 자녀의 국적에 관해 남성과 동등한 권리
3부 (10~14조)	교육, 고용, 건강 등 경제권과 사회권, 농촌여성 보호 관련 특별 조항 포함	제10조 여학생에게 교육에 있어 동등한 권리, 남녀공학 권장 제11조 노동권 인정, 동일노동에 대한 동일 임금, 사회수당, 연공서열의 손실 없는 모성휴가 제공 제12조 가족계획을 포함한 건강서비스에의 여성의 접근권 보장 제13조 경제, 사회생활에 있어서의 평등 보장 제14조 농촌 여성이 적절한 생활조건을 누릴 수 있게 함
4부 (15, 16조)	결혼과 가정에서의 여성의 권리, 법 앞의 평등권	제15조 법 앞에서 여성이 남성과 동등하도록 보장 제16조 결혼과 가족관계에 관련된 모든 문제에 여성에 대한 차별 금지

출처: 이수연(2019: 56).

계 중 하나이다. 이 협약은 정치, 경제, 사회, 문화, 교육 등 모든 분야에 있어서 여성의 인권과 기본적 자유를 저해하거나 침해하는, 성에 근거한 모든 구별, 배제, 제한을 없앰으로써 여성에게 남성과 동등한 권리를 부여하도록 촉진하는 것이 목적이다. 다른 인권협약과는 달리 오로지 성평등에만 국한되어 성평등과 관련된 인권의 특수성에 대해 자세히 기술하고 있다는 점에서 다른 유엔 인권협약과 구분되는 특성이 있다(이수연, 2019: 55). 협약은 전체 6부와 30조로 이루어져 있으며 모성보호, 자녀양육에 있어 남녀 공동의무, 공적영역에서의 여성의 참여 기회보장, 결혼과 가정에서의 여성의 권리 등이 담겨 있다.

여성에 대한 폭력은 1990년대에야 국제적 의제가 되었다. 1993년 12월 12일 제48차 UN총회는 여성폭력철폐선언(Declaration on the Elimination of Violence Against Women)을 채택하였다. 여성폭력철폐선언은 여성폭력분야에서 모든 국제적 행동을 위한 일반적 제도를 규정하고 있다. 또한 보편적 인권으로서 여성폭력철폐선언은 여성이 생명권, 최고의 신체적 정신적 건강을 누릴 수 있는 권리, 고문, 잔인하고 비인도적이며 굴욕적인 처우나 처벌을 받지 않을 권리를 포함한 국제인권조약이 인간에게 인정하는 권리를 재차 규정하고 있다. 이 선언은 국가가 폭력을 당한 여성의 권리침해를 조사하여 공정하고 효과적인 구제를 도모하며 그 가해자를 처벌하기 위한 형법상, 민법상, 노동법상 및 행정법상 제도를 발전시킬 것, 여성폭력의 방지를 위해 조사, 처벌하고 법을 집행할 책임 있는 공무원에 대한 교육 의무를 국가에게 부여하고 있다. 그리고 1993년 비엔나 인권회의에서 채택된 비엔나선언(World Conference on Human Rights, Vienna Declaration)은 문화적 편견과 국제인신매매로 야기되는 것을 포함한 여성폭력과 성희롱과 착취는 인간으로서의 존엄과 가치에 반하는 것으로 철폐되어야 한다. 또한 정부, 기구, 정부 간 기구와 민간 기구에 대해 여성과 아동의 인권보호와 증진을 위한 노력을 강화할 것을 촉구하였다(장복희, 2005: 74-77).

3) 여성복지정책과 서비스

여성 빈곤, 불평등, 차별, 성폭력, 가정폭력 등 여성문제를 해결하기 위한 정책들이 있다. 여성복지정책은 「헌법」「양성평등기본법」[15] 「남녀고용평등법」「가정폭력방지 및 피

---

15) 제2조. 이 법은 개인의 존엄과 인권의 존중을 바탕으로 성차별적 의식과 관행을 없애고, 여성과 남성이 동

해자보호 등에 관한 법률(약칭: 가정폭력방지법)」등을 근거로 정책대상과 국가와 지방자치단체의 책무를 정의하고, 서비스 추진체계 설치·운영을 통해 서비스 대상자에 대한 지원방안을 규정하고 있다. 다양한 여성복지정책 중 여성 인권과 관련한 법을 중심으로 정책과 서비스를 살펴본다.

법에서 정의하는 가정폭력은 "남편과 아내, 부모와 자녀, 형제자매 및 기타 동거가족을 포함한 가족 구성원 중의 한 사람이 다른 구성원에게 의도적으로 물리적인 힘을 사용하거나, 정신적인 학대를 통하여 고통을 주는 행위이다." 가정폭력의 범위는 "신체적, 정신적, 또는 재산상 피해를 수반하는 행위"로 보고 있어, 신체적 폭력에 국한하지 않고 정신적 학대와 재산상의 손해 및 손괴를 포함하는 포괄적인 폭력 개념을 인정한다. 가정폭력과 관련되는 법은 「가정폭력방지 및 피해자보호 등에 관한 법률」과 「가정폭력범죄의 처벌 등에 관한 특례법」이다(한국여성인권진흥원). 가정폭력 피해자[16]와 관련된 서비스 기관은 긴급전화센터, 가정폭력 상담소, 보호시설 등이 있다.

긴급전화센터에서는 가정폭력 피해자의 신고접수 및 상담을 지원한다. 핫라인은 국번 없이 1366으로 전화하면 365일 24시간 가정폭력에 대한 상담 서비스를 받을 수 있다. 또한 시설과의 연계, 피해자에 대한 긴급한 구조 지원, 경찰관서 등으로부터 인도받은 피해자 및 피해자가 동반한 가정구성원의 일시 보호 등의 기능(「가정폭력방지법」 제4조의 6)을 한다. 가정폭력 상담소는 가정폭력을 신고받거나 가정폭력 피해자에 대한 상담 지원, 가정폭력으로 정상적인 가정생활과 사회생활이 어려운 경우 서비스를 제공한다. 그 밖에 긴급히 보호를 필요로 하는 피해자 등을 임시로 보호하거나 의료기관, 보호시설, 법률기관 등 연계, 경찰관서 등으로부터 인도받은 피해자 등의 임시보호 등의 서비스를 제공(「가정폭력방지법」 제5조)한다.

가정폭력 피해자 등이 입소할 수 있는 보호시설이 있으며, 가족이 함께 입소할 수 있는 시설도 있다. 보호시설은 6개월의 범위에서 보호하는 단기보호시설, 2년의 범위에서 자립을 위한 주거편의 등을 제공하는 장기보호시설, 외국인 피해자들을 2년의 범위에서

등한 참여와 대우를 받고 모든 영역에서 평등한 책임과 권리를 공유함으로써 실질적 양성평등 사회를 이루는 것을 기본이념으로 한다. 제3조 1항. "양성평등"이란 성별에 따른 차별, 편견, 비하 및 폭력 없이 인권을 동등하게 보장받고 모든 영역에 동등하게 참여하고 대우받는 것을 말한다(국가법령정보센터).

16) 「가정폭력방지법」 제2조 3항. "피해자"란 가정폭력으로 인하여 직접적으로 피해를 입은 자를 말한다(국가법령정보센터).

보호하는 외국인 보호시설, 장애인 피해자를 2년의 범위에서 보호하는 장애인보호시설 유형이 있다(「가정폭력방지법」 제7조의 2). 보호시설의 입소대상은 본인이 입소를 희망하거나 입소에 동의하는 경우에 가능하다. 또한 「장애인복지법」 제2조에 따른 지적장애인이나 정신장애인, 그 밖에 의사능력이 불완전한 자로서 가정폭력행위자가 아닌 보호자가 입소에 동의하는 경우에 가능하다. 그리고 상담원의 상담 결과 입소가 필요하나 보호자의 입소 동의를 받는 것이 적절하지 못하다고 인정되는 경우에도 가능하다(「가정폭력방지법」 제7조의 3). 가정폭력 피해자는 대부분이 여성이지만 남성도 낮은 비율을 차지하고 있다. 그래서 최근 정부 차원에서는 가정폭력에 대한 빈틈 없는 대응을 하기 위하여 '남성 피해자 보호시설 신규 설치' 정책을 발표(여성가족부, 2023)하였다. 이와 관련하여 가정폭력의 약 13.3%가 남성 피해자인 것으로 나타났다. 남성 피해자의 경우, 일반남성보다 경제적 능력이 낮고 장애가 있는 경우가 있으므로 양성평등적 시각에서 남성 쉼터의 설치 및 운영이 필요하다는 연구결과(송미영, 2020)가 있다.

스토킹·데이트 폭력 유형 중 데이트 폭력은 데이트 관계에서 발생하는 언어적·정서적·경제적·성적·신체적 폭력을 말한다. 헤어지자는 연인의 요청을 거부하거나, 이별하더라도 집요하게 스토킹으로 이어지는 경우도 많은데, 이 역시 명백한 데이트 폭력에 포함된다. 가정폭력 피해여성과 마찬가지로 데이트 폭력 피해 여성도 가해자의 폭력으로부터 벗어나기가 쉽지 않다. 스토킹의 개념은 「스토킹범죄의 처벌 등에 관한 법률」(약칭 「스토킹처벌법」, 2021년 4월 20일 공포, 2021년 10월 21일 시행)에 나타나 있다. 스토킹 행위란 '상대방의 의사에 반하여 정당한 이유 없이 상대방 또는 그의 동거인, 가족에 대하여 통제, 언어적·정서적·신체적·성적인 행위 등을 하여 상대방에게 불안감 또는 공포심을 일으키는 것'을 의미한다. 즉, 접근하거나 따라다니거나 진로를 막아서는 행위, 주거, 직장, 학교, 그 밖에 일상적으로 생활하는 장소 또는 그 부근에서 기다리거나 지켜보는 행위, 우편·전화·팩스·또는 정보통신망을 이용하여 물건이나 글·말·부호·음향·그림·영상·화상을 도달하게 하는 행위, 주거 등 또는 그 부근에 놓여져 있는 물건 등을 훼손하는 행위, 직접 또는 제3자를 통하여 물건 등을 도달하게 하거나 주거 등 또는 그 부근에 물건 등을 두는 행위이다. 법률상 스토킹 범죄는 스토킹 행위를 반복적으로 하는 것을 말한다(한국여성인권진흥원).

「스토킹처벌법」 제3조에 따르면, 피해자는 경찰 112에 신고하면, 스토킹 행위에 대한 응급조치 서비스를 받을 수 있다. 즉, 스토킹 행위의 제지, 향후 스토킹 행위의 중단 통보 및 스토킹행위를 지속적 또는 반복적으로 할 경우 처벌 경고를 한다. 또한 스토킹 행위자와 피해자 등의 분리 및 범죄 수사가 가능하다. 더불어 피해자 등에 대한 긴급응급조치 및 잠정조치 요청의 절차 등 안내를 한다. 마지막으로 피해자 등이 동의한 경우에 스토킹 피해 관련 상담소 또는 보호시설로 피해자 등을 인도한다. 또한 사안에 따라 긴급응급조치 서비스를 받을 수 있다(「스토킹처벌법」 제4조). 구체적으로 스토킹 행위자 또는 그 주거 등으로부터 100미터 이내의 접근 금지를 할 수 있다. 또한 스토킹 행위를 한 상대방에 대해 「전기통신기본법」 제2조 제1호의 전기통신을 이용한 접근금지를 할 수 있다(국가법령정보센터). 이와 관련하여 스토킹을 예방하고 피해자를 보호·지원하여 인권을 증진하기 위하여 스토킹 방지 및 피해자 보호 등에 관한 법률(약칭 「스토킹방지법」, 2023년 1월 17일 제정, 2023년 7월 18일 시행)이 제정되었다.

이 법에서는 스토킹으로 직접적인 피해를 입은 사람뿐만 아니라 예방 및 방지를 위한 국가와 지방자치단체의 책무를 명시하고 있다. 즉, 스토킹 신고체계의 구축 및 운영해야 하고, 스토킹 예방을 위한 조사·연구·교육 및 홍보사업도 해야 한다. 또한 피해자를 보호·지원하기 위한 시설의 설치·운영해야 하며, 피해자에 대한 법률구조와 주거 지원 및 취업 등 자립지원서비스의 제공하고, 피해자의 신체적·정신적 회복을 위하여 필요한 상담·치료회복프로그램 제공 등을 해야 한다. 스토킹 피해자 지원시설에서는 다른 여성폭력 시설에서와 유사하게 스토킹 피해 신고 접수 및 상담, 피해자의 신체적·정신적 안정과 일상생활 복귀 지원, 피해자 등의 보호와 임시거소의 제공 및 숙식 제공, 직업 훈련 및 취업정보의 제공 서비스를 제공한다. 또한 피해자 등의 질병치료와 건강관리를 위하여 의료기관에 인도하는 등의 의료 지원, 스토킹행위자에 대한 고소와 피해배상청구 등 사법처리 절차에 관하여 「법률구조법」 제8조에 따른 대한법률구조공단 등 관계 기관에 대한 협조 및 지원 요청 서비스를 제공한다(국가법령정보센터). 최근 정부차원에서 스토킹 피해 특성을 고려한 주거지원 시범사업, 치료회복 프로그램 신규 지원 및 공공부문의 스토킹 예방지침 표준안 개발 및 보급 등의 정책(여성가족부, 2023)을 추진하고 있다.

성폭력·성희롱 유형 중 성폭력은 상대방의 의사에 반하여 가하는 모든 성적 행위로 신체적, 언어적, 정신적 폭력을 포괄하는 광범위한 개념이다. 관련되는 법으로 「성폭력방지 및 피해자보호 등에 관한 법률」 「성폭력범죄의 처벌 등에 관한 특례법」 「아동·청소년의 성보호에 관한 법률」이 있다. 성희롱은 업무, 고용, 그 밖의 관계에서 국가기관·지방자치단체 또는 대통령령으로 정하는 공공단체의 종사자, 사용자 또는 근로자가 다음의 어느 하나에 해당하는 행위를 하는 경우이다. 즉, 지위를 이용하거나 업무 등과 관련하여 성적 언동 또는 성적 요구 등으로 상대방에게 성적 굴욕감이나 혐오감을 느끼게 하는 행위, 상대방이 성적 언동 또는 요구에 대한 불응을 이유로 불이익을 주거나 그에 따르는 것을 조건으로 이익 공여의 의사표시를 하는 행위이다. 관련되는 법으로 「양성평등기본법」 「남녀고용평등과 일·가정 양립 지원에 관한 법률」 「국가인권위원회법」이 있다(한국여성인권진흥원). 성폭력 및 성희롱 피해자는 아동, 청소년, 노인, 장애인 등 다양하며, 직장동료, 가족 및 친척, 처음 만난 사람, 연애 대상, 친구 등의 수많은 관계 속에서 발생할 수 있다.

전문적인 성폭력 피해자 및 가족, 성매매피해자 등을 지원 수사, 상담, 의료, 법률 등의 서비스를 제공하는 해바라기센터가 있다. 특히 13세 미만 성폭력 피해를 입은 아동과 장애인 등에 대하여 의학적 진단과 평가 및 치료, 사건조사, 법률지원 서비스, 상담 서비스 및 심리치료 서비스 등을 제공한다. 또한 성폭력 피해자는 지역별로 설치되어 있는 성폭력상담소를 통하여 전문적인 상담, 수사 및 재판 절차에 대한 지원, 의료지원 서비스, 그 외 필요한 자원연계 서비스를 제공받을 수 있다.

4) 여성복지정책의 주요 이슈

(1) 여성 인권을 위한 긍정적 변화들

남녀 간의 인권 존중이 된다면, 성별 갈등을 줄이고 평등사회를 실현할 수 있을 것이다. 최근 여성의 인권을 보장하기 위한 작은 변화들이 일어나고 있음을 언론 보도를 통하여 접할 수 있다. 첫째, 「남녀고용평등법」을 위반하지 않도록 성차별적 표현을 사용하지 않는 채용공고를 내야 한다는 사례이다. 둘째, 여자 운동선수의 유니폼은 겉으로 보이는 모습보다 편안함을 느낄 수 있고, 경기에 집중할 수 있어야 한다는 사례이다. 셋째, 일상생활 속에서 사용하는 성차별적 언어를 성평등적인 언어로 바꾸어 사용하면, 인식과 행동을 변화시킬 수 있는 사례이다.

'주방 이모 구함' '172cm 이상 훈남만 모집' …… 성차별적 '위법 표현 인거 아시나요?

성차별적 채용 공고가 여전히 만연한 것으로 파악됐다. 채용시 합리적 이유 없이 특정 성별에만 기회를 주거나 처우를 다르게 하면 남녀고용평등법에 어긋난다. 고용노동부는 지난 해 9월부터 약 한 달 동안 주요 취업포털에 성차별적인 모집·채용공고를 올려 남녀고용평등법을 위반한 업체 811곳을 적발해 조치했다고 1일 밝혔다. 성차별적 채용공고는 아르바이트 모집업체가 78.4% 로 가장 많았다. …… '남자 사원모집' '여자모집'처럼 조건을 달아 특정성별에만 채용기회를 주는 내용이 많았다. '여성우대' '남성우대'처럼 특정 성을 우대한다는 표현을 쓰는 공고도 다수였다. '키 172cm 이상 훈훈한 외모의 남성'처럼 직무와 관계없이 용모·키 등 신체적 조건을 요구하기 도 했다. '주방이모' 등 명칭 자체가 특정 성만을 지목해 법을 위반한 경우도 있었다. 직종·직무 별로 성별을 분리하거나 임금을 다르게 제시하는 공고들도 법 위반이다. '주방(남), 홀(여, 라벨 부 착 및 포장 업무(남 11만 원, 여 9만 7천 원)' 등이다. 남녀고용평등법은 사업주가 노동자를 모집· 채용할 때 성별을 차별해서는 안 된다고 규정한다. 직무 수행과 관계없는 용모·키·체중 등 신 체적 조건, 미혼 등의 조건을 제시하거나 요구를 해서도 안 된다. (경향신문, 2023년 2월 2일)

'여성 인권 위한 변화 움직임 "유니폼 반바지를 검은색으로"

미국여자축구리그(NWSL) 올랜도프라이드가 선수들 요청에 따라 시즌 개막을 코앞에 앞두 고 유니폼 하의 색깔을 흰색에서 검은색으로 변경했다. 미국 언론들은 "생리주기 문제(period concerns)로 인해 유니폼 색깔을 바꾼 최초팀"이라고 전했다. 올랜도는 지난 1일 "선수들이 월 경주기 동안 상대적으로 조금 더 편안하고 자신감 있게 플레이할 수 있도록 2022년 시즌 내내 착용한 흰색 반바지 대신 이번 시즌에는 하의가 검은식인 루나키트(Luna Kit)를 입는다"고 발 표했다 …… 올랜도 프라이드 미드필더 애리카 팀락은 "흰색 반바지를 입고 싶지 않은 이유는 분명하지만 불행히도 최근까지 문제가 해결되지 않았다"며 "선수들이 편안함을 느끼고 경쟁에 만 집중할 수 있도록 구단이 조치하는 것은 우리를 위한 큰 발걸음"이라고 말했다.

…… 미국 USA 투데이는 "생물학적 현상을 세상이 알게 된다는 두려움은 소녀들이 스포츠를 포기하는 데 영향을 미친다"며 "14세가 되면 소녀들이 소년들 보다 두 배 더 빨리 스포츠를 그만둔다는 연구도 있 다"고 전했다. ……윔블던테니스대회 주최 측은 오 는 11월 열리는 대회에서 상·하의 흰색 의류에 대한 엄격한 규칙을 완화하고 여성선수들이 컬러속옷을 입을 수 있도록 허용했다. 주최측은 "이번 규정 조정

을 통해 선수들이 불안감을 해소하고 경기에만 집중할 수 있기를 바란다"고 말했다. (경향신문, 2023년 3월 3일).

충남여성정책개발원은 '단어 하나가 생각을 바꾸고, 생각을 바꾸면 행동을 바꿀 수 있다'는 슬로건으로 충남 도정신문에 '성평등 언어코너'를 만들어 서울시 여성가족재단에서 발행한 『서울시 성평등언어사전』에서 발췌하여 성차별 언어와 성평등 언어를 시리즈로 실었다.

성차별 단어	성평등 단어	제안 이유
친(親)가 외(外)가	아버지 본가 어머니 본가	아직도 친한 쪽은 아버지 쪽이고, 어머니 쪽은 바깥 사람들인가요? 친가는 아버지 본가로, 외가는 어머니 본가로 바꾸어 사용해 보세요.
집사람 안사람 바깥사람	배우자	이제는 일하는 사람과 살림 하는 사람이 정해져 있지 않아요. 두 호칭 대신 배우자라는 말을 써 보세요.

출처: 충남 도정신문(2021. 9. 15.~9. 24.). 제919호, 도정 07면.

(2) 아동 · 청소년 대상 디지털 성폭력 · 성범죄

디지털 성폭력은 디지털 기기 및 정보통신기술을 매개로 온 · 오프라인상에서 발생하는 젠더기반 폭력(gender-based violence)을 폭넓게 지칭한다. 그중에서도 「아동 · 청소년의 성보호에 관한 법률」(약칭 「청소년성보호법」) 제11조(아동 · 청소년 성착취물의 제작 · 배포 등), 「성폭력범죄의 처벌 등에 관한 특례법」(약칭 「성폭력처벌법」) 제14조(카메라 등을 이용한 촬영), 제14조의 2(허위영상물 등의 반포 등)와 제14조의 3(촬영물 등을 이용한 협박 · 강요)에 근거한 불법 촬영, 비동의 유포, 유포 협박, 불법합성 등이 현행법상 디지털 성범죄로 인정되고 있다. 그리고 디지털 성범죄는 개인 간의 사소한 문제가 아닌 사회구조적으로 발생하는 성폭력에 해당된다(한국여성인권진흥원). 아동 · 청소년 대상 디지털 성폭력은 성착취 및 그루밍 성범죄[17](Grooming, 온라인 길들이기) 형태로 이루어진다.

디지털 성범죄 피해자 지원은 디지털 성범죄 피해자 지원센터[18]를 통하여 365일 24시

---

17) 그루밍(grooming)의 사전적 의미는 길들이기, 꾸미기 등을 의미한다. 그러나 그 뒤에 성범죄가 붙으면, 가해자가 피해자를 심리적으로 지배한 후 성폭력을 하는 것을 의미한다. 특히 피해자의 대부분은 성에 대한 인식이 낮은 아동 및 청소년이다.

18) 디지털 성범죄 상담 및 집중삭제를 통한 피해자를 지원한다. 「성폭력방지법」 제7조의 3(불법촬영물 등으로 인한 피해자 지원 등)에 법적 근거를 두고 있다.

간 핫라인으로 상담지원 서비스, 온라인(on line)상 피해촬영물이 유포되었다면 삭제지원서비스, 다양한 연계지원 서비스를 지원받을 수 있다(한국여성인권진흥원 디지털 성범죄 피해자 지원센터).

상담, 피해영상물 삭제지원, 수사 · 법률 · 의료 연계 등 디지털 성범죄 피해자 지원은 2021년 18만 8천 건에서 2022년 23만 2천 건으로 급격하게 증가되었다(여성가족부, 2023). 2021년 피해자 지원센터에서 지원한 피해자 6,952명 중 10대(21.3%)와 20대(21.0%)가 전체의 42.3%(2,942명)로 나타났다(여성가족부, 2022). 이러한 통계로부터 연령이 낮고, 디지털 기기를 능숙하게 다룰 수 있는 아동 · 청소년의 디지털 성범죄가 많은 비중을 차지함을 알 수 있다. 피해자와 가해자의 관계에 대한 조사(여성가족부, 2022)에서 가해자가 누구인지 전혀 알 수 없는 경우가 51.7%(3,595명)으로 가장 높았고, 일시적 관계가 28.2%(1,963명), 모르는 사람이 7.9%(548명), 친밀한 관계가 7.8%(539명)으로 파악되었다. 이는 불법촬영, 유포 협박, 사이버 괴롭힘, 편집 · 합성 등과 같은 디지털 성범죄가 대부분 온라인상에서 전혀 모르거나 잘 모르는 사람과 물리적 접촉 없이 이루어지고 있음이 확인된다. 여성가족부(2022)의 보도자료의 디지털 성범죄 피해자 지원사례를 소개한다.

온라인 길들이기(그루밍) 피해자 지원

미성년 피해자 A는 사회관계망 서비스를 통해 또래를 사칭한 사람으로부터 메시지를 받았다. A는 일상적인 대화를 나누며 친밀감을 형성하였고, 학교, 주소 등의 개인정보와 성적인 내용의 질문에 답하였다. 이후 또래로 사칭한 사람은 태도가 돌변하여 성적 사진과 영상을 A에게 요구하였고, 거부의사를 전달하니, 시키는 대로 하지 않으면 대화내용을 A의 지인들에게 유포하겠다고 협박하여 다수의 성적 사진과 영상을 취득하였다.

몇 개월 후, A는 자신의 피해 촬영물이 개인정보와 함께 소셜미디어에 유포된 사실을 알게 되어 디지털 성범죄 지원센터에 지원을 요청하였다. 센터는 신속하게 해당사이트에 피해 촬영물의 삭제를 요청하였고, 추가로 타 성인사이트에 유포된 내역이 있는지 모니터링하였다. 또한 A를 심리상담과 의료지원을 받을 수 있도록 지역 성폭력상담소로 연계하였다. 성폭력상담소 상담원의 도움으로 용기를 얻은 A는 가해자에 대한 경찰 신고를 결심하였고, 센터는 채증자료와 지원사실 확인서를 제공하였으며, 성폭력상담소에서는 A가 안정된 상태에서 진술할 수 있도록 경찰서에 동행하였다.

* 출처: 여성가족부(2022. 4. 4. 보도자료). '2021년 디지털 성범죄 피해자 지원보고서'.

최근 보도된 자료(여성가족부, 2023)에 따르면, 디지털 성범죄 피해자 보호·지원을 위한 정책을 확대할 예정이다. 디지털 성범죄 피해지원의 접근성과 전문성을 제고하기 위하여 지역특화상담소 확대 등을 하고, '잊혀질 권리' 보장을 위한 관계부처 협업 및 중앙·지방 간 정보 공유·삭제 지원 강화한다. 또한 민·관이 협업으로 아동·청소년 대상 온라인 성착취 정황 발견 시 경찰, 피해자지원기관 등에 직접 연계하는 실시간 신고·대응 체계를 마련할 계획이다.

5) 여성복지실천 현장에서 사회복지사의 역할

• 배경

B는 결혼한 지 15년 정도 된다. 첫째 아이를 임신했을 때부터 가정 폭력이 시작되었다. 아무 이유 없이 신체를 때리고, 언어적, 정서적 폭력을 하였다. 경찰에 신고할 생각을 하지 못하고, 10년 이상 참고 살았다. 이유는 혼자 살 수 있는 경제력도 없어서 딸을 혼자 키울 자신이 없었고, 남편에게 아이를 뺏길 것 같아 두려웠다. 그런데 딸이 초등학교 5학년이 되면서 엄마가 계속 참고 사는 것을 원하지 않는다고 하였다. 또한 엄마가 원하는 인생을 살기를 원한다고 하였다. 그래서 용기를 내서 집 근처에 있는 가정폭력상담소를 찾아가서 상담을 받았다.

• 사회복지사의 역할

가정폭력상담소에서 근무하는 C는 가정폭력상담소에 찾아온 B를 가정 및 사회적 환경, 주요한 문제상황 등 심층적으로 상담하였다. 상담 결과, B는 오랫동안 남편의 신체적, 언어적, 정서적 폭력을 시달렸지만, 남편이 내일은 나아질 것이라는 기대를 가지고 10년 넘게 참고 살았다. 또한 이혼하고 자녀와 살고 싶지만 경제적 능력 때문에 망설이고 있었다. 이러한 문제해결을 위해서 B를 위한 위기개입 지원계획을 수립하였다. 우선, 경제적 지원, 주거지원, 보호시설 등 한부모가정을 위한 지원정책, 이혼을 할 수 있는 과정 등에 대한 정보를 제공하였다. 그리고 가정폭력상담소에서 우울증과 스트레스를 많이 느끼고 있는 B와 B의 딸이 심리적 회복을 할 수 있는 프로그램에 참여하게 하였다.

12주 동안 상담서비스를 받으면서 B와 B의 딸은 자아존중감 및 의사소통이 많이 향상되고, 심리적인 안정을 찾게 되었다. 이전에는 모든 것이 내 탓이라고 생각하였는데, 점차 내 탓이라기보다는 왜 그런지에 대한 이유를 생각하게 되었다. 또한 경제적 활동을 준비할 수 있도록 여성인력센터에서 취업준비 프로그램에 참여할 수 있도록 지원하였다.

현재는 주거지원을 받아서, 남편으로부터 분리하여 생활하고 있다. 또한 이혼 소송 중이며 법률구조공단에 접수를 해 주었고, 재판이 있는 날에 법원에 동행서비스를 해 주고, 자주 안부전화를 하고 있다.

학습과제

1. 최근 사회적으로 이슈가 되는 여성문제를 해결하기 위한 여성복지정책은 무엇이 있는지 토의해 보시오.

2. 국내·외적으로 여성인권이 긍정적으로 변화된 사례들을 조사해 보시오.

3. 다양한 여성복지실천 현장에서 사회복지사의 역할을 조사해 보시오.

4. 양성평등 수준이 높은 복지국가의 정책은 어떠한 것이 있는지 살펴보시오.

참고문헌

경향신문(2023. 2. 2.). '주방 이모 구함', '172cm 이상 훈남만 모집' ..... 성차별적 '위법 표현인 거 아시나요?

경향신문(2023. 3. 3.). 여성 인권 위한 변화 움직임 "유니폼 반바지를 검은색으로".

송미영(2019). 정책과제 '젠더관점에서의 민·관·학 거버넌스 협력방안: 마을 학교를 중심으로'. 충청남도여성정책개발원.

송미영(2020). 충남 가정폭력 피해여성에 대한 위기개입 효과성 분석. 충청남도여성정책개발원.

송미영, 우복남, 김혜영(2020). 충남 북한이탈여성의 인권실태조사. 충청남도.

안태윤, 황해동(2012). 북한이탈주민 인권침해 실태조사. 경기도가족여성연구원.

여성가족부(2023a). 2023년 성별영향평가센터 사업운영 안내.

여성가족부(2023b). 제3차 양성평등정책 기본계획.

이수연(2019). 유엔여성차별철폐협약 40년과 한국사회의 성평등. 젠더리뷰, 제52호(봄호), 한국여성정책연구원.

장복희(2005). 국제법상 여성의 지위와 인권: 차별금지와 여성폭력 철폐를 중심으로. **법학연구**, 15(3), 통권 제27호, 63-75, 연세대학교 법학연구소.

주재선, 김영란, 이진숙, 박송이(2021). 2021년 지역성평등보고서. 여성가족부.

국가법령정보센터. 「헌법」 「양성평등기본법」 「스토킹범죄의 처벌 등에 관한 법률」 「가정폭력방지 및 피해자보호 등에 관한 법률」 「스토킹 방지 및 피해자 보호 등에 관한 법률」 https://www.law.go.kr

여성가족부(2023). 여성가족부 2023년 업무계획, https://www.mogef.go.kr

여성가족부 보도자료(2022. 4. 4.). "디지털 성범죄 남성 피해자 수, 전년대비 2배로 증가" https://www.mogef.go.kr

연합뉴스(2022. 3. 8.). 팩트체크 "우리나라 성평등은 뒤떨어져 있다?" https://www.yna.co.kr

충남도정(2021. 9. 15.~9. 24.). 제919호, 도정 07면, '성평등 언어 이렇게 사용하세요.'

한국여성정책연구원, 성인지통계 시스템(kwdi.re.kr).

한국여성인권진흥원, "여성폭력 밫 알기", https://www.stop.or.kr

한국여성인권진흥원 디지털 성범죄 피해자지원센터, "디지털성범죄피해자 지원내용", https://d4u.stop.or.kr/support_consulting

6. 가족복지

○ **학습개요와 학습목표**

이 절에서는 우리가 당연시하는 가족의 다양한 모습과 역사적 변천과정의 의미를 살펴보고, 인간과 현대사회의 관계에서 가족의 기능과 문제를 이해하며, 약화된 가족을 지원하기 위한 가족복지서비스를 다루고자 한다. 특히 후기산업사회에서 가족의 변화를 가족해체의 문제가 아닌 다양성의 인정, 포용성이라는 관점에서 가족복지를 조망하고자 한다.

이 절의 목표는 다음과 같다.

- 다양한 가족 형태와 기능의 의미를 살펴본다.
- 시대와 사회경제적 배경에 따라 변화되는 가족의 모습을 이해한다.
- 가족 변화를 바라보는 이론적 관점을 이해한다.
- 가족복지 방법으로서 가족복지실천 및 정책, 가족복지서비스를 고찰한다.
- 가족복지 분야에서 사회복지사의 역할을 살펴본다.

지식 · 기술 · 정보화 등이 강조되는 후기산업사회(postindustrial society)의 가족은 다양화, 탈제도화, 가족생활의 개인화 등 다양한 차원의 변화를 경험하고 있다. 현대의 한국 사회는 저출산과 고령화에 따른 인구 구조의 변화, 결혼 및 가족 인식의 변화 등 급변하고 있으며, 가족은 다문화가족, 한부모가족, 1인가구 등 다양한 형태의 가정들로 매우 빠르게 변화하고 있다.

통계청의 인구동향조사에 따르면, 한국의 합계출산율은 2010년 1.23명에서 2022년 0.78명으로 급속도로 감소하고 있으며, 세계 최저 수준이 지속되고 있다. 그리고 고령화, 생산가능인구의 감소 등에 따라 노인과 아동의 부양 문제가 대두되고 있다. 이러한 추세가 지속된다면 성인 10명이 노인과 아동 10명을 부양하는 구조로 심각한 사회문제가 예상되고 있다(조흥식 외, 2017). 이와 더불어 1인가구가 2022년 기준 34.5%(통계청, 2023)로 급속하게 증가하면서 '혼밥, 혼술, 혼영' 등 나 홀로 생활하는 모습들이 어색하지 않은 사회가 되고 있다. 또한, 한국 사회는 외국인 근로자, 결혼이민자, 북한이탈주민 등이 증가함에 따라 다문화사회로 볼 수 있다. 이 외에도 소득 양극화의 문제, 맞벌이 가족의 증가, 결혼과 자녀에 대한 가치관의 변화 등이 가족에 큰 영향을 미치고 있다(윤홍식 외, 2011). 이러한 요인들에 따라 현대 가족은 구조적·기능적으로 그리고 형태적으로도 변화와 다양화의 물결 속에 있다고 볼 수 있다. 따라서 맞벌이가족, 한부모가족, 재혼가족, 다문화가족, 조손가족, 북한이탈주민가족, 동성애가족 등의 다양한 가족이 이 시대에 공존하고 있다. 또한 가정 내 폭력, 성폭력, 가족갈등, 돌봄과 부양 문제 등 가족의 다양한 문제는 시간이 갈수록 더 심각한 사회문제로 나타나고 있다.

1) 다양한 가족

사람들은 자신에게 익숙한 가족(예: 일부일처제의 핵가족)에 친숙해져 있기 때문에 자신의 경험에 입각하여 가족의 의미를 잘 알고 있다고 생각하고, 자신의 경험과 다른 가족 (예: 일부다처제가족, 동거가족 등)에 대해 부정적인 생각을 가지는 경향이 있다. 즉, 가족의 다양한 의미를 간과하는 경향이 있다. 역사 이전부터 존재하였다는 가족은 과연 인간과 사회에게 어떤 필요성과 의미를 갖는 것일까?

한국 사회에서 가족이라고 하면 일반적으로 결혼한 성인 남녀와 출산이나 입양을 통해 자녀가 함께하는 생활 공동체로 규정되고 있고,[19] 평화로운 안식처이자 무자비한 세상으로부터의 피난처인 신화[20]로 인식되고 있는 경향이 있다(이동원 외, 2001). 그러나 가족에 대한 이러한 보수적인 인식은 아이를 키우는 동성가족, 오랜 세월 동안 깊은 애정을 가지고 동거해 온 동거가족, 수년 동안 아이들을 위탁받아 양육하고 있는 공동체 등을 가족으로 인정하지 못하게 하는 등 가족 다양성을 포용하지 못하는 결과를 낳는다.

역사적으로 가족은 그 시대의 사회경제적 배경과 문화에 따라 매우 다양한 형태와 기능으로 존재했다. 심지어 현대의 어떤 사회에서는 남편과 아내가 따로 살고 허락된 밤에만 남편이 아내를 찾아갈 수 있으며, 며느릿감을 아버지가 데리고 살다가 아이를 낳으면 아들과 결혼시키기도 한다(한국외국어대학교 외국학종합연구센터, 2005). 일부다처가족제

---

19) 한국의 「민법」 가족 편에서 인정하는 가족관은 혼인과 입양 및 혈연관계에 근거해야만 하는 전통적 가족관에 입각하고 있다. 「건강가정기본법」에서는 해당 법의 지원을 받을 수 있는 다양한 가족이란 현행 「민법」(제779조)에 의거하여 혼인, 입양, 혈연관계를 충족하여야 하는 사회적 기본 단위에 근거한 가족들을 대상으로 하고 있다.

20) 뚜렷한 증거나 심층적인 탐색작업을 거치지 않은 채 무비판적으로 수용되고 있는 믿음을 말한다.

도를 인정 혹은 관습으로 취하는 나라도 있으며, 소수
이지만 일처다부가족제도를 취하는 나라도 있다. 또
문화에 따라 혼전관계나 혼외관계를 인정하기도 하고
엄격하게 금하기도 한다. 보통은 성인과 아이들이 함
께 살지만, 어떤 사회에서는 아이들이 성인과 분리되
어 양육되기도 한다. 동성결혼을 인정하는 사회도 있
고, 결혼을 부정하는 사회도 있다. 중매로 결혼이 이루
어지는 사회는 아직 많으며, 조카와 결혼하는 것이 관

[그림 10-4] 동성가족

습인 사회도 있다. 대부분의 사회는 가까운 친척과의 결혼을 금지하지만, 여전히 남매
또는 사촌 간의 결혼을 당연시하는 사회도 있다(Zastrow, 2004). 이렇듯 다양한 사회가 존
재하는데, 사람들은 자신들에게 익숙한 가족문화를 정상이라고 생각하고 자신과 다른
가족문화를 비판하는 경향이 있으며, 자신들에게 익숙한 가족제도를 변화시키는 것은
도전이라고 생각하거나 비도덕적이라고 생각하는 경향이 있다.

　가족의 다양성에도 불구하고 주류 사회에서 가족은 전통적으로 크게 확대가족과 핵가
족으로 분류되었다. 전통적 의미의 확대가족은 3세대 이상의 직계존비속으로 구성된 가
족으로 부모와 자녀, 조부모, 삼촌 등으로 구성된다. 근대적 형태의 핵가족은 결혼한 부
부가 미혼의 자녀들과 함께 사는 2세대 가족을 말한다. 그러나 통계적으로 핵가족은 그
수치가 줄어들고 있고, 도덕적인 지배성도 떨어지고 있다(성정현 외, 2020). 일례로 전 세
계적으로 한부모가족이 증가하고 있다. 결혼한 부부가 사별·이혼한 경우, 미혼자가 아
이를 입양하는 경우, 미혼자가 출산을 하는 경우 등 한부모가족은 다양한 방법으로 조성
되고 있다.

　한부모가족이나 아이가 있는 동성 커플, 동거가족 등의 가족 형태는 많은 사회에서 차별
과 불이익을 당해 왔다. 이런 차별을 인식하여 미국사회사업교육협의회(CSWE)의 교육정
책과 인증기준(EPAS)은 그러한 가족들을 위험집단으로 정의하였고, 사회복지사는 이들에
대한 차별을 종식하기 위해 노력해야 하는 의무를 지닌다고 규정하고 있다(Zastrow, 2004).

2) 가족의 변화

　시대와 사회경제적인 변화에 따라 가족은 변화해 왔으며(김대웅 역, 2010), 최근의 가족
변화도 예외가 될 수 없다. 여기서는 산업화를 기점으로 한 가족의 변화를 살펴본다.

(1) 산업화 이전의 가족

농사와 같이 1차 산업에 근거한 전근대 사회에서 가족의 이동은 쉽지 않았고, 가족은 자급자족을 원칙으로 하는 단위로 구성되었다. 이 시대의 주도적 가족 형태는 결혼한 자녀가 부모와 같이 사는 확대가족이었고, 농업·임업·어업 등 1차 산업 위주의 경제 조건 때문에 결혼과 다산(多産)이 강조되었다. 자녀가 많은 것은 노동력이 풍부하다는 것을 의미했기 때문에 자녀는 중요한 자산으로 인정되었다.

이 시기의 가족 이데올로기는 다음과 같다(Zastrow, 2004).

- 성인이 되면 결혼해야만 한다. 여성은 10대 후반에서 20대 초반에 결혼해야 하고, 결혼이 늦은 여성은 '노처녀' 또는 '독신'으로 불렸다.
- 결혼은 영원하며 이혼은 금기시되었다.
- 가족의 복지가 개인의 욕구보다 중요하다.
- 성관계는 혼인관계에서만 가능하다. 여성의 혼외관계는 남성의 혼외관계에 비해 훨씬 많은 비난을 받았다.
- 결혼한 부부는 아이를 가져야 한다.
- 부모는 어떤 일이 있어도 자녀를 돌볼 의무가 있다. 자녀는 부모를 공경하고 부모에게 복종해야 한다. 부모의 노후에는 자녀가 부모를 모셔야 한다.
- 가족에서 아버지는 중요한 의사결정자로, 아내와 자녀는 아버지에게 복종해야만 하는 가부장주의가 주요한 이데올로기로 자리 잡았다.

이 시대의 사람들 대부분은 이러한 확대가족에 대한 믿음이 매우 강하게 있었고, 이것이 도덕적으로 옳은 삶이라고 믿었다.

(2) 산업화 사회의 가족

산업혁명 이후 산업은 1차 산업에서 2차 산업으로 변화하여, 경제의 중심이 가내 농업에서 공장과 대규모의 기업으로 이전됨으로써 임금노동이 가족의 주요한 소득으로 자리 잡게 되었다. 가족의 수입 원천이 자체적인 생산수단을 활용하는 것에서 임금노동으로 변경됨에 따라 가족 구성원은 주요한 노동력에서 소비자로 전락하게 되었다. 가족은 자녀의 수가 줄게 되었고, 임금노동이 증가하면서 가족의 가치를 우선시하는 가족주의보다 개인주의가 득세하게 되었다. 또한 직장을 따라 이동해야 했기 때문에 이동이 수월한 핵가족이 산업사회에 기능적인 가족 형태로 자리 잡게 되었다. 사회가 급변하면서 노인의 역할이 축소되었고, 여성의 권리가 증진되어 가부장주의에 반하는 페미니즘이 발달하게 되었다. 이러한 변화에도 불구하고 이 시기에 이혼이나 자녀를 낳지 않는 것에 대한 비판과 편견은 여전히 존재하였다.

사회학자 오그번(Ogburn, 1938)은 산업화와 기술의 발전이 가족의 기능을 다음과 같이 변화시켰다고 보았다. ① 가족은 경제적 · 생산적 기능을 잃었다. 대부분의 가족은 가족 외부에서 수입을 얻었다. ② 가족의 보호기능을 잃었다. 가족의 보호기능은 경찰, 병원, 보험, 요양소 등이 대행하게 되었다. ③ 가족의 교육적 기능이 급격하게 감소되어 학교와 유치원, 헤드스타트 프로그램 등이 대신하게 되었다. ④ 종교활동의 중심지로서 가족의 기능이 약화되었다. ⑤ 가족의 레크리에이션 기능이 약화되었다. ⑥ 가족의 신분 부여 기능이 급격히 약화되었다. ⑦ 그러나 가족의 애정 부여 기능은 계속 유지되고 있다. 이러한 변화에도 불구하고 재스트로(Zastrow, 2004)는 산업사회에서 가족은 ① 인구의 재생산 기능, ② 자녀양육 기능, ③ 새 구성원의 사회화 기능, ④ 성행동의 규제 기능 그리고 ⑤ 애정 부여 등의 기능을 여전히 중요하게 수행하고 있다고 보고 있다.

(3) 후기산업사회에서의 가족

후기산업사회에서 가족은 매우 **빠른** 변화에 노출되면서 새로운 형태와 기능 및 정서를 발달시켰다. 현대 가족의 특성을 보여 주는 두 가지 대표적인 말은 변화와 다양성일 것이다. 후기산업사회에서는 근대 시대가 지녀 왔던 가족에 대한 이상이 무너지면서 근대적 관념을 기반으로 한 특정한 가족서비스 패러다임(예: 결혼에 기반한 핵가족)은 주도적이지 못하고 효용성도 적어지고 있는 실정이다. 후기산업사회에 이르러 현대의 가족 이데올로기와 가족생활은 다음과 같이 변화하였다(고미영, 2004; 이동원 외, 2001; MBC, 2004; 성정현 외, 2020).

- 결혼은 의무가 아니라 선택 사항으로 변화하였다. 결혼 정년기의 개념이 없어졌고, 초혼 연령이 늦어지고 있다.
- 법적 결혼을 선택하지 않는 비율과 1인가구가 급증하고 있다.
- 결혼은 영원하지 않으며, 이혼과 재혼은 허용되었다. 동거가 증가하면서 결혼과의 차별이 약화되었다.
- 가족의 복지보다 개인의 욕구가 중요하다.

- 혼전과 혼외 성관계에 대한 규범이 완화되어 가고 있다.
- 자녀 양육의 다양한 부담으로 무자녀 부부가 증가하고, 가족의 자녀 수가 줄었다.
- 매우 다양한 가족 형태가 등장하였다.
- 가족에서 부부의 평등과 가족관계의 민주화가 중요한 이데올로기로 자리 잡았다.

이렇게 변화되고 다양화되는 가족을 어떻게 보아야 하는가? 보수주의자들을 이런 변화를 가족해체 또는 역기능이라고 부정적으로 보는 반면, 진보주의자들은 이러한 변화가 가족해체가 아니라 현대사회에 가족이 적응하는 현상으로 보며, 가족 다양성을 긍정적으로 바라본다. 사회경제적 변화에 적응하는 존재로 가족을 볼 때, 산업화와 근대화 및 자본주의화의 핵심은 가족이 아닌 개인 임금노동에 초점을 두고 있으므로 가족의 전통적 결속은 약화될 수밖에 없고, 가족의 다변화는 피할 수 없는 현실이다(고미영, 2004; Beck, 1992). 현대에는 가족 유형이 더 다양해지고, 전통적 가족과는 다른 방식으로 살아가는 사람들이 증가하였기에 전통적인 가족의 정의는 보편적이고 지배적으로 받아들여지기가 어려운 것이 사실이다(성정현 외, 2020). 그러나 이러한 변화의 물결을 인정하지 않고 전통적 가족 유형의 신화에 대한 환상을 갖고 있는 세력도 만만치 않게 존재하는 것이 현실이다(이재경, 2004). 토플러(Toffler; 원창엽 역, 1980)는 현대사회의 가족을 전통적 가족으로 회귀시킨다는 것은 모든 분야에서의 사회 발전을 1960년대 이전으로 돌려놓아야 가능하다고 주장하며, 후기산업사회에서 전통적 가족관을 고수한다는 것은 시대착오적이라고 주장하였다.

3) 가족문제의 관점

세계화와 양극화의 물결 속에서 21세기를 기점으로 우리 사회의 가족은 급변하고 다양한 어려움에 처해 있다. 소가족화와 1인가구의 증가, 결혼관의 변화에 따른 만혼과 저출산 문제의 심화, 이혼 등으로 인한 한부모가족과 조손가족의 증가, 그리고 북한이탈주민, 국제결혼, 이주노동자 등 다문화가족의 증가, 가출팸과 사이버가족의 등장 등 우리 사회의 가족은 다양화되고 있다. 이러한 현상은 사회의 급격한 변화에 따른 새로운 사회구조에 적응하고자 하는 자연스러운 물결이기도 하지만, 이러한 변화들이 한편으로는 사회의 존립을 위협하는 사회문제로 인식되기도 하고, 차별과 갈등의 문제를 야기하고 문화적 지체 등의 다양한 문제를 야기시킨다고 평가되기도 한다(여성가족부, 2010). 이렇게 가족문제는 이론적 관점에 따라 그에 대한 인식이 달라질 수 있다. 즉, 이론적 관점에 따라 가족의 변화를 가족위기로 볼 것인가 아니면 가족변화론으로 볼 것인가가 달라질 수 있다(윤홍식 외, 2011).

(1) 구조기능주의 관점

구조기능주의 관점은 가족이 사회에서 잘 기능하기 위해서는 가족에게 요구되는 특정 역할 또는 기능을 수행해야 한다고 전제한다. 이 관점은 가족이 개인과 사회를 중재하는 적응력 있는 단위이고, 합법적으로 인정되는 성생활을 통해서 자녀를 출산하고 양육 · 교육함으로써 가족을 개인의 욕구와 사회적 필요를 충족해 주는 기본적인 제도라고 본다(Boughy, 1978). 구조기능주의 관점에서 보면, 산업사회는 개인에게 빈번한 지역적 · 사회적 이동을 요구하기 때문에 사회에 적합한 것은 부부와 자녀로 이루어진 핵가족이며, 남편은 생계를 책임지고, 부인은 가사를 책임지는 것이 자연스러운 역할의 분담이다. 따라서 이러한 가족 유형에서 벗어나는 가족의 상태를 병리적인 가족해체라고 본다. 이 관점에서는 독신, 한부모가족, 동거가족, 이혼가족, 소년소녀가장 가족 등 가족에게 요구되는 역할과 기능이 저해되는 가족구조를 지닌 가족 그 자체를 문제가족 또는 결손가족으로 규정한다.

(2) 마르크스주의 관점

마르크스주의 관점에서 가족은 자본주의적 생산과 가족과의 관계, 남녀 간의 사회적 분업에 초점을 맞춤으로써 가사노동, 가구경제, 노동력 재생산 등의 개념을 정립하였다. 이 관점은 가족과 사회의 여러 관계를 생산양식의 관점에서 파악하고 가족이 갖는 계급 재생산의 역할에 주목한다. 기존의 가족제도가 사회의 불평등한 관계를 반영한다는 점에서 가부장주의 가족을 부르주아적 제도의 표상으로 보고, 비판적으로 바라본다(김영모 편, 2000). 이 관점에서 지향하는 가족은 사랑에 기반한 결혼은 존재하지만 아이 양육과 가사는 공동체에서 분담하는 형태이다.

마르크스주의 관점은 가족[21]이 특히 자본주의적 속성을 유지 · 강화하는 데 기여하기

---

21) 마르크스주의 관점은 가족을 사회구조적 변동과 역사발전 과정에서 변화하여 온 것으로 설명하며, 그 예로 난혼 → 집단혼 → 푸날루아가족 → 가부장주의 일부일처제가족으로의 변화를 든다.

때문에 가족문제를 사회구조적 문제 속에서 파악하고자 한다(김경미 역, 2007). 따라서 빈곤가족에서 가정폭력이 일어날 경우, 해당 가족의 역기능성에서 비롯된 것으로 접근하기보다는 자본의 축적과정에서 필연적으로 빈민이 양산되며 이러한 빈곤 현상이 가족 내에서 폭력으로 발현된다고 본다. 즉, 마르크스주의 관점에서는 가정 내 폭력 자체에 중점을 두지 않고 근원적인 사회구조적 문제로 추적해 가는 방식을 취한다.

(3) 가족발달 관점

가족발달 관점은 연속적인 과정이자 단계적으로 이루어진 가족생활주기에 따라 가족에게 어떠한 변화가 일어나는가를 설명한다. Duvall(1977)은 자녀의 출산과 양육, 자녀 독립을 바탕으로 가족은 확장과 축소하는 일련의 단계를 거쳐서 발달하며, 이를 가족생활주기라 하였다. 가족발달 관점은 가족이 발달하는 일련의 단계에는 과제가 있음을 강조하며, 가정 내 개인의 발달도 중요하지만 개인에게 상호작용하는 집단의 중요성과 가족의 이해에 가족발달 과정 및 과업에 주목한다(권중돈 외, 2019). 가족발달 관점에 따르면, 가족은 생활주기에 따른 발달과업에 직면하고, 이를 해소하기 위해 요구되는 가족기능이 있으며, 그것을 얼마나 잘 충족하였는가에 따라 가족문제를 바라본다.

(4) 페미니즘 관점

여권론자들은 가부장주의에 입각한 가족에 대해 비판한다(여성한국사회연구회 편, 2001). 전통적 핵가족과 같이 특정한 가족 형태가 사회의 필수 불가결한 제도라고 믿는 것이 신화(myth)에 불과하다고 비판한다. 이들은 가족이 사회체계에 기능하는 하위 체계가 아니라 인간의 진정한 행복을 추구하게 되는 장소가 되어야 한다고 본다(Boughy, 1978). 따라서 단일한 형태로 가족이 획일화되는 현상에 대해 반대한다. 특정한 가족 형태를 지향하는 것은 사회정의, 인간의 자유, 건전한 사회를 실현하는 데 방해가 되므로, 다양한 가족 형태를 인정하고 선택할 수 있어야 한다고 본다. 따라서 기능론자들과 달리 다양한 가족 형태의 출현은 가족의 변화이지 가족의 해체라고 보지 않는다. 핵가족과 확대가족, 독신가족, 동거가족, 동성가족, 공동체가족(commune), 혼합가족(blended family) 등 다양한 가족 형태를 개인의 형편과 선호에 따라 선택할 수 있어야 한다고 주장한다(지은희, 1982). 가족문제는 가족 내의 갈등이 표출된 것으로서, 이것을 비정상적이거나 회피하기보다 자연스러운 과정으로 이해하면서 해결 방법을 모색하려고 한다(최성재, 최일섭, 2000).

(5) 사회구성주의 관점

현대 가족의 삶은 변화와 다양성으로 대변되며, 근대적 관념을 기반으로 한 가족 패러다임은 낡고 효용이 적어지고 있다. 사회구성주의 관점은 대체적인 가족 패러다임으로 발전하였는데, 사회구성주의에서 현실은 언어를 토대로 이루어지는 사회적 상호작용에 의해 구성된다(서진환 외 공역, 2001). 사회구성주의에서는 객관적이고 절대적인 현실은 존재하지 않으며 인식의 주체가 현상을 어떻게 인식하고 구성하는가에 따라 현실은 달라진다고 본다. 이들의 입장은 먼저 객관적이고 절대적인 기준이라 할 수 있는 '정상' 가족의 존재에 의문을 제기한다. 가족의 문제 역시 당사자인 가족이 어떻게 구성하는가에 달려 있으며, 가족이 문제로 정의하는 현상만을 문제로 취급한다.

사회구성주의에서 가족은 자신을 가족이라고 인식하는 사람들의 관념 속에서 정의되고 의미를 갖게 된다. 가족은 고정적인 실체가 아니라 사람들의 하나의 사고방식으로 존재하며, 현실에서 끊임없이 구성되고 해체되고 재구성된다(최연실 외 공역, 2004).

현실 세계에서의 가족은 개인의 생존과 인간의 재생산, 사회적 기능 유지를 담당해 왔지만, 그 모습은 사회적 맥락에 따라 다양하게 변화되었다. 현대의 가족은 전통적인 결속보다는 정서적·경제적 기본 욕구에 충실한 형태로 발전하고 있고, 가부장주의는 평등하고 민주적인 관계로 변화되어 가는 추세로 볼 수 있다. 결혼에는 이혼이 전제될 수 있고, 어느 쪽이 결혼관계에서 보상이나 만족을 얻지 못하면 그 관계는 끝나는 것이 사회·문화적으로 죄가 되지 않는 등 혼인 및 이혼 등의 관념과 사회체계가 시대의 요구에 부응하여 변화되고 있다.

사회구성주의에 따르면, 기존에 문제 가족으로 취급되었던 다양한 형태의 가족들은 스스로 문제 삼지 않는다면 문제로 취급되지 않는다. 예를 들면, 기존에 문제 가족으로 취급되었던 한부모가족이나 동성가족 등도 가족 구성원 그리고 사회가 문제로 구성하지 않는다면 문제 가족이라고 보지 않는다. 이러한 사회구성주의 관점은 1980년대부터 가족복지에 큰 영향을 미치기 시작하여 최근에는 특히 가족치료 분야에서 다양한 접근 방법으로 실천되고 있다.

4) 가족복지

가족복지는 가족 안에서 가족 구성원들이 기본적 욕구를 충족하고, 개인의 만족스러운 가족생활을 지원하며, 가족이 제 기능을 수행할 수 있도록 지원하는 총체적 활동이자 노력이다(장연진, 김영미, 2021). 이는 가족이라는 단위에 초점을 두면서 가족기능의 보호, 강화, 지원을 목적으로 하는 사회 및 국가의 정책과 서비스를 포괄한다(권중돈 외, 2019). 가족이 시대와 사회문화적 상황에 따라 다양하게 변화함에 따라 가족복지 또한 변화하는 가족에 대한 가치를 반영할 필요가 있다. 많은 경우에 학자들은 가족복지의 개념 정의에 있어서 가족을 하나의 사회적 단위로 간주하고, 집단으로서의 성격을 지닌 '가족의 전체성(family as a whole)'을 반영하고 있다(Feldman & Scherz, 1968; Kamerman & Kahn, 1978; 山崎美貴子, 1976). 가족의 전체성을 대상으로 한다는 것은 가족복지가 가족 구성원의 개별 욕구보다는 한 단위로서의 가족이 지니는 가족기능과 가족관계와 상호작용의 증진을 돕는다는 것을 의미한다. 따라서 아동양육이나 노인부양 및 돌봄, 부부관계의 증진, 가족의 생계 지원 등 가족의 생존과 사회적응을 돕는 것이 가족복지의 주요 내용이 되고, 체계로서의 특성(Goldenberg & Goldenberg, 2000)을 지닌 가족 집단이 서비스의 대상이 됨을 의미한다.

한국의 가족복지 근거법인 「건강가정기본법」에서는 건강가정지원의 목적과 정의(제1조, 제3조 제4항, 제21조)에서 가족의 부양, 양육, 보호, 교육 등의 가정 기능을 그 대상으로 하고 있다. 이는 한 단위로서의 가족(가정)과 그 기능을 복지증진의 대상으로 하고 있다고 할 수 있다. 또한 제21조에서는 가정에 대한 지원으로 가족기능과 관련된 서비스[22]를 제시하고 있음으로써 가족복지의 대상이 가족 구성원 개별보다는 한 단위로서의 가족과 가족기능을 주 대상으로 하고 있음을 알 수 있다. 그러나 한편으로는 동법의 이념(제2조)에서 "가정은 개인의 기본적인 욕구를 충족시키고……"라고 규정함으로써 가족의 전체성에 매몰될 수 있는 개인의 욕구를 간과해서는 안 된다는 가치를 제시하고, 가족의 전체성에 의한 문제를 견제할 수 있는 근거를 만들어 놓고 있다고 볼 수 있다. 그럼에도 불구하고 이혼, 한부모 등의 가족 형태를 부정적인 시각에서 보고 있는 등 기본적으로 가족 구성원의 욕구 충족보다는 특정 가족을 지향하는 한 단위로서의 가족을 대상으로 하는 가족정책을 우선시한다고 볼 수 있다.

한편, 최근 가족복지의 대상은 가족주의(familialism)보다 개인주의를 반영하여 개인

---

[22] 「건강가정기본법」 제21조에 의하여, 국가 및 지방자치단체가 지원해야할 사항은 가족 구성원의 정신적 · 신체적 건강 지원, 소득보장 등 경제생활의 안정, 안정된 주거생활, 태아검진 및 출산 · 양육의 지원, 직장과 가정의 양립, 음란물 · 유흥가 · 폭력 등 위해환경으로부터의 보호, 가정폭력으로부터의 보호, 가정 친화적 사회 분위기의 조성 등이다.

중심의 서비스를 중시하는 경향을 보이고 있다(이진숙 외, 2010). 최근에는 가족구조가 다양해짐에 따라 '정상적 가족 이데올로기'에서 벗어나 다양한 '가족 만들기'를 선택한 개인과 가족을 중심으로 하는 가족복지가 전개될 것으로 예측된다(성정현 외, 2020). 이는 가족의 다원화를 인정하면서 개인의 선택을 존중하는 것을 의미한다. 따라서 하나의 단위로 가족의 기본적 복지 충족과 더불어 다양한 가족 유형 내 구성원들에 대한 복지적 접근이 요구된다.

5) 가족복지실천 및 서비스, 가족정책

사회복지의 한 분야인 가족복지는 미시적 접근으로 상담, 서비스 제공, 위기 개입 등 가족과 가족 구성원을 변화시키고자 하는 가족복지실천 및 서비스 영역과 거시적 접근으로 법과 제도를 통해 가족과 사회를 변화하고자 하는 가족정책 영역으로 나누어 볼 수 있다(장연진, 김영미, 2021).

(1) 가족복지실천 및 서비스

일찍이 사회복지실천에서 가족은 중요한 실천영역으로 다루어져 왔다. 개별사회사업(Casework)의 효시로 일컬어지는 메리 리치몬드(Mary Richmond)는 그녀의 저서 『사회진단』(Social diagnosis, 1917)에서 사회복지실천의 중요한 영역으로 가족 환경에 대한 개입을 논의하였다. 가족복지실천은 가족과 가족 구성원의 특수한 욕구와 문제를 해소하기 위하여 개별적이고, 직 · 간접적인 실천개입과 서비스를 제공하는 것이다. 가족복지실천의 영역은 가족구성원 개인과 가족 체계의 변화만을 추구하는 것이 아니며, 가족을 둘러싼 환경체계를 포괄하여 다양한 체계 간 역동적인 상호 적응 과정을 초점으로 한다. 전통적으로 사회복지실천은 인간과 그들을 둘러싼 사회환경 간의 관계에 관심을 가진다. 이를 반영하여 가족중심 실천은 개인인 가족 구성원, 가족, 환경 사이의 상호 교류에 초점을 두고 특정 개인이나 가족, 가족기능, 주변 자원, 환경, 상호 관계 등 다양한 영역을 원조한다(성정현 외, 2020). 이러한 가족복지실천은 가족복지의 직접적인 접근 방법으로서 과학적 지식과 기술에 기반을 둔 다양한 전문적 서비스이며, 대표적으로 다음과 같이 제공된다(한국임상사회사업학회, 2017).

• 가족에 대한 직접적 개입활동: 부부갈등, 부모—자녀관계 문제, 세대 간 갈등 등에 대

해 가족복지기관에서 전문가가 주로 직접적 면담 등을 통해 개입

- **가족보호**: 가정 내 다양한 돌봄 문제에 대한 보호를 제공하거나 가족의 기능적인 역할 수행 및 가족기능을 향상하도록 개입
- **가정생활교육**: 부모역할훈련 프로그램 등 가족 구성원의 인간관계 및 사회기능을 향상하기 위한 교육 프로그램과 서비스 제공
- **가족계획사업**: 임신 전 위험, 임신중절, 산모의 영양, 임신 서비스 등 가족의 재생산적 건강보호 서비스 제공
- **가족 보존과 가정 기반 서비스**: 가정법률상담, 그룹홈, 주·야간보호서비스, 저소득층 보건 프로그램, 돌봄·학습 등 아동·청소년 프로그램, 부모-자녀 프로그램, 경제적 지원, 바우처 서비스 등 가족 보존과 가족의 욕구 충족을 위한 다양한 서비스 제공
- **가족치료**: 가족사정을 기반으로 가족문제를 해결하고 원조하기 위한 다양한 전문적 개입·치료 활동
- **가족옹호**: 공적·민간 가족 서비스의 개발·변화, 전달체계 향상, 가족의 생활 조건 등을 향상할 수 있도록 지역 및 사회에서 가족을 대변하거나 가족과 함께 계획된 전문적 옹호 활동 전개

(2) 가족정책

가족정책은 국가가 가족 단위를 대상으로 직·간접적 개입을 시행하는 모든 활동을 의미하는 것이다(Harding, 1996; Moss & Sharpe, 1979). 서구의 가족정책 발달사를 보면, 가족정책은 인구정책에서 출발하여 저소득 가족을 위한 정책, 결손가족을 위한 정책을 중시하다가 이후에는 아동을 양육하는 여성과 가족을 위한 정책을 강조하는 추세로 아동의 양육과 복지를 매우 중시하고 있다(김성천, 서윤 공역, 1991; 최경석 외, 2007). 이러한 측면에서 노인과 청소년은 일반적으로 가족정책의 대상이 아닌 독립된 정책의 대상이 되어 왔다. 청소년과 노인의 복지는 가족보다는 개인의 욕구에 대한 대응 차원에서 검토되고 있다. 이들을 포함하여 포괄적 관점에서 가족정책의 범주는 〈표 10-7〉과 같이 제시될 수 있다(윤홍식 외, 2011).

표 10-7 가족기능 중심의 가족정책 범주화

가족의 기능	가족정책의 영역
재생산 기능	출산 전후 휴가, 육아휴직, 방과후 보호, 양육비 지원, 보육 서비스 등
경제적 기능	가족수당, 아동수당, 가족에 대한 각종 소득공제, 공적연금, 주택보조 등
사회화 기능	교육비 지원 및 공제 등
성적·정서적 기능	가족치료, 가족상담, 가족교육을 비롯한 대인적 사회서비스 등
돌봄의 기능	노인장기요양보험, 가족돌봄지원제도 등

출처: 윤홍식 외(2011, p. 50)의 표를 수정함.

가족정책에 대한 관점과 접근 방법에 대해서는 학자마다 다양한 논의가 이루어져 왔는데, 크게 가족친화적(family-friendly) 또는 적극적 가족정책과 소극적 가족정책으로 구분해 볼 수 있다(김성천, 2001; 성정현 외, 2020).[23] 전자인 가족친화적 또는 적극적 가족정책은 가사노동과 양육을 공동 분담하는 양성평등 관계와 가족의 전체성을 기초로 가족문제의 예방과 해결을 위해 국가가 다양한 가족 형태를 인정하고 적극적으로 개입하는 정책적 관점을 의미한다. 후자인 소극적 가족정책은 국가가 빈곤가족, 장애인 가족 등에 대한 선별적 개입만을 할 뿐 가족문제에 대한 법적·제도적 책임과 개입을 최소화하는 것이 특징이다.

한편, 한국의 가족정책은 다양한 사회현상을 위한 수단적 측면으로 독특하게 발달해 왔다고도 볼 수 있다. 즉, 한국의 가족정책은 사회문제를 해결하기 위한 수단으로서, 가족기능을 중심으로 가족문제에 대응하기 위한 수단으로서, 또는 다른 정책의 수단으로서 등 다양한 목적을 위해 각 정부 부처에서 명시적(explicit) 또는 묵시적(implicit)인 정책과 제도로 도입·발전되었다고 할 수 있다. 따라서 한국의 가족정책을 구체적으로 구분하기란 쉽지 않은데, 현실적으로 한국의 구체적 가족정책으로는 노동권 보장정책에 해당하는 보육정책과 방과후 보육정책을, 부모권 보장정책으로는 육아휴직 및 출산 전후 휴가, 부모육아휴직제도, 노인돌봄 관련 정책으로는 노인장기요양보험제도 등을 들 수 있다.

가족복지실천과 가족정책, 서비스의 쟁점은 다음과 같다.

---

23) 가족정책에 대한 이러한 구분은 일반적인 의미에서 다소 단순하다고 볼 수 있다. 그럼에도 이러한 구분은 가족정책에 대한 이론적 접근을 쉽게 대별한다는 점에서 의의가 있다.

첫째, 가족복지 영역에서 다양한 형태의 모든 가족이 차별 없이 배제되지 않도록 가족 다양성을 포용하는 실천 및 정책이 추진될 필요가 있다. 가족의 형태가 부부 중심의 혈연으로 구성된 핵가족 체계에서 1인가구, 한부모가족, 재혼가족, 비혈연 공동체 가족, 비혼 동거 등 다양한 모습으로 변화되었고, 가족기능과 역할 또한 다변하였다. 이에 발맞추어 국가의 기본적 가족정책의 추진 방향을 수립하는 건강가정기본계획[24]에서는 그동안 가족 다양성을 포용하는 정부 차원의 정책을 추진하였으나 여전히 가족 유형별 지원 중심의 정책, 법률혼·혈연 중심의 가족 개념 등에 관한 제도와 인식의 근본적 변화 미흡 등이 향후 과제로 지목되고 있다(여성가족부, 2021). 이에 따라 가족복지실천 및 정책은 여러 가족 형태에서 발생하는 상이한 욕구를 차별 없이 반영하고, 모든 가족을 포용할 필요가 있을 것이다. 구체적으로 보면, 보편적인 가족복지 제도인 가족수당과 양육수당 도입, 소득수준에 따른 보육비의 차등 부담, 장기적으로는 보육의 국가책임화, 사회보험 제도와 서비스 분야에서의 성평등적 요소 강화, 모성보호와 여성의 노동권 보장, 보호를 필요로 하는 아동에 대한 가족 친화적 관점에서의 제도 개선, 가족복지 실천 분야의 보편적 확대를 위한 정부와 민간의 적극적인 지원 등을 정착시킬 필요가 있다(이진숙 외, 2010). 또한 변화하는 가족에 대한 사회문화적 인식 개선과 더불어 법과 제도 등의 가족 개념을 확장함으로써 가족복지실천 및 정책의 대상을 욕구가 있는 모든 가족으로 확대할 필요가 있다.

둘째, 가족복지 관련 법제와 서비스 전달체계에 대한 통합적 정비를 통해 사회정책으로서의 가족복지 확대와 강화가 요구된다. 가족 관련 정책과 서비스는 크게 「건강가정기본법」에 의거한 축과 「사회복지사업법」에서 사회복지사업의 근거 법률로 명시하고 있는 「국민기초생활보장법」 「영유아보육법」 「한부모가족지원법」 「다문화가족지원법」 등[25]에 따른 축으로 이분화 되어 있으며, 서비스 추진 전달체계 역시 보건복지부, 여성가족부 등 각 정부 부처로 분절되어 있어서 통합적인 가족정책과 서비스의 제공에 한계가 있다(성정현 외, 2020). 또한 전통적으로 사회복지실천과 서비스를 담당해 왔던 종합사회복

---

24) 건강가정기본계획은 「건강가정기본법」에 의거하여, 2006년부터 매 5년마다 국가 가족정책의 기본계획을 수립하는 것이며, 제1차~제3차('06~'20)까지는 "가족 구성원 모두 행복하고 평등한 사회"를 정책 비전으로 제시하고 있으며, 제4차('21~'25)에서는 가족 다양성 포용 및 평등하게 돌보는 사회를 바탕으로 "모든 가족, 모든 가족구성원을 존중하는 사회"라는 정책 비전을 추구하고 있다.
25) 이외에도 「입양특례법」 「가정폭력방지 및 피해자 보호등에 관한 법률」 「긴급복지지원법」 등을 들 수 있다.

지관과 건강가정·다문화가족을 지원하고자 설립·운영되고 있는 가족센터의 가족상담 및 교육 등의 기능은 중첩되기도 하며, 가족복지를 실천하는 기관들의 정체성이 혼재되어 있기도 하다. 최근 가족의 다양성에 대한 보편주의적인 가족 서비스에 대한 확충 요구가 커지고 있음을 고려하면, 포괄적인 사회정책의 틀 안에서 가족복지 관련 법제 및 서비스 전달체계를 통합적으로 정비하고 운영함으로써 보편적인 가족복지를 실현할 필요가 있다(이진숙, 2017). 이를 통해 보편적인 가족복지서비스 전달체계의 안정적인 구축을 추진해야 하며, 공공·민간 서비스 전달체계의 원활한 연결망을 구축하도록 해야 한다.

셋째, 우리 사회는 최근 실질적인 성평등 실현의 기반을 사회 전반에 마련하고자 다양한 양성평등 정책을 추진하고 있으나 성별에 따른 역할 고정관념은 아직도 강력한 사회적 가치로 남아 있다. 최근에는 가족 돌봄과 부양을 전통적 가족 이념인 부계 혈연 중심의 가족주의로 더는 바라볼 수 없고, 개인의 책임으로 규정하기 어려움에도 불구하고 사회에서는 여전히 여성은 출산과 돌봄의 주체로 여겨지고 있다(김혜영, 2018). 성별 분업과 가족의 경제적 필요에 따른 여성의 노동시장 참여를 장려하는 사회의 모순적 요구는 한국의 가족정책 방향이 가족화·탈가족화 병행형으로 나아갈 가능성이 적지 않다고 볼 수 있다(윤홍식 외, 2011). 특히 저출산의 문제를 해결하기 위해 돌봄노동의 사회화가 필요하며, 노동시장과 가정에서 양성 평등한 성별 지위와 역할을 부여해야 한다. 최근에는 가사노동 등에 있어서 남성들의 참여가 많이 늘어난 것이 사실이나 전통적 가치관이 유지된 채 가정 내 성별 역할분업이 되는 경우가 여전히 많다. 이는 조리 및 식사 준비, 돌봄 등 정기적이고 노동 강도를 낮출 수 없는 가사노동은 여성적 역할로, 집수선 및 자동차 관리 등 시간의 선택과 노동 강도를 낮출 수 있는 가사노동은 남성적 역할로 성별 분업 되는 경우를 들 수 있다(김영혜, 2004). 따라서 가족 구성원 간의 성별 역할분업을 당연시하는 규범이나 가치관을 지양함으로써, 제도를 암묵적으로 규제하고 있는 가부장적 이념들로부터 탈피하는 것이 필요하다. 이를 위해서는 젠더(gender)의 이슈를 사회적으로 분명히 다룰 필요가 있으며, 가정 내 교육부터 학교 교육에 이르기까지 사회 전반에 걸쳐 성평등을 향한 인식 전환이 필요하다. 가족복지정책은 이러한 역할을 수행할 수 있어야 한다. 예를 들면, 교과과정에 양성평등 가족관을 내용으로 편성하도록 하고, 부부관계, 부모관계, 형제자매 관계 등과 같은 가족관계에서의 기능적인 의사소통 구조의 필요성과 기본적인 소양교육이 동시에 이루어질 필요가 있다.

넷째, 가정 내 돌봄의 부담을 완화 혹은 사회화하기 위한 적극적인 돌봄 및 부양정책과 서비스가 요구된다. 우리나라는 경로효친 사상이 뿌리 깊게 스며 있는 가부장적 유교

문화권 국가이므로 노인에 대한 가족보호 책임이 사회 전체적으로 강하게 존속되고 있다. 여기에 노인인구 증가에 따른 부양문제가 심각한 사회문제가 되고 있다. 이에 대한 대책으로 가족복지정책은 노인돌봄과 부양의 사회화를 지향하도록 접근할 필요가 있다 (김혜경, 2004). 그뿐만 아니라 노동시장 불안정성의 심화는 가족의 형성·유지를 어렵게 하며(김혜영, 2018), 이는 출산력 감소로 이어져 저출산에 따른 인구절벽의 위기가 도래하고 있다. 따라서 아동의 돌봄을 이제는 가족 단위로 해소하기 어렵다. 또한 청년층의 경우, 진로 탐색 기간이 증대하고 초혼 나이가 늦어지고 있으며, 취업의 불안정성 등으로 부모 세대로부터 경제적·정서적 독립이 늦어지고 있다. 이로 인해 가정에서 부모 세대가 노인부양뿐 아니라 성인 자녀 돌봄이라는 새로운 부담에 직면하고 있어 사회적 대응이 요구된다. 즉, 가족을 둘러싼 사회환경의 변화에 따라 가족 내 돌봄과 부양이 필요한 구성원은 급증하는 반면, 가정 내 이를 담당할 주체가 감소하고 있으므로 이에 대응하는 가족정책과 서비스가 강화되어야 할 것이다(김유경, 2017).

6) 가족복지와 사회복지사의 역할

사례

• 배경

영희(가명, 14세)의 부모는 이혼하기를 원한다. 4년 전 사업에 실패한 아버지는 일주일에 대부분 술에 만취하여 가구를 부수고 폭행을 행사하는 등의 행동으로 가정을 난장판으로 만들곤 한다. 이런 날이면 영희와 동생 윤철(가명, 8세)은 으레 동네 놀이터에서 밤새 떨다가 집에 들어오곤 했다. 어머니는 매일 "이제는 못 살겠다. 이혼해야지."라는 말을 되풀이하지만, 진정으로 이혼을 할 마음은 없는 것 같다. 얼마 전 어머니는 아버지를 파출소에 가정폭력으로 신고했는데, 더욱 상황이 안 좋아져 요즘은 집의 분위기가 최악의 상태이다. 이웃들이 인근의 사회복지관에서 가족상담을 받으라고 권하지만, 어머니는 "내가 미쳤냐? 상담받을 사람은 남편인데 내가 왜 상담을 받느냐?"라고 화만 냈다. C 복지관의 사회복지사가 가정방문을 하고 싶다는 전화를 하였으나 어머니는 남의 가정사에 개입하지 말라는 핀잔과 함께 방문을 거절하였다. 최근에는 어머니도 술을 자주 마시고 울며, 영희에게 신경질이 부쩍 늘었다. 영희의 성적이 떨어지면 매우 나무라고 나가 죽으라고까지 하여 영희는 요즘 학교 가기도 싫고 가출하고 싶은 마음뿐이다. 영희는 학교에서 성적 부진과 집단 따돌림의 문제로 고통받고 있으며, 동생 윤철은 발달지체의 문제로 장애인복지관에 등록되어 있다.

- 사회복지사의 역할

먼저 사회복지사는 이 가족을 만나기 위해 전화를 수차례 걸었으며, 3회에 걸친 가정방문 끝에 가족과 면접에 성공할 수 있었다. 물론 아버지는 초기 면접에 참여하지 않았다. 어머니와 영희, 윤철과 같이 한 인테이크(intake) 면접을 통해 이 가족의 욕구와 문제를 탐색하였다. 제일 시급히 제기된 문제는 아버지의 술주정과 폭력 문제였으며, 그 위험성과 심각성, 빈도 및 지속기간 등을 탐색하였다. 또 이러한 문제가 언제, 어떤 조건에서 발생하는지, 이 문제가 발생할 때 가족이 어떻게 대처하는지가 탐색되었다. 아울러 이 가족이 가진 강점과 자원도 탐색되었다. 이러한 작업은 가계도와 생태도, 사회적 지지망 도구, 강점 사정도구를 작성하면서 진행되었고, 이를 통하여 이 가족의 문제 패턴과 원인 및 해결방안이 탐색되었다.

사정 결과, 이 가족이 달성해야 할 목표가 장단기 목표로 설정되었다. 장기 목표로는 아버지의 취업과 부부간의 관계 개선 또는 이혼이 설정되었고, 단기 목표로는 아버지와의 면접, 아버지의 음주 중단과 구직 노력의 시작, 어머니의 개별상담, 영희의 학교사회복지 프로그램 참여, 윤철의 장애아동을 위한 주말 프로그램의 참가 등이 목표로 수립되었다. 이를 바탕으로 계약이 이루어졌다.

계약이 체결됨에 따라 사회복지사는 아버지와의 만남을 성사시키기 위해 통장의 협조를 통해 수차례의 가정방문을 수행했으며, 드디어 상담하는 데 성공하였다. 남의 가정 문제에 개입한다고 싫어하던 아버지가 자기 가족의 문제에 대해 사회복지사가 돕는 것을 호의적으로 인식하면서 사회복지사의 개입에 적극적으로 호응하기 시작하였다. 가족의 동반자로서 사회복지사는 감정이입적 지지자(empathic supporter)의 역할, 교사/훈련자(teacher/trainer)의 역할, 자문자(consultant)의 역할, 가능하게 하는 자(enabler)의 역할, 자원 동원자(mobilizer)의 역할, 중재자(mediator)의 역할, 옹호자(advocate)의 역할 등을 함으로써 가족의 위기를 해결하고, 부부관계와 부모-자녀 관계를 변화시키고, 이 가족에게 필요한 지역사회의 자원을 개발하여 가족의 기능을 보완하고 궁극적으로는 가족의 능력을 키우기 위해 전문적인 노력을 하였다.

사회복지사의 자원 연계를 통해 아버지는 단주모임인 AA(Alcoholics Anonymus) 집단에 참여하기 시작하였고, 부부가 가족치료 전문가에게 주 1회의 가족치료를 받게 되었다. 이 치료가 끝난 후에는 사회복지관에서 부부관계 개선 프로그램인 '행복한 가정' 집단 모임에 참석하도록 계획되었다. 영희는 그 지역에 있는 학교사회복지사에게 의뢰되어 영희의 반 학생들을 대상으로 5회의 학교사회복지 프로그램이 진행되면서 영희의 집단 따돌림의 문제가 완화되기 시작하였다. 그리고 윤철은 토요일과 일요일에 진행되는 장애아동을 위한 주말 프로그램에 참여하면서 활기를 되찾기 시작하였고, 어머니도 윤철을 돌보는 일에서 잠시 벗어나 휴식을 얻을 수 있었다. 이러한 다면적인 개입을 통해 아버지는 술을 끊을 수 있었고 폭력행사의 빈도도 급감하였다. 어머니도 개별치료를 통하여 남편의 폭력적인 언행에 대해 기존과 다른 대응을 함으로써 부부관계가 변화되었고, 이혼이 아니라 같이 잘살 수 있다는 희망을 품게 되었다. 남편이 지역자활센터에서 취업 훈련을 받기 시작하면서 부부관계는 더욱 개선되기 시작하였다. 부부관계가 호전되면서 영희와 윤철에 대한 학대와 방임의 문제는 호전되었다. 학교사회복지사의 개입으로 영희의 집단 따돌림의 문제도 해결되었다.

학습과제

1. 당신의 이상적인 가족관은 무엇이며, 그 이유에 대해 논의하시오.

2. 동성애가족, 다문화가족, 한부모가족, 1인가구 등 다양한 가족 중 한 가지를 선택하여 그들에게 필요한 가족정책 및 서비스가 무엇인지 논의하시오.

3. 우리 사회의 주요한 가족문제는 무엇이고, 그 해결방안은 무엇인지 논의하시오.

4. 우리나라의 가족복지서비스 전달체계를 살펴보고 그 문제점과 대안을 논의하시오.

참고문헌

건강가정기본법(2020. 5. 19. 법률 제17280호).

고미영(2004). 가족복지 서비스를 위한 새로운 실천 패러다임의 모색. 한국가족치료학회지, 12(2), 53-75.

권중돈, 조학래, 윤경아, 이윤화, 이영미, 손의성, 오인근, 김동기(2019). 사회복지학개론. 서울: 학지사.

김경미 역(2007). 가족 사적 소유 국가의 기원[Discours de Suede]. Engels, F. 저. 서울: 책세상.

김대웅 역(2010). 가족, 사유재산, 국가의 기원[Ursprung der Familie, des Privateigentums und des Staats]. Engels, F. 저. 서울: 아침.

김성천(2001). 인구ㆍ가족구조의 변화와 한국의 사회복지. **상황과 복지**, 10, 89-118.

김성천, 서윤 공역(1991). **현대가족복지론[現代家族福祉論]**. 雀部猛利, 桂良太郞 공저. 서울: 이론과실천.

김영모 편(2000). **현대사회문제론**. 서울: 고헌출판부.

김영혜(2004). 유배우 노인의 성역할태도, 가사노동분담 및 심리적 복지감에 관한 연구. 부산대학교 박사학위논문.

김유경(2017). 사회 변화에 따른 가족 부양 환경과 정책과제. **보건복지포럼**, 2017. 10. 6-28.

김혜경(2004). 가족문제에 대한 사회복지 정책적 조망. 한국사회복지정책학회 2004 전기학술대회.

김혜영(2018). 친밀성의 위기와 저출산: 가족정책과 인구정책의 교차성. **보건복지포럼**. 7, 35-49.

민법(2022. 12. 27. 법률 제19098호).

서진환, 이선혜, 정수경 공역(2001). **현대 사회복지실천이론[*Modern Social Work Theory*]**. Payne, M. 저. 서울: 나남출판사.

성정현, 우국희, 최승희, 임세희, 김희주(2020). **가족복지론**. 경기: 양서원.

여성가족부(2010). **함께 가는 가족 2010**.

여성가족부(2021). **제4차 건강가정기본계획**.

여성한국사회연구회 편(2001). **가족과 한국사회**. 서울: 경문사.

원창엽 역(1980). **제3의 물결[*The Third Wave*]**. Toffler. A. 저. 서울: 홍신문화사.

윤홍식, 송다영, 김인숙(2011). **가족정책: 복지국가의 새로운 전망**. 경기: 공동체.

이동원, 공선영, 구자순, 김미숙, 김종숙, 김현주, 김혜경, 박옥희, 원영희, 이여봉, 장화경. 최선희, 함인희(2001). **변화하는 사회 다양한 가족**. 경기: 양서원.

이재경(2004). 한국 가족은 위기인가?: 건강가정 담론에 대한 비판. 한국 여성학, 20(1), 229-244.

이진숙, 2017. 가족의 다양화에 따른 가족서비스 지원 체계 효율화 방안 모색. **보건복지포럼**, 10, 78-91.

이진숙, 신지연, 윤나리(2010). **가족정책론**. 서울: 학지사.

장연진, 김연미(2021). **가족복지론 정책과 실천의 통합적 이해**. 서울: 신정.

조홍식, 김인숙, 김혜란, 김혜련, 신은주(2017). **가족복지학**. 서울: 학지사.

지은희(1982). 여성해방 이론에서의 가족관. 최신덕 교수 회갑논문집. 서울: 이화여자대학교출판부.

최경석, 김양희, 김성천, 김진희, 박정윤, 윤정향(2007). **한국가족복지의 이해**. 서울: 인간과복지.

최성재, 최일섭(2000). **사회문제와 사회복지**. 서울: 나남출판.

최연실, 조은숙, 성미애 공역(2004). 가족이란 무엇인가: 사회 구성주의적 관점에서 본 가족 담론[*What is Family*]. Gubrium, J. F., & Holstein, J. A. 공저. 서울: 도서출판 하우.

통계청(2023). **2022년 인구주택총조사**.

통계청(각 연도). 인구동향조사 2010~2022. 국가지표체계. Retrieved 2023년 04월 10일, https://www.index.go.kr/unify/idx-info.do?pop=1&idxCd=5061/

한국외국어대학교 외국학종합연구센터(2005). 세계의 혼인문화. 서울: 한국외국어대학교출판부.

한국임상사회사업학회(2017). 가족복지론(제2판). 서울: 신정.

MBC(2004). 가족백서.

山崎美貴子(1976). 家族福祉の 對象領域と 機能. 明治學院論總, **社會學社會福祉研究** 第45. 明治
　　大學.

Beck, U. (1992). *Risk society: Toward a new modernity*. London: Sage.

Boughy, H. (1978). *The insight of sociology*. Boston, MA: Allyn & Bacon.

Duvall, E. M. (1977). *Marriage and family development*, NY: Lippincott.

Feldman, F. L., & Scherz, F. H. (1968). *Family social welfare*. New York: Atherton Press.

Goldenberg, I., & Goldenberg, H. (2000). *Family therapy an overview*. Pacific Grove, CA:
　　Brooks/Cole Press.

Harding, L. F. (1996). *Family, state and social policy*. Houndmills: Macmillan Press.

Kamerman, S., & Kahn, A. (Eds.). (1978). *Family policy: Government and families in 14
　　countries*. New York: Columbia University Press.

Moss, P., & Sharpe, D. (1979). Family policy in Britain. In M. Brown & S. Baldwin (Eds.), *The
　　yearbook of social policy in Britain*. Houndmills: Routledge and Kegan Paul.

Ogburn, W. F. (1938). The changing family. *The Family, 19*, 139–143.

Richmond, M. E. (1917). *Social Diagnosis*. New York: Russell Sage Foundation.

Zastrow, C. (2004). *Introduction to social work and social welfare: Empowering people*.
　　Belmont, CA: Thomson, Brooks/Cole.

7. 외국인 주민복지

○┄┄ 학습개요와 학습목표

이 절에서는 사회복지 대상 중 이주 배경을 가진 외국인 주민(국제결혼 이주자, 이주노동자, 고려인 주민, 북한이탈주민, 유학생 등)의 정의를 살펴보고, 외국인 주민의 복지 욕구와 이를 충족시켜 주기 위한 사회복지의 정책과 서비스에 대해 알아본다. 그리고 향후 사회통합과 다양한 문화의 발전을 위한 사회복지적 관심과 노력에 대하여 이해한다. 이 절의 학습목표는 다음과 같다.

● 외국인 주민에 대한 개념을 살펴본다.
● 다민족 · 다문화 사회에 진입한 한국 사회의 현상과 외국인 주민의 특성 및 복지 욕구를 검토한다.
● 외국인 주민을 위한 복지 정책과 서비스를 알아본다.
● 외국인 주민을 위한 정책의 목표와 쟁점을 살펴본다.
● 외국인 주민복지의 사례를 통하여 사회복지사의 역할을 이해한다.

1) 외국인 주민의 정의

전 세계적으로 국제화, 세계화의 진전에 따라 국경을 자유롭게 이동하는 인구이동이 활발하다. 노동이주와 결혼이주 등과 같은 현상이 우리 사회에도 나타나 다민족, 다문화 사회로 실질적인 진입이 이루어졌다. 한국은 1990년대부터 외국인의 노동 이주가 크게 증가하였으며, 결혼이주에 따라 사회의 기본단위인 가족 간의 내부에도 민족적 혼성성이 빠르게 진전되었다. 또한 유학 패러다임의 변화로 학위취득 이외의 목적으로 조기유학, 취업유학, 언어습득 등 다양화된 영역의 외국인 유학생이 국내에 체류하고 있다. 그리고 최근 외국인 주민의 비중이 증가하고 있으며, 결혼이주자, 외국인 근로자, 유학생 이외에 고려인 주민, 북한이탈주민 등 외국인 주민의 구성이 다양화되고 있다. 그러나 외국인주민 정책이 대상별로 분절적인 정책으로 추진되어 충분한 포용 정책을 발휘되지 못하고 있다. 그러므로 외국인 주민의 다양성을 반영한 정책이 필요한 시점이다(이혜숙, 최지원, 2022). 현재 외국인 주민 정책은 여러 부처 중심으로 추진되고 있는데 외국인 주민의 특성과 수요 중심으로 추진될 필요성이 있다.

행정안전부의 2020년 지방자치단체 외국인 주민 현황(2020. 11. 1. 기준)에 따르면, 전국 외국인 주민[26]수는 2006년부터 2019년까지 꾸준히 증가하는 추세로 나타났고, 코로나19로 외국인 근로자, 유학생의 감소 등으로 2019년과 비교하면 2020년 60,195명(2.8%)가 감소한 수치로 나타났다. 우리나라에 거주하는 외국인 주민[27]수는 215만 6,417명이며, 총인구[28] 대비 4.2%를 차지한다. 성별 구성을 살펴보면, 여성(48.2%)보다 남성(51.8%)이 약간 높은 비중을 차지하고 있다. 외국인 주민 유형별로 살펴보면, 한국 국적을 가지지 아니한 자(외국인 근로자, 외국국적 동포, 결혼이민자 등) 169만 5,643명(78.7%), 한국 국적을 취득한 자 19만 9,128명(9.2%), 외국인 주민 자녀(출생)가 26만 1,646명(12.1%)으로 나타났다.

외국인 주민 수가 10만 명 이상인 지방자치단체 중 총인구 대비 외국인 주민 비율이 5% 이상인 지역은 경기도와 충청남도, 4% 이상은 서울시와 인천광역시, 3% 이상은 경상남도이다. 또한 외국인 주민 수가 5만 명 이상인 지방자치단체 중 총인구 대비 외국인 주민 비율이 4%인 지역은 충청북도이며, 3% 이상인 지역은 경상북도, 전라남도, 전라북도이며, 2%인 지역은 부산광역시와 대구광역시이다. 외국인 주민 수가 3만 명 이상인 지방자치단체 중 총인구 대비 외국인 주민 비율이 5%인 지역은 제주특별자치시, 3%인 지역은 울산광역시, 2% 이상인 지역은 광주광역시, 강원도, 대전광역시이다. 마지막으로, 외국이 주민 수가 3만 명 미만인 지방자치단체는 세종특별자치시이며, 총인구 대비 외국인 주민 비율이 2% 이상을 차지하고 있다(행정안전부, 2021). 저출산 고령화 현상으로 총인구가 3만 명대 수준인 인구소멸로 위험한 군 지역이 있다. 또한 도시지역 및 농촌지역에서 이주노동자들이 산업의 일손으로 중요한 비중이 차지하고 있다. 그러므로 한국 사회에서 상생할 수 있는 외국인 주민 정책이 강화될 필요가 있다.

---

26) 국가인권위원회(2012)의 보고서에 따르면, 이주민의 범위를 결혼이주민, 외국인 노동자, 난민, 이주아동인 4유형으로 분류하였다. 「출입국관리법」에서 '대한민국 국적을 가지지 아니한 자'로 정의, 「재한외국인 처우 기본법」에서는 재한외국인을 '대한민국의 국적을 가지지 아니한 자로서 대한민국에 거주할 목적을 가지고 합법적으로 체류하고 있는 자'로 정의하고 있다(송미영, 2016a).
27) 국내 90일 초과 거주하는 한국국적을 가지지 아니한 자, 한국 국적을 취득한 자 및 그 자녀(행정안전부, 2021. 11. 17. 보도자료)
28) 2020년 총인구: 51,829,136명

| 표 10-8 | 전년 대비 외국인 주민 유형별 현황 | | | | | | | | | | (단위: 명) |

구분	외국인 주민 합계			한국 국적을 가지지 않은 자						한국 국적 취득자	외국인 주민자녀 (출생)
	계	남	여	계	외국인 근로자	결혼 이민자	유학생	외국국적 동포	기타 외국인		
'20년	2,156,417	1,117,399	1,039,018	1,695,643	455,287	173,756	142,569	345,110	578,921	199,128	261,646
	구성비	(51.8%)	(48.2%)	(78.7%)						(9.2%)	(12.1%)
'19년	2,216,612	1,184,176	1,032,436	1,778,918	515,051	173,882	160,610	303,245	626,130	185,728	251,966
	구성비	(53.4%)	(46.6%)	(80.3%)						(8.4%)	(11.4%)
'증감	△60,195	△66,777	6,582	△83,275	△59,764	△126	△18,041	41,865	△47,209	13,400	9,680
	(△2.8%)	(△6.0%)	(0.6%)	(△4.9%)						(7.2%)	(3.7%)

출처: 행정안전부(2021), p. 1에서 재인용.

위와 같이, 통계청의 지방자치단체 외국인 주민의 구분은 크게 한국 국적을 가지지 않은 자, 한국 국적 취득자, 외국인 주민 자녀로 분류한다. 한국 국적을 가지지 않은 자에는 외국인 근로자, 결혼이민자, 유학생, 외국국적동포, 기타 외국인이 포함된다. 한국 국적 취득자에는 혼인귀화자, 기타사유 국적취득자가 해당된다. 외국인 주민 자녀는 '한국 국적을 가지지 않은 자' 중 '결혼이민자'와 '한국 국적 취득자'의 자녀라고 정의하고 있다(송미영, 2016a). 이 같은 다양한 정의 등을 참조하여 다양한 외국인 주민인 국제결혼 이주자,[29] 이주노동자, 외국인 유학생, 북한이탈주민,[30] 난민, 고려인 주민 등에 대한 정의를 살펴본다.

(1) 국제결혼 이주자와 다문화가족

국제결혼 이주자의 개념을 살펴보면, 결혼을 위하여 국내에 이주한 사람이라고 쉽게 이해할 수 있다. 국제결혼 이주자의 수는 한국국적을 가진 사람과 결혼하여 한국국적을

---

29) 현실사회에서 '이민'의 범주에 '영구적인 국제이동'만을 포함할 것인지, 일시적으로 취업을 하기 위해 국경을 넘어 노동력이 이동하는 '이주 노동'까지 포함할 것인지에 대하여 혼동이 있다. 이러한 상황을 고려하여 국제연합(United Nations)은 "3개월 이상의 의도적 체류를 동반한 국제적 이주"를 국제인구이동(international migration)으로 정의하고, 단기 취업을 위한 이주노동자 역시 이민의 범주에 포함하고 있다 (설동훈, 2006b).

30) 북한이주민을 결혼이민자와 외국인 노동자와 같은 이주민 집단으로 규정하는 것에 대해 같은 민족과 동포라는 측면에서 반대하는 의견이 가능하다. 그러나 북한이탈주민과 남한주민이 분단 이후 현재는 완전히 다른 민족과 마찬가지라는 인식이 존재하며, 아울러 북한이탈주민에 대한 다문화론적 접근은 문화다양성과 관용성이 북한이주민에 대한 사회적 편견과 차별타파 및 북한이주민 지원에 대한 부정적 인식 개선에 도움이 되며, 나아가 여러 유형의 이주민에 대한 비교연구가 가능하다는 장점을 지닌다(윤인진, 2009: 55-56).

취득하기 이전의 결혼이민자와 한국국적을 취득한 혼인귀화자의 합계로 이해할 수 있다. 국제결혼이란 서로 다른 문화 환경과 지리적 환경 속에서 자란 남녀가 서로의 문화를 이해하며 살아가는 과정이다(장은경, 2001). 이처럼 국제결혼[31]을 통하여 다문화가족을 형성한다. 국제결혼을 하여 국내에서 정주하는 이민자는 국내남성과 외국여성과의 결혼이 대부분이다. 이러한 외국여성들을 '국제결혼 이민자'라 지칭한다. 결혼하여 국내에 일정기간 거주하면, 혼인귀화자가 된다.

국제이주기구(IOM)는 다문화주의(multiculturalism)를 '문화적 다양성이 주는 유익들을 인식하고, 관리하며, 극대화하는 통합적 접근'이라고 정의한다. 사회는 이주민이나 민족적·인종적·종교적 소수집단의 언어, 문화, 사회적 풍습을 존중하여야 함을 의미한다. 그러나 한국의 「다문화가족지원법」에서 다문화가족의 정의는 다문화에 대한 이러한 국제기구의 정의와는 다소 거리가 멀다. 「다문화가족지원법」상 다문화가족은, 결혼이민자와 대한민국 국민으로 이루어진 가족, 「국적법」에 따라 인지 또는 귀화로 대한민국 국적을 취득한 사람과 대한민국 국민으로 이루어진 가족을 말한다. 즉, 「다문화가족지원법」상 다문화가족은 한국 국민과 외국인 배우자 간의 혼인 이외 외국인 부부 또는 동포 간의 혼인은 배제한다. 이에 따라 난민신청자나 난민을 포함한 이주민 가족들은 「다문화가족지원법」상의 다문화가족에 대한 다양한 지원에서 제외된다. 유엔 인종차별철폐위원회는 2018년 한국정부에 대하여 "'다문화가족'의 정의를 재검토하고 그 의미를 가족 구성원 중 최소 한 명이 외국인(외국인 부부, 동포가족 등)인 경우로 확대하여 차별 없이 모든 가족에게 동등한 혜택이 제공될 수 있도록 할 것"을 권고하였다(국가인권위원회).

---

31) 한국에서의 국제결혼의 형태는 시대에 따라 다른 유형을 나타낸다. 국제결혼 이주자의 형성패턴을 설동훈(2006a)은 현대사를 중심으로 4가지로 구분하였다. 첫째, 1950~1970년대의 한국전쟁을 계기로 한국에 주둔한 미국 병사 남성과 한국 여성의 결혼의 유형으로 한국에 함께 거주하거나 본국으로 이주하였다. 둘째, 한국의 경제력이 신장된 1980년대 해외진출이 활발하던 시기에 외국인 남성 전문직 종사자와 한국인 여성의 결혼의 형태가 있다. 셋째, 1980년대 말, '북방정책'을 통해 중국·소련과의 교류가 시작되었고, 그 후 1990년대 초 국내에서 '농촌총각 장가보내기 운동'의 일환으로 국제결혼을 추진하면서, 한국인 남성과 외국인 여성의 국제결혼이 증가하기 시작하였다. 1995년 이후 한국인 남성과 외국인 여성의 결혼 유형이 그 반대보다 더 많아지게 되었고, 현재에도 추세가 계속되고 있다. 특히 2002년 국제결혼이 급증하고 있으며 국제결혼중개업체도 함께 증가하게 되었다. 넷째, 1980년대 말부터 국내로 들어온 이주노동자들이 한국인과 결혼한 유형이다. 주로 한국인 여성과 외국인 남성의 국제결혼이 주류를 이루고 있다.

(2) 이주노동자

UN이 규정한 이주노동자 또는 이주근로자(migrant worker)에 상응하는 개념으로 한국은 공식적으로 외국인 근로자(foreign worker)라 명명하고 있다(이상학, 2002). 또한 최근 언론에서도 외국인 노동자라는 표현을 이주노동자로 대체하는 경향이다. 설동훈(1999)은 이주노동자는 '국내에서 대한민국의 국적을 가지지 않은 상태에서 직업의 종류에 관계없이 노동의 대가인 임금, 급료 등 이에 준하는 수입을 목적으로 노동을 제공하는 자'로 정의하였다. 이와 같은 개념을 참고하여 이 절에서는 '이주노동자'로 명명하고, '국내에서 대한민국의 국적을 가지지 않은 상태에서 노동의 대가인 임금, 급료 등 이에 준하는 수입을 목적으로 노동을 제공하는 자'로 정의하고자 한다.

(3) 외국인 유학생

유학 패러다임의 변화로 전통적 엘리트 양성에서 다양한 자기개발 및 개성표현의 수단으로 확대되었다. 또한 유학이 보편화되면서 학위취득 이외의 조기유학, 취업유학, 언어습득 및 현장기술 중심의 비학위 과정 등까지 영역이 다양화되고 외국인 유학생 연령층이 넓어지고 있다(민귀식 외, 2014). 이와 같은 여러 가지 요인에 의하여 유학시장이 폭발적으로 성장하였다. 행정안전부(2021)의 자료에 따르면, 국내에 체류하고 있는 유학생은 14만 2,569명으로 나타난다. 남자 유학생(69,837명)보다 여자 유학생(72,732명)이 더 많은 것으로 파악되었다. 전국의 유학생 비율을 살펴보면, 대전광역시가 25.3%, 부산광역시 19.2%, 전라북도 19.5%로 높은 편이다. 경기도는 3.3%, 경상남도는 3.5%, 전라남도는 4.9%로 낮은 편이다. 국적별로는 베트남 유학생이 55,968명으로 1위를 차지하고 있으며, 2위는 중국이(43,452명), 3위는 우즈베키스탄(8,705명), 4위는 몽골(8,213명)으로 나타났다. 이러한 결과로부터 아시아 유학생의 압도적인 증가 추세 특징을 파악할 수 있다.

(4) 북한이탈주민

법률용어인 '북한이탈주민'[32]은 국내외에 거주하는 모든 북한탈출주민을 포함할 수

---

32) 2005년 통일부는 탈북자라는 명칭이 주는 부정적 이미지를 버리고 새로운 삶의 터전에서 사는 사람이라는 뜻의 '새터민'을 사용하기로 하였다. 하지만 '북한민주화위원회(위원장 황장엽)' 등 일부 단체들은 '탈북자'가 북한을 떠난 사람들의 명칭으로 굳어져 있다면서 새터민 명칭을 사용하지 말 것을 공개적으로 요구하였다. 통일부는 이명박 정부 출범 이후 북한이탈주민들과 사회적 의견을 반영하여 새터민을 더 이상 내부명칭으로 사용하지 않겠다는 입장을 밝혔다(송미영, 2012; 윤인진, 2009: 22).

있을 뿐만 아니라 기존에 사용하던 귀순자, 귀순북한동포, 북한난민 등에 비해 한결 탈이데올로기적 성격과 민족적 동포애를 담고 있는 용어로 볼 수 있다. 1997년 1월 13일에 제정된 「북한이탈주민의 보호 및 정착지원에 관한 법률」 제2조는 '북한이탈주민'은 북한에 주소·직계가족·배우자·직장 등을 두고 있는 자로서 북한을 벗어난 후 외국의 국적을 취득하지 아니한 자를 의미한다고 법률적으로 규정하고 있다(전연숙, 김봉환, 2005). 한편, 학자들은 정치적 입장에 따라 또는 사회학적 성격에 대한 나름의 정의 위에 '북한이탈주민' '북한난민' '북한이주민' '새터민' '탈북자' 등을 혼용하여 사용하고 있다. 윤인진(2009)의 경우, 북한이탈주민과 남한 출신 주민 간의 관계를 시대 상황에 맞게 새롭게 정립하기 위하여 '북한 이주민'을 사용할 것을 주창하고 있다, 이들은 여전히 정치적 억압과 경제난으로 북한을 떠나는 이들이 존재한다는 점, 탈북과정에서 체포되었을 때 처벌가능성이 있다는 점에서 '난민적 성격'을 가지고 있으나 점차 '이주민적 성격'이 강화되는 경향을 보인다(이수정, 2012: 5-6). 이 절에서는 사회적 변화에 따라 이 절에서는 국내에 거주하는 주민의 관점과 법적 지위를 참고하여 '북한이탈주민'으로 사용하며, 대상은 해외체류탈북자를 제외하고 '북한을 벗어나 국내에 입국하여 살아가는 북한에서 온 주민'을 의미한다.

(5) 난민

최근 대중매체를 통하여 2022년부터 시작된 우크라이나와 러시아 전쟁의 장기화로 외국으로 떠난 전쟁 난민에 대한 보도를 자주 접한다. 한국에 입국한 우크라이나 고려인 피난 동포는 2,300명(2022. 11. 기준)으로 추산된다. 세계 여러 나라에서 자국으로 입국한 우크라이나 난민과 함께 살기 위한 이야기들을 만들어 가고 있다. 다음은 충청남도 자원

* 충남여성가족연구원(2022). 홈커밍데이 사업: 우크라이나 고려인 피난동포 후원 약정 보드

연계 사례이다.

한국에서는 2022년 전국의 71개 시민단체를 중심으로 전쟁으로 고통을 입은 우크라이나 고려인 도포들에 대한 인도적 지원을 신속, 공평, 긴급, 지속적으로 지원하기 위해 우크라이나 피난민 지원 연대를 결성하기도 하였다. 이 지원연대는 고려인 동포을 위하여 한국정부의 긴급구호 촉구, 우크라이나 고려인과 가족들에 대한 포괄적 입국 허용, 모국 귀환 동포에 전세비행기와 항공료 지원, 유럽 피난지에 고려인 현황 파악 및 긴급구호 시행, 모국 귀환 동포에 최소 생계비 지원 등이 필요하다는 성명서를 발표하였다(충청남도여성가족연구원, 2022: 17). 국내에 입국한 우크라이나 고려인 피난동포는 친척 등이 있으면, 난민으로 인정받기는 어렵다고 한다.

유엔의 「난민 지위에 관한 협약」(1951)과 「난민 지위에 관한 의정서」(1967) 에 따라 난민은 국제법적 보호를 받는다. 이 협약과 의정서에 가입한 대한민국도 2012년 「난민법」을 제정하였다. 「난민법」 제2조 제1호에 따르면 난민은 "인종, 종교, 국적, 특정 사회집단의 구성원인 신분 또는 정치적 견해를 이유로 박해를 받을 수 있다고 인정할 충분한 근거가 있는 공포로 인하여 국적국의 보호를 받을 수 없거나 보호받기를 원하지 아니하는 외국인 또는 그러한 공포로 인하여(well-founded fear of being persecuted) 대한민국에 입국하기 전에 거주한 국가(상주국)로 돌아갈 수 없거나 돌아가기를 원하지 아니하는 무국적자인 외국인"을 의미한다(국가인권위원회). 난민으로 인정받은 사람은 「난민법」에 따라 국민과 같은 수준의 사회보장과 교육의 권리를 가진다.

하지만 2018년 국가인권위원회의 난민인정자 처우 모니터링 결과에 따르면 난민인정자들이 사회보장제도에 따른 실질적인 지원으로 연계되지 못하고 있고 사회보장과 관련된 법령이나 지침상의 '외국인에 대한 제한규정'이 난민인정자에게도 적용되는 사례가 다수 있었던 것으로 나타났다. 난민신청자나 인도적 체류자의 권리는 제도 차원에서 더욱 제한적이다. 난민 신청자의 경우, 「난민법」에 따라 난민신청 후 6개월이 되기 전까지 생계비를 일부 지원받을 수 있는 제도가 마련되어 있기는 하나, 이는 법무부의 재량사항으로 실제 생계비를 지원받는 난민신청자는 소수이다(국가인권위원회).

(6) 고려인 주민

지방자치단체별로 '고려인 주민' 지원조례를 제정하고 있으며, 공통적으로 '고려인 주민'이라는 용어를 사용하고 있다. 광주광역시에서 2013년 최초로 제정되었고, 김포시(2015), 경기도(2016), 안산시(2018), 경상북도(2019), 경상남도(2020), 전라북도(2021), 충청남도(2021) 등이 조례를 제정하였다(우복남, 2022). 광역 및 기초 지방자치단체의 조례에서 공통적으로 "고려인 주민"이란 1860년 무렵부터 1945년 8월 15일까지의 시기에 농업이민, 항일독립운동, 강제동원 등으로 러시아 및 구소련 지역으로 이주한 사람 및 「민법」 제777조에 따른 그 친족으로 현재 ○○지역에 합법적으로 거주하고 있는 사람을 말한다로 정의되어 있다. 주요한 지원내용은 고려인 주민에 대한 실태조사, 자녀 돌봄지원, 의료지원, 경제적 자립기만 마련, 한국어 및 정보기술 교육 지원, 자치모임 지원 등으로 규정되어 있다.

법무부 자료(2021. 1. 31. 기준)에 따르면, 전국에 체류 중인 고려인 주민은 78,512명으로 집계된다(우복남, 2022). 전국적으로 강원도, 경기도, 경상남도, 경상북도, 광주광역시, 대구광역시, 대전광역시, 부산광역시, 서울특별시, 세종특별자치시, 울산광역시, 인천광역시, 전라남도, 전라북도, 제주특별자치시, 충청남도, 충청북도인 17개 시도에 거주하고 있다. 국내에 체류하고 있는 고려인 주민의 현황을 살펴보면, 경기도가 30,332명으로 가장 많고, 그다음은 충청남도가 12,020명이다. 고려인 주민의 국적은 우즈베키스탄(31,762명)이 가장 많고, 한국계 러시아인(27,263명), 카자흐스탄(13,837명), 키르기스스탄(2,736명), 우크라이나(2,352명), 타지키스탄(313명), 투르크메니스탄(249명)이다.

2) 외국인 주민에 대한 관점과 복지욕구

(1) 외국인 주민에 대한 관점

이주민에 대하여 사회통합적인 관점과 한국 사회의 적응의 시각으로 다문화사회[33]의 통합[34]을 모색할 수 있다. 우선, 다문화주의 통합모형은 이주민에게 성급한 동화[35]를 강요하지 않고 이주자로서의 정체성을 정립시켜 주는 것이다. 이주자들은 모국사회와 한국 사회를 이어 주는 교량 역할을 수행하는데, 문화적으로 두 사회의 가치관과 관습 등

---

33) 몇 개의 인접한 소수집단의 단위문화가 주류사회의 단위문화를 배경으로 점점이 박혀 있는 '모자이크(mosaic)'가, 다양한 구성요소가 상호 공존하며 각자의 색깔과 냄새 그리고 고유의 개별성을 그대로 유지하면서도 서로 조화되어 또 다른 통합성을 이루어 내는 이른바 '샐러드 볼(salad bowl)'을 의미한다(Vertovec, 1996: 강휘원, 2007에서 재인용).

34) 사회통합(social integration)이란 다양한 정도로 통합된 혹은 분리된 사회적 단위(개별행위자, 집단, 조직, 지역사회 등) 간의 관계를 나타내는 개념으로 한국 사회에서 이주민은 통합의 대상이 된다.

35) 용광로(melting pot) 속에서 쇠붙이를 녹이는 것처럼 한국 사회에만 이민자들을 맞추게 하는 것이 동화모델이다.

에 적응해야 하는 부담을 지고 있다. 동화가 아닌 이주자의 사회통합 방법으로 수용과 문화접변이 있다. 수용(accommodation)은 이민사회에서 생활을 위해 기본적으로 중요한 정보와 기술들을 습득하는 과정이다. 예컨대, 한국어를 배우고, 한국의 문화와 관습을 이해하고, 사회제도와 법률에 대한 지식을 쌓는 것이다. 그리고 두 사회의 문화가 만나서 서로 변용되는 과정인 문화접변(acculturation)이 있다. 문화접변은 주류사회에서 통용되는 문화적 가치나 규범들, 태도들, 사고들이 외부문화와 만남을 통해 변화를 겪으며 새롭게 창출되고 내면화되며 전승되는 것을 의미한다. 사람들은 이질적 문화를 가진 사람들과 만나면 정체성의 충돌을 흔히 경험하고 혼란 속에서 부담감을 주기도 하지만 긍정적 요소도 있다(설동훈, 2006b).

또한 한국 사회의 이주민에 대한 적응의 시각으로 이주민을 무턱대고 동화방식이나 소외시키는 태도 및 정책을 들 수 있다. 이주민과 한국인을 단순히 평행선상에 놓게 되면 문화 간에 벽이 생기거나 단순히 피상적인 관계나 묵인의 관계가 성립될 수 있다. 그러므로 한국 사회는 이러한 점을 지양하고, 다양한 문화가 발전할 수 있도록 노력해야 한다. 이주민과의 '차이'만을 강조하는 자세를 버리고, 그들이 가진 문화의 다양성을 주목하고 열린 사고방식을 가져야 한다. 결론적으로 이주민의 사회통합은 이주민과 한국 사회는 쌍방의 노력이 필요한 것이다(설동훈, 2006a). 최근 유럽의 인종갈등 심화 속에서 이주민 정책에서 '통합과 인권'이 중요시되고 있다. 또한 이주민 어젠다, 스톡홀름 어젠다 등 지속가능발전 어젠다가 제시되고 있다. 이주민 통합을 위하여 점진적인 과정을 통하여 노력해야 한다. 1차 과정은 평등하고 공정한 기회보장제도와 다양성을 인정하고 포용하는 인식이다. 2차 과정은 이주민의 실질적 참여와 주민상호 소통 및 교류의 활성화이다. 3차 과정은 주민상호 공감과 신뢰구축이다. 4차 과정은 결속과 연대이다. 이러한 과정을 거쳐서 웰빙과 평화, 공동체 사회에 도달할 수 있다. 또한 사회통합의 과정에서 이주민에 대한 인권적 시각이 없이는 불가능하다(충청남도, 2016).

한편, 이주민 사회통합의 사회경제적 긍정적 효과라는 측면이 있을 수 있다. 국내 외국인 근로자 수가 증가하면서 세금납부액도 증가한 것이다. 최근 보도에 따르면, 국내 체류 외국인이 빠르게 늘면서 이들이 내는 세금도 10년 전과 비교해 4배 이상 늘어난 것으로 나타났다. 법무부 통계연보를 보면, 2015년 말 기준 국내 체류 외국인은 189만 9천 명으로 2005년보다 2.5배 늘었다. 그 결과, 외국인 종합소득세 신고인원은 6만 1천여 명으로, 7배가 늘어난 것으로 나타났다. 2015년 외국인 근로자의 연말정산 신고 세수도 6,900억 원으로 10년 전보다 4배 증가했다. 또한 1인당 평균 납부 세액은 127만 8천 원으로 내국인의 80% 수준이었다(연합뉴스, 2017. 5. 16.). 그리고 외국인 근로자를 산업정책이나 경제정책으로만 보아서는 안 된다. 오히려 노동정책이나 사회정책의 관점에서 바라보아야 한다. 외국인 노동자들도 당사자와 관련된 정책에 대한 의사결정에 참여할 수 있는 기회를 확대해야 한다(강수돌, 1997). 그동안 이주민에 대한 사회통합정책은 다양한 지원 프로그램을 제시하고, 학계, 각종 단체 등 시민사회영역에서도 이주민 통합과 적응을 위한 적극적 노력을 하고 있다. 그럼에도 불구하고 사회적 차별, 사회적 배제, 멤버십의 문제 등 다양한 문제점이 제기되고 있어(송미영, 2012), 이에 대한 사회적 합의와 논의가 필요하다.

(2) 외국인 주민의 복지 욕구

① 국제결혼 이주자

국제결혼 이주자는 문화적 인식차이, 언어장벽, 주변의 차별과 편견, 2세 교육문제, 배우자에 대한 신뢰 등에서 어려움을 겪고 있다. 그러므로 젠더(gender)구조와 가족구성, 음식문화, 가족 내 역할의 기대 등과 같은 문화적 인식의 차이를 극복하고자 하는 욕구가 있다. 조선족의 억양과 사투리, 외국인의 존댓말 사용 등과 같은 언어장벽으로 문화 수행의 어려움이 있으므로 한국어 교육을 받고자 하는 욕구가 있다. 또한 경제적 이유로 인한 결혼이라는 멸시, 피부색으로 인한 차별과 편견의 눈길 등으로 주변의 차별과 편견에서 벗어나고 싶은 욕구가 있다. 그리고 국내에 정주하고 사는 국제결혼 이주자는 취업과 창업의 욕구가 강하다. 지역별로 여성의 취업을 지원하는 여성새로일하기센터, 가족센터 등을 통해 취업과 창업에 대한 시도를 한다. 하지만 적절한 일자리 연계나 고용유지가 현실적으로 어려운 편이다. 더불어 정체성 혼란, 혼혈아에 대한 편견, 다문화사회 적응 위한 교육 부재 등으로 인한 2세 교육문제를 해결하고자 하는 욕구, 그리고 사기결혼, 정확한 정보의 부족에서 야기된 배우자에 대한 신뢰를 회복하려는 욕구가 있다. 그리고 지역사회 참여 욕구가 강해지고 있으며 공공부문 진출 욕구도 표출되고 있다.

② 이주노동자

이주노동자는 출입국 경로에 관한 문제, 주거환경 및 경제생활에 관한 문제, 직장 내 문화적 갈등에 관한 문제, 사회차별에 관한 문제, 기타 사회문제 등으로 어려움을 겪고 있다. 그러므로 국내출입국과정에서 알선업자, 출입국관리소에 내는 벌금, 체류 관련하여 항공권 환불 및 보호소에서의 문제를 해결하고 싶은 욕구가 있다. 또한 열악한 주거

(합숙소)문제, 여권 소유문제, 본국에의 송금(환전, 국내인의 사기)문제 등을 개선하고자 하는 욕구가 있다. 그리고 3D 업종으로 인한 열악한 환경의 제조업체, 초과노동, 임금체불, 폭행 및 성폭행에서 벗어나고 싶은 욕구가 있다. 특히 사업장 내에서 최저임금 및 실질임금 보장, 산업재해 예방 및 구제제도에 대한 개선이 필요하다. 어업에 종사하는 이주노동자, 농촌지역 축사에 근무하는 이주노동자 등과 같이 소규모 고립 사업장에서의 인권점검이 필요하다. 여성 이주노동자의 경우, 성폭력 및 성희롱 방지를 위한 관리·감독이 필요하며, 성별에 따른 분리된 공간 사용을 보장해야 한다. 더불어 미등록 이주자를 포함한 모든 여성 이주노동자의 모성보호도 보장되어야 한다. 그 외에 종교·피부색에 의한 차별, 언어장애와 문화갈등, 초과체류자의 일방적 손해 감수 등의 사회차별에 관한 문제를 해결하고 싶은 욕구가 있다.

③ 외국인 유학생

이주민 사회통합을 고려할 때, 일정기간 한국에 거주하는 외국인 유학생에 대한 사회적 관심이 필요하다. 외국인 유학생에 대한 정책은 지역경제 활성화 등의 효과가 있다. 또한 장기적 관점에서 학생들을 위한 재투자 정책은 미래지역발전과 사회통합 등 부가적인 효과를 창출할 수 있는 미래투자정책으로 볼 수 있다. 또한 공공기관 및 지역기업 등의 유학생 취업연계를 통한 외국인 유학생의 인적 활용, 한국 사회 내 다문화 인식 개선을 도와 대학 간의 상생협력을 도모할 수 있다. 그리고 유학시절 내 한국에 대한 긍정적 이미지 제고를 통하여 문화전파, 향후 국제교류 가교 역할을 하는 민간외교관 육성, 본국의 잠재적 외국인 유학생에게 홍보효과 등을 기대할 수 있다. 그러나 정부 차원에서 외국인 유학생을 지원하는 정책은 미미하다. 학교에 소속되어 있으므로 대학에서 학교생활과 관련된 서비스만 지원하고 있는 실정이다(송미영, 2016b). 이 연구에 따르면 외국인 유학생은 학교 및 일상생활에서의 욕구가 다양하게 나타났다.

학교생활에서 어떠한 정책의 필요성이 있는지 11점 척도로 살펴본 결과, 전공, 한국어 외에도 다양한 한국문화를 배울 기회가 필요하다는 욕구(8.24점)가 가장 높게 나타났다. 그리고 졸업 후 취업연계서비스(유학생 인턴제도 등) 욕구(7.95점), 방학 중 지역 내 기업 등에 아르바이트 기회제공이 필요하다는 욕구(7.74점)가 비교적 높게 나타났다. 또한 일상생활에는 유학생을 위한 다국어 콜센터(일상생활에서의 정보, 취업연계, 상담서비스 등) 욕구(7.66점), 유학박람회의 필요성(7.42점), 일상생활(이사, 교통, 계약 등) 언어소통지원 욕구(7.62점), 건강관리 지원(의료진과 언어소통, 장기치료지원, 인터넷 중독지원 등) 욕구

(7.93점), 지역사회 참여(한국문화체험, 자원봉사 등) 욕구(7.90점) 등이 파악되었다.

④ 북한이탈여성

2000년대 이후 지속 증가하여 2003~2011년에는 연간 입국 인원이 2,000~3,000명 수준에 이르렀으나, 2012년 이후 연간 평균 1,300명대로 감소하였다. 코로나19로 인하여 2021년 이후 대폭 감소하여 2021년에는 63명 입국, 2022년에는 67명 입국하였다. 북한이탈주민의 유입증가와 더불어 두드러진 변화는 북한이탈여성이 차지하는 비율이 대폭 증가이다. 증가추이를 살펴보면, 2019년 12월 기준 북한이탈주민 중 여성은 80.7%(845명), 2020년은 68.6%(157명), 2021년은 36.5%(23명), 2022년은 47.8%(32명)을 차지한다. 또한 1998년부터 2022년까지 북한이탈여성의 평균 비율은 71.9%로 나타나고 있다(통일부). 이러한 통계결과로부터 북한이탈주민의 여성의 높은 비중을 확인할 수 있다.

북한이탈여성은 여성인권[36] 측면에서 취약성이 있다. 북한이탈여성은 한국으로 오는 과정에서 인신매매, 성매매, 가정폭력 등의 심각한 상황에 노출되어 정신적 트라우마를 안고 있는 경우가 많다(정해숙, 2012). 또한 북한이탈여성은 정착과정에서 임신, 출산, 육아의 문제, 취업 등으로 인하여 가족생활에서의 부부갈등 및 해체가 빈번하게 발생하기도 한다(홍승아, 2012). 남한사회에 정착하는 과정에서 북한이탈여성은 성폭력, 가정 폭력 등 인권침해를 겪을 가능성이 크지만 대처방법이 미흡하여 북한이탈남성과는 다른 경험을 하게 된다(송미영 외, 2020). 그리고 북한이탈여성은 사투리 사용에 의한 스트레스와, 의사소통의 어려움, 직장생활의 어려움, 외모적 열등감, 관계망 부족으로 인한 어려움 등을 겪고 있다. 그러나 부정적인 사회적 편견이 가장 큰 어려움으로 파악되었다(권금

---

36) 법률에 보장된 북한이탈여성의 인권은 「헌법」 제2장 국민의 권리와 의무(제10~22조)에서 국민의 기본권이 제시되고 있다. 또한 「헌법」 제36조와 제34조에서 여성의 모성보호와 육아권을 보장하고 있다. 그리고 「국가인권위원회법」 제2조 3항에서 합리적 이유 없이 평등권 침해의 차별행위가 규정되어 있다. 국제적으로 비준된 인권조약에 의한 북한이탈여성의 인권보장은 [경제적, 사회적, 문화적 권리에 관한 국제규약 (International Covenant on Economic, Social and Cultural Rights, 일명 사회권 규약 혹은 A규약, 1966)] [시민적 정치적 권리에 관한 국제규약(International Covenant on Civil and Political Rights), 일명 자유권 규약 혹은 B규약, 1966] 개인이 누려야 하는 인권의 기본적인 내용을 규정하고 있다. 유엔여성차별철폐협약에서도 정치, 경제, 사회, 문화, 교육 등 모든 분야에 있어서 여성의 인권과 기본적 자유를 저해하거나 침해하는, 성에 근거한 모든 구별, 배제, 제한을 없앰으로써 여성에게 남성과 동등한 권리를 부여하도록 촉진하고 있다. 그 외에 비엔나선언, 여성폭력철폐선언에서도 여성이 생명권, 최고의 신체적·정신적 건강을 누릴 수 있는 권리, 고문, 잔인하고 비인도적이며 굴욕적인 처우나 처벌을 받지 않을 권리를 규정하고 있다(송미영 외, 2020).

상, 송미영, 2013).

　　⑤ 고려인 주민

　　우즈베키스탄, 러시아, 우크라이나 등에서 고려인과 가족들이 국내로 입국하여 정착하는 비율이 증가하고 있다. 이들은 서로 같은 지역에서 밀집하여 거주하는 특성이 있으므로 광주광역시, 충청남도 등과 같은 밀집 거주 지방자치단체에서는 조례를 제정하여 지원하는 정책을 추진하고 있다.

　　그러나 아직은 고려인에 대한 정부와 사회적 관심은 전반적으로 부족한 실정이다. 기초 지방자치단체는 고려인 가족 주민 가족의 증가에 대응하지 않거나 대응하더라도 체계적 조사와 정책의 대응하기보다는 산발적인 모습이라고 평가하였다(우복남, 2022). 연구자는 충청남도에 거주하는 고려인을 대상으로 취업, 자녀양육, 언어와 문화, 건강과 주거, 지역 일상생활, 차별경험 등에 대하여 인터뷰하였다. 파악된 주요한 욕구는 소득보장, 노동인권보호, 자녀 양육과 돌봄, 학교 적응과 학습지원, 성인 및 청소년 대상 한국어 교육 체계적 지원, 주거관련 정보제공, 병원 통역지원, 배우자 취업활동 허용방안, 외국인 건강보험 지역가입자 보험료 부과, 공공기관 및 시설 접근성 강화, 직장 및 일상의 차별이나 혐오 감소, 자조모임 및 단체 활동 확대, 러시아어 통번역 서비스 및 각종 정보제공확대 등으로 파악되었다.

3) 사회통합을 위한 외국인 주민 정책

(1) 외국인 주민 복지정책의 목표

　　이주노동자, 국제결혼 이주자, 북한이탈여성, 고려인 주민 등은 한국 사회에서 적응하기 위한 여러 가지 문제에 직면하고 있으므로 다양성과 이질성에 대한 국민적 수용과 사회통합노력이 필요하다. 대학생을 대상으로 다문화 수용성에 영향을 미치는 요인을 연구(송미영, 2010a)한 결과에 따르면, 외국 방문 기회의 확대, 이주민에 대한 호감을 높일 수 있는 기회제공 등을 통하여 사회의 소수집단에 대한 편견, 사회적 거리감, 부정적 인식 등을 낮출 수 있다고 하였으므로, 외국인 주민과 상호 교류할 수 있는 다양한 정책을 모색해야 할 것이다. 한국 사회가 이제는 외국인 주민들과 함께 사는 것이 선택이 아니라 현실이 되었기 때문이다.

　　최근, 경기도 31개 시군의 지방자치단체의 외국인 주민 관련 조례를 분석한 연구(최영미, 2021)결과, 「출입국관리법」에 따른 합법적으로 체류할 수 있는 법적 지위를 가지지 않은 사람을 제외하고 있는 것으로 파악되었다. 그러나 양주시, 안산시, 광주시, 화성시, 용인시의 경우, 체류자격이 없는 외국인을 포함하는 것으로 조사되어 코로나19 재난 등의 지원대상[37]에 포함하고 있다. 연구자는 이주의 세계화로 한국 사회의 구성원이 다양해졌기 때문에 주민권 개념을 도입하여 공존해야 할 적법한 권리주체로 인정할 필요가 있다고 제언하였다. 또한 결혼이민자, 외국인 노동자, 외국국적 동포, 유학생 등 다양한 구성의 외국인 주민의 특성에 맞는 맞춤형 정책의 필요성을 제기하였다. 외국인 주민의 체류목적, 거주기간, 국적, 성별뿐만 아니라 사회 · 경제적 수준, 거주지역 등 다양한 조건과 환경에 따라 외국인 주민 대상 지원정책의 다양성이 중요하다. 그러므로 향후 외국인 주민의 지속적 증가가 예상되므로 지역사회 내 선주민과의 상생을 위한 포용적 정책이 바람직함을 강조하였다(이혜숙, 최지원, 2022). 따라서 다민족 · 다문화사회를 위한 통합정책과 서비스목표는 한국 사회의 인식 전환이다.

이를 위하여 한국 사회는 외국인 주민도 한국 사회의 일원으로 받아들이는 정책이 필요하다. 또한 외국인 주민도 우리사회에 꼭 필요한 구성원이라는 생각으로 장기체류 숙련공 이주노동자들의 합법적 이주를 허용하는 정책이 필요하며, 한국 사회가 다문화사회로 변화하기 위하여 다문화사회를 허용해야 한다(박천웅, 2006). 특히 사회적 안전망으로부터 배제된 외국인 주민에 대한 관심과 언어, 문화적 부적응, 가족 간 이해 증진, 인권침해, 자녀교육 등을 위한 사회복지실천 프로그램이 활성화되어야 한다.

그리고 외국인 근로자가 지역사회에 적응하기 위한 가장 어려운 점은 외국계 주민 내의 차별적 인식과 태도일 것이다. 결혼이민자는 다문화가족으로 적극적 수용의 메커니즘이 작동하고 우선적 지원대상이 되고 있다. 그러나 외국인 노동자는 국민적 인식이나 정부정책에서 상대적으로 소외되고 있다(송미영, 2010). 따라서 이주노동자에 대한 차별적 인식과 대우에 대한 정책적 대응 방안을 모색해야 한다. 더불어 고려인 주민, 북한이탈여성 등 외국인 주민을 위한 노동권과 인권의 실질적 보장이 필요하며, 지역별 외국인

---

37) 지방자치단체에서 재난긴급지원금 정책에서 주민으로 등록되어 있는 외국인 주민을 배제하는 것은 평등권 침해되므로 외국인 주민이 배제되지 않도록 서울시와 경기도에 회신한 결과를 공표하였다. 공표 이유는 외국인 주민이 배제되지 않고 우리 사회의 일부로서 실질적인 평등과 차별 없는 사회를 이루어 가야 한다는 점을 강조하기 위함으로 「국가인권위원회법」 제25조 제5항에 따라 관련 내용을 공표하였다(국가인권위원회, 2020).

주민 관련 서비스 기관을 통하여 한국문화와 한국어를 배울 수 있는 교육과정도 다양화하여 의사소통능력을 향상시켜 주어야 한다.

(2) 사회통합을 위한 외국인 주민 정책과 쟁점

다문화사회의 진전에 따라 다양한 사회적 문제들이 발생하고 있다. 주요한 이주민 정책이슈들을 살펴본다. 외국인 주민 사회통합을 위하여 인권의 관점에서 외국인 주민을 지원할 필요성이 있다. 이를 위하여 성별과 출신국가를 고려한 이주민 정책참여 기구(대표자 회의) 설치가 필요하다. 그리고 외국인 주민 언어소통지원, 이주배경 아동·청소년의 대안교육 제공 및 진로진학 지원, 다양한 이주민의 성장지원, 다양한 이주민을 위한 다국어 법률정보 접근성 강화, 다문화 수용성 증진, 이주노동자 잠재적 범죄자 편견 해소 등이 있다(충청남도, 2016).

한편, 외국인 주민의 정책 이슈에 대하여 다섯 가지를 요약하였다(우복남, 2012: 89-95). 첫째, 정책대상이 제한되었다. 결혼이주여성과 그 가족을 중심으로 다문화정책을 추진하는 과정에서 이주노동자, 유학생 등 다른 외국출신 이주민 집단의 문제상황이 지속되고, 외국인 주민 집단 간 차별감과 상대적 박탈감을 유발하였다. 따라서 지역사회에서 다수 집단인 이주노동자 관련 인권 및 복지를 위한 대책이 필요하다. 둘째, 다문화 수용성의 한계이다. 동남아 등 경제적 지위가 낮은 국가 출신 이주노동자들의 경우, 차별의 대상이 될 가능성이 크다. 셋째, 외국인 범죄에 대한 불안감의 확산으로 편견이 강화되는 한편, 잠재적 범죄 집단, 두려움과 기피의 대상으로 인식되기도 한다. 넷째, 다문화가정의 갈등 지속과 해체 다문화가정의 증가이다. 다문화가정의 낮은 결혼만족도, 가정폭력, 차별경험 등이 보고되고, 지속적으로 해체가족이 증가하고 있으며, 초혼가정의 해체, 재혼가정의 또 한 번의 해체 등으로 한부모가정, 조손가족 등이 증가하고 있다. 다섯째, 다양한 유형의 다문화가정 자녀가 증가하고 있다. 재혼국제결혼가정, 중도입국자녀가 급속히 증가되고 있다. 여섯째, 이주민 인권 취약상황이 지속된다. 결혼이주여성의 가정 내 성역할 불평등, 가정폭력, 이혼과 가출, 체류 및 사회보장 문제, 차별 등 다양한 문제가 발생한다.

또한 유학생 정책의 가장 큰 문제로 지적되는 것은 유학생 비자로 입국하여 체류자격상 허용된 취업시간을 초과하여 비합법 노동을 하는 비율이 높은 것이다. 유학생의 양적 팽창에도 불구하고 다수의 유학생을 저임금 유연 노동자로 유인하는 유학생 정책을 개선할 수 있는 방안 마련이 필요하다(김영혜, 2021). 여러 가지 쟁점을 해결하기 위한 정책

대안을 모색해야 한다. 예컨대, 다문화가족 자녀를 위하여 자녀방임·학대 예방, 자녀학습 지원확대, 진로지원 확대, 노동인권 증진, 다문화 청소년 일자리 발굴, 정신건강 증진, 아동인권 교육 등을 할 수 있다(우복남, 2021).

그리고 북한이탈주민 정책에 대한 성인지적(gender sensitive) 관점이 적용되어야 한다. 북한이탈여성에 대한 연구결과(권금상, 송미영, 2013)에 따르면, 북한이탈여성은 사투리 사용으로 인한 스트레스와 의사소통의 어려움, 직장생활의 어려움, 외모적 열등감, 관계망 부족으로 인한 외로움 등으로 어려움을 겪고 있었다. 또한 취업을 하는 데 사회적 관계망이 부족하며, 육아를 도와줄 수 있는 관계망이 부족하여 취업이 어려웠다. 그리고 일상생활에서 문화적 차이, 언어적 차이 등으로 대인관계, 직장생활이 원활하지 않았고, 한국생활에서 가장 어려워하는 점으로 부정적인 사회적 편견을 들었다. 따라서 성인지적 관점에서 이들의 지역사회 적응력을 향상시킬 수 있는 지원정책방안이 확대되어야 한다.

제3차 다문화가족정책의 기본계획의 비전은 '참여와 공존의 열린 다문화 사회'이고 목표는 모두가 존중받는 차별없는 다문화사회 구현, 다문화가족의 사회경제적 참여확대, 다문화가족 자녀의 건강한 성장 도모이다. 교육부, 외교부, 법무부, 국방부, 행정안전부, 문화체육관광부, 농림축산식품부, 산업통상자원부, 보건복지부, 고용노동부, 여성가족부, 국토교통부, 중소벤처기업부, 방송통신위원회, 경찰청, 국세청, 농촌진흥청, 소방청 등 중앙정부 차원과 시도별로 추진하는 세부과제들이 있다(여성가족부, 2022). 주로 다문화가족 및 자녀에 대한 정책들이다. 향후, 부처합동으로 사회통합을 위한 외국인 주민정책에 대한 기본계획이 수립될 수 있기를 기대해 본다.

4) 외국인 주민의 복지와 사회복지사의 역할

최근 우리 사회는 다문화사회(multiculturalism)로 급속히 진전되고 있다. 이들의 지역사회정착을 위한 사회복지사의 역할이 요구된다. 외국인 주민 대상자별로 구분하여 다문화사회 속의 사회복지사 역할을 검토해 본다. 한국 사회를 외국인 주민들의 문화적 다양성을 존중하는 사회로 변화시키기 위하여 사회복지사의 여러 가지 역할이 필요하다. 결혼이민자, 다문화가족 등에 대한 사회복지서비스는 지역별로 설치되어 있는 가족센터[38]를 중심으로 이루어지고 종합사회복지관, 가족상담센터, 도서관, 민간단체, 자조모임 및 커뮤니티 등에서도 지원된다. 주요 프로그램은 가족상담, 심리정서 지원 및 돌봄

서비스, 한국어, 생활문화, 부부 · 가족교육, 자녀대상 교육, 취업 · 양성교육, 보건 · 의료 교육, 통역서비스 등이 이루어진다. 다문화가족의 욕구는 한국어교육, 생활적응, 보육, 사회복지, 사회적 참여 등 다양성과 복합성을 가진다(조화성, 2009). 사회복지사는 제공되는 서비스 과정에서 서비스 제공자, 옹호자, 연계 및 조정자 등의 역할을 수행할 수 있다.

한편, 이주노동자들에 대한 서비스는 외국인 근로자센터를 중심으로 이루어진다. 민간단체, 종교단체 등에서도 이주노동자들의 교류를 위한 프로그램이 이루어지고 있다. 이주노동자의 차별대우와 인권침해가 빈번한 현실 속에서 옹호자로서 그들이 충분한 권리의 보호, 신장, 보장을 하는 사회복지사의 역할이 필요하다. 또한 지역사회에서 공공과 민간 조직을 기반으로 다양한 문화행사를 개최하여 한국인과 국제결혼 이주자 및 이주노동자의 이해관계증진을 시킬 수 있는 중개자의 역할을 들 수 있다. 그 외에 지역사회복지관, 시민단체, 지방정부, 학교 등과 연계하여 '외국어 교육' '한글 교육' '직업훈련 교육' 등과 같은 프로그램을 기획하여 제공하는 사회복지사로서 역할이 있다.

실제적으로 일부 지역사회복지관에서 이주노동자들에게 기능교육으로 한국어교육, 컴퓨터교육, 정서지원을 위한 다양한 문화체험 및 여가활동을 제공하여 한국 사회 내 적응력을 향상시켜 준다. 동시에 노동 · 법률 · 의료기관들과의 연계를 통해 위기상황에 대처할 수 있는 능력을 향상키기 위한 프로그램을 제공한다. 또한 해마다 급증하고 있는 국제결혼 이주자들을 위해 지역사회 내 적응력 향상을 위한 역량강화 프로그램을 실시하고, 각 국가별 자조집단을 조직하여 그들의 문화적 · 정서적 욕구를 충족시키고 있다(안승찬, 2006).

북한이탈여성의 심리적 · 사회적인 복합적 욕구문제 해결을 위하여 사회복지실천방법인 사례관리[39]를 적용하고 사회복지사의 역할을 찾아볼 수 있다. 사례관리의 원리는

38) 「2021년 가족사업 안내」 개정('21. 10. 13. 시행)으로 '건강가정 · 다문화가족지원센터'의 명칭이 '가족센터'로 변경되었다. 건강가정 · 다문화가족지원센터는 「건강가정기본법」 제35조에 따른 '건강가정지원센터'와 「다문화가족지원법」 제12조에 따른 '다문화가족지원센터'의 기능을 통합해 운영하는 곳으로, 가족형태, 가족관계 특성 등을 고려한 가족교육, 상담과 다문화가족을 위한 한국어교육, 자녀 방문교육 등 종합 서비스를 제공하였다. 지역 내 모든 가족이 이용할 수 있는 통합적 서비스를 제공함에도, '건강가정 · 다문화가족지원센터'라는 명칭 때문에 특정 가족만 이용할 수 있는 곳으로 잘못 알려지는 경우도 있어, 여성가족부는 2021년 8～9월에 걸쳐 센터 종사자, 지자체 공무원 등 현장 의견수렴을 거쳐 '건강가정 · 다문화가족지원센터' 명칭을 '가족센터'로 변경하게 되었다(여성가족부, 2021).

전달체계 측면에서 주로 클라이언트의 복합적 욕구 충족을 위한 서비스의 연계, 조정 및 통합을 통한 클라이언트의 복합적 욕구중심 접근과 관계되어 있고, 클라이언트 측면에서는 소비자 중심주의를 기초로 하는 욕구중심 접근에 있다. 특히 북한이탈여성을 위한 복지는 다른 대상과 달리 장기적이며 다양하고 복합적인 욕구를 충족시켜야 하므로, 분산된 서비스의 연계성 확보가 필요하다. 이러한 서비스 욕구를 필요로 하는 북한이탈여성을 대상으로 실천 현장에서 포괄적이고 종합적이며 연속적인 서비스 제공이 가능한 사례관리의 개입이 바람직하다고 본다. 다음 사례는 지역사회복지관의 북한이탈여성을 위한 사회복지 프로그램을 참고하여 가상으로 사례관리를 기획해 보았다.

사례

• **북한이탈여성의 배경**

아침에 가족센터에 출근하니, 책상에 하나원에서 퇴소하여 ○○구로 주거지를 옮긴다는 2명의 북한이탈여성의 자료가 있었다. 인적사항을 살펴보니, 그들은 모녀이며, 북한이탈주민 S는 45세이고 그녀의 딸 W는 19세이다. S는 북한에서 전문직업을 갖고 있었고 W는 고등학생이다. 비록 전문직에 종사하였을지라도 새로운 환경에서 생활하는 데 많은 어려움이 예상된다.

• **사회복지사의 역할**

북한이탈주민 거주 지역 사회복지관에 사례관리자로서 첫 만남을 가졌다. 정착도우미파견 초기 전입지원 S와 W를 위하여 비슷한 연령의 자원봉사자 2명을 소개해 주었다. 그들은 전입신고, 아파트 계약, 의식주 관련 물품구입, 1차적인 욕구 파악 및 지원, 지역사회 주요기관탐방 등을 지원해 줄 것이다. 두 번째 만남은 1주일 후, 전담 사회복지사로서 사례관리팀원들과 가정방문하였다. 모녀에 대하여 각각 초기면접을 통하여 심리적, 사회적, 경제적, 신체적 측면에서 취업을 위한 자격증 취득, 대학 진학 학습지원 등 다차원적인 욕구를 파악하여 서비스 계획을 하였다. 사례회의를 통하여 가용될 수 있는 지역사회 공식적, 비공식적 서비스와 원조망을 검토한 후, 구체

---

39) 사례관리의 개념들은 공통적으로 복합적 욕구중심접근, 클라이언트 중심의 소비자 중심주의, 혼합경제 케어(서비스의 구성에서 비공식, 자원봉사, 영리분야, 그리고 공식적인 서비스의 역할과 조직적 구조)와 서비스 공급자와 구매자 분리를 통한 클라이언트 욕구중심접근(비용의 효율성과 서비스의 질적 제고), 클라이언트의 선택권 존중, 서비스의 조정과 통합 등을 포함하고 있다.

적인 사례계획을 확립하였다. 다음 단계로 기관과 클라이언트와의 서비스계획에 대하여 계약서를 통하여 동의한 후 계획실행을 하였다. 특히 경제적 측면에서 S의 취업지원 및 직업훈련을 위하여 사례관리팀의 사회복지사를 배치하였고, 심리적 측면에서 S와 W의 정신적 안정을 위해 사례관리팀의 심리상담사를 연결해 주었다. 또한 1년 후 W의 대학진학을 위하여 학력차이에 대한 갭(gap)을 줄일 수 있도록 적극 지원 및 학교연계를 위하여 진로지원 담당 복지사도 소개해 주었다. 그 외에 사회적 관계망을 위하여 북한이탈주민후원회, 북한이탈주민지원 민간단체후원회를, 의료서비스를 위하여 아름다운 생명을 연계해 주었다.

사례관리자로서 역할을 하는 나는 수시로 전화와 가정방문을 통하여 S와 W가 제공된 서비스에 대한 만족을 하는지 체크할 것이고, 1주일에 한 번씩 사례관리팀의 사례회의를 통하여 공급자로서 역할을 충실하게 진행하는지 검토할 것이다. 만약 클라이언트의 불만족한 사항이 발견되면 재사정, 사례계획, 계획실행, 모니터링의 과정을 반복할 것이다.

학습과제

1. 이주배경 아동 및 청소년의 건강한 성장을 지원하기 위한 정책은 어떠한 것이 있는지 토의해 보시오.

2. 이주노동자들을 위한 정부 혹은 사회단체의 프로그램은 어떠한 것이 있는지 조사해 보시오.

3. 난민 관련 책이나 영화를 보고, 사회복지적 관점에서 토론해 보시오.

4. 다양한 외국인 주민의 인권에 대하여 토의해 보시오.

참고문헌

강수돌(1997). 두 가지의 커다란 벽을 허물자! 민주노동과 대안, 제2호, 83-88. 노동조합기업경영연구소.

김영혜(2021). 경기도 외국인 주민 취업 및 경제생활 연구. 경기도여성가족재단.

강휘원(2007). 한국의 중앙정부 및 지방자치단체의 다문화정책: 현황과 과제. 평택대학교 다문화가족센터, 현대민족학회, 충남여성정책개발원.

권금상, 송미영(2013). 현안과제. 충남 북한이탈여성 지역사회 적응경험과 지원정책 연구. 충남
　　여성정책개발원.

민귀식, 정순기, 조복수, 김진영, 진지영(2014). 외국인 유학생 유치ㆍ지원확대를 위한 정책연구.
　　교육부(국립국제교육원).

박천웅(2006). 한국다문화가족에 대한 지원 과제와 향후 방향성: 외국인 노동자현실과 다문화정
　　책과제. 평택대학교 다문화가족센터.

설동훈(1999). 외국인 노동자와 한국사회. 서울: 서울대학교출판부.

설동훈(2006a). 다문화가족에 대한 사회적 인식. 국회도서관보, 43(5), 2-3.

설동훈(2006b). 전지구화시대, 한국의 이민정책. 2006 제3차 정책토론회 동북아시대 한국의 진
　　로, 정책기획위원회.

송미영(2010). 충남 외국계 주민의 지역생활적응 비교: 결혼이민자와 외국인 근로자를 중심으로.
　　민족연구, 통권 44호, 71-91. 교양사회.

송미영ㆍ우복남ㆍ김혜영(2020). "충남 북한이탈여성의 인권실태조사". 충청남도.

송미영(2012). 결혼이주여성과 북한이탈여성의 멤버십(membership)에 관한 비교연구: 충남지
　　역의 사례를 중심으로. 한국지역사회복지학, 제43집, 217-247.

송미영(2016a). 충남 외국인 주민 콜센터 설치 타당성 연구. 충남여성정책개발원.

송미영(2016b). 충남 외국인 유학생 인권실태조사. 충남여성정책개발원.

안승찬(2006). 외국인 근로자와 산업재해: 정책방향과 서비스 전략: 외국인근로자지원센터 서비
　　스 현황 및 발전방안-유락복지관 지원사업을 중심으로. 평택대학교 다문화가족센터.

여성가족부(2021). 정책뉴스, "'건강가정ㆍ다문화가족지원센터', 이제 '가족센터'로 불러주세요"
　　http://www.mogef.go.kr/.

여성가족부(2022). 제3차 다문화가족정책 기본계획(2018~2022), 2022년도 시행계획.

연합뉴스(2017. 5. 16.). 국내체류 외국인 200만 시대…외국인이 내는 세금도 '쑥'.

이해숙ㆍ최지원(2022). "포괄적ㆍ고령화 대비 지원, 글로벌 인재 활용 포함. 서울시, 외국인주민
　　정책수요별 지원정책 세워야", 웹진『이슈 페이퍼』, 서울연구원.

우복남(2022). 충남 고려인 주민 이주현실과 지원정책. 충청남도여성가족연구원.

우복남(2021). 충남 학령기 다문화가족 자녀 생활실태 조사연구. 충청남도여성가족연구원.

우복남(2012). 충청남도 다문화정책의 변화와 발전방안. 충남여성정책개발원.

윤인진(2009). 북한이주민: 생활과 의식, 그리고 정착지원정책. 서울: 집문당.

이상학(2002). 이주노동자 현황과 입법방향. 외국인이주노동자 고용 및 기본권 보장에 관한 입법 공
　　청회 자료집.

이수정(2012). 북한출신주민 정책현황과 과제. 충청남도 북한이탈주민 지원정책마련을 위한 토론회
　　자료집. 충남여성정책개발원.

장은경(2001). 부부간 의사소통과 결혼만족도의 관계. 연세대학교 대학원 석사학위논문.

정해숙(2012). 이슈페이퍼 '성인지적 관점에서의 북한이탈주민지원 정책 추진체계 구축'. 한국여성정책연구원.

전연숙, 김봉환(2005). 북한이탈주민 취업지원프로그램의 개발 및 효과성에 관한 연구. **직업교육연구**, 24(1), 111-131.

조화성(2009). 충남 다문화 가족 지원체계 네트워크 구축방안. 충남여성정책개발원.

충청남도(2016). 충남 이주민 사회통합 TF 최종보고회 자료집(미간행).

최영미(2021). 경기도 및 시·군 외국인주민 조례 현황과 시사점. 『이슈분석』 제204호, 경기도여성가족재단.

충청남도여성가족연구원(2022, 11. 25.). 우크라이나 고려인 피난동포 충남에서 함께 살기. **2022년 홈 커밍데이(Homecoming Day) 자료집.**

홍승아(2012). 이슈페이퍼 '북한이탈여성의 부모역량강화(가족-학교-지역사회의 연계를 중심으로)'. 한국여성정책연구원.

행정안전부(2021)(2020. 11. 1. 기준). 2020년 지방자치단체 외국인 주민 현황.

국가인권위원회. 국가인권교육 기본용어, https://www.humanrights.go.kr

국가인권위원회(2020. 11. 11. 보도자료). 외국인주민 배제되지 않도록 정책개선 권고, 서울시와 경기도에 회신 결과 공표", https://www.humanrights.go.kr

자치법규시스템. 안산시 고려인주민 조례(안), https://www.elis.go.kr

통일부(2022. 12. 기준). 북한이탈주민 현황, http://www.unikorea.go.kr

행정안전부 보도자료(2021. 11. 17.). "국내거주 외국인주민 215만 명, 발표이래 첫 감소", https://www.mois.go.kr

제11장

복지국가의 발전과 전망

복지국가는 자본주의의 빈익빈 부익부의 문제점을 해소하기 위하여 누진세 등의 조치를 통해 부의 공정한 분배를 기하는 국가로서, 사회적 약자들과 사회적 위험에 처한 사람들에 대한 제도적 보살핌을 기본으로 하는 국가이다. 서구의 선진 복지국가들은 1945년부터 1975년까지 높은 경제성장을 바탕으로 '복지국가의 황금기'를 구가하였다. 그러나 1973년과 1979년의 석유위기는 복지국가의 위기를 촉발시켜 신자유주의 이념이 등장하면서 복지국가의 조정이 이루어지고 세계화를 촉진시켰다. 세계화는 컴퓨터혁명과 세계적인 자본 이동의 증대, 그리고 노동세력의 상대적 약화로 비롯된 것이다. 이 장에서는 복지국가가 어떻게 발전되었는지, 향후 민주복지국가가 어떻게 환경복지국가로 변화되어 가고 있는지 하는 전망에 관해 살펴본다.

● 복지국가의 개념과 특성을 이해한다.
● 복지국가의 유형과 발전 이론을 이해한다.
● 세계화란 무엇이며, 세계화는 복지국가에 어떤 영향을 미쳤는지를 살펴본다.
● 환경복지의 개념은 무엇이며, 지속 가능한 사회란 어떤 사회인가 알아본다.
● 민주복지국가와 환경복지국가의 차이점과 향후의 전망에 대해 고찰한다.

1. 복지국가의 개념과 특성

1) 국가와 사회

사회란 2인 이상의 사람들로 이루어진 집단, 또는 조직으로서 비공식적 내지는 공식적 성격을 지니고 있는 역동적 상호작용 과정의 결과라 할 수 있다. 퇴니스(Tönnis)에 의하면, 사회는 가족집단이나 친구집단과 같은 공동사회(gemeinshchaft)와 기업조직이나 군대조직과 같은 이익사회(gesellschaft)로 나누어 볼 수 있다. 공동사회는 구성원들 간의 친밀한 정서적 유대를 기반으로 하는 반면, 이익사회란 이익을 내기 위한 기능적 효율성을 중심으로 만들어지는 사회로서 국가나 기업 같은 것을 말한다. 특히 국가는 공식적 조직으로서 물리적 강제력을 기초로 사회 성원들을 지배하는 장치 또는 시스템이라 할 수 있다. 기업은 이익을 내기 위해 필요한 자금과 인원을 투자하고 관리함으로써 효율과 경쟁의 가치를 중시한다.

이러한 국가 속에 사회가 존재하기도 하고, 사회 속에 국가가 존재하기도 한다. 국가 안에 여러 가지 형태의 공동사회, 즉 가족집단이나 친구집단 내지는 취미를 같이하는 집단들이 있을 수 있다. 한편, 사회 속에 국가가 존재하기도 하는데, 이는 사회의 성격에 따라 국가의 유형이 달라지는 예로 나타난다. 사회 구성원 개인의 민주적 성숙도에 따라 민주주의 국가가 나타나기도 하지만, 구성원 개인이 민주적으로 성숙하지 못하면 독재국가가 되기도 하는 것이다. 또는 국제 사회에 광범위하게 분포되어 있는 유대민족이 이스라엘이라는 국가를 형성하고 있는 것도 좋은 예라 하겠다. 근래에는 한 국가의 조직이 웬만한 세계적인 기업보다 작은 경우도 많은데, 이것도 국제적인 사회 속에 국가가 존재하는 경우의 하나라 할 수 있을 것이다.

한 나라에서 국가와 사회의 관계는 ① 사회중심으로 보는 시각, ② 국가중심으로 보는 시각 그리고 ③ 국가와 사회의 관계중심으로 보는 시각이 있다.

먼저, 사회중심론적 시각은 국가를 사회의 부수적 현상으로 이해하여, 사회 내 이익집단들이나 계급 역관계를 분석 단위로 삼는다. 이 시각에는 다원주의 국가론과 네오마르크시즘적 국가론이 있는데, 달(Dahl)과 같은 다원주의 국가론자는 국가를 이익집단들 간의 이해관계를 조정하는 심판관이자 중재자로 본다. 한편, 네오마르크시즘적 국가론을 취하는 밀리반트(Miliband)는 국가를 자본가 계급의 도구로 보며, 풀란차스(Poulantzas)는 국가가 상대적 자율성을 지니고는 있으나 결국은 자본가 계급의 이익을 충족시키는 구조라고 본다. 국가보다는 계급이라는 사회가 더 중요하다고 보는 것이다.

다음으로, 국가중심론적 시각은 국가란 자체의 형태와 기능을 결정할 수 있는 고유의 정치과정과 이해관계 및 힘을 갖는다고 본다. 국가는 사회로부터 독자적 자율성을 지니며 사회 제 세력의 반영물이 아니라 하나의 독립된 세력이자 행위자로 인식한다. 따라서 국가-사회의 관계는 후원자-수혜자의 관계라는 것이다. 베버(Weber)는 국가가 사회를 형성한다고 보았다. 국가의 힘에 의해서 사회적으로 부족한 자원의 배분이 강제적으로 이루어지는 측면이 있음을 보면 알 수 있다.

한편, 국가와 사회의 관계중심적 시각이 있다. 이는 1980년대 후반에 와서 국가와 사회를 지나치게 이분법적으로 보는 입장을 비판하고 조합주의(corporatism)나 정책망(policy network)과 같은 국가의 통합적 입장을 강조하여 국가와 사회의 관계를 중시하는 시각이 대두하였다. 제솝(Jessop)에 따르면, 국가는 광범위한 사회환경과 연계되어 논의되어야 하며, 양자의 어느 한편의 우위성을 강조하기보다는 양자의 관계적 역학성을 강조해야 한다. 조합주의는 노·사·정 3자 합의주의와 같은 것으로 노동자 단체와 사용자 단체 그리고 정부의 대표가 함께 모여 임금이나 물가 등 사회경제적 현안에 대해 대화와 타협을 통하여 문제해결을 기하는 정치체제이다.

끝으로, 시장은 사회 속에서 생성되어 국가의 보호하에 유지되지만, 경우에 따라 시장이 사회를 속박하기도 하고, 국가를 무너뜨리기도 한다는 점을 기억해야 할 것이다. 시장이 지나치게 권력화된 나머지 자본이 국가 지도자들을 매수하여 하수인으로 부리게 되면 국가가 부실해지고 서민 대중이 어려워진다. 또한 시장을 상징하는 자본가들이 필요 이상의 욕심으로 지나친 이윤추구를 위하여 소비자의 소비욕구를 자극하고 조작하고, 나아가 조장까지 하게 되면 건전하고 품위 있는 사회가 유지될 수 없다.

2) 복지국가의 개념

국가는 첫째, 국가의 기능이 질서 유지냐 또는 경제·복지냐 하는 것과 둘째, 국가권력의 구성이 권위적이냐 또는 민주적이냐 하는 것에 따라서 정복/약탈국가, 발전국가, 민주국가, 복지국가의 순으로 발전해 왔다(김태성, 성경륭, 2004: 23-32).

정복/약탈국가는 질서유지 기능과 강압적인 국가권력의 권위적 구성이 특징이다. 전문적 정치집단 내지 군사집단에 의한 강압력의 축적, 전쟁을 위한 사회로부터의 자원 추출을 중시하고, 영토 내의 국민에 대한 보호를 해 주는 대신 보호요금을 갈취하는 것이다. 구성원의 동의가 없고 질서 유지를 통한 최소한의 서비스에 국한한다. 17~18세기에 징병, 징세, 치안, 재판, 교육, 행정 등을 표준화함으로써 국가의 지배력이 극대화되었다.

발전국가는 경제·복지 기능을 중시하되 권위적 국가권력이 특징이다. 구성원의 자발적 복종과 생산성 향상을 유도하기 위한 재산권 보장, 자유로운 경제활동 보장, 도로, 항만 등 사회 간접시설 확충을 도모한다. 19세기 자본주의 발전기에 주로 나타났으며, 군비경쟁과 노동통제의 필요성은 정치집단과 경제집단, 즉 국가와 자본가 계급 간의 폐쇄적 지배연합(ruling coalition)을 형성하게 하였다.

　민주국가는 질서 유지의 기본적 기능을 중시하고 전체 사회성원들의 선거에 의해 민주적으로 국가권력을 구성한다. 군주에 의해 독점되었던 국가권력이 사회성원들의 참여에 의해 삼권분립의 민주체제로 발전하고 사회성원들이 재산권과 시민권을 획득한다. 20세기에 부르주아 민주주의에서 전 국민의 민주주의로 확대되었다.

　복지국가는 국가권력의 구성이 민주적으로 이루어지며, 아울러 국가가 경제와 복지, 내지는 후생복지를 중시하는 국가이다. 복지국가라는 용어는 제2차 세계대전이 한창인 무렵 영국의 템플(Temple) 주교가 전쟁을 유발한 독일 등의 국가를 '전쟁국가(warfare state)'라고 부르고 영국 등 평화를 지향하는 국가를 일컬어 '복지국가(welfare state)'라고 부른 것에서부터 시작되었다. 복지국가의 개념을 학자별로 구분하여 본다면 다음과 같다.

- 윌렌스키(Wilensky): 복지국가는 국가가 모든 국민에게 최소한의 수입, 영양, 건강, 주택, 교육을 보장하는 것이다. 그러나 그 결과 평등을 증진시킬 수 있다 하더라도 국가의 최종 목적이 평등은 아니다.
- 헥셔(Heckscher): 복지국가는 국민의 삶에 대해 집합적 책임을 지는 국가로서 빈곤을 제거하기 위한 적절한 사회보장을 제공한다. 나아가 기회의 평등을 촉진하여 국민의 삶을 향상시키기 위하여 노력한다.
- 미슈라(Mishra): 복지국가란 국민의 삶과 관련된 최소한의 전국적 기준을 유지하기 위하여 국가의 책임을 제도화하는 것이다. 완전고용의 실현, 보편적 서비스의 제공, 빈곤의 해소와 예방을 강조한다.
- 코르피(Korpi): 복지국가는 정치적 민주주의와 국민에 대한 최소한의 사회보장을 전제로 하며, 나아가 상대적 빈곤의 감소와 결과의 평등을 지향하는 것이다.
- 에스핑-엔더슨(Esping-Anderson): 복지국가는 국민에게 최소한의 생활을 보장해 줌과 동시에 나아가 국민의 시장에 대한 의존성을 얼마나 줄일 수 있는가, 즉 국민을 탈상품화(de-commodification)시킬 수 있는 국가를 의미한다.
- 브리그스(Briggs): 복지국가는 시장기제의 문제점을 수정하기 위한 세 가지 노력을 하는 국가로서, ① 모든 개인과 가족에게 최소한의 수입을 보장, ② 개인과 가족에 대한 사회적 위험에 대처할 수 있는 보호 제공, ③ 모든 국민에게 일정한 사회적 서비스를 가능한 한 최고의 수준으로 제공하는 것이다.

이들의 견해를 종합해 보면, 결국 복지국가란 자본주의 시장의 모순을 극복하기 위한 제도적·정책적 노력을 기울이는 국가이다. 구체적으로 복지국가는 모든 국민, 특히 사회적 약자와 사회적 위험에 처한 사람들을 위하여 제반 사회정책, 특히 공공부조와 사회보험 그리고 사회적 서비스 등을 제공함으로써 국민의 인간다운 삶을 보장하고 사회통합을 지향하는 국가라고 정의할 수 있겠다.

3) 복지국가의 형성 원리

복지국가의 형성은 산업주의와 민주주의의 과정과 함께 이루어졌음을 알 수 있다. 산업주의와 민주주의가 없는 복지국가의 등장이 전혀 불가능한 것은 아니겠지만, 대체로 그러한 것은 사실이다. 산업화를 통한 부의 축적, 민주화를 통한 복지권의 확립이 가능하지 않았다면 진정한 의미의 복지국가 발전은 어려웠을 것이다.[1]

먼저 복지국가는 자본주의적 산업화의 과정에서 발전하였다. 이것은 티트머스 (Titmuss)가 주장한 것과 통하는 것인데, 그는 개인의 능력이나 의지와는 무관하게 사회구조가 변화하여 빈곤이나 기타 어려움에 빠지게 된 사람들에게 국가의 보상(compensation)이 이루어지게 됨으로써 복지국가가 발전할 수 있었다는 것이다. 그는 자본주의적 산업사회의 발달은 급격한 사회변동을 야기하여 전통적인 농업사회의 붕괴와 더불어 공업을 중심으로 하는 도시의 번성을 가져왔다. 이것은 국력을 확대하기 위한 국민국가의 전략적 노력이 가속화된 결과이다. 그 와중에서 많은 농민은 도시 공업지대의 노동력으로 전환되었다. 그러나 이러한 산업화는 다수의 도시 빈민을 낳았으니, 이들은 농촌의 와해로 인하여 생활의 터전을 잃고 산업사회의 도시민으로 적응하는 데 실패한 집단인 것이다. 이들의 빈곤은 개인의 나태나 게으름이 그 원인이라기보다는 국가 전략에 의한 사회구조적 변동이 그 원인이 되었다는 것이다. 그러므로 티트머스에 따르면, 국가는 이들의 불행과 빈곤에 대하여 보상해 줄 의무가 있다.

다음으로, 복지국가의 발전은 민주주의의 발전과정에서 형성되었음을 알 수 있다. 민주주의는 일반적으로 정당의 발전과 함께한다. 민주주의 정치는 국민의 권리를 대변할

---

1) 흔히 권위주의 독재정권하에서도 복지국가 발전이 이루어졌다는 예로 독일의 비스마르크하의 사회보험제도를 들지만, 이것도 사실은 당시 민주주의 제도의 발전과정에서 힘을 갖게 된 사회주의 정당의 등장으로 위협을 느낀 국가가 노동계급을 회유하기 위한 것이었다.

수 있는 투표권을 보장함으로써 보편적으로 모든 국민이 자신에게 맞는 지도자와 정당을 선택할 수 있는 것이 장점이다. 민주주의를 통하여 산업화 초기에 소외되었던 서민과 노동자도 스스로를 위하여 정치 행위를 할 수 있게 되었다. 서민과 노동자들이 단결하여 정당을 만들고 투표제도와 합법적인 로비를 통해서 궁극적으로 그들의 복지를 실현할 수 있는 길이 열리게 된 것이다.

마셜(Marshall)은 이러한 민주주의 발전과정에서 모든 국민의 권리가 차례로 보장되었는데 특히 사회권의 발전이 복지국가로의 길을 확실하게 하였다고 본다. 즉, 전반적으로 시민권(citizenship)의 발전은 ① 공민권(civil rights: 자유권, 재산권, 정의권)의 보장, ② 정치권(political rights: 선거권, 피선거권)의 보장, ③ 사회권(social rights: 최소경제복지보장권, 사회적 유산 향유권, 문화적 표준 향유권)의 보장으로 이루어졌다고 볼 수 있다. 즉, 공민으로서의 자유권과 재산권, 정의권을 누리고, 다음으로 투표할 수 있고 입후보할 수 있는 권리를 확고히 한 다음에 사회권, 즉 최소한의 경제적 복지를 보장받고, 사회적 유산을 공유하며, 일정한 문화적 수준을 향유함으로써 인간의 품위를 유지할 수 있는 권리를 갖게 되었다는 것이다. 마셜은 이러한 사회권의 발전단계에 이르러 복지국가가 명실공히 성립되었다고 주장하였다.

4) 복지국가의 특성

복지국가에 대한 여러 학자의 견해나 복지국가의 발전과정에 대한 고찰을 토대로 다음과 같은 복지국가의 특성을 들 수 있겠다.

(1) 최소한의 전국적 수준 보장

복지국가의 첫 번째 특성은 전국적으로 국민생활의 최저한을 국가가 보장한다는 데 있다. 이것은 국가가 국민생활을 시장 기제에 맡기지 않고, 시장에 개입하여 자유경쟁의 결과 낙오한 사회적 약자와 사회적 위험에 처한 자들에 대해서 최저한의 인간다운 생활수준을 보장한다는 뜻이다. 이 원칙은 열등수급의 원칙(less eligibility)[2]보다는 진일보한 것이다.

---

2) 노동자의 최저임금보다 더 적은 수준으로 생활급여를 제한하겠다는 구빈법 시절의 원칙을 말한다.

(2) 갈등 타협의 메커니즘

복지국가는, 첫째, 자유주의자 대 복지주의자 간의 갈등과 투쟁의 결과, 사회권 인정을 통하여 국민에게 어느 정도의 안전을 보장할 때 나타난다. 둘째, 복지국가는 복지주의자들의 내부에서도 어느 정도의 평등을 지향할 것이냐에 따라 갈등과 대립을 나타낸다. 즉, 베버리지－케인주의자들(윌렌스키, 헥서, 미슈라)처럼 소극적 범위 안에서 평등을 보장할 것이냐, 아니면 사회민주주의자들(코르피, 에스핑－앤더슨)처럼 더 적극적인 평등을 보장할 것이냐 하는 문제로 갈등하다가 타협의 성취를 통하여 복지국가를 실현시킨다는 것이다.

(3) 복지국가의 분배정의

복지국가 내의 제 계급과 세력은 사회적 안전과 사회경제적 평등의 정도를 놓고 끊임없이 갈등과 타협을 통하여 문제해결을 지향하기 때문에 그 자체가 상당한 정도의 가변성을 지니고 있다. 또한 제도적 복지국가의 성장은 복지재정의 증대를 가져오는데, 이러한 복지재정의 충당은 결국 사회적 중상층 계급의 몫이라 할 수 있다. 결국 사회적 재분배성의 문제는 비용분담과 수혜 분배 간의 불일치를 가져오는 문제가 있다 하겠으나, 이 부분은 사회적 약자와 사회적 위험에 처한 사람들에 대한 보호를 사회적 분배정의로 보는 규범적 합의를 전제로 할 때 해결된다고 볼 수 있다.

2. 복지국가의 유형과 발전 이론

1) 복지국가의 유형

복지국가의 유형 분류로는 에스핑－앤더슨의 복지국가 모형이 유명하다. 그는 탈상품화와 복지정책에 의한 사회계층 형태를 기준으로 하여 다음과 같은 세 가지 유형으로 나누었다.

- 자유주의 복지국가(liberal welfare state): 소득조사에 의한 공적 부조 프로그램이 가장 중요하다. 복지 수급자의 급여조건을 까다롭게 규정하여 일 대신에 벌로서 복지 혜택을 받는다는 치욕이 존재한다. 탈상품화 효과는 최소화되고 다차원의 사회계층

체계가 발생한다. 미국, 캐나다, 오스트레일리아 등이 여기에 속한다.

- 보수적 조합주의 복지국가(conservative-corporatist welfare state): 국가가 사회복지 제공자의 역할을 하되, 사회복지의 제공이 기존 사회적 지위의 차이를 유지하는 데 있다. 따라서 기여에 따라 혜택이 달라지는 보험원칙을 강조하는 사회보험 프로그램이 가장 중요한 역할을 한다. 오스트리아, 프랑스, 독일, 이탈리아가 여기에 속한다.
- 사회민주주의 복지국가(social democratic welfare state): 사회민주주의 세력에 의한 사회복지정책의 결과 탈상품화 효과가 가장 크고, 새로운 중간계층의 확대가 이루어지는 국가이다. 최소한의 생활보장이라는 개념을 넘어서서 가능한 한 최대한의 평등을 추구하고자 한다. 스웨덴, 노르웨이 등이 여기에 속한다.

2) 복지국가의 발전 이론

이와 같은 기본적 논의에 더하여 복지국가의 발전에 대해서는 많은 학자들의 풍성한 이론이 있다. 이들은 다양하게 나타나는 복지국가의 발전과 현상을 구체적으로 설명할 수 있는 근거를 제시하고 있어 나름대로의 관점을 대변하고 있다고 할 수 있다. 김태성과 성경륭은 『복지국가론』에서 이를 잘 설명하고 있다.[3]

(1) 산업화 이론(Wilensky & Lebeaux)

산업화는 노동의 상품화와 가족의 핵가족화를 초래하여 여러 가지 산재문제와 노사문제, 노인, 장애인, 아동, 여성의 복지문제 등을 유발함으로써 국가의 개입을 통하여 이를 해결한다. 산업화는 경제성장을 통하여 자원을 축적함으로써 국가가 복지문제를 해결할 수 있는 가능성을 높여 준다. 서로 다른 정치이념과 정치문화를 가진 국가들도 산업화만 이룩되면 복지국가로 발전되어 유사한 사회복지체제를 갖게 된다.

이 이론은 복지국가의 발전이 경제성장만 이루어지면 자동적으로 그리고 결정적으로 이루어진다고 봄으로써, 정치적 변수나 계급갈등 문제 등을 소홀히 취급한다는 비판을 받고 있다. 즉, 사회복지 욕구가 어떤 집단들 간의 인과적 상호작용을 통하여 복지국가로 발전하게 되는가 하는 측면을 간과하고 있다. 나아가 실증적으로도 사회민주당의 역할 등, 정치적 변수가 더 중요하다는 주장이 있는가 하면 경제적 산업화의 발전 정도에 따라, 즉 초기 단계에는 산업화 이론이 맞지만 선진 단계에 이르면 정치적 변수가 더 중요해진다는 반론이 있다.

(2) 독점자본 이론(Baran & Sweezy)

네오마르크시즘의 입장에서 독점자본주의에 대한 해석과 더불어 복지국가의 등장을 설명하는 것이 독점자본주의 이론이다. 전통적 마르크시즘에서 국가는 자본가들의 이익만을 위하여 기능하기 때문에 국가가 일반 국민의 복지를 위하여 기능한다는 것은 불가능하게 되어 있다. 그러나 고전적 의미에서 자본주의 체제는 점차 변화하여 특히 제2차 세계대전 이후에는 독점자본주의로 변하였다. 독점자본주의란, 레닌(Lenin)에 의하면, 은행자본과 산업자본이 결합한 금융자본의 출현으로 이루어진다. 이러한 금융자본은 거대한 조직력과 물리력을 바탕으로 웬만한 국가들조차도 종속시킬 수 있는 힘이 있다. 네오마르크시즘은 이러한 독점자본이 국가와의 융합을 통해 자본주의 체제의 영속화를 도모하게 되는데, 이를 국가독점자본주의라고 부른다. 국가독점자본주의하에서는 군산복합체를 통하여 국가가 독점자본의 이윤을 보증하고자 자본에 유리한 정부자금의 각출 등과 같은 정책이 보편화된다. 이러한 상황하에서는 노동자의 경제투쟁이 곧바로 정치투쟁으로 변형된다. 왜냐하면 이전에는 국가의 직접 개입이 필요 없던 임금문제나 실업문제가 이제는 직접 국가의 문제가 되었기 때문이다. 따라서 국가는 노동자계급을 달래기 위한 전략으로 사회복지정책을 확대하게 되고 복지국가가 등장하게 된다는 것이다.

이러한 독점자본이론은 산업화이론이 무시한 계급문제와 노동력 재생산 문제 등을 부각시킨 점과 국가역할에 대한 이해를 높인 점 등에 대해서는 인정되지만, 복지국가 발전을 지나치게 경제결정론적 시각으로 본 점, 따라서 민주정치의 행위자들을 부차적으로 취급한 점 등에 대해서는 비판적 평가를 받고 있다.

(3) 사회민주주의 이론(Korpi & Esping-Anderson)

앞서 언급한 산업화 이론과 독점자본이론이 정치적 측면을 소홀히 했다면, 사회민주주의 이론은 정치를 중심으로 하여 복지국가의 등장을 설명하는 이론이다. 말하자면, 정치적 계급투쟁(political class struggle)을 통하여 노동자의 정치적 세력이 커짐에 따라서 복지국가가 발전한다고 본다. 복지국가는 노동 계급 투쟁의 전리품이라는 것이다. 경제적 힘은 생산수단의 소유로부터 나오지만, 정치적 힘은 의회민주제도를 통하여 다수의 무산자들(have-nots)을 조직화함으로써 나온다. 역사적으로 19세기 말과 20세기 초에 선진산업국가들에서 민주적 선거권이 확대된 시점과 사회민주주의 세력이 확대된 시점은 바로 복지국가 태동의 시기였다. 자본주의가 성숙하면서 계급구조가 양극화되기보다는 중간계층이 확대되었고, 국가 개입에 의한 공공부문의 확대, 그리고 소유와 경영의 분리에 따른 자본가 세력의 상대적 약화 등은 사회민주주의가 발전할 수 있는 여지를 넓혔다.

피어슨(Pierson)에 따르면, 사회민주주의 이론에 의한 복지국가 발전은 다음의 일곱 가지 요인이 충족되어야 한다. 즉, ① 선거권의 노동계급으로의 확대, ② 노동계급을 대변하는 사회민주당의 발전, ③ 중앙집중적 노조운동, ④ 우익정당의 약화, ⑤ 지속적인 사회민주당의 집권, ⑥ 지속적인 경제성장 그리고 ⑦ 노동자의 계급의식 등이다.

그러나 이 이론은 정치적 요소를 고려하여 복지국가의 발전을 설명하는 장점이 있는 반면, 자유주의나 보수주의 세력에 의해서 복지국가가 발달한 예(미국의 사회보장법이나 독일의 사회입법)를 설명할 수 없다는 단점이 있다. 또한 다른 정당들도 집권을 위하여 사회복지정책을 표방할 수 있기 때문에 복지국가의 확대에 사회민주주의 정당만 기여한다고 볼 수 없다는 비판도 피하기 어렵다.

(4) 이익집단 정치이론(Pampel & Williamson)

이것은 산업화 이론의 정치적 측면에 초점을 맞추어 다양한 이익집단들 사이에서 사회적 배분을 둘러싼 경쟁의 결과, 이익집단들의 정치적 힘이 강해지고 그들의 요구가 민주적 선거에서 득표로 반영되어 복지국가가 등장하게 된다는 것이다. 현대사회에서는 중간계층의 확대로 전통적인 계급적 차이에 의한 정치적 지지가 약화되고, 한 계급 내에서도 다양한 이익집단이 존재하며 그만큼 정치적 입장의 차이가 존재한다. 특히 인종, 종교, 언어, 문화, 성, 연령 등의 귀속적 집단의 정치 행위가 증가하고, 민주적 득표 활동이 치열해진다. 정당은 이념성이 둔화되고 선거에 이기기 위한 연합체로서의 성격을 띤다. 오늘날 특히 노인집단은 노인 이익의 동질성에 기초하여 투표하기 때문에 고령화 사회의 도래와 함께 복지국가 정책의 결정에 영향을 끼친다.

이익집단 정치이론은 현대사회의 다양한 이익집단의 양태를 반영한 장점이 있다. 그러나 이 이론은 자유민주주의가 발전한 미국에는 적용 가능하지만, 민주주의가 발전하지 않은 나라들이나 이익집단들의 힘이 상대적으로 약한 나라들에는 적용되지 않는다. 일반적으로 정부지출은 점증적으로 변화하기 때문에 선거정치의 득표경쟁으로 사회복지 지출이 결정되는 경우는 많지 않다는 비판도 있다.

(5) 국가중심이론(Evans, Skocpol, & Schmitter)

복지를 공급하는 국가 구조의 특성과 대응 방법에 따라 복지국가가 결정된다고 보는 이론으로서 국가의 적극적인 역할을 강조하는 이론이다. 국가의 개혁적인 정치가나 전문 관료들은 국가발전에 관한 장기적 안목을 가지고 사회복지 발전에 개입한다. 영국과 미국의 차이는, 영국에는 뚜렷한 정책정당을 움직이는 정치인과 사회복지에 관한 전문 관료기구가 발전되어 있었다는 점이다. 국가중심이론은 국가조직이 중앙집권적이고 조합주의적인 형태가 중요하다고 본다. 스웨덴이나 오스트리아 같이 중앙집중화된 노동자, 사용자, 정부의 조합주의적 복지국가들은 일찍이 사회복지를 발전시킬 수 있었다. 미국과 같이 지방분권적이고 다원주의적인 국가조직에서는 많은 반대세력의 저항에 부딪친다는 것이다. 국가중심이론은 복지기구의 자체적인 팽창 경향도 복지국가의 확대에 영향을 미친다고 본다. 즉, 복지 관료들의 내부적인 이익 추구에 의해서도 사회복지 프로그램이 개발되고 예산과 사람들이 충원되는 경향이 있다는 것이다.

국가중심이론은 수요에만 초점을 맞추는 사회중심적 접근에서 벗어나 공급측, 즉 국가중심적 안목을 제시한다는 장점이 있다. 그러나 역시 많은 국가를 설명하는 일반화에는 무리가 있다. 또한 사회복지 욕구의 발생에 대한 국가의 반응에 주목하여 복지국가 발전의 본질에 대한 통찰이 부족하다는 비판을 면하기 어렵다.

3) 복지국가와 복지사회

로브슨(Robson, 1976)은 영국의 복지국가 체제가 본래의 목적을 달성하기보다는 관료적이고 비효율적이며 복지 전문가들의 권위주의적인 타성 그리고 지나친 이기주의적 복지요구 등에 빠졌다고 비판하면서 복지국가가 되기에 앞서 복지사회가 먼저 이루어져야 한다고 주장했다. 로브슨의 복지사회는 민주적이고 성숙한 개인들의 집합으로서 도덕성과 이타주의적 조화를 중시하는 것이어야 한다는 함의를 주고 있다.

이러한 주장은 1973년과 1979년의 석유위기로 인하여 경제성장이 둔화되고 따라서 복지예산을 삭감하자는 신보수주의적 주장이 확산되는 경향과도 연결되어 복지국가의 위기 논쟁을 불러일으키는 데도 간접적 영향이 있었다고 볼 수 있다. 그러나 기본적으로는 복지국가 체제가 잘 유지되기 위해서는 복지제도의 약점을 이용하여 개인의 사리사욕을 채우려는 비도덕적 인간이 있어서는 안 되겠다는 주장이었다.

그러나 근자에 이르러 복지사회의 개념에 대한 관심이 촉발되고 있는 것은 일반적으로 국가와 사회의 관계에서 사회가 차지하는 중요성과 비중이 커졌기 때문이다. 그 이유는 이전의 복지국가 시절에는 국가가 주도하여 경제성장도 하고 국민을 위해서 국가복지를 강화할 수도 있었고 또 성과도 있었다. 그러나 컴퓨터 혁명에 의해 IT, BT, NT(Nano Technology) 산업이 주가 된 후기산업사회에 접어들면서 국가가 주도하는 경제성장과 복지가 어렵게 되었다. 첨단 기술은 학력이 높은 소수의 노동자에게 유리하게 되어 정규직과 비정규직의 갈등이 일상화되었고, 여성의 사회 진출과 저출산 고령화 사회의 등장은 양극화 사회를 더욱 심화시켰다. 경제성장도 어려워지고 복지도 어려워지는 단계에 도달하게 된 것이다. 이러한 단계에서 일자리 창출을 위하여 사회적 기업이 중요해지고, 사회적 협동조합이 등장하여 이익을 추구하되 그 이익을 다시 일자리 창출을 위해 재투자하거나 조합원들의 복지를 위하여 쓸 수 있도록 하는 방안이 강구되고 있다(경기복지재단, 2012). 오직 이익만을 추구하는 기업의 이미지를 벗어나 사회적인 관계를 중시하는 사회적 기업이나 사회적 협동조합의 등장은 그 자체가 국가의 한계를 벗어나고자 하는 사회의 몸부림이라고 할 만하다.

이러한 현상은 선진복지국가들은 물론 우리나라에서도 비슷하게 나타나고 있다. 국가와 사회의 관계는 정부와 비정부조직(NGO) 간의 관계로 축소해서 볼 수 있다. 복지국가와 복지사회의 관계도 정부와 비정부조직, 나아가 정부와 사회적 기업 내지는 사회적 협동조합으로 확대해 볼 수 있다. 국가가 한계에 봉착한 저출산 고령화 시대의 일자리 창출과 복지의 확대라는 시대적 과제를 비정부조직과 사회적 기업, 또는 사회적 협동조합의 창출로 해결해 나가기를 기대하는 것이다. 이런 의미에서 복지사회의 중요성이 커지는 것이며, 복지국가의 새로운 경향을 나타내는 것이 될 수도 있을 것이다.

3. 세계화와 복지국가의 변동

1) 세계화와 복지국가의 변동

(1) 세계화

세계화(globalization)란 대체로 두 가지 의미를 지닌다. 하나는 정치경제적 측면에서 자유자본주의의 확산을 의미하는 것이고, 다른 하나는 사회문화적 측면에서 세계문화의 형성과정을 의미하는 것이다. 국제화(internationalization)와 달리 세계화란 용어를 쓰는 이유는, 국제화가 국가 간의 관계가 물리적으로 증대하는 것을 의미하는 것이라면, 세계화는 '하나로서의 자본주의적 지구문화가 형성되는 과정'으로서 일종의 화학적 변화를 의미하는 것이기 때문이다. 모든 나라의 사람들이 자본주의적 사고방식과 행동양식을 갖게 된다는 의미이다. 물론 세계화가 시작된 것은 16세기 이후 자본주의가 발전하기 시작하는 국제화로부터 시작되었다고 보는 시각도 있다. 그러나 본격적으로 세계가 하나가 되는 과정은 두 가지 사건을 통해서라고 볼 수 있다. 그것은 신자유주의(new liberalism) 이데올로기의 등장과 소련의 해체에 따른 사회주의 사회의 실패라고 하겠다.

신자유주의는 1973년과 1979년의 석유위기로 인한 세계적인 경제 불황을 극복하기 위하여 세금 삭감과 복지비 삭감을 표방한 영국의 대처리즘(Thatcherism)과 미국의 레이거노믹스(Raeganomics)로 표현된다.[4] 이러한 신자유주의 이데올로기는 애덤 스미스(Adam Smith)가 『국부론(The Wealth of Nations)』을 통하여 강조했던 법칙, 즉 보이지 않는 손이 모든 수요와 공급의 균형을 맞추어 주는 시장의 법칙에 따르는 것이 가장 좋다는 자유자본주의의 원형을 다시 복원하고자 하는 것이라 하겠다. 신자유주의는 1995년 세계무역기구(WTO)가 등장하면서 더욱 강화되기 시작하였고, 사회주의 사회의 해체를 계기로 전 세계를 시장 중심의 자유자본주의 체제로 만들어 가고 있다. 사회주의의 해체는 1989년 동유럽 사회주의의 해체, 1990년 사회주의 동독이 자유주의 서독으로 흡수 통일된 것, 그리고 1991년 사회주의 종주국인 소련이 해체되어 러시아, 우크라이나, 카자흐스탄 등으로 나뉘게 된 역사적 사건으로 나타났다. 이를 계기로 자유자본주의가 전 세계적으로 확산되기 시작하면서부터 본격적으로 세계화라는 용어가 인구에 회자되기 시작하였던 것이다.

---

[4] 근래에는 신자유주의(neo-liberalism)와 신보수주의(neo-conservatism)를 차별화하여 쓰기보다는 신자유주의라는 용어를 많이 쓰고 있다. 굳이 구분한다면 신보수주의는 '도덕성을 강조하고 작지만 강한 국가'를 지향한다고 할 수 있고, 신자유주의는 '작고 효율적인 정부를 강조하며 경제적 시장의 역할을 강화'하는 것이라 하겠다. 대처리즘과 레이거노믹스는 초기에는 주로 신보수주의라고 불렸다. 영국의 대처는 국가가 시장의 공정성과 정의를 보호해야 한다면서 복지제도를 축소했다. 한편, 미국의 레이건은 재정 위기를 타개하기 위하여 사회지출비를 대폭 줄이고, 국가 개입을 철회하여 시장기능을 활성화시키고, 수혜자들의 노동을 전제로 하는 노동연계복지 제도를 도입하였다. 신자유주의는 1990년에 워싱턴 컨센서스(Washington Consensus)라 불리는 미국의 경제체제 확산에 대한 회의 이후부터 많이 쓰이기 시작했다. 당시 주요 정책 결정자들이 워싱턴에 모여 경제위기를 해결하기 위한 대안으로 문제 국가의 구조조정, 정부예산 삭감, 자본시장 자유화, 외환시장 개방, 관세 인하, 국가산업의 민영화, 정부 규제 축소, 재산권 보호, 외국 자본에 의한 국내 기업의 합병 및 매수 허용 등의 내용에 합의했다.

(2) 세계화가 복지국가에 미친 영향

이러한 세계화의 과정에서 복지국가는 어떤 입장에 처하게 되었는가? 주지하다시피, 복지국가는 1945년부터 1975년까지 이른바 '복지국가의 황금기'를 거치면서 국가가 시장에 개입하여 누진세제 등을 확대하여 국가 복지에 필요한 재원을 만들고 이를 통하여 가능한 한 가난한 사람들이 '권리로서의 복지'를 누릴 수 있도록 복지제도를 확장하였다.[5] 세금을 부자들에게 좀 더 많이 징수하여 가난한 사람들에게 이전시키는 공공부조, 산재나 실업, 질병과 노후의 사회적 위험에 대처하는 사회보험제도의 발달 등으로 복지국가는 서구선진국에서 보편화되었고 전 세계로 전파되었다.

그러나 석유위기 이후 40여 년 동안 복지국가의 위기와 조정에 대한 논의가 확장되면서 신자유주의를 기저로 하는 복지국가의 재편이 이루어지게 되었다. 그것은 대체로 기업하기 좋은 여건을 만들기 위한 세금 삭감, 민영화, 규제 완화, 노동 유연성 강화, 그리고 복지비 삭감과 같은 정책을 통하여 작지만 강하고 효율적인 정부를 표방하면서 진행되었다. 이러한 경향은 특히 공공부조의 방법을 '노동연계복지(welfare to work)', 즉 '취직을 위한 교육을 받겠다' 내지는 '일자리를 찾겠다'는 노력을 증명할 때 복지급여를 주는 방향으로 변화된 정책에서 잘 나타나고 있다. 이는 노동능력이 있는 사람은 당연히 노동을 통해서 먹고 살지 않으면 안 된다는 원칙을 철저하게 지키고자 하는 시도로서 급여 시기를 한정하고 일정한 기간이 넘으면 복지급여를 지급하지 않는 것이다. 이것은 복지국가의 황금기에 복지급여를 사회권의 하나인 복지권으로 인정하고 인간적인 생활을 하기에 충분한 수준의 급여를 지급하는 것을 이상으로 간주하던 것으로부터 한발 물러난 조치이다. 그 후 신자유주의가 확산되면서 약간의 경제성장은 있었으나 세계적으로 빈부의 격차가 심화되었고, 정도의 차이는 있으나 양극화가 진행되는 공통된 현상이 나타나게 되었다.

에스핑-앤더슨은 이러한 공통된 빈부 격차나 양극화의 모습은 복지국가의 유형에 따라 다르게 나타났음을 지적하고 있다. 즉, 세계화가 세계적인 영향을 미친 것은 사실이나 또한 세계화에 대응하는 복지국가의 유형별 차이가 있어 양극화의 정도가 가장 심한

5) 서구에서 복지국가의 황금기를 구가하는 동안, 아시아는 이른바 '동아시아전쟁 30년'이라는 서구 이데올로기의 대리전을 치렀다. 중국의 국민당과 공산당 내전(1945~1949), 한반도의 자유당정부와 공산당정부 간 내전(1950~1953), 베트남의 프랑스에 대한 독립전쟁(1946~1954), 북베트남 대 남베트남(미국 지지)의 내전(1959~1975)이 그것이다(김용옥, 2023: 78-79).

것은 신자유주의 정책을 적극 실천한 미국과 영국이었다는 것이다. 상대적으로 사회민
주주의 국가인 스웨덴 등의 노르딕 국가들은 그 정도가 약하였다는 것이다. 사회일반에
잘 알려진 바와 같이 에스핑-앤더슨은 복지국가를 탈상품화(decommodification) 점수가
높은 순서에 따라 '사회민주주의 복지국가' '보수적 조합주의 복지국가' '자유주의 복지
국가'로 구분하였다. 이들 중에서 탈상품화 점수가 가장 높은 사회민주주의 국가인 스웨
덴 등의 노르딕 국가들은 세계화의 파고 속에서도 비교적 본래의 복지를 크게 훼손하지
않고 지켜왔으나, 상대적으로 미국, 영국 등 자유주의 복지국가의 범주에 속한 나라들은
거의 모든 분야에서 효율과 경쟁의 논리와 가치를 도입하여 신주유주의적 제도화를 가
속화하였고, 그 결과 양극화가 가장 많이 진행되었다.

예를 들면, 미국은 2005년 말 통계조사에서 빈곤 계층이 5년 전보다 무려 17%(2,000여
만 명)나 급증한 것으로 나타났다. 같은 기간 동안에 빈곤가정의 아동에게 아침과 점심식
사를 제공하는 프로그램도 9%나 증가했다. 소득불평등 정도를 나타내는 평균 지니계수
는 1980년대 중반에서 2000년 미국은 0.376에서 0.420으로 악화되었고, 영국도 0.389에
서 0.432로 악화되었다. OECD 국가들 평균이 0.357에서 0.394로 악화된 중에 미국과 영
국의 불평등 정도가 가장 심하게 악화된 것이다. 스웨덴은 0.347에서 0.375로의 변화가
있었다. 우리나라도 0.269에서 0.306으로 불평등 정도가 악화되었다(신광영, 2007; 윤상
철 편, 2006).

2008년의 지니계수(가처분소득)는 미국 0.378, 영국 0.342, 스웨덴 0.259, 독일 0.295이
다. 우리나라는 0.314로 알려져 있으나, 김낙년 교수의 연구에 의하면, 통계치를 합리적
으로 정정할 경우 0.371로서 OECD 국가 중 다섯 번째로 소득불평등 정도가 높다(한거
레, 2013. 5. 27.). 2019년 OECD 지니계수는 미국 0.395, 영국 0.366, 한국 0.339, 스웨덴
0.280, 오스트리아 0.274이다.[6]

2) 새로운 사회적 위험과 복지국가의 변동

과거의 사회적 위험이란 전통사회를 넘어서서 근대산업사회를 이룩하면서 공업화와
도시화가 초래하는 빈곤문제, 산업재해와 질병의 위험, 실업과 노후의 위험 등에 대처하

---

6) 2019년 OECD 국가 지니계수(출처: KOSIS 통계청 통계서비스기획과).

는 남성 가장을 중심으로 하는 문제였다. 새로운 사회적 위험이란 후기산업사회로 경제사회적 구조가 변화하면서 적용하기 힘든 사람들이 처한 상황을 말한다. 컴퓨터 혁명으로 후기산업사회가 도래하면서 저출산 고령화의 인구사회학적 변화는 새로운 사회적 위험을 나타내게 된 것이다.

테일러-구비(Taylor-Gooby)는 새로운 사회적 위험을 다음과 같은 네 가지로 표현했다. 첫째, 후기산업사회의 노동구조가 남녀평등의 방향으로 변화되면서 특히 가정과 직장에서 아동에 대한 보육이나 노인에 대한 보호 등의 어려움을 감내하지 않으면 안 되는 저숙련 여성 노동자의 사회적 위험이다.

둘째, 노령화로 인한 사회적 보호의 수요 증가, 연금과 건강 서비스의 비용 증가 등에 의한 노인의 사회적 위험이다.[7]

셋째, 기술발전으로 미숙련 저교육 육체 노동자의 실업 등 사회적 배제의 위험이 증가하였다. 기술발전은 더 많은 교육기간을 요구하고 국제 간 노동이동의 가능성이 증대됨으로써 미숙련 저교육 노동자의 사회적 배제 문제가 심각해지고 있다는 점이다. 이는 비정규직의 증대와 양극화로 이어진다.

넷째, 민영화와 복지축소에 따른 사적 서비스 부문의 팽창은 이익을 우선시하는 민영화 논리에 따라 서비스 수준이 낮아지게 되는 사회적 위험이 증대된다. 그러나 그에 대한 관리나 규제 기준이 효과적이지 못하여, 일반 시민은 어쩔 수 없이 불만스러운 선택을 할 수밖에 없게 되었다는 것이다(Taylor-Gooby, 2004: 2-5). 우리나라에서도 민간 보육시설이 많아지면서 공공보육 시설을 더 선호하는 것을 보면 이와 같은 사실을 알 수 있다.

이러한 사회적 위험에 대비하는 복지국가의 노력은 대체로 사회적 투자를 확대하는 방향으로 이루어지고 있다. 기든스(Giddens)가 제시한 '제3의 길'의 내용으로 알려진 사회 투자정책은 신자유주의와 사회민주주의를 극복하기 위하여 미국형 자유시장주의의 역동성과 북구형 사회민주주의의 통합성을 추구하는 것으로 알려져 있다. 근로연계복지는 전자로부터 나온 정책이며, 아동과 여성에 대한 인적 자원 투자 정책은 후자로부터 비롯된 정책이라 할 수 있다. 사회투자정책 또는 사회투자전략을 강조하는 일군의 학자

---

7) OECD에 따르면, 2000년부터 2030년 사이에 유럽의 노동자 중 65세 이상의 노령인구는 73%에 달할 것으로 본다.

들은 이러한 복지국가를 가리켜서 사회투자국가라고 부르고 있다.

테일러-구비는 유럽복지국가의 발전단계를 '고전적 복지국가'에서 복지국가의 재편기를 거쳐 '사회투자국가'로 변화되었다고 보지만(김연명, 2007), 이와 다른 견해를 취하는 학자들도 있다. 에스핑-앤더슨은 북유럽의 복지국가에서 개인의 능력을 강화시켜주기 위한 적극적 노동시장정책이나 아동과 노인을 위한 활성화정책 등은 이미 오랫동안 추진된 것이며, 제3의 길이란 결국 북유럽 사회민주주의의 뒤늦은 영국판이라고 비판했다(Esping-Anderson, 2002).

한국에서도 사회투자국가를 새 시대의 대안으로 찬성하는 견해와 반대하는 견해가 있는데, 전자는 한국 사회의 보수적 정치풍토를 고려하여 신자유주의보다는 약간 진보적인 사회투자국가를 전략적으로 선택하는 것이 좋겠다는 것이며, 후자는 기초소득보장이 확실히 되지 않은 상태에서 자칫 초점을 흐리기보다는 소득보장을 중심으로 복지국가의 기초를 확실히 하는 것이 마땅하다는 것이다(김영순, 2007; 양재진, 2006).

저출산 고령화 사회와 최첨단 IT, BT, NT 산업의 발전 그리고 맞벌이가 일상화되는 이 시대의 사회적 위험의 문제는 아동과 여성에 대한 교육뿐만 아니라, 실업자에 대한 직업교육, 그리고 무엇보다도 괜찮은 일자리의 창출로 해결하는 것이 필요하다. 그러나 통상적인 사회 서비스 일자리는 아동에 대한 보육, 노인과 장애인에 대한 보호를 중심으로 만들어진다고 볼 수 있는데, 이들 일자리가 대부분 여성들에게 돌아가고 그것도 충분한 보상이 주어지기보다는 저임금에 머물고 있다는 데 문제가 풀리기 어려운 이유가 있다.

향후 인간에 대한 보호(human care)가 얼마나 중요한 것인가를 깨닫고 사회 서비스 일자리를 많이 만들어 남자들도 이에 종사해야 하며 이들에게 충분한 임금이 주어질 수 있도록 사회적 합의와 노력이 필요하다. 예를 들면, 치매환자가 한 명 생기면 온 가족이 불행해진다. 치매환자의 숫자가 점점 늘어나고 있다는 것은 이 사회가 건강하지 못하다는 것을 나타내며, 예방적 차원의 환경복지서비스가 이루어지지 않고 있다는 뜻이다.

한국과 같이 기초적인 소득 보장조차 잘 이루어지지 않는 양극화 사회에서는 사회투자에 앞서 기본적 소득보장이 확실하게 이루어져야 한다는 고전적 복지국가의 명제가 분명히 해결되어야 한다. 한국에는 국민기초생활보장제도가 시행된 2000년 이후에도 절대빈곤층이 소멸되지 않고 양극화가 진전되고 있으며, 조세 및 복지 제도와 같은 재분배 제도에 의한 지니계수의 개선 수준도 미미하다(박능후, 2006: 26-27).

4. 지속 가능한 사회와 환경복지

1) 지속 가능한 사회

지속 가능한 사회는 지속 가능한 발전이란 개념으로부터 비롯되었다. '지속 가능한 발전'의 개념이 처음으로 사용된 것은 1980년 국제적 비정부기구(NGO)들의 세계보존전략 회의에서였다. 그 뒤 1987년 유엔 세계환경발전위원회의 보고서인「우리 공동의 미래」(일명 브룬트란트 보고서)에서 "지속 가능한 발전은 미래 세대의 욕구를 충족시킬 수 있는 능력을 손상시키지 않으면서 현 세대의 욕구를 충족시킬 수 있는 발전"으로 정의되었으며, 이 개념은 전 세계로 확산되었다.

또한 이 보고서는 세계적인 빈곤과 자원의 불평등한 분배는 환경파괴의 중대한 원인이 되고 있음을 밝히고 부유국들의 소비 패턴이 제어되어야 한다고 주장했다. 브룬트란트 보고서에서 지적하였듯이, 빈곤과 불평등한 자원배분이 환경파괴의 원인이 된다는 점은 환경문제와 사회복지문제의 해결을 위해 환경복지라는 개념이 필요하다는 점을 확인시켜 주는 근거가 되고 있다. 가난의 극복은 곧 소외의 극복과 통하며, 소외의 극복을 위한 사회복지의 보장은 바로 환경문제의 예방이며 동시에 치유와 연결될 수 있는 것이다. 지속 가능한 발전의 패러다임은 전통적인 자연환경보호 논쟁을 지속 가능성이라는 더 복합적이고 사회경제적이며 환경복지적인 문제로 전환시켰던 것이다.

1992년에 브라질의 리우데자네이루에서 개최된 지구정상(earth summit)회담은 이러한 지속 가능한 발전의 개념을 '환경적으로 건전하고 지속 가능한 발전'이라는 개념으로 규정하면서 전세계적인 확산을 가능하게 하였다. 이때 만들어진 UN의 '지속가능발전위원회(Commission on Sustainable Development: CSD)'는 자연의 생태체계를 유지시키는 환경용량의 범위 안에서 인간의 물질적 삶의 질을 향상시키는 발전이 지속 가능한 발전이라는 논리와 의미를 함축하고 있다(정대연, 2002: 250). 비록 법적 구속력을 지닌 것은 아니었으나 CSD는 지속 가능한 발전을 위한 국제적 의제나 산림과 맑은 물, 에너지 보존, 나아가 지속 가능한 발전의 지표 만들기 프로그램 등의 출발에 이르기까지 매우 중요한 회의체였음을 증명하였다. 176개국의 대표들이 만나서 서명한 지속 가능한 발전은 세계의 빈곤과 환경 위기의 도전을 극복하기 위한 것이었다(Cahill, 2002: 19). 이 역시 빈민의 사회복지적 기본 욕구의 수준을 충족시켜 주는 것이 환경문제의 해결과 예방에 도움이 된다는 측면을 확인시켜 주고 있는 것이다. 지속 가능성의 패러다임이 확대되면서 사회복지와의 관련성이 깊어짐을 알 수 있다.

결국 지속 가능성의 패러다임은 인간중심주의(anthropocentrism)에서 생태중심주의(ecocentrism)로의 이동과 지구의 생태학적 성장의 한계를 전제로 한다고 볼 수 있다. 인간중심주의는 인간이 만물의 주인이므로 모든 동식물을 지배하고 인간을 위하여 자연이 존재한다고 보는 관점이다. 인간이 없다면 자연이 무슨 소용이 있겠는가를 반문하며 인간을 위한 성장과 개발을 중시한다.

한편, 생태중심주의는 인간은 자연의 일부이며 자연과 더불어 존재하는 것이라고 주장한다. 지구는 유한하기 때문에 지속적인 경제성장과 개발만을 추구한다면 인간의 욕구가 충족되기보다는 오히려 환경의 역습을 받아 인간에게 재앙이 될 수 있다는 것이다. 그러므로 자원 토대의 구속을 받아들이는 범위 내에서 지속 가능한 성장만을 추구해야 지속 가능한 사회를 이룰 수 있다고 본다. 인간중심주의에서 한 걸음 더 나아간 생태중심주의는 모든 생물을 내재적 가치를 지니는 존재로 보는 생물중심주의의 입장을 취한다(Carter, 2001: 14-18).

지속 가능한 사회에서는 무한정의 경제성장이란 목표를 추구하는 것을 포기하거나 상당 부분 늦추는 것도 필요하며, 세계적인 차원에서 인구증가를 통제할 필요도 있다고 본다(정용화 역, 1993: 26-33). 요컨대 지속 가능한 사회는 자원토대의 구속을 받아들이는 사회이다. 사회생물학적 토대에 맞는 정치경제 질서를 세워야 한다는 것이다(McNutt, 1995: 42-43).

2) 환경복지

(1) 환경복지의 개념

지속 가능한 발전에 대한 논의가 일반화되면서 환경문제에 대한 생태학적 관심도 다양해졌고 환경복지(environment welfare)에 대한 관심도 발전하였다. 1960년대만 해도 환경문제라 하면 단순한 자연환경의 문제로만 생각했다. 즉, 자연보호와 공해방지 내지는 공해퇴치라는 정도가 환경문제의 전부였다. 그러나 근대화가 빨리 진행됨에 따라 더 크고 치명적인 환경공해의 문제가 나타났다. 그 해결책은 원인을 어디에서 찾느냐에 따라 다양하게 제시되었는데, 사회정의뿐만 아니라 환경정의에 대한 문제도 생각하게 되었다. 사회정의의 문제를 해결하기 위하여 사회복지가 발전하였으나, 사회복지의 문제가 채 해결되기도 전에 환경문제가 겹쳐서 나타나게 된 것이다. 따라서 복지의 문제와 함께 환경의 문제를 같이 해결하지 않으면 안 되는 시대가 되었다.

그러나 사회복지에서 환경문제를 고려하기 시작한 것은 얼마 되지 않았다. 로브슨 (Robson)에 따르면 도시의 물리적 구조는 '환경적 복지(environmental welfare)'에 현저한 영향을 끼친다. 더러운 거리나 누추한 상점, 복잡한 건물 등은 비복지(diswelfare)를 가중시키는 반면, 아름다운 공원과 산책로는 주민들의 복지에 긍정적 영향을 준다(Robson, 1976). 이 말은 도시의 누추한 사회적 환경은 주민 복지에 부정적 영향을 끼치므로 이를 변화시켜 환경복지를 강화시키는 노력을 하여야 한다는 뜻이다. 도시의 추한 모습 속에는 빈곤이나 범죄 또는 폭력 등의 문제도 포함되고 있음은 물론이다.

한편, '생태복지(ecowelfare)'란 개념은 사회주의 사회의 몰락과 함께 새로운 길을 찾는 생태사회주의(ecosocialism)와 비슷한 맥락에서 사용되기 시작하였다. 다만 생태복지는 '사람과 사람, 그리고 사람과 자연 간의 관계의 질을 높이는 데 진정한 복지가 있다는 의미'로 쓰인다(Hoggett, 2002).[8]

여기서는 로브슨의 '환경적 복지(environmental welfare)'와 호게트(Hoggett)의 '생태복지(ecowelfare)'라는 개념을 다 포괄하는 의미에서 '환경복지(environment welfare)'라는 개념을 사용한다. 환경복지란 결국 물리적·사회적 환경의 개선뿐만 아니라 인간과 인간, 인간과 자연의 질적 관계를 향상시키고자 하는 과정이며, 동시에 그 결과라고 정의할 수 있다. 환경적 복지와 생태복지를 대립적이고 분리된 개념으로 보기보다는 환경복지라는 용어 속에 포괄하여 자연환경과 사회환경을 하나의 연속성을 지닌 개념으로 보자는 것이다.

이러한 환경복지는 '지속 가능한 사회복지 체제'로서 20세기의 복지문제와 21세기의 환경문제를 함께 풀어 나가는 과정과 그 결과라고 말할 수 있다. 이러한 환경복지는 협의의 환경복지와 광의의 환경복지로 나누어 볼 수 있다.

8) 생태복지주의(ecowelfarism)는 소비주의(consumerism)나 복지국가주의(welfare statism)와 다르다. 소비주의 사회는 재화나 서비스의 양과 다양성을 중시하며, 복지국가주의는 시민의 권리로서 누리는 공공재의 양과 다양성을 중시하는 반면에, 생태복지주의 사회는 사회적 환경적 관계의 질에 초점을 맞추어 양적 발전이 아니라 질적 발전을 우선시한다는 것이다. 환경주의(environmentalism)란 인간을 위한 환경의 관리와 보존만을 의미하는 것으로 보는 반면, 생태주의(ecologism)란 그것뿐만 아니라 사회정치적 생활양식의 근본적인 변화를 주장한다(정용화 역, 1993). 환경은 구조(structure)요, 생태는 역동(dynamic)으로 동전의 앞뒷면과 같다. 구조가 제도적 틀을 의미한다면 역동은 과정적 프로그램을 지칭한다고 볼 수 있다.

먼저, 협의의 환경복지는 빈민의 환경공해 문제를 해결하여 환경정의를 실현하고자 하는 것으로부터 시작된다. 왜냐하면 빈민은 대개 환경공해의 1차적 피해자가 되는 경우가 많기 때문이다. 그리하여 좁은 의미의 환경복지는 빈민의 공해 방지 정책이나 프로그램의 마련과 관련된다. 그들의 주거환경을 깨끗하고 아름답게 정화하여 예방적 차원에서 위생과 안전을 보장하는 한편, 폭력사회를 지양하여 범죄적 환경을 쾌적한 삶의 공간으로 바꾸어 삶의 질을 높이는 것이다.

한 걸음 더 나아가, 광의의 환경복지는 산업자본주의 세계가 양산해 온 소외와 공해와 전쟁의 문제 중에서 소외와 공해의 문제 해결을 위하여 인간과 자연이 하나라는 관점에서 '인간과 인간, 인간과 자연의 관계의 질을 고양시킴으로써 자본주의의 폐해를 근본적으로 시정하자는 것'이다. 이는 기존 산업자본주의의 무한 성장 패러다임을 대체하여 지속 가능한 차원에서만 경제성장을 모색하는 것을 의미한다. 환경복지에서는 '환경용량(carrying capacity)'을 초과하는 성장을 막고, 자연이 소화할 수 있는 정도의 성장만을 받아들이는 것이다. 이를 위하여 첨단기술 대신 적정기술의 사용을 권장하며, 지역복지 차원의 느린 삶을 가치 있게 생각하고 슈마허처럼 작은 것이 아름답다고 주장한다.

(2) 환경복지의 이념

환경복지란 우리가 살고 있는 자연환경과 사회환경을 함께 복지적 환경으로 만들자는 것이다. 환경복지에서는 자연환경의 오염뿐만 아니라 사회환경의 오염도 중요한 환경문제이다. 도시의 익명성에 의해 조장되는 성범죄나 폭력범의 문제부터 시작하여 세금 포탈 등 부정부패의 문제는 사회환경의 정화가 얼마나 필요한지를 강력하게 증명하고 있다.

이러한 환경복지의 관점은 인간과 환경과의 관계를 인간중심주의적으로 보는 사회생태학적 시각보다는 생물중심적으로 보는 심층생태학적 관점과 더 통하며, 어떤 의미에서는 이것보다 더 폭이 넓은 것이라 할 수 있다. 즉, 사회생태학적 관점은 인간의 인간에 대한 지배와 수탈이 없어져야 인간의 자연에 대한 파괴와 수탈도 없어질 수 있을 것이라는 인간중심주의를 견지한다. 그러나 심층생태학에서는 모든 인간과 생물과 다 같이 중요한 존재로서 고유의 존재가치를 실현하면서 자아를 실현할 권리가 있다고 보는 생물중심주의 관점을 취한다.[9]

---

9) 내스(Naess)와 같은 심층생태학자는 관계적 자아를 통하여 인간이 자연의 일부이며, 또 자연은 인간의 일부임을 알 수 있다고 주장했다(Carter, 2001: 20).

이러한 생물중심적 견해보다 한 걸음 더 나아가 인간과 자연을 하나로 보며 모든 무생물까지를 확실하게 고려하는 것이 환경복지의 개념이다. 생명체의 생명활동은 무생물의 토대 위에서 또는 무생물의 제약하에서 가능한 것이며 상호 불가분의 관계가 있기 때문이다.

물론 자연환경만을 환경의 의미로 협소하게 보는 학자들은 복지란 경제성장의 부속물이며, 따라서 환경을 파괴하는 경제성장의 결과로 복지가 이루어진다고 생각하기 때문에 환경과 복지는 함께할 여지가 전혀 없는 것으로 비판하는 경우도 있다. 그러나 오늘날 환경의 의미는 점차로 확대되어 자연환경과 사회환경을 다 포함하는 것으로 변화되었다. 그 이유는 경제성장을 위한 무분별한 개발은 궁극적으로 인간의 복지를 저해하고, 나아가 지구환경을 파괴하고 결국은 온난화와 기상이변에 의한 재앙을 초래하여 인류사회의 생존을 위협하기 때문이다.

그리하여 생물과 무생물을 포함한 모두의 공생을 이루어 내는 사회가 아름다운 사회이다. 이를 일러 필자는 '공생주의(co-livism) 사회'라고 부른다. 이제는 자본주의의 이기주의적 전제가 시정되어야 하며, 인간은 자기 자신의 이익만을 위하여 싸우는 존재가 아니라 모두의 공생을 위하여 이타주의적 동기에서 행동하는 존재라는 것이 좀 더 강조되어야 할 때이다. 이타주의는 생존을 위한 인류 진화의 결과이다(정지웅, 2012). 인간에게 정신적 영적 능력이 있다는 점을 생각할 때, 분명히 이타주의적 동기가 앞설 수 있다. 그것이 없이 인간이 이기적 본능만 따른다면 동물과 다를 것이 무엇인가? 그러므로 함께 살아가는 것을 중시하는 공생주의야말로 환경 재앙이 상시화되고 있는 이 시대의 환경복지 이념이라 할 만하다.

5. 민주복지국가에서 환경복지국가로

1) 민주복지국가와 민주복지자본주의

민주복지자본주의를 추구하고 실현하는 국가가 민주복지국가라 할 수 있다. 마셜(Marshall)이 주장했던 복지국가의 이데올로기는 민주복지자본주의였다. 민주복지자본주의(democratic-welfare-capitalism)에서는 민주주의와 복지주의 그리고 자본주의의 각각의 가치가 서로 모순되지만 공존할 수 있다고 본다.

즉, 정치시장에서의 시민으로서의 가치, 경제시장에서의 인간의 가치, 그리고 사회시장에서 인간 자신을 위한 가치들 간의 가치갈등을 해결하는 것이 필요하다고 보았다. 예를 들면, 정치시장에서 시민이 누리는 자유라는 가치, 경제시장에서 발휘되는 인간 능력의 효율이라는 가치, 사회시장에서의 인간다운 품위를 유지하기 위한 평등과 같은 가치들은 상호 모순적이다. 자유를 극대화하다 보면 효율과 평등을 추구하는 데 한계가 있으며, 효율을 극대화하기 위해서는 자유와 평등을 제한해야 한다. 또 평등을 극대화하기 위해서는 자유와 효율에 한계를 설정하지 않을 수 없는 것이다. 따라서 이러한 문제의 해결은 각각의 가치에 대한 수용적 태도의 변화와 현실적으로 각각의 가치를 주장하는 집단들 간의 타협을 통해서 실현이 가능하다고 본다(Marshall, 1981). 즉, 실천적 측면에서는 각각의 가치를 추구하는 제 집단들 간의 대화와 타협을 통해서 그 조화를 찾을 수 있다는 뜻으로 해석할 수 있다.

각각의 가치에 대해서는 여러 가지 다양한 해석을 할 수 있으나, 관점을 단순화하여 본다면 민주주의의 가치는 자유, 복지주의의 가치는 평등, 그리고 자본주의의 가치는 효율에 가깝다고 할 수 있다(최경구, 2006). 결국 민주복지자본주의는 자유와 평등과 효율의 가치갈등을 어떻게 해결하느냐에 그 실현 가능성이 있는 것이다.

민주주의사회라고는 하지만 무제한의 자유는 허용될 수 없다. 타인의 자유를 침해하지 않는 범위 내에서 자신의 자유를 누릴 수 있도록 사회적 계약이 필요하다. 마찬가지로, 평등의 가치도 무제한의 평등은 있을 수 없다. 사회정의의 관점에서 어느 정도의 사회적 합의가 이루어질 때 적정한 평등이 이루어질 수 있다고 본다. 역시 자본주의의 효율성 추구도 인간과 자연과의 관계를 고려한 일정한 조건과 한계 속에서 이루어져야 한다.

이와 같이 민주복지자본주의는 각각의 가치가 중용을 취할 때 조화를 이루며 바람직한 사회의 모습을 나타내게 되는 것이다. 실제로 서구 복지국가의 대부분은 평등적 복지주의를 강조하는 노동자집단, 효율적 자본주의를 강조하는 사용자 집단, 그리고 자유 민주주의를 강조하는 정부 등과의 대화와 타협을 통해 조합주의(corporatism)적 안정과 발전을 이룰 수 있었다(최경구, 1993).[10]

---

10) 조합주의란 노·사·정 삼자 협동주의와 같은 사회적 대타협에 입각한 정치체제를 말한다.

2) 환경복지국가와 환경복지자본주의

앞서 언급했듯이, 이제는 환경복지가 매우 중요해지는 시대로 접어들었다. 그렇다면 이제는 어떤 복지국가를 지향할 것인가? 기든스는 사회민주주의와 신자유주의를 동시에 극복하는 것을 목표로 제3의 길과 사회투자국가를 제시하였다. 사회투자국가는 아동과 여성에 대한 투자 그리고 직업교육에의 투자 등, 사람에 대한 투자를 통하여 자립능력을 신장시키고 사회적 일자리를 만들어 실업자들을 빈곤으로부터 벗어나게 하겠다는 것이다. 그러나 이것은 어디까지나 환경문제를 고려하지 않는 관점으로서 복지국가주의에서 크게 벗어나지 않는 것이다.

그렇다면 과거의 민주복지국가에서 이제는 환경문제를 고려한 복지국가로의 길을 가야 할 수밖에 없는데, 그것이 무엇인가 하는 것이다. 그것은 환경복지국가로서 환경복지자본주의를 실현하고 인간과 인간, 인간과 자연의 공생을 추구하는 국가다. 그것은 환경주의, 복지주의 그리고 자본주의의 중용적 실천을 의미한다. 환경주의의 '공존'의 가치와 복지주의의 '평등'의 가치, 그리고 자본주의의 '효율'의 가치가 함께 가야 공생할 수 있다. 공존과 평등과 효율의 가치는 구체적으로 환경복지국가의 정책적 목표로 전환될 때, 공존은 정의 구현을, 평등은 조화의 실현을, 효율은 안전의 보장을 목표로 한다. 지속 가능한 복지적 발전을 꾀하면서 현 세대와 미래 세대가 공존하는 것이 정의이며, 양극화 문제를 해결하고 집단 간, 계층 간 평등을 이루는 것이 조화이다. 그리고 자본주의적 효율을 통하여 확보된 물자를 사회적 환경적 위험에 처한 사람들을 안전하게 보호하는 데 쓰는 것이 바로 보장이다.

물론 이러한 가치 내지는 정책적 목표의 추구는 각각의 목표를 추구하는 현실적인 운동적·정치적 집단의 대화와 타협의 능력에 달려 있다. 또한 환경 위기를 인식하고 공존의 길을 모색하며, 인간적 수준에 대한 합의의 길을 찾는 사회의 정치사회적 체계의 능력에 달린 문제이기도 하다. 자본주의의 한계를 인정하고 적정한 수준의 성장과 발전만을 추구할 수 있는, 그리하여 절제된 자본주의를 추구할 수 있는 지혜로운 자본가, 노동자, 환경운동가 그리고 정치가의 노력이 필요하다는 것이다.[11]

11) 한국은 그동안 토건국가로서 필요 이상의 비대한 건설을 추진해 왔으나 이제는 생태복지국가로 방향을 잡고 나아가야 할 때가 되었다는 주장도 매우 설득력이 있다(홍성태, 2007).

이제까지 민주복지자본주의 사회에서는 인간은 자기 이익을 추구하는 존재이며 이윤의 추구는 당연하다고 생각했다. 그러나 앞으로의 환경복지국가에서는 이타주의를 우선하는 도덕적으로 향상된 사회가 되어야 한다. 환경복지국가에서는 이타적 · 도덕적 · 자연순환적인 생활을 전제로 환경문제와 복지문제 그리고 지속 가능한 발전의 문제를 동시적으로 해결하여야 인류와 자연의 공생이 가능하다는 것을 강조하는 것이다.

그러나 신자유주의를 극복하고 민주복지국가에서 새로운 환경복지국가로의 길을 가는 것이 그렇게 쉬운 일만은 아닐 것이다. 무엇보다도 선진국과 개발도상국 간의 이해관계가 다르다는 문제가 있다. 즉, 오염의 주범인 자동차 배기가스의 배출 등 환경오염을 가장 많이 시키는 선진국들은 환경오염을 방지해야 한다는 미명하에 개발도상국에 대하여 환경협약(Green Round)을 통한 압력을 행사함으로써 발전의 길을 저지하려 한다는 인상을 주고 있다. 선진국의 환경기술을 값싸게 개발도상국에 이전시켜야 그런 오해를 불식시킬 수 있는데, 그것은 선진국의 도덕적 향상이 이루어져야 가능할 것이다. 개발도상국의 발전적 복지욕구도 충족시키면서 환경오염도 함께 방지하고, 아울러 인류와 자연의 공생을 가능하게 하는 지속 가능성의 패러다임을 실현하는 것이 과연 얼마나 가능할 것인가는 여전히 우리 세대의 큰 숙제이며 도전이다(최경구, 2013).

끝으로, 또 한 가지 잊어서는 안 되는 문제가 있다. 그것은 민주주의의 자유라는 가치 문제이다. 민주복지국가에서 환경복지국가로의 변화가 진행되고 있다는 주장은 민주주의의 자유의 가치를 이미 완성된 것으로 전제한다는 점이다. 그러나 아직도 많은 개발도상국이 민주주의를 달성하지 못하고 있다. 그런 경우에는, 엄격하게 말한다면, '환경'의 가치보다 '민주'의 가치가 더 중요할 수 있다. 국민이 주인이 되는 사회가 전제될 때 환경의 가치도 복지의 가치도 더욱 빛날 것이기 때문이다.

학습과제

1. 복지국가의 개념 정의와 발전 과정에 대해 설명해 보시오.

2. 복지국가의 특성과 발전 이론에 대해 설명해 보시오.

3. 복지국가와 복지사회의 차이에 대해 논해 보시오.

4. 세계화가 복지국가에 미친 영향에 대해 논해 보시오.

5. 새로운 사회적 위험에 대해 설명해 보시오.

6. 지속 가능한 발전에 대해 논해 보시오.

7. 환경복지의 개념을 정의해 보시오.

8. 민주복지국가와 환경복지국가의 지향점은 어떻게 다른지 논해 보시오.

참고문헌

경기복지재단(2012). 사회적 협동조합과 사회복지의 변화 전망. 경기복지재단 창립5주년 기념 국제심포지엄 자료집.

김연명(2007). 사회투자국가, 한국 사회복지의 대안인가? 2007년도 사회투자정책심포지엄 학술대회자료집. 한국사회복지학회.

김영순(2007). 사회투자국가가 우리의 대안인가? -최근 한국의 사회투자국가 논의와 그 문제점. 한국사회복지정책학회 2007년도 춘계학술대회 자료집, 1-25.

김용옥(2023). 난세일기. 서울: 통나무.

김태성, 성경륭(1999). 복지국가론. 서울: 나남출판사.

박능후(2006). 소득양극화와 정책적 대응: 대립적 시간의 비교. 한국의 사회복지, 17-35. 한국복지연구원. 서울: 유풍출판사.

신광영(2007). 복지레짐과 사회투자국가. 2007년도 사회투자정책 심포지엄 학술대회 자료집, 53-66. 한국사회복지학회.

양재진(2006). 사회투자국가론과 한국에의 적용가능성 검토. 한국행정학회 2006년 동계학술대회 발표문.

윤상철 편(2006). 더불어 사는 지혜-함께 푸는 양극화. 서울: 국정홍보처.

정대연(2002). 환경사회학(대우학술총서 539). 서울: 아카넷.

정용화 역(1993). 녹색정치사상[Green Political Thought]. Dobson, A. 저. 서울: 민음사. (원저는 1990년).

정지웅(2012). 진화생물학에 근거한 사회복지 검토 및 대안. 2012년 춘계학술대회 자료집. 한국사회복지학회.

최경구(1993). 조합주의 복지국가. 서울: 한나래.

최경구(2006). 환경복지국가 연구: 지속가능성의 패러다임과 사회복지의 결합. **사회복지정책**, 24, 337-360. 한국사회복지정책학회.

최경구(2013). **환경복지국가—공생의 길**. 경기: 한국학술정보.

한국보건사회연구원(2009). **한국사회의 양극화와 사회자본**.

홍성태(2007). 생태적 복지사회의 구상과 과제. 사회적 환경적 불평등 해소를 위한 새로운 복지 사회 패러다임. **2007 환경정의 포럼 자료집**, 5-18.

Cahill, M. (2002). *The environment and social welfare*. London & New York: Routeldge.

Carter, N. (2001). *The politics of the environment*. Cambridge: Cambridge University Press.

Esping-Anderson, G. et. al (2002). *Why we need a new welfare state*. London: Oxford University Press.

Hoggett, P. (2002). Democracy, social relations and ecowelfare. In M. Cahill & T. Fitzpatrick, (Eds.), *Environmental issues and social welfare* (pp. 140-158). Oxford: Blackwell Publishing.

Marshall, T. H. (1981). *The right to welfare*. New York: The Free Press.

McNutt, J. G. (1995). Social welfare policy and environment crisis. In M. D. Hoff & J. G. McNutt (Eds.), *The global environmental crisis: Implications for social welfare and social work*. Aldershot: Avebury.

Robson, W. A. (1976). *Welfare state and welfare society*. London: George Allen & Unwin Ltd.

Taylor-Gooby, P. (Ed.). (2005). *New risks, new welfare*. London: Oxford University Press.

한겨레(2013. 2. 27.). 통계청 지니계수구멍…소득불평등 5위 주요국 지니계수(가처분소득) 비교. http://m.news.naver.com/read.nhn?mode=LSD&mid=sec&sid1=101&oid=028&aid=0002177722

인문스토리연구소(Humanistic Story Labs). 스토리텔링, 아아 호치민!! 그리고 아시아 30년 전쟁. http://jangwujeong.blog.me/4018751766

📖 찾아보기

인명

내용

저자 소개

김성천(Kim Sung Chun)
중앙대학교 사회복지학과 석·박사
현 중앙대학교 사회복지학부 교수

강욱모(Kang Wook Mo)
영국 에든버러대학교 사회정책학과 석·박사
현 경상국립대학교 사회복지학부 명예교수

김진원(Kim Jinwon)
성균관대학교 일반대학원 사회복지학과 석·박사
현 협성대학교 사회복지학과 조교수

김혜성(Kim Hae Sung)
연세대학교 대학원 사회복지학과 석사
미국 올버니 뉴욕주립대학교 사회복지대학원 박사
전 강남대학교 사회복지학부 교수
현 정성노인의 집 원장

박경숙(Park Kyung Sook)
미국 Rutgers University 사회복지학 석사(M.S.W.)
미국 University of Chicago 사회복지학 박사(Ph.D.)
현 경기대학교 사회복지학과 교수

박능후(Park Neung Hoo)
서울대학교 경제학과 학사
미국 버클리대학교 사회복지학과 박사
전 보건복지부 장관
현 경기대학교 사회복지학과 명예교수

박수경(Park Soo Kyung)
연세대학교 대학원 사회복지학과 석·박사
현 연세대학교 사회복지학과 교수

송미영(Song Mi Young)
고려대학교 사회복지학과 석사
경기대학교 사회복지학 박사
현 충청남도여성가족청소년사회서비스원(수석연구위원, 정책연구실장)

안치민(Ahn Chi Min)
고려대학교 사회학과 석·박사
현 대진대학교 사회복지학과 교수

엄명용(Um Myung-Yong)
미국 University of Texas-Austin 사회복지학 석사(MSSW)
미국 Florida State University 사회복지학 박사(Ph.D.)
현 성균관대학교 사회복지학과 명예교수

윤혜미(Yoon Hye Mee)
서울대학교 대학원 사회복지학과 석사
미국 Cornell University, Human Service Studies(Ph.D.)
전 아동권리보장원 원장
현 충북대학교 아동복지학과 교수

이성기(Lee Sung Kee)
서울대학교 행정대학원 행정학 석사
서울대학교 사회복지학과 대학원 사회복지학 박사
전 인제대학교 사회복지학과 교수

장승옥(Jang Seung Ock)

미국 University of California, Berkeley 석사(MSW)

미국 University of California, Berkeley 박사(PH.D.)

현 계명대학교 사회복지학과 교수

최경구(Choe Gyung Goo)

고려대학교 대학원 사회학과 석·박사

전 경기대학교 사회복지학과 교수

최현숙(Choi Hyunsook)

중앙대학교 대학원 사회복지학과 석·박사

현 상지대학교 사회복지학과 명예교수

한동우(Han Dong Woo)

연세대학교 대학원 사회복지학과 석·박사

현 강남대학교 사회복지학부 교수

사회복지학개론(4판)

-원리와 실제-

Introduction to Social Welfare (4th ed.)

-Principle and Practice-

2009년 2월 20일 1판 1쇄 발행
2011년 4월 20일 1판 3쇄 발행
2013년 9월 16일 2판 1쇄 발행
2017년 3월 20일 2판 4쇄 발행
2018년 3월 30일 3판 1쇄 발행
2020년 1월 20일 3판 3쇄 발행
2024년 3월 10일 4판 1쇄 발행

지은이 • 김성천 · 강욱모 · 김진원 · 김혜성 · 박경숙 · 박능후 · 박수경 · 송미영
　　　　안치민 · 엄명용 · 윤혜미 · 이성기 · 장승옥 · 최경구 · 최현숙 · 한동우
펴낸이 • 김진환
펴낸곳 • ㈜ **학지사**

　　　　04031 서울특별시 마포구 양화로 15길 20 마인드월드빌딩
대표전화 • 02-330-5114　　팩스 • 02-324-2345
등록번호 • 제313-2006-000265호

홈페이지 • http://www.hakjisa.co.kr
인스타그램 • https://www.instagram.com/hakjisabook

ISBN 978-89-997-3087-0　93330

정가 26,000원

출판미디어기업 학지사

간호보건의학출판 **학지사메디컬** www.hakjisamd.co.kr
심리검사연구소 **인싸이트** www.inpsyt.co.kr
학술논문서비스 **뉴논문** www.newnonmun.com
교육연수원 **카운피아** www.counpia.com
대학교재전자책플랫폼 **캠퍼스북** www.campusbook.co.kr